债权法

— Law of Obligations —

李永军 主编

尹志强 刘家安 副主编

撰稿人姓名（按拼音排序）

陈　汉　胡安潮　李永军　李韵秋　刘家安
鄢一美　易　军　尹志强　于　飞　郑佳宁

图书在版编目(CIP)数据

债权法/李永军主编. —北京:北京大学出版社,2016.4
(21世纪法学规划教材)
ISBN 978-7-301-26686-1

Ⅰ.①债… Ⅱ.①李… Ⅲ.①债权法—中国—高等学校—教材 Ⅳ.①D923.3

中国版本图书馆CIP数据核字(2015)第315037号

书　　　名	债权法
	ZHAIQUANFA
著作责任者	李永军　主编
策 划 编 辑	郭栋磊
责 任 编 辑	郭栋磊
标 准 书 号	ISBN 978-7-301-26686-1
出 版 发 行	北京大学出版社
地　　　址	北京市海淀区成府路205号　100871
网　　　址	http://www.pup.cn
电 子 信 箱	law@pup.pku.edu.cn
新 浪 微 博	@北京大学出版社　@北大出版社法律图书
电　　　话	邮购部62752015　发行部62750672　编辑部62752027
印 刷 者	北京虎彩文化传播有限公司
经 销 者	新华书店
	787毫米×1092毫米　16开本　27.75印张　681千字
	2016年4月第1版　2022年12月第6次印刷
定　　　价	59.00元

未经许可,不得以任何方式复制或抄袭本书之部分或全部内容。
版权所有,侵权必究
举报电话:010-62752024　电子信箱:fd@pup.pku.edu.cn
图书如有印装质量问题,请与出版部联系,电话:010-62756370

序

应该说，无论从科研还是教学的角度来看，债法都极具争议性。就科研而言，在整体民法架构中处于相对薄弱的环节。

从立法上看，债法究竟具体包括哪些内容？从整个债法体系来看，债法的"总则"是否像"民法总则"在"民法典"中占据那种重要位置？债法是否应该像在《德国民法典》中那样成为统一的一编，还是要区分为多编？是否要将合同法、侵权法各自独立成编？债的标的究竟是什么？违约责任与侵权责任是各自独立，还是要整合在一起？目前我国的《侵权责任法》将所有责任方式统统规定在第15条之中是否合适等。所有这些问题，其实都是我国民事立法、民法研究和教学中有争议的议题，我们无法回避。在我国中共中央"十八届四中全会"决定编纂民法典的当下，对以上问题的研究和教学就显得十分重要。

从学理上看，我国大多的教科书基本上承袭德国式的债法结构，几乎所有的教科书都将侵权行为、不当得利、无因管理、合同、缔约过失作为债的发生原因。我们认为，在立法上，也应遵循债的一般概念和结构，应该将侵权及合同、无因管理、不当得利等统一纳入债的范畴。这本教科书仍然坚持了这一体例，坚持债的科学性和统一性，即：(1) 坚持债的请求性特征；(2) 坚持债的客体与物权客体的区别；(3) 坚持债的概念的科学性和一元性，以"请求权"来界定债编，而不能以债的发生原因来分编。

由于《德国民法典》是我国立法及学理的蓝本，其内部结构也基本是我国教科书及立法的体例和形式。《德国民法典》的立法技术及设计思路可以概括为：以高度抽象的方式将各编的"公因式"提取出来，并确立一般规则，适用于各编，而各编相同的东西不再重复，而是规定例外。诚如德国学者梅迪库斯所言，根据民法典制定者的计划，总则应当包括那些适用于民法典以下诸编的规则，亦即总则包括的是在某种程度上被提取和抽象的一般性内容①。《德国民法典》的这种高度抽象、公因式的立法技术，不仅在总则与其他各编的关系中运用，而且在每一编中也使用这样的体例，就如德国学者所言，这一将一般的内容置于前面的立法技术，在民法典的其他地方还多次重现。比如，第二编(债编)的前六章是一般性规定，之后是各种债务关系；第三编(物编)也是先规定一般性的占有、土地上权利通则，然后才规定具体的权利；第四编也是先规定"婚姻的一般效力"，然后再规定各种具体的财产制②。也就是说，从债法的内部结构来看，也是先规定债的一般规则，然后是各种不同的债。我国现行的主流的债法教科书也基本是这种结构形式。这本教材基本上也坚持了这一体例。除了尊重我们已有的知识体系之外，也是立法和教学最节约成本的方式。

这本《债权法》的作者，都是中国政法大学从事债法教学第一线的骨干教师，具有丰富的教学经验。在本书编写过程中，我们要求各位参编作者把平时教学备课的教学资料拿出来，

---

① 〔德〕迪特尔·梅迪库斯：《德国民法总论》，邵建东译，法律出版社2000年版，第22页。
② 同上。

以便让这本教材以教学为基础,从而反映最好的教学成果而不是科研成果。在这里,我真诚地希望诸位民法界同仁批评指正。

《债权法》一书的主编为李永军,尹志强、刘家安为副主编。具体分工如下:

李永军:负责第一编第一章的编写,并对全书进行统稿;

刘家安:负责第一编第二、三、四章的编写;

于　飞:负责第一编第五、六章,第二编第十三、十四章的编写;

鄢一美:负责第二编第七、九、十二章,第四编第二十四、二十五章的编写;

易　军:负责第二编第八、十章的编写;

郑佳宁:负责第二编第十一、十五章的编写;

李韵秋:负责第二编第十六章的编写;

尹志强:负责第三编第十七、十八、十九章的编写;

胡安潮:负责第三编第二十、二十一、二十二章的编写;

陈　汉:负责第三编第二十三章的编写。

李永军

2015 年 8 月

目录

第一编 债法总论

3 第一章 导论

- 3 第一节 债的概念、本质与特征
- 6 第二节 债的要素
- 8 第三节 债的发生根据
- 10 第四节 债法的体系

18 第二章 债务关系的内容

- 18 第一节 债务关系上的义务群
- 24 第二节 给付标的
- 35 第三节 债务履行的细节问题

41 第三章 多数人之债

- 41 第一节 概述
- 43 第二节 按份之债
- 45 第三节 连带之债
- 49 第四节 不可分之债

51 第四章 债的担保与保全

- 51 第一节 债的担保
- 58 第二节 债的保全

64 第五章 债的移转

- 64 第一节 债的移转概述
- 65 第二节 债权让与
- 69 第三节 债务承担

72 | 第四节　债的概括承受

74 第六章　债的消灭

  74 | 第一节　债的消灭概述
  76 | 第二节　清偿
  81 | 第三节　抵销
  84 | 第四节　提存
  87 | 第五节　免除
  88 | 第六节　混同

第二编　合 同 之 债

93 第七章　合同与合同法概述

  93 | 第一节　合同的概念
  95 | 第二节　合同的分类
  102 | 第三节　合同法概述

105 第八章　合同的成立

  105 | 第一节　概述
  107 | 第二节　要约
  116 | 第三节　承诺
  120 | 第四节　以合意成立合同的其他方式
  122 | 第五节　非基于合意成立合同
  128 | 第六节　合同成立的时间与地点
  130 | 第七节　合同成立的效果
  134 | 第八节　缔约过失责任

144 第九章　合同之债的特殊效力

  144 | 第一节　双务合同履行的抗辩权
  149 | 第二节　合同的解除与变更

154 第十章　违约责任

  154 | 第一节　概述

158	第二节	违约责任的归责原则
163	第三节	违约行为的形态
166	第四节	违约责任的形式
172	第五节	违约责任和侵权责任的竞合

176 第十一章 合同的解释

176	第一节	合同解释概述
178	第二节	合同解释的规则

185 第十二章 转移财产所有权的合同

185	第一节	买卖合同
191	第二节	赠与合同
194	第三节	消费借贷合同

196 第十三章 转移财产使用权的合同

196	第一节	使用借贷合同
199	第二节	租赁合同
222	第三节	融资租赁合同

230 第十四章 完成工作成果的合同

230	第一节	承揽合同
243	第二节	建设工程合同

254 第十五章 提供劳务的合同

254	第一节	运输合同
258	第二节	保管合同
261	第三节	仓储合同
264	第四节	委托合同
267	第五节	行纪合同
272	第六节	居间合同

275 第十六章 技术合同

275	第一节	技术合同概述
276	第二节	技术开发合同

278 | 第三节　技术转让合同
279 | 第四节　技术咨询合同与技术服务合同

第三编　法定之债（一）：因侵权行为之债①

283　第十七章　侵权行为与侵权责任法的概述

283 | 第一节　侵权行为的概念
290 | 第二节　侵权责任法

302　第十八章　侵权责任法的归责原则

302 | 第一节　侵权责任法归责原则概述
307 | 第二节　过错责任原则
314 | 第三节　无过错责任原则
316 | 第四节　公平责任问题

320　第十九章　一般侵权责任的构成要件

320 | 第一节　侵权责任构成要件概述
322 | 第二节　损害事实
324 | 第三节　违法性
325 | 第四节　因果关系
331 | 第五节　行为人过错
332 | 第六节　侵权责任构成的抗辩事由

339　第二十章　侵权责任方式

339 | 第一节　侵权责任方式概述
341 | 第二节　侵权损害赔偿

349　第二十一章　数人侵权

349 | 第一节　数人侵权的概述
349 | 第二节　有意思联络的共同侵权

---

① 我们坚持侵权行为是债发生的重要原因之一，本编第十七章之所以用"侵权行为与侵权责任法的概述"作为章名，是因为现在我国立法上已经有了《侵权责任法》，有必要与立法保持一致，以便于理解和适用。但我国未来的《民法典》是否还将它独立尚不能确定。

351	第三节	教唆和帮助行为
352	第四节	共同危险行为
354	第五节	无意思联络的数人侵权
355	第六节	数人侵权的责任

357　第二十二章　特殊主体的侵权责任

357	第一节	概述
358	第二节	监护人责任
359	第三节	暂时丧失心智损害责任
360	第四节	用工责任
363	第五节	网络侵权责任
367	第六节	违反安全保障义务的责任
370	第七节	教育机构的责任

372　第二十三章　特殊类型的侵权责任

372	第一节	产品责任
377	第二节	机动车交通事故责任
383	第三节	医疗损害责任
389	第四节	环境污染责任
395	第五节	高度危险责任
400	第六节	动物侵权责任
402	第七节	物件损害责任

第四编　法定之债（二）：无因管理与不当得利之债

411　第二十四章　无因管理之债

411	第一节	无因管理概说
413	第二节	无因管理的法律要件
416	第三节	无因管理的类型及其法律效力
420	第四节	不真正的无因管理
421	第五节	无因管理与类似行为的区别

423　第二十五章　不当得利之债

- 423　第一节　不当得利概说
- 425　第二节　不当得利之债的法律要件
- 427　第三节　不当得利的基本类型
- 432　第四节　不当得利的效力

第一编 债法总论

第一章 导 论

第二章 债务关系的内容

第三章 多数人之债

第四章 债的担保与保全

第五章 债的移转

第六章 债的消灭

第一章

导　论

第一节　债的概念、本质与特征

一、债的概念

先来看一个例子:甲欠乙人民币100万元,甲有房屋、家具、黄金制品、汽车等,乙请求用甲用这些物品偿还欠款。那么,甲对乙的关系是什么法律关系?物权关系还是债权关系?

如果你说是物权的话,则本质是支配权,则乙对甲的这些东西有支配权吗?乙对甲仅仅有请求权。这恰恰就是债的本质特征。

（一）关于债的经典定义

关于债的最原始的概念源于罗马法。优士丁尼大帝之《法学纲要》称:"债是依国法使他人为一定给付的法锁（Suris vincucum）。"故亦将债（obligatio）称为"法锁",意指债权债务关系[①]。关于债的最一般的学说是由德国法学家提出的,并直接反映在《德国民法典》中。该法典第241条对债下了一个定义:"由于债的关系债权人可以请求债务人给付。给付也可以是不作为。"

《瑞士债务法》及《法国民法典》均未对债作定义性的概括。只是法国学理根据《法国民法典》对合同所作的定义,提出了一个债的概念。这个概念与德国法的定义并无二致。英美法根本不存在债的一般概念。只是个别学者仿效大陆法系,试图提出有关债的个别共同点[②]。

（二）我国学理的定义

在我国,学理上给债下过多种定义。我们认为,债是特定人之间得请求为特定行为的法律关系。其中享有权利的人为债权人,负有义务的人为债务人。债权人有权请求债务人为特定行为,债务人有义务满足债权人的请求而为特定行为。债权人享有的权利为债权,债务人所负的义务为债务。通俗地说,债即是人们之间的一种法律关系,本质上就是一种权利义务关系。由债的本质所决定这种权利义务关系,是一种请求与被请求的关系。

[①] 周枏:《罗马法原理》,商务印书馆1994年版,第542页。
[②] 〔苏〕纳雷什金娜主编:《资本主义国家民商法》（下）,中国政法大学出版社1989年版,第2页。

（三）对债的概念的解释

1. 债是人与人之间特别的结合关系

债的法律规范的前提就是假定每个人都是民事主体,他们彼此之间没有任何关系。所有的关系都是特别结合而成的。

（1）因当事人的意思而结合的关系——合同关系。

（2）因违反法律对人的保护规范而结合的关系——例如侵权行为、无因管理行为、不当得利行为等。

（3）因违反其他法律规范而结合的关系——比如对附随义务—诚实信用的违反。

2. 债是一种法律关系的总称

包括合同之债、侵权之债、不当得利之债、无因管理之债等。

3. 债的主体是特定的

与其他权利义务关系不同,债的法律关系的主体是特定的,不仅债权人特定,债务人也是特定的。

4. 债是一种请求与被请求的法律关系,即其履行是对债务人特定行为的请求而非支配,债法上的法律关系区别于物法上的权利义务关系。

我国传统的观念中对"债"这个特定概念有诸多误解,主要表现为:（1）缺少用"请求权"统一债的立法及主流学说,现在的立法格局可以说是各自为政,有时本来应该是债的问题,却使用"民事责任"来统一债。即使至今仍有些学者仍然不能理解:为什么侵权不是产生责任而是产生债? 德国人为什么将侵权放在债法中?（2）有些初学者受到传统文化观念的影响,容易把债与钱联系起来,妨碍了对债的概念的理解,其实债不一定就等于钱。

二、债的本质

债的本质可以从以下两个方面来论述:

（一）债是可以期待的信用

关于债的本质,学者间争议颇多,我们认为,债是法律上可期待的信用。债首先确认让渡商品与实现价值之间存在时间差距的合理性,换言之,确认当事人经济利益暂时不平衡的合理性。同时又保证这种差距可以消除,即保证这种经济利益的不平衡状态趋于平衡,这样便保证了商品交换的顺利进行[①]。在商品社会中,商品交换有两种形式,一种是即时买卖,不存在时间上的差距,故无信用可能性;另一种为期货买卖,双方在给付上存在时间上的差距,这就有出现信用的可能性。信用是在商品交换中通过让渡商品与实现价值二者之间出现时间差距时产生的,它是以偿还为条件的价值的特殊运动形式,反映信用的法律制度就是债。债的存在,意味着债权人的利益尚未满足,即价值尚未实现,而当债权人的利益得到满足时,也就是债权消灭之时。故债权对于债权人来讲,并非是一种既得利益,而是一种期待利益。债法的规范功能,就是保证在不同地域、不同时间的商品交换得以实现。这种商品交换的实现,也就是债权的满足。

（二）债的本质是请求与被请求的关系

由于对他人人格的尊重,债的关系只能是请求与被请求的关系。萨维尼认为:权利是意

[①] 杨振山:"社会主义初级阶段理论与我国的民商法",载于《中国法学》1988年第5期。

志的体现。而人的意志作用于三个领域:一是作用于自己;二是作用于自然;三是作用于他人。(1)作用于自己的为原权利,即人格权;(2)作用于自然的时候,因人的意志是无法作用于无边无际自然的,因此,必然是作用于特定的物,即产生物权。因此,物权法有一个原则叫做"客体特定原则";(3)作用于他人的,分为债与婚姻。因人的特征,基于人格尊严的要求,因此不能是支配,只能是请求。

三、债的特征

(一)债的相对性

债权债务关系仅仅在特定人之间发生,一般来说,债不具有对抗第三人的特点。只有在特定情况下,债才有这一特点。这是一个近似公理的特征。有人将这种特征称为债的主体相对性。

(二)债的可诉请履行性与可执行性

债在债务人不自愿履行的情况下,债权人可以向法院或者仲裁机构提出请求其履行,以实现债的目的和内容。在取得法院判决或者仲裁裁决后,债权人可以依据强制执行方法实现债的目的。基于对人格的尊重,债权不具有支配性,而仅仅具有请求性。当然,请求性包括诉讼请求与诉讼外请求。当然,可能因为标的物的不存在而转为赔偿。

(三)债的关系的平等性

一个人或者一种财产可以负担许多地位平等且内容相同的债,甚至可以负担超过自己财产的债务。因债之"请求"的本质属性,因此这些法律关系可以平等共存,而且无顺序性。在这一点上,具有支配性和排他性的物权关系是无法做到的。也正是因为这种平等性,导致了债的不安全性,所以担保也就由此而生。在这一点上,因物权关系的支配性和排他性,担保也就不需要。

(四)债的非公示性

由于债的非排他性及平等性,决定了它仅仅具有相对的效力,即仅仅在当事人之间具有效力而不得对抗第三人。因此,它无须公示(但在不动产交易中出现了"预告登记制度",也算是例外)。

(五)可移转性

债是一种权利义务关系,包括权利和义务(债权和债务),一般来说,债权和债务都是可以转移的(有人称为可处分性)。但有些债务和债权,由于其本身的属性或者法律的强行性规定,是不可以转移的,甚至是不可以被强制执行的。

(六)债是保有给付的原因

即是指根据债的关系获得的结果,受法律保护。德国学者[①]很强调这一特征。为什么?因为他们强调结果的原因(有因无因问题——无原因的债是有问题的。德国人认为,债是有因的而物权则是无因的。)

---

① 〔德〕迪特尔·梅迪库斯:《德国债法总论》,杜景林、卢谌译,法律出版社2007年版,第19页。

第二节 债的要素

债作为一种民事法律关系,具有主体、客体和内容三个基本要素。

一、债的主体

债的主体,是指参与债的法律关系的当事人。债的主体可分为权利主体与义务主体,权利主体是指债权人,义务主体是指债务人。债权人和债务人可以是单数,也可为复数。当债权人或债务人一方有数人时,就分别称为多数债权人或多数债务人,他们之间的债,也就称为多数人之债。

二、债的内容

关于何为债的内容,学者间存有分歧。有人认为,债的内容为债务人的行为,如支付价金行为、交付物品的行为。[①] 通说认为,债的内容为债权与债务,即债权人所享有的权利与债务人所负有的义务。债权与债务为内容相同的不同称谓,对债权人来讲为债权,而对债务人则为债务,但债权与债务所负载的是同一特定行为,债权是请求为特定行为的权利,债务是负有为特定行为的义务,由此决定了债权债务的对应性。

三、债的客体

(一) 何为客体?

何为债的客体,学理上众说纷纭。有人认为,债的客体为债权债务所共同指向的对象,习惯上又称为债的标的。客体与标的区分本身是一个没有法律意义的语言逻辑问题,其实是一回事。"标的"是早年引进近代欧陆民法时,用来表示客体概念的一个词汇,现在已成了客体的通俗用语。从运用的角度看,静态地研究债的民事法律关系,往往使用"客体";动态地研究债的民事法律关系时,往往用"标的"。[②] 有人认为,债的"标的"与"客体"有别:前者为债务人的行为,后者为债务人本身。[③] 也有人认为,债的标的即为债的客体,亦即债务人之给付是也,也就是说在债务人方面即为给付。[④] 林诚二先生也认为:债之标的,即债之客体,乃债务人基于债之关系所为的给付。[⑤]

我们认为,债的标的与客体具有相同的意义,只是适用的场合不同:在物权与债权关系中,多用客体;而在契约关系中,多用标的。这种标的或客体即是债权债务所共同负载的特定行为。而这种特定行为具体在动态上,即是给付。在罗马法上,债的标的即是债务人的给付。

(二) 客体的重要性

"无客体即无权利",许多民事权利体系的分类是以客体为标准的,例如,财产权、人身

---

① 王利明等:《民法新论》(下),中国政法大学出版社1988年版,第251页。
② 史际春:"关于债的概念和客体的若干基本问题",载《法学研究》1985年第3期。
③ 史尚宽:《债法总论》,台湾荣泰印书馆1978年版,第223页。
④ 郑玉波:《民法债权总论》,台湾三民书局印行2010年版,第255页。
⑤ 林诚二:《债法总论新解》(上),台湾瑞兴图书股份有限公司2010年版,第491页。

权、物权、知识产权等。法律关系或者权利义务关系之所以需要客体,是要明确权利义务的界限。按照德国学者的观点,说"某人拥有一种权利",意思是说,他依法能够享有什么或者应该享有什么。它可以是对人的尊重或者不得侵犯,也可以是权利人的行为范围,也可以是另一个人的给付义务等。因此就产生了各种不同类型的权利①。正是由于客体不同,才决定了不同的权利类型,故客体是权利类型的基础。因此,任何一种权利必须有明确的客体。就如拉伦茨所言:权利所指向的对象,也即权利人对之有权的客体,必须是十分确定的。权利人必须可以排除他人对这个特定物的使用,权利人可以处分这个特定物,或者根据法律可以要求某个特定的人(债务人)履行特定的给付②。

在物权关系中因支配的特性甚至要求"客体特定"。债的关系虽然不要求客体特定,但要求客体必须明确。否则,一旦不履行债务,法律便无从救济。

(三) 给付(债的客体)的分类

依保路斯的意思,债的客体分为三种:(1)"给"(dare),指移转物权;(2)"为"(facere),指移转物权以外的行为,即债务人作为或不作为;(3)"供"(praestare),一般指赔偿损害等③。现代社会债法的分类一般是:

(1) 财产性给付与非财产性给付。在昔日罗马法上,无财产性的给付不得作为债的标的④,但现代民法上不再要求,如消除影响、赔礼道歉就不是财产性给付。

(2) 积极给付与消极给付。这种区分主要是以债务人的给付行为是作为还是不作为为标准。债的标的一般是作为,不作为是比较少的。

"不作为"在什么情况下才能成为债的标的?先举一个例子:甲是一个刚刚从监狱出来的人,乙是其邻居,因害怕被甲侵犯,就与甲订立一个合同:只要甲不侵犯他,每年给甲10万元。这个合同是否有效?一般来说,债的客体可以是"作为",也可以是"不作为"。"作为"是债的最常见最普遍的标的,如支付价款、提供服务等;而"不作为"不能一般地作为债的标的,只有在法律规定或者当事人特别约定时才能成为债的标的,如不侵犯他人财产或者健康的不作为义务,就不是债法上的义务,这是法律对秩序的一般要求。但是,如果根据诚实信用原则的不竞争义务,或者当事人约定的"不作为义务"是可以的,如双方约定对方不得发出任何噪音。

(3) 种类给付与特定给付。给付的物为种类物还是特定物,这虽然是物的划分,但仅仅在债法上才有意义,就是在债的履行和法律救济方面是有意义的。

(4) 可分给付与不可分给付。依据给付的对象是否具有可分割性分为可分给付与不可分给付。如金钱为可分给付,而一匹马就是不可分给付。这种划分主要对于义务履行有重要意义。

---

① [德]卡尔·拉伦茨:《德国民法通论》,王晓晔等译,法律出版社2004年版,第280—281、282、378页。
② 同上书,第378页。
③ 周枏著:《罗马法原理》,商务印书馆1994年版,第630页。
④ 郑玉波:《民法债权总论》,台湾三民书局2010年版印行,第256页。

第三节 债的发生根据

一、债的发生原因的概述

我们在学习债法的过程中,最令人疑惑的往往是:债是如何发生的?只有明白了债如何发生,才能更好地了解债的关系。

概括地说,债的发生往往根据两种原因发生:(1) 法定之债,违反了法律对权利保护的规范,因而发生了赔偿义务,故在当事人之间发生了请求与被请求的关系,从这种结果上看,将其归入债的关系中。这种债因法律规定而当然产生,故又称法定之债。例如,侵犯他人的身体,发生赔偿义务。这种债往往被称为"法定之债"。(2) 意定之债,即根据意思自治的原则,当事人通过法律行为所产生的债,例如通过协商而订立合同,或者因单方行为而产生的债权债务关系。

二、债发生的具体原因

(一) 法定原因

1. 侵权行为

我国1986年的《民法通则》第106条第2款与第3款对侵权行为进行了一般性规定,即:"公民、法人由于过错侵害国家的、集体的财产,侵害他人财产、人身的,应当承担民事责任。没有过错,但法律规定应当承担民事责任的,应当承担民事责任。"《侵权责任法》沿袭《民法通则》的做法,其第6条和第7条规定了几乎相同的内容,第6条规定:"行为人因过错侵害他人民事权益,应当承担侵权责任。根据法律规定推定行为人有过错,行为人不能证明自己没有过错的,应当承担侵权责任。"第7条规定:"行为人损害他人民事权益,不论行为人有无过错,法律规定应当承担侵权责任的,依照其规定。"我国学理对于什么是侵权行为也有不同认识,比较有代表性的有以下几种:(1) 侵权行为是指行为人由于过错侵害他人的财产、人身,依法应当承担民事责任的行为,以及法律特别规定应对受害人承担民事责任的其他致害行为。[1] (2) 侵权行为是指行为人由于过错侵害他人的财产和人身,依法应当承担民事责任的行为,以及依法律特别规定应当承担民事责任的其他损害行为[2]。(3) 侵权行为是指行为人由于过错或者在法律特别规定的场合不问过错,违反法律规定的义务,以作为或者不作为的方式侵害他人人身权利和财产权利及其利益,依法应当承担损害赔偿等法律后果的行为[3]。

以上三种概念中,前二种基本上是一致的,都强调"过错"(特定情况下的无过错)作为核心要件,第三种定义除了强调"过错"(特定情况下的无过错)外,还加上"违法性"。我们认为,虽然从《侵权责任法》第6条及第7条规定看,似乎没有特别强调"违法性"而仅仅强

---

[1] 佟柔主编:《中国民法》,法律出版社1990年版,第557页。
[2] 王利明:《民法·侵权行为法》,中国人民大学出版社1993年版,第12页。
[3] 杨立新:《侵权法总则》,人民法院出版社2009年版,第69页。

调"过错"(特定情况下的无过错),但从整个侵权责任法的体系看,"违法性"①始终都是侵权责任构成的不可缺少的一个要件,如果行为具有合法性,则难以构成侵权行为,如正当防卫就不是侵权。另外,未成年人的侵权行为的责任也不是因为他们有过错,而是因为不法等等。因此,侵权行为的概念要突出"过错"(特定情况下的无过错)、"违法性""损害"和"因果关系"诸特征。同时,侵权行为的界定要与责任联系起来,不需要承担责任的"侵权行为",在侵权法上没有意义。因此,我们将侵权行为定义为:行为人由于过错或者在法律特别规定的场合不问过错,不法侵害他人的民事权益,依法应当向该他人承担民事责任的行为。

2. 不当得利

不当得利是指没有合法的根据使他人受损而自己获益的行为。正因为其无合法的根据,故其获益不受法律保护,获益人应将其所获得的利益返还给受损失的人。这种不当得利返还的权利义务关系,就是不当得利之债。其中,获得不当得利的人为受益人,也是不当得利之债的债务人;受损失的人称为受害人,是不当得利的债权人。

3. 无因管理

所谓的无因管理,是指没有法定或者约定的义务而替他人管理事务的行为,如见义勇为。因这种行为有可能使管理人支出了费用或者受到损失,因此有权利向被管理人请求支付。这样就在管理人与被管理人之间产生了请求与被请求的关系,因此称为债的关系。

4. 缔约过失

缔约当事人可能经过讨价还价与磋商之后,达成合意而使合同成立,也可能因为不能达成合意而导致合同不能成立。在合同不能成立而使缔约一方当事人遭受损失时,他是否有权要求对方赔偿?如果有权要求对方赔偿损失,那么责任基础是什么?从逻辑上说,因合同未能成立,显然不能以合同责任为基础。是否可以承担侵权责任为基础而请求这种赔偿?我们必须承认,有时侵权行为法上的"注意义务"不能完全涵盖缔约当事人之间的"注意义务"。因为缔约过程中的当事人之间的注意义务比一般人之间的注意义务要求更高,所以侵权行为法不能完全解决缔约过失责任问题。这就要求必须在合同责任与侵权责任之间寻找另外的责任基础,而这种责任基础就是缔约过失责任。具体来说,缔约过失责任是指在缔结契约过程中(在契约缔结或者磋商之际),一方当事人过失地违反因诚实信用原则而生的相互保护、通知、协力等义务,致使他方当事人遭受损害时,过失者应负的赔偿责任。② 也就是说,缔约过程中一方当事人违反诚实信用原则所生的附随义务而非合同义务,应当向对方负赔偿责任。

缔约过失主要在合同不成立、无效或者被撤销的法律后果处理中适用,作为赔偿请求权的基础。

(二) 意定原因

1. 合同

合同是平等主体的自然人、法人、其他组织之间设立、变更、终止民事权利义务的法律行

---

① 在许多国家的学理和司法实践中,已经将之称为"不当行为"见〔德〕克里斯蒂安·冯·巴尔:《欧洲比较侵权行为法》,张新宝译,法律出版社2001年版,第5页及316页等。
② 王泽鉴:《民法学说与判例研究》(第1册),中国政法大学出版社1998年版,第97页。

为。合同在债法上的效力，会产生当事人之间的请求与被请求的关系，因此是债的产生原因。由于私法自治的基本原则，合同是债产生的最重要的原因。

2. 单方行为

单方法律行为也可以产生债的关系，但必须注意的是，单方行为产生债是受到严格限制的。单方行为在实践中主要表现为悬赏广告和单方许诺。

在广告中有一种与一般商业性广告不同的广告，即悬赏广告。悬赏广告是指以广告的形式声明对完成一定行为的人给予完成广告中所声明的报酬的意思表示。这样一来，就在广告人与完成广告特定行为的人之间产生了请求与被请求的权利义务关系，而这种权利义务关系就是债。《最高人民法院关于适用〈中华人民共和国合同法〉若干问题的解释（二）》，简称《合同法解释（二）》第3条规定："悬赏人以公开方式声明对完成一定行为的人支付报酬，完成特定行为的人请求悬赏人支付报酬的，人民法院依法予以支持。但悬赏有合同法第52条规定情形的除外。"

单方许诺是指一方以意思表示愿意承担某种义务，例如，甲与乙有债权债务关系，甲是债权人，乙为债务人，丙属于第三人，丙单方以书面形式向甲表示愿意替乙向甲承担保证责任，如果甲接受的，保证义务也成立。

第四节　债法的体系

一、债法的法律渊源

什么是法律渊源？学理论上存在争议，就像博登海默所指出的，法律渊源这一术语迄今尚未在英美国法理中获得一致的含义。① 在大陆法系也是一样，例如萨维尼认为，一般的法的成立原因、法律制度的成立原因以及通过对法律制度进行抽象而形成的一个个法规的成立原因，就被称为法律渊源。② 因为萨维尼始终认为，法律是一种历史文化现象，萌生于一个民族的灵魂深处并在那里经过长期的历史进程而孕育成熟③，所以，法律是民族精神的产物，法律的渊源就是民族精神。而有学者，例如王泽鉴先生认为，民法的法渊源，是指法的存在形式。法律、习惯及法理为直接渊源，而判例与学说为间接渊源。④

按照我国大陆的学理通说，一般认为，法律渊源，是指法的存在形式。债法的法律渊源，就是指债法的存在形式。

在大陆法系，无论是立法还是学理，历来存在所谓"民商合一"和"民商分离"体例之别。但法典无论是合一还是分离，对于从本质上界定债法的渊源，并没有大的影响。因为，无论民法还是商法，只要存在私法上的请求权关系，都可以归于债的范畴。因此，无论在哪种体例下，债法的渊源都是：（1）民法典及民事特别法；（2）商事法（在民商合一的国家，这种商事法仅仅表现为民法的特别法，如票据法、保险法、证券法等；而在民商分离的国家，则表现为商法典及商事特别法）；（3）法规及立法或者司法解释（在我国，主要表现为以国务院名义

---

① 〔美〕E.博登海默：《法理学：法律哲学与法律方法》，邓正来译，中国政法大学出版社1999年版，第413页。
② 转引自龙卫球：《民法总论》，中国法制出版社2001年版，第32页。
③ 〔德〕K.茨威格特：《比较法总论》，潘汉典等译，贵州人民出版社1992年版，第258页。
④ 王泽鉴：《民法总则》，中国政法大学出版社2001年版，第44页。

发布的法规、全国人大立法及最高人民法院的司法解释);(4)习惯(包括民事习惯和商事习惯)。

债法的法律规范可以分为形式意义上的债法和实质意义上的债法。前者主要是指各国民法典中的"债编",而实质意义上的债法则是指除了民法典中"债"字样的规范外,还包括实质上调整债权债务关系的规范。

二、民法典中债的体系结构

(一)外在的结构形式

1. 国外主要立法例

(1)罗马法与法国法没有独立的债法编,而是把债作为取得财产的方式规定,因而与继承并列。

(2)德国法的模式。德国民法典创造了债法的完整体系,将侵权行为、不当得利、无因管理、合同、缔约过失以结果为主线归入债的关系中。

2. 我国学理与立法

从学理上看,我国的教科书基本上是承认德国式的债法结构的,几乎所有的教科书都将侵权行为、不当得利、无因管理、合同、缔约过失作为债的发生原因。但在我国立法上,却没有遵循债的一般概念和结构,例如,侵权的结果不是债而是"侵权责任",甚至有人提出这样的疑问:为什么侵犯了他人的财产、知识产权、人身权就成了债而不是责任?在未来的民法典中,欲将侵权、合同等独立成编。因此,在未来我国民法典的立法中,债的外在表现形式仍然是一个大的问题。

我们认为,要坚持债的科学性和统一性,即:(1)坚持债的请求性特征;(2)坚持债的客体与物权客体的区别;(3)坚持债的概念的科学性和一元性,以"请求权"来界定债编,而不能以债的发生原因来分编。

(二)内在的结构形式

由于《德国民法典》是我国立法及学理的蓝本,其内部结构形式也基本是我国教科书及立法借鉴的来源。《德国民法典》的立法技术及设计思想可以概括为:以高度抽象的方式将各编的"公因式"提取出来,并确立一般规则,适用于各编,而各编相同的内容不再重复,继而规定例外。诚如德国学者梅迪库斯所言,根据民法典制定者的计划,总则应当包括那些适用于民法典以下诸编的规则,亦即总则包括的是在某种程度上被提取和抽象的一般性内容。[①] 不仅如此,德国民法典的这种高度抽象、公因式的立法技术,不仅在总则与其他各编的关系中运用,而且在每一编中也有如此的体例,就如德国学者所言,这将一般的内容置于前面的立法技术,在民法典的其他地方还多次重现。比如,第二编(债编)的前六章是一般性规定,之后是各种债务关系;第三编(物编)也是先规定一般性的占有、土地上权利通则,然后再规定具体的权利;最后,第四编也是先规定"婚姻的一般效力",然后再规定各种具体的财产制[②]。有的学者评价说,这一体系方法是《德国民法典》的显著特征,认识到这一点,将使对

---

① 〔德〕迪特尔·梅迪库斯:《德国民法总论》,邵建东译,法律出版社2000年版,第22页。
② 同上。

相关法律规定的寻找和对《德国民法典》的理解更为容易①。

也就是说,从债法的内部结构来看,也是先规定债的一般规则,然后是各种不同的债。我国的债法教科书及未来的民法典也基本是这种结构形式。

三、债法在民法财产法中的地位

(一)债法与物法的二元划分,构成了传统民法的财产体法系

债权关系与物权关系的精确划分开始于《德国民法典》,《德国民法典》前无明确划分,例如在《法国民法典》中就没有物权关系与债权关系的明确划分。这种划分使得裁判规范更加精确,但并没有改变财产的整体构成,债法与物法构成了调整财产关系的规范体系。

(二)债的灵活性与多样性,使得债成为财产关系中最重要的部分

日本学者我妻荣甚至认为,债是财产的重要部分,因债权的特点及社会的变迁,特别是随着资本主义的发展,逐渐由对物的支配过渡到对人的支配;财产债权化及证券化,债权的地位越来越重要。② 特别是从使用和受益的视角看,物权与债权各有所长;物权具有稳定性,而债权则更灵活。例如,我没有土地,想使用土地种菜,那么有两种方式可以解决这一问题:一是利用土地承包经营权(永佃权),二是租赁。如果想长期种菜,当然是物权更稳定(承包经营权30年),但如果我可能只是短期使用,还是债权简单灵活。生活中,物权无论是在种类还是内容上,都远远不及债权。而且,对财富增长最快的手段,还是债权。

(三)物权法规范和债法规范在适用上的交织关系

这是民法中最具有挑战性的一个问题,特别是对于学习民法的人来说更是如此。我们首先来看几个例子:

1. 甲的电脑被乙拿走(占有),甲应当如何请求救济?
(1) 根据侵权可以吗?
(2) 根据《物权法》可以请求所有权返还吗?
(3) 可以根据占有规定要求返还吗?
(4) 可以根据不当得利请求吗?

如果乙占有电脑期间发生了损害,又根据什么法律如何请求呢?他们的实质区别是什么?

2. 甲与乙订立买卖合同,买卖标的物是房屋。甲与乙订立合同后,因甲对房屋根本没有处分权,因此无法办理登记过户手续。请问:甲与乙签订的房屋买卖合同有效吗?对于房屋所有权有影响吗?

3. 甲与乙是邻居,甲因职业习惯,经常在晚上半夜跳舞唱歌,严重影响了乙的休息。乙如何请求救济?
(1) 可以根据相邻关系请求救济吗?
(2) 可以根据侵权请求救济吗?

为什么会有这样复杂的问题?原因是:(1)生活是统一的而法律则是解剖学意义上的分离的;(2)各个法律规范之间存在重叠保护的问题,也就是学理上讲的竞合。

---

① 〔德〕哈里·韦斯特曼:《德国民法基本概念》,张定军等译,中国人民大学出版社2013年版,第11页。
② 详见〔日〕我妻荣:《论债权在现代法上的优越性》,王书江等译,中国大百科全书出版社1999年版。

四、债法与民法总则的关系

可以说,民法总则是民法各个部分的"公因式",是民法的灵魂,债法、物法、婚姻与继承的所有共同的东西都规定在总则部分。因此,债法与民法总则的关系就非常密切了。债的主体问题、债的发生根据(法律行为)、客体等问题,都规定在总则部分。

我们来看关于主体的两个例子:

(1) 山东顺利粮油公司在北京设立了一个办事处,因成立需要购买家具。该办事处以自己的名义在北京蓝景丽家家具城与北京家友家具公司签订买卖合同。后因办事处资金不足,无法全额支付。请问:该办事处能否承担独立责任(有限责任)?

(2) 甲与乙通过合同订立合伙协议并通过工商注册。后在合伙经营过程中,欠上海通用电器公司货款 100 万元,那么合伙人还是合伙承担责任?

五、债法本身的新发展

现代以来,债法内部的新发展主要体现在两个方面:(1) 违约救济与侵权救济的边界比以前更加模糊,以便于为当事人提供救济,主要表现在加害给付这一请求权基础的出现;(2) 违约救济中出现了"精神损害"赔偿问题。

(一) 加害给付请求权基础

加害给付是指债务人所为的履行不合债的本旨,除可能损害债权人的履行利益外,尚发生对债权人固有利益的损害。也就是说,债务人的给付行为有背债之主旨行为,除有可能造成债权人契约利益外(这里仅仅是可能,有时并不同时发生),尚对债权人契约利益外的固有利益的损害的情形。这实际上是对传统民法关于违约与侵权二元救济体系的突破。

在我国《合同法》第 122 条明确规定了加害给付:"因当事人一方的违约行为,侵害对方人身、财产权益的,受损害方有权选择依照本法要求其承担违约责任或者依照其他法律要求其承担侵权责任。"也就是说,违约行为对当事人的固有利益造成损害的,可以依据合同法请求救济。显然,这已经将加害给付作为一种独立的请求权基础。

(二) 违约中的精神损害赔偿问题

一般情况下,违约救济中是不存在精神损害赔偿问题的,即使在侵权的情况下,也仅仅涉及人身损害时,才可能有精神损害赔偿问题。可以说,确认非财产性损害不予以赔偿的著名案例,来自于英国上议院(House of Lords)于 1909 年审理的阿迪斯诉格兰冯(Addis V. Gramophone Co Ltd)一案的判决,该案被称为英国合同法上的经典案例。该案的案情是:原告由被告雇佣为经理,经营被告在加尔各答的事业。被告与原告约定使用周薪制,每周为 15 英镑,并且每做成一笔生意便有相应的提成。如果被告想解雇原告,必须提前 6 个月通知原告。后来被告以提前 6 个月通知原告,但却以粗暴地、令人感到屈辱的方式立即解雇原告并指派另外一人取代他。原告向法院起诉,要求被告赔偿其 6 个月的薪金和提成,同时要求赔偿由于被告"突兀的、压迫性的、难以忍受"以及"屈辱性和粗暴性"的解雇方式所造成的情感和名誉损害给予赔偿。[①] 尽管对该案是否真正确定了因违约而造成的非财产性损害不予赔偿的规则尚有争议,但英国绝大部分法官与学者认为,阿迪斯案的判决结论是:非金钱

---

① Smith & Thomas, A Casebook On Contract, Tenth Edition, Sweet & Maxwell, p.608.

损失在合同法上是不可赔偿的。也就是说,对于第一损失(薪金和提成)是可以赔偿的,而对于第二损失(情感与名誉伤害)则不能获得赔偿。① 学者基缇(Chitty)也指出:合同中不能给原告的情感伤害,或者违约造成的精神痛苦、烦恼以及名誉损失予以赔偿。② 大陆法系国家也基本上遵循这一规则。

尽管阿迪斯诉格兰冯一案确立了上述规则,但一些英联邦法官也认为,拒绝对精神伤害进行赔偿的规则,缺乏原则上的有效基础。因此,英国判例到了20世纪70年代,开始逐渐突破阿迪斯诉格兰冯一案的困扰,创造了许多对因违约造成的非财产性救济的例外,翟维斯诉天鹅旅游公司(Jarvis V. Swans Tours Ltd)一案就是一个典型的例外。被告为某旅游公司,刊登广告说以丰厚的条件提供瑞士家庭式晚会,承诺将会有非常美妙的时光。原告支付了63.45英镑向被告预定了一个假期,并于其年度两周的假期时去度假。第一个星期只有13个客人,第二个星期连一个客人也没有了。假期在许多方面均与广告小册子中描述的不相符合。一审法院法官判决原告获得31.72英镑的损害赔偿。原告提起了上诉。上诉法院法官丹宁勋爵(Lord Denning)在判决中指出:法律的立场是什么?我认为广告小册子中的说明构成了陈述或担保。对陈述或担保的违反给予Jarvis先生以一项损害赔偿请求权。那些说明究竟是陈述抑或是担保,并无区分之必要,因为根据1967年之不实陈述法案(Misrepresentation Act),对于不实陈述与违反担保均可获得损害赔偿之救济。丹宁勋爵指出,本案的一个问题是:损害赔偿的数额是多少?法官似乎采受害人实际支出的数额与所获之数额的差额的观点。他说他意欲给予这两者的差价,除此之外任何其他损失无论以何名目出现都不予考虑。他认为Jarvis先生只获得了他所支出之数额的一半,因此该法官判决他获得一半的赔偿金,即31.72英镑。Jarvis先生上诉于本院,声称他应当获得更多的赔偿……正确计算损害赔偿的方法是什么?通常认为基于违约行为不能取得精神损害赔偿,丹宁勋爵认为那些限制早已过时。在一个适当的案件中能够基于合同而获得精神损害(mental distress)赔偿,正如基于侵权行为可以就所受之惊恐(shock)获得损害赔偿的道理一样。度假合同、或者其他有关提供娱乐及享受的合同,就是这样的案子。如果缔约方违反了他的合同义务,那么就应当对相对人因此而遭受之失望(disappointment)、痛苦(distress)、悲伤(upset)以及沮丧(frustration)提供赔偿。我深知对于此等损害很难用金钱进行计算,但是这并不比法院每天都在进行的对人身伤害案件之痛苦的计算更为困难。就本案而言,Jarvis先生一年只有这两周的休假,他提前预订了该次度假中的活动,并一直期待着享受此假期,因此他就此损失应当获得赔偿。在论辩的过程中Edmund Davies L. J.引证一个很好的例子,在那个案子中一个人得到一张去Glyndbourne的门票,而且只有那一天晚上他能够去那里。他租了一辆车送他去那儿,当天晚上他租的车没有来,他有权就其所遭受之失望以及本来能够享受到的快乐得到损害赔偿。在本案中Jarvis先生的两周冬季年假是令人失望的。的确,被告将其送到了瑞士并将其接回,也为他提供了旅馆中的食宿,但是这些并非原告去度假的目的,他期待着利用被告所承诺的将会提供的所有条件享受生活。他有权就未得到的那些条件以及未能获

---

① 〔英〕纳尔森·厄侬常:"违约与精神损害赔偿",肖厚国译,载于梁慧星主编:《民商法论丛》第16卷,香港金桥文化出版有限责任公司2000年版,第489页。

② Chitty On Contract (1994), Sweet & Maxwell, 27th Para 26—041.

得的享受得到损害赔偿金……,丹宁勋爵以为该案的损害赔偿金应当是125英镑①。

在英国判例中,给予因违约造成的非财产性损害赔偿的这些例外主要有三种类型:(1)合同的目的就是提供安宁和快乐的享受;(2)合同的目的是为了摆脱痛苦与烦恼;(3)由于身体上的不便所造成的非财产损害。这种情形通常发生在个人购买房屋的案件中,由于被告的过失而没有将房屋的缺陷告诉原告,使原告对房屋大失所望,因此给原告及家人造成的极大不便并带来精神上的痛苦与烦恼②。苏格兰法律委员会还举出这样一个例子:出于怀旧的原因,A想要用来自其出生与成长之家乡的大理石来建筑其新住宅的底墙。为此他与建筑人B签订了合同,并将石头之来源对于他的重要性告知于B。B使用了价值相同但更为优质的当地大理石进行了建筑。B的一个雇员于住宅落成之后将石头的来源告诉了A。法院不会做出实际履行的判决,因为这样既不合理又相当艰难。法院亦不会允许给予拆屋并予重建之费用的损害赔偿,因为这同样是不合理的。此住宅的价值并不比使用其他大理石而建成的低。因此基于价值减少的理由,将无法获得赔偿。然而大多数人认为对于B的违约行为A应当一定的赔偿。③ 这种赔偿显然是对因违约造成的非财产性损害的合同性救济。

美国判例也支持对非常情况下因违约引起的非财产性损害,如精神损害等给予法律救济。在卡拉诉音乐公司一案(Carla Deitsch et al. V. The Music Company)中,原告与被告签订了一份合同,双方约定被告为原告即将举行的婚礼招待会上提供一支四人组成的乐队。婚礼招待会预定从早上8点举行到午夜,合同约定费用为295美元,原告在订立合同后预交了65美元。另外,原告还为婚礼聘请了一名招待、一名摄像师和一位独唱者,以便与乐队共同演出。然而乐队却没有来,原告与被告多次联系均未成功。在哀叹与愤怒之后,原告只好请一位朋友帮助拿来一设备来播放音乐,等到安装好这些设备时已经是晚上9点钟。原告向法院起诉要求赔偿损失。法院认定了被告的违约行为,并且认为单纯地赔偿原告遭受的定金损失或者聘请其他替代乐队的价金都不能充分地补偿原告遭受的损失,原告有权获得对其精神的痛苦、不便的赔偿以及对招待会价值降低的赔偿。④

法国学术界长期以来认为,合同关系的目的不在于保护当事人的人身利益而仅仅在于保护其经济利益,故不履行合同所造成的人身损害不属于赔偿的范围。但现在人们改变了看法,谁也不怀疑合同关系中的人身损害可以像侵权行为所造成的人身损害那样可以得到赔偿。这就表明,就损害本身来说,合同中的损害与侵权中的损害并无性质的不同。⑤ 法国的判例也承认因违约造成的精神损害赔偿是可以赔偿的。⑥

德国学理与立法一直比较顽强地坚持债务不履行责任仅限于财产性赔偿,而对非财产性损害不予赔偿。虽然其判例也对诸如"财产性损害的商业化"予以承认,但仍然没有超出

---

① Smith & Thomas, A Casebook On Contract, Tenth Edition, Sweet & Maxwell, pp. 609—611.
② 程啸:"违约与非财产损害赔偿",载于梁慧星主编:《民商法论丛》第25卷,香港金桥文化出版有限责任公司2002年版,第77—79页。
③ Scottish Law Commission: Report On Remedies for Breach of Contract, Part 3(3.2), 1999.
④ 程啸:"违约与非财产损害赔偿",载于梁慧星主编:《民商法论丛》第25卷,香港金桥文化出版有限责任公司2002年版,第83页。
⑤ 〔法〕卡尔博尼, Les obligations, 转引自尹田:《法国现代合同法》,法律出版社1995年版,第320—324页。
⑥ 〔英〕纳尔森·厄农常:"违约与精神损害赔偿",肖厚国译,载于梁慧星主编:《民商法论丛》第16卷,香港金桥文化出版有限责任公司2000年版,第506页。

财产性赔偿的限制。而所谓"非财产损害的商业化"是指凡交易上得以金钱支付方式购得的利益(例如享受愉快、舒适、方便等),依交易的观念,此种利益具有财产价值,从而对其侵害而造成的损害,应属于财产上的损害,被害人得请求金钱赔偿。① 这种做法主要用于旅游合同。德国曾经有一判例确认了这种损害:原告预定与其妻子于1953年3月27日开始搭乘轮船前往国外度假18天,其于3月23日将装有衣服的行李箱报关检验。由于检验员的疏忽,致使行李被另一海关官员怀疑报关手续尚有欠缺,予以扣留待查。之后经核对确认手续无误后,海关答应继续运送行李。但在海上旅行起程后的4月7日以空运送达原告。原告主张因行李迟到,使夫妻二人无法于旅行途中正常地换穿衣物,要求海关赔偿其由此遭受的损害。法院判决被告赔偿原告因此遭受不便所带来的损失。法院认为,原告所遭受的实为财产上的损失。原告与船运公司缔约,其目的不仅在于送达二人到达目的地,尚且在于提供包括原告夫妻在内的所有游客享受不受干扰的旅行快乐,原告用总额1800马克"购得"这一享受。由于行李箱被扣,致使原告遭受严重侵害。这种侵害属于对具有财产价值对价的侵害。②

在这里可以这样认为:德国判例已经通过将非财产损害的商业化理论对非财产性损失给予了实际的合同救济,只不过其根据是"财产性损害"。特别是在旅游合同中,适用这一理论已经等同于英国判例中的第一种与第二种类型,即"合同的目的就是提供安宁和快乐的享受、合同的目的是为了摆脱痛苦与烦恼"。1979年《德国民法典》修订时,已经将这种思想贯彻于法典第651条。

通过以上对许多国判例的分析与比较后,我们可以得出这样一个比较清晰的结论:违约损害中的非财产损害已经被许多国家以不同的方式予以承认并给予契约性救济。但是,作为传统的违约与侵权二元制救济体系仍然存在,对于诸如人身伤害与精神损害等非财产性损害给予合同法上的救济不过是一种例外的处理方式,它仅是判例与学理对于这种违约救济二元制体系划分的僵硬而不能适应边际案例的一种补充而已。即使极力主张给予违约中的非财产性损害给予合同救济的英国学者也承认这是例外。③

我国民法学界对违约中的非财产性损失一般不轻易否定,但对于其中的精神损害赔偿的主流观点却是否定的。例如,王利明教授认为:有一种观点主张,具有侵权行为性质的违约行为造成他人非财产损害时,即使提起合同之诉,也能获得赔偿。我认为这种观点值得商榷。因为精神损害是合同当事人在订立合同时难以预见的,同时这种损害又难以通过金钱加以确定,因此受害人不能基于合同之诉获得赔偿。在责任竞合的情况下,可以基于侵权行为提起诉讼,而不必提起违约之诉。假如合同责任也可以对精神损害赔偿,就使得责任竞合失去了存在的意义。④ 同时,王利明教授也反对在加害给付中对精神损害给予合同救济。⑤

另外,1999年《北大法律评论》第一卷第二辑刊登了几位民法学者对一起"婚礼胶卷丢失案"的分析评论意见,三人都反对给予因违约造成的精神损失以赔偿。

---

① 王泽鉴:《民法学说与判例研究》(第7册),中国政法大学出版社1997年版,第134页。
② 同上书,第140—141页。
③ 〔英〕纳尔森·厄农常:"违约与精神损害赔偿",肖厚国译,载于梁慧星主编:《民商法论丛》第16卷,香港金桥文化出版有限责任公司2000年版,第503页。
④ 王利明:《违约责任论》,中国政法大学出版社1996年版,第400页。
⑤ 同上书,第274页。

但最近也有学者对这种绝对反对给予因违约造成的精神损失以合同救济的做法提出批评,例如有学者指出:对非财产性损害的赔偿根本不是先验的永恒地属于侵权法的问题,这种反对给予因违约造成的精神损失以合同救济的做法是法学中的"原教旨主义"。在一定情况下必须给予违约造成的非财产性损失以合同救济。① 宁红丽也认为:对于旅游合同中的精神损害应当给予赔偿。具体来说,如因旅行社不完全给付造成旅客人格权受损的,旅客可以请求精神损害赔偿;如因旅行社不完全履行合同义务没有造成旅客人格权受损,但导致合同目的严重不达的,旅客也可以请求精神损害赔偿,但应当限制赔偿数额。②

我国的判例有支持者,也有反对者。支持者例如,肖青、刘华伟婚礼彩色胶卷丢失案,冯林等出国旅游被扣案③,骨灰丢失赔偿案④等。

从立法的情况看,我国目前尚无立法明确对违约可以有精神损害赔偿之规定,特别是在2013年刚刚通过的《旅游法》本该规定这一问题的,但没有明确规定。

从实质上说,违约中非财产性损害的赔偿之争议,实际上触及了传统民法上违约救济与侵权救济二元制体系分立的一个边际问题,它既是合同问题,又涉及侵权问题。因为这种法律关系是存在于有合同关系的当事人之间的非纯粹合同关系,因此就必然涉及不同法律救济领域的重合问题。实如中国古代的一则笑话:一个人死在了两县的交界处,头在这一县,而脚在另一县,此一人命官司由哪个县管辖?为此,两个县令争吵不已。由此可见,人的死亡这种生活世界的逻辑与行政区划这种人为之事之间确有不合之处。法律这种人为之事与生活逻辑之间也常有边际性不符的情形。这时应当通过扩张合同法之领域来解决一些看似应当由侵权法解决的问题。在遵守限制规则的前提下,在一定条件下应给予因违约造成的包括精神损害在内的非财产性救济,是生活逻辑的必然要求。

---

① 程啸:"违约与非财产损害赔偿",载于梁慧星主编:《民商法论丛》第25卷,香港金桥文化出版有限责任公司2002年版,第105页。
② 宁红丽:《旅游合同研究》,载于梁慧星主编:《民商法论丛》第22卷,香港金桥文化出版有限责任公司2002年版,第55页。
③ 刘琨:"旅行社未尽义务被判罚",《人民法院报》2001年9月9日。
④ 转引自程啸:"违约与非财产损害赔偿",载于梁慧星主编:《民商法论丛》第25卷,香港金桥文化出版有限责任公司2002年版,第102页。

第二章

债务关系的内容

第一节 债务关系上的义务群

一、概说

债权所具有的请求权性质,意味着,只有经由给付,债权才能加以实现。《民法通则》第84条第2款对给付义务做如下基本规定:"债权人有权要求债务人按照合同的约定或者依照法律的规定履行义务。"可见,债务关系,其核心在于给付。

然而,广义的债务关系并非一个单一的给付关系。诚如德国法学家梅迪库斯所言:

"广义的债务关系是一个极其复杂的架构,而这一复杂的架构主要由众多的债权或者义务(狭义的债务关系)组成。这也正是人们将它称作'架构''有机组织'的原因。在这里,后两个称谓除表示复杂性之外,还应当表示广义债务关系所具有的另外一个特征,即它不是静态地僵固于一个一成不变的状态之中,而是随时间变化不断地以多种形态发生变动;它在'有机组合'这一形象化称谓中出生,并且可以成长、衰老,直至最后死亡。"[①]

债务关系既然有着如此复杂的架构,就有必要对给付义务及债务关系上的相关义务加以区分解析,从而确立一个多层、动态且具有发展性的"义务群"。[②] 对这一义务群的解构,既是为了给某些规范提供理论上的基础(如以"先合同义务"奠定"缔约过失责任"的基础),同时更是出于精确解释和适用法律规范之目的。下文将分别给付义务、附随义务、合同前义务与合同后义务、不真正义务等几个层次分析债务关系的义务群。

关于此债务关系的义务群,有两点需要说明:(1)此部分虽属债法总则的内容,且其他债务关系的确也存在多层次义务的问题(例如,负有特定物返还义务的利得人,在因其过失而导致标的物灭失之际,其原给付义务因给付不能而转化成金钱赔偿的次给付义务),但是作为所谓"有机组合"的义务群主要系针对合同之债而言,该问题对于侵权行为之债等债务关系而言并不重要。(2)此义务群的诸多方面均以诚实信用原则为其基础,认识到这一点

[①] 〔德〕迪特尔·梅迪库斯:《德国债法总论》,杜景林、卢谌译,法律出版社2004年版,第9页。
[②] "义务群"这一术语借用了王泽鉴先生的表述,参见王泽鉴:《债法原理》(第一册),中国政法大学出版社2001年版,第34页。

相当重要,因为在我国,"附随义务""合同后义务"等在立法上均无直接的规范,若法院需要通过司法造法的方式承认其为合同上的责任,可依托《民法通则》第4条("民事活动应当遵循……诚实信用的原则")及《合同法》第60条第2款("当事人应当遵循诚实信用原则,根据合同的性质、目的和交易习惯履行通知、协助、保密等义务")所确立的诚实信用原则进行。

二、给付义务

(一) 给付行为与给付效果

给付,首先指向的是特定的作为或不作为,因此给付当然表现为特定的行为。不过,给付又以满足债权为宗旨,故给付的内容也必须与特定的债权目的相关联。

在某些债务关系中,只要债务人以恰当的方式为给付行为,则无论债权人方面主观的目的是否得以实现,债务人都因清偿而消灭了债务。例如,律师接受当事人委托为其处理诉讼事务,虽已尽到了一名合格律师所能尽到的一切注意义务,但仍未能使其当事人胜诉,此时,委托人不得以律师未完成给付义务为由拒绝支付报酬。此类给付不要求相关行为达成特定的效果,债务人是否妥当地履行了债务,主要视其行为时是否已尽到了法律要求的注意义务。这就意味着,过失之有无对于界定此类给付义务不履行的效果至关重要。在我国《合同法》上,尽管第107条规定的违约责任通常被理解为严格责任,但是对于仅须有给付行为而不必要求特定给付效果的债务关系而言,其债务不履行的责任必然表现为过失责任。委托合同系典型的不要求特定给付效果的合同关系,而《合同法》第406条的规定如下:"有偿的委托合同,因受托人的过错给委托人造成损失的,委托人可以要求赔偿损失。无偿的委托合同,因受托人的故意或者重大过失给委托人造成损失的,委托人可以要求赔偿损失。"

在另一些债务关系,不仅债务人需要特定的给付行为,而且该给付行为还必须实现特定的给付效果。如果给付行为未达到所要求的给付效果,则债务人之行为仍将构成债务不履行。例如,动产的出卖人虽以转移所有权的意思将标的物交付于买受人,但如其对于标的物欠缺处分权,而使买受人不能取得标的物所有权,则给付行为本身并不构成清偿。又如,承揽人不仅应完成特定的工作,而且还必须确保其交付的工作成果能够有助于实现定做人缔约的基本目的。裁缝虽为他人量体裁衣,但所制衣物竟然无法穿着,工匠为他人修配钥匙,但所制之钥匙竟然无法开锁,于此类情形,承揽人当然不得以已作出给付行为为由主张债务的消灭。除买卖、承揽外,赠与、互易、租赁及消费借贷等均属要求给付效果的债务关系。

就某一具体的债务关系而言,特定给付效果是否内含于给付义务之中,应首先依债务关系的类型与性质加以确定,这一点尤其适用于有名合同。对于无名合同,则应由当事人缔约所欲达成之目的角度寻求其意思解释,并可参酌交易习惯加以确定。

实际上,给付义务是否内含特定给付效果的问题并不仅出现在合同之债中。例如,因侵权行为而损坏他人财产的,依回复原状的要求,在当事人间可发生要求物之修缮的给付关系,此时债务人的给付就不仅要求有维修的行为,而且必须确保物品经维修后恢复先前的使用功能及价值。又如,在物权行为无因性之立法例下,如动产之买卖合同无效而处分行为有效,则买受人对出卖人负不当得利之返还义务,在此买受人的给付义务不仅指动产的交付义务,而且该给付行为还应产生所有权转移的效果。

(二) 主给付义务与从给付义务

如前所述,广义的债务关系包含多个具体的给付义务。我国《合同法》第60条第1款也规定,"当事人应当按照约定全面履行自己的义务。"因此,就债务履行本身的必要性而言,无论是主要的义务,还是对债权目的之达成仅起辅助功能的次要义务,均须由债务人一并履行。

然而,自法律适用方面而言,对某一债务关系中的给付义务进行分层并进而区分出主给付义务与从给付义务仍然是十分必要的。实际上,我国《合同法》的具体规范也涉及这一区分。该法第94条系关于法定解除权发生原因之规定,其第2、3两项均采用了"不履行主要债务""迟延履行主要债务"的表述。该条中的"主要债务"何指?要回答这一问题,我们必须对给付义务区分出主给付义务与从给付义务的层次。

1. 主给付义务

所谓主给付义务,根据王泽鉴先生的界定,指债之关系(尤其是契约)上固有、必备,并用以决定债之关系(契约)类型的基本义务(债之关系的要素)。① 实际上,我国《合同法》在对各种有名合同定义时,其所列示出的框架性的给付义务均为具有决定该合同性质的主要义务。例如,《合同法》第130条规定:"买卖合同是出卖人转移标的物的所有权于买受人,买受人支付价款的合同。"显然,在买卖合同中,出卖人的义务并不仅限于转移标的物的所有权,它还包括交付相关单证(《合同法》第136条)、权利瑕疵担保(《合同法》第150条)等。但是,一方负转移标的物所有权的义务而他方负支付金钱的义务,这就是我们识别买卖的框架性主给付义务。又如,《合同法》第212条规定:"租赁合同是出租人将租赁物交付承租人使用、收益,承租人支付租金的合同。"显然,租赁合同当事人的给付义务并不仅限于该条所列示的义务,如出租人负有维修租赁物的义务(《合同法》第220条)而承租人负有妥当使用租赁物的义务(《合同法》第219条)。但是,一方将物交给他方使用而后者支付金钱对价的,即可识别为租赁合同关系。

可见,主给付义务在具体债务关系的法律适用方面具有重要意义:对于现实发生的一个合同关系,我们时常需要尝试将其归入一个有名合同的类型之中,以便将立法上对该有名合同的相关规范适用于此具体债务关系;在此被称为"涵摄"的法律推理过程中,当事人对于合同性质及类型的认知和称谓并非决定性的因素,例如当事人间所谓"我将该住宅3年的所有权出卖给你,而你一次性向我支付价款3万元"的约定并不会使该合同被归入买卖合同的类型之中,相反,该合同的性质应被识别为租赁,从而应适用有关租赁合同相关规则。在该例中,由于所有权具有无期限性,故应将当事人的意思解释为一物之使用与一笔金钱的交换,从而使其与租赁合同的主给付义务框架相吻合。

主给付义务的确定,在法律适用方面还具有其他重要意义:(1)因债务不履行而产生合同解除权的情形,如未获履行的是主给付义务,则可导致合同解除权的产生;如未获履行的是从给付义务,则原则上不宜产生合同的解除权。例如,出卖人迟延交付标的物,并于买受人催告后的合理期限内仍不履行的,买受人可根据《合同法》第94条之规定的解除合同;但如出卖人已交付了标的物,只是未依《合同法》第136条的规定交付有关单证和资料,而该项给付义务的不履行对买受人交易目的的实现并无实质性影响,则买受人不宜享有合同解除权。(2)就《合同法》第66、67条所确立的双务合同的同时履行抗辩权与不安抗辩权而言,构成抗辩权行使基础的应为所谓"对待给付",而主给付义务当然构成对待给付(从给付义

---

① 王泽鉴:《债法原理》(第一册),中国政法大学出版社2001年版,第36页。

务则未必)。例如,若买卖合同未确定先后履行顺序,则在出卖人交付标的物之前,买受人有权拒绝出卖人要求支付价金的请求;相反,如出卖人已主动交付了标的物,只是尚未交付对买受人的交易利益无关紧要的相关单证或资料,则买受人不得再依《合同法》第 67 条之规定主张同时履行抗辩权。

2. 从给付义务

债务关系的给付义务中,除主给付义务之外的其他给付义务,即为从给付义务。自功能方面观察,从给付义务有辅助主给付义务的作用,从而确保债权人的利益得到更大的满足。通常买受人受领出卖人交付的合格标的物即可实现其交易目的,但如果标的物在使用操控方面存在一定的技术难度,则出卖人应提供完整的产品说明书,必要时还应向买受人提供一定的技术支持。

从给付义务在使债权人得到更大满足的同时,当然也对债务人构成了财产性的负担,故从给付义务的发生亦应有正当的基础。从给付义务可以有以下三方面的发生原因:(1) 基于当事人间的合意。在主给付义务所确定的合同框架下,当事人可以通过合意设置其他辅助性的给付义务,只要这些附加给付义务不改变债务关系的基本性质,它们即可构成从给付义务。例如,雇主与雇员约定,为确保雇员的工作效率,雇员不得在业余时间兼职,雇主因此给雇员一定的薪金补偿。(2) 基于法律的明文规定。对于有名合同,法律不仅就主给付义务规范,而且往往也为确保债权更大满足之目的而规定一些从给付义务,例如,在委托合同中,受托人的主给付义务是按照委托人的指示处理受托事务(《合同法》第 399 条),同时,法律又规定了受托人就事务处理的报告义务(《合同法》第 401 条),后者即为从给付义务,其目的在于使委托人随时了解事务的处理情况。(3) 诚信原则。诚信原则的"造法"功能突出地体现在其作为从给付义务之基础这一点上,即某一行为义务即便未为当事人所具体约定,同时也未为法律明确规定,只要诚信原则有此要求,即应认定为债务人所应负担的从给付义务。例如,买受人在就标的物的使用遭遇技术问题时,出卖人应给予必要的说明与指导。

从给付义务属于给付义务的一部分,在债务人不履行从给付义务之时,债权人可以诉请债务人履行。就双务合同而言,一方的从给付义务是否与他方的给付构成对待给付,从而发生双务合同抗辩权的效果,应视该给付义务对于债权人之合同目的的达成是否为必要而定。例如,在出卖二手车辆的情形,随车证照等的交付对于买受人实现交易目的至关重要,因此出卖人的该从给付义务与买受人的价款支付义务可构成对待给付。

(三) 原给付义务与次给付义务

债务关系是一个动态的财产关系,这不仅是指债的关系发生后可能因清偿等原因发生消灭,而且也指债的关系在保持同一性的情况下其内容可发生变更或扩张。

所谓原给付义务,也称第一次义务,是指债的关系上原有的义务。例如,在买卖合同中,出卖人所负有的交付标的物并移转所有权的义务,买受人所负有的价金支付义务。

所谓次给付义务,也称第二次义务,是指原给付义务在履行过程中因发生特定事由演变而成的义务,主要包括:(1) 因原给付义务的不履行而发生的损害赔偿义务,例如,出卖人因过失导致买卖标的物毁损,而对买受人负金钱赔偿义务;(2) 因当事人行使合同解除权所发生的恢复原状义务。

次给付义务往往被归入民事责任的范畴,在此,债务与责任的界限模糊不清。就合同债务的不履行而言,我国《合同法》将其法律效果均归入"违约责任"的范畴。例如,根据该法

第111条的规定,质量不符合约定的,应当承担修理、更换、重做、退货、减少价款或者报酬等违约责任。实际上,修理、退货、减少价款等责任形式在合同当事人间重新确立了新的给付关系,也就是说,这些违约责任的形式同样也属于"债务"的范畴。不过,这一债务所包含的给付已与先前的给付有所不同(相反,被强制实际履行的责任形式仍在原给付义务的范畴之内),从而可被称为次给付义务。

使"责任"向"次给付义务"回归,其必要性仍在于法律适用方面。"次给付义务"这一概念强调这一内容更新了的给付仍然根基于原有的债务关系,从而使先前债务关系所产生的效力仍可以适用于次给付义务之上。例如,甲负有向乙交付某一特定物的债务,但乙的请求权已罹于时效,后因甲的过失导致该特定物灭失,乙请求金钱赔偿,此时甲可基于债之关系的同一性主张时效届满的抗辩。又如,甲负有向乙交付某一特定物的债务,丙为保证人,后因甲的过失而导致该特定物灭失,乙要求金钱赔偿,此时给付义务的内容虽然发生了变化,但丙仍须担保此金钱给付义务的履行。

三、附随义务

我国《合同法》第60条第2款规定:"当事人应当遵循诚实信用原则,根据合同的性质、目的和交易习惯履行通知、协助、保密等义务。"关于此类通知、协助、保密等义务的性质,学理上通常将其界定为"附随义务"。① 关于"附随义务"这一概念的具体意义,在学理上并非没有疑义。事实上,在产生这一法律范畴的德国,就存在着使用多个意义不尽相同的术语来指称这一义务的现象,如"保护义务"(Schutzpflicht)、"其他行为义务"(Weitere Verhaltenspflicht)等。②

由债务关系上义务群的角度观察,附随义务是债务人于给付义务(包括主给付义务与从给付义务)之外所承受的行为义务。因此,一切不属于给付义务范畴的、由特定债务关系所产生的行为义务均可归入附随义务的范畴。就此而言,"其他行为义务"这个看似有些粗糙的术语实际上相当准确地表达了这一概念。

附随义务乃是根植于诚实信用原则的义务。根据诚实信用原则,债务关系应当具有使立法者(相对于法定之债而言)或当事人(相对于意定之债而言)的意图得以实现的内容。自积极的方面而言,债务关系通过给付义务的作用,旨在使债权人的给付利益得以实现。自消极面而言,法律当然也应确保债务关系之当事人的人身和固有的财产利益不受损害。有学者认为,附随义务主要有两类功能:使债权人的给付利益得到最大可能满足的辅助功能;维护他方当事人人身或财产上利益的保护功能。③ 但是,由所谓辅助功能所产生的义务实际上难以与前述同样可能基于诚实信用原则所产生的从给付义务区分开来,故在"保护义务"的意义上理解"附随义务"——甚至是以前者取代后者——应该能够有助于澄清"债务关系义务群"内部各义务之间的关系。

学理之所以要创造出"附随义务"或类似的概念,其主要原因在于:债务关系是一种特别

---

① 张俊浩主编:《民法学原理》(下册),中国政法大学出版社2000年版,第660页。
② 〔德〕迪特尔·梅迪库斯:《德国债法总论》,杜景林、卢谌译,法律出版社2004年版,第6页;王泽鉴:《债法原理》(第一册),中国政法大学出版社2007年版,第39页。
③ 王泽鉴:《债法原理》(第一册),中国政法大学出版社2007年版,第41页。

结合关系,这种特别结合关系可以而且也应该在债务关系当事人之间确立起特别的注意义务,从而可借助债务不履行的法律效果来处理相关损害的赔偿问题;如果不将附随义务违反的情形纳入其所附属的债务关系考量,而仅以一般侵权法的规则处理相关损害,则很可能因欠缺一般义务的违反或由于相关损害会被归入"纯粹经济损失"的范畴而导致这些损害无法获得赔偿。例如,甲以很低的价格出售二手汽车给乙,甲明知车辆存在比较严重的漏油现象而不告知乙,导致乙在使用中因未及时发现而遭受经济损失。依交易惯例,二手车辆的出卖人并不对其出卖的车辆负严格的瑕疵担保责任,但是,根据诚实信用原则,对于可能影响行车安全或买受人其他财产利益的事项,出卖人应有告知的义务,此一义务即为附随义务。在该例中,如不借助附随义务这一概念将该损害纳入债务不履行的损害赔偿(违约损害赔偿),则乙将难以向甲提出损害赔偿请求。

附随义务并非给付义务,故债权人往往无法要求债务人履行附随义务,更谈不上就附随义务独立诉请履行。如前所述,在将附随义务定位于保护义务的情况下,以是否能够独立诉请履行作为区分附随义务与从给付义务的界限是妥当的。

附随义务的不履行,应可归入债务不履行的范畴,从而适用债务不履行的法律后果。我国《合同法》第60条第1款确立了全面履行的原则,第2款则明定了通知、协助、保密等附随义务。由此可见,对于附随义务的不履行应构成债务的不完全履行,可以适用违约责任的相关规定。又由于附随义务不能诉请实际履行,故债权人可就相关损失向债务人主张基于违约的损害赔偿。

四、先合同义务与后合同义务

合同在当事人间有效成立之后,在整个履行期间,合同当事人不仅承受给付义务,而且还须根据诚实信用原则的要求,负有保护他方当事人人身与财产的附随义务,已如前述。然而,这一根据诚实信用原则所产生的保护义务并不局限于合同成立且待履行这一时段——它可以存在于合同成立之前的缔约阶段,从而构成所谓"先合同义务";它也可以在合同关系消灭后存续,从而构成所谓"后合同义务"。

(一)先合同义务

为缔结合同之目的,当事人可能发生接触、准备或进行具体磋商。在合同成立之前,此类缔约接触并非不具有法律意义。相反,根据诚实信用原则,在缔约阶段上,当事人就应对缔约对方的人身及财产尽特别的注意,从而履行说明、告知、保密及保护等具体义务。先合同义务的确立,旨在确保进行缔约接触的当事人不遭受不公正的损失。对这一义务的违反,将导致一项法定的损害赔偿之债即缔约过失责任的发生。

我国《合同法》第42、43条对"当事人在订立合同过程中"的以下行为规定了损害赔偿的效果:假借订立合同,恶意进行磋商;故意隐瞒与订立合同有关的重要事实或者提供虚假情况;泄露或者不正当地使用所知悉的商业秘密;其他违背诚实信用原则的行为。

(二)后合同义务

合同之债,因清偿、抵销等原因而发生消灭,同时债权人的给付利益也得到了实现。但是,给付的效果要得以维持,时常需要使当事人继续负有一定的作为及不作为义务。例如,合同关系终了后,对于在合同履行过程中所知晓的商业秘密,当事人仍负有保密的义务。

与前述附随义务与前合同义务一样,后合同义务也是基于诚实信用原则发展出来的法定义务。后合同义务在我国现行法上主要体现在《合同法》第92条。该条规定:"合同的权利义务终止后,当事人应当遵循诚实信用原则,根据交易习惯履行通知、协助、保密等义务。"

对于后合同义务,债权人也可以请求履行,如住院病人在治愈出院后可请求医院出具医疗证明。债务人违反后合同义务的,应视同为对合同义务的不履行,从而应依违约责任的有关规定负其责任。

五、不真正义务

债务关系中,除给付义务与附随义务外,还存在所谓不真正义务。对于不真正义务,相对人不能要求履行,而且该义务的违反也不产生损害赔偿问题。与给付义务、附随义务当然系债务人之义务不同,负担不真正义务者恰恰是债之关系的权利人,即债权人。不真正义务的效力具体表现在:对该义务的违反,将导致负担该义务者的权利减损或丧失。

《合同法》第119条规定的减损义务属于典型的不真正义务。该条第1款规定:"当事人一方违约后,对方应当采取适当措施防止损失的扩大;没有采取适当措施致使损失扩大的,不得就扩大的损失要求赔偿。"债务人违约时,债权人"应当"采取措施防止损失的扩大,但是如债权人未采取恰当措施,当然也不发生债务人要求其采取措施或者向债务人承担赔偿责任的效果,而仅是使债权人对扩大的损失不得要求赔偿。

在各种具体的债务关系中也存在一些不真正义务。例如,根据《合同法》第158条的规定,买受人应及时检验标的物并将数量或质量不符合约定的情形及时通知出卖人。此项检验及通知义务也是典型的不真正义务,因为并不存在出卖人请求买受人检验的请求权,买受人不及时检验和通知也不会产生出卖人方面的损害赔偿请求权,而只是发生"视为标的物的数量或者质量符合约定"的效果,从而使买受人丧失在标的物瑕疵担保方面的权利。

第二节 给付标的

一、概述

因债务关系而应履行的行为称为"给付"。[①] 所谓给付标的,即债权债务关系指向的具体对象及内容,如债务关系指向一笔金钱的支付或某动产的交付等。

给付之标的可以指向一笔金钱的支付,此为金钱之债。之所以要将金钱从一般的有体物中分离出来,主要是因为金钱是具有极其特殊性质的物。本节将对金钱之债的效力作出专门的讨论。

给付的标的也可以指向金钱以外的有体物。在此,首先应区分的是,债务人所负担的究竟是移转物之所有权的义务,还是仅负移转物之占有的义务。在罗马法上,这一区分构成了债之标的上的基本区分:前者称"给与"(dare),后者则归入一般"行为"(facere)的范畴。其次,根据所负担之物为特定物或种类物,还可区分出"特定之债"与"种类之债"。债法以特

[①] "给付"是本书使用的一个基本概念。学理上使用的"给付"一词意义广泛,有时用作名词,指债务人所负担的债务内容,有时也用作动词,如"给付价款"等。我国立法一般仅将"给付"用作动词,而且多在交付金钱或单据时使用此种表述。《合同法》仅在第62、115、251、368、385条使用了动词形态的"给付",而且均指支付金钱(报酬、定金)或交付单据(保管凭证、仓单)。

定之债为实物之债的原型,同时以特别规范处理种类之债的效力。

给付的标的还可指向权利,如债权之出卖人负有移转特定债权于买受人的义务。此外,当然还存在不以金钱、有体物或权利为内容的债务关系。对于这些给付的标的,首先应区分作为与不作为,其次应区分仅负担行为者(如雇佣)与亦负担特定给付效果者(如承揽)。

无论给付标的具体为何,依通说,均须满足以下要件:(1)给付须为合法。当事人通过法律行为设定不法之给付者,法律行为无效,从而意定的债务关系并不发生。(2)给付须为可能,即给付应可被履行。但是,合同以自始不能之给付为内容的,并非只能发生无效的效果,而是可以在规定合同有效的情况下以一种可能的给付(如金钱损害赔偿)来替代。(3)给付须为确定或可得确定。债之关系成立时,给付标的或者应已确定,或者已可得确定。关于给付标的可得确定的情形,本节将着重讨论种类之债、选择之债与替代之债。

须指出的是,与德国、日本民法典及我国台湾地区的"民法"中对"债之标的"或"债务关系的内容"作出系统规定不同,我国民法迄今仅在《民法通则》及《合同法》等法律中零星散见一些有关给付标的的规定。然而,与种类之债、选择之债等相关的法律问题当然也会出现在我国法律实践中,故对其进行法理上的探讨仍是十分必要的。

二、种类之债

(一)种类之债的意义

种类之债系相对特定之债而言。在特定之债,给付的标的自始就确定在特定的给付之上,例如,当事人买卖坐落在特定位置的房屋或特定品牌且具有特定发动机号和车架号的轿车等。特定之债的给付标的具有个性,不可替代,债务人只有履行该特定的给付才能构成债务的清偿。种类之债,则是指依种类而对给付标的加以确定的债务关系,例如,当事人买卖山东烟台出产的苹果10吨或阳澄湖大闸蟹100公斤等。

种类之债常常被称为"种类物之债",从而属于实物之债的范畴。实际上,依种类确定给付标的的情形并不仅限于实物之债,种类之债也可以指向一定种类的权利(如负担转让价值100万元的任一上市公司的股权),甚至也可以指向一定种类的行为(如家政公司负有提供若干名家政服务员的义务)。

当事人间成立种类之债,说明当事人并不着重某一给付的个性,而是认为在种类范围内所有可能的给付标的之间具有同质性。由于存在这一特点,与特定之债相比,种类之债并非自始即确定地指向特定的给付,而是需要通过特定化的方法才能使债之标的得以确定。因此,与种类之债有关的法律问题主要表现在给付标的特定化方面。

(二)种类之债的特定化

种类之债的标的并非自始即确定在具体的给付之上,只有首先经过特定化,才能在给付之前消除不确定性。种类之债的特定化,即为将种类之债转变为特定之债的过程。

1. 选择标准

种类之债的特定化,须遵循一定的选择标准。有关种类之债特定化时的选择标准,我国目前法律并未作出一般规定。《民法通则》第88条与《合同法》第62条只是对履行的质量标准作出了规定,其中后者规定,"质量要求不明确的,按照国家标准、行业标准履行;没有国家标准、行业标准的,按照通常标准或者符合合同目的的特定标准履行"。这一规则对于确定种类之债的选择标准有一定的帮助,但它也有明显的缺陷:这不仅是因为在许多情形下缺乏明确的国家标准或行业标准,而且,还因为相关国家标准或行业标准可能仅仅意味着质量"合格"的最低标准。例如,某种商品存在"一级品""次级品""三等品"等质量标准,而当事人在订立相关合同中并未明确给付所适用的具体标准,那么,这是否意味着,债务人只要按最低标准给付即为恰当地履行了债务?

关于种类之债的特定化标准,我国台湾地区"民法"之规定可资参考。该"民法"第200条规定:"给付物仅以种类指示者,依法律行为之性质或当事人之意思,不能定其品质时,债务人应给以中等品质之物"。① 据此,种类物的品质依下列标准确定:(1) 法律行为的性质,例如,消费借贷的借贷方须返还与其贷入之物品质相同的物;(2) 当事人的意思,例如,当事人约定按样品买卖的,视为出卖人担保其交付的标的物与样品具有相同的品质;②(3) 中等品质,在不能以其他方法确定给付物之品质时,债务人应给付中等品质之物。"中等品质"之标准符合诚信原则的要求,并为各国、各地区的民法所采用,我国民法也应确立此规则。

2. 特定的方法

总体而言,种类之债的特定化,以债务人完成其履行给付所必要之行为为要件。至于何为债务人履行给付的必要行为,则依债务给付方法上的特性所决定③:

(1) 在前往给付之债(赴偿债务),即在债权人住所地清偿之债务,须由债务人将给付物送至债权人住所之时,才能发生特定化的效果。

(2) 在前往受领之债(往取债务),即在债务人住所地清偿之债务,债务人仅需具体指定用于给付之物并将准备给付的事实通知债权人之时,即可发生特定化的效果。

(3) 在送付之债,即在以债权人或债务人住所地以外之地为清偿地的债务,以债务人分出给付物并送至约定地点,或按照通常方法将其寄送债权人之时(例如,将给付物交付承运人之时),发生特定化的效果。

(三) 特定化的法律效果

种类之债一经特定,即变为特定物之债,因而产生如下效力:

1. 关于给付不能

有法谚云:"种类物不灭失"(genus perire non censetur)。种类之债,原则上无给付不能可言,因为,即便原预定给付之物发生灭失,债务人亦可就同种类中其他物为给付。然而,种类之债一经特定化,债之关系就仅存在于该特定之物上,因而在该物灭失时,即发生给付不能的问题。例如,甲在汽车经销商乙处订购某型号汽车一辆,约定到货后甲上门提取(前往受领之债);汽车到货,乙为甲预留一辆并电话通知甲提车(发生特定化);该车因丙在乙的店内吸烟引发火灾而焚毁,则该债务陷于给付不能,乙无须另行再向甲交付同型号其他车辆。

2. 关于风险负担

关于买卖合同中标的物风险负担的问题,我国《合同法》第142条规定:"标的物毁损、灭失的风险,在标的物交付之前由出卖人承担,交付之后由买受人承担,但法律另有规定或者

---

① 《德国民法典》243条亦有类似之规定。
② 我国《合同法》第168条规定:"凭样品买卖的当事人应当封存样品,并可以对样品质量予以说明。出卖人交付的标的物应当与样品及其说明的质量相同。"
③ 关于给付方法,详见本章第三节之内容。

当事人另有约定的除外。"由此可见,《合同法》对标的物风险的移转原则上采"交付主义"。这就意味着,种类之债即使在交付之前即发生了特定化,其因不可抗力灭失时,其损失原则上仍由债务人负担,不得向债权人主张对待给付。

然而,种类之债的特定化对于风险的负担仍有一定的影响,表现在:

(1) 在赴偿债务,种类之债特定化的时间即为交付完成的时间,因此,"交付移转风险"的规则与"特定化移转风险"的规则并无二致。

(2) 在往取债务,种类之债在因债务人之履行准备及通知而发生特定化后,债权人受领迟延的,风险即移转于债权人(《合同法》第143条:"因买受人的原因致使标的物不能按照约定的期限交付的,买受人应当自违反约定之日起承担标的物毁损、灭失的风险。")。

(3) 在送付债务,一方面,在标的物需要运输时,种类之债因债务人向承运人交付标的物而发生特定化,而此时标的物的风险也移转于债权人(《合同法》第145条:"当事人没有约定交付地点或者约定不明确,依照本法第141条第2款第1项的规定标的物需要运输的,出卖人将标的物交付给第一承运人后,标的物毁损、灭失的风险由买受人承担。")。另一方面,如双方约定债务人负责将标的物运至债权人住所地或债务人住所地以外的第三地,则在债务人将标的物置于约定的交付地时,种类之债即发生特定化,同时标的物上的风险也移转于债权人(《合同法》第146条:"出卖人按照约定或者依照本法第141条第2款第2项的规定将标的物置于交付地点,买受人违反约定没有收取的,标的物毁损、灭失的风险自违反约定之日起由买受人承担。")。

3. 关于特定化对于当事人的约束力问题

种类之债因债务人完成前述必要行为而发生特定化,债权人原则上要受此特定化效果的拘束。但是,在发生种类之债的特定化不符合选择标准(如债务人提供之物有瑕疵,且不符合"中等品质"的要求)的情形,债权人既可承认特定化的结果,并进而主张解除合同(退货)或减少价金,同时也可以不承认种类之债发生了特定化,从而要求债务人另行提供合格之物。(《合同法》第111条:"质量不符合约定的,应当按照当事人的约定承担违约责任。对违约责任没有约定或者约定不明确,依照本法第61条的规定仍不能确定的,受损害方根据标的的性质以及损失的大小,可以合理选择要求对方承担修理、更换、重作、退货、减少价款或者报酬等违约责任。")

关于特定化的效果是否也约束债务人自己的问题,理论上有一定争议。对此抽象问题的探讨可以从以下两个具体问题入手:(1) 种类之债特定化后,如因非可归责于债务人的事由而发生了给付不能,则债务人能否为取得对待给付而就其他之物作出履行?(2) 如果种类之债已经因债务人的指定而特定化,但由于债权人方面的原因而无法交付,则债务人能否将准备用于履行的标的物先行交付给其他客户,并在给付条件具备时再向债权人交付其他替代品?笔者认为,肯定的答案更为合理,易言之,应认为债务人可不受种类之债特定化的约束。

三、选择之债

(一) 选择之债的意义

选择之债,指在数宗给付中,得选定其一而为给付之债的关系。选择之债与简单之债相对应,后者的标的自始确定在一宗单一的给付之上,不存在选择的余地。

选择之债,须在成立之初预先确定数宗给付。此数宗给付,可均为特定物的给付义务(如给付古董 A 或古董 B),可为特定物给付与种类物给付的组合(如给付古董 A 或金钱 1 万元),也可为物之给付与行为的组合(如给付古董 A 或讲授古董鉴别课程一次)。而且,即便是同种给付,只要在给付时间、方法等方面有所不同,亦可构成选择之债的数宗给付。例如,甲出售一批货物于乙,约定乙可选择或者在收货之时立刻支付货款 10 万元,或者选择在收货后三个月内支付货款 11 万元,这同样可以成立选择之债。

选择之债可因法律行为而发生。依法律行为而发生的,例如,甲有古董 A 和 B 待出售,每件售价均为 1 万元;乙仅有 1 万元可用于购买,但对于买 A 或 B 犹豫不决;为确保自己能够买到 A 或 B 中的一件古董,同时又有更充分的考虑时间,乙遂与甲约定,乙以 1 万元价格购买 A 或 B,由乙在 1 个月内将购买哪一件古董的决定通知甲。该例表明,选择之债的存在能够更大限度地满足交易需要。选择之债由当事人约定产生的,选择权的归属通常也会为当事人所约明。

选择之债也可因法律规定而发生。例如,《合同法》第 111 条规定,债务人提供的物品质量不符合约定的,受损害方可以选择要求对方承担修理、更换、重作、退货、减少价款或者报酬等违约责任。又如,根据《合同法》第 167 条的规定,在分期付款买卖中,买受人未支付到期价款的金额达到全部价款的 1/5 的,出卖人可以要求买受人支付全部价款或者解除合同。选择之债因法律规定而产生的,相关法律规范通常亦会明确选择权的归属。

选择之债与种类之债有相似之处,即给付最初均相对不确定。然而,自交易方面而言,选择之债的数宗给付之间是异质的,而种类之债指向的却是具有相同特性的给付中的任何一个。

(二) 选择之债特定的方法

选择之债发生后,债的标的尚未最终确定,而只是设定了使之确定化的方法。选择之债只有首先经过特定化,才能转化为简单之债,从而才能由债务人加以履行或由债权人提出履行请求。

选择之债可因选择权的行使或因给付不能的原因而特定。当事人约定其他特定方法的,基于私法自治的原则,也应予以认可,例如,当事人约定以抽签方式决定最终用于履行的给付。

1. 选择权的行使

选择权人行使选择权的,给付标的得以确定,选择之债转化为简单之债。

选择之债因法律行为而发生时,可由当事人在设定选择之债时具体确定选择权的归属,当事人可约定选择权归属于债权人、债务人或第三人。选择之债依法律规定发生时,选择权的归属亦由相关法律条文直接确定。如当事人未作约定或相关法律规则未作规定,依各国民法之规定,选择权原则上应归属于债务人。[①] 民法之所以确定选择权以归属于债务人为原则,其理由在于:选择与债之履行有关,而债务之履行乃债务人方面之问题;另外,选择权既为体现一定利益关系的权利,在归属不明时,为利益平衡计,应使其归属于负担义务的债务人。然而,民法关于选择权归属的这一传统规则,已不再适应现代商业社会发展的需要。在

[①] 参见《法国民法典》第 1190 条、《德国民法典》第 262 条、《瑞士债法典》第 72 条、《日本民法典》第 406 条以及我国台湾地区"民法"第 208 条。

当今社会生活中,选择之债更多地发生在商业经营者与消费者的关系中,例如,承运人出售允许乘客在数个目的地间作出选择的车票,或商家允许持有代金券的消费者在其店内任意选择等值的商品等,因此,选择权主要应归属于债权人。

选择权人在当事人约定或法律规定的选择权行使期间或合理期间内无正当理由未行使选择权的,选择权移转于对方当事人。选择权归属于第三人的,如第三人怠于行使选择权,则该权利移转于债务人。

选择权为形成权,依选择权人单方意思表示即可变更选择之债,使其成为简单之债。选择权之行使,无须具备特定形式,其行使行为为不要式法律行为。行使选择权的意思表示为有特定相对人的意思表示,自到达相对人时起发生效力。

2. 给付不能

数宗给付中,尽管有发生给付不能者,但若剩余给付仍在两宗以上的,不发生选择之债的特定,而仍应根据选择权的行使或其他特定化之方法使其特定。但是,如果因给付不能而使可能的给付仅余存一宗时,则选择之债原则上立即特定化于仅余存的给付之上。

但是,因给付不能而导致仅余存一宗给付的,并不必然导致选择之债的特定化。如果给付不能系因可归责于无选择权人的事由发生,此时若发生选择之债的特定,则等于选择权人的选择权被无端剥夺。例如,出卖人甲负有向买受人乙交付 A 马或 B 马的义务,依约定甲拥有选择权,此时,如因甲自己的原因而导致 A 马死亡,则选择之债立刻特定化于 B 马的给付义务之上;相反,如当事人约定选择权归属于债权人乙,则在因可归责于债务人甲的事由而导致 A 马死亡时,选择之债不应立刻特定化于 B 马之上,质言之,乙仍然可选择 A 马的给付,从而使出卖人甲因可归责于己的给付不能而承担损害赔偿之责。因此,只有在非因可归责于无选择权之当事人的事由而导致给付不能,并且给付仅余存一宗时,才发生选择之债的特定化。

(三) 选择之债特定的效力

选择之债一经特定,即演变为简单之债。在因选择权的行使而发生特定化的情形,特定的效力溯及选择之债成立之时,也就是说,所选定的给付视为自始即为简单之债。因此,如在行使选择权之前所选定的给付已经陷入给付不能,但只要在成立选择之债时该宗给付是可能的,则由于选择权行使所具有的溯及效力,此给付不能仅为嗣后不能,而非自始不能。

四、任意之债

任意之债,指债权人或债务人得以他种给付代替原定给付之债。例如,甲向乙购买新车一辆,价款 20 万元,双方同时约定,甲可决定是否以其手中的旧车折价 5 万元,以抵充价款,此时,买受人甲所负之债务为给付 20 万元的价款,但他有权以旧车的交付替代部分(5 万元)的价金支付义务。

与选择之债不同,任意之债的标的自始就有确定的内容,只不过享有代替权者可以他种给付来代替原定给付:(1) 如果债务人享有代替权,则债权人只能要求债务人履行原定给付,即使原定给付发生了嗣后的履行不能,债权人亦无权要求债务人履行替代给付;相反,债务人可以通过履行替代给付以清偿债务;(2) 如果债权人享有代替权,则尽管债之关系指向特定的给付内容,但债权人有权要求债务人履行替代给付,债权人通过意思表示行使该代替权的,则原定给付被替代给付所取代;只要债权人尚未行使该代替权,债务人都可以直接履行原定给付以消灭债之关系。

至于当事人是否受代替表示拘束的问题,存在一定疑义。在债务人享有代替权的情形,由于代替权系为债务人利益所设,故应认为履行用以进行代替的给付才会最终发生效果,也就是说,债务人即便作出了代替的意思表示,其在履行该替代给付前,仍可通过履行原定给付以达成清偿的效果。在债权人享有代替权的情形,如债权人已向债务人作出代替的意思表示,原则上应认定发生代替的效果,但是如债务人尚未就替代给付作出任何履行准备,则应允许债权人撤回代替的意思表示。

五、金钱之债

(一) 金钱之债的意义

金钱之债,指以给付一定金额之货币为标的之债,也称货币之债。货币,由发行人在纸币或硬币上指示一定的价值,在交易上作为支付工具被交付及受领。通常的货币之债,属于金额债务,而非所谓"价值之债",也就是说,这种债务所负担的是按法定货币的名义值的给付,通常情形下,金钱之债的金额并不因货币购买力的增降而受影响。

根据《中国人民银行法》的规定,我国的法定货币是人民币,以人民币支付我国境内的一切公共的和私人的债务,任何单位和个人不得拒收。[①] 外币只有在法律有特别规定的情况下才能作为债之给付标的。

在现代交易社会中,金钱之债乃最常见的一种债的关系。有偿行为,如买卖、租赁、有利息的借款、雇佣、承揽、有偿保管、有偿委托等,均为发生金钱之债的基础。即便是无偿行为,也常常导致金钱之债的发生,例如,无偿委托之受托人固然无权要求金钱报酬,但他对于其处理受托事务所支出的费用仍有权请求委托人偿还,从而仍发生金钱之债。此外,其他一切指向另一标的的债务都可以转变为以金钱为内容的损害赔偿请求权或者价值补偿请求权。

(二) 金钱之债的履行

金钱之债的履行,通常表现为债务人向债权人实际支付一定金额的现金。在此,债务人系通过转让作为特殊有体物之纸币或硬币所有权的方式清偿债务。即使在金融支付手段日益丰富的今天,现金支付方式仍然是人们在日常生活中最常用的支付手段。在以支付现金方式履行金钱之债时,原则上债务人可自由决定其所使用货币的面值。

在现代金融体系下,金钱之债也常常以非现金的方式得到清偿。作为一项金融政策,我国法律甚至限制以现金清偿金钱之债。在银行开立账户的单位之间的金钱往来,原则上不得以现金支付,而是必须通过开户银行进行转账结算。根据德国的判例,以账户货币清偿金钱之债的,只能视为代物清偿,也就是说,债务人只有在征得债权人同意后,才能以银行汇款等方式替代现金的支付。[②] 相反,在我国,根据国务院《现金管理暂行条例》的规定,转账结算凭证在经济往来中,具有同现金相同的支付能力,而且,债权人不得拒收支票、银行汇票和银行本票。[③] 这就意味着,在企事业单位之间发生的金钱之债,债务人可以不经债权人的同

[①]《中国人民银行法》第16条。
[②]〔德〕迪特尔·梅迪库斯:《德国债法总论》,杜景林、卢谌译,法律出版社2004年版,第6页;王泽鉴:《债法原理》(第一册),中国政法大学出版社2007年版,第142—143页。
[③] 参见1988年9月8日国务院发布的《现金管理暂行条例》。

意而以账面货币予以清偿。近年来,随着银行卡的普及化,发生在个人消费者与商业经营者之间的金钱之债也更多地以账面货币的形式加以清偿。以转账、银行卡等方式清偿金钱之债的,实际上涉及债权让与(转账、借记卡)或债务承担(贷记卡)。

金钱之债的履行还具有以下几方面的特点:(1) 金钱之债不发生给付不能的问题,债务人无力支付的,其给付障碍形态为给付迟延;(2) 金钱之债为典型的可分之债,部分给付并不会损害债权,因此,原则上债权人不得拒绝部分给付;(3) 金钱之债的履行地依当事人约定,当事人无约定时,在受领金钱的一方(债权人)所在地履行①,这就意味着,债务人通常应负担送交至债权人住所或营业场所的费用与危险。

(三) 货币贬值问题

金钱之债通常都属于金额债务,即其给付标的指向一定金额的货币。货币上所记载的金额为其名目,如100元人民币。至于货币的内在价值,则处在变动之中,它表现为与此货币交换的商品数量,即货币的购买力。多年以来,世界经济始终处在或剧烈或平缓的通货膨胀之中,货币的购买力一直都在缩水,我国的情况亦是如此。只需设想一下1980年到今天100元人民币在购买力方面的差异,即可对货币贬值问题有大致的了解。

假设在2009年需要清偿在1980年产生的100元人民币的债务,那么货币在购买力方面的缩水是否应对给付的金额产生影响?在通常情况下,答案是否定的。金钱之债既为金额之债,债务人通常仅需要按货币的名义值支付即可。这就意味着,货币贬值的风险通常要由债权人承受。支持这一规则的理由或许包括:(1) 金钱之债可以附加利息,此时,利息可以起到补偿货币贬值的作用。(2) 货币价值的波动乃经济生活的常态,在设定金钱之债时,债权人即应预见到其给付利益可能因货币贬值而受影响;如债权人不欲承受贬值风险,可以与债务人约定保值条款。

当然,在发生无法为当事人所预见的严重通货膨胀时,仅按货币名义值支付会导致对债权人严重的不公,且有违诚实信用之原则。德国学说与判例均认为,如果货币贬值使债权人所获给付少于原定给付50%时,应认定有情事变更原则的适用。在我国,民国时代所发生的严重通货膨胀也曾导致当时的法院援引情事变更原则而作公平的裁量,可资借鉴。②

六、利息之债

(一) 利息之债的意义

利息之债,是指以给付利息为标的之债的关系。

所谓利息,乃本金的法定孳息,是就原本的数额,在其存续期间内,依一定比率计算并给付的金钱或其他替代物。广义的利息不限于金钱,而及于金钱之外的种类物,例如,为度过饥荒而向他人借贷粮食并于返还时依约定多付的部分(借100公斤大米而归还110公斤),

---

① 《合同法》第62条规定:"当事人就有关合同内容约定不明确,依照本法第61条的规定仍不能确定的,适用下列规定:……(三) 履行地点不明确,给付货币的,在接受货币一方所在地履行……"

② 我国当前民事立法中并未确立情势变更的一般条款,但2009年4月24日发布的《最高人民法院关于适用〈中华人民共和国合同法〉若干问题的解释(二)》(简称《合同法解释二》)第26条在司法解释的层面上填补了这一空白。(该条规定:"合同成立以后客观情况发生了当事人在订立合同时无法预见的、非不可抗力造成的不属于商业风险的重大变化,继续履行合同对于一方当事人明显不公平或者不能实现合同目的,当事人请求人民法院变更或者解除合同的,人民法院应当根据公平原则,并结合案件的实际情况确定是否变更或者解除。")

在性质上也属于利息。通常所谓之利息仅指金钱利息,即由金钱所产生的法定孳息孳息,从而也属于前述货币之债的范畴。

(二) 利息之债的性质

利息之债具有以下两方面的特性:

1. 从属性

利息债权是本金债权的从权利,原则上与本金债权共命运:(1) 本金债权未发生或无效、被撤销的,利息债权无从发生;(2) 本金债权转让的,未受清偿的利息债权同时转让;(3) 本金债权的效力及于利息债权,例如,对于本金债权设立的担保,其效力也及于利息债权。

2. 独立性

利息债权虽依附本金债权而发生,但已届清偿期的利息债权即可成为独立的债权。根据我国《合同法》第205条的规定,借款合同的当事人对于利息的支付期限未作约定或约定不明且借款期限为1年以上的,债务人应在每届满1年时支付利息。因此,纵然本金债权因清偿期尚未届至而无法要求清偿,债权人亦可要求债务人清偿已到期的利息债权。对于此已届清偿期的利息债权,债权人亦可将其独立转让。

(三) 利息之债的发生

依照利息的发生原因,利息可分为约定利息和法定利息两种类型。

1. 约定利息

约定利息是依照当事人约定而发生的利息。利息之债因当事人间之合意而产生时,通常当事人亦会对所适用的利率作出约定。我国法律对利率实行较严格的管制。依照《合同法》之规定,办理贷款业务的金融机构贷款的利率,应当按照中国人民银行规定的贷款利率的上下限确定(第204条);自然人之间的借款合同约定支付利息的,借款的利率不得违反国家有关限制借款利率的规定(第211条)。

各国法律普遍禁止复利。所谓复利,指将利息滚入本金再生利息(俗称"利滚利")。当事人间有关复利的约定,原则上应为无效①,应允许债务人通过清偿到期利息债务而消灭之。此外,《合同法》第200条还规定,"借款的利息不得预先在本金中扣除。利息预先在本金中扣除的,应当按照实际借款数额返还借款并计算利息。"

2. 法定利息

法定利息是依照法律规定而生的利息,包括:(1) 迟延利息。金钱之债陷于给付迟延的,债权人由于无法及时获得金钱而会遭受利息上的损失(他原本可将受领的金钱存入银行而获得利息收入),故各国民法一般均设有一般条款,规定债务人因金钱债务的给付迟延应支付法定利息。我国现行法尚缺乏此一般规定。(2) 垫付利息。为他人支出费用的,债权人可以请求自支出时起计算的利息。例如,《合同法》第398条规定,"委托人应当预付处理委托事务的费用。受托人为处理委托事务垫付的必要费用,委托人应当偿还该费用及其利息"。(3) 返还利息。依法应返还金钱给付时,债务人除返还本金外,往往还须返还本金之利息。②

---

① 《关于贯彻执行〈中华人民共和国民法通则〉若干问题的意见(试行)》(简称《民通意见》)第125条规定:"公民之间的借贷,出借人将利息计入本金计算复利的,不予保护"。

② 例如,《民通意见》第131条规定:"返还的不当利益,应当包括原物和原物所生的孳息。"

关于法定利息之利率,我国现行民法规范并未给出固定的计算标准。不过,由于我国目前尚未实现利率的市场化,央行(中国人民银行)有人民币存贷款基准利率的制定权。本书认为,法定利息的利率可参照此基准利率中的存款利率加以决定。

七、损害赔偿之债

(一) 损害赔偿之债的意义

损害赔偿之债,顾名思义,指以损害赔偿为标的债务关系。所谓损害,是指因某种事实致人身、财产或其他法益蒙受的不利益。法律上对于权利及其他法律利益的保护,经由规范人类行为的法律而产生。在此类法律规范之下,每一个人都有受法律保护的利益。此种利益范围的减少,即为损害。如果对于这种损害的发生,在法律上不存在由受损人承担的正当理由,则应允许受损人将此损害转嫁于对造成损害应予负责之人。这种损失的转嫁机制,在法律上即称为"赔偿",即填补他人所受之损害。

由此可见,损害在客观上的发生,对于其是否应得到填补,并不具有决定性的意义。损害赔偿之债的功能恰恰在于说明,基于法律的价值判断,何种情形下的损害应得到填补。例如,因不可抗力所发生之损害,在法律伦理上,应由受害人自行承受而无转嫁于人的道理;相反,因可归责于他人之不法行为的原因所受的损害,应成立损害赔偿之债,利用债之关系下的给付请求机制,实现损害的填补。

须注意的是,我国现行法上虽然也使用"损害赔偿"这一概念,但在《民法通则》《合同法》等规范中大量使用的一个概念是"赔偿损失"。"赔偿损失"仅指金钱赔偿,而不包括恢复原状的意义在内。如果将损害赔偿之债仅仅理解为以金钱填补受损害的法益("赔偿损失"),则可能会扭曲一些重要的法律概念。例如,学理一般认为侵权行为之债在性质上属于损害赔偿之债,但如果误认此损害赔偿仅限于金钱赔偿,则可能会认为"侵权行为之债"的救济手段过于单一,从而主张将侵权行为"脱债入责",并用《民法通则》第134条规定的多重责任手段来规制侵权的后果。实际上,损害赔偿包含恢复原状的效果,甚至恰恰以恢复原状为第一位的救济手段,金钱赔偿为第二位的救济手段,因此在《民法通则》第134条中与"赔偿损失"向并列的"恢复原状""修理、重作、更换""恢复名誉"等皆属于"损害赔偿"的范畴。

(二) 损害赔偿之债的种类

按照发生原因的不同,损害赔偿之债可分为法定损害赔偿之债和约定损害赔偿之债。

损害赔偿之债主要系基于法律的直接规定而产生,这又可以分为两种情形:(1) 损害赔偿的义务,可以由现存之债的关系中发生。现存之债,无论是意定的合同之债,还是法定的无因管理之债、不当得利之债等,均可能因可归责于债务人的原因发生给付不能、给付迟延、不完全给付等债务不履行的情形给债权人造成损害,而法律对这些情形均应规定债务人的损害赔偿义务。此种损害赔偿之债,自其他债之关系的不履行而发生,故也被称为"传来的损害赔偿之债"(2) 损害赔偿义务,也可以在双方原无债的关系下发生。如因侵权行为、缔约上的过失、不适法的无因管理以及其他法律规定的情形,均可直接成立损害赔偿之债。此种损害赔偿之债,不以先前存在其他债之关系为前提,故也被称为"原始的损害赔偿之债"。

约定的损害赔偿之债,指当事人由于保险合同、担保合同等的订立,使当事人一方对于他方因一定事项所生的危险负有的损害赔偿义务。

由此可见,损害赔偿之债不仅可由侵权行为及违约而发生,此外还可因其他众多的法律规定及当事人间的约定发生,如果民法仅针对合同债务的不履行及侵权行为规定具体的损害赔偿义务,而缺乏关于损害赔偿的一般规定,则可能会带来法律适用上的困难。

(三) 损害赔偿之债的成立

损害赔偿之债,其一般的成立要件应包括:

1. 损害的发生

损害是指因某种事实致人身、财产或其他法益所蒙受的不利益。损害的发生是损害赔偿责任的基础,"无损害即无赔偿"。根据不同标准,可将损害划分为不同的类型。如根据损害的内容,可分为人身损害和财产损害,前者是对人身权益的侵害,后者则是对财产权益的侵害;根据损害的形态可分为积极损害和消极损害,前者为现存权益固有状态的减损,后者则为应增加的利益未增加。对损害的各种区分,主要意义在于赔偿范围及方式上的区别。

2. 归责原因的具备

归责原因,是指使赔偿义务人对损害负责的事由。损害发生,不具备法定归责原因的,不发生损害赔偿问题。归责原因可分为主观的归责原因和客观的归责原因。

(1) 主观的归责原因。主观的归责原因包括故意、过失的主观心理状态及行为人的责任能力,其中责任能力是故意和过失的基础。不过,就所谓无过失责任而言,法律并不要求赔偿义务人具备责任能力与主观上的故意或过失。因此,主观的归责原因实际上仅限于构成以过失为归责原则的损害赔偿之债的要件。故意和过失合称为过错。过错是最一般、最主要的归责事由。在私法自治的观念下,过错如同法律行为里的意思表示因素。行为人之所以需要在法律上承担损害赔偿的义务,恰恰是因为其主观上具有受其自由意志支配的过错。在过错责任原则下,过错要件缺失的,即便存在对他人法益造成损害的事实,行为人仍不承担损害赔偿义务。在过错认定的问题上,主要存在主观说和客观说两种学说。主观说认为,过错是指行为人本人具有的一种应受非难的心理状态,由此,具体行为人的主观心理状态为判断过错的标准。客观说强调外部行为的应受非难性,主张以抽象的第三人标准(如所谓"善良管理人""良家父"等)作为认定过错的标准。相对而言,主观说更加符合意思自治的理念,是一种比较理想的状态。但是从技术而言,主观说则缺乏操作性,而客观说更切合实际、易于操作。

(2) 客观的归责原因。损害赔偿之债的产生,不仅需满足主观方面的归责事由,而且还需要考虑客观方面的归责要素。损害赔偿类型不同,客观归责原因方面也就不同。如法定损害赔偿的客观归责原因,在侵权损害赔偿的为权利或利益之侵害;在因债务不履行而发生损害赔偿之债的为债务不履行,即义务之违反;在因其他法律规定而发生之损害赔偿,则为各自具体事实的发生,如因缔约过失而发生的损害赔偿之债,须存在先合同义务的违反。在约定之损害赔偿的,为约定事件的实现。

3. 因果关系

损害赔偿之债的因果关系,是指赔偿原因事实(如侵权行为、债务不履行)与损害之间的因果联系。受害人所遭受的一定的损害,只有归因于他人的特定行为,才能向后者要求赔偿,这一归因过程即为因果关系的认定过程。倘若不存在这样一个因果链条,受害人自然无法向他人主张赔偿。

在因果关系的认定上,存在条件说、必然因果关系说、相当因果关系说等许多学说,为民法上的一大难题。本书将在侵权行为构成要件部分对其加以介绍。

（四）赔偿之方法和范围

1. 赔偿方法

损害赔偿的方法包括回复原状和金钱赔偿。各国和地区立法例对于两种方法的强调不同，有的以金钱赔偿为原则，如罗马法、《法国民法典》、《日本民法典》；有的则采取回复原状原则，如《德国民法典》、我国台湾地区"民法"；《瑞士债务法》则为法官裁判主义，由法官决定回复原状或适用金钱赔偿。根据《民法通则》和《合同法》等的具体规定，一般认为我国民法采取的是回复原状原则，即对于损害赔偿，应首先适用回复原状的救济方法，回复原状不可能的，以金钱赔偿。

（1）回复原状。负损害赔偿责任的，除法律另有规定或合同另有订定外，应回复损害发生前的原状。民法上的救济具有同质救济的性质，从损害填补的功能上观察，回复原状比金钱赔偿更为直接。例如，甲在乙的院落旁施工，因挖沟导致乙的院墙坍塌，此时，适用回复原状（即，使甲负担修缮院墙之义务）的救济比适用金钱赔偿更为合理。

（2）金钱赔偿。在法律就金钱赔偿规定，或当事人另有约定时，可适用金钱赔偿的方法。例如，如果负有回复原状义务之人迟延履行，而且在经债权人定相当期限催告后仍不履行的，应允许债权人主张金钱赔偿，以替代回复原状。另外，回复原状不可能或有重大困难的（如债务人将付出巨大成本），也应以金钱赔偿损害。

2. 赔偿范围

损害赔偿的范围有约定范围和法定范围之分。

（1）约定赔偿范围。约定赔偿范围的，可以是事前约定，也可以是事后约定。事前约定的，又称为"赔偿额之预定"，我国《合同法》第114条第1款规定的违约金，实际上为损害赔偿额之预定。

（2）法定赔偿范围。法定赔偿范围一般包括所受损害和所失利益，所受损害即积极损害，是指既存利益的减少；所失利益即消极损害，是指可得利益的丧失。

但是，上述一般范围可因法律特别规定而受限制。例如基于公平原则的损益相抵（指受害人基于同一事实受有利益的，其损害赔偿范围应当扣除该部分获利）、基于过失责任原则的过失相抵（指受害人对于损害的发生或扩大与有过失的，应当减轻赔偿义务人的赔偿责任）等规定，都会限制上述一般的损害赔偿范围。

第三节　债务履行的细节问题

在我国现行法由于缺乏债法总则性的规范而未对债务履行的一般规则规定的情况下，《合同法》第60条所确立的合同债务的履行原则（全面履行原则、诚实信用原则）可被视为各种类型之债的履行原则。债务履行的原则，尤其是诚实信用原则，对于确定具体债务关系中的履行细节具有重要意义。但是，基于对法之确定性的需要，民法规范也应直接对一些履行细节问题作出具体的规范。本节即探讨部分履行、第三人履行、履行时空等履行的细节问题。

一、部分履行

在我国法上，有关部分履行的基本规范体现在《合同法》的第72条。该条规定："债权人可以拒绝债务人部分履行债务,但部分履行不损害债权人利益的除外。债务人部分履行债务给债权人增加的费用,由债务人负担。"

依该条规范,债权人原则上有权拒绝债务人的部分履行。支持此规则的理由至少包括两个方面:(1)某些给付为不可分给付,其本身不能发生部分履行的问题,例如,负担给付一匹马的债务人不能通过先后交付两个半匹马的方式履行义务;(2)如果给付是可分的,则将给付分成各个部分并分别履行,这种做法本身并不会减损债权人的利益,但是,即使是在此可分之债的情形,由于多次给付可能会给债权人带来额外的困扰(例如,债权人可能需要多次受领债务人的给付),故债权人仍有权拒绝债务人方面的部分履行。

债权人有权拒绝债务人的部分履行,这主要会在两个方面产生法律效果:(1)债务人不能通过部分履行的方式实现债务的部分消灭,也就是说,原则上只有完整的履行才能达成清偿的效果;(2)就债权人方面而言,其不因拒绝部分履行而陷入债权人迟延。

债权人有权拒绝债务人的部分履行,此原则也存在一些例外。(1)根据前引《合同法》条文的规定,在部分履行不损害债权人利益的情形,债权人不应拒绝。如果部分履行对债权人的利益没有任何损害,甚至还有利于债权的实现(典型的情形是,金钱之债的债务人在清偿期前将部分款项汇付债权人的账户),则债权人之拒绝将构成对诚信原则的违反。(2)当事人之间关于部分履行的约定当然可排除此原则的适用,例如,分期付款买卖中的各期履行都构成该期日负担的全部履行。(3)部分履行的效果有时也是由法律直接规定的。例如,根据《合同法》第99条,当事人互负到期债务,该债务的标的物种类、品质相同的,任何一方可以将自己的债务与对方的债务抵销。这一关于抵销的规定实际上就构成了对部分履行的允许(在两个给付金额或数量不对等的情况下,抵销一方面消灭了较小的那个债权,另一方面也导致较大债权的部分消灭)。(4)债权人不得拒绝债务人的部分履行有时也是诚信原则所要求的。例如,债务人负有交付100台电视机的义务,其花费了不少运输成本将标的物送至债权人住所地后,发现少装载了一台电视机,此时,债权人不应拒绝此99台电视机的交付,债务人仅需补送第100台即可。

根据《合同法》第72条第2款的规定,债务人部分履行债务给债权人增加的费用,由债务人负担。依逻辑,此一条款的适用有两个前提:(1)该债务为可分债务,因为不可分债务根本不存在部分履行的可能;(2)债权人依法有权拒绝该部分履行,但却放弃此权利而接受了债务人的部分履行。债权人同意部分履行的,其债权因部分履行而发生部分消灭。同时,债权人接受部分履行,并不意味着其愿意承受部分履行对其产生的不利后果,相反,根据该款之规定,债务人应负担债权人方面增加的费用。

二、第三人履行

债之关系为特定人之间的给付关系,故债务通常由特定之债务人向特定之债权人履行。但是,债法并未确立债务必须由债务人亲自履行的一般规则。对于债权人而言,债务之履行能够使其获得给付利益,至于这一给付究竟系由债务人本人所为,抑或是第三人实施,通常并不重要。实际上,只要不存在债权人特别着重债务人本人之给付的情形,原则上就应该允许来自第三人的给付。

(一)第三人履行的要件

我国法律未对第三人履行作出具体的规范。依法理,通过第三人的履行以达到清偿之

目的的,须满足以下几方面的条件:

1. 依债务关系的性质或依法律的规定,不存在不允许第三人履行的情形。基于债之关系的性质,有时法律会要求债务人亲自履行债务,例如,《合同法》第400条规定:"受托人应当亲自处理委托事务……"在此类情形下,第三人作出履行的,债权人有权拒绝,而要求债务人本人亲自履行。

2. 债权人与债务人之间无不得由第三人履行的特别约定。即使在一般意义上债的性质并非不允许第三人履行,当然也应允许当事人通过合意的方式将该债务设置为须由债务人亲自履行。此种情形下,对于第三人提出的履行,债权人可予以拒绝。

3. 作出履行的第三人必须有为债务人清偿的意思,即第三人明确知道,自己实施给付的目的就是为了清偿债务人的债务。如果第三人误以为自己负债并以清偿自己债务的意思进行履行,则此种情形并不构成第三人履行:一方面,债务并不消灭,债务人仍负有对债权人清偿的义务;另一方面,第三人可以不当得利为理由,要求债权人返还所受领的给付。例如,甲饲养之犬咬伤了乙,而丙误认为系自己之犬咬伤乙,遂主动赔偿;此种情形,自不得将丙之偿付解释为第三人清偿,正确的处理方法是:丙可向乙主张不当得利返还,而乙则继续向甲主张侵权损害赔偿。

关于第三人之给付是否需要债务人同意的问题,各国立法多持否定的立场。① 不过,债务人的意志也并非完全不起作用:对于第三人之给付,如债务人明确反对,则债权人应予以拒绝。② 质言之,在第三人履行的构成要件上还应增加一个消极要件:债务人对于第三人之履行未表示异议。

(二) 第三人履行的法律效果

第三人履行的法律效果包括:

1. 当第三人提出符合债之宗旨的给付时,除非债务人明确反对,债权人不得拒绝受领,否则将使自己陷入债权人迟延之中。

2. 第三人之履行与债务人本人的履行发生相同的效力,即债务关系消灭,债务人得以免责。

3. 债务人因第三人之履行而获得免责的,第三人并不当然地对债务人产生求偿权。是否存在求偿权或类似的权利,一方面需探究当事人的意思,另一方面也需考察法律是否存在相关规定:(1) 如果第三人不仅有为债务人清偿的意思,而且还有向债务人赠与的意思,则可将债务人的无异议解释为对此赠与意思的接受,从而使债务人无偿获得免责的利益,在此种情形,第三人对债务人无求偿权。(2) 如果第三人之给付构成适法的无因管理,即第三人系以为债务人管理事务的意思而对债权人给付,则第三人可基于无因管理的法律效果向债务人(被管理人)求偿。(3) 如第三人系为行使涤除权而进行清偿,则可向债务人求偿。例如,在抵押物受让人依《物权法》第191条第2款代为清偿债务时,自可就其代偿的部分向债

---

① 例如,《德国民法典》第267条第1款规定,"债务人无须亲自给付的,第三人也可以履行给付。债务人的允许是不必要的。"参见陈卫佐译:《德国民法典》,法律出版社2006年版,第89页。我国台湾地区"民法"第311条第1项也持相同的立场。

② 例如,《德国民法典》地67条规定,"债务人提出异议的,债权人可以拒绝接受该给付。"前注陈卫佐译:《德国民法典》,第89页。我国台湾地区"民法"第311条第2项规定,"第三人之清偿,债务人有异议时,债权人得拒绝清偿。但第三人就债之履行有利害关系者,债权人不得拒绝"。

务人(抵押物的出让人)求偿。

三、履行地点

(一) 履行地与结果地

债务之履行,欲达清偿之效果者,除须由恰当之人就恰当之标的为履行外,尚需在时间与空间方面满足债之本旨的要求。关于履行的地点,应区分出履行地与结果地。履行地,指债务人实施给付行为的地点;结果地,指能够发生履行结果(清偿效果)的地点。

根据履行地及结果地是在债权人住所地抑或是在债务人住所地的不同,可以区分出以下三种债的类型:

(1) 前往受领之债,亦称"往取之债",指履行地与结果地均在债务人住所地的债务关系。这就意味着,在此种债的关系中,债权人须前往债务人住所地接受给付。例如,就动产买卖而言,如出卖人之给付义务属于前往受领之债,则买受人必须前往出卖人之住所接受动产之交付;如因买受人未前往受领而致出卖人无法履行的,买受人即陷于债权人迟延的状态。

(2) 前往给付之债,亦称"赴偿之债",指履行地与结果地均在债权人住所地的债务关系。这就意味着,在此种债的关系中,债务人须前往债权人住所地为给付。例如,就动产买卖而言,如出卖人之给付义务属于前往给付之债,则出卖人须携带或运送标的物前往买受人住所地并在彼处将其交付于买受人。

(3) 送付债务。所谓送付债务,指履行地在债务人住所地而结果地在债权人住所地的债务关系。这就意味着,在此种债的关系中,债务人只需在自己的住所地履行债务,但这一履行行为并不立刻发生给付的效果,只有在债权人于自己的住所地受领给付时,才能发生清偿的效果。例如,如出卖人之给付义务为送付义务,则出卖人通常只需在自己住所地发送标的物即可,不过,由于结果地在买受人住所地,因此,出卖人须承担通过第三人发送的费用与风险。

(二) 履行地点的确定

就某一债务关系而言,其履行地点的确定,须区分债的类型。在意定之债,可由当事人约定履行地点。在当事人未就履行地点约定时,如存在相关交易惯例,则也可根据交易惯例确定履行地点。① 例如,消费者在商场购买大件家用电器,通常系由买受人在出卖人处付款,同时由出卖人负责将商品送至买受人居所。

在意定之债中,如果当事人未就履行地点作出约定,同时也无法通过当事人的意思解释或交易惯例确定履行地点,则必须由法律规范对这一给付要素加以确定。另外,在因侵权行为、无因管理、不当得利等发生法定之债的情形,也需要由法律明确履行的地点。

《民法通则》第88条与《合同法》第62条均对合同之债的履行地点作出了规定:(1) 履行地点不明确,给付货币的,在接受货币一方所在地履行;(2) 交付不动产的,在不动产所在

---

① 《合同法》第61条规定:"合同生效后,当事人就质量、价款或者报酬、履行地点等内容没有约定或者约定不明确的,可以协议补充;不能达成补充协议的,按照合同有关条款或者交易习惯确定。"根据《合同法解释(二)》第7条的规定,下列情形,不违反法律、行政法规强制性规定的,人民法院可以认定为合同法所称"交易习惯":(1) 在交易行为当地或者某一领域、某一行业通常采用并为交易对方订立合同时所知道或者应当知道的做法;(2) 当事人双方经常使用的习惯做法。

地履行;(3) 其他标的,在履行义务一方所在地履行。

由此可见,作为一项基本规则,债务应为前往受领之债,即债务人只需在其自己的住所地为给付即可。这一规则倾向于使债务人承担较轻的给付义务。

(三) 确定履行地点的意义

债之履行地点的确定,具有重要的法律意义,主要体现在以下几个方面:

(1) 履行地点是判断给付或给付的提出是否恰当的一个重要因素。债务人只有在履行地履行债务,才可能构成清偿,例如,对于赴偿债务而言,债务人仅仅在自己的住所地提出给付是不够的,债权人可拒绝受领。同样,对于债务人在履行地提出的恰当履行,如债权人未及时受领,则将构成债权人受领迟延。

(2) 履行地点对于履行费用的分担具有重要意义。依《合同法》第62条之规定,履行费用的负担不明确的,由履行义务一方负担。对该规则的解释,应与履行地点这个因素相结合:在赴偿之债,应由债务人负担前往债权人所在地履行的一切费用,包括交通、运输等费用;在往取之债,债务人仅须负担在其所在地提出履行的相关费用;在送付债务,发送的费用亦应由债务人负担。

(3) 履行地点对于履行风险的分配也具有重要意义。对于种类之债而言,如果债务人预定用于给付之特定物于其在履行地点履行之前发生灭失,则由于种类之债尚未特定化,债务人仍须为替代的给付。例如,在送付债务,尽管债务人已将货物发运,但仍须承担其在途中发生灭失的风险,从而仍须再行向债权人发送替代物。相反,如给付地在债务人所在地,则履行风险将随着债务人实施必要的给付行为(如根据"代办托运"之约定将货物送交承运人)而移转于债权人,这也就意味着,债权人不得要求债务人为后续的履行。

四、履行期限

(一) 履行期限的意义

时间要素也是债之关系的重要内容之一。所谓履行期限,指债务人应为履行而债权人应为受领的期限。

履行期限可以为期日,甚至可以精确到具体的时点,例如演出公司与歌手约定后者在某个时间登台演出。履行期限也可表现为一段期间,如约定"借款期1年"或"合同订立后1个月内交付标的物"。在"借款期1年"的事例中,自合同成立后1年内履行期未届至,债权因尚未到期而不具备行使条件,债务人无须向债权人履行债务;同时,由于债务尚不具备可履行性,原则上债权人也可拒绝债务人的提前清偿。在"合同订立后1个月内交付标的物"的事例中,合同订立后债务即具有了可履行性,对于在此期间债务人的履行,债权人不得拒绝受领,不过,在1个月期间届满之前,债务人的不履行尚不构成履行迟延。因此,在履行期限方面,应区分"届至"与"届满"。

(二) 履行期限的确定

关于履行期限,当事人往往会明确约定,如约定交付标的物的时间或支付价金的时间。在当事人对履行期限无约定时,可依相关交易惯例加以确定,例如,经销商向农户订购尚未收获之农产品的,农户履行交付货物的期限应为农产品的收获季节。另外,对于一些类型的合同,法律在履行期限方面设有专门的规定,如当事人无特别约定,当然可适用法律的规定。例如,《合同法》第226条针对租赁合同中租金支付的期限了如下规定:"承租人应当按照约定的期限支付租金。对支付期限没有约定或者约定不明确,依照本法第 61 条的规定仍不能确定,租赁期间不满 1 年的,应当在租赁期间届满时支付;租赁期间 1 年以上的,应当在每届满 1 年时支付,剩余期间不满 1 年的,应当在租赁期间届满时支付。"

在无法依前述规则确定履行期限时,《合同法》第 62 条第 4 项规定:"履行期限不明确的,债务人可以随时履行,债权人也可以随时要求履行,但应当给对方必要的准备时间。"这就意味着,在这种情形下,债权将立刻到期,债务也将立刻具有可履行性。

(三) 期限利益问题

履行期限的设置,表面上看只是债务履行的一个时间因素,实际上其背后仍然是利益关系。所谓期限利益,指的是债之关系的当时人因履行期限的存在而享受的利益。期限利益的归属及其效力情形如下:

(1) 期限有时系专为债务人之利益而设,例如,无须负担利息的金钱支付义务(定期无息借款、价金延期支付等)。此种情形下,债权人不得在履行期届至之前要求债务人履行,但债务人却可抛弃期限利益而提前履行。

(2) 期限有时系专为债权人利益而设,例如,保管人同意在不增加保管费的情况下延长保管时间。此种情形下,债务人不得在期前提前履行债务,但债权人可以抛弃期限利益,要求债务人于期前向其履行。

(3) 期限有时系为双方的利益而设,例如,按借款时间长短计算利息的借款合同。此种情形下,债权人不得要求债务人在履行期届满前履行,同样,债务人原则上也不得要求债权人提前受领给付。

(四) 履行期限的效力

(1) 债务有履行期限的,如在该期限届满时债务人未履行债务的,债务人立刻陷入履行迟延,须负迟延之责。相反,如债务无履行期,则债权人只有经过催告,在合理的催告期届满后债务人仍不履行的,才构成履行迟延。

(2) 债务有履行期限的,债权人可以拒绝债务人提前履行债务,但提前履行不损害债权人利益的除外。债务人提前履行债务给债权人增加的费用,由债务人负担(《合同法》第 71 条)。

(3) 债务有履行期的,履行期届至,债务人依债之本旨提出给付,而债权人拒绝受领,或不进行必要协助从而使债务未得到履行的,则自该时起债权人陷入受领迟延。

(4) 债务有清偿期的,诉讼时效期间自履行期限届满之日起计算。

(5) 债之抵销,以双方债权均届清偿期者为限。(《合同法》第 90 条)。

第三章

多数人之债

第一节 概 述

一、多数人之债的意义

(一) 多数人之债的概念

债之关系,依主体人数为单数或复数为标准,可以区分为单一之债和多数人之债。

单一之债是指债权人和债务人均为单数的债的关系。法律对于债之关系的规范,无论是有关合同的规范,还是有关侵权行为、无因管理、不当得利等法定之债的规范,如无特指,一般均以单一之债为原型。单一之债的法律构造简单,仅涉及一个债权人与一个债务人之间的给付关系。

多数人之债是指以同一给付为标的,债权人和债务人至少有一方为两个或两个以上复数主体的债之关系。其中,债权人为多数的,为多数债权人之债;债务人为多数的,则为多数债务人之债。在特殊情形下,债权人与债务人方面都可能是多数之人。

(二) 区分意义

区分单一之债和多数人之债的意义在于,两者在法律效力上存在很大的不同。多数人之债存在内部效力和外部效力的区别,而单一之债仅存在债权人和债务人之间的法律关系,而不存在多数债权人之间或多数债务人之间的内部关系。

法律之所以需要针对多数人之债单独作出规范,主要是因为,与单一之债这种债的通常形态相比,多数人之债有三个层次的效力需要加以界定:(1) 对外效力,即各债权人与债务人,或各债权人与各债务人之间,应如何行使债权,或如何履行债务的问题。(2) 对内效力,即债权人之一受领全部给付时,他债权人应如何分享,或一债务人对外履行了全部债务时,如何使其他债务人分担的问题。(3) 就当事人之一所生事项,对其他人的效力问题,例如,多数债务人之一陷入履行迟延的,其他债务人是否也因此负迟延之责。

在各种债的关系中,均有可能发生多数人之债的问题。因此,有关多数人之债的法律规范应制定在债法"总则"部分。《民法通则》第 5 章"民事权利"第 2 节有关"债权"的规定虽然很简单,但却在其第 86 条和第 87 条分别对按份之债与连带之债做出了规定,这表明立法者已经意识到,多数人之债是一个债法总则层面上的问题。

(三) 多数人之债的性质

多数人之债仍是一个债的关系，而非数个债的关系。债的关系主体呈复数形态，并不等同于其中存在复数的债之关系。但是，由于多数人之债中存在人数为复数的主体，这使得多数人之债在外观上与多个债存在一定的相似性，那么债法依何种标准区分多数人之债和复数的债的关系？通说认为，债的效力是区分两者的标准。如果债的主体能独立地发生其作为债权人或债务人的所有效力，则可认定存在复数的债的关系，反之，如果债的主体不能独立地发生其效力，此种法律关系则为多数人之债。①

二、多数人之债的类型

关于多数人之债的类型，各国和地区民法的规定有所不同，同时其类型结构也比较复杂。例如，在《德国民法典》上，多数人之债涉及可分给付、连带债务、连带债权、不可分给付的问题。我国台湾地区"民法"基本沿袭德国立法例，也将多数人之债区分为可分之债、连带之债与不可分之债。在德国和我国台湾地区学理上，还有关于"共同债权"与"共同债务"的讨论②，实际上，它们主要指的就是不可分之债，之所以用不同概念表达，主要是由于分类标准的差异导致的。

在我国现行法上，关于多数人之债的类型，仅有《民法通则》设有按份之债与连带之债的规定，而对可分之债、不可分之债、共同之债等概念没有涉及。有学者指出，这一类型处理不能不承认是一个立法中的缺陷，易使人产生误解，认为按份之债与连带之债与给付的可分与不可分无关。③ 这一观点是有道理的。《民法通则》关于按份之债与连带之债的两分法，既不能穷尽多数人之债的全部类型，同时也会导致逻辑上的混乱。例如，缺乏可分之债与不可分之债的概念，可能导致在不可分之债中寻找按份之债的误区。

(一) 可分之债与不可分之债

本书认为，在学理上，多数人之债应首先依给付的可分性为标准，区分为可分之债与不可分之债。

可分之债，又称联合之债或分割之债，是指以同一可分给付为标的的多数人之债。给付的可分性是指整个给付可以分割为数个独立的给付而不损害其性质和价值，例如，由于金钱本身的可分性，金钱之债是典型的可分之债，一笔1万元的金钱给付义务可以无障碍地分割为两笔5千元的给付义务。在可分之债中，数个债权人共享一个可分给付的，为可分债权；数个债务人分担同一可分给付的，为可分债务。

不可分之债，是指以同一不可分给付为标的的多数人之债。例如，两位艺术家共同负担为博物馆创作大型壁画，这一艺术创作在性质上是不可分的，在履行上具有整体性，因此两艺术家负担的是不可分债务。多个债权人对一债务人以一不可分给付为请求对象的，则为不可分债权，例如，甲、乙、丙三人因共同向丁购买白马一匹而对后者享有的债权。

(二) 按份之债与连带之债

如前所述，我国民法关于多数人之债的基本区分是按份之债与连带之债，这是按照多数

---

① 参见郑玉波：《民法债编总论》，中国政法大学出版社2004年版，第380—381页。
② 参见[德]迪特尔·梅迪库斯：《德国债法总论》，杜景林、卢谌译，法律出版社2004年版，第597—617页；郑玉波：《民法债编总论》，中国政法大学出版社2004年版，第420—425页。
③ 参见江平主编：《民法学》，中国政法大学出版社2007年版，第446页。

债权人或多数债务人之间的结合方式所作的区分。按份之债,是多数债权人按份分享债权或多数债务人按份分担债务的多数人之债。连带之债,是多数债权人或多数债务人间基于连带关系而发生的多数人之债。

(三) 本书观点

迄今为止,我国的民事立法仍以按份之债与连带之债的两分法作为建构多数人之债的基础,可分之债和不可分之债的概念在立法层面上难觅踪影。在立法上存在这样一种现象,即凡涉及不可分之债的问题,基本上均适用连带之债的规则。例如,我国《合同法》第267条规定:"共同承揽人对定作人承担连带责任,但当事人另有约定的除外。"这一规定显然未考虑作为多数债务人的承揽人负担的给付究竟为可分抑或是不可分的问题。[1] 由于立法上采取了这种两分法,这种多数人之债的分类方法也普遍为我国学者所采。另一方面,一些学者看到了按份之债与连带之债两分法的非周延性,因此提出了四分法,即将多数人之债区分为可分之债、按份之债、连带之债与不可分之债。

在本书作者看来,上述两种分类立场均不应采纳。首先,尽管不可分之债与连带之债可以适用一些共同的规则,但连带之债无法涵盖不可分之债,尤其是在连带债权与不可分债权之间存在明显差异,因此,有必要在多数人之债的体系中识别出"不可分之债"的类型,并由立法单独予以规范。其次,我国现有法上的"按份之债"与德国法或我国台湾地区"民法"上的"可分之债"实际上属于同一范畴,只是观察角度不同而已。因此,本书对于多数人之债采三分法,即按份之债(可分之债)、连带之债和不可分之债。

第二节 按 份 之 债

一、按份之债的意义

(一) 按份之债的概念

按份之债,是指多数债权人或多数债务人按照份额享有权利或承担义务的多数人之债,其中,多个债权人按照份额请求债务人履行或受领清偿的,称为按份债权;多个债务人就自己应负担的份额负履行之义务的,称为按份债务。我国现行法对按份之债的基本规范体现在《民法通则》第86条,即"债权人为二人以上的,按照确定的份额分享权利。债务人为二人以上的,按照确定的份额分担义务"。

(二) 按份之债与可分之债

如前所述,我国现行法上无"可分之债"的概念。但是,依逻辑,作为按份之债的多数人之债必须是可分之债,否则债权人或债务人就不可能产生按份额行使权利或承担义务的问题。实际上,我国法上的按份之债与大陆法系其他国家和地区法律上的可分之债非常类似。

关于可分之债,我国台湾地区"民法"第271条规定,"数人负同一债务或有同一债权,而其给付可分者,除法律另有规定或契约另有订定外,应各平均分担或分受之。其给付本不可

---

[1] 在通常情况下,承揽人所负担的完成工作、交付工作成果的义务是不可分的,那么《合同法》此条规定就会有两个问题:(1) 该条显然是简单地将连带债务的规则适用于一个不可分债务,可能会有法律漏洞;(2) 如果给付不可分,"当事人另有约定的除外"就失去了意义,因为对不可分给付是不可能约定按份债务的。

分而变为可分者,亦同"。《德国民法典》第402条和《日本民法典》第427条也有类似的规定。

我国法律虽无类似规定,但是,在法理上,以下规则对于我国法上的按份之债也有适用余地:(1)在多数人之债中,如果给付是可分的,则原则上该多数人之债应为按份之债,只有法律另有规定或当事人另有约定时,才成立连带之债。(2)如果给付是不可分的,则不可能成立按份之债,但是如果给付由不可分转化为可分,则同样应认定产生了按份之债。例如,甲、乙作为出卖人负有向乙交付房屋的义务,此为不可分债务,自然不发生按份分担的问题,但是,如该房屋在交付前因出卖人方面的过失而毁损灭失,则甲乙须对丙负金钱赔偿的责任,此次给付义务为可分之债,故应以各债务人按份负担损害赔偿债务为宜。(3)按份之债的份额由当事人约定或法律规定,在无约定或规定时,应以多数之债权人或债务人平均分担或分享为原则。

二、按份之债的成立

按份之债基于一定法律事实产生,其中法律行为是按份之债产生的主要原因。例如,甲、乙共同出资100万元购买丙之房产,如无有关连带责任的特别约定,甲、乙所负担的价金支付债务为按份债务。

按份之债的成立,须具备以下三方面要件:

(1)须有多数之债权人或多数之债务人。此为一切多数人之债在主体方面的共同要件。

(2)须以同一可分给付为标的。按份之债须以可分给付为标的,已如前述。同时,按份之债虽然可以分割为份额,但其债之关系仍为一个,其债之标的也是同一个给付。例如,甲、乙共同出资1万元向丙购买大米2吨,这是一个按份之债,它不同于甲、乙分别出5000元各自向丙购买大米1吨,后者是两个独立的单一之债,而未发生结合。

(3)须有分担债务或分享债权的约定或法律规定,或者自消极要件方面而言,对于可分之债,须无有关连带之债的约定或法律规定。例如,因共同侵权造成他人损害而产生的金钱赔偿义务虽为可分之债,但法律将其规定为了连带之债,则无按份之债之成立。相反,对于所谓"无意思联络的共同侵权"而言,《侵权责任法》第12条规定:"二人以上分别实施侵权行为造成同一损害,能够确定责任大小的,各自承担相应的责任;难以确定责任大小的,平均承担赔偿责任。"因为侵权责任多表现为金钱赔偿责任,其给付是可分的,故在此不构成典型之共同侵权的情形,应成立按份责任(债务)。

三、按份之债的效力

按份债权的债权人按其权利份额向债务人请求履行,债务人无须对债权人超出其个人份额的请求为履行。对于债务人的给付,债权人仅在其权利份额内为受领,其受领的超出个人权利份额的给付由于欠缺保有依据应依不当得利返还。但是,如果按份债务人明确表示愿意代其他债务人清偿债务的,则适用第三人清偿的规则,债权人有权保有给付利益,债权因清偿而发生消灭。此种情形,在多数债务人内部,将会产生求偿关系,即超出自己应承担份额而为清偿的债务人可以就超出的部分向其他债务人求偿。

然而,与数个独立的债的关系的债权人不同,按份债权的多数债权人之间并非完全的独立,其相互间的联系体现在两点上:(1) 如果按份债权系基于合同产生,那么产生该按份之债的合同的解除权,要么由多数债权人全体行使,要么由债务人对全体债权人行使,而不能由单个债权人或债务人对单个债权人行使。另外,当解除权对解除权人之一消灭时,对其他解除权人亦随之消灭。(2) 在按份债权系由双务合同产生的情形,在债权人未履行全部对待给付之前,债务人对各个债权人享有的部分给付可以拒绝履行。

按份债务的债务人按份额承担对债权人的给付义务,对超出其个人份额部分无需清偿。履行了所承担的给付份额后,该债务人的给付义务消灭,但不影响其他债务人的效力。

第三节 连 带 之 债

一、连带之债的意义

(一) 连带之债的概念

连带之债,是指多数债权人或多数债务人就同一给付标的,各债权人均有权要求债务人为全部给付,各债务人对债权人均负全部给付义务的多数人之债。

连带之债分为连带债权和连带债务。在连带债权中,任一债权人均可以向债务人主张全部债权,债务人向任一债权人为全部给付后,各债权均消灭。在连带债务中,任一债务人均有义务向债权人履行全部债务,任一债务人向债权人为全部给付后,各债务人的债务均发生消灭。

关于连带之债,我国现行法的主要规范见于《民法通则》第87条,即:"债权人或者债务人一方人数为2人以上的,依照法律的规定或者当事人的约定,享有连带权利的每个债权人,都有权要求债务人履行义务;负有连带义务的每个债务人,都负有清偿全部债务的义务,履行了义务的人,有权要求其他负有连带义务的人偿付他应当承担的份额。"同时,《侵权责任法》也对"连带责任"的效力做了如下规定,即:"法律规定承担连带责任的,被侵权人有权请求部分或者全部连带责任人承担责任"(对外效力,第13条);"连带责任人根据各自责任大小确定相应的赔偿数额;难以确定责任大小的,平均承担赔偿责任。支付超出自己赔偿数额的连带责任人,有权向其他连带责任人追偿"(对内效力,第14条)。实际上,此处的"连带责任"与"连带债务"同义。

(二) 连带之债的特点

连带之债具有以下三方面特征:

(1) 连带之债为多数人之债,须有多数债权人或多数债务人,此点与按份之债与不可分之债并无分别。

(2) 连带之债以同一给付为标的。连带之债属于多数人之债,其标的必须为同一给付。至于这一给付是否为可分,学界则有不同观点。通说认为,连带之债之产生,无论基于当事人的意思,还是基于法律之规定,并不以给付可分与否而有差异。也就是说,给付虽然可分,如金钱支付义务,当事人亦可通过约定使其成为连带之债,法律也可基于一定法律政策上的考量(如强化共同侵权中受害人的利益保护)而将其规定为连带之债。至于不可分的给付,由于我国现行法未设专门的规定。如果以按份之债与连带之债的两分法为前提,则从法解释学的角度看,似乎一切不可分给付均应归入连带之债的范畴。

(3) 连带之债的多数人主体间须有连带关系。所谓连带关系,指债权或债务具有共同目的,而在债的效力上及消灭上互有牵涉。例如,就共同侵权人之间的连带关系而言,各债务人(责任人)所承担的债务具有共同的目的,即,使债权人(受害人)所受全部损失得到填补;如果一个侵权人履行了赔偿义务,则不仅该债务人之债务消灭,而且其他债务人所负担的债务也将发生消灭。

连带之债虽有连带债权和连带债务两种,但在连带债务,任一债务人都需要对全部给付负责,故其具有担保的功能,能够强化债权的实现;相反,连带债权中的任一债权人均可受领全部给付,这固然可以简化债务的履行,但却会徒增各债权人之间求偿的问题,对于债权之保护甚为不利。因此,法律上关于连带债务发生之规定较多,而连带债权则少有当事人之约定或法律之规定。就我国现行法而言,民商事法律中有大量关于"连带责任"之规定,实际均属于连带债务的范畴。

二、连带债务

(一) 连带债务的意义

连带债务,指以同一给付为标的,依当事人之约定或法律之规定,各债务人间具有连带关系的多数主体之债务。例如,甲、乙、丙三人共同向丁购买价值30万元的轿车,并约定各债务人对30万价金负连带清偿之责,则此价金支付债务即为连带债务,作为债权人的丁可以不必考虑三债务人内部关于价金承担份额的安排,而向任何一人均要求全部30万元的给付。当然,此时,丁的债权亦只有一个,而非三个,故在甲、乙、丙中任何一人向丁支付30万元时,债权因受清偿而消灭,相应地,各债务人的债务也均告消灭。

(二) 连带之债的效力

连带债务既存在外部效力,即多数债务人与债权人之间法律关系,也存在内部效力,即多数债务人之间的法律关系。另外,连带债务的效力还包括所谓"就债务人一人所生事项的效力"。

1. 外部效力

连带债务的任何一个债务人都有义务向债权人清偿全部债务。从债权人角度来说:(1)债权人可以向多数债务人中的一人或数人主张债权,被请求者不得以还存在其他债务人而互相推诿;(2)债权人可以主张全部履行,也可以主张部分履行,请求全部履行时,被请求者不得以债权人的履行请求超出其个人应当承担的份额而拒绝履行;债权人请求一债务人部分履行时,即便该债务人已经履行,但在连带债务未全部清偿前,该债务人仍与其他债务人就未履行的部分负连带责任;(3) 债权人可以同时向数人提出履行,同时也可以先后提出。

2. 内部效力

连带债务的内部效力,是指复数的连带债务人之间的法律关系。连带债务的内部效力主要体现为债务人之间的追偿关系。

对债权人履行债务超过了所分担份额的债务人,对其他债务人有追偿的权利。虽然连带债务人对债权人都承担全部清偿的义务,但是,在债务因清偿而消灭后,多数债务人内部应当按约定或法定的份额进行分担。如果法律没有规定或当事人没有约定份额的,连带债务人之间平均地承担债务。我国《民法通则》第87条规定:"负有连带义务的每个债务人,都负有清偿全部债务的义务,履行了义务的人,有权要求其他负有连带义务的人偿付他应当承担的份额"。超过份额履行了债务的债务人,对其他债务人的内部追偿权应当向各债务人分别行使,而不能概括地向其他部分债务人主张。如果某一债务人失去偿付能力而不能偿付时,对该债务人承担的份额,享有内部求偿权的债务人和其他债务人应当按照所承担债务份额的比例分担。例如,甲、乙、丙三人共同向丁负有3000元的连带债务,其内部均分此债务,即各承担1000元;甲应丁的请求支付3000元后,乙、丙对丁的债务也消灭;甲超出自己应承担部分而为清偿,可以各自向乙和丙追偿1000元;如果乙丧失给付能力,而使甲不能实现对其的追偿利益,则应由丙平等分担此损失,因此甲在向丙追偿其应负担之债务份额1000元后,还可要求其分担500元乙不能给付的损失。

3. 对债务人之一所生事项的效力

连带债务人之间的连带关系,在前述外部关系上已有所体现。但是,更能体现这种连带性的,是所谓对债务人之一所生事项之效力的问题。各国民法通常都会对连带之债的此层效力作出具体规定。我国现行法并未在此方面作出系统规定,因此,连带之债的此层效力较少受到我国学界的关注。但是,我国相关规范也涉及了这一层面的问题,例如,最高人民法院《关于审理民事案件适用诉讼时效制度若干问题的规定》(以下简称《诉讼时效司法解释》)第17条第2款规定:"对于连带债务人中的一人发生诉讼时效中断效力的事由,应当认定对其他连带债务人也发生诉讼时效中断的效力。"由此可知,就连带之债而言,对债务人之一所生事项的效力问题虽然极其复杂,但司法和学理仍有必要关注。

所谓对债务人之一所生事项的效力问题,指的是,连带债务人之一人与债权人间所发生的各种事项,对于其他债务人是否也发生效力的问题。凡对债务人一人所生事项也对其他债务人生效的,称绝对效力事项;反之,对其他债务人不发生效力的事项,称相对效力事项。

某一事项究竟应发生绝对效力,还是发生相对效力,应依以下标准确定:(1)连带之债的债权人可以分别向各债务人要求履行,故应以相对效力为原则,以绝对效力为例外。在立法技术上,可以由法律对绝对效力作出明确规定,余者皆为相对效力。我国台湾地区"民法"即采此种立法例①,《德国民法典》《日本民法典》等亦同。(2)连带债务具有一个共同目的,即使一个完整的债权得到实现,因此,凡能满足此目的的事项(如清偿以及提存、抵销等清偿代用手段),均应发生绝对效力。(3)虽非满足此目的之事项(如债权人对某一债务人为免除的意思表示),但为避免循环求偿,出于简化法律关系的考量,也应使之发生绝对效力。②

依上述标准,结合我国法律现有之规定,产生绝对效力的事项包括:(1)清偿、代物清偿、提存、抵销、混同等。连带债务具有共同的目的,如果债务人之一为清偿、提存,或向债权人行使抵销权,或发生债权与债务合为一身的情形,则债权因目的之实现而消灭,该债务人的债务消灭,同时其他债务人的债务也消灭。(2)债务免除。如债权人对一债务人为免除全部债务的意思表示,应发生绝对效力,其他连带债务人也因此免责;如债权人仅向连带债务人中之一人免除债务,而无消灭全部债务的意思,则其他债务人不因此免除义务,但可要

---

① 我国台湾地区"民法"第279条规定:"就连带债务人中之一人,所生之事项,除前5条规定或契约另有订定者外,其利益或不利益,对他债务人不生效力"。

② 参见郑玉波:《民法债编总论》,中国政法大学出版社2004年版,第393页。

求债权人在向其主张债权时扣除被免除债务者应负担之部分。就被免除债务者应负担之份额应扣除的效力而言,此类免除仍属于绝对效力。(3) 债权人受领迟延。债权人对于连带债务人之一发生受领迟延之时,因受领迟延而使该债务人能享有之利益,其他债务人也能享有。例如,一连带债务人提出给付而受领迟延,在受领迟延期间发生标的物毁损灭失的风险,由于法律规定此风险须由受领迟延的债权人承受,因此所有债务人均可免责。(4) 依我国《诉讼时效司法解释》第17条第2款之规定,对于连带债务人中的一人发生诉讼时效中断效力的事由,应当认定对其他连带债务人也发生诉讼时效中断的效力。

相反,发生相对效力的事项包括但不限于以下情形:(1) 债权人对于某一债务人所作的履行请求,除其中断时效之效力对其他债务人亦发生外,仅对被请求人具有效力。因此,如被请求人因未及时履行而陷于给付迟延,其他未被请求的债务人并不因此构成给付迟延。(2) 给付迟延。连带债务人之一给付迟延的,仅发生相对效力,仅由陷入迟延之债务人负迟延之责,与其他债务人无关。(3) 给付不能。债务人之一给付不能的,给付不能的后果仅就该债务人发生,如其他债务人仍能给付的,不影响债权人向其他债务人主张债权。(4) 债权人将其债权转让给第三人,仅对连带债务人之一为通知的,则债权转让的效果仅就该债务人发生效力。(5) 第三人承担某一连带债务人之债务的,对其他债务人不发生影响。

三、连带债权

(一) 连带债权的意义

连带债权,指以同一给付为标的,各债权人间具有连带关系的多数人之债。连带债权中的连带关系,主要表现在,各债权人均可向债务人请求全部给付,债务人向任一债权人为给付后,连带债权归于消灭。例如,甲、乙、丙三人以10万元价格出卖共有的车辆于丁,并约定三人均可向丁请求支付全部价款,此即为基于法律行为所成立的连带债权。

连带债权的成立须具备以下要件:(1) 须有数个债权人;(2) 须以同一给付为标的;(3) 须各债权人依法或依约定可向债务人为全部给付的请求。

(二) 连带债权的效力

连带债权的效力亦可区分为外部效力、内部效力以及就债权人之一人所生事项的效力。如前所述,与连带债务相比,连带债权比较少见,故简述其效力。

1. 就外部效力而言,任何一个债权人都有权向债务人主张全部的给付。债务人不得以债权人的主张超过其应享有的份额为抗辩。债务人有权向连带债权人中的任一人履行债务,债务人向一个债权人履行了全部债务后,债务消灭的效果及于所有债权人,其他债权人不得再就全部或部分债务请求债务人履行。

2. 就内部效力而言,连带债权的多个债权人内部按确定的份额分享债权,受领了超出其个人应享有之份额的债权人应当向其他债权人偿还其多受领的利益。连带债权人内部分享债权的份额,依当事人间的约定或法律之规定确定。未约定或法律未有规定时,各债权人平均分享债权利益。

3. 就对债权人之一所生之事项的效力而言,仍可区分为产生绝对效力的事项和产生相对效力的事项。产生绝对效力的事项,指对债权人之一生效,在则对其他债权人亦生效,包括:请求;受领债权人的清偿、代物清偿,或经提存、抵销、混同;时效中断①、时效届满;免除债务;受领迟延等。发生相对效力的事项包括但不限于给付迟延、给付不能、债权让与、债务承担等。

第四节 不可分之债

一、不可分之债的意义

不可分之债,指以同一不可分给付为标的的多数人之债。不可分之债包括不可分债权与不可分债务,前者涉及多数债权人,后者则涉及多数债务人。不可分之债之成立,须具备三个要件:(1) 债之主体须为复数;(2) 债的标的为同一给付;(3) 该给付为不可分给付。

我国现有民事立法中未采用这一概念,已如前述。但是,不可分之债有不同于连带之债的特点,不能全然归入连带之债的范畴,学理上有必要将其从连带之债中独立出来,我国未来的民事立法也应针对不可分之债设专门的规范。

二、不可分债权

（一）不可分债权的意义

不可分债权,指以同一不可分给付为标的的多数人债权。例如,甲将其车辆以3000元之价格出卖给乙、丙、丁三人,三买受人的价金支付义务也属于多数人债务,由于此3000元支付义务为可分给付,因此,在当事人没有关于成立连带债务的约定时,各买受人按份额分担买价,是为按份债务;反观乙、丙、丁三人享有的债权,以请求甲交付车辆为标的,而该给付显然为不可分给付,故应成立不可分债权。

（二）不可分债权的效力

不可分之债的效力主要表现在对外效力、对内效力两个方面。

不可分债权的外部效力,指多数债权人与债务人之间的权利义务关系,即多数债权人如何请求,债务人如何履行的问题。依各国和地区立法例通常之规定②,各债权人仅可请求债务人向债权人全体为给付,而债务人也仅可向债权人全体为给付。这就意味着,债权人受领清偿,须由全体共同为之,债务人不能选择债权人中一人为给付,否则不能因清偿而免责。在前例中,卖车人甲必须向乙、丙、丁三人共同履行交付车辆并转移所有权的义务。由此可见,不可分债权与连带债权存在显著差异,不能以连带债权的效力替代不可分债权的效力。

不可分债权的内部效力,指各不可分债权人间的权利义务关系。关于各债权人之间的关系,首先须依法律的特别规定或当事人的约定加以确定。如无法律之规定或当事人之约定,则各债权人应平均分受其利益。又由于给付的不可分性,各债权人间可以成立共有关系。在前例中,乙、丙、丁三人可在所购置之车辆上成立均等的按份共有关系。

---

① 我国现行法上关于连带债权此层次效力的规定,仅见于最高人民法院《关于审理民事案件适用诉讼时效制度若干问题的规定》第17条第1款:"对于连带债权人中的一人发生诉讼时效中断效力的事由,应当认定对其他连带债权人也发生诉讼时效中断的效力。"

② 如我国台湾地区"民法"第293条,《德国民法典》第432条,《瑞士债法典》第70条,《日本民法典》第428条等。

三、不可分债务

（一）不可分债务的意义

不可分债务，指以同一不可分给付为标的的多数人债务。例如，甲、乙、丙三人以3000元价格向丁出卖三人共有的车辆，三出卖人对丁享有的3000元债权属于多数人债权，由于该给付可分，在当事人没有关于连带债权之约定时，该多数人债权为按份债权；反观甲、乙、丙三人对丁所负担的债务，以交付车辆并转移所有权为标的，而该给付明显为不可分给付，故属于不可分债务。

（二）不可分债务的效力

关于不可分之债的效力，包括其外部效力与内部效力，原则上可参照适用法律有关连带债务的规定，德国民法、瑞士债法、日本民法，以及我国台湾地区"民法"等均设有类似"数人负同一债务，而其给付不可分者，准用关于连带债务之规定"的规定。此不赘述。

第四章

债的担保与保全

第一节 债的担保

一、概述

债之法律关系具有相对性,原则上其效力仅限于双方当事人之间。由此,此债不影响彼债,同一债务人的各债权人之间地位平等,各债权并不因时间成立的先后而有效力上的差别。这种平等性首先体现于债权实现机会上的均等,债务人全部财产为债权的一般担保,债权人之间就此平等受偿。此种平等性对于自由竞争有益,对具体的债权人来说却并非好事。债务人无限订立合同而增加债务的可能性,使得债务人财产的担保力越来越弱,可能使其陷入不能清偿的境地。为债的实现提供一般担保者,为债务人的全部财产,也称作"责任财产"。债的实现首先依赖于债务人的任意履行,在发生债务不履行的情形,债权人可要求强制履行或主张损害赔偿。在没有特别担保的情形,损害赔偿请求权能否实现,取决于债务人是否有充足的财产。债务人的责任财产越多,其担保债权实现的能力越强;反之,则越弱。

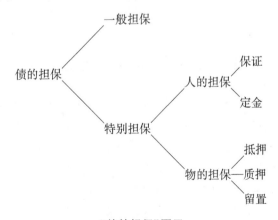

"债的担保"图示

因此,债权人努力寻求各种手段,以确保实现自己债权,保障自己的利益。此种手段或为维护债务人一般责任财产,如债权人代位权和撤销权;或为增加责任财产的范围,如保证;或为个别债权创造优先受偿的效力,如物权性担保。其中,债权人依法律之规定以维护债务人责任财产为目的债权维护手段称为"债的保全",而后两者则为债的担保。其中,以确立债权人对特定之担保物享有优先于其他债权人受偿之权利为内容的物权性担保手段,虽亦为债的担保手段,但其本身构成物上的担保物权,因此,抵押权、质权、留置权等担保物权均被纳入物权法的规范之中。本书仅就债权性的担保,即保证与定金,介绍。

二、保证

(一) 保证的意义

保证,是指由保证人向债权人承诺,当主债务人不履行债务时,由其代负履行责任或承担连带责任的担保方式。我国《担保法》第6条给出的立法定义是:"本法所称保证,是指保证人和债权人约定,当债务人不履行债务时,保证人按照约定履行债务或者承担责任的行为。"

保证具有以下特性:

1. 保证是人的担保方式

保证作为人的担保方式,其担保机制并非像担保物权那样通过确立优先受偿效力增强债权的效力,而是在于扩大债权的一般担保范围。债务人之外的第三人作为保证人,以其全部财产加入到债权的一般担保中来,由此保证债权的实现。因此,保证人对于主债务的清偿,实际上承担的是无限责任。而在由第三人提供抵押物或质押物而成立担保物权的情形,该第三人承担的是有限责任,即仅以担保物之价值为限承担责任。

2. 保证是第三人担保

保证系扩大债权一般担保范围的担保方式,只能由第三人作为保证人,债务人不能成为保证人。这与物的担保通常都是由债务人自己提供担保物构成鲜明的对比。

3. 保证债务具有从属性,并以主债务的不履行为发生条件

从属性是担保制度的一般性质,保证债务的从属性表现在:主债务不成立的,保证债务亦不成立;主债务因债务人或第三人的清偿或替代清偿的其他原因消灭的,保证债务亦消灭。保证债务并不因保证合同的订立而当然发生,而是以主债务人的不履行作为其发生条件。

(二) 保证的设立

保证以保证合同的形式设立。根据我国《担保法》的规定,保证合同的订立有以下要求:

1. 保证人

保证人,也即保证债务的债务人。对于保证人的资格,法律有特别要求。

一方面,《担保法》从积极要件方面对保证人的资格提出要求,其第7条规定,保证人必须是具有代偿能力的自然人、法人和其他组织。但是,是否具有代偿能力,实际上是一个有关保证债权能否实现的问题,而非保证债权能否成立的问题。因此,《最高人民法院关于适用〈中华人民共和国担保法〉若干问题的解释》(以下称《担保法解释》)第14条规定:"不具有完全代偿能力的法人、其他组织或者自然人,以保证人身份订立保证合同后,又以自己没有代偿能力要求免除保证责任的,人民法院不予支持。"

另一方面,《担保法》还从消极要件方面对保证人的资格提出要求,即规定了哪些人不能充当保证人。此方面的规则主要包括:(1) 国家机关不得为保证人,但经国务院批准为使用外国政府或者国际经济组织贷款进行转贷的除外(《担保法》第8条);(2) 学校、幼儿园、医院等以公益为目的的事业单位、社会团体不得为保证人(《担保法》第9条);(3) 企业法人

的分支机构、职能部门不得担任保证人,分支机构有法人书面授权的,可以在授权范围内提供保证(《担保法》第 10 条)。

不具有保证人资格的当事人订立保证合同的,保证合同无效,债权人不能据此取得保证债权。但是,《担保法》第 5 条针对所有担保无效的情形,规定债权人、债务人、担保人需要依其过错各自承担民事责任。这就意味着,上述不适格的保证人订立保证合同的,固然无须负担保证债务,但却须在有过错时对债权人承担一定的赔偿责任。

2. 保证合同的订立

保证属于意定的担保方式,要求当事人间就保证达成合意。根据《担保法》第 13 条的规定,保证人与债权人应以书面形式订立保证合同。不过,该条所称"书面保证合同",并不仅限于由保证人和债权人签章而单独订立的保证合同书形式。根据《担保法》解释第 22 条之规定,在以下两种情形,也可认定保证合同已成立:(1)第三人单方以书面形式向债权人出具担保书,债权人接受且未提出异议的;(2)主合同中虽然没有保证条款,但是,保证人在主合同上以保证人的身份签字或者盖章的。

(三) 保证范围

保证范围是指保证债务的范围。保证范围由当事人约定,当事人未约定或约定不明确的,应推定保证范围及于全部债务,包括主债权及其利息、违约金、损害赔偿金、实现债权的费用(《担保法》第 21 条)。

(四) 保证类型

我国 1986 年《民法通则》未明确区分保证合同的类型。该法第 89 条第 1 项规定:"保证人向债权人保证债务人履行债务,债务人不履行债务的,按照约定由保证人履行或者承担连带责任;保证人履行债务后,有权向债务人追偿。"据此成立的保证,通常都是所谓连带责任保证。与《民法通则》不同,1995 年《担保法》明确规定了两类保证:一般保证和连带责任保证。

1. 一般保证

一般保证也称补充保证。《担保法》第 17 条第 1 款规定:"当事人在保证合同中约定,债务人不能履行债务时,由保证人承担保证责任的,为一般保证。"结合该条第 2 款关于先诉抗辩权的规定可知,此处所称"债务人不能履行债务时",应指债权人用尽诉讼、强制执行等手段,而债务人仍然不能履行或不能完全履行债务而言。

在一般保证中,在主合同纠纷未经审判或仲裁,并就债务人财产依法强制执行仍不能履行债务前,保证人享有拒绝承担保证责任的抗辩权。此项抗辩权称为"先诉抗辩权"或"检索抗辩权"。一般保证,就是保证人享有先诉抗辩权的保证方式。

先诉抗辩权系对保证人的一项重要保护,该抗辩权的行使,将使保证人对主债务仅负补充责任,即在主债务人确实不能清偿的范围内承担补充清偿责任。先诉抗辩权在性质上属于一时性抗辩权,一旦债权人已就主债纠纷提起诉讼或申请仲裁并执行完毕,该项抗辩权即告消灭。

抗辩权之行使同样需遵循诚实信用原则。根据《担保法》第 17 条以及《担保法解释》第 25 条的规定,在发生债务人住所变更致使债权人要求其履行债务发生重大困难,或债务人下落不明、移居境外且无财产可供执行等情形,保证人不得行使先诉抗辩权。

2. 连带责任保证

《担保法》第 18 条规定："当事人在保证合同中约定保证人与债务人对债务承担连带责任的,为连带责任保证。连带责任保证的债务人在主合同规定的债务履行期届满没有履行债务的,债权人可以要求债务人履行债务,也可以要求保证人在其保证范围内承担保证责任。"

在连带责任保证中,一旦发生主债务的不履行,保证人不享有先诉抗辩权,而是与主债务人共同向债权人承担连带清偿责任。不过,须注意的是,在保证人与主债务人间所成立的并非真正意义上的"连带之债"。就债权人可以任意要求主债务人或保证人履行全部债务这一点而言,连带保证似与通常的连带债务并无分别,但是,在保证人与主债务人间并不存在分担债务的问题,而且,在所谓"对债务人之一所生事项的效力"方面,连带保证责任与通常的保证债务也存在重要的差异,例如,债权人如免除保证人的保证责任,其对主债务人的债权不受影响。

3. 保证类型的确定

保证究竟为一般保证,抑或是连带责任保证,这一点关乎保证人是否享有先诉抗辩权,对保证人和债权人的利益影响甚大。因此,首先应遵循契约自治的精神,由债权人和保证人在保证合同中对保证的类型加以确定。

如当事人对保证的类型未作约定或约定不明,根据《担保法》第 19 条的规定,保证的类型为连带责任保证。由此可见,我国现行法实际上仍以连带责任保证作为保证的基本形态,保证人只有基于有关一般保证方式的特别约定才能享有先诉抗辩权。这体现了我国法律强化债权实现的立法政策,但原则上不允许保证人主张先诉抗辩权,对保证人未免也太过严苛。本书认为,以"一般保证为原则,连带责任保证为例外"的立法体例更符合各方的利益平衡,建议未来通过修改法律广泛地赋予保证人以先诉抗辩权。

(五) 保证期间

保证期间,是指债权人可以要求保证人承担保证债务的有效期间。在约定或法定的保证期间内,如果债权人不向保证人主张保证债权或依法采取相关法律行动,则保证人于保证期间届满时免除保证责任。

关于保证期间的性质,学理上存在较大的争议。一种观点认为其是特殊的诉讼时效期间,另一种观点认为是除斥期间。我们认为,保证期间系民法上一种特殊的期间,其性质较为接近除斥期间,但其作用的对象并非形成权,而是请求权(保证债权)。

保证期间由当事人在保证合同中约定,未约定或者虽然约定但早于或等于主债务履行期的(等于无约定),则保证期间适用法定期间,即自债权清偿期届满之日起的 6 个月内为保证期间(《担保法》第 25 条、第 26 条)。如果当事人在保证合同中类似"承担保证责任直至主债务本息还清为止"等的约定,则保证期间确定为债权清偿期届满之日起的 2 年(《担保法解释》第 32 条)。

被担保的债权有清偿期的,保证期间自主债务履行期届满之日起算。当事人未就主债权约定清偿期的,保证期间自债权人要求债务人履行义务的宽限期届满之日起计算。

在一般保证中,债权人未在保证期间内对债务人提起诉讼或申请仲裁的,保证期间届满,保证人免除保证责任(《担保法》第 25 条)。法律之所以要求债权人在保证期间内对主债务人采取法律行动,主要是因为保证人享有先诉抗辩权。债权人要想无障碍地对保证人行使保证债权,首先必须消除保证人的先诉抗辩权,因此,保证期间也就成了限制债权人对主债务人采取法律行动的期间。

在连带保证中,债权人未在保证期间内要求保证人承担保证责任的,保证期间届满,保证人免除保证责任(《担保法》第26条)。

保证人在保证期间内实施了上述行使权利行为的,保证期间的使命即告终结。此后,对债权人向保证人主张保证债权的时间限制,将适用民法上关于诉讼时效期间的一般规定。根据《担保法解释》第34条的规定,一般保证的诉讼时效期间从对主债务人之诉讼的判决或仲裁裁决生效之日起算,连带保证的诉讼时效期间从债权人在保证期间内要求保证人承担保证责任之时起算。

(六) 保证的效力

保证的效力,主要体现为两方面:在保证人和债权人之间的效力;在保证人和主债务人之间的效力。

1. 在保证人和债权人之间的效力

(1) 债权人要求保证人履行保证债务的请求权。在一般保证,当就主债务人的强制执行未见效果或未获得完全满足时,债权人可以请求保证人承担保证责任。在连带保证,在主债务履行期届满主债务人未履行时,债权人可以直接请求保证人承担保证责任。

(2) 保证人的抗辩权。保证人承担的毕竟是主债务人债务的清偿责任,无论如何,保证人的法律地位不应当比主债务人更弱。因此,法律规定,保证人享有主债务人对债权人的各项抗辩;主债务人抛弃抗辩的,对保证人不生效力。《担保法》第20条第1款规定:"一般保证和连带责任保证的保证人享有债务人的抗辩权。"债务人放弃对债务的抗辩权的,保证人仍有权抗辩。该条第2款对第1款中所称"抗辩权"作了如下定义:"抗辩权是指债权人行使债权时,债务人根据法定事由,对抗债权人行使请求权的权利"。可见,此条所称抗辩权,指的是广义的抗辩权,主债务人对于债权人能够主张的一切抗辩事由(包括所谓事实抗辩,如主债务未发生、已消灭等),保证人都可主张。

除了行使主债务人对债权人的抗辩权外,一般保证的保证人还享有先诉抗辩权。

2. 在保证人和主债务人之间的效力

保证人履行债务后,取得对主债务人的代位求偿权。此种求偿权不因保证为一般保证或连带保证而有分别,一般保证的保证人放弃先诉抗辩权的,仍享有此项代位求偿权。

保证人得以自己的名义,在其承担清偿义务的范围内,代位行使债权人的权利。通常情况下,保证人仅在履行了保证义务之后始得向主债务人行使。但在主债务人被宣告破产而债权人又未将其债权全额作为破产债权申报时,保证人得以其将来的求偿权作为破产债权向主债务人行使。

(七) 保证的消灭

保证消灭的原因有下列几项:

1. 主债务消灭

保证债务具有从属性,当主债务因履行等原因消灭时,保证债务亦随之消灭。主债务的原定给付转化为次给付义务的,债之关系仍维持其同一性,故其担保并不消灭。

2. 主债务承担

因免责的债务承担而发生主债务人更换的,如未征得保证人的同意,保证人原先承担的保证责任消灭(《担保法》第23条)。

3. 保证期间届满

保证人在保证期间内不行使保证请求权的,保证人的保证债务消灭。

4. 其他事由

保证债务系债务的一种,有关债务消灭的原因,如免除、抵销皆得为保证债务消灭的原因。作为保证人之自然人死亡,其继承人仅在遗产范围内负有限保证责任;没有遗产的,保证消灭。

三、定金

(一) 定金的意义

定金,是指合同当事人一方,为确保合同履行之目的而预先向他方给付的金钱或其他替代物。定金一般都表现为一笔金钱,基于当事人的特别约定或特定的交易惯例,也可以金钱以外的物之给付充当定金。

(二) 定金的成立

定金的成立,需要具备以下三方面的条件:

(1) 需要当事人之间达成定金的合意,订立定金合同。当事人约定一方向对方支付一笔金钱,不能均认定为定金合同。在主合同订立后,由本身就负有金钱支付义务的一方(如买受人)向他方支付的一笔金钱,如无其他特别约定,应解释为预付款,而不是定金,从而在当事人一方不履行合同时,不发生定金的效力。另外,《担保法解释》第118条规定:"当事人交付留置金、担保金、保证金、订约金、押金或者订金等,但没有约定定金性质的,当事人主张定金权利的,人民法院不予支持。"该条文实际上确立了一条有关定金意思表示的解释规则:一笔金钱的交付,在存有疑义时,不应认定为定金。

(2) 定金应实际支付。定金合同属于实践性合同,根据《担保法》第90条的规定,定金合同自实际交付定金之日起生效。当事人虽就定金达成一致,但未实际给付定金的,不发生定金的效力。定金的数额,由双方约定。《担保法》第91条规定,定金数额不得超过主债务标的额的20%。实际交付的定金数额多于或者少于约定数额,视为变更定金合同;收受定金一方提出异议并拒绝接受定金的,定金合同不生效(《担保法解释》第119条)。

(3) 主合同必须有效。定金合同属于从合同,如果其所担保的主合同无效,定金合同也无效。主合同无效而定金已实际支付的,收取定金的一方应负返还之责。

(三) 定金的种类

定金依其功能,可以分为立约定金、成约定金、证约定金、违约定金与解约定金等。《担保法》主要规定的是违约定金,而《担保法解释》对立约定金、成约定金与解约定金均有规定。

1. 违约定金

违约定金,以定金作为不履行主合同义务的损害赔偿,即给付定金的一方如不履行债务时,接受定金的一方得没收定金,而接受定金一方不履行时,须双倍返还其受领的定金。违约定金是我国《担保法》所确立的主要定金类型。在主合同成立后,当事人又达成定金合意并实际交付定金的,除非有关于定金性质的其他约定,否则均应解释为违约定金。

2. 立约定金

立约定金,是为了确保在当事人间未来订立合同而交付的定金。立约定金,实际上是当事人在形成预约后,就本约的订立而设的担保。

我国《担保法解释》第 115 条对立约定金及其效力了如下规定:"当事人约定以交付定金作为订立主合同担保的,给付定金的一方拒绝订立主合同的,无权要求返还定金;收受定金的一方拒绝订立合同的,应当双倍返还定金。"在本书看来,这一条款中"以交付定金作为订立主合同担保的"这一表达存在逻辑上的矛盾:定金是从合同,其效力从属于主合同,那么,在主合同尚未成立的情况下,定金又如何成立并发生效力呢?因此,对于立约定金来说,需要引进预约与本约的概念,首先在当事人间识别出具有法律效力的预约,该预约的效力恰恰在于约束当事人未来订立本约,为担保此预约的履行(即订立本约),当事人之间成立定金合同。因此,该条中的"以交付定金作为订立主合同担保的"应理解为"以交付定金作为订立本约担保的"。

3. 成约定金

成约定金,以定金的交付作为主合同特别成立要件。《担保法解释》第 116 条即为对成约定金的规定:"当事人约定以交付定金作为主合同成立或者生效要件的,给付定金的一方未支付定金,但主合同已经履行或者已经履行主要部分的,不影响主合同的成立或者生效。"

4. 解约定金

解约定金,以定金的丧失或双倍赔偿作为代价,使主合同当事人获得了自由解除合同的权利,即,给付定金者,得抛弃定金而解除合同;接受定金者,得加倍返还定金以解除合同。关于解约定金,《担保法解释》第 117 条规定:"定金交付后,交付定金的一方可以按照合同的约定以丧失定金为代价而解除主合同,收受定金的一方可以双倍返还定金为代价而解除主合同。对解除主合同后责任的处理,适用《中华人民共和国合同法》的规定。"

(四) 定金的效力

1. 充抵价金和返还效力

定金之债为担保主债务履行的从债,故在主债务履行后,定金之从债务也即消灭。给付定金的当事人可以请求接受定金的一方返还定金,或者以定金充抵价金。

2. 定金罚则

《担保法》第 89 条规定:"给付定金的一方不履行约定的债务的,无权要求返还定金;收受定金的一方不履行约定的债务的,应当双倍返还定金。"该条规定了违约定金的定金罚则。一般认为,定金罚则仅适用于当事人严重违约的情形,即因当事人一方迟延履行或者其他违约行为,致使合同目的不能实现的情形。这一观点得到了《担保法解释》的支持,该解释第 120 条第 1 款规定:"因当事人一方迟延履行或者其他违约行为,致使合同目的不能实现,可以适用定金罚则。但法律另有规定或者当事人另有约定的除外。"该条第 2 款还对不完全履行如何适用定金的问题了如下规定:"当事人一方不完全履行合同的,应当按照未履行部分所占合同约定内容的比例,适用定金罚则。"

3. 替代赔偿效力

定金具有替代赔偿金的效力。《合同法》第 114 条确认违约金有替代赔偿金的效力,而 116 条又规定在既约定违约金又约定定金的情形,当事人仅得选择其一,定金具有替代违约金效力。由此,违约金可替代赔偿金,定金又可替代违约金,则定金可替代赔偿金。也就是说,如果适用定金罚则能够填补债权人所受的损害,则债权人不得再另行主张损害赔偿。当然,如果债权人的实际损失不能完全被定金罚则所填补,则债权人还可就差额另行向债务人主张赔偿。

第二节 债的保全

一、概述

债的保全,亦称责任财产的保全,它是债权人为了确保债权获得清偿,而防止债务人责任财产减少的一种手段。债的保全的方式有两种:债权人代位权和债权人撤销权。

根据债的相对性原理,债权人只能向债务人请求履行,债权的效力原则上不及于第三人。但是,当债务人与第三人之间的关系危及债权人利益时,法律允许债权人对债务人与第三人的关系进行一定程度的干预,确保责任财产的完整,以排除对其债权的危害。因此,债的保全属于债的对外效力,是债的相对性的例外。

债的保全在于确保债的一般担保,而非增加一般担保(如保证)或者增强债的效力(如担保物权)。在这一点上,债的保全区别于债的担保。

在比较法上,《法国民法典》发展了罗马法上的"赊销之诉",开始肯定债权人代位权和撤销权。《德国民法典》坚持债的相对性,并未规定债的保全,而是另辟蹊径,在民事诉讼法的强制执行程序中解决责任财产的不完整问题。我国台湾地区"民法"明确规定了债权人的代位权与撤销权,同时"民事诉讼法"上也承认对债权等的强制执行制度。我国大陆在1999年通过的《合同法》以及后来的相关司法解释中,对债权人代位权和撤销权做了具有中国法特色的规定。

二、债权人代位权

(一) 债权人代位权的意义

1. 债权人代位权的概念

债权人代位权,是指债权人为了保全其债权,以自己的名义,代债务人行使权利的权利。我国《合同法》第73条规定:"因债务人怠于行使其到期债权,对债权人造成损害的,债权人可以向人民法院请求以自己的名义代位行使债务人的债权,但该债权专属于债务人自身的除外。"

一般认为,代位权起源于法国习惯法,《法国民法典》规定了债权人代位权,称为"间接诉权"或"代位诉权"。德国、瑞士两国民法均未规定债权人代位权,而是通过强制执行法实现代位权的功能。日本以及我国台湾地区在民事程序相关法律上都有相应的对债权的执行规定,同时"民法"中也规定了代位权制度。

1999年的《合同法》中明确规定债权人代位权制度之前,在我国司法实践中一直是在程序法的层面上通过对债权执行的方式解决相关问题。其中在1992年《最高人民法院关于适用〈中华人民共和国民事诉讼法〉若干问题的意见》(该司法解释已失效)第300条规定:"执行人不能清偿债务,但对第三人享有到期债权的,人民法院可依申请执行人的申请,通知该第三人向申请执行人履行债务。该第三人对债务没有异议但又在通知指定的期限内不履行的,人民法院可以强制执行。"2015年2月4日起施行的《最高人民法院关于适用〈中华人民共和国民事诉讼法〉的解释》第501条规定:"人民法院执行被执行人对他人的到期债权,可以作出冻结债权的裁定,并通知该他人向申请执行人履行。该他人对到期债权有异议,申请执行人请求对异议部分强制执行的,人民法院不予支持。利害关系人对到期债权有异议的,人民法院应当按照民事诉讼法第227条规定处理。对生效法律文书确定的到期债权,该他人予以否认的,人民法院不予支持。"由此可知:(1) 与日本,以及我国台湾地区一样,我国大陆现行法也是兼由程序法和实体法两个层面对债权加以保全;(2) 通过执行程序让第三人向申请执行人直接清偿,其前提是该第三人对到期债权无异议,一旦其提出执行异议,即无法实现对第三人的强制执行,此时,从实体法的角度规定债权人的代位权就显得十分必要了。

2. 代位权的性质

(1) 代位权属于债权的对外效力。债权的相对性原理要求债权人仅能向债务人请求债务的履行。债权人代位权使得债权人可以基于保全自己债权的需要,以自己名义向债务人之外的第三人请求某种作为或不作为。债权效力"穿透"相对关系而及于第三人,属于债权的对外效力。

(2) 代位权是债权人的固有权利。代位权并非属于债务人之权利向债权人的默示让与,而是债权人的固有权利,一方面,债权人行使此项权利无须与债务人形成合意,另一方面,债务人的权利也并未因债权人具备行使代位权的条件而丧失。

(3) 代位权属于实体法上的权利。法国、日本的民法典,以及我国台湾地区"民法"和我国大陆《合同法》均将代位权作为实体法上的权利予以规定,虽然日本、我国台湾地区以及我国大陆也有程序法上的相似制度,但二者终究不同。

(二) 代位权的构成要件

根据我国《合同法》第73条,结合《最高人民法院关于适用〈合同法〉若干问题的解释(一)》(以下简称"《合同法解释(一)》"第11条的规定,债权人行使代位权,须具备下列要件:

1. 债权人对债务人的债权合法有效

债权人代位权是法律为了维护债权之实现而将债权效力扩张之第三人的设计,其成立自然以债权合法有效为前提。

2. 债务人怠于行使债权

所谓"怠于行使"是指能行使而不行使。根据《合同法解释(一)》第13条的规定,"怠于行使"是指"债务人不履行其对债权人的到期债务,又不以诉讼方式或仲裁方式向其债务人主张其享有的具有金钱给付内容的到期债权,致使债权人的到期债权未能实现。"因此,债务人仅仅是在诉讼外向次债务人主张债权,并不能成为有效的抗辩事由。

根据《合同法》第73条的规定,债权人能够代位行使的权利仅限于债务人对第三人的债权,(《合同法解释(一)》据此将第三人称为"次债务人"),而且根据前引司法解释的规定,能够代位行使的往往仅是债务人对于次债务人的具有金钱给付内容的到期债权。从保全债权的立法目的上看,对代位权行使对象的这种界定似有过于狭窄的嫌疑。

3. 有保全债权的必要

债务人虽怠于行使权利,但如果其所拥有的金钱、动产、不动产或其他可用于清偿债务的责任财产仍足以清偿债务的,则债权人可直接请求债务人履行债务,并在取得胜诉判决后直接申请强制执行,而不必突破债权的相对性代位行使债务人对第三人的权利。只有在债务人怠于行使权利,有使债权人的债权发生不获清偿的可能时,债权人才有保全其债权的必要。《合同法》将此要件表述为"对债权造成损害的"。

4. 债权已届履行期

债权人须在其债权已届履行期时,才能行使代位权。未届履行期的债权,难以判断债务人的行为是否有损害债权可能。同时,由于要求具备债务人对次债务人怠于行使债权的事实,这当然就意味着债务人对次债务人的债权已经到期。

5. 债务人的债权不是专属于债务人自身的债权。根据《合同法解释(一)》第12条的界定,专属于债务人自身的债权,是指基于扶养关系、抚育关系、赡养关系、继承关系产生的给付请求权和劳动报酬、退休金、养老金、抚恤金、安置费、人寿保险、人身伤害赔偿请求权等权利。

(三) 代位权的行使

1. 权利行使的范围

债权人代位行使债务人权利的范围,以保全债权为限,即代位权行使所获得的价值,应当与所需保全的债权的价值相当。《合同法解释(一)》第21条规定:"在代位权诉讼中,债权人行使代位权的请求数额超过债务人所负债务额或者超过次债务人对债务人所负债务额的,对超出部分人民法院不予支持。"

2. 代位权行使方法

根据我国《合同法》的规定,债权人以自己的名义,并须以诉讼的方式行使代位权。这与大陆法系其他规定代位权制度之民法规定不同,后者并未强制要求代位权必须以诉讼方式行使,以诉讼外之方式亦得行使。我国《合同法》及其司法解释之所以将"代位权"规定为"代位之诉",主要是因为它将代位权行使的结果确立为次债务人对债权人的直接清偿,如此,为增强清偿的确定性,须依赖司法程序的进行。

3. 次债务人的抗辩

债权人以自己的名义对次债务人提起诉讼的,次债务人当然可以其对债务人的抗辩事由对抗债权人。《合同法解释(一)》第18条对此作了规定:"在代位权诉讼中,次债务人对债务人的抗辩,可以向债权人主张。"如果次债务人对债务人的抗辩成立,则可以有效地阻却代位权的效力,法院应判决驳回原告的诉讼请求。

(四) 代位权的效力

规定代位权制度的大陆法系国家民法,一般将代位权的效力设置如下:(1) 对债权人的效力。债权人有代位受领权,即债权人可以代债务人受领其债务人的给付,但是债权人并无保有权,须将所受领给付返还给债务人,然后与债务人的其他债权人,处于平等地位受偿。因行使代位权所支出的必要费用,可以请求债务人返还。(2) 对债务人的效力。代位权行使的结果直接归于债务人,债务人有权请求债权人返还所受领的给付。(3) 对第三人的效力。债权人行使代位权,与债务人行使权利有相同的地位,所以第三人可以对抗债务人的一切抗辩权,皆得对债权人行使。

我国《合同法》73条对代位权的效力未作出明确规定。《合同法解释(一)》弥补了这一缺陷,但其对代位权效力的规定与前述大陆法系各国民法的规定有很大差异。根据司法解

释的相关规定,代位权行使的效力主要表现在以下几个方面:

(1) 代位诉讼成立的,法院判决由次债务人向债权人直接履行清偿义务。关于司法解释所确立的这一直接清偿规则,理论界和实务界的褒贬不一。赞成者认为,这一规则有利于节约诉讼成本,有利于解决我国经济生活中大量存在的"三角债"问题,有助于解决我国司法实践中执行难的问题。反对者认为,这一规则将使行使代位权的债权人实际上获得了"优先受偿权"。这样的效果设置固然可以节约诉讼环节和成本,但它有违债权平等的原则,可能会损害未行使代位权的其他债权人的利益。本书认为,后一种观点有其合理性,即便为了追求司法效率也应当系统考虑债务人之其他债权人的利益保护问题。

(2) 债权人与债务人、债务人与次债务人之间相应的债权债务关系即予消灭(《合同法解释(一)》第20条)。

三、债权人撤销权

(一) 撤销权意义

1. 概念

债权人撤销权,是指债权人对于债务人损害债权的行为,有请求法院撤销该行为的权利。

撤销权源自罗马法,它是由罗马裁判官保罗(Paulus)所创设的诉权,故也称"保罗诉权上"(另译"保利安诉权"),后世法律普遍继承了此项制度,称"废罢诉权"。不同于代位权,大陆法系各国和地区民法一般都有关于撤销权的规定。[①] 我国《合同法》于第74、75条规定了债权人撤销权,同时合同法的司法解释也进一步对该种保全债权的权利作了细节性的规定。

《合同法》第74条和第75条是我国现行法关于债权人撤销权的基础规范,其中第74条规定:"因债务人放弃其到期债权或者无偿转让财产,对债权人造成损害的,债权人可以请求人民法院撤销债务人的行为。债务人以明显不合理的低价转让财产,对债权人造成损害,并且受让人知道该情形的,债权人也可以请求人民法院撤销债务人的行为。撤销权的行使范围以债权人的债权为限。债权人行使撤销权的必要费用,由债务人负担。"第75条规定:"撤销权自债权人知道或者应当知道撤销事由之日起一年内行使。自债务人的行为发生之日起5年内没有行使撤销权的,该撤销权消灭"。

2. 撤销权的性质

有关撤销权的性质,争议颇多,有形成权说、请求权说、折中说和责任说等。撤销权性质直接决定着撤销之诉的性质(形成之诉或给付之诉)、诉讼的被告(债务人、受益人或者受让人)、诉讼的效力(绝对效力或者相对效力)等,因此对撤销权性质的研究十分重要。以下简要介绍这些学说:(1) 形成权说。该说认为,债权人撤销权系依债权人单方面的意思表示直接使债务人实施的法律行为归于无效的形成权,因此撤销之诉在形式上属于形成之诉。(2) 请求权说。该说认为,债权人撤销权系对因债务人之行为而受利益的第三人直接主张利益返还的请求权,因此撤销之诉在性质上属于给付之诉。(3) 折中说。该说认为,债权人撤销权兼具形成权与请求权性质,它一方面使债务人实施的法律行为归于无效,另一方面又能产

---

① 《法国民法典》1167条、《日本民法典》424条、我国台湾地区"民法"244条;德国规定于特别法中,瑞士则规定在破产法中。

生利益回复原状的效力,因此,撤销之诉在性质上也兼具形成之诉与给付之诉的性质。我国学者多支持形成权说或折中说。从《合同法》及其司法解释的现有规定看,债权人撤销权主要强调使债务人之行为归于无效的效果,在解释上似以采形成权说为宜。

3. 债权人撤销权与相似制度

(1) 与可撤销民事行为的撤销权

《民法通则》与《合同法》分别规定了可撤销民事行为与可撤销合同中的撤销权,该撤销权与债权人撤销权之间主要有以下几点区别:① 性质上,可撤销民事行为的撤销权属于形成权,债权人撤销权的性质则有一定的争议。② 在发生原因上,可撤销民事行为的撤销权通常是因当事人意思表示的不真实而发生,具体包括欺诈、胁迫、乘人之危、重大误解和显失公平等;而债权人撤销权主要是基于债务人减少责任财产从而危害债权的事实而发生。③ 行使方式上,可撤销民事行为的撤销权人须向法院或仲裁机构行使,债权人撤销权则只能以诉讼的方式行使。④ 可撤销民事行为的撤销权有明确的 1 年的除斥期间;债权人撤销权则有两个时间上的规定,1 年(自知道或应当知道之日起算)和 5 年(自行为发生之日起算),由于其性质上的不确定,关于该期间的性质也有所争论。

(2) 效力待定民事行为之善意相对人的撤销权

《合同法》规定了民事行为的三种效力待定情形,在行为能力瑕疵和代理权瑕疵情形明确规定了善意相对人的撤销权。该撤销权与债权人撤销权的区别点主要在于:① 性质上,该撤销权为形成权。② 行使方式上,该撤销权通知即可,无须以诉讼方式行使。

(二) 撤销权构成要件

对于债权人撤销权的构成,《合同法》区分有偿与无偿,而规定不同要件。

1. 客观要件

(1) 债务人方面有减少责任财产的行为。债务人方面需实施了诈害债权的行为,即减少其财产或者增加其财产负担的行为。《合同法》第 74 条对于债务人的行为,仅规定了放弃债权或赠与财产等处分行为,对于增加负担的行为,如为第三人提供财产担保等未作规定。债务人的上述行为减少了作为债权人债权一般担保的责任财产,有损害债权的可能。

《合同法》将债务人减少责任财产的行为区分为无偿行为与有偿行为两种情形。在债务人放弃到期债权或无偿转让财产时,债务人责任财产的减少显而易见。如债务人实施的系有偿行为,同时又会造成债务人责任财产的减少,那就意味着债务人之行为虽属有偿行为,却不具有对价性。对此,《合同法》第 74 条仅列举了"债务人以明显不合理的低价转让财产"这一种具体的行为样态,而《合同法解释(二)》第 19 条第 3 款将"债务人以明显不合理的高价收购他人财产"也纳入此类可请求撤销的有偿行为之列。该司法解释还进一步将"明显不合理的低价"界定为"达不到交易时交易地的指导价或者市场交易价 70%",同时将"明显不合理的高价"界定为"高于当地指导价或者市场交易价 30% 的"。

如果债务人对自身财产的处置并不会减少责任财产,或并不加重责任财产上的负担,则不应成立债权人撤销权。例如,债务人以市场价格转让财产,即使出现债务人不积极主张价金债权等情形而使债权难以受偿,也不应赋予债权人以撤销权,在此种情形,如符合债权人代位权的条件,债权人可对第三人提起代位之诉。

(2) 债务人的诈害行为损害债权。债务人的诈害行为必须危及债权的实现,才有保全责任财产的必要。如果债务人的行为虽然减少了其财产,但是并未危及债权的实现,就不存在对债权的损害。这就意味着,在撤销权诉讼中,债务人或第三人可以提出如下抗辩:债务人虽然实施了减少责任财产的行为,但其剩余财产仍足以清偿债权,故债权未受损害,债权人的撤销权不成立。

(3) 债务人的诈害行为必须发生在债权成立后。债权成立以前之债务人的行为,原则上并不会影响债权人实现债权的预期(而且,债务人也不可能在主观上有诈害的意思),因此不是撤销权撤销的对象。但是,破产法上的破产债权是概括债权,所以法律以特则准许,在法院受理案件前6个月至破产宣告之日期间,对于破产人损害破产债权的行为,清算人均可行使撤销权。

2. 主观要件

我国《合同法》区分无偿行为与有偿行为而设有不同的主观要件。对于无偿行为,受让人(受益人)的主观因素无关紧要,其对于债务人的诈害行为是否知晓并不影响债权人的撤销权。因此,当发生债务人放弃债权、无偿转让财产等无偿处分行为之时,撤销权的构成仅须考察前述客观要件是否具备,而无须就债务人和受让人的主观方面考察,这就意味着,债务人和受让人均不得主张善意抗辩。

若债务人实施的是有偿行为,即以明显不合理的低价转让财产或以明显不合理的高价收购他人财产,则依据《合同法》第74条的规定,债权人撤销权的构成尚需具备主观要件,即"受让人知道"债务人之行为损害了债权人的债权。这就意味着,受让人能够以自己不知且不应知晓债务人的行为会损害债权作为抗辩事由。

(三) 撤销权的行使

1. 行使方式

债权人之撤销权,仅在以诉的方式行使时,始能发生撤销的法律效果。债权人须以自己的名义,向法院提起撤销之诉,请求撤销债务人诈害债权的行为。

2. 行使对象

行使对象,也即撤销之诉的被告,对此学理上有争议。依学理,当债务人的行为是单方行为时(如抛弃所有权),应以债务人本人为被告。而根据《合同法解释(一)》第24条的规定,当债务人的行为是双方行为时,应以债务人为被告,如法院认为有必要,可追加受益人或受让人为诉讼第三人。

3. 行使期间

《合同法》第75条规定,债权人自知道或应当知道撤销事由1年内行使撤销权;自债务人行为发生起5年内不行使的,撤销权消灭。

(四) 撤销权的效力

1. 对债务人的效力

债务人的诈害行为被视为自始无效。

2. 对第三人的效力

因作为财产取得依据的法律行为被撤销,第三人因债务人的行为所取得的财产,应返还于债务人。

3. 对债权人的效力

因撤销权之行使,债务人所实施的单方行为或双方行为无效,债务人(而非债权人)可以向财产的占有人或受让人、受益人主张返还,从而使其责任财产恢复到正常状态。该返还的财产仍然作为债权的一般担保,行使撤销权的债权人并不享有优先受偿权。债权人行使撤销权后,债务人怠于行使其财产返还请求权的,债权人可以主张代位权。

第五章

债的移转

第一节 债的移转概述

一、债的移转的概念

债的移转,是指在不改变债的同一性的前提下,发生的债的主体的变动。

债的移转从属于债的变更。债的变更有广义的债的变更和狭义的债的变更之分。广义的债的变更包括债的主体的变更和债的内容的变更。债的主体的变更,又称债的移转,是指在债的内容不变的情况下,债权人或债务人将其权利或义务转让给第三人的行为,也即债权转让与债务承担。债的内容的变更,又称狭义的债的变更,是指在债的当事人保持不变的情况下,对债的内容予以变更的情形。

须区别债的变更与债的更改两个概念。债的更改,又称债的更新,是指以消灭旧债为目的而成立新债。债的更改的最大特点,在于消灭了旧的债权债务关系,并产生了新的债的关系。这与保持债的同一性为前提的债的变更迥然不同。两者区分的最大实益在于,由于债的更改消灭了旧债,因此旧债的担保、抗辩权会随之消灭。而债的变更因保持了债的同一性,不会出现此问题,因此债的变更更加合乎交易需求。

二、债的移转的立法例

对债的移转,有两个观察角度:其一,债是特定主体之间的法律关系,即连接债权人与债务人之间的"法锁",强调特定当事人之间法律关系的固定性,不允许发生主体变更;其二,债权是一种财产权,因此权利人得将此权利自由转移他人,强调财产权的流通与交易性质。[①]罗马法初期更重视第一个观察角度,将债视为一种特定人之间的"法锁",以保障法律关系的稳定性。但随着交易的发达,加强财产流通与促进交易便捷成为更强的社会需求,第二个观察角度越来越重要,允许债的移转遂成通例。

罗马法上不允许债的移转,但认可债的更改,因为债的更改系消灭旧债产生新债,并没有打破债为特定人之间的"法锁"这一性质。《法国民法典》承袭罗马法,在债的消灭原因中规定了"债的更新"。德国民法典不再采纳债的更改的概念,而是规定了债的移转,理由是债

[①] 参见陈华彬:《债法总论》,中国法制出版社2012年版,第259—260页。

的更改效用甚少。《日本民法典》一方面仿法国,在债的消灭原因中规定了债的更改,另一方面单独规定了债权让与,而对债务承担和债的概括承受则付之阙如;由于现实的需要,判例与学说已经普遍接受了这两项制度,在修订日本民法典时接纳债务承担与债的概括承受也已成为共识。

我国1929年民法典效仿德国,没有规定债的更改,而是采纳了债的移转制度。新中国成立后,1986年的《民法通则》第91条规定了债的移转,而1999年《合同法》更以专章(第5章)14个条文规定了完整的债的移转制度。以上两部法律,均未肯定债的更改。

本书依我国现行立法体例,在债的移转这一章中,分别阐述债权让与、债务承担与债的概括承受三项制度。

第二节 债权让与

一、债权让与的概念和特征

债权让与,是指不改变合同的内容,债权人通过订立合同将其债权的全部或部分转让给第三人的行为。其中债权人是转让人,第三人是受让人。《合同法》第79条第一句规定:"债权人可以将合同的权利全部或部分转让给第三人"。这是有关债权让与的法律依据。其特点在于:

(1) 债权让与并不改变合同的内容,只是债权人将其权利的全部或部分转让给第三人。债权让与的当事人是债权人和第三人,与债务人无关;虽然债权人转让权利时需要通知债务人,但是债务人并不因此成为债权让与的当事人。

(2) 债权让与可以是全部转让也可以是部分转让。在全部转让的情况下,第三人完全取代原债权人成为新债权人。在部分转让的情况下,第三人参与到债权人与债务人之间的合同关系当中,与原债权人共享债权。

(3) 债权让与的标的是债权。因为债权是一种财产权利,所以其可以作为转让的标的。

二、债权让与的要件

(一) 须有有效债权的存在

债权的有效存在,是转让债权的前提。以根本不存在、无效或者已经消灭的债权让与他人,即为标的不能,不发生债权让与的效果。

有效债权,是指在债权让与时该债权是确实存在的,但这并不意味着其在将来一定能够实现。因此,有效债权应从广义上理解,其应包括以下特殊情形:

(1) 已经罹于诉讼时效的债权。虽然此类债权不受法律强制力的保护,但是仍存在债务人自愿履行的可能,债权人依然可能享有受领利益且该利益受法律保护。因此,罹于时效的债权仍属得让与的债权之列。

(2) 可撤销法律行为产生的债权。在撤销权人行使撤销权之前,此类法律行为是有效的,基于该法律行为产生的债权也是有效的。并且,如果撤销权人放弃撤销权或者在撤销权除斥期间内未行使撤销权,那么该债权就当然确定为有效债权。

(3) 将来债权。只要债权在将来的发生属于可确定,而非尚无踪影之事,则此种债权仍然具有财产价值而具有可让与性。

(二) 转让的债权须有可让与性

将债权作为一种可自由处分的财产权,意味着在不考虑债是特定人之间结合的个性要素的前提下,债权自身仍有其独立的意义,这一认识构成了债权得自由处分的前提。但是,实践中亦有一些债权,特别强调特定人的个人因素或特定人之间的特别信赖关系,或者出于社会政策考虑,要求给付必须向特定债权人,此时,若仍片面强制债权的自由处分,则不免发生债权实现结果的不合理情况。因此,法律对债权让与应有一定的限制。

根据我国《合同法》第79条的规定,下列债权为不得让与的债权:

1. 依据合同性质不得让与的债权

所谓根据合同不得让与的债权,是指根据合同权利的性质,只能在特定当事人之间发生效力,如果将债权让与给第三人,将会使合同内容发生变更,从而使转让后的合同内容与转让前的合同内容失去联系性和统一性,且违反当事人订立合同的目的。一般来说,包括以下几种情形:(1)以债权人与债务人之间特殊的信赖关系为基础而产生的债权。例如,雇佣人对受雇人的债权,委托人对受托人的债权等。这类债权具有强烈的人身信任关系,故不得转让。(2)以特定的债权人为基础而产生的合同权利。例如,甲享有的请求乙为其画像的合同权利,若转让则使乙的给付内容发生变更,从而改变了合同的内容,影响合同的同一性。(3)以特定身份为基础的合同权利不得转让他人。例如,抚养请求权、退休金债权等。此类债权因具有人身专属性,所以只能专属于特定的人而不能让与。(4)从权利原则上不能脱离主权利而单独转让。依据民法理论,从权利依附于主权利,随主权利的转让而转让,通常不能单独转让。例如,保证债权是为担保主债权的实现而设立,若与主债权分离则丧失存在的意义,所以不能单独存在和转让。但是,如果从权利可以与主权利分离而单独存在,也是可以转让的。例如,已经产生的利息债权可以与本金债权分离而单独转让。(5)不作为债权不得转让。一般情况下,不作为债权是为了特定债权人的利益而存在的,是针对特定当事人的不作为义务,故原则上不得让与,如请求竞业禁止的债权。(6)债权让与将实质性的增加债务人的风险时,该合同权利不得转让。

2. 当事人约定不得让与的债权

根据合同自由原则,当事人可以约定禁止任何一方转让债权,只要这种约定不违反法律及公序良俗,即应当认定该约定有效。由于合同的相对性,原则上该约定的效力只及于合同当事人之间,对第三人没有拘束力。从保护交易安全和善意第三人的角度出发,我们认为,如果一方当事人违反该禁止转让的约定,将债权让与给善意第三人,则该善意第三人仍可取得该项合同权利。

3. 法律规定不得让与的债权

法律明文禁止转让的债权不得成为转让的标的。如果债权人转让该权利,则可理解为因违反法律、行政法规的强制性规定而无效。这里的"法律规定"不仅限于民法,也包括其他强行性法律规范。

4. 须让与人与受让人就债权让与达成合意

债权让与是让与人与受让人意思表示一致的结果,是双方民事法律行为,自然应当符合民法关于法律行为的规定以及《合同法》关于合同成立和生效的规定。

(三) 须符合法定的形式要件

如果法律、行政法规规定,转让债权应当办理批准、登记等手续的,则债权人在转让时应当办理相应的手续。

三、债权让与的通知

(一) 概述

债权让与虽然是转让人与受让人之间的法律关系,但是因为这种转让通常又涉及债务人的利益,因此从保护债务人角度出发,各国立法除规定了前述债权让与在当事人之间的生效要件之外,通常还会规定了债权让与对债务人生效的要件。

对此有三种不同的立法例:(1) 自由主义。此种观点认为债权人转让合同权利只需要与受让人达成有效合意即可,不需要征求债务人的同意,也不需要通知债务人。(2) 通知主义。此种观点认为债权人转让合同权利不必取得债务人的同意,但必须通知债务人债权让与才可以对债务人发生效力,否则只对在债权人与第三人之间有效。(3) 债务人同意主义。此种观点认为债权让与必须取得债务人的同意,才可以发生转让的效力。

我国《合同法》采纳的是通知主义。《合同法》第 80 条第 1 款规定:"债权人转让权利的,应当通知债务人。未经通知,该转让对债务人不发生效力。"这就是说,债权人转让权利时,只需将权利转让的情况通知债务人,而不需要取得债务人同意。权利转让一经通知,即对债务人发生效力。未经通知则不对债务人生效,债务人仍可以向原债权人履行合同义务。通知主义一方面既尊重了债权人转让合同权利的自由,有利于市场经济的发展和促进资本流通。另一方面也维护了债务人的利益,使债务人充分和及时了解权利转让的事实,避免债务人因不知情而遭受不利益。

(二) 债权让与的通知主体

债权让与应由何人来通知债务人?就此亦有三种立法例。(1) 由债权人即让与人进行通知,日本民法即采此种方式。(2) 由受让人进行通知,《法国民法典》及《意大利民法典》即采用此种方式。(3) 由转让人或受让人通知,采用这种做法的如《瑞士债务法》及我国台湾地区"民法"。

按照我国《合同法》第 81 条第 1 款的规定,债权让与的通知主体是债权人,但是学说认为这种规定过于狭窄,存在法律上的缺陷。所以应当通过目的性扩张予以填补,允许受让人也可以作为合同权利让与通知的主体,这样有利于债权让与的灵活性和便利性。但是,此时还应当考虑到债务人的利益,所以应当要求在受让人为通知主体时,必须能够证明其从债权人处取得了合同权利。

(三) 债权让与通知的撤销

为了保护受让人的利益,多数立法例规定,非经受让人的同意,债权让与通知不得撤销。我国《合同法》第 80 条第 2 款也有相同的规定:"债权人转让权利的通知不得撤销,但经受让人同意的除外。"如此规定可以防止债权人欺骗或者债权人与第三人串通欺骗债务人,使债务人利益受损。

(四) 债权的表见让与

当债权人将债权让与第三人的事实通知债务人后,即使让与并未发生或者该让与无效,债务人基于对让与通知的信赖而向该第三人为的履行仍然有效。此类虽无债权让与的事实,而债权让与通知仍然有效的现象,学说称之为表见让与。表见让与一般只有在债权人为让与通知行为时才能产生,如果由受让人进行让与通知,则不产生表见让与的效力。也就是说,即使受让人已将债权让与通知了债务人,而债权未能让与或者让与无效时,债务人不能以其对抗受让人的事由对抗让与人。但如果受让人为债权让与通知行为时,提出了其享有债权的充分证据,足以表明债权已经发生了移转,仍可构成表见让与。①

四、债权让与的效力

就债权让与的效力而言,包括转让人与受让人之间的效力即对内效力,以及债权让与对债务人和第三人的效力即对外效力。

（一）债权让与的对内效力

（1）债权的全部或部分转让。债权让与如果是全部转让,则受让人取代转让人作为新的债权人,原债权人退出债权关系;如果是部分转让,则受让人参与到债的关系当中,成为共同债权人。

（2）合同从权利的移转。《合同法》第81条规定:"债权人转让权利的,受让人取得与债权有关的从权利,但该从权利专属于债权人自身的除外。"因此,被转让债权的从权利,如抵押权、利息债权等,也将随着主权利的转让而转让。但是专属于债权人的从权利不随主权利的转让而转让,在此的典型例子如解除权、撤销权等形成权。②

（3）转让人的权利瑕疵担保责任。转让人应当保证其所转让的权利有效存在且不存在权利瑕疵。如果因为转让的权利存在瑕疵给受让人造成损害的,转让人应当向受让人承担赔偿责任。但是,受让人明知权利存在瑕疵的则不受此限。在我国这种担保义务虽未在《合同法》第五章"合同的变更与转让"中规定,尚不能认为构成法律漏洞,因为第九章"买卖合同"及第十一章"赠与合同"中有关瑕疵担保的规定（第150条、第191条）是可以"参照"适用的。③

（4）转让人的交付及告知义务。转让人负有使受让人能够完全行使债权的义务,因此应当向受让人交付全部债权的证明文件,并应当告知与行使债权有关的一切必要情形。转让人的此项义务是诚实信用原则的要求以及从权利转移规定的体现。

（二）债权让与的对外效力

1. 债权让与对债务人的效力

根据我国《合同法》的规定,债权让与对债务人的生效以转让通知为前提。因此,在转让通知前,债务人对原债权人所为的履行行为,或转让人对债务人为免除或抵销的,均为有效。受让人不能以债权转让为由,要求债务人向其履行债务,只能向转让人要求返还其所受领的给付。在为转让通知后,债权让与对债务人发生效力,其效力体现在以下几个方面:

（1）债务人向受让人履行义务。在债权让与通知债务人以后,债务人应当向受让人即新债权人履行合同义务。若债务人仍对原债权人履行则不能构成合同的履行,其仍须向受让人履行债务。此时,原债权人接受履行构成不当得利,受让人或债务人可要求其返还。

---

① 参见崔建远主编:《合同法》,法律出版社2010年版,第224页。
② 参见韩世远:《合同法总论》,法律出版社2011年版,第473页。
③ 同上书,第474页。

(2) 债务人对转让人的所有抗辩权均可以向受让人主张。《合同法》第 82 条规定:"债务人接到债权转让通知后,债务人对让与人的抗辩,可以向受让人主张。"这一规定保护了债权人的利益,使其不因债权让与受到损害。债务人的抗辩权一般包括诉讼时效完成的抗辩、债权不发生的抗辩、债权消灭的抗辩、债权无效或可撤销抗辩、同时履行抗辩、不安抗辩、诉讼管辖的抗辩等。

(3) 债务人的抵销权。我国《合同法》第 83 条规定:"债务人接到债权转让通知时,债务人对让与人享有债权,并且债务人的债权先于转让的债权到期或者同时到期的,债务人可以向受让人主张抵销。"此项抵销权的行使要件为:① 债务人在接到债权转让通知时,对债权人享有债权。② 债务人对转让人享有的债权的履行期先于或与转让的债权同时到期。该抵销权规定的目的在于避免债务人因债权让与而遭受不利益,在一些特别法上意义重大。例如,当债权人的资产状况较差,甚至是濒临破产时,债务人的这种抵销权就显得特别重要了。因为如果债务人无此权利,则债务人向债权人的履行是 100%,而自己的债权却要受到破产比例清偿。按照世界各国的破产实务,破产清算对债权的偿还比例在 1—3%,最高不超过 10%。这样就对债务人特别不利。①

2. 债权让与对第三人的效力

债权让与对第三人的效力,主要体现在债权人重复转让其债权时,何人应为正当受让人的问题。由于债权让与缺少公示性,所以第三人并无法律上的机会知晓债权是否已转让,因此难免会出现重复让与而使第三人遭受损害。

对此各国和地区大致有两种立法例。一种是以法国、日本为代表的,将对债务人所为的转让通知,作为债权转让对抗第三人的要件。即谁先将权利转让情形通知债务人的,谁就取得该债权。另一种是以我国台湾地区为代表的,以"先来后到"的时间顺序来决定债权的归属。债权一经让与,即归受让人取得,让与人无权再为让与。

我国《合同法》对合同权利的双重转让问题未做规定。我们认为,债权让与不必通知债务人即可对第三人发生效力。因此,应当依债权让与的时间先后顺序为标准,以时间在先者优先,由第一受让人取得合同的权利,成为真正的债权人。这其中有必要说明的是,在第二受让人通知在先的情况下,根据《合同法》第 80 条第 1 款的规定,债务人向第二受让人履行合同义务的行为可以构成有效的清偿。但是,这只是出于对债务人的保护,并不等于承认第二受让人成为真正的债权人。第一受让人仍然为真正的债权人,其可依不当得利的规定向第二受让人请求返还。第二受让人只能向转让人请求承担债务违反责任。

第三节 债务承担

一、债务承担的概念

债务承担,是指不改变债的内容,债权人或债务人通过与第三人达成的协议,将债务转移给第三人承担。从广义上讲债务承担包括两种情形:免责的债务承担和并存的债务承担。前者指债务人将全部债务转移给第三人,从而使自己免责;后者指债务人将部分债务转移给

---

① 参见李永军:《合同法》,中国人民大学出版社 2008 年版,第 237 页。

第三人，从而使自己与第三人并存为连带债务人。我国《合同法》第84条规定："债务人将合同的义务全部或部分转移给第三人的，应当经债权人同意。"由此可见，我国《合同法》规定的债务承担是广义上的。

债务承担与第三人代为履行债务不同。其区别表现为：(1) 在债务承担中，债务人或债权人与第三人达成转让债务的协议，债务转移到第三人债身上。而在第三人代为履行的情况下，并没有债权人或债务人与第三人之间的债务移转协议，不发生债务的移转，第三人履行的债务仍然是债务人的债务。(2) 在债务承担中，第三人成为新的债务人，成为债的关系的当事人。而在第三人代为履行的情况下，第三人只是履行主体，而不能成为债的关系的当事人。(3) 在债务承担中，如果第三人未按照约定履行债务，则债权人可以要求第三人履行。但是，在第三人代为履行的情况下，如果第三人不履行债务时，因为其并非为债的主体，根据债的相对性，债权人只能请求债务人履行或承担债务违反责任，而不能向第三人请求履行或承担债务违反责任。

二、免责的债务承担

免责的债务承担，是指债务人将合同义务全部移转于第三人，由该第三人取代原债务人的地位，成为新的债务人，原债务人脱离债务关系的债务承担。根据订立债务承担合同的主体不同，有债权人与第三人订立的债务承担合同和债务人与第三人订立的债务承担合同两种方式。

（一）生效要件

(1) 须存在有效的债务。这是转移合同义务的前提和基础。如果债务本身不存在，或者合同订立后被宣告无效或被撤销，当然不能发生义务转移的效果。

(2) 须债务具有可移转性。不具有可移转性的债务，不能成为债务承担的标的，主要包括以下几种：① 依债务的性质不具有可移转性。这种债务通常都是重视债务人具有的特殊技能、个性、身份等，以债务人的亲自履行为必要，所以不能移转。例如，画家为某人作画，演员演出，歌手演唱等债务都不具有移转性。② 依当事人的约定不得移转的债务。根据意思自治原则，当事人可以在不违反法律和公序良俗的前提下，自由约定禁止任何一方转移债务。③ 依法律的强制性规定不得移转的债务。④ 合同中的不作为义务，原则上只能由特定合同关系的当事人承担，而不能移转他人。

(3) 须当事人就免责的债务承担达成合意。即须债权人与第三人，或债务人与第三人就债务承担，达成合意。

(4) 须经过债权人的同意。对于债权人与第三人之间的债务承担合同的情况，由于该合同对债务人并无损害，故无须债务人的同意，只需通知债务人。而对于债务人与第三人之间的债务承担合同的情况，因为第三人的财产状况与债务人的履约能力不同，当第三人财产状况不佳或不具备履行能力时，很可能使债权人的债权不能得到圆满实现，使债权人遭受不利益。故各国通常规定，在债务人与第三人订立债务承担合同时，须要取得债权人的同意。我国《合同法》第84条也将债权人的同意作为生效要件。债权人的同意方式可以是明示或默示，也可以是以一定的行为表示同意。

(5) 须符合法定的形式要求。如果法律或行政法规规定债务承担应当办理批准、登记手续的，则当事人之间的债务承担合同只有在办理批准、登记手续之后才产生法律效力。

（二）法律效果

（1）承担人成为合同债务人。原合同债务人脱离原债务关系，由承担人直接向债权人履行合同义务。承担人不履行债务或履行债务不符合法律规定或当事人约定的，债权人只能向承担人而不能向原债务人请求履行或要求其承担债务违反责任。

（2）债务承担后，原债务人对债权人的抗辩承担人均可主张。我国《合同法》第85条规定："债务人转移义务的，新债务人可以主张原债务人对债权人的抗辩。"这一抗辩权主要包括：合同不存在的抗辩、合同无效和被撤销的抗辩，同时履行抗辩，债务已过诉讼时效的抗辩等等。不过，专属于债务人自身的抗辩如合同的解除权、撤销权非经原合同当事人的同意，不能转移给新的债务人。

（3）从债务的移转。合同义务转移后，新债务人应当承担与主债务有关的从债务。我国《合同法》第86条规定："债务人转移义务的，新债务人应当承担与主债务有关的从债务，但该从债务专属于原债务人自身的除外。"如利息债务或违约金债务，通常要一并移转。

三、并存的债务承担

并存的债务承担，是指债务人将债务部分移转给第三人，由债务人与第三人共同承担债务，原债务人并不脱离合同关系的债务承担。

并存的债务承担以担保原债务人的债务为目的，此点与连带保证具有相同之处。但在成立上，则有较大的不同。在债务承担，承担人的债务是与原来的债务并存的义务，不具有附属性。而保证则是一种从义务，以保证主债务的履行而设立。但是，在成立后，尤其是在债权人的权利行使方面，债务承担与连带保证几乎相同。①

（一）生效要件

并存的债务承担同免责的债务承担一样，以有效债务的有效存在和债务的可移转性，以及当事人就并存的债务承担达成合意为必要。唯并存的债务承担场合，原债务人并不免于负担债务，只不过是承担人被追加为新的债务人而已，对于债权人没有什么不利益，故其要件比免责的债务承担有所缓和。②

（二）法律效果

并存的债务承担合同生效以后，第三人作为债务人参与到债的关系当中，与原债务人共同承担债务。那么，此时第三人与原债务人之间的关系是什么？新债务人与原债务人之间是承担连带责任抑或是按份责任？对此我国《合同法》没有规定。

依我国学者的通说，在并存的债务承担场合，债务人与第三人之间成立连带关系，他们共为连带债务人。③ 此外，也有学者主张第三人加入到债的关系中来，原则上与债务人承担连带责任，但是如果双方当事人有相反约定，如约定承担按份之债。但此时债务承担因可能损及债权人的利益，所以应取得债权人的同意。④

---

① 参见李永军：《合同法》，中国人民大学出版社2008年版，第246页。
② 参见韩世远：《合同法总论》，法律出版社2011年版，第493页。
③ 参见王家福主编：《中国民法学·民法债权》，法律出版社1991年版，第87页。
④ 参见崔建远主编：《合同法》，法律出版社2010年版，第235页。

第四节 债的概括承受

一、概述

在债权让与和债务承担中,只是单纯地移转债权或债务于第三人,从而使第三人成为新的债权人或债务人。与此不同,债的概括承受,是指合同一方当事人将其债权和债务一并转让给第三人,由该第三人概括地继受这些债权债务。

债的概括承受,可以是债权债务全部由出让人移转至承受人,即全部承受,也可以是合同权利义务的一部分由出让人移转至承受人,即部分承受。全部承受将使承受人取代出让人的法律地位,成为债的新当事人。部分承受时,出让人和承受人应确定各自享有债权和承担债务的份额及性质,如果没有约定或约定不明确,则视为连带之债。

二、债的概括承受的类型

(一) 约定的概括承受

约定的概括承受,是指债的一方当事人与第三人订立转让合同,并经债的另一方当事人同意后,将债权债务一并移转给第三人。我国《合同法》第88条规定:"当事人一方经对方同意,可以将自己在合同中的权利和义务一并转让给第三人。"

在约定的概括承受中应当注意的有两点:(1) 一方当事人若想将其权利义务一并移转给第三人,必须取得另一方当事人的同意。由于债的概括承受内在地包含了一个债务人与第三人签订的债务承担协议,而后者是需要债权人同意才能生效的,故债的概括承受也必须经债的另一方当事人同意才能发生效力。(2) 因为债的概括承受包括权利和义务两个方面的移转,所以被移转的合同只能是双务合同。

(二) 法定的概括承受

法定的概括承受,是指基于法律的直接规定,由第三人取得债的一方当事人的地位,承受其债权债务。法定的概括承受主要有以下几种情形:

1. 企业的合并与分立

企业合并是指两个或两个以上的企业合并成一个企业。包括两种方式:吸收合并,即一个企业将其他企业吸收为自己的一部分,被吸收企业解散;新设合并,即进行合并的企业均消灭而成立一个新的企业。企业的分立是指原存在的一个企业分立为两个或两个以上的企业。企业合并与分立会发生债权债务的概括承受。对此,我国《民法通则》第44条规定:"企业法人分立、合并,它的权利和义务由变更后的法人享有和承担。"另依《合同法》第90条规定:"当事人订立合同后合并的,由合并后的法人或者其他组织行使合同权利,履行合同义务。当事人订立合同后分立的,除债权人和债务人另有约定的以外,由分立的法人或者其他组织对合同的权利和义务享有连带债权,承担连带债务。"

因企业的合并与分立而发生的债的概括承受,是根据法律的规定产生的,所以无须取得相对人的同意,而是依合并或分立后企业的通知或者公告发生效力。

2. 继承

如被继承人订立合同后死亡的,继承人可依《继承法》的规定承受被继承人在该合同中的权利和义务。

3. 其他法律规定的概括承受

如《城市房地产管理法》第 41 条规定:"房地产转让时,土地使用权出让合同载明的权利、义务随之转移。"又如,《合同法》第 229 条规定:"租赁物在租赁期间发生所有权变动的,不影响租赁合同的效力。"

(三) 债的概括承受的效力

债的概括承受是债权债务的一并移转,所以根据《合同法》第 89 条的规定,其效力涉及债权让与的适用有关债权让与的规定,涉及债务承担的适用有关债务承担的规定。例如,从义务以及抗辩权的一并移转。但是,因为债的概括承受中第三人完全取代了原债的当事人的法律地位,所以其效果并非是债权让与和债务承担的简单相加。还包括依附于原当事人的一切权利和义务,如追认权、解除权、撤销权等,都一并移转于第三人。

第六章

债 的 消 灭

债的存在目的就是为了消灭。债的设立并非当事人的目的,恰恰相反,债存在一日,意味着债权人的利益又有一日未实现。因此,债必然要走向他的归宿——消灭,唯有此时,法律的目的方才达成,当事人的利益方才实现。

第一节 债的消灭概述

一、债的消灭的概念

债的消灭,是指债权人、债务人之间的权利义务在客观上不复存在。

为了更好地理解债的消灭的概念,需对以下几个相关概念予以区分:

(1) 债的消灭与债的变更。广义的债的变更是指债的主体或内容的变更,狭义的债的变更仅指债的内容的变更。但无论何种意义上的变更,都不影响债的关系的存在。与之相反,债的消灭则是既存的债权债务关系不复存在。

(2) 债的消灭与合同的撤销。合同的撤销也会使合同之债归于消灭。但合同一旦发生撤销,即产生自始无效的效果;而债的消灭是使合同关系向将来消灭,并无溯及力。

(3) 债的消灭与合同的中止。合同的中止并非合同关系的结束,而是合同效力的暂时停止,待中止的事由消失后,合同的权利、义务关系恢复原来的效力。此种情形通常表现为债务人依法行使抗辩权拒绝债权人的履行请求,从而使合同权利、义务关系暂处于停止状态,但于此期间,合同当事人之间的权利、义务关系依然存在。而债的消灭不是债的效力的暂时停止,而是永久的结束。

概括而言,债的消灭是债自身目的使然,即作为当事人达到其利益要求的手段,债必然因当事人所期待的利益的实现或不能实现而终结。任何债的关系皆不可能永久存在,而只会因各种原因或事由走向消灭。

二、债的消灭的原因

债的消灭的原因,即引起债的关系终止的法律事实。根据我国《合同法》第91条之规定,下列原因可导致合同的权利义务终止:(1) 债务已经按照约定履行;(2) 合同解除;(3) 债务相互抵销;(4) 债务人依法将标的物提存;(5) 债权人免除债务;(6) 债权债务同归于一人;(7) 法律规定或者当事人约定终止的其他情形。此处"其他情形",包括当事人死亡、破产而债务无人继受,附解除条件或附终止期限的合同,因条件成就或期限届满时终止等等。

由于合同解除是合同之债的特殊消灭原因,而非债的共通消灭原因,故此处并不对合同解除进行讨论。

可见,债的共通消灭原因主要包括:履行(清偿)、抵销、提存、免除、混同等。其中,履行(清偿)是债务人全面、适当地履行了债务,使债权人的权利得到完全实现,从而使债的关系终止的情形。实务中,履行(清偿)是债的消灭最正常、最主要的原因,其他债的消灭的原因均属例外。

依据上述情形,可将债的消灭的原因大致分为三类:

(一) 因债的目的达到而终止

债权人的利益得到满足时,债的目的即为达到。此时,债的关系就失去了存在的意义,即告终止。例如,清偿、提存、混同等都是使债的目的达到的原因。

(二) 因当事人的意思而终止

债的当事人之间的权利义务关系,可依一方或双方的意思表示而终止。在债务免除中,债权人依单方意思表示抛弃债权时,债的关系即归消灭,此即依一方当事人意思表示而终止的典型。在合意抵销中,依双方的抵销合同而消灭了债的关系,此即依双方当事人意思表示而终止的典型。

(三) 因法律的规定而终止

当法律规定的债的消灭情形出现时,债即归终止。例如,当事人死亡、破产而债务无人继受。

三、债的消灭的效力

债的消灭的原因各有不同,但因债的消灭而发生的法律后果却是相同的,主要表现在以下几个方面:

(一) 债的关系归于消灭

债一旦终止,当事人之间的权利义务消灭,除法律另有规定外,债权人不再享有债权,债务人也不再负担法律义务。

(二) 从属权利消灭

债的消灭后,因主合同而生的债权担保及其他从属的权利义务归于消灭,如担保物权、保证债权、违约金债权、利息债权等和主债权一样也归于消灭。

(三) 债权证书的返还和涂销

债权证书,也称债务证书、负债字据,是证明债权债务关系的证明。债权证书通常由债务人所立,并交债权人持有,以作为证明债权的凭证。当债全部消灭后,债务人得请求返还或涂销债权证书;债的关系部分消灭或者债权证书上记载有债权人的他项权利时,债务人得请求将消灭事由记入债权证书中。

第二节 清 偿

一、清偿的概念

清偿又称为履行,是指债务人向债权人履行给付义务,以实现债权目的的行为。我国《合同法》没有使用清偿的概念,而是规定为"债务已经按照约定履行",其实就是债务已经清偿。对此,有观点认为:"清偿与履行的意义相同,只不过履行是从合同的效力、合同的动态方面观察的,而清偿则是从合同的权利义务终止、债权的消灭的角度着眼的。"[①]

在债的消灭的原因中,清偿是最基本、最普遍、最正常的原因,而其他原因都是在清偿不能、清偿有障碍或不必清偿的情况下,清偿的替代方式。

清偿为发生私法上效果的合法行为,并非必为民事法律行为,因而关于民事法律行为的规定不必然地适用于清偿,只是在其性质所允许的范围内准用关于法律行为的规定。例如,关于行为能力的规定不当然适用于清偿,只有在必须以法律行为实行给付时,才适用行为能力规则。

二、清偿的基本要求

清偿若欲发生合同债权债务消灭的后果,须清偿人按照适当的清偿期、清偿标的及清偿地等,向享有受领权的清偿受领人为给付行为。如果缺少其中任何一个因素,都不会发生清偿的后果。因此,清偿须同时具备以下几个方面的要件:

(一)清偿的主体

1. 清偿人

清偿人是实施给付行为,并由此发生债消灭后果的人。清偿一般应当由债务人为之,但不以债务人为限。清偿人主要包括债务人、债务人的代理人、第三人。但当事人另有约定或者依债的本旨只能由债务人亲自清偿的,不能由债务人的代理人或者第三人作清偿人。

(1)债务人。债务人负有合同之债的给付义务,是当然的清偿人。债务人包括连带债务人、不可分债务人、保证债务人。债务人为清偿时,是否须具有行为能力,应依给付行为的性质而定。当给付行为是事实行为时,不要求债务人必须具备行为能力;当给付行为是法律行为时,则要求债务人必须具有行为能力。

实务中,由债务人本人作为清偿人是常态,其他人作为清偿人仅仅是特别情形下的例外适用。

(2)债务人的代理人。债务人的代理人以债务人的名义向债权人为给付行为,同债务人本人实施给付行为一样,发生债的关系消灭的后果。只要法律未作相反规定、当事人未作相反约定,与债的性质又不相悖,代理人均可以代理实施清偿。

(3)第三人。债务人以外的第三人对债务人的债务向债权人为自愿清偿,可以发生与债务人自己清偿相同的法律后果,但按照法律规定、当事人约定或合同性质,不得由第三人清偿的除外。

[①] 崔建远主编:《合同法》,法律出版社2010年版,第266—267页。

这种由第三人代替债务人为清偿的方式，称作代为清偿。一般认为，代为清偿是指第三人与债权人、债务人并未达成转让债务的协议，也未成为债的当事人，只是自愿代替债务人履行债务的行为。代为清偿作为一项被许多国家立法所承认的法律制度，其价值主要在于："债权人可以通过第三人清偿使自己的债权得到全部或部分的实现。债务人不过是改向第三人承担债务，且在第三人以赠与为目的代为清偿时，债务人还可因此而免去其所负担的给付义务，所以对他并无不利，对于代为清偿的第三人也无不利可言"[1]。这样一来，就可以在既满足债权人的债权，又无损于债务人利益的基础上，达到债务清偿的效果，在一定程度上平衡了各方当事人之间的利益关系。需要明确的是，我国合同法对代为清偿制度尚未明确规定，但理论与实践中都普遍认同第三人代为清偿的效力。

一般认为，第三人代为清偿必须具备以下要件：

第一，依债的性质，可以由第三人代为清偿。并非所有的债均可以由第三人代为清偿，有些债务在性质上具有专属性，只能由债务人本人清偿的，不得由第三人代为清偿，即便第三人已为清偿行为，也不会发生清偿的后果。一般认为，基于债务性质不得代为清偿的情形有：不作为债务；以债务人自身的特别技能、技术为内容的债务；因债权人与债务人之间的特别信任关系所生的债务等。

第二，债权人与债务人之间无不得由第三人代为清偿的约定。如果债权人与债务人间有特别约定，则不得代为清偿。另外，如果债权人与债务人事先未对代为清偿约定，但第三人清偿时，债权人予以拒绝的，则第三人清偿不发生清偿的效力。但是，如果第三人与债有利害关系，如第三人以自己的财产为债务人设定担保的，在其代为清偿时，则债权人不得拒绝。

第三，债权人无拒绝代为清偿的正当理由，债务人也无提出异议的正当理由。如果代为清偿有违公序良俗或诚实信用，对债权人、债务人或者社会有不利的影响，或者代为清偿违背其他法律的强制性规范时，债权人就有权拒绝受领代为清偿，债务人也有权提出异议，此时不发生清偿的后果。

第四，代为清偿的第三人必须有为债务人清偿的意思。若为清偿之人因错误，误信为自己债务而为清偿时，不为代为清偿，构成不当得利。

有效成立的代为清偿发生如下法律效力：

第一，代为清偿对债权人的效力。代为清偿有效成立后，债权人的债权得以实现，其债权归于消灭，不得再向债务人主张给付义务。债权人持有债权证书的，应当向债务人返还债权证书，未返还的，债务人有权请求返还。如果债权人无正当理由而拒绝受领第三人代为清偿的，应负受领迟延的责任。

第二，代为清偿对债务人的效力。代为清偿有效成立后，债务人对债权人的债务在第三人清偿的范围内消灭，对于未清偿的部分债务人仍有义务清偿。债务人对第三人负有给付义务，但在第三人以赠与为目的而代为清偿时，债务人的给付义务因此而免除。第三人代为清偿有损于债务人的利益的，债务人有权提出异议，第三人代为清偿不发生债消灭的效力。

第三，代为清偿对第三人的效力。代为清偿有效成立后，第三人在其清偿的范围内对债务人享有求偿权，但第三人以赠与为目的代债务人为清偿的，不在此限。同时，第三人负有

---

[1] 崔建远主编：《合同法》，法律出版社2010年版，第267页。

及时通知债务人其清偿事实的义务,如果第三人未尽通知义务,导致债务人为二重清偿的,应当对因此给债务人造成的损失承担损害赔偿责任。

第三人代为清偿后,享有代位权,在其求偿权的范围内,得对债务人行使债权人的一切权利,如债权、优先权、抵押权等。债务人对于债权人有可得抗辩的事由,有可供抵销的债权的,对于代位后的第三人也可主张。

2. 清偿受领人

清偿受领人是指有受领权的接受债务人给付的人,即受领清偿利益的人。债务的清偿应由清偿人向有受领权的人为之,并经受领后,方发生清偿的后果,使债的关系归于消灭。一般而言,受领权基于债权、法律的规定、法院的指定或者债权人的授权而取得。享有受领权,可为受领行为的清偿受领人主要有以下几种:

(1) 债权人。债权人是债权的主体,当然享有受领权,因而清偿受领人通常是债权人。但根据法律规定,在下列情形下,债权人不得受领:① 债权已被出质。债权已作为质权的标的出质于他人时,债权人非经质权人同意,不得受领。② 债权人已被宣告破产。债权人一旦被宣告破产,其包括债权在内的一切财产则成为破产财产,其不得受领债务人的清偿。③ 债权人为无民事行为能力和限制民事行为能力。④ 债权已被采取强制执行措施。根据《民事诉讼法》第 243 条的规定,债权人的债权被法院冻结时,银行、信用合作社或其他有储蓄业务的单位不得向债权人清偿债务。

(2) 债权人的代理人。债权人的代理人包括法定代理人和委托代理人,可以作为清偿受领人,接受清偿利益。

(3) 受领证书持有人。受领证书,又称为收据,是指由债权人签名的证明持有人享有受领权的书面文件。受领证书(收据)持有人,通常称为表见受领人。一般而言,债务人向受领证书持有人为清偿行为,即发生清偿的后果。但是,受领证书持有人未必一定享有受领权,如果非债权人持有了受领证书,则给债务人造成一种其被授予受领权的表象特征。为求在善意债务人与债权人之间取得利益平衡,《德国民法典》第 370 条、《日本民法典》第 480 条及我国台湾地区"民法"第 309 条均规定,受领证书(收据)持有人,视为有清偿受领权人,债务人向该持有人所为之清偿为有效情况;但债务人已知或因过失而不知持有人无受领权的,不在此限。

(4) 破产管理人。债权人的受领权被限制后,为保护破产人作为债权人的利益,破产管理人得为有效受领,《企业破产法》第 17 条对此有明确规定。

(5) 质权人。《物权法》第 225 条规定,汇票、支票、本票、债券、存款单、仓单、提单的兑现日期或者提货日期先于主债权到期的,质权人可以兑现或者提货。

(二) 清偿标的

清偿标的,即债务人履行的标的、给付的内容。清偿标的因合同的内容、性质的不同而有别,可以作为清偿标的的有物、行为及权利等。清偿标的必须符合债的本旨,满足债权人的利益,才能达到债务清偿的效力。然而,由于债的类型多种多样,不同类型的债,标的各不相同,有交付财物的,有转移权利的,有提供劳务的,有完成工作的,也有以不作为为标的,不一而足。因此,要发生清偿效果,债务人应当按照债的具体内容,依债的本旨为清偿行为。这是清偿标的的基本规则。

通常情况下,债务人原则上应以约定或法定的债的标的履行,不得以其他标的替代,否则不发生清偿效果。但是,债务人依据原定的清偿标的清偿不能或难以清偿,经与债权人协商一致,也可以代物清偿,使合同之债归于消灭。

所谓代物清偿,是指以他种给付代替原定给付,债权人受领该给付而使合同关系消灭。

代物清偿的要件包括:(1)须有原债权债务存在。至于原债的标的为何,不作严格要求,可以是财物,也可以是劳务。(2)须以他种给付代替原定给付。如以提供财产代替劳务;同为给付财产的,以给付马代替给付牛。换言之,即使同为财物,即使种类相异,也可成立代物清偿。但需注意的是,在代物清偿中,有时原定给付与他种给付在价值上并不相同,但只要成立代物清偿,合同权利义务即归于消灭。当然,合同当事人可以就此价值差额的处理做出约定。如无此约定,不论差额大小,自代物清偿成立时,合同权利义务即终止,合同关系消灭。(3)须双方当事人意思表示一致。代物清偿实质上是债权人与债务人之间就变更债权标的而达成的合同或协议,仅有清偿人的意思而无受领人同意之意思,则代物清偿不成立。当事人合意的内容包括:以何种给付代替原定给付、两种给付的价值不相当时如何予以折价等。(4)须债权人现实受领替代给付。若债权人未受领债务人提供的他种给付,当然不发生代物清偿。代物清偿的效力,即债权人原有的权利及其从属权利,因代物清偿而归于消灭。

(三)清偿期

清偿期为债务人应为清偿的时期。清偿的期限,当事人有约定的,依当事人的约定,法律有特别规定的,依其规定;法律无规定的、当事人无特别约定的,债务人可随时清偿,债权人也可随时主张清偿,但应当给对方当事人必要的准备时间。

(四)清偿地

清偿地是清偿人清偿债务的场所,又称债务履行地。债务人必须在合同约定的清偿地履行债务。债务人于清偿地清偿的,债权人不得拒绝,并且发生清偿的后果。债务人于清偿地以外的地点清偿的,债权人可以接受,也可以拒绝;拒绝清偿的,不发生清偿的后果。

清偿地在当事人有特别约定或法律有特别规定时,依据当事人的约定或法律的特别规定确定。否则,可以依据债的性质或交易习惯确定。依上述方法仍不能确定的,《合同法》第62条第3项规定:"履行地点不明确,给付货币的,在接受货币一方所在地履行;交付不动产的,在不动产所在地履行;其他标的,在履行义务一方所在地履行。"

(五)清偿费用

清偿费用的范围,一般包括清偿费用为清偿所需要的必要费用。例如,物品交付的费用,运送物品的费用、金钱邮汇的邮费,但不包括合同标的本身的价值。通常情况下,清偿费用有运送费、包装费、汇费、登记费、通知费等。

清偿费用的负担,依法律规定或当事人的约定处理,如无法律规定或约定,按照合同有关条款或交易习惯确定。据此仍不能确定的,则由债务人负担。但因债权人变更住所或其他行为而致增加清偿费用时,增加的费用由债权人负担。另外,《合同法》第71条第2款规定:"债务人提前履行债务给债权人增加的费用,由债务人负担";第72条第2款规定:"债务人部分履行债务给债权人增加的费用,由债务人负担。"

在现实交易中,经常存在这样一种现象:债务人对同一债权人负有数宗同种类债务,而这些债务中,有已届履行期限的,有还未到期的;有设定担保物的,未设定担保物的;有附有利息的,有未附利息的,等等。当债务人清偿债务时,其提出的给付如果不足以清偿全部债务时,究竟以该给付清偿何宗债务,不仅涉及债权人与债务人的利益,有时还涉及第三人(如担保人)的利益。为妥善解决这一问题,许多国家的民法都规定了清偿抵充制度。

所谓清偿抵充,是指债务人对债权人负有数宗同种债务,而债务人的履行不足以清偿全部债务时,确定该履行抵充某宗或某几宗债务的制度。

一般认为,清偿抵充的构成必须具备以下三个要件:

(1)债务人须对同一债权人负担数宗债务。债务人对同一债权人负有数宗债务是清偿抵充的前提条件。如果债务人仅负有一宗债务,只发生部分清偿的问题,而不发生清偿抵充问题。至于债务发生的时间、债务的履行期限等在所不问。

(2)数宗债务须种类相同。数宗债务的种类相同是指债务人给付的标的相同。如果债务的种类不同,依据债务人给付的标的的不同即可明确区分清偿的为何宗债务,而不必清偿抵充。

(3)债务人的给付不足以清偿全部债务。虽有数宗同种类给付的债务,但如果债务人的给付可以清偿全部债务,数宗债务在清偿上就不存在先清偿哪一宗、后清偿哪一宗的问题,自然不发生清偿抵充。当然,若债务人的给付不足以清偿其中一宗债务,则债权人有权拒绝其为一部清偿,也不发生抵充问题。

关于清偿抵充的方法、规则,一般来说有以下三种:

(1)约定抵充。在债务人对债权人负担数宗债务,而债务人所为的清偿又不足以清偿全部债务时,如果当事人之间就债务人的清偿用来抵充何宗债务有约定的,从其约定。约定抵充可以在清偿之前为之,也可以在清偿之时为之。

(2)指定抵充。如果当事人之间没有约定,则清偿人有权单方面指定其履行系清偿何宗债务。只有清偿人才具有指定权,受清偿人或任何第三人均无权指定。指定权的性质应为形成权,指定应在清偿时,经由清偿人向清偿受领人以意思表示为之,即发生清偿抵充的后果。清偿人的指定,一经做出,不得撤回。

(3)法定抵充。如果清偿人对清偿抵充的顺序不为指定或未为指定,则以法律规定来决定清偿人的清偿应抵充的债务。根据《合同法解释(二)》第20条之规定,债务人的给付不足以清偿其对同一债权人所负的数笔相同种类的全部债务,应当优先抵充已到期的债务;几项债务均到期的,优先抵充对债权人缺乏担保或者担保数额最少的债务;担保数额相同的,优先抵充债务负担较重的债务;负担相同的,按照债务到期的先后顺序抵充;到期时间相同的,按比例抵充。

债务人对债权人负有的债务中,除原本债务外,还有费用和利息债务,债务人的给付又不足以清偿全部债务时,则应以费用、利息、原本债务的顺利进行抵充。《合同法解释(二)》第21条规定:"债务人除主债务之外还应当支付利息和费用,当其给付不足以清偿全部债务时,并且当事人没有约定的,人民法院应当按照下列顺序抵充:(1)实现债权的有关费用;(2)利息;(3)主债务。"

三、清偿的效力

清偿的效力是当事人之间合同权利义务的消灭,债权人不再享有债权,债务人也不再负担债务。同时,因合同关系而生的债权担保及其从属权利义务也随之消灭。

第三节 抵　　销

一、抵销的概念与价值

抵销,是指二人互负相同种类债务,各使双方债务在对等额内相互消灭的法律制度。抵销作为一种使债的消灭原因,因其可以导致自己债务的消灭,因而实质上属于债务清偿的一种替代方式,即在双方当事人之间,一方可以自己的债权作为清偿自己所负债务的方法。

在抵销中,主张抵销的债务人的债权,称为主动债权、抵销债权;被抵销的债权即对方当事人的债权,称为被动债权、受动债权。抵销依其产生的依据不同,可分为法定抵销和合意抵销。简单来说,法定抵销是指具备法律规定的要件时,依一方的当事人的意思表示而为的抵销;合意抵销是指依据当事人之间的合意而成立的抵销。

法定抵销与合意抵销虽然在成立条件、适用对象等方面均有不同,但具有相同的法律效力,即在当事人双方债权额价值相等的范围内债权消灭,不相等的部分仍然有效存在,债权人有权要求债务人继续清偿。

作为债的消灭方式之一,抵销的独特的价值作用在于:

1. 便利当事人

抵销使双方当事人本应履行的债务无须实际履行(互为给付),只须为观念上的给付,就能够产生清偿的效果。这样既可简约交易过程,避免双方当事人分别求偿、分别履行带来的麻烦,又可减免履行费用、节约交易成本。这对于当事人而言,无疑是省时省力的妥当之举。

2. 保护债权人

任何一个债权都有受偿不能的风险,即便是有担保物权或保证人的债权,也可能因担保标的物毁损灭失或保证人的破产而无法受偿。唯有在双方当事人相互负有债务、相互享有债权的情况下,双方的债务因抵销而消灭的同时,双方享有的债权必会因此而实现,在此意义上,可以说抵销具有保护债权人的作用。例如,在甲乙两人互负债务,乙当事人破产的情形下,如果甲当事人清偿了自己的债务,则甲当事人为清偿所给付的财产,将被作为破产财产在乙当事人的众多债权人之间按比例分配,这样将可能造成甲当事人的债权难以实现的风险。于此场合,甲当事人可以向乙主张抵销,以避免破产清算的按比例分配给自己的债权实现带来的风险,从而满足自己的利益。

二、法定抵销

(一) 法定抵销的概念

法定抵销是指当事人双方互负给付义务,并具备法律规定的要件时,依一方当事人的意思表示而为的抵销。抵销权是依当事人一方的意思表示,使双方的债权按同等数额消灭的权利,其在性质上属于形成权。抵销权为双方当事人平等享有,任何一方均可行使。抵销的效力并不会自动发生,须一方当事人向对方当事人为抵销的意思表示。法定抵销中,完全具备法律规定要件的,当事人一方可以主张抵销,不以被抵销一方当事人的同意为必要。

(二) 法定抵销的要件

根据我国《合同法》的规定,法定抵销的成立须具备以下要件:

1. 双方当事人互负债务、互享债权

抵销发生的基础在于当事人双方既互负债务,又互享债权。这里互享的债权均须合法有效存在,反之不能主张抵销,例如,赌债就不能主张抵销。

2. 双方互负的债务标的物的种类、品质相同

法定抵销的特点是不须当事人协商,只要条件具备,经一方当事人主张即生效力。如果相互抵销的标的物种类、品质不相同,就可能使当事人双方各自不同的经济目的难以达到,也可能使品质高、种类好的标的物的债权人遭受损失。因此,为使债的消灭既经济简便,又不丧失公平,抵销标的物的种类、品质相同就成为法定抵销一个重要的要件。因而,《合同法》第99条规定:"当事人互负到期债务,该债务的标的物种类、品质相同的,任何一方可以将自己的债务与对方的债务抵销……"抵销既然要求标的物的种类、品质相同,故能够进行抵销的只限于种类之债,尤其以金钱之债为典型。

另外,以特定物为给付物时,即使双方的给付物属于同一种类,也不允许抵销。但是,在双方当事人均以同一物为给付物时,仍属同一种类的给付,可以抵销。例如,甲有向乙请求交付某特定物的债权,同时对于丙负有交付该物的债务,嗣后在乙继承丙的遗产场合,就可发生这种抵销。①

3. 双方的债务均已届清偿期

抵销具有相互清偿的功能,因此只有双方债务均已届清偿期时,才可以发生抵销。如果债务未到清偿期,债权人不得请求清偿,也就不能主张抵销。如果允许债权人以其债权与对方的债权进行抵销,无异于要求债务人提前清偿,这样将会损害债务人的期限利益,显然不合理。因此,清偿期尚未届满的债权原则上不得用于抵销。但是,如果抵销权人以其已届期的主动债权与被抵销权人未届期的被动债权相抵销,这实际上等于抵销权人放弃期限利益,可以抵销。

4. 双方的债务均为可抵销的债务

我国《合同法》没有具体规定不得抵销的债务,仅原则性地将抵销限制在依照法律规定或者按照合同性质允许抵销的范围之内。换言之,依照法律规定或者按照合同性质不能抵销债务,不能抵销。

一般来说,下列债务均不可抵销:

(1) 依债的性质不得抵销的债务。根据债务的性质,非经清偿不能达到合同目的的,则必须相互清偿,不能予以抵销。例如,提供劳务的债务、不作为的债务等,都不得抵销。如果允许当事人可以抵销,则会使获得劳务和设定不作为的当事人一方的合同目的不能实现。为制裁故意侵权人并防止诱发侵权行为,一般认为,故意侵权损害赔偿之债不能抵销。

(2) 法律规定不得抵销的债务。比如,依《民事诉讼法》第219条第1款和第220条第1款的规定,对被执行人的收入进行执行时,应当保留被执行人及其所扶养家属的生活必需费用,对被执行人的财产进行执行时,应当保留被执行人及其所扶养家属的生活必需品。以上即属于法律规定的不得抵销的债务。

(3) 依约定不得抵销的债务。即依合同当事人双方事先约定不得抵销的债务。

---

① 参见崔建远主编:《合同法》,法律出版社2010年版,第273页。

（三）法定抵销的方法

抵销不能自行进行，须通过一方当事人（主动债权人）行使抵销权，才能实现抵销的效果。《合同法》第99条第2款规定："当事人主张抵销的，应当通知对方。通知自到达对方时生效。抵销不得附条件或者附期限。"抵销的方法应注意以下几点：

1. 抵销的意思表示须通知对方

法定抵销权属于形成权，只需一方当事人将抵销的意思表示通知对方，即可发生效力，而无须对方当事人的同意。抵销的意思表示应当以通知的方式作出，通知可以采取口头或书面的形式，但一般来说，必须采用明示的方式，并能够为对方所了解。以采取口头方式通知时，抵销的意思自为对方了解时生效；以书面形式通知时，通知自到达对方时生效。

2. 抵销不得附条件或附期限

抵销权在性质上是形成权，而形成权本由一方当事人决定，于对方当事人具有很大的不确定性，如果允许附条件或附期限，则会使当事人之间的法律关系变得更加不确定。就抵销而言，如若附条件或附期限，则使抵销的效力处于不确定的状态，有悖于抵销的本旨，也难免会损害对方当事人的利益。所以，附条件、附期限的抵销当属无效。

（四）法定抵销的效力

法定抵销的效力主要表现在以下几个方面：

1. 双方互负的债务在数额对等的范围内消灭

若双方债务数额不等的，债务数额较小的一方的债务全部消灭，另一方的债务在与对方债务相等的数额内消灭，其余额部分仍然存在，债务人须继续偿还。

2. 抵销的溯及效力

抵销生效时，双方债权的消灭效力溯及到抵销权发生之时。抵销的溯及效力，具有以下效果：（1）自得为抵销之时起，就消灭的债务不再发生支付利息的债务；（2）自得为抵销之时起，不再发生迟延责任；（3）抵销权发生后，就一方当事人所发生的损害赔偿及违约金责任，因抵销的溯及力而归于消灭。

3. 抵销权行使后不得撤回

抵销权行使后，双方对等数额的债权因抵销而消灭，系为债的绝对消灭，故抵销权行使后不得撤回。

三、合意抵销

（一）合意抵销的概念

所谓合意抵销，又称约定抵销，是指双方当事人协商一致而使双方互负的债务发生抵销。《合同法》第100条规定："当事人互负债务，标的物种类、品质不相同的，经双方协商一致，也可以抵销。"可见，我国合同法允许当事人在协商一致的基础上抵销双方的债务，这也体现了对当事人意思自由的尊重。质言之，合意抵销是当事人依据自己的意志所决定的清偿方式，是当事人意思自由的体现，只要双方的合意不违背法律和公序良俗，都应予以准许。

合意抵销的意义在于：法定抵销的成立要求较为严格，在不具备法定抵销的条件时，当事人则可以通过合意抵销的方式来消灭债务，这样可以改变法定抵销的条件或弥补法定抵销的不足。①

在司法实践中,由于合意抵销与法定抵销的发生原因不同,对当事人的意思表示的要求也有所不同。合意抵销的当事人可以就抵销的要件、抵销的标的物、抵销的范围、抵销效力以及禁止抵销的债务进行协商;而在法定抵销中,当事人之间基本上没有相互自由协商的空间可言。

(二) 合意抵销的要件

1. 当事人双方互负债务

至于双方当事人所负债务是否均已届清偿期、标的物的种类、品质是否相同,在所不问。例如,以给付金钱以外的物为标的的债务与给付金钱为标的的债务,在对物进行价格评定后,可以经双方当事人合意进行抵销。另外,即便是禁止法定抵销的债务,也并非不能够依抵销合同使之消灭。

2. 当事人意思表示一致

合意抵销须当事人就抵销的内容达成协议,即以清偿为目的订立抵销合同。抵销合同,是双方当事人以消灭互负的债务为目的而订立的合同,属于诺成合同及不要式合同;又由于抵销合同是互相以免除对方所负债务为目的而订立的,故又属于双务合同及有偿合同。

3. 不得损害第三人的利益

尽管当事人双方意思表示一致,但如果合意抵销使第三人利益遭受损失的,则抵销无效。例如,债权的标的物是第三人质权的标的物,双方当事人不得合意抵销。②

(三) 合意抵销的效力

合意抵销的效力与法定抵销的效力基本相同,即消灭当事人之间同等数额的债权债务关系。但因合意抵销贯彻当事人的意思自由,故其具体的效力,可决定于抵销合同中的约定。如在法律未作禁止性规定的情况下,当事人可以在抵销合同中约定附条件或附期限,待条件成就或期限到来时发生抵销的效力。

第四节 提 存

一、提存的概念

提存,指债务人于债务已届履行期时,无法履行债务或者难以履行债务的情况下,将标的物提交提存机关保存,以终止合同权利义务关系的行为。

债务人履行其债务,往往需要债权人协助。如果债权人不协助债务人的履行,对债务人的履行拒不接受,或者债务人无法向债权人履行,债务人将无法履行其债务。在此情况下,尽管债权人可能要承担迟延受领责任,但对于债务人来讲,却因债务不能消灭而使其陷于迟延履行的阴影之中,而且还可能因此给债务人带来继续尽注意义务妥善保管标的物、防止标的物的意外灭失的风险等负担,这显然对于债务人是不公平的。因此,为避免这种不公平的现象,矫正当事人之间的利益关系,法律设立了提存制度。通过提存,债务人就可以将标的

---

① 参见王利明:《合同法新问题研究》,中国社会科学出版社 2003 年版,第 606 页。
② 参见韩世远:《合同法总论》,法律出版社 2008 年版,第 557 页。

物交提存机关提存以消灭债务,从而使自己免于承担风险或者债务违反责任。债务人提存后,债务人的债务即归消灭,因此提存也是债的消灭的原因。

提存,是提存人(债务人)与提存机关之间的合同。提存合同的性质是"向第三人履行的保管合同(或'为第三人利益的保管合同')"①。设立提存制度的目的,主要在于保护债务人,同时也兼顾了债权人的利益。

提存涉及三个方面的当事人:(1) 提存人,提存人是债务人;(2) 提存受领人,提存受领人是债权人;(3) 提存机关,我国目前的提存机关是公证机关。因此,提存要办理提存公证。标的物提存后,债务人从原有的债权债务关系中解脱出来。标的物提存后,除债权人下落不明的以外,债务人应当及时通知债权人或者债权人的继承人、监护人。

按照我国现行法的规定,提存制度有以清偿为目的的提存和以担保为目的的提存,简称清偿提存和担保提存。担保提存是担保的一种变通的方式,规定在《担保法》之中。一般所言提存多指清偿提存,规定在《合同法》之中。

二、提存的条件

根据我国《合同法》及《提存公证规则》的相关规定,提存必须具备以下条件:

(一) 提存的主体适格

在一般情况下,提存人为债务人。但是,得为清偿的第三人也可作为提存人。我国《提存公证规则》第2条规定提存人为"履行清偿义务"的人,自然包括第三人。提存是一种法律行为,所以要求提存人必须具有行为能力,提存人的意思表示应当真实;否则,提存不能生效。提存受领人一般为债权人或其代理人。

(二) 有合法的提存原因

《合同法》第101条第1款规定:"有下列情形之一,难以履行债务的,债务人可以将标的物提存:(一) 债权人无正当理由拒绝受领;(二) 债权人下落不明;(三) 债权人死亡未确定继承人或者丧失民事行为能力未确定监护人;(四) 法律规定的其他情形。"据此,提存的原因有如下几项:

1. 债权人无正当理由拒绝受领标的物

这一原因须具备三个要素方可构成:(1) 债务人已按合同约定或法律规定提出给付;(2) 债权人以语言或行为表示拒绝受领,或虽未表示拒绝受领,但未按约定时间受领;(3) 债权人拒绝或迟延受领无正当理由。在具备以上要素时,构成提存的合法原因,债务人可以将标的物提存。但是,如果因债务人的履行不适当,如履行标的、履行时间、履行地点、履行方式等不符合合同约定,债权人行使抗辩权而拒绝受领的,债务人以拒绝受领为由提存,不生提存之效力。

2. 债权人下落不明

债权人下落不明,会给债务人造成履行对象上的障碍,致使债务人履行不能或难以履行,因而债务人可以提存。债权人下落不明,包括债权人地址不清、失踪等。债权人地址不清是指债权人的住所或居所不详,债务人通过正常的途径无法得知债权人的下落。债权人的失踪是债权人离开自己的最后住所不知去向,音讯不明。债权人因下落不明已经被人民

---

① 韩世远:《合同法总论》,法律出版社2008年版,第559页。

法院宣告失踪或宣告死亡的,债务人应当向其继承人或人民法院指定的财产代管人清偿,而不得提存。

3. 债权人死亡未确定继承人或者丧失民事行为能力未确定监护人

债权人死亡,债权应由其继承人继承,由继承人受领债务人的给付;债权人丧失行为能力,应由其监护人代管财产。但是,如果债权人死亡未确定继承人,丧失民事行为能力未确定监护人,就会造成债务人无法履行其债务,因此债务人可以将标的物提存,以消灭债的关系。

4. 法律规定的其他情形

除上述原因外,当出现法律规定的其他可以提存的情形时,均可提存。如《合同法》第70条规定,债权人分立、合并或者变更住所没有通知债务人,致使履行债务发生困难的,债务人可以将标的物提存。《担保法》第49条规定,抵押人转让抵押物所得的价款,应当向抵押权人提前清偿所担保的债权或者向与抵押权人约定的第三人提存。

(三)提存的标的物适当

提存的标的物,是提存人交付提存机关保管的标的物。提存的标的物适当须具备两个要素:(1)提存物应限于债的标的,否则不发生债务消灭的效力。《提存公证规则》第13条第2款规定,提存标的与债的标的不符或在提存时难以判明两者是否相符的,公证处应告知提存人,如提存受领人因此原因拒绝受领提存物的,则不能产生提存的效力。(2)提存物须适宜提存。根据《提存公证规则》第7条的规定,提存的标的物可以是货币、有价证券、票据、提单、权利证书、贵重物品等等。对于不适合提存或者提存费用过高的标的物,《合同法》第101条第2款规定:"标的物不适于提存或者提存费用过高的,债务人依法可以拍卖或者变卖标的物,提存所得的价款。"所谓不适于提存的标的物,例如,水果、生鲜食品、爆炸物、化学品、药品等容易毁损、灭失的物品。所谓提存费用过高的标的物,例如,需要特殊设备或人工照顾的动物等。

三、提存的效力

因提存涉及三方面的当事人,故可从以下三个方面对提存的效力加以说明。

(一)债务人与债权人之间的效力

提存与清偿发生同等消灭债的效力,自提存之日起,债务人与债权人之间的债的关系消灭,债务人不再负清偿责任,提存物所有权因提存而转移于债权人。因此,在提存期间,提存物的毁损灭失风险发生转移,由债权人负担。提存物的保管费用及其他费用由债权人承担,同时提存物的收益也由债权人享有(《合同法》第103条)。

另外,根据《合同法》第102条的规定,标的物提存后,除债权人下落不明的以外,债务人应当及时通知债权人或者债权人的继承人、监护人。据此可见,为使债权人及时知悉提存的事实从而早日领取标的物,法律向债务人附加了一项通知义务。

(二)提存人与提存机关之间的效力

提存人依法将标的物提交于提存机关后,提存机关负有妥善保管提存物的义务。《提存公证规则》第19条规定:"公证处有保管提存标的物的权利和义务。公证处应当采取适当的方法妥善保管提存标的,以防毁损、变质或灭失。对不宜保存的、提存受领人到期不领取或超过保管期限的提存物品,公证处可以拍卖,保存其价款。"债的标的物提存后,提存人除以下情况外,不得取回提存物:(1)可以凭法院生效的判决、裁定或者提存之债已经清偿的公证证明而取回提存物;(2)债权人以书面方式向提存机关表示抛弃提存受领权的,提存人可取回提存物。提存物被取回的,视为未提存。提存人应负担提存机关保管提存物的费用。提存人未支付该费用的,提存机关可留置价值相当的提存标的物。

(三) 债权人与提存机关之间的效力

(1) 提存成立后,债权人与提存机关之间事实上形成了保管合同,因而债权人有权随时要求提存机关交付提存物,并承担必要的费用。但根据《合同法》第104条之规定,债权人可以随时领取提存物,但债权人对债务人负有到期债务的,在债权人未履行债务或者提供担保之前,提存部门根据债务人的要求应当拒绝其领取提存物。这可理解为合同当事人一方(提存机关)行使双务合同履行抗辩权的结果。

(2) 提存机关有妥善保管提存物的义务,提存机关应当采取适当的方法保管提存标的物,以防毁损、变质或者灭失。若提存物因提存机关的过错而毁损、灭失的,提存机关应承担损害赔偿责任。

(3) 债权人领取标的物的权利,自提存之日起5年内不行使而消灭,提存物扣除提存费用后,归国家所有(《合同法》第104条第2款)。这是法律对债权人行使提存物交付请求权所作的期限限制。

(4) 提存是由债权人的原因引起的,所以因提存而生的费用理应由债权人承担,除非当事人另有约定。提存费用包括:提存公证费、公告费、邮电费、保管费、评估鉴定费、代管费、拍卖变卖费、保险费,以及为保管、处理、运输提存标的物所支出的其他费用(《提存公证规则》第25条)。如果债权人拒绝支付费用,则提存机关有权将提存物予以留置。

第五节 免　　除

一、免除的概念

免除是债权人以消灭债权为目的而抛弃债权的单方法律行为。《合同法》第105条规定:"债权人免除债务人部分或者全部债务的,合同的权利义务部分或者全部终止。"免除成立后,债务人不再负担被免除之债务,债权人的债权也不复存在,所以免除为债的消灭的原因。免除在性质上为单方法律行为,只需债权人向债务人为抛弃债权的意思表示即可生效。

免除具有如下法律特征:

(1) 免除为无偿行为。免除债务人的债务无须债务人为此支付对价,因而限制民事行为能力人即使未得到法定代理人的同意,也可以接受免除。

(2) 免除为无因行为。免除实际上必有一定的原因,有为赠与,有为对待给付,也有为和解的,但此原因无效或不成立时,并不影响免除的效力。

(3) 免除为非要式行为。免除的意思表示无须采用特定形式,口头或书面、明示或默示,均无不可。需注意的是,免除的意思表示到达债务人后,即发生免除债务的效果,因而免除不得撤销。但债权人可以撤回免除的意思表示,即撤回的通知与免除的通知同时到达时或者先于免除的通知到达的,发生撤回的效果。

(4) 免除为处分行为。债权人为免除需要有处分该债权的能力,无行为能力人或限制行为能力人不得为免除行为,应由其法定代理人代为免除或表示同意。

二、免除的条件

(一) 须债权人向债务人免除债务的意思表示

免除的意思表示应由债权人或其代理人向债务人或其代理人为之,该意思表示到达债务人或其代理人时生效。向第三人为免除的意思表示的,不产生免除的效力。

(二) 须债权人具有相应的行为能力

免除为处分行为,免除权的行使将使债权人受损、债务人受益,这就要求债权人必须以真实的意思表示为之,因而必然要求债权人必须具有相应的行为能力,否则,应由其法定代理人代为免除的意思表示。由于免除并不以债务人的协助为必要,债务人纵为限制行为能力人,亦不生任何妨碍,所以债务人是否具有相应的行为能力则不是免除成立的必要条件。

(三) 须不得损害第三人利益

基于债的相对性,债务免除仅在债权人与债务人之间发生效力,但因债务的免除而损害第三人利益的,则免除不生效力。如《合同法》相关规定,因债务人放弃其到期债权,对债权人造成损害的,债权人可以请求人民法院撤销债务人的行为。

三、免除的效力

免除合同生效后,即发生债消灭的法律后果。

(1) 债的关系绝对消灭。依债权人的意思,债务免除可分为全部免除和部分免除。债务全部免除的,合同关系全部归于消灭;部分免除的,合同关系仅于免除的范围内部分归于消灭。另外,在债务被全部免除的情况下,有债权证书的,债务人可以请求返还债权证书。

(2) 从债务免除。主债务消灭时,从债务当然也随之消灭,即从属于债务的利息之债、担保之债也随之消灭。但免除人仅免除从债务时,主债务并不消灭。例如,仅免除利息债务的,利息债务消灭,但本金债务仍需履行。

(3) 法律禁止抛弃的债权不得为免除。法律规定禁止抛弃的债权不能以免除的方式抛弃。例如,受雇人对雇佣人的工伤事故赔偿请求权不得预先抛弃。

第六节 混 同

一、混同的概念

混同是指债权与债务同归一人,债的关系因此归于消灭的事实。《合同法》第106条规定:"债权和债务同归于一人的,合同的权利义务终止,但涉及第三人利益的除外。"债的关系必须有两个以上的主体,当债权人和债务人为同一主体时,债的关系就当然消灭。所以,混同也是债消灭的原因之一。

混同,只需债权、债务同归于一人的事实发生,且不违背法律的强制性规定和禁止性规定,就会发生债消灭的效果,而无须当事人的任何意思表示。所以,混同在性质上属于法律事实中的事件。

混同的基本机理是:债的关系须有两个主体,任何人不得对自己享有债权,债权、债务同归于一人时,就会导致一个人自己为自己的债权人或自己为自己的债务人,有悖于债的本旨。就实际情况而言,自己向自己请求或履行债务,毫无意义。所以,债因混同而消灭,为理所当然之事。

二、混同的条件

混同即债权债务同归于一人,而债权债务同归于一人是因债权或债务的承受而产生的。由于承受包括概括承受和特定承受,所以发生混同的条件可分为两种:

(1) 概括承受,这是发生混同的主要的原因。例如,两个企业合并,合并前的两个企业之间有债权债务时,合并后,分别由两个企业拥有的债权债务转移到合并后的企业,这就使债权债务同归于一人,因不存在合同履行的必要和可能,使得合同权利义务终止。

(2) 特定承受,即因债权让与或债务承担而承受的权利与义务。例如,债务人受让债权人的债权,或债权人承受债务人的债务,于此情形,债权债务关系同归于一人即发生混同,合同的权利义务终止。

三、混同的效力

混同的效力,在于绝对地消灭债的关系。债消灭,导致由该债的关系所生的从权利如利息债权、违约金债权、担保权等也随之消灭,但如果债权与保证债务混同的,保证债务归于消灭,主债务则仍然存在。

混同虽然产生债的消灭的效力,但在某些情形下,混同并不导致合同关系终止的后果。根据《合同法》第106条但书的规定,在涉及第三人利益时,混同并不导致合同关系的消灭。例如,债权人以其债权为第三人设立了质权,为了保护质权人的利益,合同债权不因混同而消灭。

第二编 | 合同之债

第七章　合同与合同法概述

第八章　合同的成立

第九章　合同之债的特殊效力

第十章　违约责任

第十一章　合同的解释

第十二章　转移财产所有权的合同

第十三章　转移财产使用权的合同

第十四章　完成工作成果的合同

第十五章　提供劳务的合同

第十六章　技术合同

第七章

合同与合同法概述

第一节 合同的概念

一、合同的概念

根据我国《合同法》第 2 条的规定,合同是平等主体的自然人、法人、其他组织之间设立、变更、终止民事权利义务关系的协议。对该定义可作如下解释:

(一)合同是一种协议

所谓协议,是指两方或多方当事人对某一事务经过协商所达成的一致意见,即当事人意思表示一致的合意。在现代市场经济中,协议是一种普遍存在的现象,其适用范围,可以用于当事人之间的各种事务;其内容,是当事人对自己利益所作的安排;其本质属性,是当事人之间关于各自利益安排的合意;其表现形式,可以是口头的、书面的、也可是影像资料等。

(二)合同是旨在产生一定私法效果的协议。

从当事人订立合同要达到的不同目的而言,合同可以是劳动合同,行政合同,经济合同,民事合同等,我国合同法上所规范的合同是民事主体为了设立、变更、终止民事权利和民事义务的协议,即产生民事法律关系效果的民事合同。民事合同的当事人身份平等,地位独立,意思自由,任何一方不得将自己的意志强加给另一方。

合同当事人旨在产生的私法效果系以发生民法上权利义务效果为目的的一切合意,包括以发生物权变动为目的的物权合同(比如设定抵押权的合同、转移所有权的合同)、以物权以外的权利的变动为目的的准物权合同(比如债权让与)、以发生债权债务为目的的债权合同,以发生身份关系的变动为目的的身份合同等等。由于我国《合同法》第 2 条第 2 款规定,婚姻、收养、监护等有关身份关系的协议,适用其他法律的规定。可知,身份合同不适用合同法。另外,我国现行立法对物权合同尚未有明确法律规定,因此我国《合同法》适用的合同仅指当事人产生债权债务效果的民事合同。

(三)合同是具有法律约束力的协议

合同是当事人之间为了产生民法上的权利义务关系而形成的具有法律约束力的共同约定。合同订立的过程既是双方或多方当事人把要发生某种权利义务关系效果的不同意思表示,通过协商合为统一的过程,也是法律对合同当事人行为调整的过程。如果合同当事人无原因违反了协议的约定,应承担相应的法律责任。

二、合同的特征

合同具有以下法律特征：

（1）合同是以设立、变更、终止民事权利和民事义务关系为目的的法律行为。首先，合同是法律事实，是引起债产生的最重要、最大量的原因之一。其次，合同是法律行为。合同属于法律事实中行为的一类，行为又分法律行为、事实行为和违法行为，作为法律行为的合同，以意思表示为要素，当事人订立合同的目的在于设立、变更、终止民事权利和义务关系，这与不以意思表示为要件的事实行为不同。最后，合同当事人依意思表示的内容旨在产生的法律效果正是合同法规定的权利义务关系，因此合同法的规范与当事人意思表示一致的协议是合同存在的必要要素，这与不合法律规定的违法行为有别。

（2）合同是双方或多方的意思表示一致的法律行为。合同的成立必须有两方或多方当事人的意思表示一致，这是区别于单方法律行为的主要标志。在合同的发展史上，曾有契约与合同的区别，契约系当事人双方目的对立，意思表示对立统一的法律行为，合同是当事人目的相同，意思表示方向一致的法律行为。不过，我国合同法已不作此区分，将两者统称为合同。

（3）合同是民事权利义务法律关系存在的形式。当事人想要达到合同法上规定的权利义务关系的目的，须就确立合同当事人权利义务的各项条款及不履行义务的责任进行协商一致，合同成立之时，也是当事人受合同法上权利义务约束之始。一方面，合同是当事人实现某种法律目的的手段；另一方面，合同也证明了当事人之间法律关系的存在。

三、外国合同法上的合同概念

大陆法系和英美法系关于合同的概念有所不同。大陆法系通常认为合同是一种协议，或者说是基于一种双方法律行为而形成的协议。《法国民法典》第1101条规定："合同为一种合意，依此合意，一人或数人对于其他一人或数人负担给付、作为或不作为的债务。"英美法系则认为"合同是一种允诺"。例如，美国《法律重述·合同》①（第2版）第1条规定："合同是一个允诺或一系列允诺，违反该允诺将由法律给予救济，履行该允诺是法律确定的义务。"英国《不列颠百科全书》也认为，合同是可以依法执行的诺言，这个诺言可以是作为，也可以是不作为。苏联采取"合同是一种协议"的学说，认为合同是两个或两个以上的民事主体设立、变更或消灭民事权利义务的协议。我国民法理论界，由于深受苏联的民法理论影响，采用的是"合同是一种协议"的学说。

无论将合同确定为是一种"允诺"，或是一种"协议"，合同不是一次性结算关系，而是牵涉到现在和将来多种关系的"允诺"或"协议"。

四、合同在民法中的地位和作用

合同为民法债编体系的构成部分，与侵权行为、无因管理、不当得利并列，受债法规制。合同之债由当事人的意思表示"合致"产生，因此合同与侵权行为、无因管理、不当得利等法

---

① 美国法律重述（Restatemens of Law），是由美国法学会主办，历经5年的时间和两个版次，作者凝聚了全美最优秀的法律专家、学者及律师。是一套集体精心创作的法律丛书。

定之债不同,合同为意定之债。

现代社会中,合同无时不在,没有合同,作为现代工业基本特征的复杂的合作和社会分工也不可能像现在这样成为现实。合同得以存在和发展的根源是:社会、劳动的专业化和交换、选择性和未来意识。没有社会,契约过去不会出现,将来也不会出现。劳动的专业化和与之相伴随的必然的交换使专业化体系发展。然而,即使有了劳动的专业化和交换,没有选择,契约也没有意义。在一个社会中,有了专业化和交换,同时有了某种选择性,就有了契约的雏形。再加上自觉的未来意识,契约不仅成为可能,也真正成熟。①

合同是商品交换的法律形式,商品的所有者和生产者通过与其相对人订立和履行合同的方式独立实现商品流转。"由一个人到另一个人的这种财产的过渡,称之为转让。通过两个人联合意志的行为,把属于一个人的东西转移给另一个人,这就构成契约(合同)。"②"由此可知,契约关系起着中介作用,使在绝对区分中的独立所有人达到意志同一。"③因此,合同是双方当事人自由意志的突出体现,是商品交换的主要法律形式。更重要的是,合同是"有关规划将来交换的过程的当事人之间的各种关系"。④ 合同不仅仅是一个孤立的合意,也不是个别的意思表示,而是包括了对未来交换安排的法律关系的综合。

第二节 合同的分类

一、合同分类概念与作用

合同的分类,是指基于一定的标准,将合同划分成不同的类型。

按照一定的标准将合同划分为不同的类型的法律意义在于,(1) 合同的分类便于人们认清各类合同的特征、作用,明确对成立要件、生效要件的不同要求以及应具有何种法律效力等,有助于合同的缔结与履行。(2) 合同的分类有助于合同法的妥当适用。人民法院和仲裁机构在处理合同纠纷时,将争议的合同纳入相应的合同类型中,能够准确、便捷地确认当事人的权利义务,正确适用法律。(3) 合同的分类,有助于构建合同法的分论体系。(4) 合同的分类有助于合同法理论的完善,即通过合同的分类能够准确揭示不同类型合同的本质属性,丰富和发展合同法理论。

二、合同的主要分类

(一) 有名合同与无名合同

依立法对合同的类型有无定型化规定,合同可分为有名合同与无名合同。

1. 有名合同

有名合同又称典型合同,是指法律设有规范,直接规定了类型内容并赋予一定名称的合同。比如,我国《合同法》分则中规定的买卖合同、供用电、水、气、热力合同、赠与合同、借款合同、租赁合同、融资租赁合同、承揽合同、建设工程合同、运输合同、技术合同、保管合同、仓

---

① 参见[美]麦克尼尔:《新社会契约论》,雷喜宁、潘勤译,中国政法大学出版社2004年版,第1—4页。
② [德]康德:《法的形而上学原理——权利的科学》,沈叔平译,商务印书馆1991年版,第89页。
③ [德]黑格尔:《法哲学原理》,范杨、张启泰译,商务印书馆1995年版,第81页。
④ 参见[美]麦克尼尔:《新社会契约论》,雷喜宁、潘勤译,中国政法大学出版社2004年版,第4页。

储合同、委托合同、行纪合同、居间合同等,计 15 种;此外,《保险法》第二章规定了保险合同(包括财产保险合同与人身保险合同);《担保法》规定了保证合同、抵押合同、质押合同、定金合同等,均属于有名合同。

2. 无名合同

无名合同也称非典型合同,是指立法尚未规定其定型化内容和名称,而任由当事人自由创设的合同。如消费租赁合同、信息和咨询合同、医疗服务合同、商事代理、经销合同、特许经营合同等在我国合同法中均未规定。

3. 区分有名合同与无名合同的意义

对于有名合同,当事人可以参照有关法律规定订立,在合同发生争议时,法院或者仲裁机关应按照法律的有关规定裁判。对于无名合同,《合同法》第 124 条规定:"本法分则或者其他法律没有明文规定的合同,适用本法总则的规定,并可以参照本法分则或者其他法律最相类似的规定。"此为对无名合同类推适用有名合同的规定。

合同法奉行合同自由的原则,当事人在不违反强制性规范、社会公德、社会公共利益及公序良俗的前提下,可以订立任何内容的合同,此为"合同类型自由主义",与"物权法定主义"的不同。鉴于社会生活变化迅速,交易活动纷繁复杂,当事人根据实际需要,决定合同的名称与内容,并无不当。但这并非说明法律没有发展和完善有名合同的必要。从法制先进国家的实际经验来看,立法者倾向于将更多的合同在立法上更为详尽的加以规定,即将无名合同改变为有名合同。

法律在合同类型自由主义下创设有名合同,其主要机能有二。(1) 以任意性规定来补充当事人约定中的不完善之处。当事人对于合同的要求必有约定,否则合同不成立,但对其他事项,常有疏忽的情形,法律为使合同内容趋于完善,从各种复杂的关系中,依从来的经验归纳出若干典型合同,规定其一般的、合理的内容,作为解释合同的基准。①此时法律的目的之一,便是减轻当事人订立合同过程中的负担。②(2) 典型合同规范中可设有强行性规范,当事人的约定损害社会公共利益、国家利益、或者使当事人之间的利益状态严重失衡时,可以以该强行性规范矫正,从而保护社会公共利益、国家利益、当事人的合法权益。正因为如此,在合同类型自由的原则下规定典型合同,仍然必要;非典型合同产生以后,经过一定的发展阶段,具有成熟性和典型性时,合同立法应该使之成为典型合同。在这种意义上,可谓合同法的历史正是一部非典型合同不断变为典型合同的过程。③

典型合同的法律适用,应该优先考虑《合同法》分则关于各种典型合同的具体规范,但合同法乃至民法的基本原则、总则仍处于十分重要的位置,尤其是在适用具体规范解决争议案件会出现极不公平的结果时,应该放弃适用该具体规范,而依据合同法乃至民法的基本原则。买卖合同规范相对于众多的双务合同而言,都具有准用性,承揽合同规范相对于许多服务性合同也具有参考价值。同时,实务中发生的相当数量的具有委托因素的合同关系,如果属于居间、行纪、承揽、建设工程、技术开发等典型合同关系,那么应该优先适用居间、行纪、技术开发等合同的法律规范,只有没有相应的规范时,才适用委托合同的规定。

---

① 王泽鉴:《债法原理》(第 1 册),中国政法大学出版社 2001 版,第 109 页。
② 〔德〕迪特尔·梅迪库斯:《德国民法总论》,邵建东译,法律出版社 2001 年版,第 327 页。
③ 崔建远:《合同法》(第 2 版),北京大学出版社 2013 年版,第 22 页。

非典型合同在现代社会经济活动中大量存在,且扮演着日益重要的角色,其签订有的是因为特殊情况的需要,有的是因为现代交易的需要。对于其内容不符合任何典型合同要件的纯粹非典型合同,其法律关系应以合同约定、诚实信用原则,并斟酌交易惯例加以确定。[①]《民法通则》关于法律行为的规定,以及《合同法》的总则,当然也有适用余地。

对于数个具有互相结合关系的合同,即数个独立的合同仅因缔结行为而结合,若相互之间不具有依存关系,应分别适用各自的合同规范,包括适用其固有典型(或非典型)合同的规定。对于具有一定依存关系的数个合同的结合,即一个合同的效力或存在依附于另一个合同的效力或存在的合同,则既要适用各自的合同规范,还要考虑合同效力间的依存关系。

(二) 双务合同与单务合同

以双方当事人是否互负给付义务为标准,合同分为双务合同与单务合同。

1. 双务合同

双务合同是双方当事人互负对待给付义务的债权合同,即一方当事人之所以负给付义务在于取得对方当事人的对待给付。买卖合同、租赁合同、承揽合同等均属于双务合同。

双务合同的特色在于双方的债务间的牵连关系或牵连性,其牵连关系主要有三种:(1) 成立上的牵连关系,即一方的债务因无效或撤销而归于消灭时,对方的债务亦因而消灭的关系,与此相关的理论问题为自始不能与缔约上过失。(2) 履行上的牵连关系,即一方债务的履行与对方债务的履行在时期上或顺序上的关系,相应地发生同时履行与异时履行的抗辩权的问题。(3) 存续上的牵连关系,即于一方债务后发生履行不能的情形时,双方债务是否归于消灭的问题与此相对应的是风险负担问题。

2. 单务合同

单务合同是依其效力仅使当事人一方负给付义务的债权合同。赠与合同、借用合同、无偿保管合同等都属于单务合同。

单务合同中的"务"指的是给付义务,而不是所有的任何民事义务,所以一方当事人负有给付义务,对方当事人不负有给付义务以及其他种类的民事义务,固然是单务合同;一方当事人负担给付义务,对方当事人不负担对待给付义务,但承担次要义务,同样也是单务合同。例如,在附负担赠与中,赠与人负有将赠与物交付受赠人的义务,受赠人依约定承担某种负担的义务,因此两项义务不是相互对应的,所以附负担的赠与合同仍为单务合同。

3. 区分双务合同与单务合同的法律意义

(1) 双务合同有对待给付的效力,当一方未为对待给付时,则发生"同时履行抗辩权"和"不安抗辩权"等抗辩权效力,单务合同则无此效力。(2) 双务合同发生风险负担的分配问题,因不可归责于双方当事人的原因致合同不能履行时,如当事人一方因市场价格变动导致的风险,无理由推脱给他方。在风险负担时,因合同类型不同而有交付主义、合理分担主义、债务主义等分配原则。在单务合同中,因不可归责于双方当事人的原因不能履行时,风险一律由债务人负担,不发生双务合同中的风险负担的复杂分配问题。(3) 在双务合同中,一方当事人违约时,守约方若已履行合同,则可以请求违约方强制实际履行或承担其他违约责任,条件具备时,还可以解除合同,而且解除合同还有溯及既往的效力,守约方有权请求违约方返还受领的给付。而单务合同则有所不同,从我国立法上来说,它虽然适用合同解除制

---

① 参见王泽鉴:《民法债编总论》(总第1册),台湾三民书局1993年版,第95页。

度,但主要还是适用《合同法》第94条第1项的规定,适用违约解除制度的情形很少,即使因为违约而解除,也不发生违约方返还受领给付的后果,只是守约方负担返还义务。

(三) 有偿合同与无偿合同

依合同的效力使当事人给付有无对价为标准,合同可分为有偿合同与无偿合同。

1. 有偿合同

有偿合同是指合同的效力使双方当事人互负有对价给付义务的合同。有偿合同从合同的缔结到债务的履行整个过程中,当事人双方均作出相互具有对价性质的付出(该对价给付并不仅限于财产给付,也包含给付劳务、提供服务等)的合同。买卖合同、互易合同、租赁合同、承揽合同都是有偿合同。

2. 无偿合同

无偿合同是指合同效力使当事人互负无对价给付义务的合同。例如赠与合同是无偿合同。借贷合同、消费借贷合同、委托合同和保管合同可能是有偿合同,也可能是无偿合同。

需注意的是,无偿合同恒为单务合同,单务合同大多为无偿合同,但也可能为有偿合同。而双务合同依其互负义务的性质,则恒为有偿合同。

3. 划分有偿合同与无偿合同的意义

区分有偿合同与无偿合同的法律意义在于:

(1) 责任的轻重不同。有偿合同中,债务人的注意义务较无偿合同债务人为重。在无偿合同中,债务人所负的注意义务程度较低。比如,《合同法》第374条规定:"保管期间,因保管人保管不善造成保管物毁损、灭失的,保管人应当承担损害赔偿责任,但保管是无偿的,保管人证明自己没有重大过失的,不承担损害赔偿责任。"第406条第1款规定:"有偿的委托合同,因受托人的过错给委托人造成损失的,委托人可以要求赔偿损失。无偿的委托合同,因受托人的故意或者重大过失给委托人造成损失的,委托人可以要求赔偿损失。"

(2) 主体要求不同。订立有偿合同的当事人原则上应为完全行为能力人,限制行为能力人订立重大的有偿合同须经法定代理人同意或追认,而对于纯获利益的无偿合同,则可独立为之。但在返还原物的无偿合同中,仍然要取得法定代理人的同意。

(3) 可否行使撤销权不同。债权人撤销权的构成要件因债务人的行为属无偿行为抑或有偿行为而有不同。在无偿行为场合,并不要求受益人主观上具有诈害意思;在有偿行为场合,则要求受益人主观上有诈害意思,在有转让受让人的场合,解释上也应要求受让人具有恶意。《合同法》第74条第1款可以反映这种差异,即"因债务人放弃其到期债权或者无偿转让财产,对债权人造成损害的,债权人可以请求人民法院撤销债务人的行为。债务人以明显不合理的低价转让财产,对债权人造成损害,并且受让人知道该情形的,债权人也可以请求人民法院撤销债务人的行为。"

(4) 能否构成善意取得不同。《物权法》第106条第1款规定:"无处分权人将不动产或动产转让给受让人的,所有权人有权追回;除法律另有规定外,符合下列情形的,受让人取得该不动产或动产的所有权:(一) 受让人受让该不动产或动产时是善意的;(二) 以合理的价格转让;(三) 转让的不动产或者动产依照法律规定应当登记的已经登记,不需要登记的已经交付给受让人。"此规定是关于善意取得的规定,其要件之一是"以合理的价格转让",当然是以有偿合同为前提。

(四) 诺成合同与要物合同

依合同的成立要件中是否必须交付标的物或完成其他给付为标准,合同可分为诺成合同和要物合同。

(1) 诺成合同。诺成合同是仅依当事人的意思表示一致为成立要件,而无须标的物交付的合同,或称"一诺即成"的合同。大多数的合同属于诺成合同,例如,买卖合同、赠与合同、借款合同、租赁合同等。

(2) 要物合同,又称实践性合同,是指除当事人双方意思表示一致外,须以标的物交付成立要件的合同。《担保法》规定的定金合同,《合同法》规定的保管合同和自然人之间的借款合同均为要物合同。

(3) 诺成合同与要物合同分类的法律意义。自意思自治的本质而言,合同应以诺成为原则。近代民法均采用合同自由原则,对于合同的类型不作强制规定,要物的要求是立法出于安全或者某种政策的考虑而特别提出的约束条件,因此要物合同必须有法律特别规定,已属特殊合同。

区分诺成合同与要物合同的意义在于:① 合同成立要件不同,诺成合同以合意为成立要件,要物合同以合意和交付标的物或完成其他现实给付为成立要件。② 当事人负担的义务不同。在诺成合同中,交付标的物或完成其他给付,是当事人的给付义务,违反该义务,要承担违约责任。在要物合同中,交付标的物或完成其他给付,不是当事人的给付义务,只是先合同义务,违反它不产生违约责任,可构成缔约过失责任。

依《物权法》第 210 条,设立动产质权的质权合同中有"质押财产交付时间"条款,可见交付质押财产属于出质人的合同上义务而非先合同义务,故动产质押合同属于诺成合同,并非要物合同。质押合同自成立时成效,只是"质权自出质人交付质押财产时设立",交付质押财产为质权的设立要件,而非质权合同的成立要件,出质人不交付质押财产的,质权人基于生效的质权合同,有请求交付质押财产的权利。

(五) 要式合同与不要式合同

依合同的成立是否须采用法律或当事人要求的形式为标准,合同分为要式和不要式合同。

(1) 要式合同。要式合同是指必须依据法律规定或当事人要求的形式而成立的合同,借款合同、融资租赁合同、建设工程合同、技术开发合同等属于要式合同。

(2) 不要式合同(非要式合同),是指法律或当事人对合同的成立没有规定采取特定形式的合同。合同究竟采取什么样的形式,取决于当事人的自由意思,可以采取口头形式,也可以采取书面形式或者其他形式。

在古代法上,往往注重交易的外在形式与交易安全,合同的效力甚至被认为来源于特定程序的完成,重视合同订立的手续和仪式甚至超过了合同的内容,故以要式为原则。近现代合同法适应市场经济交易便捷与安全的双重要求,一反古代法的做法,以不要式为原则,以要式为例外,这同时也是合同自由原则的体现。我国《合同法》贯彻自由原则,同样以不要式为原则,以要式为例外。

通常的理论认为,要式合同所要求的形式是合同的成立要件,我国《合同法》36 条规定:"法律、行政法规规定或者当事人约定采用书面形式订立合同,当事人未采用书面形式但一方已经履行主要义务,对方接受的,该合同成立。"这是对合同书面形式法律效果的例外规定,对此我们得出反面的解释,即可以认为如果应当采用而没个有采用书面形式的,合同原则上不成立,可见《合同法》原则以要式合同的形式为合同的成立要件。不过,《合同法》第44条第2款又规定:"法律、行政法律规定应当办理批准、登记等手续生效的,依照其规定。"因此,法律对合同形式的要求,效力不尽一致。在有些合同中,形式是合同的成立要件,有些合同中形式是合同的生效要件。

法律要求特定的形式要件,有其特殊的立法目的。一般来说,合同形式首先涉及举证难易的问题,采用书面形式还是口头形式或者其他形式,均由当事人自己决定。而《合同法》中要求书面形式的规定,基本上是由于这些合同相对来说显得比较重要,因而应当慎重,要求当事人应当采用书面形式,同时也有第36条等条文进一步弱化形式要件的法律效果。另外一些需要办理批准、登记等手续的,立法的目的多是基于行政管理的需要。

3. 区分要式合同与不要式合同的法律意义在于,要式合同场合如果不符合"形式要件"时会发生一些特别的法律效果,比如合同不成立、无效或者其他效果,而不要式合同则不会存在此类问题。

(六) 继续性合同与非继续性合同

依合同的给付义务有无继续性,合同可分为继续性合同与非继续性合同。

(1) 继续性合同。继续性合同,是指合同的内容,不可能通过一次给付被完全履行,而是继续地实现,其基本的特点是,合同存续时间,期间的长度对给付的范围和内容有决定性,时间因素在债务的履行上居于重要的位置,并且给付义务随着时间经过而陆续履行。由于此类债权的主要效力,在于履行状态的维持,因而有学者称之为"状态债权"。①合伙、租赁、雇佣、消费借贷、使用借贷、保管、委托等,均属于继续性合同。

(2) 非继续性合同。非继续性合同,也称一时的合同或一次给付合同或单发合同,是指合同的内容,因一次性给付即可实现。

(3) 继续性合同与非继续性合同区分的法律意义。对于继续性合同,法律常确认当事人得以后发生的重大理由作为终止、解除或退出合同关系的事由,对于非继续性合同,则无此类规范。具体而言,划分继续性合同与非继续性合同的法律意义在于:① 合同履行上的差别。非继续性合同,原则上其债务一经履行,债权关系归于消灭。继续性合同,在约束的期间内,其履行呈持续状态,债权关系并不立即消灭,称为"继续的给付";另外,由于将一定期间状态的存续或维持作为继续性合同的目的,因而当事人之间的信赖关系便成为合同的实质性要素。② 合同消灭上的差别,继续性合同消灭具有恢复原状的可能性,故法律规定一时性合同无效或被撤销时一律自始归于消灭,合同因违约而解除时以溯及既往为原则。但继续性合同消灭时,或无恢复原状的可能性,或不宜恢复原状,在发生无效、被撤销、解除时,应向将来发生效力,过去的合同关系不受影响。③ 违反继续性合同,原则上应区别"个别给付"和"整个合同"处理。对个别给付可以直接适用合同法的有关规定,对整个合同而言,解除时宜无溯及力。违反一时性合同未必如此处理。

(七) 主合同与从合同

依两个或多个合同相互间的主从关系为标准,可以将合同分为主合同与从合同,且这种主从关系,仅具有相对的意义。

---

① 苏俊雄:《契约原理及其实用》,台湾中华书局1978年版,第57页。

（1）主合同。主合同是指不需要以其他合同的存在为前提即可独立存在具有独立性的合同。

（2）从合同，从合同又称为附属合同，是指以其他合同的存在为其存在前提的合同。例如，保证合同、抵押合同、质押合同或者定金合同，它们作为担保合同，相对于主债权债务合同而言即为从合同。从合同具有附属性，不能独立存在，必须以主合同的有效存在为前提。

（3）主合同与从合同划分的法律意义。区分主合同与从合同的意义在于明确它们之间的制约关系。在民法上，有"从随主"的原则。从合同以主合同的存在为前提，主合同不成立，从合同就不能有效存在；主合同变更或转让，从合同也不能单独存在，相应的可能发生变更、随同转让或消灭的效果；主合同被宣告无效、撤销或终止，从合同原则上应归于消灭，当事人另有约定的除外，但约定不得违反法律的规定。

（八）预约与本约

以两个合同之间手段与目的的相互关系为标准，可以将合同分为预约与本约。

（1）预约。预约指约定将来订立一定合同的合同。如认购书、订购书、意向书、定金收据等。

（2）本约。基于预约而订立的合同称为本约。

预约是一种债权合同，以订立本约为其债务的内容。双方当事人互负此项使本约成立的债务的，称为"双务预约"，仅一方当事人负担此项义务的，称为"单务预约"。预约与本约既相互独立又相互关联，两者之间是手段和目的的关系，预约的目的在于订立本约，履行预约合同的结果是订立本约合同。

（3）预约与本约区分的意义。我国《合同法》对于预约并没有作出规定，最高法院2012年7月1日施行的《关于审理买卖合同纠纷案件适用法律问题的解释》第2条规定："当事人签订认购书、订购书、预订书、意向书、备忘录等预约合同，约定在将来一定期限内订立买卖合同，一方不履行订立买卖合同的义务，对方请求其承担预约合同违约责任或者要求解除预约合同并主张损害赔偿的，人民法院应当予支持。"该解释将预约与本约看做是两个独立的契约。区分预约与本约的意义是：两者是两个不同的契约，具有不同的法律效力，不同的违约责任和赔偿范围。

当事人的约定，究竟属于预约还是本约，理论上比较容易区分，但实际中往往不易判断。订立预约在交易上系属例外，有疑义时，宜认定为本约。

（九）束己合同与涉他合同

以合同内容是否实质性地涉及第三人为标准，合同可分为束己合同与涉他合同。

（1）束己合同。束己合同是指订约当事人订立合同是为自己设定权利和义务，使自己直接取得和享有某种利益、承受某种负担的合同。束己合同严格遵循合同相对性原则，第三人既不因合同而享有权利，也不因合同而负担义务，合同仅在其当事人之间有其约束力。

（2）涉他合同。涉他合同是指合同的内容实质性地涉及了第三人的合同。涉他合同包括向第三人履行的合同与由第三人履行合同两种基本类型。向第三人履行的合同，是指为第三人设定合同权利，由第三人取得利益的合同。例如，受益人为第三人的保险合同；由第三人履行的合同，是指以担保第三人的履行为合同标的的合同。《合同法》第65条承认了这类合同。

（3）区分束己合同与涉他合同的意义。区分束己合同与涉他合同的意义在于：一方面可以反映两类合同的目的有所差异,另一方面是合同的效力范围上表现差异。涉他合同虽对合同相对性有所突破,却不能完全背离该原则。因为第三人并没有成为合同一方当事人,发生违约的情形时,仍要奉行合同相对性原则,由债务人向债权人承担违约责任,至于债务人与第三人之间的关系,则要另外处理。

第三节　合同法概述

一、合同法概念与特征

（一）合同法的概念

合同法,即规定合同规则的法律规范的总称,是调整平等主体之间交易关系的法律。它包含界定合同、订立合同的法律规范,合同成立条件、合同内容、合同效力的法律规范,合同无效、被撤销、效力待定的法律规范,合同履行、合同保全、合同担保的法律规范,合同变更和转让、合同解除的法律规范,合同解释和适用的法律规范以及各类合同类型的法律规范等。

（二）合同法的特征

合同法具有如下特征:

(1) 合同法为交易法。直接以交换规则作为法的规则,是交换关系的法律形式。合同法的各项规则,实质是财产交换规则的法律化,可以说,合同法上的任何规则,都有财产交换实际生活的印记。合同法的基本内容,从一般规则到买卖合同、租赁合同等具体合同的规则,无一不是经济生活中相关交换规则的法律形式。

(2) 合同法为财产自治法。私人的财产交换虽然与社会公共利益、国家利益有联系,但它首先是私人的事务,应当维护私人在自己财产事务上的自主和自治。合同法尊重当事人的意愿,允许当事人在法律规定的范围内通过自己的意思行事,是否订立合同及订立什么内容的合同,均由当事人自己决定,从某种意义上说,合同法认可合同是当事人自己为自己制定的法律,对当事人来说,"合同就是法律"。

(3) 合同法以任意性规范为主导。合同法主要通过任意性规范来调整财产流转关系,大多数的条款都是任意性的条款,少数的强制规范也是为了保障交易安全、社会公共利益、公平正义。

二、合同法的发展历史

从世界范围来看,合同法都经历了古代合同法、近现代合同法的发展历程,每一阶段都有不同的合同法律制度和合同法律理念。所以,合同法的发展其实就是合同制度和合同理念从古代到近代的演变过程。

（一）古代合同法

合同作为财产交换流转的形式,其产生必须基于财产流转的事实,没有财产流转就没有合同及其立法。在氏族社会晚期,个人与个人之间的财产交换日益广泛,并逐渐形成一定的规则。这些规则主要由誓言、习惯等保障实行。人类社会最早的合同法是由习惯发展而来的。

古代合同法的主体受到严格的限制,仅限于奴隶主与自由民;范围也比较窄,形式比较复杂,程序也较繁琐,重形式而轻内容,只要形式符合法律要求,即使内容违反道德,合同在欺诈或胁迫的情况下签订的,也仍然有效。所有这些,都不适应市场经济的要求,古代合同法终究被近代合同法代替。

(二) 近代合同法

近代合同法,是资本主义自由竞争时期的合同法,以《法国民法典》中的合同制度为典型代表,以合同自由、抽象的平等人格、个人责任原则为明显标志。

在自由资本主义时期,经济自由主义理论占主导地位,对于经济活动采取自由放任的态度,在这种经济思潮的影响下,鼓励无限制的缔结自由,"契约自由"与"契约神圣"成为合同法赖以存在的基础;同时,认为在市场上从事交易的人是经济人,对各自的利益最为清楚,最会安排,因此合同法也不区分强者和弱者,只有一个"人"的概念,即抽象的人格平等;为鼓励经济人参与市场竞争,合同法确立个人责任原则及过错责任原则,个人原则要求个人仅基于自己的意思的自由行为负责,过错责任原则,要求个人仅对其过错行为负责。

(三) 现代合同法

现在合同法,大体上是指20世纪以来的合同法。进入20世纪以来,近代合同法的自由主义思想,不断受到批判与挑战,并不断地被特别立法、判例和学说修正,主要表现为具体人格的登场、合同自由受到限制责任社会化、合同法的统一化、在保护形式主义的同时关注实质正义、一般条款的广泛应用和合同关系上义务群的发展。

(四) 我国合同法的发展

我国现代合同法经历了一个曲折的发展过程,经历了三个阶段:消亡期(1949—1978年),复苏期(1979—1998年)和繁荣期(1999年以来)。

在1950年到1956年,国家的方针政策是发展商品生产和商品交换,大力推进合同制度,广泛运用合同形式以固定各种经济关系,中央各部委相继制定了一大批合同规章,对买卖合同、供应合同、基本建设合同等加以规定。但在60年代,"文化大革命"发生之后,商品生产和商品交换完全被否定,形成了指令性计划经济,在此阶段,中国不仅没有关于合同的法律,也没有专门规定合同的高层次法规。

20世纪80至90年代,中国颁布并修改《经济合同法》《涉外经济合同法》《民法通则》等,颁布《合同法》《劳动合同法》,《合同法》是新中国历史上第一部统一的合同法律,采用总分结构,并在立法过程中始终吸收学术和实践成功经验,直到今天仍然可以说是我民事立法水平的最高代表。

对我国《合同法》的发展,作一简单的小结,可以概括为三点:(1) 从无法可依到有法可依;(2) 从经济合同到合同;(3) 从合同管理到合同裁判。中国合同法的发展历史也可以说是中国社会变迁史的一部分,如果我们把中国60年的发展变化粗略的概括为计划经济向市场经济的变化,那么在这个变化过程中,法律从可有可无到担当重要角色,《合同法》从无到有,合同观念从落实国家计划的工具到市场主体追求个体利益的工具,国家在对待合同的角色从过去的强制合同管理变化为国家充当市场规则的裁判者,这些变化无不是中国社会变迁的组成部分,当然是非常重要的组成部分。

三、合同法的原则

(一) 合同法原则概念

合同法的原则,是适用于合同法全部领域的准则,贯穿于整个合同法,统率合同法的各项制度及规范,体现着合同法的基本价值,是合同立法、执法、守法及研究合同法总的指导思想,是解释和补充合同法的准则。合同法是民法的组成部分,因而民法的基本原则当然是合同法的基本原则,不论合同立法是否重复规定了民法的基本原则,都改变不了这一结论。

(二) 法律地位平等原则

所谓法律地位,即法律上的人格或者权利能力,指可以作为一个法律上的主体,享受权利与承担义务的资格。法律地位平等,即权利能力平等。《合同法》第3条规定:"合同当事人的法律地位平等,一方不得将自己的意志强加给另一方。"法律地位平等原则在合同法中的具体体现为:(1) 每个人原则上都具有平等地参与缔约的资格,自然人没有男女老幼之别,没有高低贵贱之分。法人之间的权利能力一律平等,惟在自然人与法人之间,因其性质差异存有若干差异。(2) 合同当事人在具体的合同关系中没有隶属和服从关系。

(三) 合同自由原则

《合同法》第4条规定:"当事人依法享有自愿订立合同的权利,任何单位和个人不得非法干预。"合同自由原则包括的内容:(1) 缔约自由,即当事人可以自由决定是否与他人缔结合同;(2) 选择相对人的自由,即当事人可以自由决定与何人缔结合同;(3) 合同内容自由,即双方当事人可以自由决定合同的内容;(4) 合同方式自由,即当事人选择合同形式的自由。

(四) 合同正义原则

《合同法》第5条规定:"当事人应当遵循公平原则确定各方的权利和义务。"合同正义系属平均正义,以双务合同为其主要使用对象,强调一方给付他方的对待给付应具等值性。合同正义的另一重要内容为风险的合理分配。合同正义的第三个内容是其他类型的合同负担的合理分配,附随义务的合理配置,损害赔偿的合理归责,免责条款的法律规制等,均为其表现。

(五) 诚实信用原则

《合同法》第6条规定:"当事人行使权利、履行义务应当遵循诚实信用原则。"它要求人们在市场活动中讲究信用,恪守诺言,诚实不欺,在不损害其他人利益和社会利益的前提下追求自己的利益。在合同的缔结阶段,根据诚信原则,在进入磋商的当事人之间,已经存在先合同义务,包括但不限于向对方提供任何缔结合同必要的信息,为了保护对方的合理信赖而限制要约的撤销。在合同存续期间,当事人应当遵循诚实信用原则,根据合同的性质、目的和交易习惯履行通知、协助、保密等义务。在合同权利义务终止后,当事人应当遵循诚实信用原则,根据交易的习惯履行通知、协助、保密等义务。

(六) 合同神圣及合同严守原则

《合同法》第8条规定:"依法成立的合同,对当事人具有法律约束力。当事人应当按照约定履行自己的义务,不得擅自变更或者解除合同。依法成立的合同,受法律保护。"该条规定的是合同神圣及合同严守原则。所谓合同神圣,即合同是严肃的事儿,对当事人具有拘束力;所谓合同严守,即言而有信,言出必行,严格按照合同的约定办事。

四、合同法的体系

合同法的体系,是指以合同法的原则、制度及规范为基本要素,以它们的有机结合为主要形式,使所有的合同法的原则、制度及规范都能发挥作用构成的整体。我国合同法的体系是以《民法通则》和《合同法》为龙头,加上《担保法》《著作权法》等单行的合同法规以及有关合同的司法解释,构成了合同法体系。但就《合同法》而言,它由总则、分则及附则构成,共428条条文。

第八章

合同的成立

第一节 概 述

合同的成立是判断合同是否有效、发生履行效力、转移合同权利义务、科以当事人违约责任等的起点。一般而言,合同的成立是指当事人分别作出意思表示,并就合同的主要条款达成一致意见。

合同是法律行为最主要的类型,因此作为法律行为成立一般要件的当事人、标的与意思表示亦为合同成立所必备。除此之外,合同的成立还需要具备特定的条件。

一、合同的一般成立要件

合同的一般成立要件,就是双方当事人意思表示一致,或者说意思表示合致,亦即达成合意。"现代西方合同法的核心是承诺与合意。"[1]"合同法的中心是承诺的交换。"[2]详言之,合同的一般成立要件包括以下两个条件:

1. 存在着两个或两个以上的缔约主体

合同是一种双方行为,必须由两个或者两个以上的主体参与缔结。当然,缔约主体略异于合同当事人,毕竟缔约主体既可能是其所缔结合同的当事人,也可能是合同当事人的代理人。

2. 当事人意思表示一致——达成合意

合意当然是数个意思表示的一致,然而如同意思表示的判断存在着主观标准与客观标准的差异,对合意的判断究竟是采取主观标准还是客观标准?换言之,这里的"意"究竟是"内心的意思",还是"意思表示的意义"?一般认为,在合意的判断上原则上采取客观标准——应根据表示行为的客观意义加以判断。因此,"合意"是指当事人表示内容一致,对合同条款在客观上意思表示一致,[3]而非指内心意思的一致。[4] 因为"契约法最基本的特征之一,在于对协议的检验不是主观性的,而是客观性的。换句话说,当事人在内心深处是否同

---

[1] 〔美〕彼得·斯坦、约翰·香德:《西方社会的法律价值》,王献平译,中国人民公安大学出版社1990年版,第280页。
[2] 〔美〕罗伯特·考特、托马斯·尤伦:《法和经济学》,张军等译,上海人民出版社1994年版,第314页。
[3] 崔建远:《合同法》,法律出版社2005年版,第55页。
[4] 王泽鉴:《债法原理》,中国政法大学出版社2001年版,第189页。

意是无关紧要的。问题不在当事人是否真正同意,而在于他们的行为和言词是否足以让有理智的人认定他们已经同意了。"① 如甲内心意思在出租 A 地,在给乙的信中误写为 B 地,乙不知,复函表示愿意以市价承租 B 地,虽然甲的内心意思与外部表示不一致,但从乙的立场看,应以其所认知的作为准据,即甲在出租 B 地,双方当事人意思表示客观上趋于一致,合同成立。惟甲可以错误为由主张撤销其意思表示。

当事人达成合意,合同成立;若当事人不合意——构成合同的各个意思表示未趋于一致,则合同当然不能成立。不合意可分为公然不合意与隐藏不合意。公然不合意,又称为意识的不合意,即当事人明知意思表示不一致。如甲要 10 万元出卖,乙要 8 万元购买。此际,合同当然不能成立。隐藏的不合意又称为无意识不一致,是指当事人不知意思表示不一致,换言之,当事人信其意思表示已趋于一致,而实际上并未趋于一致。隐藏的不合意虽然与公然的不合意不同,但效果并无差异,均使合同不能成立。

隐藏的不合意主要有两种情况:(1) 当事人长期谈判,以为合同成立,不知关于某项已经提出的问题实际上并未达成合意。如甲欲出卖旧车给乙,谈判时,双方对是否排除瑕疵担保责任意见不一,但因就分期付款部分谈论详尽,忘记瑕疵担保问题未趋一致,认为已经达成合意,双方均已银货两清。虽然一般买卖中,瑕疵担保问题并非买卖合同的必备条款,但本案中,标的物为旧车,瑕疵担保对合同成立具有重要性,因此宜认为合同不成立。(2) 当事人的意思表示客观上具有多义性,不能经由解释排除其歧异。如瑞士商人与法国商人在第三国订约,约定价格以法郎计算,瑞士商人认为是瑞士法郎,法国商人则认为是法国法郎,该误会在付款时被发现。该案不能认定"法郎"究竟是指瑞士法郎还是法国法郎。此际,双方意思表示不一致,而当事人不知,为隐藏的不合意,买卖合同不成立。

在理论上,隐藏的不合意与错误的区别较为明显。不合意则合同不成立,而错误以合同业已成立为前提。"不合意是指两个意思表示内容不一致;而错误则是指一方的意思表示,其意思与表示不一致。"② 如甲表示要出卖 A 画给乙,乙表示购买 B 画,双方当事人意思表示不一致,合同不成立。假设甲表示要出卖 A 画给乙,乙误读甲的表示以为甲出卖 B 画,遂复函表示愿意购买,此际双方当事人意思表示的客观意义,已经趋于一致,买卖合同成立,惟乙可以错误为由主张撤销。不过,在某些情况下隐藏的不合意与错误的区别很难判断。就上举法郎案而言,究竟是合同因隐藏的不合意而不成立,还是合同成立但因错误从而可被撤销其实是相当值得研究的。如果该买卖合同在瑞士订立,且在瑞士履行,则即使法国人认为是法国法郎,也应认为合同以瑞士法郎为计价单位而成立,因为合同订立与履行发生在瑞士人的生活领域,合同的重心在瑞士,法国人陷入错误,只能主张错误意思表示的撤销。相反,如果买卖合同均在法国订立与履行,则以法国法郎为计价单位,应认为该合同以法国法郎为计价单位而成立,瑞士人只能主张错误意思表示的撤销。但是,若在一国缔约,而在另一国履行,或者如案例所示在第三国缔约,则难以认定究竟是瑞士法郎还是法国法郎。此际,要约与承诺在表面上一致而实际上不一致,为隐藏的不合意,合同不成立。因为要约人使用客观上具有多义性的用语,而无法引用其他解释资料,确定具有法律拘束力的意思表示内容。而承诺人对"法郎"的两种可能意思,未询问他方的真意,故应认为合同不成立,由双方当事人

---

① 〔英〕伊特扬:"现代契约法的发展",载《外国民法资料选编》,法律出版社 1983 年版,第 344 页。
② 王泽鉴:《债法原理》,中国政法大学出版社 2001 年版,第 191 页。

承担合同不成立的风险。①

二、特别成立要件

以上所述只是合同的一般成立要件。因合同的性质不同,部分合同在具备一般成立要件之外,可能还需要具备特别成立要件才能成立。如对要式合同或要物合同而言,在当事人达成合意后,还要履行特定的形式或交付标的物,合同才能成立。

第二节 要 约

一、要约的概念

(一) 概念

要约是指一方以缔约为目的,向对方所作的意思表示。发出要约的人称为要约人,接受要约的人称为受要约人、相对人或承诺人。

(二) 意思表示一般理论在要约中的适用

要约为构成合同的分子,其本身并不是独立的法律行为,不过,既然要约是意思表示,那么它当然可以适用意思表示的一般理论。意思表示的构成要素可分为主观要素与客观要素。表示意思、行为意思、效果意思等均属于主观要素的范畴。以下分别探讨意思表示诸主观要素缺乏时,行为人的表示是否还构成要约的问题。

(1) 缺乏行为意思。如甲起草一具有完备条款的合同,是为未来交易用的,乙强执其手签名寄给丙,甲的行为是否构成要约?由于缺乏行为意思,意思表示不成立,因此要约不成立。

(2) 缺乏表示意思。如甲本想寄一张贺卡给丙,结果寄出了一份完备的合同文本,此际甲的行为是否是要约?由于甲没有意识到或者无欲参与法律交易,因此其表示缺乏表示意思。该表示是否构成意思表示进而成立要约,需要权衡表意人自主参与的保障与相对人合理信赖的保护问题。早期的理论一般主张不成立意思表示,现在的多数说则认为意思表示成立,但行为人可类推适用意思表示错误规定的规定予以撤销。

(3) 缺乏效果意思。如甲误将寄给乙的合同文本中的价额 10 万写成 100 万,甲的行为是否构成要约?甲的表示具备行为意思与表示意思,但效果意思存在瑕疵,甲的表示可以成立要约,他同样可类推适用意思表示错误规定的规定予以撤销。

(4) 非基于要约人的意思而发出要约。要约必须是要约人所发出的,但有时意思表示业已形成,但它脱离表意人的支配范围(发出)并非基于表意人的意思。

二、要约的构成要件

《合同法》第 14 条规定:"要约是希望和他人订立合同的意思表示,该意思表示应当符合下列规定:(一)内容具体确定;(二)表明经受要约人承诺,要约人即受该意思表示约束。"根据该规定以及结合理论的研究,我们认为,要约的构成需要具备以下要件:

---

① 陈自强:《民法讲义Ⅰ:契约之成立与生效》,法律出版社 2002 年版,第 102 页。

1. 必须是特定人所为的意思表示

要约必须是特定人所为的意思表示，只有要约人特定，相对人才能够承诺并与之成立合同。特定人是外界能客观确定的人，至于其是自然人还是法人，是本人还是代理人均在所不问。自动售货机也可视为特定人。

2. 具有缔约的意图并表明一经对方承诺即受约束的意旨

何为具有缔约的意图？一般而言，通过对行为人所使用的语言、文字、词汇等进行判断，若能发现其已经决定订约，而非准备、打算订约或者正在考虑订约，即可表明他具有订约的意图。至于提供商业信息的行为，或者行为人在表示中指出"仅供参考，不构成要约"等字样，则表明其尚未决定订约，不构成要约。如甲对乙说，"我正在考虑卖掉一套祖传家具，价格为10万元"，表明其尚未决定订约，只是正在考虑订约的问题。但是，若甲对乙说："我愿意卖掉家中祖传家具一套，价格为10万元。"则说明他已经决定订约，因此可以构成要约。具有缔约的目的与意图，同时也意味着要约人表示愿意受要约的约束，或者说要约人具有受拘束的意旨(the intention to be bound)。然而，不论是缔约的目的与意图，还是愿意受要约拘束，都要从客观的视角加以判断。如甲向乙发出"要约"，乙方承诺了，甲却声称"要约"是"开玩笑"，如何处理？对此，应采取表示主义。英国普通法即认为，若要约人的言辞或行为能够让一个通情达理的人相信他有受拘束的意旨，即使他实际上没有这种意旨，他仍应受拘束。[①] 当然，若相对人也知道要约人的主观真意时，则不能采取表示主义，不能认为要约人的表示构成要约。

3. 内容具体确定，包含合同成立的必备条款

要约的内容必须具体确定，包含合同成立的必备条款，质言之，必须具备合同成立的最低限度内容(minimum content)。必备条款是合同成立必须具备的条款，若缺少这些条款，则合同不能成立。必备条款应根据合同的性质决定，合同性质不同，必备条款也会存在差异。如对买卖合同，至少需要具备货物名称与数量。对雇佣合同而言，必须具备劳务、价款。对无偿合同而言，价格则并非必要条款。我国以往的立法未区分合同的性质，泛泛规定合同的主要条款，实不足取。

4. 向要约人希望与之缔约的相对人发出

要约必须向相对人发出，否则，无人会承诺，合同无法成立。至于相对人，可以是特定人，也可以是不特定人。向特定人发出，表明要约人对谁有资格承诺了选择，向不特定人发出，是要约人广泛选择交易伙伴的需要。如商品标价陈列、自动贩卖机的设置都是典型的向不特定人发出的要约。

具备以上条件后，要约即可有效成立。此外，还有所谓拟制要约的概念。我国《合同法》第28条规定："受要约人超过承诺期限发出承诺的，除要约人及时通知受要约人该承诺有效的以外，为新要约。"该条将受要约人逾期同意的意思表示拟制为要约，若原要约人对此为承诺，则仍可成立合同。

---

① 参见何宝玉：《英国合同法》，中国政法大学出版社1999年版，第58页。

三、要约与要约邀请的区别

（一）概念

要约邀请，是一方邀请对方向自己发出要约的意思表示。对要约邀请的性质，在理论上存在着一定的争论，有主张为事实行为的，也有主张为意思通知的①，不过，要约邀请并无法律意义，本身不能发生法律上效果，其作用仅在引诱他人向自己发出要约，是订约的预备行为，表明当事人仍处于订立合同的准备阶段。而要约为意思表示，其作用在于唤起相对人为承诺从而成立合同，不仅具有法律意义，而且能够产生法律效果。当然，由于要约尚非法律行为，还不能产生当事人预期的法律效果，不过，要约能够对要约人和受要约人发生一定的拘束力则是毋庸置疑的。

虽然要约邀请与要约在理论上差异泾渭分明，不过，在实践中，一方当事人向另一方当事人发出某种函电或信函，此种函电或信函到底是要约还是要约邀请，则往往难以区分。而又必须区分出要约与要约邀请，因为当事人发出的函电或信函的性质不同，往往决定着合同能否成立，从而当事人应否承担违约责任。如甲向乙发出函电，乙答复。如果甲的函电为要约，则乙的答复可能构成承诺，合同可能因此成立，嗣后若甲不履行，可能构成违约；而如果甲的函电为要约邀请，则乙的答复不可能是承诺，合同无由成立，断无发生违约责任的可能性。

（二）区分标准

在实践生活中，可以根据以下标准来区分要约与要约邀请：

（1）根据是否具有订约的目的与意图区分。如果行为人的表示表明其具有订约的目的或意图，则为要约，反之，则为要约邀请。

（2）依据是否包含合同的必备条款区分。如果行为人的表示包含合同成立的必备条款，则为要约，反之，则为要约邀请。

（3）根据法律规定来区分。如果法律明确规定某种行为为要约或者要约邀请，则依据法律的规定。《合同法》第15条规定："……寄送的价目表、拍卖公告、招标公告、招股说明书、商业广告等为要约邀请。商业广告的内容符合要约规定的，视为要约。"再如我国台湾地区"民法"第154条第2款规定："货物标定卖价陈列者，视为要约。但价目表之寄送，不视为要约。"不过，这些规定是任意性规定。因此，虽然商品标价陈列被规定为要约，但出卖人可在其橱窗内展示的衣服上标示"样品"的字样，从而排除其为要约。在超市或自助商店内，商品标价陈列，顾客的承诺应向商店主人或店员为之，此前，即使顾客业已将商品放入购物篮中仍可随时放回。

（4）依当事人的声明予以区分。如某人的表示中有"需以我方最后确认为准""仅供参考""本提议不构成要约"等字样，显然表明此种表示是要约邀请。再如商店临街的橱窗内展示的衣服上标明"正在出售"的字样，并标有价格，则可构成要约；但如果标有"样品"的字样，即使上面附有价格，也只能是要约邀请。

（5）依交易习惯予以区分。如出租车司机将出租车停在路边招揽顾客，如果根据当地的习惯和规定，出租车可以拒载，则此种招揽是要约邀请；如果不能拒载，则认为是要约。再

---

① 郑玉波：《民法债编总论》，中国政法大学出版社1999年版，第39页。

如当事人之间因多次从事某种物品的买卖，始终没有改变其买卖货物的品种和价格，那么根据双方的交易习惯，一方仅向对方提出买卖的数量，也可以成为要约。

(6) 其他因素。如要约是向一人还是多数人为之，是否注重相对人的身份、信用、资力、品行等情况，是否实际接触，一方发出的提议是否使他方产生要约的信赖等。总之，应综合各种因素考虑某项提议是要约还是要约邀请。如登广告出售房屋，登报征求家庭教师或保姆，即使包含了明确的订约目的和合同的主要条款，因向多数人为之，且注重当事人性质，需要与其实际接触和协商，应为要约邀请。

(三) 一些具体行为的性质

1. 拍卖

拍卖是指以公开竞价的形式，将特定物品或者财产权利转让给最高应价者的买卖方式。拍卖中涉及标卖(发布拍卖公告)、拍买(竞买人的表示)、拍定(拍卖人的槌定)等典型行为。一般而言，标卖为要约邀请，拍买为要约，拍定为承诺，但是，"标卖之表示，如明示与出价最高之投标人订约者，除别有保留外，则应视为要约，出价最高之投标即为承诺"[1]。

2. 招标投标

招标是指某人为订立让他人为自己履行特定义务的合同而将该订约的期望与基本要求公之于众或者通知有能力履行该义务的数个当事人，以便使他们向自己提出订立合同的愿望、履行该合同的方案以及可接受的合同条件。由于招标的目的在于诱使更多的人提出要约，以便在其中选择最佳的交易伙伴，并且其标底一般是不公开的，因此，我国《合同法》第15条明定招标为要约邀请。投标是指按照招标人提出的要求，在规定期间内向招标人发出的以订约为目的的包含合同成立所需必要条款的意思表示。由于投标直接向招标人提出、以订约为目的，且包含合同成立所需必要条款，因此属于要约。定标，也称为决标，是指招标人对所有投标者进行公开评定，并与被评为最优的投标人订约的意思表示。定标在性质上一般属于承诺。

3. 现物要约

现物要约，也称为无要约寄送，是指未经订购而邮寄或投递商品。虽然属于要约，但相对人并不负有承诺义务。即使要约人表示"某期间内未退还视为承诺"或者"未拒绝的视为承诺"，该表示也不具有法律效力。因为任何人都不得单方面的科以他人作为或不作为义务。

4. 自动售货机

通说认为，自动售货机是向不特定人发出的要约，而顾客将货币投入机器并进行选择的行为则是承诺。当然，若自动售货机出现故障或者无存货时，则要约失去效力，顾客虽投入货币，仍不能成立合同，此际，顾客可依据不当得利规定请求返还所投的货币。

5. 自选商场(超市)货架上的商品

在英美法系国家，超市货架上摆放的商品一般被认为是要约邀请，其理由是：若将其视为要约，则顾客挑选即构成承诺，即使他发现更便宜的商品，也不能把原来挑选的商品放回原处，这显然不合理。[2] 在我国，一般认为，货架上标价陈列商品，构成要约，顾客交款的行为

---

[1] 转引自王泽鉴:《债法原理》(第一册),中国政法大学出版社2001年版,第158页。
[2] 参见张文博等:《英美商法指南》,复旦大学出版社1995年版,第2页。

而非挑选的行为为承诺,在交款前,顾客可将已挑选的商品退回。

6. 商品标价陈列

商品标价陈列是指除超级市场自选货架上的商品外的标有价格的商品陈列。对此种行为的性质,在理论上还存在着不同的看法。德国学者认为,如果认为陈列商品就构成要约,那么至少那些雇用多名营业员的商店,就会面临将同一样商品买卖数次的危险。因此,将商品陈列于橱窗的行为,通常也只是一种要约邀请。[1] 在英美法系,有学者认为,如果商品标价陈列视为要约,当顾客要购买商品时就构成承诺,那么商店将不得不卖酒给酒鬼,虽然商店觉得不合适。[2] 在我国,柜台上陈列或货架上放置商品,一般认为是要约;临街的橱窗内陈列商品,且标有"正在出售"字样,也可构成要约,但仅标明"样品"或者仅标有价格,则认为主要是起装饰与宣传作用的陈列展览,是要约邀请。

7. 寄送价目表

商品价目表是商品的生产者或经营者为推销其商品而向公众发出的欲为交易的信息。此种行为主要是一种提供信息的行为,虽含有与相对人订约的意思,但并不含有行为人表明一经承诺即受约束的意旨,而是希望相对人提出要约经自己承诺后才成立合同,因此在性质上属于要约邀请。

8. 商业广告

商业广告是商品经营者或者服务提供者承担费用,通过一定媒介、形式直接或间接介绍自己所销售的商品或所提供的服务的广告。商业广告一般属于要约邀请,但其内容若符合要约条件的,可视为要约。如广告中注明"本广告构成要约""保证有现货""先来先买,欲购从速""广告中的商品将出售给最先支付现金或开来信用证之人"等,可构成要约。

四、要约的效力

(一) 开始生效时间

1. 对话的要约

对话的要约,从相对人了解之时,开始发生效力。如我国台湾地区"民法"第94条规定,"对话人为意思表示者,其意思表示,以相对人了解时,发生效力。"所谓了解,是指依通常情形,客观上可能了解而言,因此相对人故意掩耳不听或者不注意而不了解,表意人的意思表示仍生效,但相对人有客观不能了解的障碍,则以实际了解为必要,如对不懂中文的外籍劳工,以中文为解雇的意思表示,则不生效力;对聋哑者为口头的意思表示,也不生效。

2. 非对话的要约

一般而言,非对话的要约要经历表达、发信、到达、了解等过程,因此要约的生效在理论上或立法例上存在着表示主义、了解主义、发信主义与到达主义等不同的做法。[3] 其中最重要的两种:(1) 发信主义(doctrine of dispatch),又称为投邮主义或者信筒规则(mailbox rule),是指要约一经要约人发出,处于其控制范围之外即生效力;(2) 到达主义,又称为受信主义,是指要约到达受要约人时才发生法律效力。我国《合同法》第16条规定:"要约到达受

---

[1] 参见[德]迪特尔·梅迪库斯:《德国民法总论》,邵建东译,法律出版社2000年版,第270页。
[2] 参见张文博等:《英美商法指南》,复旦大学出版社1995年版,第3页。
[3] 参见陈自强:《民法讲义Ⅰ:契约之成立与生效》,法律出版社2002年版,第50页。

要约人时生效。采用数据电文形式订立合同,收件人指定特定系统接收数据电文的,该数据电文进入该特定系统的时间,视为到达时间;未指定特定系统的,该数据电文进入收件人的任何系统的首次时间,视为到达时间。"显然采取到达主义。"到达,指意思表示进入相对人可能支配的范围,置于相对人随时可了解内容之客观状态而言。故相对人无正当理由而拒绝受领或者故不拆阅者,不影响到达的效力。"①

(二) 要约效力的存续期间

要约效力的存续期间,又称为承诺期限,是要约人受要约约束的期间。该期间对要约人与受要约人均具有意义。只有在此期间内,要约人才受要约约束,期限届满,要约人不受约束;受要约人只有在此期间内为承诺,才能成立合同。承诺期间届满,受要约人不为承诺的,要约失去效力。承诺期限可分为约定期间与法定期间。

1. 约定承诺期限

要约人可以在要约中约定承诺期限。该约定承诺期间,可于要约后延长,但不得缩短。

(1) 要约人仅表示届止期限时,如何计算?如"应于2007年6月1日前承诺",6月1日前为承诺,是指承诺通知的发出,还是承诺通知的到达?应探求要约人的意思而定,有疑义时,应解为"承诺通知达到",较符合要约人利益。

(2) 要约人仅定一定承诺期间时,如何起算?如甲要求乙一周内答复,对此,在未规定起算期限的国家或地区存在争论,有认为从要约的通知发出时起算,还有认为从要约的通知到达时起算,因为要约的生效采取到达主义。我国《合同法》第24条规定:"要约以信件或者电报作出的,承诺期限自信件载明的日期或者电报交发之日开始计算。信件未载明日期的,自投寄该信件的邮戳日期开始计算。要约以电话、传真等快速通讯方式的,承诺期限自要约到达受要约人时开始计算。"该条明确采纳发信主义,较为合理,"因要约何时到达相对人,非要约人所能掌握。"②

2. 法定承诺期限

法定的承诺期限根据要约是以对话方式作出还是以非对话方式作出而呈现为两种形态。

(1) 对话要约的,原则上受要约人应立即承诺。"立即",是指尽其客观上可能的迅速而言,应依据交易观点加以认定。如甲电话要约,电话中断,乙不久即接通而承诺,仍属于立即承诺。甲邀请乙在餐厅商谈合同事宜,甲席间提出要约,乙在离席前承诺,仍属于立刻为承诺。当然,对对话的要约,如果要约人约定受要约人可不必立即承诺的,则依其约定。

(2) 非对话要约的,存续期间为合理期间,或者说"依通常情形可期待承诺达到之时期"。一般包括三段期间:① 要约到达相对人的期间;② 相对人考虑承诺的期间;③ 承诺达到要约人的期间。其中第一、三项较易确定,而第二项较难确定,对此,应根据交易惯例、合同类型、相对人是个人、合伙还是公司的性质等因素加以认定。相对人的特殊情形,如生病、周末度假、丧事等为相对人所知者,也要加以斟酌。

(三) 要约效力的内容

要约的效力,也称为要约的拘束力,可分为对要约人的效力与对相对人的效力,分别又

---

① 黄立:"非对话意思表示的生效",载杨与龄:《民法总则实例问题分析》,清华大学出版社2004年版,第224页。
② 王泽鉴:《债法原理》(第一册),中国政法大学出版社2001年版,第172页。

称为形式拘束力与实质拘束力。形式拘束力与实质拘束力具有密切联系。要约生效后,要约人不得变更或撤销要约,其目的在于使要约人不能妨碍相对人依其承诺而使合同成立。

1. 实质拘束力

要约的实质拘束力,也称为要约的承诺能力或承诺适格,是指要约一经相对人承诺,合同即为成立的效力。在要约生效后,相对人取得一种依其承诺成立合同的法律地位。对于此种得对要约为承诺的地位,学说上有认为属于期待权的,德国通说则认为属于形成权。[①] 对受要约人而言,承诺是权利而不是义务,即使要约人在要约中规定"不表态,就是承诺",对受要约人也无拘束力,因为任何人都不能单方面为他人设定义务。

2. 形式拘束力

要约的形式拘束力,是指要约生效后,在其存续期间,要约不得扩张、限制、变更或取消的效力,也称为要约的不可撤回性或撤销性。根据形式拘束力,要约人在要约效力存续期间,不得将要约扩张、限制、变更或取消。

其实,要约的形式拘束力并非要约本质上所必备。罗马法与德国普通法不承认要约的形式拘束力。德国民法制定之际,存在着争论,赞成说者认为,之所以采取拘束力原则,系为保护相对人信赖以及促进交易便捷。反对说者则认为,这会损害要约人利益,而受领人则可利用机会静观市场风色从事投机。最终德国民法采取有拘束力原则。《瑞士债务法》第3条、第5条、我国台湾地区"民法"第154条,亦采取有拘束力原则。如《德国民法典》第145条规定,"对他人为缔结契约致要约者,因其要约而受拘束"英美法则不承认拘束力原则,认为要约原则上不具有拘束力,于承诺前,要约人得随时取消要约。即使要约人有不取消的意思表示,要约人也可取消。因为要约人既未受对价,就不应单方面受要约拘束,相对人欲使要约具有拘束力,须向对方支付对价,取得选择权,使要约人在约定期限内不得取消要约。在要约的形式拘束力上,法国民法采取折中立场,认为要约是否具有拘束力,由要约人决定。要约人未表示要约具有拘束力时,在相对人承诺前,要约人可否取消或者变更要约,法国民法未设明文,但判例学说认为要约本身不拘束要约人,因此要约人可在承诺前取消,不过,要约人取消要约具有过失时则应承担侵权损害赔偿责任。

我国民法理论通说承认要约具有形式拘束力,因此要约生效后,如果要约人限制、扩张、变更或者取消要约的,均不发生效力,要约仍有效。不过,由于我国《合同法》承认要约的撤销制度,允许要约人在要约生效后取消要约,因此要约的形式拘束力其实是受到一定限制的,或者说要约的形式拘束力在要约的撤销制度的范围内是被排除的。

要约生效后,相对人承诺前,标的物毁损灭失或者要约人处分标的物,要约人是否以及如何承担责任?如甲5月2日向乙发出出卖汽车的要约,乙5月5日承诺,甲5月4日将该车出卖给丙并移转其所有权或者发现该车已烧毁。此际,甲如何承担责任?我们认为,出卖汽车的要约生效后,就对甲发生拘束力。虽然在乙承诺前,甲已将该车出卖给丙并移转其所有权或者发现该车已烧毁,但是要约仍然有效,乙仍可作出承诺,该合同业已经乙的承诺而成立,且自始给付不能不影响合同的效力,该买卖合同有效,惟乙可依债务不履行的规定,请求甲承担违约责任。

---

① 王泽鉴:《债法原理》(第一册),中国政法大学出版社2001年版,第166页。

五、要约的撤回与撤销

（一）要约的撤回

1. 要约撤回的概念

要约的撤回（withdrawal of an offer），是指要约人于要约发出后到达受要约人前即要约生效前，宣告取消要约的行为。

市场行情总是瞬息万变的，或者要约人基于某种考虑需要改变计划，因此允许要约人撤回要约，不仅能够使要约人能够适应市场行情的变化，而且也尊重了要约人的自由意思。不仅如此，由于要约尚未到达受要约人，允许要约人撤回要约，也不影响受要约人的利益，因此无论大陆法系还是英美法系均承认要约的撤回。

2. 要约撤回生效的条件

《合同法》第 17 条规定："要约可以撤回。撤回要约的通知应当在要约到达受要约人之前或者与要约同时到达受要约人。"撤回的通知应同时或先于要约到达受要约人，才发生撤回的效力。到达是指使相对人居于可了解的地位，如到达相对人的居所或营业所，并不要求相对人取得占有，不要求交付给相对人本人或其代理人，也不要求相对人阅读。若已投入相对人信箱，但后来被别人取走，仍发生到达的效力。若撤回的通知用挂号信送达，相对人不在，未能受领，其到达时间如何决定？在理论上存在着三种见解：（1）邮差送达时；（2）领取通知书所载最早可能领取信件的时间；（3）实际领取信件的时间。其中，第二说兼顾双方当事人的利益，合理分配危险，较为可采。①

3. 相对人对迟到的撤回通知有无通知义务

要约人发出撤回通知后，该通知在要约到达后才到达的，原则上不生效力，亦即要约不被撤回，仍然有效，相对人可为承诺。不过，若撤回的通知按照通常的情形能够先于要约或者同时于要约到达而实际上迟到的，不少立法例科以相对人以通知义务，否则例外的承认撤回通知的效力，将迟到撤回的通知视作未迟到。如我国台湾地区"民法"第 162 条规定："撤回要约之通知，其到达在要约到达之后，而按其传达方法，通常在相当时期内应先时或同时到达，其情形为相对人可得而知者，相对人应向要约人即发迟到之通知。相对人怠于为前项通知者，其要约撤回之通知，视为未迟到。"

（二）要约的撤销

1. 要约撤销的概念

要约的撤销（revocation of an offer），是指要约人在要约生效后并于受要约人发出承诺通知前，宣告取消要约的行为。

要约到达受要约人后，受要约人可能已经了解要约的内容了，甚至可能为订立或者履行合同作了一些前绪工作或准备工作，若允许要约人取消其要约，势必影响受要约人的利益，因此，并不是所有的国家皆允许要约人撤销要约。当然，即便受要约人已经了解要约的内容，但有时要约人有取消要约的必要性，而且一旦受要约人长期不作答复，要约人就一直受到要约的约束，这对要约人不公平，且使他在交易中处于不利地位，因此最好的方式是允许要约人取消要约，但同时对之作出一定限制，以兼顾受领人信赖的保护。

---

① 王泽鉴：《债法原理》（第一册），中国政法大学出版社 2001 年版，第 162 页。

英美法系国家承认要约的撤销,因为它们崇尚合同自由原则,认为当事人可自由作出意思表示或者收回意思表示,因此要约人撤销要约乃理所当然,惟撤销要约需遵循两项原则:(1)须在相对人承诺前撤销要约,(2)撤销要约应通知相对人。受英美法影响的国际公约亦承认该制度。而德国、日本,以及我国台湾地区等采纳要约形式拘束力原则的国家或地区没有明确建立要约的撤销制度,但是它们通过"要约拘束力的排除"制度达到了允许要约人撤销要约的目的,实为异曲同工。如我国台湾地区"民法"第 154 条第 1 款规定:"契约之要约人,因要约而受拘束。但要约当时预先声明不受拘束,或依其情形或事件之性质,可认当事人无受其拘束之意思者,不在此限。"

2. 要约撤销生效的条件

我国《合同法》第 18 条规定:"要约可以撤销。撤销要约的通知应当在受要约人发出承诺通知之前到达受要约人。"第 19 条规定:"有下列情形之一的,要约不得撤销:(一)要约人确定了承诺期限或者以其他形式明示要约不可撤销;(二)受要约人有理由认为要约是不可撤销的,并已经为履行合同作了准备工作。"据此,不是所有的要约皆可撤销,而且即便要约人撤销要约的,撤销的通知也必须在受要约人作出承诺前到达受要约人。由于我国法律对撤销要约作出了一定的限制,并不允许要约人随意撤销要约,这在一定程度上维护了要约的形式拘束力。

六、要约的消灭

要约的消灭,是指要约失去拘束力,详言之,是指要约人不再受其实质的拘束,相对人无从对之为承诺而成立合同。[①] 要约的消灭不同于消灭的撤回,要约的消灭以要约曾经生效为前提,是使要约"失去拘束力",而撤回则是在要约生效前取消要约,是使要约"不生效力"。

我国《合同法》第 20 条规定:"有下列情形之一的,要约失效:(一)拒绝要约的通知达到要约人;(二)要约人依法撤销要约;(三)承诺期限届满,受要约人未作出承诺;(四)受要约人对要约的内容作出实质性变更。"据此,要约消灭的事由主要包括:要约的拒绝、要约存续期间经过、要约人撤销要约、受要约人实质性变更要约等。

值得探讨的是,要约人与受要约人等当事人死亡或者丧失行为能力能否使要约消灭。对此,应根据具体情形分别判定:

(1)要约人死亡或者丧失行为能力。要约人发出要约后死亡,或者丧失行为能力,要约的效力不受影响,相对人仍可为承诺。如我国台湾地区"民法"第 95 条第 2 项规定:"表意人于发出通知后死亡或丧失行为能力或其行为能力受限制者,其意思表示,不因之失其效力。"不过,如果合同仅为要约人本身而订立时,如画像、看护、受任处理事务等,要约则因要约人死亡而消灭。[②]

(2)相对人死亡。在要约达到前,相对人死亡的,原则上认为要约不生效力,因为相对人死亡无法受领。如果要约人对相对人的继承人,也有要约的意思时,则对继承人发生效力。要约到达后,相对人死亡的,相对人的继承人原则上可为承诺使合同成立,但要约人有反对的意思或者合同注重相对人其人的性质时,要约失效。要约到达后,相对人发出承诺通

---

① 王泽鉴:《债法原理》(第一册),中国政法大学出版社 2001 年版,第 171 页。
② 同上书,第 174 页。

知后死亡的,承诺不因之失去效力。

(3) 相对人丧失行为能力。要约的效力原则上不因相对人丧失行为能力受影响。要约到达法定代理人时发生效力,可由法定代理人代为承诺。如果当事人之间的合同要求相对人具有行为能力时,则要约失效。如甲公司要约聘请乙为董事,乙丧失行为能力,则乙法定代理人不能为承诺。

第三节 承 诺

一、承诺的概念

承诺是指受要约人接受要约的全部条件以缔约的意思表示。承诺与要约同为合同成立的步骤与阶段,在一般情况下,这两个意思表示一个在先,一个在后,具有因果关系,构成类型的对极。"要约与承诺所构成之对以该意思表示所含法效意思在缔约上之角色的先后加以区分……要约与承诺之对极构造的异点在于谁先表示,谁后表示。"[①]

二、承诺的构成要件

根据我国合同法的规定,承诺的构成需要具备以下要件:

1. 必须由受要约人作出

承诺必须由受要约人作出,因为只有受要约人取得承诺的权利,其他人并不享有承诺的权利。受要约人为特定人的,由该特定人作出;受要约人为不特定人的,该不特定人中的任何人皆可作出。承诺可由受要约人本人作出,也可由其代理人作出。受要约人以外的第三人作出同意的意思表示,不能构成承诺,而视为发出要约。如甲向乙提出要约,乙不同意,乙的家属丙表示接受要约条件,则合同不成立,丙的行为非承诺。

2. 必须在要约的效力存续期间向要约人作出

承诺必须在要约效力存续期间作出,否则,要约就失去效力,受要约人所作出的同意的意思表示不构成承诺。对定有存续期间的要约,应在此期限内作出;对未定有存续期间的要约,如以对话方式作出的要约,原则上承诺人必须立即承诺;如以非对话方式作出的要约,受要约人应于合理的期间内作出承诺。

受要约人不论是在要约效力存续期间届满后才作出承诺,还是在要约效力存续期间作出承诺,但该承诺按照通常情形需要约效力存续期间届满后才到达相对人,总之,承诺逾越要约效力存续期间到达要约人,此种现象就是逾期承诺,又称为承诺迟到。如承诺期间至6月30日止,受要约人于6月29日发出书面的承诺通知,而该通知7月1日才到达要约人。我国《合同法》第28条规定:"受要约人超过承诺期限发出承诺的,除要约人及时通知受要约人该承诺有效的以外,为新要约。"据此,逾期承诺,原则上不发生承诺的效力,为新要约,原要约人欲与该逾期承诺人成立合同,则自己必须作出承诺。同时,合同法为了便利当事人而作出了较有弹性的设计,即要约人也可以承认该承诺的效力,不过他应当及时通知受要约人。

[①] 黄茂荣:《法学方法与现代民法》,中国政法大学出版社2001年版,第477页。

受要约人在要约效力存续期间作出承诺,按照通常情形能够及时到达,但由于传达故障等原因而超过承诺期间到达的,根据《合同法》第29条的规定,该原则上承诺有效,除非要约人及时通知受要约人因承诺超过期限不接受该承诺。此条中要约人通知承诺迟到,是一种事实通知,属于准法律行为的范畴,"以要约人将迟到的事实通知承诺人即为已足,且此通知依发送而生效力,无待到达,其不到达的危险性,应由相对人承担。"[①]并且,要约人的通知义务,不是法律上的义务,而是一种不真正义务,违反该义务不发生损害赔偿责任。

承诺必须向要约人作出,受要约人向要约人以外的第三人作出同意的意思表示,不构成承诺,只能视为是一项要约。当然,受要约人向要约人的代理人作出的,也视为向要约人作出。

3. 必须接受要约的全部实质性条件,即承诺的内容必须与要约的实质性内容保持一致

受要约人的表示必须与要约相符,其表示才能构成承诺。不过,各国或者各地区民法对要约与承诺相符性要求的程度并非不存在着差异。传统理论认为,承诺必须是无条件的,不得对要约的内容进行任何变动,否则视为对要约的拒绝,构成反要约。英美合同法中更是存在着所谓的"镜像原则"(mirror rule),要求承诺必须像要约在镜子中所成的像那样与要约完全相同,否则不构成承诺,合同不成立。其实,如果要求承诺的内容与要约的内容绝对一致、完全相同,非常不利于合同的成立。对合同的成立要求过严,不利于鼓励交易。因此,在承诺上的一个重要发展趋势就是——不要求承诺与要约绝对一致,只要求承诺与要约的实质性内容保持一致。如《国际商事合同通则》第2.14条规定了"条款待定的合同"——若双方当事人有意订立合同,则即使双方将合同某一条款留待日后商定或者由第三人决定,该合同亦成立。若此后双方就未定条款未能达成协议,或者第三人未决定,但存在其他在当时合理的方法来确定此条款,则合同仍成立。

我国《合同法》第30条前段规定:"承诺的内容应当与要约的内容一致。受要约人对要约的内容实质性变更的,为新要约。"第31条规定:"承诺对要约的内容非实质性变更的,除要约人及时表示反对或者要约表明承诺不得对要约的内容任何变更的以外,该承诺有效,合同的内容以承诺的内容为准。"因此,当受要约人同意要约的全部条件时,承诺固然有效;当受要约人对要约非实质性变更,而要约人未及时表示反对且要约未表明承诺不得对要约任何变更时,受要约人的承诺仍然有效,合同成立。总之,原则上,受要约人未对要约的内容实质性修改,受要约人的表示就构成有效的承诺,合同成立,而合同的内容则以承诺的内容为准。

何谓承诺对要约的实质性变更呢?《合同法》第30条后段规定:"有关合同标的、数量、质量、价款或者报酬、履行期限、履行地点和方式、违约责任和解决争议方法等的变更,是对要约内容的实质性变更。"该条固然较为明确,但它所列举的范围比较宽泛,这就使得立法所欲缓和合同成立严苛性的意旨难以实现。

4. 承诺必须表明受要约人已经决定与要约人订立合同

承诺必须表明受要约人已经决定与要约人订立合同,换言之,受要约人要有订约的目的与意图,受要约人作出的表示足以表明他已经决定订约。若受要约人表示,"我们愿意考虑你所提出的条件""原则上赞同你所提出的条件""价格甚优,但目前还有大量现货尚待出

[①] 转引自王泽鉴:《债法原理》(第一册),中国政法大学出版社2001年版,第177页。

售"等,都不能表明受要约人已经决定订约,从而这些答复,不能构成承诺。

5. 承诺必须符合要约所要求的方式

要约人在要约中对承诺的方式提出要求的,原则上承诺必须按照要约人所要求的方式作出;若要约人在要约中并未明确排除其他方式的,则受要约人采用比要约人要求的方式更迅速的方式作出承诺,应为有效。要约人未对承诺的方式提出要求的,则受要约人原则上应采用与要约相同或比要约更快的方式作出承诺。

与其他的意思表示一样,承诺可以采取明示的方式作出,也可采取默示的方式作出。明示的承诺,包括口头形式与书面形式,表意人直接将效果意思表示于外,如受要约人甲向要约人乙电话表示愿以1万元购某套家具。当受要约人以明示形式为承诺时,由于承诺与要约一样,均属于须受领的意思表示,因此,承诺需要通知要约人。我国《合同法》第22条前段规定"承诺应当以通知的方式作出"即在揭示斯旨。承诺通知在性质上为观念的通知或意思的通知,属于准法律行为的范畴。只要能将承诺的意思传达到要约人就可以了,不须由受要约人亲自作出,如以实际发货的方式表达承诺的意思,承运人将货物到达的信息通知要约人,只要该通知是在承诺期限内作出的,也可以发生承诺通知的效果;也不须专门向要约人发出,以广告的方式向不特定人发出,只要能预期要约人会看到该广告也可以。

默示的承诺,又称为"以可推断之行为发出的意思表示"①,包括推定形式与沉默形式。推定形式,也称为行为默示形式,是指受要约人虽未以口头、书面形式作出意思表示,但实施了某种有目的、有意义的积极行为,从而使要约人根据常识、交易习惯或与其的默契,推定其作出了承诺的意思表示。如甲向乙出售手表,价格100元,问乙是否愿意购买,乙点头。受要约人以行为作出承诺,是否与明示承诺一样,也要通知要约人呢? 一般来说,以行为作出承诺可分为两种类型:(1)根据交易习惯或者要约表明可以通过行为作出承诺;(2)此外的由受要约人自主选择通过行为作出承诺。对前者,依《合同法》第22条的规定,构成所谓的意思实现,无须通知要约人。对后者,《合同法》未设明文,我们认为,由于《合同法》未将其列入例外的无须通知的范围,因此也要受"承诺须经通知"原则的拘束。此外,《欧洲合同法原则》第2:205条第2款明确规定,"在以行为表示承诺之场合,合同自有关该行为的通知到达要约人时成立。"该条也可作为作出上述解释的比较法上的依据。

既然默示的承诺也需要通知要约人,那么,受要约人如何通知呢? 大体而言,承诺的通知可区分为两种类型:(1)承诺的行为直接向要约人作出,此时承诺的行为与承诺的通知集合为一体。如要约人甲发函表示愿以某价格购买受要约人乙的某产品,乙未作明示承诺直接送货上门。(2)承诺的行为并非直接向要约人作出,则需要受要约人另作承诺通知。如要约人甲要求购买受要约人乙的某种产品,由受要约人送货给第三人丙,此时,仅有乙送货上门的行为,尚不能发生承诺的效力,只有在乙将关于送货上门的信息传达给要约人甲时,合同才能成立。当然,乙的通知既可以送货前作出,如乙表示"我将送货给丙";也可以在送货后作出,如乙表示"我已将货物送给丙"。

沉默,也称为单纯的缄默,是指既无语言表示也无积极行为。一般而言,承诺不能采用沉默形式,沉默不能构成承诺。不过,在例外的情况下,沉默可以构成承诺:

(1)依照法律特别规定。如根据《合同法》第171条的规定,在试用买卖中,若试用期间

---

① 〔德〕迪特尔·梅迪库斯:《德国民法总论》,邵建东译,法律出版社2001年版,第209页。

届满,买受人对是否购买标的物未作表示的,其沉默视为购买。①

(2) 受要约人先前向要约人发出要约邀请,在要约邀请中表示,在对方向自己发出要约后,自己不作出答复的,对方就可送货。如商店向服装厂发出要约邀请,表示"你厂向我发出要约后,一周内,我方未表示的,你就可向我送货。"服装厂发出要约,一周内商店未作出表示,则商店的沉默视为接受。

(3) 双方当事人达成初步协议后,一方更改初步协议中的某些条款,要求对方就这些条款修改尽快作出答复,并提出如不在规定的时间内答复,则视为接受。

(4) 依法律规定负有承诺义务者,若没有拒绝要约,其沉默视为承诺。

(5) 依据交易习惯,一方发出要约后另一方在规定时间内不作出意思表示或者实施积极行为,其沉默也可构成承诺。

三、承诺的生效

1. 生效开始的时间

在世界范围内,对承诺何时生效,主要存在着发信主义与到达主义两种不同的立法例。如《德国民法典》第130条规定,在以非对话方式向相对人为意思表示时,以意思表示到达相对人时发生效力。《联合国国际货物销售合同公约》第18条第2款规定,接受发价于表示同意的通知到达发价人时生效。显然采取到达主义。英美法则采纳了发信主义。如《美国合同法重述》第64条规定,"除非另有规定,承诺采用要约规定的方法和传递工具发出即能生效,而不论要约人是否收到承诺。"

我国《合同法》第26条规定:"承诺通知到达要约人时生效。承诺不需要通知的,根据交易习惯或者要约的要求作出承诺的行为时生效。采用数据电文形式订立合同的,承诺到达的时间适用本法第16条第2款的规定。"在承诺的生效上显然一般性的采取到达主义。

2. 生效的后果

我国《合同法》第25条规定,"承诺生效时合同成立"。承诺生效的基本后果就是合同成立。

3. 承诺的撤回

承诺的撤回是指受要约人发出承诺后到达要约人之前,宣告取消承诺的行为。《合同法》第27条规定:"承诺可以撤回。撤回承诺的通知应当在承诺通知到达要约人之前或者与承诺通知同时到达要约人。"但是,如果撤回的通知,依照通常情形应先于或者同时于承诺达到,但因传达故障而迟于承诺到达,则除要约人及时通知承诺撤回迟到因而不发生撤回承诺的效力外,承诺撤回的通知仍然有效。

---

① 法律也有直接规定沉默为非承诺的"积极的意思表示"的,如《民法通则》第66条第1款规定,"本人知道他人以本人名义实施民事行为而不作否认表示的,视为同意"。当然,法律也有直接规定沉默为"消极的意思表示"的,如我国《合同法》第47条第2款前段规定,"相对人可以催告法定代理人在1个月内予以追认。法定代理人未作表示的,视为拒绝追认"。第48条第2款前段规定,"相对人可以催告被代理人在1个月内予以追认。被代理人未作表示的,视为拒绝追认"。

第四节 以合意成立合同的其他方式

一、交叉要约与同时表示

交叉要约,又称为交错要约、要约交错或者要约的吻合,是指当事人偶然的互为同一内容的要约。如甲向乙为以 10 万元出售 A 房屋的要约,而乙也恰好向甲为愿意以 10 万元购买 A 房屋的要约。此际,虽然乙的表示与甲的表示完全吻合,但由于乙根本不知甲已向其为要约,因此,乙的意思表示不构成承诺。而在当事人藉要约承诺成立合同的情形下,受要约人不仅知悉要约,而且其发出的意思表示与要约具有因果关系。

交叉要约可否成立合同,在德国民法典制定之际,存在着较大争论,即有实质说与形式说两种不同的观点。实质说认为,既然两个意思表示的内容一致,自然可成立合同。形式说则认为,合同仅能依据要约与承诺的方式成立,在交叉要约的情形,须其中之一是对要约为承诺,合同才能成立。由于分歧较大,德国民法对交叉要约未设明文。不过,在德国民法典制定之后,实质说占据优势地位。在我国台湾地区,其"民法"对交叉要约也未规定,不过,通说认为可以成立合同。我们认为,在交叉要约中,双方当事人的意思表示不仅在内容一致,而且均有与相对人缔约的意思,完全符合合同的成立要件,因此可以成立合同。在合同的成立时间上,应认为较后的要约到达相对人时为合同成立之时。

交叉要约往往发生在非对话而为意思表示的情形。在对话的意思表示的场合,若双方当事人同时为同一内容的意思表示,如对他人草拟的合同文本,双方当事人同时同意,一般不称为交叉要约而称为"同时表示"。双方当事人为同时表示,合同亦可成立。

二、意思实现

(一) 概念与构成要件

意思实现,是承诺意思依一定行为而实现的简称,是指根据交易习惯或者要约的声明,受要约人可以行为作出承诺且不需要通知,则在受要约人作出该有可认为承诺意思的行为时承诺生效,合同成立。

对意思实现的本质,在理论上存在着一定的分歧。有认为它并非意思表示的,有认为它属于一种广义的意思表示的,还有认为它在本质上仍可作为一种意思表示的。我们认为,无论怎样看待意思实现与默示的承诺之间的关系,意思实现以有承诺意思为必要,在本质上仍属于意思表示的范畴。

《德国民法典》第 151 条、《日本民法典》第 526 条、我国台湾地区"民法"第 161 条、《联合国国际货物销售合同公约》(CISG)第 18 条第 3 款、《国际商事合同通则》(PICC)第 2·6 条第 3 款、《欧洲合同法原则》(PECL)第 2:205 条第 3 款皆确立了意思实现制度。在我国,《合同法》第 22 条规定:"承诺应当以通知的方式作出,但根据交易习惯或者要约表明可以通过行为作出承诺的除外。"第 26 条第 1 款规定:"承诺通知到达要约人时生效。承诺不需要通知的,根据交易习惯或者要约的要求作出承诺的行为时生效。"这两条规定包含了意思实现制度的内容。根据这两条规定,意思实现的构成,需要具备以下要件:

1. 承诺不需要通知。因意思实现而成立合同,不需要通知要约人,这对双方当事人利益的影响皆甚巨,故须限于特别情事,这主要包括两种情形:一是根据交易习惯,承诺不需要通知。如旅客用电报预订旅店房间,旅店老板将旅客的姓名登记入预订客房名单;再如宾馆房间内冰箱中的饮料或食品,客人可自由取出消费,最后统一结算。二是根据要约的声明或者要求,承诺不需要通知。如甲向乙紧急购物,嘱咐乙即可发货;再如甲要求乙绘制风景油画五幅,表明将于某日上门取货。在我国台湾地区,其"民法"第161条规定,"(1)依习惯或依其事件之性质,承诺无须通知者,在相当时期内,有可认为承诺之事实时,其契约成立。(2)前项规定,于要约人要约当时,预先声明承诺无须通知者,准用之。"该条规定了承诺不需要通知的第三种情形——依据事件的性质,承诺无须通知,如现物要约、自动贩卖机的设置等,值得我国大陆合同法借鉴。

2. 受要约人作出有可认为承诺意思的行为。该要件包含以下两方面的要素:

(1)作出可认为承诺的行为。主要包括履行行为与受领行为。履行行为,即受要约人履行因合同成立所负担的债务,如寄送邮购的物品;为履行合同进行准备,如旅馆为旅客预留房间。受领行为,即受要约人行使因合同成立所取得的权利的行为,如拆阅现物要约寄来的杂志,再如宾馆客人消费冰箱中饮料或食品。

(2)行为人具有承诺意思。在依意思实现方式缔约的场合,应否考虑作出可认为承诺行为的人的真实意思?如寄送试阅的杂志以后,继续寄送的杂志不再盖有试阅字样,收受人误认为试阅而开封阅读,合同能否成立?再如甲杂志社寄A书给乙,为现物要约,乙办公回家,以为该书是其子丙所购,拆开阅读,甲与乙之间是否成立买卖合同?一种观点认为,意思实现以客观上有可认为承诺之事实存在为必要,有此事实,合同即为成立。至于承诺人是否认识该事实行为为承诺之意思表示,主观上是否有承诺之意思,在所不问,如使用要约人送到之物品,虽主观上无为承诺而成立合同的意思,应认为合同成立。且不得以错误为由撤销其意思表示,因为意思实现不以主观上有承诺的认识为要件。① 另一种观点则认为,有可认为承诺之事实,应以有承诺意思为必要,此就"承诺"的本质而言,应属当然,盖既言承诺,自不能排除其主观的意思,否则意思实现将成为事实行为。倘相对人主观上无承诺意思,仅依客观上可认为承诺之事实,即可成立合同,使其负担合同上的义务,不但与私法自治原则似有违背,而且不足以保护相对人利益,此在现物要约最为显然。又相对人为限制行为能力人,无行为能力人或无意思能力人时,是否能仅依客观上可认为承诺的事实,即可成立合同,亦有疑问。所谓可认为承诺之事实,应解为系承诺的意思依一定的事实而实现,不必通知要约人,乃承诺意思表示须经受领,始生效力的例外,学说称为"无须受领的意思表示"。因此真正的问题,不是承诺意思是否必要,而是承诺意思有瑕疵或欠缺承诺意思时,究应如何处理。意思实现应如同意思表示加以处理。合同虽然成立,仍可以错误为由主张撤销。② 我们赞同后一种观点。默示的承诺与意思实现虽有差异,但在具备"承诺意思"上却并无不同。意思实现也应当作为意思表示来加以处理。对误拆现物寄来的杂志这一行为而言,传统观点认为,因无表示意思,该行为不成立意思表示,当然也不构成承诺,进而不能成立合同;现在的观点则认为,因表示意思并非意思表示的要素,该行为仍可构成承诺,惟受要约人可以错误为由主张撤销该合同。

---

① 孙森焱:《新版民法债编总论》(上册),台湾1999年自版,第29页。
② 参见王泽鉴:《债法原理》(第一册),中国政法大学出版社2001年版,第182页。

(二) 意思实现与默示的承诺的区别

意思实现与默示的承诺都是受要约人通过行为来表示承诺的意思。由于两者存在着这样的共同点，不少学者遂否认意思实现与默示承诺之间的差别。如有学者认为，意思实现并非一种有别于要约与承诺的合同订立方式，只不过承诺有其特殊性而已。[①] 还有学者径直认为默示的意思表示就是意思实现。[②] 不过，多数说认为，即便意思实现与默示的承诺都需要承诺意思，但两者之间仍然存在着差异，其差异主要有二：(1) 受要约人在以行为进行承诺时是否需要通知要约人。据此，当要约人发函表示愿以某价格购买受要约人的某产品，受要约人未作明示承诺直接送货上门属于默示的承诺，但是，若要约要求受要约人直接发货，则受要约人依要约的声明不必通知要约人，其发货的行为属于因意思实现成立合同。(2) 合同的成立时间不同。在默示的承诺的情形下，承诺的通知到达要约人时合同才成立；而在意思实现的情形下，受要约人作出可认为承诺的行为时合同即成立。以发送订购物品为例，于默示的承诺，物品送达要约人时，承诺才生效，合同才宣告成立。发送的行为虽已发生但未到达，不能发生承诺的效力。于意思实现，发送的行为开始，合同即为成立，此际，即便要约人不知受要约人已经发送标的物，受要约人也不能中途取回标的物，否则构成违约。在前者场合，若标的物在运送途中毁损灭失，因合同尚未成立，不发生风险负担问题，径直由受要约人自己承受不利益；在后者场合，若标的物在运送途中毁损灭失，因合同业已成立，则发生风险负担问题，此际，如当事人无特别约定，依《合同法》第145条的规定，则在出卖人(受要约人)将标的物交付给第一承运人后，风险由买受人(要约人)承担。

总之，受要约人通过行为来进行承诺，究竟是意思实现还是默示的承诺，需要根据合同法的规定来判断——符合《合同法》第22条、第26条规定的条件，才构成意思实现，承诺无须通知，合同在行为人作出可认为承诺的行为时成立，否则就只能是默示的承诺，合同仍然在承诺的通知到达要约人时才能宣告成立。

第五节　非基于合意成立合同

当事人藉合意而成立合同，乃是合同成立的最基本的形式，而其中，合同依要约与承诺而成立最为寻常。此外，交叉要约、同时表示、意思实现也属于藉合意成立合同的方式。不过，在合意的方式之外，合同亦可不基于合意而成立，最为典型的有强制缔约、事实上的契约关系与格式合同三种形式。当然，以强制缔约、格式合同等方式成立合同，其中是否全无意思的因素，甚至事实上的契约关系本身能否存在，都还存在着相当的分歧。以下分析前两种形式，格式合同则置于下一章阐述。

一、强制缔约

(一) 概念

强制缔约，又称为强制契约、契约强制、契约缔结之强制或强制性合同，一般有广义与狭义之分，广义的强制缔约不仅包括受要约人对要约人的要约有承诺的义务的情形，而且也包

[①] 马俊驹、余延满：《合同法原论》，武汉大学出版社1999年版，第121页。
[②] 参见龙卫球：《民法总论》，中国法制出版社2001年版，第508页。

括特定的主体有向他人发出要约的义务的情形,如法律规定机动车车主应当办理强制保险,而狭义的强制缔约则仅指前者。这里所说的强制缔约为狭义,即个人或企业负有应相对人之请求,与其订立合同的义务,即对相对人之要约,非有正当理由不得拒绝承诺。①

(二) 类型

根据违反强制缔约义务的后果的不同,强制缔约可以被区分为直接的强制缔约与间接的强制缔约两个基本类型。对直接的强制缔约而言,当负有缔约义务的一方不接受他方的要约时,要约人得诉请公权力介入,强制受要约人为承诺的意思表示;而对间接的强制缔约而言,受强制而有缔约义务的一方虽然对他方的要约有为承诺的义务,但是,如果缔约义务人拒绝承诺时,要约人只能依民法关于侵权行为的规定请求损害赔偿,因为滥用法律上或者事实上的独占地位,特别是居于这种优势地位的企业拒绝以一般所接受的且妥当的条件来缔约是违反善良风俗的行为。②

综观大陆法系国家或者地区民法的规定,直接的强制缔约一般包括越界建筑、法定地上权的成立、法定租赁权的成立、承揽人抵押权的成立、典权人的留买权、共有人以及承租人优先购买权、土地所有人对地上权人工作物的购买权等具体类型。

间接的强制缔约义务主要包括以下类型:(1) 公用事业的强制缔约义务。如我国台湾地区"电业法"第57条规定:"电业在其营业区域内对于请求供电者,非有正当理由,不得拒绝。""邮政法"第11条第1项前段规定:"邮政机关非依法令,不得拒绝邮件之接受及达送。"此外,该地区"电信法"第1条、"自来水法"第61条,日本《电气事业法》第18条第1项、《煤气事业法》第16条、《铁道营业法》第4—7条,德国《邮政法》第8条、《铁路运输条例》第3条以及第9条、《能源法》第6条均有关于强制缔约制度的规定。在法国,根据判例,司法助理人员以及公共服务机构等享有垄断权利的个人或法人必须和任何一个向其提出请求的人订立合同。③ 我国《合同法》第289条规定:"从事公共运输的承运人不得拒绝旅客、托运人通常、合理的运输要求。"信息产业部《关于规范电信服务协议有关问题的通知》(信部电[2004]281号)第13条规定,电信业务经营者不得拒绝与符合条件的电信用户订立服务协议。立法规定公用事业的强制缔约义务的原因在于,由于这些事业具有独占的性质,如果允许其享有缔约自由或者选择相对人的自由,必将危害一般公众的日常民生需要,因此,法律强使此类公用事业负有强制缔约的义务,非有正当理由,不得拒绝消费者的缔约请求。(2) 基于特定身份或职业而发生强制缔约义务。如我国台湾地区"医师法"第21条规定:"医师对于危急之病症不得无故不应招请或无故迟延。""药剂师法"第21条规定:"药剂师无论何时,不得无故拒绝药方之调剂。"再如日本《医师法》第19条第1项规定:"从事诊疗之医师,在诊察治疗之请求存在的场合,若无正当事由,不得拒绝该请求。"由于医护人员承担着救死扶伤的社会职责,因此其所承担的强制缔约义务是医学伦理法律化的结果,或者说将伦理规范法律化以加强其强制性质。此外,许多国家或地区的法律还规定了公证人不得拒绝相对人公证要求的义务,如我国台湾地区"公证法"第13条规定:"公证人非有正当理

---

① 王泽鉴:《民法债编总论》(第一册),台湾三民书局1996年版,第73页。
② 黄茂荣:"越界建筑及其物上请求权之法律竞合关系",载黄茂荣:《民商法判解评释》,台湾1985年自版,第351—352页。
③ 参见尹田:《法国现代合同法》,法律出版社1995年版,第38页。

由,不得拒绝请求人之请求。"许多学者据此主张公证人也负有强制缔约义务,不过,我们认为,公证法所规定的公证人的公证或者认证行为属于公法行为,并非私法上的法律行为,该条规定并非对私法自治的限制,因此也不属于强制缔约的规定。

(三) 违反强制缔约义务的法律责任

个人或企业违反强制缔约义务以后,应当承担何种法律责任？因强制缔约的类型不同,个人或者企业违反强制缔约义务后所承担的法律责任也有所不同。

1. 直接的强制缔约

在直接的强制缔约中,如果受要约人违反强制缔约义务,则要约人可以向法院起诉强制受要约人为承诺的意思表示,从而使合同成立,即要与人可以诉请法院强制成立合同,如被出租人拒绝订立的土地租赁合同依法庭确定的租金标准被视为已经更新,越界建筑人与被越界建筑的邻地所有人之间成立土地买卖合同。在法国法上,对一方违反强制缔约义务的处理较为灵活,这表现为,在一般情况下,合同被视为成立,但在另一些情况下,强制性则是间接的,一方可以要求另一方订立合同,否则,有权要求追究其刑事责任或民事责任,如果另一方情愿承担法律责任,则仍然保留其不订立合同的自由。①

2. 间接的强制缔约

(1) 公法的制裁与侵权行为责任。由于间接的强制缔约义务是公法上的义务,是基于公法而对缔约自由所作的限制,因此,如果当事人违反该项义务,应受公法上的制裁。② 但是,违反间接的强制缔约义务是否会产生私法上的效果？在实践生活中,缔约义务人未有正当理由而拒绝订立合同,常常会使相对人因此受到损害,此时,相对人可否请求损害赔偿？对此,虽然在理论上还存在着一定的分歧,但各国较有力的见解一般都承认相对人的损害赔偿请求权。

(2) 合同能否成立？当受要约人违反强制缔约义务而拒绝订立合同时,要约人是否可以诉请受要约人为承诺,强制合同成立？我国台湾地区学者认为,此时当事人之间不能成立合同③,要约人只能请求损害赔偿。在法国,依1986年12月1日命令之第36条第2款的规定,应由高级法院首席法官或商事法院首席法官酌情予以决定。④

(3) 缔约过失责任。由于在受要约人承担强制缔约义务之际,可能会发生缔约过失责任,从而法律关于强制缔约的规定扩张了缔约过失责任的适用范围。在缔约过程中,要约人承担要约过失责任的现象较为普遍,而受要约人承担缔约过失责任的现象则比较少见。其原因在于承诺原则上是受要约人享有的权利,受要约人可以承诺,也可以拒绝承诺,并且受要约人拒绝承诺的也不负有通知义务,从而受要约人不为拒绝承诺的通知不产生任何法律效果,相应的也就难以发生要约人因信赖受要约人为承诺从而遭受信赖利益损失的现象,可以说,在此种情形并无使受要约人承担缔约过失责任的余地。但当受要约人承担了强制缔约义务以后,情形即发生了很大变化。受要约人只有在具有正当理由时方可拒绝承诺,但

---

① 参见尹田:《法国现代合同法》,法律出版社1995年版,第39页。
② 孙森焱:《民法债编总论》,台湾三民书局1986年版,第22页。
③ 孙森焱:《民法债编总论》,台湾三民书局1986年版,第22页;杨崇森:"私法自治制度之流弊及其修正",载郑玉波主编:《民法总则论文选辑》,台湾五南图书出版公司1985年版,第138页;郑玉波:《民法债编总论》,台湾三民书局1985年版,第36页;邱聪智:《民法债编通则》,台湾1993年自版,第51页。
④ 尹田:《法国现代合同法》,法律出版社1995年版,第38—39页。

是，其应将拒绝承诺的事由通知要约人，如果受要约人不为通知并由此导致要约人损害的，则应依缔约过失责任的原理承担损害赔偿责任。

二、事实上的契约关系

传统的合同法理论认为，合同仅能依双方当事人意思合致的缔约方式而成立，此外别无其他建立合同关系的途径。但是，德国学者豪普特（Haupt）1941 年 1 月 29 日就任莱比锡大学教授职务时发表了名为"论事实上的契约关系"的专题演讲，提出了所谓的事实契约关系理论，对依缔约方式成立合同的传统理论造成了剧烈的冲击。所谓事实上的契约关系，简言之，就是并非由合同的缔结而是因事实过程而成立契约关系。

在豪普特看来，由于强制缔约制度的存在，尤其是一般合同条款的普遍使用，使得在相当多情形，合同关系的创设不必采用缔约方式。如就搭乘电车或者利用天然气而言，历来的判例学说均以为合同关系必因要约与承诺而成立，然为达此目的，常须诉诸默示，甚至纯粹拟制的意思表示。固守这一古老观念，并不能解决问题，因此有必要承认一项新的理论，即在若干情形，不论当事人的意思如何，即使不采取缔约的方式，合同关系也可因事实过程而成立。这种事实上的合同关系，并非类似合同的法律关系，毋宁根本就是合同关系，它仅在成立方式上与传统的合同观念不同，因此，完全可以适用合同法的规定。①

豪普特认为，这种事实上的合同关系，很难归摄在统一的法律要件下，仅能通过揭示其典型情况而加以认识。事实上的合同关系包括三种基本类型：

（1）基于社会接触而生的事实上合同关系。当事人为缔约，势必有所接触，因一方当事人的过失招致他方损害的现象时常发生。此际，若适用侵权行为法的规定，由于举证、时效、雇主较易主张免责等原因存在，受害人难以获得周全保护。虽然判例学说提出了"预备性的契约"或者"维护契约"理论来解决这一问题，即当事人为缔约而接触时即默示意思表示成立了一种预备性的契约。但是，当事人间并无缔约的意思，所谓默示成立契约纯属拟制，并且适用意思表示的规定，有责的一方可以意思表示错误为借口而主张撤销其意思表示，以逃避合同上的责任。因此，需要放弃将意思表示作为合同成立基础的认识，另寻客观要件。这一新的客观要件就是社会接触的事实——当事人因社会接触产生照顾、通知、保护等义务，基于这些事实就足以成立合同关系。

（2）基于团体关系而生的事实上合同关系。基于团体关系而生的事实上合同关系最典型的为事实上的合伙关系与事实上的劳动关系。合伙或者劳动合同在履行后，才发现具有瑕疵从而被确认为无效或者被撤销时，虽然当事人所受领的给付，应依据不当得利的规定予以返还，但势必造成复杂的结果。其实，合伙的共同事业若已实施，或者劳务已为全部或者部分给付，无论在内部或者外部均已发生复杂的法律关系，此种法律关系业已存在的事实不容任意否认。也就是说，当事人进入合伙或者企业这些具有团体性组织的事实，就应成立合同关系，并应依此处理彼此间发生的权利义务关系。详言之，合伙合同或者劳务合同虽然具有无效的原因，然若共同事业业已进行的，仍应暂时视为有效，迄合伙人或者劳务合同当事人主张无效时，合伙或者劳务关系从此时起才归于无效。

（3）基于社会给付义务而生的事实上合同关系。电气、天然气、自来水、电车等给付具

---

① 王泽鉴：《民法学说与判例研究》（第一册），中国政法大学出版社 1998 年版，第 105 页。

有社会义务，提供者非有正当理由不得拒绝，而利用者对使用条件也没有讨价还价的余地。因此，不必假借当事人意思，拟制法律行为的要件，而应承认利用此等给付的事实行为，即可成立合同，确定当事人之间的权利义务关系。

豪普特的理论一经提出，引起了激烈的争论，反对者与赞同者均属有之。如有学者认为，豪普特的理论是对根深蒂固契约观念的攻击，其威力有如一颗原子弹，足以摧毁忠实于法律的思维方式。而另有学者则认为，豪普特的理论能充分表现私法制度社会功能的演变，或者该理论能面对现实，将法律之解释适用从拟制中解放出来，对于妥适合理解决实际问题，助益甚巨。拉伦茨（Larenz）教授则在豪普特理论的基础上提出了"社会典型行为理论"。他认为，现代大量交易产生了特殊现象，即在很多情形，当事人无须为真正意思表示，依据交易观念因事实行为即可创设契约关系。其所涉及的客体，主要是生活上不可欠缺的照顾给付。对此给付，任何人均可支付一定费用而加以利用。此际，事实上的提供给付以及事实上的利用行为，取代了意思表示。这两种事实行为并不是以发生特定法律效果为目的的意思表示，而是一种事实上合致的行为，依其社会典型意义，产生了与法律行为相同的法律效果。如使用人未买票，径直乘坐电车或者公共汽车，此际，乘客的通常意思，是被运送到目的地，并未想到应先缔结运送合同，同时也没有此表示。一般而言，乘车的人多欲承担其行为的后果，并愿意支付车费，然而，其是否具有此意思，他人是否认识，对于成立依据合同法原理加以处理的运送关系，不发生任何影响。拉伦茨还特别指出，因社会典型行为而成立合同，与依据德国《民法》第151条规定意思实现而成立合同不同，因其不以法律效果意思为必要，从而也不发生意思表示错误撤销的问题。为保护思虑不周之人，德国民法关于无行为能力人及限制行为能力人的规定仍有适用余地。

在司法实务中，德国联邦法院分别于1956年7月14日在停车费案件中、1957年在一宗被告未缔约，擅自装设导管，输配电力的案件中，运用豪普特与拉伦茨的理论，承认基于事实利用行为也可产生合同关系的可能性。

事实上合同关系理论的核心，是主张用一种"客观的事实过程"取代主观的"法律效果意思"，以期重构合同的概念，这对以合意为中心价值体系的传统民法无疑造成了颠覆性的冲击。如何妥当的评价事实上合同关系理论颇费周章。褒贬互现，有关其评论非只言片语所能济事。不过，我们认为，虽然其持论者标新立异的勇气确实令人感佩，但该理论的合理性还是大有可疑之处的。

（1）事实上合同关系的概念能否成立，值得怀疑。合同的基本精神在于自主决定，非有意思合致，不能成立合同，换言之，合同关系在本质上是一种基于意思合致而成立的法律关系，而事实行为中，当事人并无创设规律彼此之间权利义务规范的意思。因此，以该事实行为为基础而成立的法律关系绝无为合同关系的可能性，在此意义上，所谓事实上合同关系是一个自相矛盾的概念，毋宁称为"事实上的法定债之关系"。

（2）事实上合同关系理论存在着相当的危险性。事实行为固然是一个客观的范畴，但究竟哪些事实行为可以创设规律当事人行为的合同法律关系，却是取决于立法者或者裁判者的意思。对当事人而言，虽然并未"自主决定"，但却要"为之负责"，承受国家机关为其创设的权利义务。这一理论显然呈现出了强烈的整体主义的倾向。该理论被提出的年代正是纳粹思想甚嚣尘上的时期，在纳粹理论的左右下，"私人自治"理念受到强烈怀疑，"人们共同利益绝对优先于个人利益和个人意思"的观念占据了统治地位，事实上的合同关系理论倡导建立一种"超越个人,而由社会来决定的"法律关系,这无疑压缩了个体意思自决的空间,为僭越、戕害私人自治提供了方便之门。① 此外,事实上合同关系所规制的三种典型情形仅在消极方面具有相同的特征,即并未建基在一个无瑕疵、完全有效的合同之上。此种概念的构成,无法明确区分各种类型的要件,有失笼统,损害法律适用的安定性。另外,认许事实行为创设合同关系的可能性,则未成年人也要受自己意志未参与其间的合同关系的约束,必将使未成年人的利益无法得到妥善保护,而行为能力制度的功能也将随之丧失殆尽。

（3）对新兴的实践问题若能在传统的制度框架内解决,则不应动辄创设例外,否则,势必紊乱法律体系并影响法律适用的安定性。

事实上合同关系理论所要解决的三类社会现象,其实完全可以通过现行的民法制度加以解决：

（1）对于所谓基于社会接触而生的事实上合同关系,实际上可以通过缔约过失责任制度来解决。透过磋商行为或者交易接触,当事人已经由一般的社会关系进入到特殊联系的社会关系。根据诚实信用原则,当事人负有通知、保护、说明等义务,若违反此类义务致使他方当事人受到损害,应依合同法原则承担损害赔偿责任。因此,基于社会接触所生的不是某种事实上的合同关系,而是类似合同的法定债之关系。②

（2）对于所谓基于团体关系而生的事实上合同关系,其实可以通过限制无效或者撤销的溯及力,使合同关系向将来消灭来解决。合伙合同在履行后,才发现具有应被确认为无效或者应被撤销的瑕疵时,若径直适用自始无效的原则,则信赖合伙有效成立的第三人极有可能因此遭受不测的损害,并且一切事务执行、财产给付、损益分配等均失去法律基础,由此发生棘手的不当得利返还问题,不但处理困难,而且有违常情;而对已为劳务给付始发现具有瑕疵的劳动合同,若径直判为自始无效,除可能发生上述问题外,尤为严重的是可能损及劳工的利益,违反现代社会保护劳工利益的意旨。因此,在一定程度上维护业已发生的合伙或者劳动关系确实具有相当理由。不过,在现代社会,随着社会连带思想的发展并影响法律,出现了"有瑕疵的劳动关系"以及"有瑕疵的合伙"理论,主张意思瑕疵的权利应受到一定限制,在某些特别情形,为了保护当事人利益或者维护交易安全,可以全部或一部排除无效撤销的规定,或限制其效力范围。因此,可以通过限制合伙或者劳动合同被确认无效或者被撤销的溯及力,使其发生类似终止或者解散的效果来处理这类问题,亦即意思瑕疵的主张只能向将来发生效力,已发生的权利义务关系不受影响,从而不至于对既存的合同法基本观念造成太大的冲击。

（3）对于所谓基于社会给付义务而生的事实上合同关系,其实可以通过既存的合同法制度来解决。如经济上居于优势地位者利用格式条款与消费者缔约的情形,虽然消费者的合同自由受到相当限制,"意思活动之成分日减,屈服或顺受之程度日增"③,但消费者仍然享有相当程度的自主权利其实不容否认,消费者仍然是与格式条款的拟定者合意成立合同。登上公共汽车或者在收费停车场停车,可认为当事人默示为意思表示或者因意思实现而成

---

① 参见易军:"个人主义方法论与私法",载《法学研究》2006 年第 1 期。
② 王泽鉴:《民法学说与判例研究》(第一册),中国政法大学出版社 1998 年版,第 118 页。
③ 同上书,第 122 页。

立运输或者保管合同。对于当事人一方面事实上利用水、电、气等给付,另一方面则在口头上表示不愿缔结合同的案型,依据传统合同法理论,也可认为:① 不愿缔约的表示,若是针对另一愿缔约者作出的,其意思表示相互冲突,应依据意思表示解释原则,探求当事人真意。② 口头的表示意在表明其行为不是缔约的意思表示的,可认为此种口头的异议,违反诚实信用原则,不予考虑。如果不能依据这两种方法予以认定,则应认为合意要件未具备,合同不能成立,并依不当得利或者侵权行为制度加以处理。

总之,我们虽然对事实上合同关系理论秉持相当保留的态度,但绝对不否认,该理论确实揭示出了将合同等位于意思合致的传统观念在解决部分新兴的实践问题时即便不是捉襟见肘也是勉为其难的尴尬状态,可以促使民法的研究者更多的检讨与反思法律理论与社会实践之间的抵牾之处,最终促进民法的理论进步与制度创新。

第六节 合同成立的时间与地点

一、合同成立的时间

(一) 合同成立时间的一般规则——承诺生效时间为合同成立时间

《合同法》第25条规定:"承诺生效时合同成立。"此为我国法律确定合同成立时间的一般原则,即承诺生效时,合同成立。因承诺可能需要通知亦可能不需要通知,故当承诺需要通知时,在承诺通知到达要约人时,合同成立;当承诺不需要通知,则根据交易习惯或者要约的要求,受要约人做出承诺的行为时,合同成立。

(二) 合同成立时间的特别规则

1. 采用合同书形式订立的合同,自签字或者盖章时成立

《合同法》第32条规定:"当事人采用合同书形式订立合同的,自双方当事人签字或者盖章时合同成立。"这是针对"合同自承诺时生效"原则的例外规定。合同书是指载有合同条款并由双方当事人签字或者盖章的文件。根据该规定,凡是依据法律、行政法规规定或者当事人约定必须采用合同书形式订约的,当事人在经过了要约、承诺的缔约程序之后,合同还不能成立,只有当事人双方在合同书上签字或者盖章时,合同才能成立。签字或者盖章不在同一时间的,则在最后完成签字或者盖章时合同成立。

2. 采用确认书形式订立的合同,自签订确认书时成立

《合同法》第33条规定:"当事人采用信件、数据电文等形式订立合同的,可以在合同成立之前要求签订确认书。签订确认书时合同成立。"确认书是指订立合同的双方当事人为了确认在订立合同的过程中所达成协议的具体内容而签订的合同条款确认文书。当事人采用信件或者数据电文形式订约时,在磋商过程中,可能会发生多次的文件资料往来。这些文件的内容可能不尽相同,此际,当事人双方虽然达成了协议,但可能在以何种文件作为确定合同内容的标准上仍存在着分歧。为了避免此种情况的发生,双方当事人可能会通过签订确认书以明确一个双方都认可的标准合同文本。签字确认书就具有表征成确认合同书成立的

作用。据此,当事人要求签订确认书的,签订确认书时合同成立。①

二、合同成立的地点

合同成立的地点与合同成立的时间具有密切联系,合同成立的时间是确定合同成立地点的重要因素。确定合同成立地点具有重要的法律意义。合同成立后,若事后因合同发生纠纷,合同成立的地点对于确定合同纠纷的诉讼管辖以及确定解决纠纷的准据法,具有很大的影响。

(一) 合同成立地点的一般规则——承诺生效地点为合同成立地点

根据《合同法》第34条第1款的规定,承诺生效的地点为合同成立的地点。这是确定合同成立地点的一般规则。承诺需要通知时,承诺通知到达要约人时生效,此际合同成立的地点就是要约人所在的地点;当要约人为自然人时,合同成立的地点为要约人的住所地,即户口所在地或经常居住地;当要约人为法人或者其他组织时,合同成立的地点则为要约人的主要营业地或经常居住地。承诺不需要通知时,因根据交易习惯或者要约的要求作出承诺的行为时合同就成立,此际,合同成立的地点为作出承诺行为的地点。

(二) 合同成立地点的特别规则

1. 采用数据电文形式订立的合同

《合同法》第34条第2款规定:"采用数据电文形式订立合同的,收件人的主营业地为合同成立的地点;没有主营业地的,其经常居住地为合同成立的地点。当事人另有约定的,按照其约定。"数据电文形式不同于传统的口头或书面订约方式的一个重要特点在于,它是建立在现代电子技术的基础上,突破了传统的地理概念,其收件装置的地址具有模拟性,如电子邮件的收件人无论身处何方,只要其电脑中装有电子邮件信箱,就可随时随地收到发件人发来的邮件。其实际地址的变化对邮件的接收不产生影响。此际,若仍以承诺生效的地点,即要约人电子信箱实际所在的地点作为合同成立的地点,势必徒增困扰。有鉴于此,法律不以数据电文收件装置的实际地点,而直接以收件人的主营业地作为合同成立的地点;若当事人没有主营业地,则以其经常居住地合同成立的地点。当然,基于私法自治原则,若当事人对以数据电文形式订约的地点另有约定的,则以当事人约定的地点作为合同成立的地点。

2. 采用合同书形式订立的合同

《合同法》第35条规定:"当事人采用合同书形式订立合同的,双方当事人签字或者盖章的地点为合同成立的地点。"当事人采用合同书形式订立合同时,合同自当事人双方签字或者盖章时成立,因此当事人签字或者盖章的地点也就是合同成立的地点。签字或者盖章不在同一地点的,以最后签字或者盖章的地点为合同成立的地点。

---

① 《国际商事合同通则》的第2.1.13条及其注释指出:在商务实践中,特别是进行非常复杂的交易时,在长时间的谈判之后,当事人常常签订一份非正式文件,例如所谓"初步协议""协议备忘录""意向书"等,该文件记载了迄今为止已达成的条款。但同时,当事人声明他们将在晚些时候签署一份正式文件("须签订合同""遵照正式合同")。在有些情况下,当事人认为他们的合同已成立,签署正式文件只不过是对已达成的协议进行确认。这时,合同成立的时间就是达成"初步协议"或签订"意向书"的时间,而非确认书拟就之时。但当事人双方或一方声明,除非签订正式文本,否则他们将不受拘束,则在确认书或其他正式文件签署之时方为合同成立的时间。《国际商事合同通则》的这一解释具有相当的合理性。因为,所谓确认书从字面意义上来讲,就是对已经成立的合同的内容进行确认,提供一个标准的合同文本。这时合同已经成立。

3. 采用确认书形式订立的合同

我国《合同法》没有明确规定采用确认书形式订立合同时的合同成立地点。我们认为，以确认书形式订立的合同的成立地点，应根据该确认书在合同成立中的地位加以确定：签订合同确认书为当事人事先约定的成立合同必须满足的特殊方式时，即签订确认书时合同成立，则应以认定当事人签订确认书的地点为合同成立地点；若确认书仅具有对已经达成的合同进行确认的功能，则应以先于合同确认书而存在的，表明合同已成立的初步协议或意向书的签订地点为合同的成立地点。

三、违反形式要求但法律例外地承认其成立的合同的成立时间与地点

为了尊重当事人的真实的意思并兼顾交易便利，《合同法》第36条和第37条例外的承认违反形式要求的合同可以成立。对这两种情形中的合同成立时间和地点，可以根据具体的情形，以接受对方当事人履行主要义务的时间为合同的成立时间，以接受对方当事人履行主要义务的地点为合同的成立地点。

第七节 合同成立的效果

一、合同成立的直接效果——合同拘束力

（一）合同拘束力

合同一旦成立，即便尚未有效或生效，也会直接发生法律效果——该合同发生拘束力。合同的拘束力，也称为合同的约束力，是指合同一旦成立，当事人皆要受其拘束，不得单方面的变更、撤销、解除合同。"契约之拘束力，系指除当事人同意或有解除原因外，不容一造任意反悔请求解约，无故撤销。易言之，即当事人之一方不能片面废止契约。"[1]

对要物合同与要式合同而言，法律可能规定或者当事人可能约定，合同藉合意而成立后，还需要践行交付标的物的行为、履行特定的手续，或者采取特定的形式才能有效，亦即将要物或者要式作为合同的有效要件，此际，虽然尚不具备有效要件，但该合同业已成立并发生拘束力，当然，该拘束力也仅限于"当事人应受其内容之拘束，各皆再不得以单方行为改变之"[2]，任何一方当事人均无义务促使该有效要件成就从而促成合同有效，不发生所谓的一般契约效力问题。"盖要非如是，该法定之要物要件立成具文。"[3]

（二）合同拘束力与合同效力

与合同拘束力的概念，应严予区别的是合同效力的概念。合同的效力，是指合同在有效成立后发生的法律效力，即实现当事人预期的法律效果。换言之，"当事人约定的内容，具有与实定法相同的法律规范效力。"[4]合同效力典型的表现在：一方有义务根据合同的约定履行合同义务；当一方否认合同或不愿履行合同时，另一方当事人可以请求强制履行合同的内容，或请求债务不履行的损害赔偿。合同效力的体现：（1）对内效力（对合同当事人的效

---

[1] 王泽鉴：《债法原理》，中国政法大学出版社2001年版，第193页。
[2] 黄茂荣：《债法总论》（第一册），中国政法大学出版社2002年版，第109页。
[3] 同上。
[4] 陈自强：《民法讲义Ⅱ》，法律出版社2004年版，第42页。

力)。对债权人而言,享有请求债务人履行债务的权利;接受债务人履行并保持履行义务的权利;债务人不履行债务时,请求国家以强制力保障其权利等。对债务人而言,负有履行法定义务、约定义务、依据依据诚信原则产生的附随义务的义务;不履行义务时承担违约责任;以全部财产作为合同履行的担保并负有保持责任财产不使其价值减少的义务等。(2)对外效力(对第三人的效力)。如任何第三人负有不得侵害债权、干涉债权的义务,若违反此义务则应承担侵害债权责任。因此,合同发生拘束力后,是否具有效力,端视是否符合合同的有效要件而定,只有符合法定的合同有效要件,合同才能有效,从而发生合同效力。为了严格区分合同可能产生的上述两种不同效果,还有学者分别将合同拘束力与合同效力称为"契约形式拘束力"与"契约实质拘束力"。①

以下几种情形中,仅发生合同拘束力,而不能发生合同效力:

(1)对将要物或者要式作为有效要件的要式合同或者要物合同而言,合意达成后发生合同拘束力,但不具有合同效力。

(2)当事人以自己的意思使合同的生效系于将来客观上不确定的事实或确定事实的发生。在它们成就前,合同只发生拘束力,不发生效力。如合同附停止条件或者附始期时,该合同因成立而具有拘束力,但直到条件成就或者期限届至时才发生效力。

(3)在无权代理或者与限制行为能力人订立的合同中,相对人明知对方无代理权或者为限制行为能力而未受允许仍订立合同,则不得行使撤回权撤回该合同,应受该合同拘束。

二、不具有拘束力的约定

在实践生活中,当事人经过协商形成了某种约定,该约定完全具有"合意"的外观,但它却可能不是合同,从而不具有拘束力。这主要有以下几种情形:(1)双方当事人明示排除拘束力,如君子协定(gentlemen agreement)、意向书(letter of intent)。(2)配偶与亲属关系中的约定。三是好意施惠关系。② 以下重点阐述好意施惠关系。

(一)好意施惠关系的判断

甲知乙某日将赴郑州开会,向乙表示其亦有事到郑州,乙可搭便车。乙对甲有无搭便车请求权? 如果甲于该日未通知乙搭便车,致使乙支出额外费用到郑州时,乙可否向甲请求损害赔偿? 如果甲让乙搭便车,途中发生车祸使乙受伤,乙可否请求甲损害赔偿? 除了这种搭便车到某地之外,类似的还有火车到站请叫醒(未叫醒)、代为投寄信件(未投寄)、邀请参加宴会或郊游或舞会(未赴宴或未前去)等,一方可否请求另一方履行? 一方不履行时另一方可否请求损害赔偿? 若这些行为是合同,从而具有法律约束力,那么一方当事人当然能提出请求,还可在当事人不履行时向法院起诉。但若不是合同,则当事人就无此类权利,此种情况属于法外空间,不具有法律意义。这就涉及合同与非法律的情意行为或好意施惠关系之间的界限的问题。

对合同而言,当事人在订约时具有受法律拘束的意思,并且根据行为人的意思,该合同会依法产生法律上的权利、义务或责任。"好意施惠关系"(Gefalligkeitsverhaltnis),又称为"社会层面上的行为"或者"情谊行为"。对情谊行为而言,行为人不具有受法律拘束的意

---

① 陈自强:《民法讲义Ⅰ》,法律出版社2002年版,第102页。
② 同上书,第106页。

思,从事这些行为也不会依法发生法律上的权利、义务与责任等后果。从理论上看,两者的区别相当明显,但在社会生活中,有些约定究竟是合同,还是情谊行为则很难判断。如甲乙丙丁戊组成彩票投资会,每周每人出 10 马克,由戊负责购买彩票,填写固定号码。某周,因戊过失未及时购买彩票,结果该号码中奖 10 万马克,这样他们就错失 10 马克的大奖。甲乙丙丁可否各自请求戊支付 2 万马克的奖金分配额?再如甲乙男女双方非婚同居,双方约定,在同居期间女方应服用避孕药,但是,女方停服避孕药并未将这一情况告知男方,最终女方怀孕并生下一个孩子。女方起诉要求男方负担孩子的抚养费,而男方反诉,认为女方违约,要求其承担违约责任。该男方可否胜诉?

对此,德国民法学说与判例认为,首先应看行为人在从事此项行为时是否具有受法律约束的意思,或者是否有希望其行为产生法律后果的意思。若行为人在从事行为时将该意思表达出来,或者可通过解释认为行为人具有该意思,而接受者也是在此意义上受领这种给付,那么该行为就是合同,反之,则是情谊行为。如当事人明确表示他们的约定是君子约定,这就使当事人不受法律上拘束,排除了其受法律约束的可能,属于情谊行为而不是合同。再如邀请赴宴,是一种社交行为,旨在娱乐或增进彼此情感,一方请求法院强制如约举办宴席或者另一方请求法院强制对方赴约,均无意义,宜认定为情谊行为。反之,如果欲请托他方提供无偿服务的一方,在请托时清楚地告知对方,其请托的事务在答应后若落空,将会给其造成损害,甚至告知对方,若对方不信守承诺,自己将向其请求损害赔偿,而对方仍许诺无偿提供服务,则宜认定为合同。当然,在一般情况下,当事人在实施行为时一般是不会思考其行为是否要受法律拘束的,往往是在发生纠纷的情况下,才需要认定当事人实施行为时是否受法律约束的意思。如果当事人当时能想到要不要受法律拘束的问题,为了避免往后的麻烦和纠纷,大概就都不会实施情谊行为了,因此,常常是难以甚至是无法认定当事人是否具有受法律拘束的意思。为此,法院应采取某些客观的或者规范性的标准来认定当事人是否具有受法律拘束的意思,亦即应"考虑到双方当事人的利益状态,依据诚实信用原则,并顾及交易习惯"来认定当事人是否具有受法律约束的意思。详言之:

(1)行为是有偿还是无偿。如果是有偿的,则行为人与相对人往往就具有受法律约束的意思,如果是无偿,则往往无受法律约束的意思。当然有偿与否只能作为重要标准而不非唯一标准。如支付一定报酬请邻居于其外出期间浇花、邻居数人约定轮流开车上班,可认定存在合同关系。而搭便车到某地、火车到站请叫醒、代为投寄信件、邀请参加宴会郊游舞会等基本上均可认定为好意施惠关系。

(2)一方托付给另一方的法益是否具有重大价值或者是否可能产生重大风险。若相关法益具有重大价值,则可认定双方当事人都具有受法律约束的意思,反之则否。如一方委托邻居照看小孩,应认为该邻居有义务采取措施避免小孩遭受各种生命健康危险。

(3)行为所涉事务在法律上和经济上的重要性。如果在法律上与经济上均很重要,则可认定具有受法律拘束的意思。

(4)在诸如宗教、伦理等涉及人的基本自由和权利的领域,法律制度重在保障行为人的决定自由,因此禁止人们通过具有法律意义的约定来限制他人的基本自由。

(5)相对人是否明显信赖该行为产生的利益,发现是否为行为人所知,当事人的利益状态等。

对于上述不服避孕药致生子案,可以这样认为:(1)双方未结婚而同居,表明双方有意放弃用婚姻法律制度来规范他们之间的关系,即他们不愿将他们之间的关系置于法律规定约束下,而愿意将这种关系建立在道德观念、情感信任的基础上。生活在非婚姻共同体的事实,表明他们不想使他们之间的财产关系受到法律调整,既然如此,他们更不会愿意将其人身关系中最核心、隐秘的部分作为合同约束的对象。(2) 与人的尊严有关的人的最基本的自由不受限制。基于人具有人格尊严的缘由,每个人都享有或具有一些最基本的自由发展、自由决定的权利,特别是在那些与人身有关的领域,人的自由发展、自由决定的权利应受到严格保障,这些权利是不能通过合同来加以约束或限制的。两性生活,以及与之有关的是否生育子女,是否及如何服用避孕药等,都属于人的自主发展的最核心的部分,应由双方自由决定,不得以法律行为加以约束。即使认定双方当事人约定应受法律约束,也因违反公序良俗而无效。①

对购买彩票案,戊的行为是法律行为还是情谊行为?戊所承担的填写与交付彩票的任务是不是一项法律义务?德国联邦最高法院认为,彩票投资会的成立与运作具有法律意义,特别是各成员间是存在法律关系的,该投资会类似于合伙。在分配奖金或补偿垫款方面,当事人是负有法律义务的。不过,不能认为戊在为共同体利益进行投注时,也与其他成员间形成法律上的约束关系。(1) 从成立共同体的理念与成员的意愿来看,成立投资会,目的无外乎两方面,一是精神方面的,即由几个志同道合的朋友一起经历赌博的紧张刺激以及成败得失,是想通过增加赌注金额来提高原本微小的获奖几率。成立该投资会以及该投资会运作中,大家一定不会考虑"有成员未根据约定的数列填写交付彩票,而该数列恰恰中了大奖,此际该受托人是否要承担赔偿责任"的问题,如果考虑到了这个问题,大概就不会有成员愿意承担这样的风险了。(2) 从原告对此项行为具有的利益来看,即从原告对戊按照约定数列投注的行为所具有的利益来看,该利益仅仅是一种一般的利益,而不是具有根本性意义的经济利益。购买彩票中奖的几率十分微小,获得大奖是可遇不可求的运气,戊按照约定数列投注,对自己与其他成员仅仅产生一种十分微小的获奖几率,委托人对戊从事的行为所具有的利益,只是这样一种十分微小的获奖几率。在戊不按照约定行为时,委托人丧失的也只是这种十分微小的获奖几率。(3) 从戊面临的风险来看,虽然不按约投注致错失大奖的几率与获得高额奖金一样微小,但是一旦让他承担赔偿义务,往往会在经济上毁灭他,危及其生存。此外,他按照约定的数列投注是一项无偿行为,从事该行为不为自己获得任何其他利益。如果认为他负有法律义务,并因此要承担损害赔偿责任,过于他将过于苛刻。因为他从履行此项行为中获得的利益与他因此承受的风险相比,是根本不成比例的。

(二) 好意施惠关系的法律效果

好意施惠关系可能产生以下法律效果:

(1) 当事人无履行请求权。好意施惠关系不属于合同,无法律上的拘束力,自不发生给付请求权,如甲乙约定,甲如去外地时允许乙搭便车,乙不得向甲主张有搭便车的权利。但是,这种好意施惠关系仍可作为受有利益的法律上原因,甲让乙搭便车后不得主张乙受有利益无法律上原因属于不当得利。

(2) 当事人无违约损害赔偿请求权。就搭便车而言,由于无契约关系,因此受害人无合同上请求权,就其因车祸所受损害,不得请求违约损害赔偿。

---

① 参见邵建东:《德国民法总则编典型判例17则评析》,南京大学出版社2005年版,第18页。

(3) 可能发生侵权损害赔偿请求权。① 请求权基础。如甲同意火车经过郑州时叫醒乙下车,甲故意或过失未叫醒,致乙到达武汉。由于甲侵害乙的,不是权利而是纯粹经济上损失,在将侵权的范围限制在"权利"的法制下,如我国台湾地区,乙不能够基于侵害权利主张损害赔偿,只能以甲故意以悖于善良风俗的方法加损害于乙,请求损害赔偿。② 侵权责任的排除。在好意施惠关系,当事人可明示排除侵权责任,不过,故意或重大过失责任不得预先排除。至于默示排除责任,应从严认定,避免拟制当事人意思。③ 侵权行为过失责任的缓和。有观点认为好意施惠关系为无偿,应使当事人就故意与重大过失负责;也有观点认为民法关于减轻债务人责任的优遇既应适用于侵权行为,则于相类似的好意施惠关系也应适用。王泽鉴先生认为,好意施惠人原则上仍应就其"过失"不法侵害他人权利负损害赔偿责任,惟过失应就个案合理认定。对他人生命身体健康的注意义务,不能因其为好意施惠关系而减轻,将其限于故意或重大过失。① ④ 被害人与有过失。被害人明知好意让其搭车之人,酒醉或无驾照而仍愿搭其便车,发生车祸,身体受伤,应认为其对损害的发生与有过失。

第八节 缔约过失责任

一、缔约过失责任的概念

在缔约的过程中,由于一方当事人的过错,导致缔约未能成功,或者合同虽然成立,但相对人因该方当事人的疏忽或不注意而蒙受损失,相对人可否请求损害赔偿?若相对人能请求赔偿,则其请求权基础又何在?此种能够满足该相对人请求的依据就是缔约过失责任(culpa in contrahendo, fault in negotiating)。所谓缔约过失责任,也称为先契约责任(precontractual liability),是指在缔约过程中,有过错的一方当事人违反基于诚实信用原则产生的先契约义务,使对方当事人遭受损害时,依法所承担的损害赔偿责任。

虽然依据自罗马法以来就存在的"以不能之物为标的的合同无效"的规则,缔约的一方当事人应向对方当事人承担责任,但有关先合同义务与缔约过失责任的一般原则一直未能建立。迄至1861年,德国法学家耶林在其所主编的"耶林法学年报"第四卷上发表了"缔约上过失,契约无效与不成立时之损害赔偿"一文,有关缔约过失责任的系统论述才产生。在该文中,耶林对当时德国普通法过分注重意思说的现象提出了严厉的批评,认为当事人主观意思的合致,不足以适应商业活动的需要。对于缔约之际有过失并导致合同不成立的一方应否赔偿他方当事人因信赖合同成立而遭受的损失的问题,他明确指出,从事缔约的人,是从合同关系外的消极义务的范畴,进入合同上积极义务的范畴,因此而承担的首要义务,是缔约时应尽必要的注意。法律所保护的,并非仅是一个业已存在的合同关系,还应包括正在发生中的合同关系,否则,合同交易将暴露于外,不受保护,缔约的一方当事人不免成为他方疏忽或者不注意的牺牲品!合同的缔结产生了一种履行义务,若此种效力因法律上的障碍而被排除时,则会产生一种损害赔偿义务,因此,所谓合同无效,仅指不发生履行效力,而非指不发生任何效力。简言之,当事人因自己的过失致使合同不成立的,对信赖该合同有效成立的当事人,应赔偿基于此项信赖而产生的损害。

---

① 王泽鉴:《债法原理》(第一册),中国政法大学出版社2001年版,第201页。

耶林理论的重大贡献在于,肯定了当事人因缔约行为而产生了一种类似合同的信赖关系,此种关系属于法定债之关系,从而完善了债法理论。特别是,耶林提出了在缔约阶段当事人彼此之间也负有照顾、注意等义务,从而为当事人从事交易活动确立了新的权利义务规则。耶林的这一理论被德国学者 Dölle 教授赞誉为法学上的发现,他评价到:"此文所涉及的问题是:一个法学家秉其分析天才,受其正义感的驱使与强烈社会认知能力的指引,对特定生活事实的法律判断获致的一个崭新的理论,因而使我们能够对那些看来正被根深蒂固的观念及实定法的规定所排除的给与公平合理的结果……耶林关于'缔约上的过失'的发现,为如何合理规律社会生活,开拓了一条途径。"[1]当然,从现在的观点来看,耶林的学说也不是不存在着不足,如他认为缔约过失仅适用于合同不成立的情形,而忽视了它亦可能发生在合同有效成立的情形;认为缔约过失责任的请求权基础在于当事人所拟缔结的合同,这不仅难以合理解释缔约未成功之际有过错的一方当事人缘何要承担缔约过失责任,而且未能指出缔约过失责任与违约责任的区别等。

德国民法制定时,对于民法典是否应建立缔约过失责任制度存在很大的分歧,最终德国民法典未全盘采纳耶林的理论,没有确立有关缔约过失责任的一般责任要件,仅规定了错误的撤销、自始客观不能、无权代理等三种情形时的信赖利益损害赔偿责任。[2] 德国民法第一草案立法理由书指出,除前述法定情形外,于缔约之际,因过失不法侵害他人权益,究竟是属于侵权行为还是违反法律行为上的义务,是一项解释问题,应委诸判例学说加以处理。一百多年来,德国法上的缔约过失责任已经发展成为一个庞大复杂、适用范围广泛的制度。2002年1月1日开始施行的《德国债法现代化法》终于实现了缔约过失责任的法典化。该法典第311条规定,"……(2)包含第241条第2款规定的义务的债务关系,也可因下列行为成立:① 开始合同谈判;② 为订立合同做准备,在准备过程中,一方着眼于可能发生的法律行为上的关系,使对方有可能对自己的权利、法益和利益产生影响,或者将自己的权利、法益和利益托付给对方;或者③建立类似的交易关系。(3)包含第241条第2款规定的义务的债务关系,也可以相对于不应该成为合同当事人的人产生。此种债务关系,特别是产生于第三人在特别的程度上付出了自己的信赖,因此对合同的谈判或合同的订立具有明显影响的情形。"在希腊,早在20世纪初,还在适用罗马——拜占庭法期间,就继受了耶林的缔约过失责任理论。1940年,希腊制定民法典,不仅在第145、149、231、362、363、365条规定了意思表示撤销的损害赔偿、无权代理、给付不能、违反法律规定等缔约过失责任的具体情形,而且在第197、198条设置了有关缔约过失责任的一般规定。耶林的理论对意大利民法典的制定也产生了影响。1942年《意大利民法》在第1337、1338、1398条规定了缔约过失责任的一般条款与具体类型。我国民国时期的《民法》曾仿效德国民法规定了错误的撤销、自始客观不能、无权代理等三种具体的缔约过失责任类型,也未设有关缔约过失责任的概括条款。1999年,修正后的我国台湾地区"民法"债编增设第245条之一,实现了缔约过失责任的一般化。在法国,由

---

[1] 参见王泽鉴:《民法学说与判例研究》(第四册),中国政法大学出版社1998年版,第9—11页。
[2] 《德国民法典》第122条第2款规定:"意思表示因错误而撤销者,表意人对于信其表示为有效而受损害之相对人,应负赔偿责任,但不超过相对人因信赖意思表示有效时,可得利益之数额。"第307条规定:"订立以不能之给付为契约之标的时,明知给付之不能或可得而知者,对于因信其契约为有效致受损害之他方当事人,应负担赔偿义务,但不超过他方当事人就契约有效时可得利益之数额。"第179条第2款规定:"代理人不知其代理权之欠缺者,就相对人因信其有代理权而受之损害,负赔偿之义务,但以不超过契约有效时,相对人可得利益之数额。"

于侵权法往往采取概括原则,其保护客体包括纯粹经济上损失,或者雇佣人对受雇人的侵权行为承担无过失责任,依据侵权法往往就能够解决缔约之际受害人利益保护的保护问题,因此,多未建立或接受缔约过失责任制度。至于英美法系国家,则往往适用 misrepretation, promissory estoppel, breach of confidence 等制度处理相关问题,并未建立缔约过失责任的一般规则。

二、缔约过失责任的性质

在建立或承认缔约过失责任制度的国家或地区,对缔约过失责任的性质,在理论上存在着争论,主要有侵权行为说、法律行为说与法律规定说、诚实信用说等四种不同的观点。

侵权行为说认为,缔约过失行为为一种侵权行为,其违反的是不得侵害他人权益的法定一般义务,并完全符合侵权行为的一般要件。该说的不足之处有二:(1) 该说无视因缔约形成的社会关系与侵权法所规制的一般社会关系的差异,从而不能为当事人设定相应的行为规则。缔约的当事人尚未开始接触以前,他们虽然尚未发生社会联系,但依据侵权法的规定,他们彼此之间仍负有以不得侵害他人人身、财产权为内容的注意义务,而从该双方当事人为缔约而开始接触磋商之时起,不仅发生了特定的社会关系,而且他们之间的信赖与日俱增,因此有强化彼此间权利义务关系的必要,申言之,各方当事人应承担比其依据侵权法所负的一般人之间的注意义务程度更高的注意义务。(2) 侵权责任的构成要件较为严格,缔约中受损害的当事人往往无法藉侵权法获得救济。在侵权法采取概括原则的法国法系国家固然不存在此类问题,但在侵权法不采取概括原则的法制下,由于纯经济损失应否以及在多大程度内受侵权法保护远未形成定论,使得行为人在相当多情形不必对相对人所受损害承担赔偿责任,对相对人利益的保护有失周全;而且一旦侵权法在雇佣人的免责事由、时效、举证责任方面作出较有利于雇佣人的制度设计,期冀获得救济的相对人也难以遂愿。

法律行为说有不同的观点,有认为缔约过失责任的基础在于其后所缔结的合同,还有认为当事人缔约之际即默示缔约责任合同,亦即所谓"预备性契约"或者"责任担保契约"。① 1911 年 12 月 7 日德国帝国法院在软木地毯案的判决中就采纳了这一观点。该说的缺点是,前者不能适用于因一方当事人的过错行为致使合同未缔结成功的情形,后者则纯粹拟制当事人的意思,较缺乏说服力。

法律规定说认为,《德国民法典》第 122、179、307、523、527、600、694 条等规定,含有一项基本原则,即因缔约上过失致生损害于他人者,应负赔偿责任,而此项原则,于其他法律未规定的情形,亦应适用。该观点的核心,乃是借助类推适用的方法,试图发现一项法律原则,以此作为缔约过失责任的法律基础。其不足之处在于,上述规定过于分散,能否作为类推适用的依据值得怀疑。并且,即使类推适用不存在着障碍,它也未能揭示出加害人承担缔约过失责任的核心根源。

诚实信用说认为,缔约过失责任在实体法上的基础是民法典中规定的诚实信用原则。根据该原则,从事缔约磋商的人,应尽交易上必要的注意以维护相对人的利益,若有违反,应对相对人所受损失承担赔偿责任。

诚实信用说为当今建立了缔约过失责任制度的国家或地区理论上的通说,在立法上,多

---

① 王泽鉴:《民法学说与判例研究》(第一册),中国政法大学出版社 1998 年版,第 118 页。

数国家或地区在规定缔约过失责任制度时,往往明揭斯旨。如1940年希腊新民法第197条、1942年意大利民法第1337条、我国台湾地区"民法"第245条之一等均属如此。我们认为,该说揭示出了缔约过失责任赖以为基的根本原因,且能够凸显出其相异于侵权责任、违约责任的特色之处,值得采信。

三、缔约过失责任的构成要件

在我国大陆《民法通则》第61条、原《经济合同法》第16条、《涉外经济合同法》第11条等规定,法律行为或者合同被确认为无效或者被撤销后将会发生赔偿损失等后果,从实质看,这其实已涉及缔约过失责任的内容。不过,该规定极不完善,形式意义上的缔约过失责任制度并未建立。如这些条款仅规定了合同无效或者被撤销时的损害赔偿责任,却未规订合同不成立时的损害赔偿责任,也未规定违反保护义务、保密义务等附随义务时的损害赔偿责任;缺乏有关缔约过失责任的一般责任条款等。1999年《合同法》第42条规定,"当事人在订立合同过程中有下列情形之一,给对方造成损失的,应当承担损害赔偿责任:(1)假借订立合同,恶意进行磋商;(2)故意隐瞒与订立合同有关的重要事实或者提供虚假情况;(3)有其他违背诚实信用原则的行为。"第43条规定,"当事人在订立合同过程中知悉的商业秘密,无论合同是否成立,不得泄露或者不正当地使用。泄露或者不正当地使用该商业秘密给对方造成损失的,应当承担损害赔偿责任。"该条不仅确立了缔约过失责任的数种具体类型,而且基本上确立了我国大陆法上缔约过失责任的一般条款,[①]对于完善我国债法制度体系、强化缔约之际当事人利益的保护具有重要意义。

我们认为,缔约过失责任的构成需要具备以下要件:

1. 当事人准备缔约或者已经开始缔约

该要件要求缔约过失责任必须发生在缔约的过程中。在缔约阶段之前,仅发生侵权行为;在合同有效成立后,若当事人实施了违反诚实信用原则的行为,则应适用违约责任的规定。准备缔约或者已经开始缔约,说明当事人具有订约的意图,因此,若当事人到商店闲逛或者进入新建住宅小区的样板间,虽有订约的可能性,但难以认为是为订约进行准备。

2. 当事人违反了基于诚实信用原则而发生的先契约义务(Vorvertragliche Pflicht)

合同关系是一种基于信赖而发生的法律上特别结合关系。为了使债权能够圆满实现,或者为了保护债权人的其他法益,债权人除了应履行给付义务以外,还应履行基于诚实信用原则产生的附随义务。虽然在缔约的阶段,当事人之间尚未建立合同关系,自然无发生给付义务的可能性,但当事人毕竟从先前毫无关系的状态进入了特殊的联系阶段,甚至会建立起某种合理的信赖关系,虽非合同关系但类似于合同关系,因此,当事人也应遵守诚实信用原则。所谓遵守诚实信用原则,具体言之,就是遵守根据诚实信用原则产生的协力、通知、保护、照顾、忠实等附随义务。由于这些附随义务发生在缔约阶段,不同于合同关系存续中以及合同关系消灭后当事人依据诚实信用原则应承担的附随义务,因此称为先契约义务。先契约义务基于诚实信用原则而来,但并非自始确定,而是随着债的关系的进展,依据事态情

---

① 建立缔约过失责任制度的国家或者地区往往设置关于该制度的一般条款,如1940年希腊新《民法》第197条规定,"从事缔约磋商之际,当事人应负遵循依诚实信用及交易惯例所要求的行为义务。"1942年意大利《民法》第1337条规定,"在谈判和缔结契约的过程中,双方当事人应当根据诚信原则进行之。"

况而发生,其性质与强度,超过一般侵权行为法上的注意义务。在缔约的过程中,当事人是否负有此等义务以及负有何种义务,应根据诚实信用原则,视具体缔约磋商接触情形而定,至于行为人是否违反,应视行为人是否已尽交易上必要的注意而定。此际,必须特别斟酌缔约当事人彼此之间的信赖关系以及各方当事人在交易上通常所应承担的危险。

3. 当事人在主观上具有过错

违反先契约义务,具有违法性,而主观上具有过错,则是具有可归责性。当然,在违法性之外,是否必须另有可归责事由,我国学界还存在着不同认识,如王利明教授主张,缔约过失中所说的过失实际上是一种客观的过失而不是主观的过失,就是违反了诚实信用原则。[①] 我国《合同法》第42、43 条并未一般性的要求加害人在主观上必须具有过错,仅在第 42 条第 1 款前两项对恶意磋商行为与不据实履行说明义务行为提出了必须是"恶意"或者"故意"的要求,这是否意味着其他缔约过失行为不要求加害人在主观上存在过错,抑或其他缔约过失行为也应类推适用这两类行为上"恶意"或者"故意"的要求?根据世界各国或者各地区通例,缔约过失责任的发生以加害人主观上具有过错为条件,因此,除这两类行为外,欲使其他缔约行为发生缔约过失责任,行为人必须在主观上具有过错,包括故意与过失两种情形。值得研究的是,受害人主观上的过错是否阻却缔约过失责任的发生?我国台湾地区"民法"第 245 条之一明定缔约过失责任的发生以相对人"非因过失"而信赖合同能成立为要件,其"民法"第 91、110、247 条第 1 款也有类似规定,据此,加害人的缔约过失责任可因受害人的过失而被排除。不过,我国大陆合同法未设类似要求,因此,在缔约之际,被害人或者被害人在缔约上的使用人与有过失的,仅发生过失相抵的问题,即可以减轻乃至免除加害人的损害赔偿责任,并不能阻止缔约过失责任的发生。

4. 对方当事人受有损害

只有缔约当事人受有损害,他才可以行使基于缔约过失责任的请求权。这里的损害,主要是一种信赖利益损害。信赖利益又称为消极利益或者消极的契约利益,而所谓信赖利益的损害,是指因信赖合同能有效成立而支付的代价或者费用因合同不成立、无效或者被撤销无法得到补偿而蒙受的损失,一般包括为订约支出的费用(如与对方联系的费用、赴实地考察的费用、检查标的物的费用、为谈判支付的劳务费用等)、为履行合同进行准备而支出的费用、丧失订约机会等。不过,缔约当事人所受损害以信赖利益为常见,但不以之为限,在加害人不履行保密义务、保护义务等先契约义务并未使合同不成立却招致相对人损害的场合,则侵害了相对人的固有利益。固有利益也称为维持利益,是指相对人所享有的不受他人侵害的人身权益与财产权益。如消费者到商店购物,因踏上地面上的香蕉皮摔倒受伤而遭受损失,再如出卖人在向买受人展示商品时,该商品不慎掉落砸伤买受人。

5. 加害人有行为能力

根据德国、希腊以及我国台湾地区的通说,缔约过失责任的成立,需加害人具有行为能力。如 17 岁的甲未征得其法定代理人乙的同意,将电脑出卖给丙,甲对丙因此所受损失不承担损害赔偿责任。不仅如此,甲与乙在磋商缔约之际,即使不履行告知、保护等义务,或者无故中断缔约等,也不必承担缔约过失责任。为保护无行为能力人与限制行为能力人,我国大陆法上缔约过失责任的成立亦应以加害人有行为能力为要件。当然,行为能力欠缺者实

[①] 参见王利明:《合同法研究》(第一卷),中国人民大学出版社 2002 年版,第 312 页。

施缔约行为,造成相对人损失,无论是权利受侵害,还是遭受纯粹经济损失,若符合侵权行为的要件,则仍应依侵权法的规定承担侵权责任。

此外,在缔约过失责任的构成上,侵害行为与损害之间应具有相当因果关系自不待言。值得探讨的是,缔约过失责任的构成是否要求合同不成立、被确认无效或者被撤销?缔约上过失行为(culpa in contrahendo)是否必须导致合同不成立,或者合同虽成立但被确认无效或被撤销,才发生缔约过失责任?综观世界各国或者各地区立法例与判例学说,均未将缔约过失责任限于此类情形,如《希腊民法典》第198条明文规定:"为缔结契约而进行磋商之际,因过失致相对人遭受损害者,应负损害赔偿责任;纵契约未能成立,亦然。关于此项请求权之消灭时效,准用基于侵权行为请求权消灭时效之规定。"《以色列一般契约法》第12条规定,"(1)当事人于契约之磋商,应依习惯方法及诚实信用为之。(2)一方当事人未依习惯方法或诚实信用而行为时,对于因磋商或缔约而受损害之相对人,负赔偿责任。"虽然我国台湾地区"民法"第245条之一规定,"契约未成立时,当事人为准备或协商议订立契约而有下列情形之一者,对于非因过失而信契约能成立致受损害之他方当事人,负赔偿责任……"从文义来看,该条似乎是明定因缔约过失行为"致使"契约未成立,当事人才承担缔约过失责任。但是,理论上的通说认为,所谓契约未成立时,应解释为一方当事人违反诚实信用原则的情事发生于契约成立前(订约准备商议阶段)。不仅如此,即使契约成立,亦可能发生缔约过失责任。① 我们认为,缔约过失责任的适用虽然以合同不成立、无效、被撤销最为典型,但它亦适用于违反说明义务、无正当理由中断交涉、违反保护义务等案例,因此缔约过失责任的构成并不以合同不成立、被确认无效或者被撤销为限。

四、缔约过失责任的类型

根据《合同法》第42条与第43条的规定,缔约过失责任应包括以下类型:

1. 假借订立合同,恶意进行磋商

《国际商事合同通则》第2·15条规定:"(1)当事人可以自由进行谈判,并对未达成协议不承担责任;(2)但是,如果一方当事人以恶意进行谈判,或恶意终止谈判,则该方当事人就对因此给另一方当事人所造成的损失承担责任;(3)恶意,特别是指一方当事人在无意与对方达成协议的情况下,开始或继续进行谈判。"我国合同法借鉴该条的经验。所谓"假借订立合同,恶意进行磋商",就是当事人根本就没有缔约的意图,仍进行缔约,以拖延时间或者使对方丧失商业机会。恶意是此种缔约过失行为最核心的要件,是指并无缔约意图,但为了给对方造成损失,仍然进行缔约的主观心理状态。它包含两个方面的内容:(1)行为人并没有缔约的意图;(2)行为人具有给他方造成损害的意图。

2. 故意隐瞒与订立合同有关的重要事实或者提供虚假情况

信息的提供是缔约过程中一个十分重要的问题。根据诚实信用原则的要求,在一定范围内,当事人应如是向相对人告知或者说明与订约有关的重要事项。"近来学者们比较公平与衡平的主题中,诚信交易的义务很受关注。其实,这样的义务,即要求把一定数量的合理信息透露给另一方,不仅是整个西方世界现代契约法的一个普遍发展,而且也是微观经济学

---

① 参见王泽鉴:《债法原理》(第一册),中国政法大学出版社2001年版,第240页。

的基本假设所支持的,即某种信息必须向市场参与人披露,否则市场就不会恰当地运行。"①对于该要件,需要注意以下问题:(1)隐瞒或者虚假陈述的,必须是与订立合同有关的重要情况,甚至即便某些信息属于与订立合同有关的重要情况,若关涉当事人隐私或者人格尊严的维护,该当事人也无如实提供信息的义务。如甲欲雇用乙女为秘书,询问其是否曾堕过胎或者有恋爱史,应认为这些信息不属于与合同有关的重要事实。(2)故意隐瞒与订立合同有关的重要事实或者提供虚假情况的行为,同时构成"故意以悖于善良风俗的方法加损害于他人"的侵权行为,因此,发生与侵权责任的竞合。此外,该行为也构成《合同法》第52、54条规定的欺诈行为,因此,发生与受欺诈合同的竞合,此际,受欺诈方既可依《合同法》第52条行使撤销权,使该合同溯及既往的归于无效,也可以依《合同法》第42条,在不否认合同有效的情况下,要求加害人承担缔约过失责任。在德国,其判例学说还主张,在一方当事人恶意隐匿或者为不实的说明而订立不利内容的合同时,被害人可以请求解除合同、请求返还不合理的超额对待给付或者请求提高报酬等。②

3. 泄露或者不正当地使用他人的商业秘密

不论他人是否要求保密或者不得使用其秘密,一方泄露或者不正当地使用他人的商业秘密,应当承担缔约过失责任。所谓不正当地使用是指未经授权他人的商业秘密而使用或者将该商业秘密转让给第三人。不仅如此,此种行为也构成"故意以悖于善良风俗的方法加损害于他人"的侵权行为,受害人可在缔约过失责任请求权与侵权请求权之间择一行使。

除了《合同法》明确规定的上述三种情形外,缔约过失责任还可适用于以下主要类型:

1. 合同不成立

因一方当事人的过失,致使双方当事人未能达成合意从而成立合同时,该有过失的当事人应赔偿对方当事人因信赖合同能成立所受损失。

2. 合同被确认为无效或者被撤销

合同被确认为无效或者被撤销,有过失的当事人应赔偿对方当事人所受的信赖利益损失。至于合同被确认为无效或者被撤销的情形,则应根据合同法的规定加以确定。如合同因欺诈、胁迫、重大误解等被撤销,或者合同未履行法定方式被宣告为无效等。

3. 缔约之际未尽通知义务致使他方遭受财产上损失

如甲向乙发出出售房屋的提议,约定乙可前来察看,在乙到来前,甲将该房屋出卖给丙,但未通知乙,使得乙耗费钱财。此际,甲违反了通知义务,应承担损害赔偿责任。

4. 缔约之际未尽保护义务致使他方身体健康权或者财产权遭受损害

在缔约之际,一方当事人未尽保护、照顾等义务肇致他方当事人损害,加害人是应承担缔约过失责任还是侵权行为责任,在理论上颇有争议。法国一般是按照侵权行为来处理的。德国实务上则一向认为应成立缔约过失责任,其理由是,一方当事人因缔约上接触而进入他人支配范围,应受保护,避免雇佣人得依《德国民法典》第831条规定,对受雇人加害行为举证免责,而适用《德国民法典》第278条规定。我国台湾地区学者王泽鉴先生认为,雇佣人虽亦得依第188条第1项后段规定,证明其对受雇人的选任、监督已尽必要注意而免责,但实务上采严格认定标准,举证免责成功的案例,甚属罕见。纵得举证免责,雇佣人以应负衡平

---

① 〔美〕乌戈·马太:《比较法律经济学》,沈宗灵译,北京大学出版社2005年版,第20页。
② 转引自王泽鉴:《债法原理》(第一册),中国政法大学出版社2001年版,第248页。

责任。鉴于现行规定实际上足以保护被害人,此类案例与缔约准备或磋商并无直接联系,应认非属缔约上过失的范畴,无第245条之一第一项规定的适用。① 我们认为,若侵权法不足以保护受害人,则当然适用缔约过失责任;若侵权法足以保护受害人,也不妨认为可构成侵权责任与缔约过失责任的竞合,让受害人选择损害赔偿请求权,以使其利益获得周全的保护。

5. 恶意中断缔约

我国《合同法》借鉴《国际商事合同通则》第2·15条规定了"假借订立合同,恶意进行磋商"这一类型,遗憾的是,却并没有规定该条所包含的"恶意中断谈判"这一缔约过失行为。根据合同自由原则,在缔约过程中,当事人可以可随时中断缔约,民法上也设置了要约的撤回与撤销、承诺的撤回诸制度,以保障当事人的缔约自由,但在例外的情况下,若当事人恶意中断缔约,有违诚实信用原则,则该缔约方亦应承担缔约过失责任。国际商事合同通则在解释"恶意中断谈判的责任"中指出,"即使在进行谈判前或是在谈判过程中没有明确的要约和承诺,一方当事人不得随意突然无正当理由地中断谈判。要确定从何时起要约或承诺不得撤销,当然得视具体情况而定,特别是一方当事人的行为在多大程度上导致另一方当事人信赖谈判的积极结果。"②该条将恶意中断缔约解释为"无正当理由"中断缔约,有失宽泛,可能损及当事人的缔约自由,还值得商榷。

6. 承诺过失责任

本来,受要约人享有承诺自由,故其可自主地决定承诺或拒绝承诺,并且在其拒绝承诺时也不负有通知的义务,但是,随着现代社会各种专门技术之事务处理事业日益普遍与重要,对于公然表示承受委托处理一定事务的专门职业人士或公司行号,如律师、会计师、居间人、估价人、银行、经纪、医师对非危急病患、企管顾问公司、工程顾问公司等,由于其公然表示寓有广为招徕、来者不拒的意思,因此,各国法律虽然保留其拒绝承诺的权利,但同时又科以其积极的为拒绝承诺通知的义务,以保护消费者的利益。如《德国民法典》第663条规定,"受公开指定处理一定事务或公开自荐的人,在不接受对于该事务的委托时,有义务立即将其拒绝通知委托人。对于向委托人表示自愿处理一定事务的人,亦同。"据此,"受任人不因其单纯之沉默而成立委任契约,而只会因此依缔约上过失的规定对于委任人负信赖利益之损害的赔偿责任。"③

五、缔约过失责任的法律效果

一方当事人的缔约过失行为造成对方当事人损害,不论合同最终是否成立,受害人均可以请求加害人承担损害赔偿责任。通过让加害人承担缔约过失责任,可以使受害人的利益处于缔约阶段先契约义务未被违反时所应有的状态。不过,因加害人违反义务的样态不同,其所承担的损害赔偿责任的范围也不相同。当加害人违反保护义务,侵害受害人的身体健康或者所有权时,构成对受害人固有利益或者维持利益的损害,加害人应赔偿受害人因身体

---

① 王泽鉴:《债法原理》(第一册),中国政法大学出版社2001年版,第246页。
② 国际统一私法协会:《国际商事合同通则》,第39页。
③ Esser, Schuldrecht, 2. Aufl,. 1960, S.620;Karl Larenz, Lehrbuch des Schuldrechts, Band Ⅱ. Halbband 1, Besonderer Teil,, 13. Aufl., 1986, S.414. 转引自黄茂荣:《债法各论》(第一册),中国政法大学出版社2004年版,第174页。

健康或者所有权受侵害所蒙受的一切损失。此际,受害人所受的损害可能远远超过其因履行合同所获得的利益,因此,固有利益的赔偿并不以履行利益为限。① 而当加害人违反信赖义务,造成受害人信赖利益损失时,受害人可请求赔偿信赖利益损失。对于信赖利益损害赔偿的范围,《德国民法典》第122、179、307条均规定不得超过履行利益,如《德国民法典》第122条第2款规定:"意思表示因错误而撤销者,表意人对于信其表示为有效而受损害之相对人,应负赔偿责任,但不超过相对人因信赖意思表示有效时,可得利益之数额。"我国台湾地区通说亦采此项见解。② 我国大陆合同法对此未设明文。我们认为,此际,加害人对信赖利益损害的赔偿,应以履行利益为限,即不得超过受害人因合同履行而可能获得的利益。

对于缔约过失行为所生请求权的诉讼时效,德国通说认为,基于缔约上过失而生之损害赔偿请求权,原则上适用一般诉讼时效的规定,但如果缔约符合特定合同类型,为了使得法律关系尽早了结,则应适用该合同的特别时效规定。如果缔约过失也构成侵权行为,则应适用侵权行为请求权的短期时效。③《希腊民法典》第198条规定,"于为缔结契约磋商行为之际,因过失致使相对人遭受损害时,应负损害赔偿责任,纵契约未能成立亦然,关于此项请求权之时效,准用基于侵权行为请求权时效之规定。"该条明定准用侵权行为的规定。而《希腊民法典》第937条规定,"因侵权行为所生之损害赔偿请求权,自请求权人知有损害及赔偿义务人时起,5年间不行使而消灭。自有侵权行为时其逾20年者,亦同。"我国台湾地区"民法"第245条之一第2款规定,"前项损害赔偿请求权,因2年间不行使而消灭。"明定缔约过失行为的损害赔偿请求权的诉讼时效期间为2年。我国大陆《合同法》未规定缔约过失行为所生请求权的诉讼时效,因此,应适用一般诉讼时效的规定。

当受害人请求加害人承担缔约过失责任时,应对如下事实承担举证责任:准备或者商议订立合同;加害人实施了违反基于诚实信用原则所生的先契约义务的行为、受害人受有损失、加害行为与损害之间存在因果关系等。至于主观的归责事由,如加害人"恶意"进行磋商、加害人"故意"隐瞒事实等,应由哪一方当事人承担举证责任才堪称妥当?在侵权责任的情形,原则上由被害人就加害人的过错举证;而在违约责任的情形,传统民法理论皆认为由债务人举证证明自己无过错,虽然我国大陆《合同法》上违约责任的一般归责原则为严格责任原则,但也是由债务人举证证明不存在法定与约定免责事由。我们认为,由于缔约之际发生的社会关系属于类似合同的债之关系,加害人所承担的注意义务的程度应较侵权法上的一般人之间的注意义务为重,因此,原则上应由加害人举证证明自己无过错。

六、缔约过失责任与违约责任的界限

缔约过失责任与违约责任都属于合同法上的责任,但两者存在较大差别:

---

① 崔建远主编:《新合同法原理和案例评释》,吉林大学出版社1999年版,第114页。王利明教授反对将固有利益的损害纳入缔约过失责任赔偿的范围。他认为:"缔约过失的赔偿范围,除信赖利益的损失之外,原则上不应当包括行为人违反保护他人的义务而使他人遭受的损害。……交易当事人在订约中因一方未尽到保护、照顾等附随义务而致他方的生命健康及所有权遭受损害,也可以构成缔约过失。因为在此情况下,一方未尽保护、照顾义务,会使另一方对合同成立的信赖落空。如出卖人在交付商品时,不慎将商品掉下来砸伤买受人,合同也因此而不能订立,对此,出卖人应依缔约过失就其信赖利益的损失负赔偿责任。但是,如果受害人希望赔偿其身体健康权、所有权受到侵害的实际损失以及精神损害,则只能基于侵权行为提起诉讼,因为此种损害根本不属于信赖利益的范围。"

② 对此,也有不同见解,如王泽鉴先生认为,信赖利益损害赔偿的范围不受履行利益的限制。参见王泽鉴:《债法原理》(第一册),中国政法大学出版社1998年版,第247页。

③ 王泽鉴:《民法学说与判例研究》(第一册),中国政法大学出版社1998年版,第101—102页。

(1) 两者发生的时间不同。缔约过失责任发生在合同订立阶段,主要适用于合同未成立或者虽然成立,但被确认无效或者被撤销的情形,其宗旨在于解决没有合同关系的情况下因一方过错造成另一方信赖利益损失的问题;违约责任则发生在合同依法成立以后,以合同依法成立为前提,其宗旨在于解决当事人不履行依法成立的合同义务的问题。总之,如果说违约责任是建立在有效的合同关系的基础上,那么,缔约之际发生的社会关系,则属于类似合同关系或者类似合同的法定债之关系。

(2) 责任的性质不同。违约责任虽为法定责任,但又具有一定的约定性,当事人可以事先约定一方不履行合同义务时的违约金、损害赔偿的数额或者计算方法、免责事由等;缔约过失责任则为纯粹的法定责任,不能由当事人事先约定。

(3) 归责原则与责任的构成要件不同。缔约过失责任的归责原则是过错责任原则。违约责任的归责原则则是以严格责任为主,过错责任为辅。由于归责原则不同,两者的构成要件也存在着差异。对于缔约过失责任而言,由于采过错责任原则,其构成必须要违反先契约义务的一方在主观上有过错;而对违约责任而言,由于采严格责任原则,在构成上无须违约方在主观上有过错。

(4) 责任的形式不同。违约责任的形式较为广泛,包括违约金、损害赔偿、解除合同、定金罚则、实际履行等形式;而缔约过失责任的形式一般只限于损害赔偿。

(5) 损害赔偿的范围不同。违约损害赔偿一般赔偿期待利益损失,包括履行利益损失与可得利益损失,通过违约损害赔偿可使受害人的利益达到合同如同正常履行后的状态;而缔约过失责任的损害赔偿在多数情况下是信赖利益损失,通过对受害人的赔偿使受害人的利益处于合同未订立时的状态。不仅如此,违约损害赔偿的范围,受"合理预见规则"的限制,如《合同法》第113条第1款规定"当事人一方不履行合同义务或者履行合同义务不符合约定,给对方造成损失的,损失赔偿额……不得超过违反合同一方订立合同时预见到或者应当预见到的因违反合同可能造成的损失"。而缔约过失损害赔偿的范围则不存在着类似的限制。

第九章

合同之债的特殊效力

第一节 双务合同履行的抗辩权

一、概述

(一) 意义

双务合同履行中的抗辩权,是阻止双务合同债权效力的权利,是在符合法定条件时,当事人一方对抗对方当事人的履行请求权,暂时拒绝履行自己债务的权利。

须注意的,由于双务合同之债的债务人的抗辩权仅发生在双务合同之债中,而双务合同之债的债务人也是其相对人的债权人,因此称双务合同之债当事人的抗辩权较为妥当。

(二) 特点

双务合同履行中的抗辩权,是双务合同效力的体现,该效力仅适用于双务合同,不适用于单务合同。附随义务、从给付义务不存在抗辩权,抗辩权仅对主给付义务而言。

该抗辩权属于抗辩权中一时性抗辩权,仅起到暂时中止履行其债务的权利,并没有消灭对方请求权的效力,一旦抗辩权的事由消失,债务人应当履行其债务。

行使双务合同履行中的抗辩权,是权利的正当行使,而非违约,应该受到法律保护,不能使权利人承担违约责任。

双务合同履行中的抗辩权,对抗辩权人是一种保护手段,免去自己履行后得不到相对人履行的风险,使相对人产生及时履行、提供担保等压力,所以它们是保障债权实现的法律制度。

(三) 类型

双务合同履行中的抗辩权包括同时履行抗辩权、先履行抗辩权和不安抗辩权。

二、同时履行抗辩权

(一) 同时履行抗辩权概念

同时履行抗辩权,是指无给付先后顺序的双务合同一方当事人,在对方当事人未为对待给付以前,可拒绝履行自己给付的权利。

对定义的理解:

(1) 是债务人对债权人给付请求的抗辩权,该抗辩权的主体是债务人。

(2) 是债务人对未依约对待给付的债权人所提出的给付请求抗辩权,抗辩的客体是他方的给付请求权。

(3) 是双务合同的债务人对未依约对待给付债权人所提出的给付请求权的抗辩权。

(4) 同时履行抗辩权也是以诚实信用原则为基础的,体现"一手交钱,一手交货"的交易观念,具有双重机能:担保自己债权的实现,迫使对方履行合同。同时履行抗辩权制度可借此双重机能,促使当事人履行其合同上的义务。

(二) 同时履行抗辩权构成要件

同时履行抗辩权的构成要件主要有以下三个:

1. 需因同一双务合同互负债务且合同未约定履行先后顺序

同时履行抗辩权的发生根据在于双务合同履行上的牵连性,双方互负的债务即系于双务合同发生,自然应要求双方债务之间具有对价性,原则上应限于双方的主给付义务。此种情形属于纯粹型的同时履行抗辩权,如一方的从给付义务与对方的主给付义务属于同时履行的关系,属于同时履行抗辩权的扩张内容。

基于双务合同的债务,如属向第三人履行的合同,在债权人为对待给付前,债务人原则上亦有同时履行抗辩权的存在,对第三人履行的合同中的第三人,也可以主张。

在此有疑问的是,合伙合同是否属于双务合同适用同时履行履行权。所谓合伙,指二人以上互约出资以经营共同事业的合同。就互约出资而言,具有对待性,故通说认为系双务合同,但因其是以经营事业为目的,与买卖合同等交换给付为目的的双务合同还是不同。因此,在二人合伙的情形,同时履行抗辩权可适用,但在三人以上合伙的情形,似不应适用。

2. 对方债务及自己的债务均已届履行期并且为可能履行的债务

如一方的债务未届履行期,则该方可径以此为由拒绝履行,无须求助同时履行抗辩权,自不待言,故同时履行抗辩权的发生,要求双方的债务均已届履行期。

所谓"已届履行期",应区分不同的情况加以探究。在履行期是一期间场合,"已届履行期"宜理解为届至,道理在于,履行期到来(届至),债权才可以行使,债权人才可以请求债务人履行债务,债务人才有可能抗辩,这是成立同时履行抗辩权的初始时点。但此时债务人是否同时享有履行期尚未届满的抗辩权,应该区分期限利益归属方的不同作不同的分析,如果期限利益归属于债务人,债务人可以享有履行期尚未届满的抗辩权;如果期限利益归属于债权人,则不应该认为债务人有履行期尚未届满的抗辩权。既然履行期尚未届满的抗辩权并不能够解决所有的问题,同时履行抗辩权在履行期限未满场合便有独立存在的价值,就不应轻易加以否定。履行期届满后,债务人虽非必然,却有可能构成履行迟延(违约),虽不排除仍有同时履行抗辩权发挥作用的余地,但此时已不是同时履行抗辩权的初始成立问题,而是它是否继续存在的问题。

在履行期为一时点场合,"已届履行期"指的是到了约定的时间点,既可以说是"届至",也可以说是"届满",区分"届至"与"届满"没有实际的意义。

3. 须对方不履行债务或未提出履行债务或者履行不合约定

如对方已按照债务的实质履行了债务,其债务因此而归于消灭,双务合同本来债务状态归于消灭,自然不发生同时履行抗辩权的问题。

他方向一方当事人请求履行债务时,须自己已为给付或已提出履行。他方若不履行债务或未提出履行债务,即请求债务人履行,该债务人可行使同时履行抗辩权,拒绝履行自己的债务。所谓提出履行,也叫提出给付,包括言词提出,也就是说,他方于符合言词提出的要件时,为提出履行,在此情形下,债务人不得拒绝对待给付,不可行使同时履行抗辩权。

他方已经适当履行了债务,仅仅剩下处于牵连关系另一端的债务人所负的债务,基于合同正义的要求,该债务人没有理由拒绝履行该项债务。他方履行的提出在大多数情况下等于履行,债务人就没有理由拒绝履行其债务,无权援用同时履行抗辩权。应该注意的是,他方所为的对待给付或所提出的履行,必须符合债的本旨,如果他方为的部分履行不符合债的本旨,债务人原则上可以主张同时履行抗辩权,但若给付可分的,只可就该未履行的部分拒绝自己的给付。

(三)同时履行抗辩权的行使

同时履行抗辩权,在诉讼上或诉讼外都可以行使。即使于诉讼外曾经主张同时履行抗辩权,于诉讼上仍可以主张。

从双务合同自身的特点及实质正义的立场出发,不宜将"权利须经行使"的理念贯彻到底,否则难免产生"法之极,害之极"的效果。作如此定位,是基于如下理由,即同时履行抗辩权本体的内容是履行拒绝权,是一种消极的防御性的权利,必待相对人请求履行时始得主张,平时自无从积极发动。换言之,同时履行抗辩权的行使受有局限,非如支配权、请求权或者形成权那样富有主动性。相对人不请求履行场合,自无从行使同时履行抗辩权。①

为行使同时履行抗辩权,被告无须证明原告未履行,仅须表示援用抗辩的意思即可,另一方面,原告为消除被告的抗辩,则须证明自己已经履行或已提出履行,或证明被告有先履行的义务。

同时履行抗辩权的行使并不能否定请求权的效力,因而在诉讼过程中,如果当事人没有援用同时履行抗辩权,法院不能以职权将其考虑,而应对于请求权人,宣判胜诉的判决,反之,如果被告援用同时履行抗辩权,则法院应当审查被告的主张是否成立。

(四)同时履行抗辩权的效力

同时履行抗辩权在实体法上的效力,包括本体的效力与其他效力,本体的效力体现为拒绝履行权,其他的效力体现为对抵销的影响,对履行迟延的构成及合同解除的影响等方面。对同时履行抗辩权实体的效力而言,其中有的效力的发生要求抗辩权人主张其抗辩权,有的则不需要,对此不能一概而论。否则,难免有失偏颇,前者可称为同时履行抗辩权行使的效力,后者可称为同时履行抗辩权存在的效力。

《合同法》第66条规定:"……一方在对方履行之前有权拒绝其履行要求。一方在对方履行债务不符合约定时,有权拒绝其相应的履行要求。"可见,同时履行抗辩权行使的效力,最典型的就是其本体的效力:拒绝履行。

同时履行抗辩权的存在效力,最典型的就是债权受同时履行之抗辩的,不得以之为自动债权,主张抵销。比如,《德国民法典》第390条规定:"附抗辩权之债权不得以之供抵销。"我国《合同法》虽没有明文规定,但也应当做同样的理解,因为同时履行抗辩权的机能,在于追求双方对立的债务能够同时履行,故不得主张抵销而使两债权互归消灭。

关于同时履行抗辩权对于履行迟延上的影响,一直存在争论,有谓抗辩权的存在本身即足以排除履行迟延的构成(存在效果说),有谓抗辩权须经行使,才能排除迟延责任(行使效

---

① 韩世远:《合同法总论》,法律出版社2011年版,第293页。

果说),本书认为,采用前种观点较为合理。即同时履行抗辩权存在本身就可以排除履行迟延的构成。在相对人未为对待给付前,此方之债务即使到了履行期没有履行,亦不负迟延责任。因为同时履行抗辩权制度所重视的是像买卖合同中价款支付与标的物交付那样的给付与对待给付的牵连关系,是甲方在未为履行的状态下不得强要乙方给付的制度,纵使对于甲方的请求乙方没有立即主张同时履行,这时只要实际上乙方已处于可得主张同时履行抗辩的状态,在解释上也应该认为乙方不限于延迟,甲方不能够取得解除权。

三、先履行抗辩权

（一）先履行抗辩权概念

先履行抗辩权,是指当事人互负债务,有先后履行顺序的,先履行一方未履行其债务之前,后履行一方有权拒绝其履行请求,先履行一方履行债务不符合债的本旨的,后履行一方有权拒绝其相应的履行请求。

在传统民法上,有同时履行抗辩权和不安抗辩权的理论,没有先履行抗辩权的概念。先履行抗辩权制度被认为包含在同时履行抗辩权之中,作为一种特殊情形处理。我国《合同法》第67条明确而独立的规定了先履行抗辩权。先履行抗辩权发生于有先后履行顺序的双务合同中,只有在处于先履行顺序的债务超过了履行期,处于后履行顺序的债务到了履行期的情况下,才有同时履行抗辩权的适用。无论是从尊重当事人合意分配利益、风险的意思,还是免去了比较民法上同时履行抗辩权需要复杂解释的麻烦及更好的贯彻了公平原则,维护后履行一方的期限利益角度来说,先履行抗辩权有其独立存在的价值。

（二）先履行抗辩权构成要件

1. 须双方当事人互负债务

构成先履行抗辩权,需要当事人互负债务,且此两项债务处于互为对待给付的地位,这与同时履行抗辩权的构成相同,因为先履行抗辩权乃脱胎于同时履行抗辩权,两种抗辩权成立要件的不同仅仅在于二项债务的履行顺序不同,其他方面没有特别的要求,所以当事人互负债务性质,在此两项抗辩权中应该相同。

2. 互负债务须有先后履行顺序

构成先履行抗辩权,必须是两项互相对立的债务有先后履行顺序,如果两项对立的债务无先后履行顺序,就适用同时履行抗辩权制度,而不成立先履行抗辩权。至于两项债务的先后顺序是因为当事人的约定而形成的,还是基于法律的直接规定而产生的,在所不问。

3. 先履行一方的债务有履行可能且其未履行或其履行不符合债的本旨

先履行一方未履行,既包括先履行一方在履行期限届至或届满前未予履行的状态(未构成违约),又包含先履行一方于履行期限届满时尚未履行的现象(已构成违约)。先履行一方的履行不符合债的本旨,是指先履行一方虽然履行了债务,但其履行不符合当事人约定或法定的标准要求。履行债务不符合债的本旨,是指迟延履行、不完全履行等形态。

先履行一方未履行其债务或履行不符合债的本旨,即请求后履行一方清偿,在此情形下,后履行一方有权行使先履行抗辩权,也可以援用不当履行的抗辩权,有时还可以主张履行期尚未届满的抗辩权,拒绝履行其债务。

（三）先履行抗辩权行使

先履行抗辩权,不论是与诉讼上或诉讼外,都可以行使,这与上述介绍的"同时履行抗辩权的行使"相同,此处不再详述。

(四) 先履行抗辩权效力

先履行抗辩权行使效力,最典型的仍然是拒绝履行,其存在效力等问题与上述介绍的"同时履行抗辩权的行使"相同,此处不再详述。

四、不安抗辩权

(一) 不安抗辩权概念

不安抗辩权是指在双务合同订立后,后履行一方当事人有丧失或者可能丧失履行债务能力的情形,可能危及先履行一方当事人债权实现时,先履行一方当事人在后履行一方当事人提供适当担保或恢复履行能力之前,可以拒绝后履行方给付请求的权利。

对概念的理解:

(1) 不安抗辩权是债务人对相对人给付请求的抗辩权。抗辩权的主体是债务人。

(2) 不安抗辩权是对有难为给付之虞的相对人给付的请求权。法律赋予债务人该项抗辩权,显然是为了保全其债权,因为,当债务人给付之后,便成为相对人的债权人,而如果相对人有难为对待给付之虞,其债权当然有保全的必要。

(3) 不安抗辩权是双务合同之债负有先给付义务的债务人对有难为对待给付之虞的相对人所提出的给付请求的抗辩权。本来负有先给付义务的债务人应当依约先予给付,但因为相对人有难为对待给付之虞,为保全其未来的抗辩权考虑,法律肯认其抗辩权。

(二) 不安抗辩权构成要件

1. 双方当事人因同一双务合同而互负债务

不安抗辩权的发生也因双务合同互负相对债务而产生,这与同时履行抗辩权、先履行抗辩权一致,此处不再详述。互负债务有履行先后顺序,此与同时履行抗辩权不同。

2. 后履行方有丧失或者可能丧失履行债务能力的情形

依《合同法》第68条的规定,债务人丧失或有可能丧失履行债务能力的情形包括经济状况严重恶化;转移财产、抽逃资金,以逃避债务;丧失商业信誉;有丧失或者可能丧失履行债务能力的其他情形。

所谓有丧失或者可能丧失履行债务能力的其他情形,可以包括但不限于以下类型:承揽合同场合,承揽人于缔约后丧失履行能力,按照约定又不得转交其他人完成工作;劳务合同场合,提供劳务者于缔约后丧失履行能力;特定物买卖场合,出卖人将特定物卖予他人或特定物灭失场合;等等。

对于上述的不安抗辩的法定事由须发生在合同缔结之后,履行期届至前,如果在缔结合同时始现,先履行一方当事人明知此种情形仍然缔结的,法律则没有必要给予特别的保护;如果在缔结时不知此情形,仍可有不安抗辩权的发生。

3. 不安事由危及债权的实现,后履行一方也未提供担保

不安事由的出现,须使后履行当事人一方债权的实现受到威胁,才能发生不安抗辩权,如果债权已有担保,即使出现不安事由,债权的实现由相当的保障,并不能够发生不安抗辩权。另外,在不安事由危及债权的实现上,论其程度,既可以是危及全部债权的实现,也可以是危及部分债权的实现。

（三）不安抗辩权行使

不安抗辩权的行使无须以诉讼的方式行使，权利人可以径行行使。当先履行方当事人有确切证据证明对方有不安事由时，即可中止自己的履行，有的学者称之为自助权。不安抗辩权的行使也无须经过对方同意，对方当事人如请求履行，则不安抗辩权人可以拒绝其请求。中止履行，不仅包括中止履行的提供，也包括中止履行的准备。

先履行方当事人中止履行后，应该及时通知对方，之所以有如此规定，是出于保护后履行方当事人的利益，并基于诚信原则，防止不安抗辩权的滥用，同时也便于对方在收到通知后及时提供担保，以消灭不安抗辩权。不安抗辩权人的通知义务在性质上属于附随义务，违反此义务而致对方当事人损害时，应该承担损害赔偿责任。

（四）不安抗辩权效力

（1）先履行义务一方当事人，在相对人没有对待给付或提出担保以前，中止或拒绝履行自己的给付。

（2）对方在合理期限内未恢复履行能力，亦未提供适当担保的，可认定构成先期拒绝履行，相应的发生拒绝履行的法律后果。

（3）对方当事人在合理的期限内恢复履行能力或者提供了担保的，不安抗辩权就归于消灭。

（五）不安抗辩权与预期违约的区别

合同成立后，一方当事人明确表示不履行合同，有人认为这是行使不安抗辩权，应注意不安抗辩权与预期违约不同：

（1）两者的意义不同。不安抗辩权是有履行先后顺序的双务合同一方（先履行一方）对后履行一方出现的财产状况恶化，又未提供担保而提出的中止先履行的权利；预期违约是合同当事人在履行期届满之前，无正当理由明确表示不履行合同或以行为表明不履行合同的先期违约行为。

（2）两者的性质不同。不安抗辩权是正当行使履行合同的抗辩权，预期违约是违约行为。

（3）两者的适用范围不同。不安抗辩权仅适用双务合同，预期违约可发生于任何合同中。

（4）两者的法律后果不同。不安抗辩权的效力暂时中止合同的履行，不提供担保或未恢复履行能力，抗辩权人可解除合同；预期违约的效力是承担违约。

（5）两者的发生原因不同。不安抗辩权的产生有法定条件，预期违约的产生无特定条件。

第二节　合同的解除与变更

一、合同的解除

（一）合同解除概念

合同解除，是指在合同成立以后，当合同解除的条件具备时，因当事人一方或双方的意思表示终止合同效力或者使合同关系自始或仅向将来消灭的行为，同时也是一种法律制度。

合同解除的法律特点是：

(1) 是对有效合同的解除。合同解除大多以有效成立的合同为标的,已经成立但未生效的合同可以作为合同解除的对象。这是区别合同无效、合同撤销以及区别要约与承诺撤回的重要之点。

(2) 必须具有解除理由。合同解除必须具有法定或约定的解除条件。因为,合同成立后,即具有法律约束力,当事人不得擅自变更和解除。

(3) 合同解除原则上必须有解除行为。也就是说,合同解除的条件不过是合同解除的前提,当条件具备时,合同并不当然解除,一般还需要解除行为。解除行为体现在：享有解除权一方的单方意思表示或者双方协商同意。

(4) 合同解除的效果是使合同关系归于消灭。

合同解除的类型可分为三类,一是单方解除与协议解除;二是法定解除与约定解除;三是任意解除与非任意解除。

(二) 合同解除条件

合同解除的条件,因解除有法定解除与约定解除之分,而有法定解除的条件和约定解除的条件,法定解除的条件又有一般法定解除和特别的法定解除之分。

《合同法》规定的一般法定解除的条件,大致有三类：(1) 协议解除的条件;(2) 不可抗力致使不能实现合同目的的;(3) 违约行为。

1. 约定解除的条件

约定解除,是当事人以合同的形式,约定一方或双方保留解除权的解除。其中,保留解除权的合意,称为解约条款。保留解除权,当事人可以在订立合同时约定,也可以在以后另订立保留解除权的合同。《合同法》第93条第2款对此作了规定。约定解除是根据当事人的意思表示一致产生的,具有很大的灵活性,在复杂的交易中,可以更确切的适应当事人的需要。

当事人在合同中约定了解除合同的条件,法律规定的解除权条件是否可以适用,应该区分不同的情况采取不同的处理方式。在约定的解除条件已经涵盖了全部解除条件的情况下,只要这些约定不违反法律、行政法规的强制性规定,不会出现不公平的后果,约定的解除条件成就时,法定解除条件就不再适用,这是奉行意思自治原则的当然结果;在约定的解除条件没有涵盖全部解除条件的情况下,在未涵盖的领域,法定解除条件自然有适用的余地,是法定解除制度目的的体现;如果约定的解除权产生的条件,尤其排除法定解除权的约定,将造成极不适用的后果,或者违反了强制性规定,此类约定无效。

2. 协议解除的条件

协议解除的条件,是指双方当事人协商一致,订立一个将原合同解除的合同,使基于原合同发生的债权债务关系消灭。在采用合同形式把原来的合同解除这点来讲,协议解除与约定解除相似,但又有本质上的不同,约定解除是原来合同中规定一方或双方有解除权,而协议解除是以一个新合同来解除原来的合同,与解除权无关。

3. 不可抗力致使不能实现合同的目的

不可抗力致使不能实现合同的目的的,该合同应该消灭。但以什么样的方式消灭,各国立法不尽相同。德国法系采用合同当然且自动消灭的原则,基本上由债务人承担风险。英美法系国家用合同落空原则来解决不可抗力及其他意外事故致使合同不能履行的问题,确认合同解除,但这种解除不是通过当事人的解除行为,而是通过法官的裁决。我国《合同法》允许当事人通过行使解除权的形式将合同解除。

4. 违约行为

因违约造成合同解除主要是因为以下情形:履行期限届满之前,当事人一方明确表示或者以自己的行为表明不履行主要债务;当事人一方迟延履行主要债务,经催告后在合理期限内仍未履行;当事人一方迟延履行债务或者有其他违约行为致使不能实现合同目的;法律规定的其他情形。

(三)合同解除程序

合同解除的程序有三种,协议解除的程序、行使解除权的程序和法院或仲裁机构裁决的程序。

1. 协议解除的程序

协议解除的程序,是当事人双方经过协商同意,将合同解除的程序。其特点是:合同的解除取决于双方当事人意思表示一致,而不是基于当事人一方的意思表示,也不需要有解除权,完全是一个新的合同解除原合同。既然采取的是合同方式,要使合同有效成立,就必须有要约和承诺,合同必须符合合同的有效要件。

采用协议解除程序解除合同的,合同解除需办理批准、登记等手续的,办完这些手续的日期为合同解除的日期。合同解除不需要办理上述手续的,双方当事人协商一致之时就是合同解除生效之时,也可以由双方当事人协商确定解除生效的日期。

2. 行使解除权的程序

行使解除权的程序必须以当事人享有解除权为前提。所谓解除权,是合同当事人可以将合同解除的权利,是一种形成权。因此,按其性质来说,其行使不需要相对人的同意,只要解除权人的单方意思表示,就可以把合同解除。行使解除权的程序适用于不可抗力致使不能实现合同目的,以及当事人一方违约和约定解除场合。在不可抗力致使不能实现合同目的的场合,解除权由双方当事人享有,任何一方都可以行使。在当事人一方违约的情况下,解除权归守约方享有,在约定解除的情况下,解除权归合同指定的当事人享有,既可以是一方当事人享有,也可以是双方当事人享有。

解除权对权利人来说,是一种利益,这种利益是否被解除权人舍弃或推迟取得,只要无损于国家利益,社会公共利益及相对人的合法权益,就应该允许。所以,解除权的行使具有自主性,主要表现为解除权人可以在合同解除和请求继续履行之间选择,解除权可以在特定期间的任何时刻行使,可以采取与相对人协商的方式,实际上是解除权备而不用。《合同法》规定解除权的除斥期间可以由法律规定,也可以由当事人约定,在没有规定、约定的情况下,经过相对人的催告确定的合理期限为除斥期间。

解除权的行使采取向相对人发出解除的意思表示的方式,该解除的意思表示到达相对人时发生合同解除的效力。可以看出,解除权的行使可以采取诉讼的方式,也可以采取诉讼外的方式。

3. 法院或仲裁机构裁决的程序

所谓法院或仲裁机构裁决的程序,不是指在协议解除的程序和行使解除权的程序中,当事人诉请法院或者仲裁机构来解除合同,而是指在适用情事变更原则解除合同时,由法院或仲裁机构裁决合同解除的程序。因为适用情事变更原则解除合同,当事人无解除行为,只是由法院或仲裁机构根据案件的具体情况和情事变更原则的法律要件加以裁决,所以对这类合同的解除只能由法院或仲裁机构裁决的程序。

（四）合同解除效力

合同解除后,尚未履行的,终止履行;已经履行的,根据履行情况和合同的性质,当事人可以要求恢复原状、采取其他补救措施,并有权要求赔偿损失。

（五）合同的解除与相关概念的区别

1. 合同的解除与合同的撤销的区别

（1）适用范围不同。合同解除适用有效成立提前消灭的合同;合同撤销的范围广,适用欠缺有效要件,有瑕疵的合同。

（2）发生原因不同。合同的解除有法定原因和约定原因;合同撤销的原因是法律规定的。

（3）效力不同。合同的解除效力或仅向将来消灭或自始消灭;合同撤销后,自始无效。

2. 因情势变更发生的合同解除与一般合同解除的区别

（1）发生原因不同。因情事变更发生的合同解除条件是:该情势变更的事实是不可归责于双方当事人的原因,是当事人在订立合同时无法预见的,非不可抗力造成的,也不属于商业风险的客观情况。若继续履行导致显失公平或合同目的不能实现。而合同解除的原因有法定和约定原因,其发生原因有的可归责于当事人。

（2）解除行为不同。因情事变更发生的合同解除,由法院或仲裁机构直接基于情势变更原则加以认定,而非通过当事人的解除行为。一般合同的解除则可通过当事人的解除行为解除。

（3）合同解除后的效力不同。情势变更是不可归责于双方当事人的原因引起的,因此不存在赔偿问题,仅发生救济和补偿。而合同的解除原因有当事人的主观过错引起,给他方造成的损失须赔偿。

3. 合同的解除与附解除条件合同的区别

附解除条件的合同,条件成就,合同效力消灭,与合同的解除有共性,但两者有显著区别:

（1）附解除条件合同中的解除条件是合同的附款,由当事人的意思表示确定,其作用是限制法律行为的效力;而合同的解除条件不是合同附款,条件多由法律规定。

（2）附解除条件的合同,解除条件成就,合同效力消灭,无须当事人的其他意思表示。而合同的解除,除了具备解除条件之外,还要有当事人意思表示的解除行为。

（3）附解除条件的合同,向将来失去效力;合同解除的效力既有向将来发生效力的,也有溯及到合同成立当初的。

二、合同的变更

（一）合同变更的概念

合同的变更,指不改变合同的主体而仅改变合同内容的情形,它是在合同成立以后,尚未履行或尚未完全履行以前,基于法律规定、法院或仲裁机构的裁判行为或者当事人的法律行为等,使合同的内容发生变化的现象。

(二) 合同变更的要件

(1) 原来已经存在有效的合同关系。既存的合同关系是合同变更的基础,也是合同变更的前提条件,如果没有合同关系的存在,仅是合同关系发生的问题而非合同变更。

(2) 合同的内容须有变更。合同内容的变更应包括以下类型:合同标的物的变更;合同履行条件的变更;合同价金的变更;合同所附条件或所附期间的变更;合同担保的变更;其他内容的变更等。

(3) 变更本身的有效性。合同的变更如是因为法定方式或以裁判的方式进行,此种情形下的变更当然具有法律效力。所谓变更本身的有效性,是指协议变更的情形,协议变更,本身以新的合意来变更原来的合同,是意思自治的体现,应符合合同成立及生效的规定,否则,当然不能够发生变更合同的效果。

(4) 变更本身的明确性。合同的变更会改变当事人之间的权利义务关系,要求合同变更本身是明确的,当事人对合同变更的内容约定不明确的,推定为未变更。

(三) 合同变更的效力

(1) 合同变更的效力仅向将来发生。合同上的变更,原则上仅对合同没有履行部分发生效力,对已经履行部分没有溯及力,但法律另有规定或当事人另有约定的除外。因此,已经履行的给付不因合同的变更而失去法律效力。

(2) 合同变更的效力,在于使合同内容发生改变,成为债务履行新的根据,当事人按照变更后的合同为履行,合同的变更对双方当事人均有约束力。

(3) 合同的变更是以原合同关系的存在为前提的,变更部分不超出原合同关系之外,原合同关系有对价的仍保有同时履行抗辩权。

(四) 合同的变更与更改

合同的更改,又称合同的更新,是指债权人与债务人成立新债务同时消灭旧债务的合同。可见,更改是消灭旧债成立新债的手段,对于旧债而言是一种债务消灭的原因。经过合同的更改,旧债已经消灭,所以旧债上所附着的利益与瑕疵一并归于消灭。与合同的更改不同,合同的变更仅指合同内容的变更,并不是合同之债消灭的原因,而且,经过合同的变更后,合同仍不失其统一性,故合同上所附着的利益与瑕疵依然存在,只是在加重债务人负担的情况下,非得保证人或物上保证人的同意,保证不发生法律效力。

第十章

违 约 责 任

第一节 概 述

一、违约责任的概念和特征

(一) 概念

违约责任,又称为违反合同的民事责任,是指合同当事人不履行合同义务或者履行合同义务不符合约定时所承担的民事法律后果。英美法将违约责任称为违约的补救,大陆法系则将其包括在债务不履行的民事责任之中或将之视为债的效力的范畴。

违约责任在合同法中占有举足轻重的地位,仅从合同法关于违约责任条文的数目就可见一斑。合同法总则关于违约责任设有 16 个条文,再加上分则中的规定,这个数目相当庞大。不过,与分则关于违约责任的规定相比,合同法总则的规定属于一般规定,意义重大,诚如黄茂荣先生所言,"债务不履行或保护义务的违反,在有名契约中虽偶有规定,但原则上仍以债总中关于债务不履行或积极侵害债权的规定为依据"。[①]

(二) 特征

违约责任是民事责任的一种,因此当然具有民事责任的独立性、财产性、平等性等一般特征,此外,违约责任还具有以下特征:

1. 违约责任是当事人不履行合同债务时所产生的民事责任

违约责任的产生以合同债权债务关系的存在为前提,一方不履行债务或者不适当履行债务均可引发违约责任。在这一点上,其与缔约过失责任、侵权责任具有明显的不同。缔约过失责任是我国《合同法》所确立的一项新的制度,它是缔约人因其过失违反先合同义务致使对方人身权或财产权遭受损害,导致合同不成立、被确认为无效或被撤销时,依法应承担的民事责任。这一责任的发生以合同尚未有效成立为前提。而侵权责任的发生更不以加害人与受害人之间具有合同关系为前提。

2. 违约责任可以由当事人在合同中依法约定,具有相对的任意性

合同基于当事人的合意而产生,当事人可以在合同中约定包括违约责任在内的一切条款,违约责任的任意性最典型表现在当事人可以事先约定违约金或者约定损害赔偿数额或

[①] 黄茂荣:《买卖法》,中国政法大学出版社 2002 年版,第 15 页。

其计算办法,如《合同法》第114条规定:"当事人可以约定一方违约时应当根据违约情况向对方支付一定数额的违约金,也可以约定因违约产生的损失赔偿额的计算方法。"而侵权责任以及缔约过失责任均不具有约定性,属于纯粹的法定责任。

3. 违约责任具有相对性

违约责任的相对性是指违约责任只能在特定的当事人,即合同的债权人和债务人之间发生,只有在合同当事人之间才会发生违约责任问题,合同关系之外的第三人一般不负担违约责任,而合同当事人一般也不对第三人承担违约责任。违约责任的相对性具体表现在以下两个方面:

(1)债务人为其履行辅助人的行为向债权人负责。债务人应为其履行辅助人辅助履行债务的行为负责。履行辅助人是根据债务人意思事实上辅助债务人履行债务的人,一般包括两类:债务人之代理人以及代理人以外辅助债务人履行债务的人,如履行承担中的第三人。履行辅助人具有以下几个特征:① 根据债务人的意思履行债务。由于履行辅助人根据债务人的意思履行债务,则该第三人的过错即为债务人的过错。若第三人并非根据债务人的意思履行债务,也就是说,第三人未经债务人同意而介入债的履行,这种行为是干预他人事务的行为,第三人应对自己的过错独立地承担责任;② 履行辅助人一般根据合同约定或法律规定而产生。大多数履行辅助人是根据债务人与其之间的委托合同而确立的,如委托他人代送信件、运送行李等。也有一些是根据雇佣合同产生的;此外还有一些履行辅助人直接依据法律的规定而产生,如法定代理人为维护被代理人利益而参与交易活动;③ 履行辅助人必须在事实上实施了辅助债务人履行债务的行为。即履行辅助人从事之行为,是帮助债务人履行债务,非为自己履行债务,或从事其他性质的行为。否则,债务人对其行为不必负责。

(2)债务人为第三人的行为向债权人负责。因第三人的行为造成债务人不能履行债务时,债务人仍然要向债权人承担违约责任,债务人承担违约责任后有权向第三人追偿。当然,如果第三人的行为已直接侵害债权,则构成第三人侵害债权,债权人得依侵权法的规定请求该第三人承担责任。在实务中,债务人为第三人的行为向债权人负责的现象,在转包、转租以及连环买卖等合同中较为常见。违约责任的相对性是由合同关系的相对性决定的,由于合同关系只存在于特定的当事人之间,违约责任作为对债务不履行行为的补救措施,其主要功能在于回复守约当事人的损失,因此一般也只发生债权人和债务人之间。违约责任的相对性作为"合同相对性"或"债的相对性"规则的体现,构成了近代合同法的基石。不过,社会的发展已使得这一规则出现了例外,现代合同法在规定合同关系的相对性的同时,又开始对其作出一定的扩张,例如世界各国或地区立法所确立的第三人利益合同、附保护第三人作用的契约等制度,就是这一趋势的典型表现。在这些合同类型中,违约责任就可能发生在债务人和第三人之间。

4. 违约责任主要是一种财产责任

财产责任是指具有经济内容的责任,或者说对其内容可以用货币来衡量计算的责任。违约责任是一种财产责任,其原因在于合同关系为财产关系,合同债务主要是金钱债务,几乎均能用货币来衡量计算,即使是行为债务也可以转化为金钱债务,而违约责任关系为合同关系的替代关系,违约责任为合同责任的转化形式,因此合同关系、债务的财产性决定了合同法中违约责任的财产性。违约责任的财产性并非古即有之,可以说,随着人类法律文明的演进,违约责任的发展经历了一个由兼具人身性、财产性双重属性到仅具有财产性的过程。在历史上,违约责任既可以是财产责任,也可以是人身责任。人身责任即债务人不履行债务时,债权人可以将债务人拘禁、出卖或当成奴隶使用。在社会早期,债务人不履行债务时,法律允许债权人私力救济,带有明显的报复主义色彩。如《十二铜表法》规定,债权人可以将债务人出卖、杀戮;日尔曼法规定,不履行债务即沦为法外之人,其人格、财产不受保护。就目前掌握的资料来看,尚未发现我国有关债奴制的明文规定,但秦律禁止债奴制的规定表明秦前存在着债奴制。进入封建社会后,各国法律逐渐限制、禁止债奴制而运用刑罚手段对债务人人身加以强制,作为对债务人不履行债务的惩罚,欧洲曾普及债务监狱,对不履行债务的行为加以刑事处罚,甚至1804年的《法国民法典》第2059条至2070条也曾规定债务人不履行债务,可对债务人进行民事上的拘留,1867年才废止。进入现代社会以后,各国相继废止对债务人的人身强制,禁止拘禁债务人,债的一般担保仅限于债务人的财产,当债务人不履行债务时,债务人仅以其财产承担责任。

在我国合同法上,违约责任包括赔偿损失、支付违约金、强制履行以及解除合同等形式,这些责任形式均可用货币计算,因此,均属于财产责任范畴。需要注意的是,我国理论界的通说认为,违约行为一般不引起非财产上损害。但是在某些特定的合同形式,如旅游合同中,合同的违反不仅能造成当事人的财产上损失,同时也可能引发精神上的损害,在实务中也有依照违约行为判决被告承担精神损害赔偿责任的做法。因此,当事人所承担的违约责任是否能包括赔礼道歉等非财产责任形式,还值得探讨。

5. 违约责任具有补偿性、强制性

违约责任的补偿性是指违约责任旨在填补或弥补受害人因违约方的行为所受的损失。在一方违约从而使他方遭受损失的情况下,通过使违约方支付赔偿金、违约金或其他方式使受害人的损失得以赔偿。其中,损害赔偿是违约责任最主要的形式,《法国民法典》第1142条规定,"债务可转化为损害赔偿之债"。英美法上十分强调补偿性,将损害赔偿作为违约的首先补救方式,实际履行作为衡平法上例外的补救措施。违约责任的补偿性表现在一方赔偿应相当于对方所受的损失;在多种责任形式并存时,应与违约行为所致的后果大致相当。违约责任还具有强制性。法律责任的本质决定了法律责任具有强制性,违约责任作为法律责任也不例外,其强制性表现为违约时,法律强使违约方支付违约金或承担其他责任形式如实际履行合同义务,不以违约方意志为转移。此时,违约责任可由当事人约定,当此约定不符法定,得进行干预,这体现了一定的强制性,不以违约方的意志为转移。

二、违约责任的性质

我国理论界对违约责任性质的认定存在着不同的观点。概括起来有制裁说、补偿说、补偿兼具制裁说等观点。其中制裁说主张,违约责任是对违约行为的一种法律制裁,因为违约不仅侵害的是债权人的利益,同时也侵害了整个社会经济秩序,此时,就需要完善的责任制度,通过对违约行为的制裁,使合同能够达到完全履行的状态。补偿说认为,从民法的平等原则和等价原则出发,违约责任应当具有补偿性,即违约责任在性质上旨在弥补或补偿因违约行为所造成的损害后果。还有观点认为,强调违约责任的补偿性,并不能否定违约责任的制裁性,补偿性和制裁性是违约责任应具有的双重属性。①

我们认为,我国合同立法主要体现了违约责任的补偿性,例如《合同法》第 113 条第 1 款、第 114 条均体现了违约责任的补偿性特征;不过,也有条款体现出了违约责任的制裁性或惩罚性特征,如《合同法》第 113 条第 2 款规定,"经营者对消费者提供商品或者服务有欺诈行为的,依照《中华人民共和国消费者权益保护法》的规定承担损害赔偿责任。"该款所确立的损害赔偿属于惩罚性损害赔偿。所谓惩罚性损害赔偿是指由法院判令加害人支付给受害人的超过其财产损害范围的一种金钱赔偿。惩罚性赔偿主要适用于侵权行为纠纷,其目的在于惩罚不法行为人、制止不法行为的发生,慰藉受害人心理上的痛苦。我国合同法的上述规定仅针对经营者销售中的欺诈行为,旨在保护消费者的权益。不过,需要注意的是,虽然惩罚性赔偿在侵权行为法中有很大的适用空间,但在合同法中却不宜过多的采用惩罚性损害赔偿,因为这一方式不但不符合等价交换的原则,而且这一方式的采纳将会给合同当事人带来极大的不确定的风险,不符合交易的要求。

三、我国合同法中违约责任制度的特点

在合同法中,违约责任制度的设计体现出了以下几个方面的特点:

(1) 整个违约责任制度设计的基点是"义务违反"。《合同法》第 107 条规定:"当事人一方不履行合同义务或者履行合同义务不符合约定的,应当承担继续履行、采取补救措施或者赔偿损失等违约责任。"这就明确指出,当事人承担违约责任的前提是合同义务的违反。当然,由于合同法增加了合同当事人应承担的法定义务,别是附随义务,促使合同义务来源的多样化②,这就使得义务违反的形式也趋于多样化。

(2) 从立法的技术上来看,违约责任制度在我国合同法中采取了总分则相结合的立法体例。总则规定了关于违约责任的基本制度,而分则中除了第 23 章"居间合同"没有涉及违约责任的条款以外,各个有名合同中都设立了特殊的违约责任条款。因此,在法律适用上,如果有名合同对违约责任有特殊规定的,则应先适用该特别规定。如对于违约损害赔偿,我国《合同法》第 113 条确立了完全赔偿原则,但在《合同法》第 312 条规定:"……法律、法规对赔偿额的计算方法和赔偿限额另有规定的,依照其规定。"而根据《铁路法》第 17 条的规定,③承运人的赔偿范围,原则上不超过保价额或赔偿限额;但损害系因承运人之故意或重大过失所致的,承运人始按实际损失赔偿。因此,合同法分则或特别法关于承运人赔偿范围的规定已修正了总则所确立的完全赔偿原则。唯此修正并未完全否认总则关于赔偿范围的一般规定,在铁路承运人故意或重大过失情形,其赔偿范围与总则规定一致,仍在适用完全赔偿原则。合同法分则及特别法关于限额赔偿之规定仅部分修正了完全赔偿原则。

(3) 从责任构成上来看,不同的责任形式适用不同的归责原则或者责任的构成要件。④

---

① 王利明:《违约责任论》,中国政法大学出版社 1996 年版,第 20 页。
② 同上书,第 9 页。
③ 我国《铁路法》第 17 条规定:"铁路运输企业应当对承运人的货物、包裹、行李自接受承运时起到交付时止发生的灭失、短少、变质、污染或者损坏,承担赔偿责任:(1) 托运人或者旅客根据自愿申请办理保价运输的,按照实际损失赔偿,但最高不超过保价额。(2) 未按保价运输承运的,按照实际损失赔偿,但最高不超过国务院铁路主管部门规定的赔偿限额,如果损失是由于铁路运输企业的故意或者重大过失造成的,不适用赔偿限额的规定,按实际损失赔偿。"
④ 参见陈小君主编:《合同法新制度研究与适用》,珠海出版社 1999 年版,第 295—296 页。

如违约金责任的承担只需当事人有违约行为,无须守约方受有财产上的损失;而损害赔偿责任的承担则以违约行为造成守约方财产损失为条件。

第二节 违约责任的归责原则

一、归责原则概述

违约责任的归责原则,是指基于一定的归责事由确定违约责任承担的法律原则。也就是说,基于一定的归责事由而确定行为人是否承担责任的法律原则。

归责原则在合同法中起着举足轻重的作用。不同的归责原则的确定,对违约责任制度的内容起着决定性的作用,这具体表现在以下几个方面:(1)归责原则直接决定着违约责任的构成要件。如在过错责任中,过错是违约责任的一般构成要件。而在严格责任中,过错虽非归责中绝对不考虑的因素,但该责任并不以过错为构成要件。(2)归责原则决定着举证责任的内容。在合同法中,为了保护非违约方的利益,减轻其对过错的举证负担,一般采取过错推定的方式,即仅要求非违约方就违约的事实举证,而由违约方举证证明自己无过错。但在严格责任中,过错不是构成责任的必要条件,违约方无义务证明自己无过错。

值得注意的是,由于违约责任形式众多,各种违约责任形态对归责的要求迥异,并无可能建立起可涵盖何种违约责任形态的一般性归责原则。本节所阐述的归责原则,仅针对违约损害赔偿责任。

二、违约责任归责原则的立法模式

我国民法学界一般将《合同法》第 107 条作为我国民法违约责任归责原则的一般规则[①],并普遍地认该条确立了"严格责任原则"[②]。目前,我国学界的主流观点认为,所谓严格责任,是指债务人违约即应承担违约责任,除非存在约定或法定免责事由,而不以债务人在主观上有过错为要件。[③]

之所以采严格责任说,一般认为,系基于以下缘由:(1)民法通则及涉外经济合同法和技术合同法已经将违约责任规定为严格责任。(2)严格责任是合同法发展的趋势。英美法系就违约责任采取严格责任。《联合国国际货物销售合同公约》《国际商事合同通则》《欧洲

---

① 其实,违约责任的归责原则在我国合同法的立法过程中几经变化。合同法立法方案中曾将其规定为过错推定原则。依据该方案制定的《合同法学者建议稿》第 138 条规定:"合同当事人一方不履行合同债务或者其不履行不符合法定或约定条件的,应当承担违约责任,但当事人能够证明自己没有过错的除外。"其后的第三稿以及征求意见稿删除了一稿中的但书,如《征求意见稿》第 76 条规定:"当事人不履行债务或者履行债务不符合约定或者法律规定的,应当承担违约责任。"《合同法(草案)》与征求意见稿基本保持了一致,只是将"应当承担违约责任"改为"应当承担继续履行、采取补救措施或赔偿损失等违约责任",此条文在合同法的最终文本中得到了保留,此即现行合同法第 107 条。

② 参见顾昂然主编:《中华人民共和国合同法讲话》,法律出版社 1999 年版,第 45—46 页;韩世远:《合同法总论》,法律出版社 2011 年版,第 589—596 页;陈小君主编:《合同法学》,中国政法大学出版社 2007 年版,第 173 页;马骏驹、余延满:《民法原论》,法律出版社 2007 年版,第 618 页。

③ 当然,也有观点认为该条采纳的是过错责任,而非严格责任。因为无论从立法解释、历史解释、体系解释上,还是根据民法通则的相关规定来分析,我国合同法都是采取了过错责任。参见崔建远:《严格责任?过错责任?——中国合同法归责原则的立法论》,载梁慧星主编:《民商法论丛》(第 11 卷),法律出版社 1999 年版,第 197 页;李永军:《合同法》,法律出版社 2004 年版,第 577 页。

合同法原则》均采行严格责任。如果说《联合国国际货物销售合同公约》采纳严格责任原则是受英美法系影响的话,则《国际商事合同通则》和《欧洲合同法原则》之采纳严格责任,应该被认为是两大法系的权威学者在经过充分的斟酌权衡之后所达成的共识,反映了合同法发展的共同趋势。(3) 严格责任具有显而易见的优点。"首先是在严格责任原则之下,原告只需向法院证明被告未履行合同义务的事实,……既不要求原告证明被告对于不履行有过错,也不要求被告证明自己对于不履行无过错。……被告免责的可能性在于证明有免责事由。由于不履行和免责事由均属于客观存在的事实,其存在与否的证明与判断相对来说比较容易。而过错属于主观的心理状态,其存在与否的证明与判断相对来说比较困难。因此,实行严格责任原则可以方便裁判,有利于诉讼经济。其次,在严格责任原则之下,使不履行与违约责任直接联系,……有利于促使当事人严肃对待合同,有利于合同的严肃性。……可以避免在过错责任原则之下违约方总是企图寻求无过错的理由以期逃脱责任的现象,有利于增强当事人的责任心和法律意识。"(4) 严格责任更符合合同的本质。"侵权行为一般发生在预先不存在联系的当事人之间……社会生活中,各人都为追求自己的利益而行动,发生权利冲突在所难免……既然权利冲突是广泛存在的,损害的发生是难以避免的,法律上要求侵权行为人承担责任就不应仅以损害发生为前提,在损害事实之外还应该另有其理由,这就是可归责性。过错就是可归责性。由于具有过错,这就使得追究一般侵权行为责任具有了合理性和说服力……违约责任发生在预先有密切联系的当事人之间违约方和受害方预先通过自愿协商,建立了合法有效的合同关系,商定了相互之间的权利义务……违约责任是由合同义务转化而来,本质上出于当事人双方约定,不是法律强加的,这与侵权责任显然不同。合同相当于当事人双方自己制定的法律。法律确认合同具有拘束力,在一方不履行时追究其违约责任,不过是执行当事人的意愿和约定而已。因此,违约责任与一般侵权行为责任比较,应该更严格。质言之,违约责任出于当事人自己的约定,这就使违约责任具有了充分的合理性和说服力,此外无须再要求违约责任具有合理性和说服力的其他理由。"[1]

以上所述,固有所据,但部分论据亦有值得商榷之处。如究竟民法通则、涉外经济合同法、技术合同法是否已确立了严格责任,系价值判断问题,其实与持论者所使用的解释方法有关。若诉诸文义解释方法,因上述三部法律中均未明确要求"过错",故可认为系严格责任;而若采取体系解释、历史解释等方法,则可认为系过错责任。[2] 再如严格责任是否是合同法发展的趋势,其实并不确定。以德国为例,《德国民法典》第276条第1款规定,"除另有规定外,债务人就故意过失可归责。违反交易上必要注意的,为过失。于此准用第827条、第828条。"此为极其典型的基于过错的债务不履行责任。2002年债法现代化将该条修改为"较故意或过失更重或更轻之责任,并未规定,亦无法自债之关系其他内容,由其自担保之承担或获取风险之承担等情事导出者,债务人就故意或过失之行为为可归责。第827条、第828条之规定,准用之。"相较于修正前的条文,该条明确阐述了"另有规定"的含义,但依然坚守了过错责任原则。再以《国际商事合同通则》为例。该《通则》在违约责任归责原则上

---

[1] 梁慧星:"从过错责任到严格责任——关于合同法草案征求意见稿第76条第1款",载梁慧星主编:《民商法论丛》(第8卷),法律出版社1997年版,第6—7页。
[2] 具体分析,可参见崔建远:《严格责任?过错责任?——中国合同法归责原则的立法论》,载梁慧星主编:《民商法论丛》(第11卷),法律出版社1999年版,第197页;韩世远:《合同法总论》,法律出版社2011年版,第590—591页。

最重大的特色在于将合同债务区分为不同类型并进而提出不同的归责要求。该《通则》第5.4条规定,"(1)如果一方当事人的义务涉及取得特定结果,则该当事人有义务取得该特定结果。(2)如果一方当事人的义务涉及在履行某一项活动时尽最大的努力,则该当事人有义务尽一个与其具有同等资格、通情达理的人在相同情况下所尽的义务。"据此,合同债务可分为"获得特定结果债务"与"尽最大努力债务"两种类型,前者实行严格责任原则,而后者则实行过错责任原则。

撇开上述争论不论,严格责任的归责原则在合同法分则中也没有得到彻底贯彻。如《合同法》第191条规定,"赠与人故意不告知瑕疵或者保证无瑕疵,造成受赠人损失的,应当承担损害赔偿责任";第222条规定,"承租人……因保管不善造成租赁物毁损、灭失的,应当承担损害赔偿责任";第257条规定,"定作人怠于答复等原因造成承揽人损失的,应当赔偿损失";第265条规定,"承揽人应当妥善保管定作人提供的材料以及完成的工作成果,因保管不善造成毁损、灭失的,应当承担损害赔偿责任";第320条规定,"因托运人托运货物时的过错造成多式联运经营人损失的,即使托运人已经转让多式联运单据,托运人仍然应当承担损害赔偿责任";第374条规定,"保管期间,因保管人保管不善造成保管物毁损、灭失的,保管人应当承担损害赔偿责任,但保管是无偿的,保管人证明自己没有重大过失的,不承担损害赔偿责任";第406条规定,"有偿的委托合同,因受托人的过错给委托人造成损失的,委托人可以要求赔偿损失。无偿的委托合同,因受托人的故意或者重大过失给委托人造成损失的,委托人可以要求赔偿损失。"

总之,即使认为《合同法》第107条采纳了严格责任原则,则我国合同法关于违约损害赔偿责任的归责原则实际上也是采取了二元立法模式,即总则中的严格责任与分则中的过错责任相结合的立法模式。

三、严格责任原则与过错责任原则

严格责任原则是指一方当事人不履行或者不适当履行合同义务给另一方当事人造成损害,就应当承担违约责任。也就是说,违约方不履行合同义务,不论其主观上是否具有过错均应当承担违约责任。我国《合同法》第107条就是关于严格责任的明文规定。一般认为,将严格责任作为违约责任的归责原则,其宗旨在于合理补偿债权人的损失,从而能够根据公平观念分担损失。与过错责任原则和过错推定责任原则相比,严格责任具有以下特点:(1)严格责任并不以过错为要件,被告是否具有过错不作为衡量责任承担的依据。违约行为发生以后,违约方即应当承担违约责任,而不以违约方的主观过错作为其承担违约责任的依据,但这并非意味着违约方要承担绝对的责任,在严格责任中,仍然承认在某些情况下违约方对违约责任的承担可以提出抗辩。(2)严格责任的损失在于合理补偿债权人的损失,而不在于惩罚过错行为。在因不可归责于双方当事人的事由造成标的物毁损灭失的情况下,发生风险的分担问题。

滥觞于罗马法的过错责任在大陆法系国家的民法体系中占据着相当重要的地位,1804年的《法国民法典》和1900年的《德国民法典》均明定过错责任原则为违约责任的归责原则。我国合同法也不例外。我国《合同法》中有多处条文都使用了"故意""重大过失"等概念,这就说明合同法分则中的部分有名合同仍然适用过错责任原则。我们认为,强调过错责任在合同法中的地位、在某些有名合同中将过错作为违约责任的构成要件仍然具有重要的意义:(1) 可以宣告当事人的违约行为具有可谴责性和应受非难性;(2) 过错程度的划分对于违约责任的成立、责任范围大小的确定、混合过错的运用及免责条款效的认定等都不无影响。例如《合同法》第 189 条规定:"因赠与人故意或者重大过失致使赠与的财产毁损、灭失的,赠与人应当承担损害赔偿责任。"由此可见,赠与人对其抽象轻过失和具体轻过失不承担责任。过错是合同当事人通过其违约行为所表现出来的在法律和道德上应受非难的故意和过失状态。由于对故意或过失的主观意图存在着举证上的困难,因此违约责任中的过错通常是通过推定的方法加以认定的,即只要确定当事人实施了违约行为,就推定其主观上存在过错,债权人就债务人的主观过错不承担举证责任。债务人只有证明其主观上没有过错,如存在不可抗力或者债权人有过错,才可以否定违约责任的承担。

四、免责条件

免责条件是指依据法律规定或当事人约定,当事人对其不履行合同的行为不承担违约责任的条件。我国《合同法》第 107 条规定了严格责任的归责原则,但这并非意味着违约方在任何情况下都要对其违约行为负责、承担违约责任。如果当事人之间存在着有效的免责约款时,则在该约款所约定的条件成就时,相应的当事人可以免于承担违约责任,自不待言。此外,在法定的免责事由发生时,当事人也可不承担违约责任。如《合同法》第 311 条规定,"承运人对运输过程中货物的毁损、灭失承担损害赔偿责任,但承运人证明货物的毁损、灭失是因不可抗力、货物本身的自然性质或者合理损耗以及托运人、收货人的过错造成的,不承担损害赔偿责任。"据此,不可抗力、货物本身的自然性质和货物的合理损耗、债权人的过错等都可构成债权人不承担违约责任的免责条件。此处详述不可抗力和债权人的过错。

(一) 不可抗力

根据《合同法》第 117 条第 2 款的规定,所谓不可抗力,是指不能预见、不能避免并不能克服的客观情况。现代各国普遍将不可抗力作为违约责任的免责的事由。不可抗力是普遍适用的免责条件。不可抗力作为一个法律上的概念,起源于罗马法。罗马法中的不可抗力包括了意外事故在内,是指完全不可预见的或不可预防的事件,包括火灾、坍塌等。当不可抗力致使物品灭失或给付不能时,债务人可以被免责。乌尔比安指出,遵守契约本身就是遵守法律,但是,"根据善意诉讼原则,没有人对野兽的行为、对无过失发生的死亡、对通常不受监视的奴隶的逃亡、对掠夺、对叛乱、对火灾、对水灾、对强盗的袭击承担责任。"[①]

对不可抗力的理解,现代民法理论上主要有三种观点:主观说、客观说、折中说。其中,主观说认为,不可抗力是指即使尽最大注意也不能防止其发生的事件,是不负责任的事由;客观说认为,不可抗力存在与否,应当与当事人有无过错问题完全分离,应当从纯粹的客观方面来认定,包括质的要素和量的要素两个要件:质的要素是指必须是不属于当事人的原因而发生的事故,量的要素是指在交易上通常不发生的事故。折中说则认为,主观说和客观说均有片面性,质的方面必须限定在当事人以外的原因发生的事故,而量的要件则要求在一定程度上考虑当事人是否具有过错。我国《民法通则》第 153 条和《合同法》第 117 条的规定均

---

① [意]彼德罗·彭梵得:《罗马法教科书》,黄风译,中国政法大学出版社 1992 年版,第 331 页。

采用了折中说。① 我国立法对不可抗力的界定显然较为严格。②

一般来说,不可抗力可包括以下情形:(1)自然灾害。自然灾害是否属于不可抗力的范畴,在各国民法中的规定并不相同,法国法中的不可抗力排除自然灾害,而英美法系则对其加以承认。我国法中,自然灾害属于典型的不可抗力。(2)政府行为。在当事人订立合同以后,因政府颁发新的政策、法律和行政法规导致合同不能履行的情形,其中也包括战争行为。(3)社会异常事件。主要是指一些偶发事件阻碍合同的履行,如罢工、骚乱等。这些行为既不是自然事件,也不是政府行为,而是社会中人为的行为,但对于合同当事人来说,在订约时是不可预见的,因此也可以成为不可抗力的事件。

当然,由于不可抗力的概念较为抽象、笼统,上述立法定义并不能为裁判者提供具有可操作性的有效指引。即哪些是属于不能预见的、哪些是属于不能避免的、哪些是属于不能克服的,应委诸裁判者个案认定。如就罢工这一客观事实而言,在具体案件中,能否以罢工来免除债务人的违约责任需要具体分析判断。在英美法系,一般认为,"只要劳工争端对于卖方来说是能够避免的,卖方就不能免责,即使向工人妥协的代价会很巨大。如果卖方或者他的生产商卷入了一般性的,特别是政治性的罢工,那么这可能会是一个合理的免责理由,只要这种罢工的可能性不是在订立合同之时就已经被预见到了,或者这种罢工的结果本可以通过一定的手段避免。"③

(二)债权人的原因

因债权人的原因致使债务人不履行合同的,债务人不负违约责任。所谓债权人的原因是指债务人不履行合同或不适当履行合同是由于债权人的原因造成的,换言之,债权人的行为与债务人不履行或不适当履行的行为之间具有因果关系。我国《合同法》在一些具体情形中将债权人的原因规定为免责事由,如除上述的第311条外,《合同法》第370条也规定:"寄存人交付的保管物有瑕疵或者按照保管物的性质需要采取特殊保管措施的,寄存人应当将有关情况告知保管人。寄存人未告知,致使保管物受损失的,保管人不承担损害赔偿责任。"《民法通则》第113条以及第114条也有相应的规定。不过,较为可惜的是,我国《合同法》未将债权人的原因规定了一般性的免责事由。④

将债权人的原因,尤其是债权人的过错作为违约方的免责事由的理论依据是履行障碍的风险由造成障碍者承担的思想。也就是说,债权人本身的过错即可视为制造了履行障碍,

---

① 崔建远:《合同法》,法律出版社2000年版,第254页。
② 在相应免责事由的规定上,《联合国国际货物销售合同公约》第79条第1款的表述是"由于某种非他所能控制的障碍,而且对于这种障碍,没有理由预期他在订立合同时能考虑到或者能避免或克服它或它的后果。"《欧洲示范民法典草案》第Ⅲ—3:104条第一款的表述是"债务人不履行债务是因超出债务人控制的障碍导致,且不能合理地期待债务人可以避免或者克服该障碍或其后果的,债务人的不履行可以免责。"这些立法文件的表述均比我国民事立法的规定要宽泛。
③ 〔德〕Peter Schlechtriem:《〈联合国国际货物销售合同公约〉评释》,李慧妮译,北京大学出版社2006年版,第197—198页。
④ 在世界范围内,将债权人原因规定为债务人违约责任免责事由的立法或立法性文件不乏其例。如《联合国国际货物销售合同公约》第80条规定:"一方当事人因其行为或不行为而使得另一方当事人不履行义务时,不得声称该另一方当事人不履行义务。"《欧洲合同法原则》第8:101条[可以获得的救济]规定,"……(3)只要一方当事人自己的行为造成了另一方当事人的不履行,该方当事人不得寻求第九章中规定的任何救济方式。"《国际商事合同通则》第7.1.2条规定:"一方当事人不得依赖另一方当事人的不履行,如果该不履行是由前者的作为或不作为或由其承担风险的其他事件所致。"《欧洲示范民法典草案》第Ⅲ—3:101条规定:"……(3)在因债权人原因导致债务人不履行债务的范围内,债权人不得采取任何救济措施。"

造成的违约后果应当由其自己承担。[①]

需要指出的是,债权人的过错在一般情况下可以表明债权人本身已构成违约。如因发包人变更计划,提供的资料不准确,或者未按照期限提供必需的勘察、设计工作条件而造成勘察、设计的返工、停工或者修改计划,发包人本身已构成违约,此际,因债权人的过错导致债务人不能履行合同的,债务人不仅可以债权人的过错为由而要求免责,而且可以请求债权人承担违约责任。

第三节 违约行为的形态

一、违约行为的概念和特征

违约行为是合同当事人不履行或者不适当履行合同义务的客观事实。违约行为的发生以合同关系存在为前提。违约行为是构成违约责任的首要条件,无违约行为即无违约责任。

违约行为是一种民事违法行为,与其他民事违法行为相比,它具有以下几个方面的特征:(1) 违约行为的行为人是合同当事人,这是由合同相对性规则所决定的。(2) 违约行为违反了合同义务。合同义务主要基于当事人的约定而产生,具有任意性,对该约定义务的违反构成违约行为。但是,对于合同没有明确约定,但对根据诚实信用原则所产生的附随义务的违反,也可能构成违约行为。(3) 违约行为侵害的对象,只能是合同债权。与合同义务相对应的是合同债权,对合同义务的违反必然导致对合同债权的侵害。

二、违约行为的形态

违约行为形态,是根据违约行为违反合同义务的性质和特点,对违约行为所作的分类。违约责任的分类始于罗马法,在罗马法中,违约形态分为给付不能和迟延履行两种。给付不能又分为广义和狭义两种,其中狭义的给付不能是指没有实际履行的可能;广义的给付不能是指虽然给付是可能的,但给付的结果在当事人之间显失公平。迟延履行也分为两种,即债务人给付迟延和债权人受领迟延。罗马法对不同的违约形态还确定了不同的救济方式。法国民法受罗马法的影响,在其第1147条规定了不履行和迟延履行两种违约行为形态,即"凡债务人不能证明其不能履行债务系由于不应归其个人负责的外来原因时,即使在其个人方面并无恶意,债务人对于其不履行或者迟延履行债务,如有必要,应支付损害的赔偿"。德国民法也基本上继受了罗马法的规定,区分了履行不能和迟延履行,履行不能又分为原始不能和嗣后不能。迟延履行则区分为债权人受领迟延和债务人给付迟延。

依照我国《合同法》第107条和第108条,结合理论上对违约行为的认识,我们认为,在我国,违约行为可以分为以下几种类型:

(一) 履行不能

履行不能是指债务人由于某种原因不能履行其债务。例如在以提供劳务为标的的合同中,债务人丧失劳动能力为履行不能;在以特定物为标的的合同中,特定物的毁损灭失导致合同履行不能;以种类物为标的物的合同中,种类物全部毁损灭失也为履行不能。一般认

[①] 崔建远:《合同法》,法律出版社2000年版,第256页。

为,在认定何种情况为履行不能时,应当依照社会观念来判断,凡是社会观念认为债务事实上无法强制履行的即为履行不能。

依不同的标准,可将履行不能区分为以下不同的类型:(1) 以是否可归责于债务人为标准,可以分为主观不能和客观不能。主观不能是指因为可归责于债务人的事由导致的履行不能;客观不能则是指因不可归责于债务人的事由导致的履行不能。(2) 以履行不能发生的时间为标准,可将履行不能分为自始不能和嗣后不能。自始不能是指在债务成立时即不能履行;嗣后不能是指在债务成立之后方不能履行。(3) 以不能是否持久为标准,可将履行不能分为永久不能和一时不能。前者是指履行期限届满时不能履行;后者指履行期限届满时因暂时阻碍而不能履行。(4) 以导致履行不能的事实的性质为标准,可将履行不能分为事实不能与法律不能。前者指债务在事实上不能履行,后者指债务因法律上的原因而不能履行。(5) 以全部的范围为标准,可将履行不能分为全部不能和部分不能。前者指债务全部不能履行,后者指债务部分不能履行。

(二) 迟延履行

迟延履行又称为逾期履行或债务人迟延,是指债务人能够履行,但在履行期届满时却没有履行债务的情形。

迟延履行的构成,必须包括以下要件:(1) 存在着有效的债务。(2) 债务人能够履行。如债务已不可能履行,则属于履行不能而不构成迟延履行。(3) 债务已届履行期。即债务履行期限已届满。债务的履行期限对于迟延履行的认定有重要意义。合同明确约定有履行期限的,债务人在履行期届满时未履行债务的,构成履行迟延;其中约定确定期限的,该日期为履行期届满时间,如甲乙约定乙必须在5月1日履行合同或必须在10月1日之前履行合同,则5月1日或10月1日为履行期届满时间;约定履行期间范围的,以最后期限为履行期届满时间,如甲乙约定乙必须在5月1日至6月1日这段时间履行合同,则6月1日为履行期届满时间。合同未明确约定履行期限的,则债权人应定一合理期限,催告债务人履行义务,此期限届满,债务人未履行债务的,构成迟延履行。(4) 债务人未履行债务。债务人迟延履行,应当承担迟延履行的违约责任,同时根据《合同法》第117条第1款后段的规定,还要承担迟延期间因不可抗力造成标的物损害的赔偿责任。若债务人迟延后的履行,对债权人无利益的,债权人可以拒绝接受履行,并由债务人承担不履行的违约责任。(5) 债务人须无正当理由。如债务人行使各种抗辩权或债权人未协助等均为不履行债务有正当理由,此时债务人的不履行不能构成迟延履行。

(三) 拒绝履行

拒绝履行又称为毁约,是指债务人能够履行其债务而在履行期届满时对债权人表示不履行债务。拒绝履行的构成,必须包括以下要件:(1) 必须存在有效债务;(2) 债务可能履行;(3) 债务人有拒绝履行的表示。债务人作出拒绝履行的表示可以明示方式或默示方式。(4) 债务人出于故意。即债务人明知有债务且未履行而拒绝履行。(5) 债务人拒绝履行无正当理由。如果债务人行使同时履行抗辩权、不安抗辩权、先诉抗辩权以及时效完成、期限届满之抗辩权,则为正当权利之行使,不构成拒绝履行。

(四) 受领迟延

受领迟延又称为债权人迟延,是指债权人对于债务人之履行应当且能够受领而不为或不能受领。

受领迟延的构成,必须包括以下要件:(1)债务履行须债权人协助。若债务履行不需债权人协助,债务人即可自行完成债务之履行,不发生受领迟延的问题。(2)债务已届履行期。合同定有履行期的,在履行期届满之前,债务人原则上不得提前履行,如提前履行,债权人有权拒绝,而不导致受领迟延,但履行期届满债务人提出履行,债权人拒绝的,则为受领迟延;未定有履行期的,债务人提出履行应确定一个合理的期限,未提出合理期限而向债权人履行的,债权人可拒绝受领,不构成受领迟延;合理期限届满,债务人履行,债权人拒绝受领的,构成受领迟延。(3)债务人已提出履行或实际履行。提出履行如通知债权人前往领取标的物,实际履行如债务人已经将标的物送至债权人处,使债权人处于可受领状态。或债务人未使标的物处于可受领状态,则债权人无受领的可能,从而不构成受领迟延。(4)债权人不为受领或不能受领。债权人不为受领表现为拒绝受领或需债权人协助时未为协助。债权人不能受领是指因债权人自己的原因在客观上无法受领,如债权人仓库倒塌,场地未准备就绪等。

(五)不完全履行

不完全履行又称为不完全给付或不适当履行,是指当事人虽以适当的履行的意思进行了履行,但履行的内容不符合法律的规定或者合同的约定,即不符合债务的本旨。

不完全履行可以分为以下几种类型:(1)量的不完全履行。量的不完全履行是指标的物数量短缺或过多。(2)瑕疵履行。瑕疵履行是指债务人交付的标的物不符合法定或约定的质量标准,从而造成债权人履行利益受损失。所谓履行利益,是指债务人依照债之本旨履行债务时,债权人可以获得的利益,也就是说,若债务人严格依照合同约定履行时,债权人从中可得到的利益为履行利益。如果债务人未依合同规定履行,债权人依合同本来可得到的利益未得到,会给债权人造成损失,此种损失就是履行利益受损失。如甲向乙交付有病的家畜,使家畜的价值减少;房屋修缮人偷工减料使房屋价值减少;出卖人误告机器装配方法,使买受人无法正常装配、操作,造成机器的使用效用减少等。(3)加害给付。加害给付又称为积极侵害债权,是指债务人实施违反合同义务的行为,从而造成债权人履行利益以外的其他利益受损失,具体而言,也就是侵害了标的物以外的财产利益和人身利益。如甲向乙交付有病的家畜,使乙原有的其他家畜因传染而死亡;房屋修缮人偷工减料,使雨天房屋漏水造成债权人挂在墙上的名画受损;药品的出卖人未告知服用方法致病人服用过量病情加重等等。履行利益以外的其他利益,又称为固有利益或维护利益,是指债权人享有的不受债务人和其他人侵害的现存财产利益和人身利益,或者称为履行标的物以外的财产利益和人身利益。(4)履行方法的不完全履行。如本应一次履行却分次履行,本应选择最近运输路线却选择了较远路线履行等。(5)违反附随义务的不完全履行。

(六)预期违约

我国《合同法》第108条规定:"当事人一方明确表示或者以自己的行为表明不履行合同义务的,对方可以在履行期限届满之前要求其承担违约责任。"该条即明确地将预期违约规定为一种违约类型。

预期违约(antipatory breach of contract)是英美法系从判例中发展而来的制度。它与大陆法系国家或地区所实行的实际违约的主要区别在于,两者违约的时间不同,预期违约是在履行期届满前的违约,而实际违约则是在履行期届满时或届满后的违约。预期违约可以分为明示预期违约与默示预期违约两种基本类型。

明示预期违约，又称为明示毁约，是指在合同有效成立后至合同约定的履行期届满前，一方当事人肯定明确的向另一方当事人明示其将不按约定履行合同义务。明示预期违约的构成，必须具备以下要件：

（1）必须发生在合同有效成立后至合同约定的履行期届满前这段时间内。

（2）当事人明确、肯定的作出将不履行义务的意思表示；也就是说，当事人毁约的意图是十分明确的，不附有任何条件。

（3）当事人表示的不履行必须是不履行合同主要义务；正是由于一方当事人表示其在履行期到来之后，将不履行合同的主要义务，从而会使另一方当事人订约的目的不能实现，或严重损害其期待利益，因此明示毁约方应负违约责任。如果行为人只是表示其将不履行合同的次要义务，则不构成明示毁约。

（4）须不履行无正当事由。只有当事人不履行合同义务无正当事由，才构成明示毁约。一般来说，下述事由可以可以成立正当理由：因债权人违约而使债务人享有解除合同的权利，因合同具有无效因素而被确认无效，合同根本未成立，债务人享有抗辩权以及因发生不可抗力而使合同不能履行等。此际，就不能构成明示毁约。在默示毁约的情况下，另一方既可以拒绝对方的明示毁约，也就是说，其可以根本不考虑一方所作出的毁约要求，而单方面坚持合同的效力，等到履行期到来后要求毁约方继续履行合同或承担违约责任；也可以根据《合同法》第108条的规定立即提出请求，要求对方在履行期到来前承担违约责任。

默示预期违约，又称为默示毁约，是指在履行期到来之前，一方当事人有足够的证据证明对方将不履行或不能履行合同义务，而对方当事人又不愿意提供必要的担保。例如在履行期限届临前，负有交货义务的一方将作为合同标的的货物以高价转售给第三方，该自身行为就构成预期默示预期违约。

默示预期违约的构成，必须具备以下要件：

（1）债权人有确切的证据证明债务人在履行期到来时将不履行或不能履行合同义务。虽然与明示毁约不同，债务人未明确表示在履行期届满时不履行合同义务，但根据债务人的行为和财产状况等客观情况来判断，在履行期到来时，该债务人将不履行或不能履行合同义务，这同样使债权人面临着一种因债权不获清偿而受损的危险，这实际上与明示毁约又无多少差异。

（2）债务人被要求提供履行担保，而其在合理的期间内不能提供充分的担保。债权人虽然有证据证明债务人可能于清偿期届满时不履行义务，但这毕竟是一种猜测，猜测不能代替债务人自身的语言和行为表示。因此，只有在债权人要求债务人提供担保而债务人又拒绝提供或不能提供担保时，才能确信其行为构成违约。在默示毁约的情况下，非违约方既可以在履行期到来以后要求毁约方实际履行或承担违约责任，也可以不必等待履行期限的到来而直接要求毁约方实际履行或承担违约责任。

第四节　违约责任的形式

违约责任的形式也就是违约方当事人承担违约责任的具体方式。根据《合同法》第107条的规定，在我国，违约责任主要包括以下几种形式：

一、支付违约金

(一) 概念和特征

违约金是指合同当事人不履行合同债务时根据法律规定和合同的约定向对方当事人支付的一定数额的金钱。支付违约金,是合同债务人违反合同时应当向对方支付约定或法定的一定数额金钱的责任形式,此种责任形式只有在当事人有明确约定或法律有规定时才适用,否则就只能适用损害赔偿的民事责任形式。

违约金具有以下法律特征:(1) 违约金是由当事人协商确定的。当事人约定违约金的权利是合同自由原则的体现,当然,违约金的约定虽然属于当事人享的合同自由的范围,但此种自由不是绝对的,而是应受限制的。根据《合同法》第114条的规定,约定的违约金低于造成的损失的,当事人可以请求人民法院或者仲裁机构予以增加,约定的违约金过分高于造成的损失的,当事人可以请求人民法院或者仲裁机构予以适当减少。(2) 违约金条款具有从合同的性质。从本质上看,违约金具有从合同的性质,它以主合同存在为必要条件,当主合同不成立、无效或被撤销时,约定的违约金条款也不能发生效力。主合同消灭,约定的违约金责任也消灭。不过,约定违约金也具有相对独立性,如因一方违约而发生合同的解除,非违约方仍可请求违约方支付约定的违约金。(3) 违约金的数额是预先确定的。违约金作为预先确定的赔偿数额,在违约后对损失予以补偿,免去举证责任,也避免计算损失的困难,相对简单明确。第四,违约金是一种违约后生效的责任方式。违约金条款在合同订立时并不生效,只是在一方发生违约后才能产生法律效力。

(二) 违约金的效力

一般而言,违约金可分为惩罚性违约金和赔偿性违约金两种类型,而违约金的效力也因违约金种类的不同而有异同。所谓惩罚性违约金,是指合同约定或法律规定,由合同违约方支付一笔金钱,作为对违约行为的惩罚。赔偿性违约金则是指合同双方当事人预先估计的损失赔偿总额,在违约方承担违约金责任之后,就不再承担继续履行合同或赔偿损失的违约责任。惩罚性违约金与赔偿性违约金之间存在着以下区别:

(1) 惩罚性违约金旨在对过错违约行为进行惩罚,因此受害人除了请求违约方支付违约金,还可以要求赔偿损失或者实际履行;而赔偿性违约金又称为损害赔偿之预定,受害人请求支付赔偿性违约金之后,不得请求债务人赔偿损失或实际履行。

(2) 惩罚性违约金不以实际损失的发生为要件,而赔偿性违约金则要求有实际损失。

(3) 从数额上看,惩罚性违约金数额高于赔偿性违约金。惩罚性违约金设定时不必考虑实际损失,其数额与实际损失不完全相符;赔偿性违约金在设定时则要考虑实际损失,如数额过高,法院应根据实际损失对预定数额作出相应的调整。

对我国法上违约金性质的认识,理论上一直存在分歧。我们认为,我国《合同法》确定了违约金的补偿性,即除合同当事人另有约定外,违约金应视为预定的违约赔偿金,债权人请求债务人支付违约金时,不得同时请求债务人继续履行合同或者赔偿损失。我国合同法的这一规定在一定程度上解决了我国学界对违约金性质认识的争论。不过,《合同法》第114条第3款规定:"当事人就迟延履行约定违约金的,违约方支付违约金后,还应当履行债务。"

应认为此规定所确立的惩罚性违约金属于违约金赔偿性的一种例外。①

（三）违约金的增减

《合同法》第114条第2款规定，"约定的违约金低于造成的损失的，当事人可以请求人民法院或者仲裁机构予以增加；约定的违约金过分高于造成的损失的，当事人可以请求人民法院或者仲裁机构予以适当减少。"这一规定建立了违约金增减制度。对此，需要注意以下几点：

(1)《合同法》规定"约定的违约金低于造成的损失的"，当事人可请求予以增加，未如后段使用"过分"的字样，因此，原则上，只要违约金低于损失的，当事人即可请求人民法院或者仲裁机构予以增加。当事人作出请求后，最终是否增加，取决于人民法院或者仲裁机构的裁量。

(2)《合同法》规定"约定的违约金过分高于造成的损失的"，当事人可请求予以"适当减少"。据此，只有违约金过分高于损失的，当事人才可请求法院或者仲裁机构减少；而法院或者仲裁机构则是"适当减少"。司法机关在斟酌减少时，可以考量的因素包括"债务人已经履行的情况"②"债权人所受损失"，乃至"当事人的交涉能力是否平等"等。如双方交涉能力相当，则对违约金条款不宜过多干预；若是商人与消费者、劳动者等弱者缔结的违约金条款，则可以考虑变更。根据《合同法解释（二）》第29条的规定，当事人约定的违约金超过造成损失的30%的，一般可以认定为过分高于造成的损失。

(3)增减违约金的方式。德国民法规定，法院对违约金的增减，应依当事人的申请，故应以诉或者反诉或者抗辩为之。瑞士债务法未规定须依据当事人声请，解释上认为得由法院以职权为之。我们认为，不管司法机关是增加违约金还是减少违约金，都是以公权力变更当事人的意思，是对私法自治的干预，应当特别谨慎，因此法院与仲裁机构不能依据职权主动为之。

二、赔偿损失

（一）概念和特征

赔偿损失是指违约方不履行合同而给他方造成损失时，为了弥补受害人的损失而向受害人支付一定数额金钱的责任方式。损害赔偿具有补偿性，即填补、弥补对方当事人因此所受的损失。我国法上的赔偿损失制度与德国法上的赔偿损失制度有异，德国民法上的赔偿损失制度以实物赔偿为主，以金钱赔偿制度为例外，而我国法上的损害赔偿制度主要是金钱赔偿，实物赔偿主要限于合同标的物之外的物品。

一般而言，违约损害赔偿具有以下特征：(1)损害赔偿是因债务人不履行合同债务所产生的责任。(2)损害赔偿责任原则上仅具有补偿性而不具有惩罚性。损害赔偿的主要目的在于弥补或者填补债权人因违约行为所遭受的损失，因此具有补偿性。损害赔偿的这一特性是符合等价交换的交易原则的，因为任何民事主体一旦造成他人财产损害，都必须以等量的财产予以补偿，损害与补偿之间具有等价性。当然，如前所述，我国合同法也是例外的承认损害赔偿的惩罚性的。(3)损害赔偿具有一定程度的任意性。当事人在订约时可以在合同中预先约定一方当事人在违约时应向对方当事人支付一定数额的金钱，也可以约定损害

---

① 陈小君主编：《合同法学》，中国政法大学出版社1999年版，第247页。
② 《法国民法典》第1231条规定，主债务已经一部分履行者，审判员得酌量减少违约金。我国台湾地区"民法"第251条规定："债务已为一部履行者，法院得比照债权人因一部履行所受之利益，减少违约金。"

赔偿额的计算方法。同时，当事人还可以在法律规定的范围内事先约定免责条款以限制或者免除未来可能要承担的包括损害赔偿责任在内的违约责任。这都使得损害赔偿责任具有一定程度的任意性。(4) 损害赔偿以赔偿当事人实际遭受的全部损失为原则。损害赔偿责任的这一特征就是完全赔偿原则。

(二) 赔偿损失的构成要件

损害赔偿责任的承担，必须具备以下要件：(1) 须有违约行为。(2) 须受害人受有损失。原则上，受害人受有损失为赔偿损失发生的必要条件。此处所讲的损失，通说认为是指财产损失。不过，也有学者认为具有侵权行为性质的违约行为，如加害给付致人非财产上损害时即使提起合同之诉也应获得赔偿。财产损失可以分为积极损失和消极损失，前者是指现有或既存财产利益的减少，后者指本来可得利益之未取得，也称为可得利益的损失。(3) 违约行为与损失之间有因果关系。

(三) 完全赔偿原则

我国现行法在违约损害赔偿上采纳的一个基本原则就是完全赔偿原则。完全赔偿原则是指违约方应赔偿受害人因其违约行为所遭受的全部损失。前已有述，违约给当事人造成的损失包括积极损失和消极损失。积极损失就是可得利益损失。由于一方当事人违反合同以后，另一方当事人不仅可能会遭受现有财产的损失，而且也可能会遭受可得利益损失，对于这些损失，违约方当事人都应当赔偿。只有赔偿了守约方的全部损失，才能使守约方的利益上处于犹如合同得到正常履行后的状况，由此才能有效地督促债务人履行合同债务。可以说，完全赔偿旨在对受害人的利益进行全面、充分的保护，既然一方给他方造成损害，就应当以自己的财产赔偿全部损害，这也是违约赔偿制度上的公平性的要求。

一般来说，可得利益具有以下特点：(1) 未来性。即可得利益是一种未来利益而非现实利益，在违约行为发生时当事人并未实际享有，必须通过合同的履行才能实现。(2) 期待性。即可得利益只是合同当事人所合理期待的利益。(3) 可得性。可得利益并非当事人随意估计的，而是具有一定的现实性，并具备实现的条件。只要合同如期履行，即会为当事人获得。可得利益损失（即消极损失）与积极损失具有以下区别：(1) 前者是现实的利益损失，包括现有财产的减损灭失、费用支出，如买方拒不付款使卖方蒙受货物损失，卖方不交付货物使卖方蒙受货物损失。后者是非现实利益损失，是未来期待利益的损失。(2) 积极损失与可得利益损失相比较，更为确定。对积极利益的损失赔偿，法律一般无明确的限定，即对积极利益损失一般应予赔偿；对可得利益的损失，在一定程度上具有不确定性，对其赔偿立法上通常有一定的限制。(3) 在赔偿范围上，积极损失之赔偿目的是使受害人的利益达到合同订立前的状态，违约使受害人所处的现有状态与订约前状态之间的差距即为违约方所应赔偿的积极损失的范围；而可得利益赔偿加上积极损失之赔偿是使受害人利益处于合同如期履行的状态，可以替代实际履行。

在违约损害赔偿的范围上，我国通说对积极损失持肯定观点，但对于消极损失则存在一定的争议，有肯定说和否定说两种主张。我国《合同法》第113条规定："当事人一方不履行合同义务或者履行合同义务不符合约定，给对方造成损失的，损失赔偿额应当相当于因违约所造成的损失，包括合同履行后可以获得的利益……"该条实际上采纳了肯定说，确立了完全赔偿原则。据此，如果受害人能够举证证明其遭受的可得利益损失是违约方的违约行为直接造成，而且这些损失是违约方在订约时应当预见的，则违约方应予赔偿。如甲乙订立一个羊毛买卖合同后,买受人乙又与丙订立该批羊毛的转卖合同,如甲违约使乙丧失转卖的可得利润,则甲应当就此项损失予以赔偿。不过,在赔偿可得利益损失时,需要注意以下几个方面的问题:(1) 可得利益的额赔偿旨在弥补受害人遭受的全部实际损失,而并不赔偿受害人因从事一桩不成功的交易所蒙受的损失。(2) 受害人有权就他依据合同本来应该获得的可得利益要求赔偿,但可得利益必须是纯利润,而不包括为取得这些利益所支出的费用。①

(四) 赔偿损失的限制

综观世界各国或各地区的民法,对违约损害赔偿的限制一般包括可预见性规则、损益相抵规则与过失相抵规则。

(1) 可预见性规则。所谓可预见性规则是指违约方承担赔偿责任的范围不得超过其订立合同时应当预见的损失的规则。合理预见规则最早出现于法国民法,《法国民法典》第1149 条规定:"对债权人的损害赔偿,除下述例外和限制外,一般应包括债权人所受现实的损害和所失可获得的利益。"英美法系也通过 1854 年的哈德利诉巴克森德马案正式确立了此项原则。在我国,根据《合同法》第 113 条的规定,损害赔偿不得超过违反合同一方订立合同时预见或者应当预见到的因违反合同可能造成的损失。据此,只有当违约所造成的损害是违约方在订约时可以预见的情况下,才能认为损害结果与违约行为之间具有因果关系,违约方才应当对这些损害负赔偿责任。如果损害不可预见,则违约方不应赔偿。采用可预见性规则的根本原因在于,只有在交易发生时,订约当事人对其未来的风险和责任可以预测,才能计算其费用和利润,并能够正常地从事交易活动。如果未来的风险过大,则当事人就难以从事交易活动。所以,可预见性规则将违约当事人的责任限制在可预见的范围之内,这对于促进交易活动的发展,保障交易活动的正常进行,具有重要意义。

(2) 损益相抵原则。损益相抵规则是指受害人基于与受损害同一原因享有利益时,其所受的利益应在确定其赔偿数额时预先排除的原则。确立损益相抵规则的理由在于受害人不得获得双重利益,即受害人因他人违反义务的行为而受有利益时,不得就此部分再请求赔偿。如一方交付他方瑕疵之物,违约方赔偿对方履行利益的损失,该瑕疵之物应返还给违约方,若受害人保留该物,则应将物之残存价值从赔偿额中扣除。

(3) 过失相抵规则。指受害人对损失的发生、扩大有过错的,可以减轻、免除违约方赔偿责任的规则。如我国《合同法》第 119 条第 1 款规定:"当事人一方违约后,对方应当采取适当措施防止损失的扩大;没有采取适当措施致使损失扩大的,不得就扩大的损失要求赔偿。"据此,在一方违约并造成损害后,另一方应及时采取合理的措施以防止损失的扩大,否则,应对扩大部分的损害负责。

三、强制实际履行

(一) 概念与特征

强制实际履行又称为实际履行、特定履行、继续履行,是违约方不履行合同债务或履行合同债务不符合约定时,由法院强制违约方依照合同的规定继续履行的责任形式。

实际履行与一般、正常的履行有相似之处,但两者之间存在着区别,主要表现在:(1) 时间不同。当事人应依照合同履行债务,只是在其不履行合同债务时才发生强制实际履行的

---

① 王利明、崔建远主编:《合同法》,北京大学出版社 2000 年版,第 221—222 页。

问题,即只有在不能正常履行的前提下才发生实际履行的问题。(2) 性质不同。一般履行中,一方履行义务是对对方当事人的义务,不是对国家的义务,因此不具有强制性;而在实际履行的情况下,一方履行义务不仅是对对方当事人的义务,而且也是对国家的义务和责任,是在国家强制力之下实施的行为,体现了国家的强制性。一言以蔽之,两者实际上也就是债务与责任的关系。

强制实际履行具有以下特征:(1) 强制实际履行是一种补救方法。即非违约方在对方违约后寻求的法律上的救济方法的一种,与支付违约金、赔偿金等方法相比,更强调违约方按合同约定标的物履行义务,而不仅仅强调弥补受害方的损失,从而更有利于实现非违约方的订约目的。(2) 是否请求实际履行是当事人的权利。在一方违约后,非违约方既可以请求解除合同并要求赔偿损失,也可以要求债务人继续履行;若当事人未提出请求,则不得强制违约方继续履行,法院不得主动援引这一责任形式。(3) 强制实际履行可以与支付违约金、支付赔偿金、定金责任并存,但不得与解除合同并存。

(二) 成立要件

强制实际履行责任的承担,必须具备以下要件:

(1) 存在违约行为。强制实际履行为合同义务不履行的后果,以存在不履行合同义务行为即违约行为为前提。若当事人已依约履行合同,则对方不得再请求继续履行。

(2) 非违约方请求违约方继续履行。我国合同法从保护债权人的利益出发,将是否请求实际履行的选择权交给非违约方当事人,由非违约方当事人根据自身的利益来决定是否采取实际履行的方式。如果非违约方不提出此种请求,则不得适用实际履行的责任形式。

(3) 标的物为特定的无法替代之物或不能以金钱计价之物。也就是说,依照标的物的性质,非违约方在获得赔偿后不能从市场上买得替代合同标的物之物。

(4) 强制实际履行不违反合同性质以及法律规定。一般来说,基于人身信赖关系所产生的合同、提供个人服务之合同都是不能强制履行的,否则将会对对方的人身自由构成侵害。此类合同,一方违约后只能采用支付违约金、赔偿损失等办法,而不得强制执行。强制实际履行也不得违反法律的规定,如在债务人破产时,如果强制其履行与某个债权人所订立的合同,实际上就是赋予了该债权人以某种优先权,使其优先于违约方当事人的其他债权人而受偿,这显然是不符合破产法的规定的,此际,个别债权人不得请求实际履行。

(5) 强制实际履行必须客观可行。若违约方不能履行合同,则不能强制履行。此处所说的"不能",是指全部、永久不能,若部分不能、暂时不能,合同仍存在履行可能,则可以强制履行。另外,强制实际履行还要求履行合同必须在经济上合理,履行在经济上不合理者不得强制履行。所谓"经济上不合理",一般是指造成经济上的损失和浪费。如果采取损害赔偿等方式可以充分的弥补债权人的损失,尤其是债权人能够在得到一笔金钱后从市场上获得与合同标的物同种类的商品,而采取实际履行方式所需费用又过高的,则没有必要采取实际履行的方式。

(三) 表现形式

一般而言,强制实际履行具体表现为以下责任形式:(1) 限期履行应履行的债务。在拒绝、迟延、不完全履行的情况下,非违约方可以提出一个履行期限,即宽限期和延展期,要求违约方在该期限内履行合同债务。(2) 修理、改换、重作。修理,是指交付标的物不合格,有修理的可能并为债权人所需要时,债务人消除标的物缺陷的补救措施。更换,是指交付标的物不合理、无修理可能，或修理所需费用过高，或修理所需时间过长，债务人交付同种类、质量、数量的标的物的补救措施。重作，指加工承揽、建筑工程合同等合同中，债务人交付的工作成果不合格，不能修理或修理费用过高，由债务人重新制作工作成果的补救措施。

第五节　违约责任和侵权责任的竞合

一、规范竞合、责任聚合与责任竞合的概念

规范竞合是指同一事实符合数个法律规范的要件导致这些规范都可以适用于该事实的现象，例如某人在酒后驾车撞人致残，此违法行为既符合民法关于人格权之规范，又符合刑法关于交通肇事罪的规范，导致民、刑法规范皆可适用于此行为。规范竞合可能发生于不同的法律领域，如上例，也可以发生在同一法律领域，如甲向乙工厂出售锅炉，锅炉有缺陷爆炸并使工厂工人受到伤害。在民法领域，规范竞合表现为民事主体实施某一违法行为，符合多种民事责任的构成要件，导致多种民事责任方式皆可适用于此行为。其中多个民事责任形式可并存的，受害人均可提出请求，称为民事责任聚合。其中多种民事责任虽均可产生，但不可并存，受害人仅得选择其中之一而请求，为民事责任竞合。因此，所谓民事责任竞合，是指民事主体实施某一违法行为导致了多个民事责任方式发生，但受害人仅能实现一项请求权。因加害人承担责任与受害人行使请求权是不可分割的，因此，责任竞合从受害人角度而言，又称为请求权竞合。在民事责任竞合中，违约责任和侵权责任的竞合最为常见。

民事责任竞合具有以下特征：(1) 存在某一个违反义务的行为。义务是责任前提，责任是义务违反之后果，只有违反义务才能导致责任产生。(2) 该违反义务的行为符合两个或两个以上责任的构成要件。如甲为乙保存保管彩电，因甲自己进行不当使用而使彩电损坏，则甲的行为构成违约行为，因甲违反保管合同；同时，甲的行为又构成侵权行为，因甲未经乙同意使用其彩电并致损坏。甲的行为既符合违约责任的构成要件又符合侵权责任的构成要件，因此发生责任竞合。若同一行为不符合两个或两个以上民事责任责任的构成要件，则不存在责任竞合的问题。如上例中，甲为乙保管彩电，仅因疏于注意而导致彩电被摔坏，则仅构成违约责任而不构成侵权责任。(3) 数个责任之间相互冲突。数个在内容上不同的责任，在责任后果上也不同，对于这些不同的责任，既不能相互吸收、包容，又不能同时并存。因为并存将导致受害人享有双重请求权，取得不当得利，加害人则要承担双重负担，违反公平原则。

一般而言，导致违约责任与侵权责任竞合的原因主要包括以下事项：(1) 合同当事人的违约行为同时侵害了法律规定的强行性义务，如保护、照顾、保密等附随义务以及其他的法定不作为义务。(2) 在某些情况下，侵权行为直接构成违约的原因，或者违约行为造成侵权的后果，即发生侵权性违约行为或者违约性侵权行为。(3) 不法行为人实施故意侵害他人权利并造成损害的侵权行为时，如果加害人与受害人之间事先存在着某种合同关系，那么加害人对受害人的损害行为，不仅可以作为侵权行为对待，也可以作为违约行为对待。(4) 一种违法行为虽然只符合一种责任构成要件，但法律从保护受害人利益处出发，要求合同当事人根据侵权行为制度提出请求和提起诉讼，或者将侵权行为责任纳入到合同责任的范围内。

二、违约责任和侵权责任的区别

不法行为人实施一定的违法行为之后,该违法行为既具备侵权行为的特征,又具备违约行为的特征,则受害人可在侵权责任请求权和违约责任请求权之间择一行使。如果违约责任与侵权责任不具有任何差别,那么,无论受害人提起何种之诉都不会影响其利益,但事实上,违约责任与侵权责任之间却存在重大区别,受害人选择其中不同的请求权,将对其利益产生不同的影响。侵权责任与违约责任具有如下区别:

(1) 归责原则不同。侵权法采用多元归责原则体系,其中以过错责任为主,严格责任、公平责任为辅;而在合同法中,我国现行法采纳了严格责任和过错责任相结合的立法体例。

(2) 责任构成要件不同。在侵权法中,损害事实是侵权损害赔偿责任成立的前提,无损害事实,侵权责任就无从产生。而在合同法中,违约责任的承担不以损害的发生为条件,即使违约行为并未致相对人损害,违约方也可能要承担违约责任。

(3) 举证责任不同。侵权法中,受害人欲获得侵权损害赔偿须举证证明侵权人有过错,即举证责任由受害人承担;而在合同法中,受害人仅就存在违约事实举证,违约方要免责,就必须举证证明自己无过错或者存在法定免责事由。

(4) 免责条件不同。在侵权法中,免责条件皆由法律规定,当事人不能事先约定免责条件,也不能对不可抗力的范围作出约定。在合同法中,除法定免责事由如不可抗力外,当事人可以事先约定免责事由,如当事人可以事先约定不承担责任的情况,也可约定不可抗力的范围。

(5) 责任形式不同。侵权责任可分为财产责任和非财产责任,后者包括消除影响、赔礼道歉、恢复名誉等形式,违约责任主要是财产责任,包括强制实际履行、支付违约金、赔偿金等。因此,受害人如主张修理、替换、重作或继续履行,要求对方支付违约金、承担定金责任,则只能适用合同责任。

(6) 损害赔偿的范围不同。合同责任的损害赔偿即违约赔偿的范围,通说认为不应包括对人身伤害、精神损害等的赔偿,并且要受合理预见规则即可预见性规则的限制;而侵权责任的损害赔偿范围则包括财产损失、人身伤害、精神损害赔偿等。由此可知:① 一项违法行为造成了受害人人身伤害,若适用违约责任,则会因为违约方对此损害不可预见,因此不能获得赔偿;② 一项违法行为造成受害人精神痛苦,若适用违约责任,则会因违约方不可预见,且难以用金钱赔偿,原则上不能通过合同之诉获得精神损害赔偿。③ 一项加害行为造成了第三人的损害(包括财产损失与人身损失),若适用合同责任,则由于对第三人的损害不可预见,并且加害人与第三人之间无合同关系,则受害人不能获得违约损害赔偿。因此,当一项违约行为侵害了第三人的利益或者造成受害人的精神损害或人身伤害时,只有依照侵权责任,受害人的损失才能得到补偿,若提起违约之诉则不能获得补偿。并且,仅就赔偿财产损失而言,违约损害赔偿旨在赔偿受害人的期待利益损失,而侵权赔偿旨在赔偿受害人固有利益的损失,即履行利益以外的利益损失,也就是债权人所享有的任何人对其财产和人身不可侵犯的利益,不包括履行利益和可得利益损失,因此当固有利益损失大于履行利益的损失时,侵权赔偿对受害人更有利,反之则违约赔偿更有利。

(7) 诉讼时效不同。世界上绝大多数国家或地区的民法对合同之诉与侵权之诉规定了不同的时效期间。在我国,根据《民法通则》的规定,因侵权行为所生请求权的时效期间一般为 2 年,如《产品质量法》第 33 条规定:"因产品存在缺陷造成损害要求赔偿的诉讼时效期间为 2 年,自当事人知道或者应当知道其权益受到损害时起计算。因产品存在缺陷造成损害要求赔偿的请求权,在造成损害的缺陷产品交付最初用户、消费者满 10 年丧失;但是,尚未超过明示的安全使用期的除外。"但因身体受到伤害而产生的损害赔偿请求权,其时效期间为 1 年。因违约行为产生的损害赔偿请求权,其诉讼时效一般为 2 年。不过,根据有关规定,不履行涉外货物买卖合同所生赔偿请求权的时效期间为 4 年。铁路部门与发货人或收货人之间请求赔偿金或退货费用的时效期间为 180 日,但要求铁路部门支付运到期限违约金的时效期间为 60 日。

(8) 法院管辖不同。根据我国民事诉讼法的规定,因合同纠纷所生的诉讼由被告住所地、合同履行地法院管辖,合同当事人可在合同中协议选择被告住所地、合同履行地、合同签订地、原告住所地、标的物所在地人民法院管辖;而因侵权行为提起的诉讼诉讼,由侵权行为地或被告住所地法院管辖。

三、责任竞合的解决

如何解决责任竞合,这是一个民法上数百年来一直争论不休的问题,理论上的探讨可谓是见仁见智,各国立法上的处理也存在着相当大的差距。

(一) 三种基本理论

侵权责任与违约责任竞合的现象性质如何,违法行为人应承担何种责任?理论上为解决这一问题先后提出了三种不同的观点:

(1) 法条竞合说。法条竞合说最初是由大陆法系国家的刑法学者所提出的,依据他们的理论,法条竞合是指一个行为表面上似乎符合几个构成要件,但如果适用其中一个构成要件,其余构成要件均被排斥,结果仅符合一个构成要件。在 19 世纪末及 20 世纪初期,这一理论被民法学者引入民法而创设了民法中的法条竞合理论。该理论认为,违约行为和侵权行为都是侵害他人权利的不法行为,两者在性质上是相同的。如果一种违法行为违反了侵权法的规定,则应当将债务不履行行为作为侵权行为的特别形态来对待。因为侵权行为是违反权利不可侵害这一一般义务,而债务不履行系违反基于合同而产生的特别义务。因此,同一行为具备侵权行为和债务不履行的要件时,依特别法优先于普通法的原则,只能适用债务不履行的规定,因而也只能发生合同上的请求权,无主张侵权行为请求权的余地。

(2) 请求权竞合说。请求权竞合说认为,一个具体事实,如果同时具备侵权行为和债务不履行的要件,由此产生的两个请求权,即侵权行为请求权与违约行为请求权独立并存,权利人可以选择行使其中一项请求权,也可以同时行使两项请求权。请求权竞合说又可分为请求权自由竞合说和请求权相互影响说两种观点:① 请求权自由竞合说。此种学说认为,侵权行为和债务不履行可以产生两种独立的请求权,这两种请求权在成立要件、举证责任、赔偿范围、抵销、时效等方面各不相同,所以就这两种请求权而言,权利人可以择一行使。如果其中一个请求权因行使目的已达而消灭时,则另一个请求权也随之消灭;但若其中一个请求权因目的达到以外的原因而无法行使时,如罹于时效,则另一请求权将继续存在。此种学说承认请求权可以让与,认为既然两个请求权独立并存,则债权人可以将这两项请求权分别让与不同的人,或者自己保留一项请求权而将另一项请求权让与他人。② 请求权相互影响说。此说认为基于一个具体事实而产生的侵权行为请求权与违约行为请求权两个请求权虽然可以独立并存,但它们又是相互影响和相互作用的。合同法的规定可以适用于因侵权行为而产生的请求权。强调请求权的相互影响旨在克服两项独立的请求权所发生的不协调和矛盾现象。

(3) 请求权规范竞合说。请求权规范竞合说为拉伦茨所倡。该说强调一个具体的生活事实符合债务不履行和侵权行为两个要件时,并非产生两个独立的请求权,在本质上只产生一个请求权,但该请求权产生的法律基础则有两个,一为合同关系,一为侵权关系。拉伦茨认为确立请求权的基础十分重要,由于请求权基础不同,举证责任也不同。假如某项请求权基于某项法律基础不成立,不能排除以其他的法律基础成立的可能性。

(二) 三种立法模式

从世界各国和地区的立法来看,在处理侵权责任与违约责任竞合的问题上,这些国家和地区并未完全采纳上述观点,而是提出了各具特色的处理办法。大致说来,主要存在着以下三种立法模式:

(1) 禁止竞合模式。禁止竞合模式以法国法为代表。法国民法认为,合同当事人不得将对方的违约行为视为侵权行为,只有在没有合同关系存在时才产生侵权责任,在违约场合只能寻求合同补救方法。法国最高法院一再宣称,侵权行为法条款不适用于合同履行中的过错行为。如果允许合同当事人提起侵权之诉,则法律就没有必要区分为合同法与侵权法两部分,并且也违背了合同当事人的意思自治。

(2) 允许竞合模式。允许竞合模式以德国法为典型代表。德国民法典允许违约责任和侵权责任的竞合。认为受害人基于某一双重违法行为而产生两个请求权,受害人可以提起合同之诉,也可以提起侵权之诉,如果一项请求权因时效届满而被驳回时,还可以行使另一项请求权。但是,受害人的双重请求权因其中一项请求权的实现而消灭,无论如何不能使两项请求权实现。

(3) 有限制的选择诉讼模式。此模式为英国法所采取。根据英国法,如果原告属于双重违法行为的受害人,那么他既可以获得侵权之诉的附属利益,也可以获得合同之诉的附属利益。但是,英国法和德国法不同,其解决责任竞合的制度只是某种诉讼制度,它主要涉及诉讼形式的选择权,而不涉及实体法上的请求权的竞合问题。而且,在英国法中,对这种选择之诉还存在着严格的限制条件。

(三) 我国法的选择

我国法承认违约责任和侵权责任的竞合,如《合同法》第 122 条规定:"因当事人一方的违约行为,侵害对方人身、财产权益的,受损害方有权选择依照本法要求其承担违约责任或者依照其他法律要求其承担侵权责任。"即当事人可以依其自由意志选择请求权的行使。不过,这并不意味着完全放任当事人的选择而不作任何限制。如果法律直接规定在特定情形中只能产生一种责任,排除责任竞合的发生,则应遵守这种规定。①如因不法行为造成受害人的人身伤亡和精神损失的,虽然当事人之间存在着合同关系,但由于合同责任不能对受害人所造成的人身伤亡、精神损害提供补救,因此,此际应按侵权责任而不能按照合同责任来处理。

---

① 崔建远:《合同法》,法律出版社 2000 年版,第 273 页。

第十一章

合同的解释

第一节 合同解释概述

在现代社会交易的过程中,不同的合同当事人在订立合同中所使用的文字语句有时不能充分表达他们所要表达的意思,这样就可能会导致在合同履行过程中对合同的理解出现争议,进而引起经济上的纠纷。此时就需要探究合同当事人在订立合同时的真实意思表示,通过设立对合同适当的解释规则,以便无限接近当事人真意的结果解决纠纷,对合同的内容进行解释。通过对合同解释规则的含义、结构、属性及其适用次序等方面进行探析,建立公正高效解决实际问题的合同解释规则。合同解释在合同法理论和实践中都是一个十分重要、疑难的问题。所谓合同的解释,"是把握合同所使用的语言、文字的意义,以阐明当事人的真意,从而确定、补充或修正合同内容而进行的作业"[①]。其任务在于对晦涩、模糊、存在不同理解的合同条款作出说明。

《合同法》第125条规定,当事人对合同条款的理解有争议的,应当按照合同所使用的词句、合同的有关条款、合同的目的、交易习惯以及诚实信用原则,确定该条款的真实意思。合同文本采用两种以上文字订立并约定具有同等效力的,对各文本使用的词句推定具有相同含义。各文本使用的词句不一致的,应当根据合同的目的予以解释。该规定是关于合同解释原则和方法的规定,它是人民法院或仲裁机构在处理合同争议时应遵循的原则和采用的合同解释方法。

一、合同解释的含义

合同解释有广义、狭义之分。广义的合同解释包括确定合同成立与否、确认合同之性质、发掘合同默示条款或暗含条款以及明确合同条款含义;而狭义的合同解释只是确定合同条款的含义。由此可见,广义的合同解释的对象范围宽于狭义的合同解释的对象范围。关于合同解释的含义,需把握以下三点:

(1)合同解释的主体。按照私法自治原则,当事人自然有解释其合同的资格。但合同法设立合同解释规则,固然有指导当事人合理解释合同的用意,但其首要的意图,还在于建立裁判规则。实践中,当事人对合同各执己见难见分晓之时,难免会诉诸法庭。合同法规定

[①] 邱智聪:《民法研究(一)》,中国人民大学出版社2002年版,第35页。

合同解释规则,首先是为裁判机构提供统一的判案依据。

(2) 合同解释的本意。合同解释在于探求当事人在意思表示中所表示的真实意思。从这个意义上讲,合同解释的本意是尊重当事人意思自治,而不是让法官代替当事人订合同。

(3) 合同解释的目的。合同解释的目的是合同实现,即通过廓清疑点、消除争议,以便于合同的履行。所谓合同实现,不仅包含了当事人合同自由的实现,而且也包括了公平正义和诚实信用的实现。

二、合同解释的意义

总的来说,凡是对合同本身的争议,都需要通过合同解释来解决。因此,合同解释可以满足多方面的判断需要。具体说有以下几点:

(1) 判断合同的成立。合同有效成立的要素除了合同应当具有适当的形式外,还包括下列要素:① 存在着两个或两个以上的缔约主体;② 存在着要约与承诺,或者以其他方式就合同主要条款达成合意。通过合同解释确定这些要素之存在与否,以判断合同是否成立。

(2) 判断合同的生效。合同生效的要件包括:① 依法成立;② 缔约资格;③ 委托与代理的合法性;④ 意思表示真实;⑤ 合同内容合法。通过合同解释确定这些要素是否存在,以判断合同是否生效。

(3) 判断合同的类型。合同可按不同的标准分成不同类型:① 双务合同与单务合同;② 有偿合同与无偿合同;③ 有名合同与无名合同;④ 诺成合同与实践合同;⑤ 要式合同与不要式合同;⑥ 主合同与从合同;⑦ 本约(本合同)与预约(预备合同),等等。通过合同解释确定合同的类型,从而确定相应规则的适用。

(4) 判断合同的性质。不同性质的合同有不同的规则。例如,买卖合同、互易合同、租赁合同、承揽合同、赠与合同等等,虽都是以有形物为标的物,但不同性质的合同有不同的权利义务。通过合同解释确定合同的性质,从而界定当事人的权利义务。

(5) 判断合同默示条款。所谓默示条款,是当事人双方已经默认了的条款,即双方已经取得了一致,只是没有以明示的方式明确地表达出来。通常,默示条款是通过合同的其他明示条款、当事人的行为或者法律的规定推导出来的。尽管它没有被明确表述,但它暗含在当事人的约定之中。推定默示条款涉及如下几点:① 该默示条款是实现合同的实际效用所必不可少的,即只有推定其存在,合同才能实现其功能;② 该条款对于经营习惯而言是不言而喻的,即该条款的内容实际上是公认的商业习惯;③ 该条款是合同当事人过去交易的惯有规则,即该当事人双方在以前的合同关系中始终存在着同样的内容;④ 该条款实际上是某种特定的行业规则,即某些明示或约定俗成的交易规矩在行业内具有不言自明的默示效力。上述几类默示条款具有某些共性,即它们的成立最终有赖于通过司法裁判来确定,故又称为推定的默示条款。与之相对应的有法定的默示条款,它是指直接根据法律推定而形成的默示条款,只要符合法定条件,可直接视其为合同条款。

(6) 明确合同条款的含义。所谓明确合同条款含义,就是狭义的合同解释,即意思表示的解释,换言之,即对于意思表示内容所作的解释。合同解释的类型包括:① 阐明解释;② 补充解释;③ 修正解释。不同类型的合同解释能够获致不同的解释目的,诸如使当事人之意思表示趋向合理化。

(7) 判断格式条款的含义。《合同法》第41条规定:"对格式条款的理解发生争议的,应当按照通常理解予以解释。对格式条款有两种以上解释的,应当作出不利于提供格式条款一方的解释。格式条款和非格式条款不一致的,应当采用非格式条款。"由于格式合同在形式及内容的平等协商性等方面,较普通合同有特殊性,因而在解释上亦有特殊性。《合同法》第41条为我们提供了解释格式合同的三个法定标准:① 应当以通常理解予以解释;② 存在两种以上解释时,选择不利予提供格式条款一方的解释;③ 格式条款和非格式条款不一致时,应当采用非格式条款。

(8) 免责条款的解释。关于免责条款应与其他条款是一体解释还是分开而独立解释,存在抗辩说与界定说之争。问题是由于格式合同被广泛采用,加之格式条款的提供者每每基于"优越交涉地位"而滥用免责条款,因此,解释免责条款不仅应适用一般合同的解释原则,而且要适用格式合同的解释原则。此外,免责条款的解释还应符合下列要求:① 免责条款不得违反合同的主要目的;② 非为企业合理化经营所必需的免责条款应从严控制;③ 个别商议的免责条款应优先于格式免责条款。

第二节 合同解释的规则

正如葡萄牙著名法学家平托所言:"解释,作为一种旨在将法律行为的含义加以确定的活动或作业,不可能任凭每个解释者根据经验感觉来进行,而必须以一些规则和标准为准绳,而这些规则和标准的表述,恰恰就是法律行为解释理论或行为解释学的研究对象。"[①]合同解释的方法主要有文义解释、整体解释、习惯解释、诚信解释、目的解释等。如果合同所使用的文字或某个条款可能作两种解释时,应采取最适合于合同目的的解释,这是合同争议条款解释的核心原则。

一、文义解释规则

对合同的理解和解释首先应当知道当事人究竟说了些什么,也就是要在当事人外在意思表示的基础上恢复当事人的原意,这就需要文义解释。所谓文义解释规则,是指在解释合同时应考虑到根据合同条款所使用词句的通常含义进行解释,即要考虑合同词句的语义,并探求合同当事人的真实意思。当事人在签订合同的过程中,他们的共同意思通常是通过语言文字表示于外部的,即表示在合同条款中。所以,在解释合同时应首先寻求解释赋予其明确合同条款的通常含义。

在通常情况下,表达合同词句的语义有两种,即普通含义和专门含义。普通含义又称词语的通常含义,它往往是决定合同内容的唯一因素。一般而言,双方当事人在订立合同时,其赋予合同用语的含义通常与合同用语的通常含义是一致的。在此场合,按照该用语本身的含义来解释合同中的用语,就可以揭示双方当事人的真意,一般不会发生复杂的问题。据此,"英美法系设立了一项重要的合同解释规则——普通词义解释规则。依该规则,如果合同条款所使用的是普通语词和词组,而且在普通语言中是明白的,那么除非有充分理由其他不同解释,就应当以普通说话者的理解为标准作出解释,如果可供选择的普通含义不止一

[①] 〔葡〕平托:《民法总论》,澳门大学法学院、澳门法律翻译办公室1999年版,第253页。

个,那么在解释中应优先考虑比较明显的普通含义。"①

可见,在文义解释时,应当取词语通常含义,即除合同上下文、交易习惯等赋予其他含义外,词语是一般用语的,应当取其一般含义。

英美法系设立的"普通词义规则",可以在一定程度上限制法官解释的随意性,使解释活动更具客观性。"但这必须满足一个前提,即双方当事人赋予了合同用语通常的含义,且可以达成合意。而事实却不尽如此。当事人赋予合同用语的含义常常与其通常含义不一致,而特具其专门含义。于此场合就不能单纯的着眼于合同用语本身的含义,以免违反双方当事人的真意,使双方当事人订立合同的目的落空。"②具体有以下几种情况:(1)对于合同当中的某特定用语,如果一方当事人实际知道或应当知道对方当事人对合同用语有另外的理解,而且知道理解是什么含义,法院应当支持对方当事人赋予合同用语的含义。(2)如果当事人对合同用语的理解不一致时,法官应当使用合理的客观标准(有利于合同目的实现原则)去判定选取哪一方当事人理解合同用语的含义,而漠视对方当事人对合同用语的含义的理解。(3)如果当事人对合同用语并未赋予特定含义且合同不是任何一方当事人起草,而是抄录标准范本达成的,则应结合其他解释原则和规则确定合同用语的含义。

可见,在文义解释时,如果合同是专业用语的,则取其专业意义。

二、整体解释规则

同一词语或语句在不同场合使用会有不同的含义,甚至会由此导致合同条款的含义冲突,此时须寻求整体解释规则。所谓合同的整体解释规则,又称合同的体系解释规则,是指把全部合同的各项条款以及各个构成部分看作一个统一完整的整体,从各个合同条款以及各个构成部分的相互关联性,以及与整个合同的关系,在合同中所处的地位等各个方面的因素考虑,来阐明当事人有争议的合同用语的含义。也就是说,"在运用合同的整体解释方法时,需要将合同的所有条款综合考虑,准确理解合同条款的真实含义。"③整体离不开部分,部分也离不开整体,为了更好地对合同进行分析说明,就必须把握好合同整体与部分的关系。

整体解释规则在合同解释制度的中地位愈来愈重要,现在已为世界各国立法所认可并发展为一项普遍适用的解释规则,《法国民法典》第1161条规定:"契约的全部条款得相互解释之,以确定整个行为所获得的意义。"《意大利民法典》第1363条:"契约条款要被相互对照着解释,给每一个条款以来源于行为整体性的含义。"《美国合同法第二次重述》第235条第2款规定:"文书的解释,应就其全部作为整体而为之。同一交易行为,有多种文书形式者,应合并解释。"国际私法协会制定的《国际商事合同通则》第4.4条规定:"合同的条款和表述应根据其所属的整个合同或全部陈述予以解释。"

我国《合同法》将整体解释规则作为合同解释的规则。主要因为当事人在合同中所运用的条款或表述并不是孤立地存在着,而是构成整个合同的不可分割的组成部分,合同的各项条款之间原则上无优劣之分,无论处于合同中的什么位置,对合同来讲均有同样的重要性。

---

① 张志铭:《法律解释操作分析》,中国政法大学出版社1999年版,第108页。
② 李瑛:《论合同解释的规则》,2007年四川大学法律硕士学位论文(未公开发表),第17页。
③ 王利明主编:《合同法要义与案例分析》,中国人民大学出版社2001年版,第517页。

所以,不仅单个条款应从整个合同来理解,而且合同条款间应作相互解释。

就合同的解释而言,探究当事人共同意志的最重要的依据是合同文本,但合同文本的解释应通过理解文本所用语言的整体因素来系统的进行。"整体的意义得从它的个别成分中得出,而个别成分也只有联系整体才能得到解释,如一个词的含义、强度、细微的差别等只有同它上下文联系在一起才能被把握,同样,句子的含义和意思也只有同它们的上下文联系在一起才能被理解。每种言语都只能根据它在更大意义和上下文中的地位来理解的链条中的一环。"[①]美国法学家科宾也指出:"确定一个协议的意思和法律效果,应当把交易作为一个整体来考虑。这一要求不仅适用于书面文件,也适用于口头协议,决不能脱离上下文来赋予单词、短语、句子或者段落以某种意思。"[②]

在具体适用整体解释规则时应遵循下述具体规则:(1)特别条款优于普通条款规则。合同中如果特别提及一些事项,后面又涉及一些普遍性的概括语句,那么普遍性的概括字句的含义受前面特定事项的限制,即只能指那些与前面特定事项相似的事项。(2)当合同中某些条款的冲突不能调和时,应当依照专门条款优于一般条款、主要条款优于次要条款,使合同有效的条款优于使合同无效的条款进行取舍。(3)当事人明确约定优先的条款应具有优先性。(4)分合同应视为是总合同的例外。分合同条款的意思与总合同的条款不一致时,分合同优先。

三、目的解释规则

"自德国学者耶林于1871年发表的《法的目的》,提倡目的解释以来,目的解释已成为法律解释和合同解释的重要方法。"[③]所谓目的解释原则,是指解释合同时,如果合同所使用的文字、条款可能作出不同解释时,应采取最符合合同目的的解释。人是理性的动物,其作出的行为具有目的性,订立合同毫不例外。订立合同的目的决定了合同的基本内容,所以当双方对合同用语或条款发生争议时,就应当追求与当事人订立合同的目的相一致,确定其真正含义。按照许多学者的观点,目的解释应当成为法律解释的主要原则,即在解释合同时,应当首先考虑当事人订约的目的。"当事人为法律行为的目的,即其为法律行为所欲达成的期望,乃当事人真意所在,系决定法律行为内容之指针。若当事人意思表示之内容暧昧不明或者前后矛盾时,应使之明了调和,使符合当事人之目的。"[④]

目的解释要求在某一合同用语表达的意思与合同目的相反时,应当通过解释的方式予以更正;当合同内容暧昧不明或自相矛盾时,应当在确认每一个合同用语或条款都有效的前提下,尽可能通过解释的方式予以统一协调,使之符合合同目的;当合同文句有不同意思时,应按照符合合同目的的含义解释,摒弃有悖于合同目的的含义。应当注意的是,此处的合同目的应为当事人双方的共同目的,或者至少是为对方都是当事人已知或应知的一方当事人目的,若对方不可能知道的一方当事人的目的自然不得作为解释的依据。这一规则为许多国家或地区所承认:《法国民法典》第1158条:"文字可能有两种解释时,应采取适合合同目

---

① 张汝伦:《意义的探究——当代西方释义学》,辽宁人民出版社1986年版,第85页。
② 〔美〕A. L. 科宾:《科宾论合同(上)》,王卫国等译,中国大百科全书出版社1998年版,第659页。
③ 王利明主编:《合同法要义与案例分析》,中国人民大学出版社2001年版,第518页。
④ 杨仁寿:《法学方法论》,法律出版社1999年版,第182页。

的的解释。"《意大利民法典》第 1369 条规定:"在有疑问的情况下,对有多重意思的表达应当取其更符合契约性质和目的的意思。"《美国合同法重述》第 202(1)条规定:"如果当事人的主要目的能够确定,则应当给予足够的重视。"《美国合同法第二次重述》第 236 条第 6 款:"当事人的主要的、明显的目的,在决定其意思表示或其中任何一部分的意义时,有重大的分量。"《联合国国际货物买卖合同公约》第 8 条(1)规定:"为本公约的目的,一方当事人所作的声明和其他行为,应依照他的意旨解释,如果另一方当事人已知道或者不可能不知道这一意旨。"我国《合同法》也明确规定了应以"合同的目的"来解释有争议的合同条款。同时各文本词句不一致的,也应当根据合同目的予以解释。

目的解释是依照当事人所欲达到的经济或社会的效果对合同进行解释的一种方式,如果当事人之间达成合意,那么就应尊重他们所合意的目的。但目的解释的困难就在于如何确定当事人的目的,什么是当事人的目的。一般情况下,法院是通过书面合同本身来发现合同目的,如果书面合同不足以发现合同的目的时则应参考各种交易证据和其他相关资料中的文句、词语等。一般合同中表明目的的句子均有明显的提示词,如:"为了""由于"等。

具体运用合同目的解释规则,应从以下四个方面入手:(1)如果合同条款含义与当事人明示的目的(即具体目的)相背离时,应以合同目的加以解释,不应拘泥于合同文字。例如:甲与其单位有委托培养合同,当事人在合同中约定"学成回原单位工作",但甲学习归来,只在原单位工作 3 个月便离职,同时声称其已经履行合同。如何解读当事人之间的上述约定关乎双方当事人的权益问题。从上述约定可以分析得出,本案应依合同目的解释规则进行解释,才能方有效保障单位的合法权益。单位与甲签订合同的目的是培养合格的人才在本单位长期工作,其时间应当与其所付出的代价相一致。甲应当知道合同的目的,但却故意阻却其实现,所以甲的行为应当构成违约。(2)当事人一方的合同目的应当是对方已经知道或应当知道的。在对方不知道或者不可能确切知道的情况下,该项规则就没有运用的余地。(3)合同条款或文句可作有效或无效两种不同解释时,应采用使其生效的解释。因为在起草合同时当事人不会无目的地使用词语,所以对意思不清楚的合同条款的解释,应尽量使所有条款具有效力,从而符合合同的抽象目的。(4)符合合同目的解释规则在效力上优于参照习惯或惯例的解释规则和依法补充解释规则。在合同内容不完整的情况下,一般应以习惯、惯例、任意性规范填补合同漏洞。但填补合同漏洞违背合同目的时,则应解释为当事人有不依此习惯、惯例或任意性规范的意思。[①]

当然,合同目的也不是在任何情况下都能成为解释的依据。合同目的如果违反法律的强行性规定,自然不能用于合同解释,即使在情势变迁的情况下,也不能依照合同目的去解释合同条款。

四、习惯解释规则

习惯解释规则,是指在合同文字或条款的含义出现歧义时,按照习惯或惯例的含义予以明确,在合同存在漏洞,致使当事人的权利义务不明确时,参照习惯或惯例加以补充。也就是在合同解释过程中参照习惯加以解释。由于交易惯例是人们在交易活动中普遍认可和遵守的行为规则,具有普遍的指导意义,所以各国对此都予以高度重视。我国合同法也规定解

---

① 苏惠祥主编:《中国当代合同法论》,吉林大学出版社 1992 年版,第 264 页。

释合同要参照"交易习惯",以确定合同条款的真实意思。《合同法》第 125 条规定按照交易习惯解释合同,是值得肯定的。《民法通则》第 142 条第 3 款规定,中华人民共和国法律和中华人民共和国缔结或参加的国际条约没有规定的,可以适用国际惯例。这里的"国际惯例"就是习惯的一种。

习惯解释规则在国外的合同解释中也是一项重要规则。《联合国国际货物买卖合同公约》第 8 条规定,在确定一方当事人的意旨或一个通情达理的人应有的理解时,应适当地考虑到与事实有关的一切情况,包括谈判情形,当事人之间确立的任何习惯作法,惯例和当事人其后的任何行为。第 9 条规定:(1) 双方当事人业已同意的任何惯例和他们之间确立任何习惯做法,对双方当事人均有拘束力。(2) 除非另有协议,双方当事人应视为已默示地同意对他们的合同或合同的订立运用双方当事人已知道或理应知道的惯例,而这种惯例,在国际贸易上,已为有关特定贸易所涉同类合同的当事人所广泛知道并为他们所经常遵守。以上各国的立法、司法经验,在我国的合同解释实践中应得以参照。《国际商事合同通则》第 4.3 条规定:"在解释合同时,应考虑到当事人之间已确立的习惯做法、惯例。"我国也确定了该项解释规则。《德国民法典》第 157 条规定:"契约的解释,应遵守诚实和信用的原则,并考虑交易上的习惯。"《法国民法典》第 1159 条规定:"有歧义的文字,按合同订立地的习惯解释。"第 1160 条规定:"习惯上的条款,虽未载明于合同,解释时应加以补充。"《意大利民法典》第 1268 条规定:"模棱两可的条款要根据契约缔结地的一般惯例进行解释。在契约中,若当事人一方是企业主,则模棱两可的条款要根据企业所在地的一般惯例进行解释。"《美国统一商法典》第 1—205(2) 条对行业惯例作如下定义:"行业惯例指交易的实践或做法。这种实践或做法在一个地方,一种行业或一类贸易中已得到经常的遵循,从而使人有理由期望它在该有争议的交易中也将得到遵守。"

习惯和惯例是人们在长期反复实践的基础上逐渐形成的。在某一地域、某一行业、某一类经济流转关系中普遍采用的做法、方法或规则,能够为订立合同的当事人所熟知、认知、接受和遵从。现实生活中一些与现行法律、法规等规范性文件不相抵触,经国家相关认可的某些习惯,还可以成为民事法律的渊源。所以,在解释合同的过程中,参照一定的习惯和惯例,是符合合同当事人的利益和愿望的,同时也符合社会正义的法律要求。随着我国国际交往的不断深入发展,涉外合同的增加,在出现解释合同问题时,运用国际上通用的解释原则以界定当事人的权利和义务,则显得尤为重要。

合同解释上的习惯是指当事人所知道的或实践的惯行表示方式或惯常内容。在解释合同采用习惯或惯例解释规则时,必须确认习惯或惯例的适用效力。在适用该规则时应注意:(1) 习惯或惯例必须符合法律的规定。"如果习惯或惯例的意思违反强行性规定,应当确认无效。即使合同当事人有依此习惯或惯例的意思,也不能凭此确定或填补合同的含义及内容。如果习惯或惯例的内容不违反强行性规范者,是否被参考,取决于当事人双方的认知情况。"①(2) 习惯或惯例应当是客观存在的,即习惯或惯例在性质上应为事实,所以在司法审判过程中,主张权利的当事人应负有当然的举证责任。(3) 习惯或惯例的援用,应当严格限定于当事人已经知道或应当知道而又没有明示过的事项始可。习惯或惯例的援用,实质是为实现法律而不是破坏法律,所以不得与合同的明示条款相抵触。(4) 习惯依照范围上的

---

① 王利明主编:《合同法要义与案例分析》,中国人民大学出版社 2001 年版,第 520—521 页。

不同,可分为一般习惯(通用于全国或全行业的习惯)、特殊习惯(地域习惯或特殊群体习惯)和当事人之间的习惯(前交易习惯和前履行习惯)。在合同解释的过程中,此三种习惯的解释效力依序增强,在合同文义无明示反对该习惯的前提下,当事人之间的习惯优于特殊习惯,特殊习惯优于一般习惯。①

"在解释合同中,其效力依序增强:在合同无明示反对该习惯解释的前提下,当事人之间的习惯优于特殊习惯,特殊习惯优于一般习惯。"②但对于一方当事人主张一般习惯或惯例而另一方主张特殊习惯或惯例以及当事人来自不同地域或群体而有不同特殊习惯时,应当遵循下述规则:(1)一方按特殊习惯或惯例在合同订立之时或在订立后告知对方,对方未提出异议的,则可依该习惯或惯例解释。(2)当事人一方虽未积极通知,但另一方理应知道该特殊习惯或惯例的,则应以应知的特殊惯例或习惯进行解释。(3)如果双方当事人均不知该特殊习惯或惯例,或一方不知道或不应知道他方提出的特殊习惯或惯例的,则按照一般习惯或惯例进行解释,而不适用特殊习惯或惯例。

五、诚实信用解释规则

源于罗马法"诚信"已为现代各国所广泛采用。"诚信"原本是一项道德上的义务,而以立法成就闻名于世的古罗马,无论是成文法还是法学家的注释中均承认"诚信原则"。自罗马法中引入具有浓厚的道德色彩的诚信以后,诚信原则历经两千余年的发展,为弥补合同自由原则的不足起到了不可或缺的作用。大陆法系与英美法系各国均将其作为合同法甚至是民法的一项基本原则。美国《统一商法典》第2—311条第1款规定:"如果某项买卖协议其他方面都很明确且足以构成合同,该协议不因某些履约细节有待合同一方予以确定而无效。但任何履约细节的确定必须符合诚信原则,且不能超出商业上的合理限度。"《德国民法典》第157条规定:"契约的解释,应遵守诚实和信用的原则,并考虑交易上的习惯。"《法国民法典》第1134条第3款规定:"前项契约应以善意履行之。"第1135条规定:"契约不仅依其明示发生义务,并按照契约的性质,发生公平原则、习惯或法律所赋予的义务。"《联合国国际货物买卖合同公约》第7条(1)规定:"在解释本公约时,应考虑到本公约的性质和促进其适用的统一以及在国际贸易上遵守诚信的需要。"我国《合同法》第125条第1款规定:"当事人对合同条款的理解有争议的,应当按照……诚实信用原则,确立该条款的真实意思。""从本质上来看,诚信原则是市场经济活动的道德准则,是道德准则的法律化。"③它要求人们在参与市场活动过程中要讲究信用、恪守诺言、诚实不欺,在不损害他人利益、社会利益和国家利益的前提下去追求自身的利益。

我国《民法通则》第4条规定:民事活动应当遵循……诚实信用的原则。《合同法》第6条则规定:当事人行使权利,履行义务应当遵循诚实信用原则。可见,诚实信用原则为民法乃至合同法的基本原则,要求一切民事活动和合同行为都必须遵循该原则,所以在合同解释时当然会涉及对此基本原则的适用。

诚实信用原则,是指当事人应以善良的、诚实的心理去行使权利和履行义务。也就是要

---

① 胡基:《合同解释的理论与规则研究》,载梁慧星:《民商法论丛》第7卷,法律出版社1999年版,第28页。
② 王利明主编:《合同法要义与案例分析》,中国人民大学出版社2001年版,第521页。
③ 梁慧星:《民法解释学》,中国政法大学出版社1995年版,第304页。

求民事主体在民事活动中维持双方利益均衡,以及当事人利益与社会利益平衡的立法者的意志。概言之,"诚信原则就是立法者实现上述三方面利益平衡的要求,其目的在于保持社会稳定与和谐的发展。三方利益平衡是这一原则实现的结果,当事人依诚实善意的态度行使权利,履行义务,法官根据公平正义进行创造性的司法活动是达到这一结果的手段。"[1]由此可知,诚信原则具有强行法的特征,所以法官可以按照职权适用而不受当事人特约的影响。诚实信用原则作为现代民法上指导当事人行使权利履行义务的基本原则,同时也是指导法院或仲裁庭正确解释合同的基本原则,所以无论采何种解释方法,最后所得的结果均不得违反诚实信用原则,合同内容经解释仍不能与诚实信用原则相协调的,应判定无效。

作为合同基本原则的诚信原则如何适用于合同解释?"民法基本原则对法律关系的补充是主动的,其他补充规定只是在当事人就有关问题无约定时能被补充到法律关系中去而成为其当然内容,而民法基本原则不论当事人有无特别约定,其有关部分都当然地成为每一法律关系的补充内容。因此,抽象的补充规定之出现,意味着立法者放弃了在自己难以预料的事项上为当事人提供具体的补充规定的努力,而以抽象补充规定的形式,授予法官在具体情况下根据立法的一般精神将其具体化为补充规定。"[2]由此可见,对于内容不明确或有欠缺的表意行为,在依前述各种规则无法作出合理解释时,则须依据民法的基本原则以确定其具体内容。

用诚实信用原则来解释合同,符合当事人的本意和法律的基本要求,与探求当事人真意原则在本质上是并行不悖的。在现代社会,诚实信用原则的适用范围在不断扩大。它不仅适用于合同的订立、履行抑或合同解释,而且最终扩及一切权利的设立以及一切义务的履行,其性质也由补充当事人意思的任意性规范,转变为当事人不能以约定排除其适用,甚至法院可以直接依职权适用的强制性规定。究其本质,诚实信用原则,由于将道德规范和法律规范合为一体,兼有法律调节和道德调节的双重功能,使法律条文具有极大的主体性,法院因而享有较大的自由裁量权,能够据以排除当事人的意思自治,而直接调整当事人之间的权利义务关系。因此,诚实信用原则已成为民法中的最高指导原则,亦有"帝王条款"之称。[3]诚实信用原则作为合同解释的原则性规则,它与公平原则是相一致的。诚实信用原则要求在解释合同时,应当诚实,讲究信用,注重公平,注重当事人之间及其与社会利益的平衡。

诚实信用解释作为合同解释的一个规则,"只有当其他解释方法均不能奏效,不能解决合同中疑义和漏洞时,才能适用。因为如果不寻求其他解释方法而直接运用诚实信用原则,由于诚实信用原则过于抽象,在实践中会无所适从,难以得到切合实际的令当事人信服的解释。"[4]同时,在司法实践中,诚实信用解释要求法官注重解释的合理性,而这种合理性的获得,其前提是需要法官运用各种解释方法。

---

[1] 徐国栋:《民法基本原则解释》,中国政法大学出版社1992年版,第79页。
[2] 同上书,第40页。
[3] 梁慧星:《民法解释学》,中国政法大学出版社1995年版,第303页。
[4] 王利明主编:《合同法要义与案例分析》,中国人民大学出版社2001年版,第522页。

第十二章

转移财产所有权的合同

第一节 买卖合同

一、买卖合同概述

(一) 概念

买卖合同,是指当事人双方约定,一方交付标的物并转移标的物所有权于对方,对方受领标的物并支付价款的合同。其中,应当交付标的物并转移标的物所有权的一方称为出卖人,受领标的物并支付价款的一方叫做买受人;双方约定转移的动产或不动产是标的物,标的物须是出卖人所有的或有权处分的动产或不动产,且是不禁止的流通物。

(二) 特征

(1) 买卖合同是标的物所有权与价款所有权互易的合同。买受人转移标的个物的所有权于买受人,目的是取得买受人的价款的所有权。同时,买受人支付价款,是为了得到标的物的所有权,这是买卖合同得以成立的前提,也是买卖合同区别于其他合同的本质特征。例如,赠与合同也是交付标的物和转移标的物的所有权,但是不支付价款,受赠人无偿取得;租赁合同一方交付标的物,相对方支付租金,但是,标的物所有权不发生转移,租金也不是标的物的价款。

(2) 买卖合同是双务合同,有偿合同。在买卖合同中,合同双方当事人互负给付义务,都既享有权利,又负有义务,因此买卖合同是双务合同;出卖人须交付标的物并转移标的物的所有权给买受人,买受人同时负有向出卖人支付价款的义务,当事人一方的权利正是一方的义务,因此买卖合同也是有偿合同。

(3) 买卖合同是诺成合同。除法律另有规定或当事人另有约定外,买卖合同自双方当事人意思表示一致,即双方达成合意时成立,并不以一方当事人交付标的物或完成其他给付行为作为合同成立要件,因此买卖合同是诺成合同。

(4) 买卖合同一般是不要式合同。买卖合同采用合同形式,可由当事人自己决定,显现出不要式性,但是法律另有规定或者合同另有约定的除外,例如,房屋买卖合同就是要式合同。

二、买卖合同的效力

(一) 出卖人的义务

1. 按照约定交付标的物

所谓交付,是指将标的物或提取标的物的单证的占有转移。出卖人必须按照合同约定的种类、规格、数量、质量、期限、地点和方式交付标的物,至于是采用现实交付还是拟制交付的方式,只要符合法律规定或当事人的约定,均无不可。

(1) 交付的标的。出卖人交付的标的物,须将与标的物有关的单证一并交付,标的物有从物的,也一并交付,除非当事人另有约定。标的物的孳息在原物交付前产生的,归于出卖人,在交付后产生的,归买受人。

(2) 交付的期限。合同约定交付期限的,出卖人可以在该交付期限内的任何时间交付,出卖人提前交付的,须征得买受人的同意;否则,买受人有权拒绝受领。合同没有约定交付期限或者约定不明确的,当事人可以协议补充,不能达成补充协议的,则按照合同的有关条款或交易习惯确定,仍不能确定的,出卖人可以随时交付,买受人也可以随时提出交付要求,但都应该给对方必要的准备时间。

(3) 交付地点。《合同法》第141条规定,出卖人应当按照合同约定的地点交付标的物。合同没有约定交付标的物或者交付不明确的,可以协议补充,不能达成补充协议的,按照合同的有关条款或交易习惯确定;仍不能确定的,适用下列规定:标的物需要运输的,出卖人应当将标的物交付给第一承运人以运交给买受人;标的物不需要运输的,出卖人与买受人订立合同时知道标的物在某一地点的,出卖人应该在该地点交付标的物,不知道标的物在某一地点的,应该在出卖人订立合同时的营业地交付标的物。

(4) 交付标的物的质量。出卖人应当按照约定的质量交付标的物,出卖人提供有关标的物质量说明的,交付标的物应该符合说明的质量要求。当事人对标的物的质量标准没有约定或约定不明确的,可以协议补充;不能达成补充协议的,按照合同的有关条款或交易习惯确定,仍不能确定的,按照国家标准、行业标准确定;没有国家标准、行业标准的,按照通常的标准或符合合同目的的特定标准确定。出卖人提供标的物的样品或者有关标的物的质量说明,交付的标的物应当符合该样品或说明的质量标准。

(5) 交付数量。出卖人应该按照约定的数量交付标的物。出卖人多交标的物的,买受人可以接受或拒绝接受多交的部分。买受人接受多交部分,应该按照合同的价格支付价款。买受人拒绝多交部分的,应该妥善保管并通知出卖人,因保管而支付的必要费用由出卖人承担,买受人怠于通知的,应当承担由此产生的损害赔偿责任。出卖人少交标的物的,除不损害买受人利益以外,买受人有权拒绝接受。出卖人交付标的物的数量在合理的磅差或尾差之内的,应认为交付的数量符合约定。合同中约定分批交付的,出卖人应按照约定的批量分批交付。出卖人未按照约定的时间和数量交付的,应就每一次的不适当交付负违约责任。

(6) 交付标的物的包装。出卖人应该按照约定的包装方式交付标的物。对包装方式没有约定或约定不明确的,可以协议补充,不能达成补充协议的,按照合同有关条款或交易习惯确定,仍不能确定的,应该按照通用的包装方式包装,没有通用方式的,应该采取足以保护标的物的包装方式。

2. 转移标的物的所有权义务

取得标的物的所有权是买受人的交易目的,因此将标的物的所有权转移给买受人,是出卖人的另一主要义务。《合同法》第 133 条规定,标的物的所有权自标的物交付时转移,但法律另有规定或当事人另有约定的除外。动产一般以占有为权利的公示方法,除当事人另有约定外,动产所有权自交付时转移。不动产以登记为物权变动的公示方法,其所有权自办理完毕所有权的转移登记手续时才发生转移。

3. 标的物瑕疵担保义务

出卖人所负有的瑕疵担保义务,即出卖人对其所交付的标的物,应担保其权利完整无缺并且有依通常交易观念或当事人的意思,认为应当具有之价值、效用或品质。否则,应承担相应的法律后果,即瑕疵担保责任。出卖人所负的标的物瑕疵担保义务,包括权利瑕疵担保义务和物的瑕疵担保义务。

(1) 权利瑕疵担保义务。标的物权利瑕疵担保义务,是指出卖人就其交付的标的物,除法律另有规定外,负有保证第三人不得向买受人主张任何权利的义务。《合同法》第 150 条规定:"出卖人就交付的标的物,负有保证第三人不得向买受人主张任何权利的义务,但法律另有规定的除外。"

标的物权利瑕疵,是指出卖人对于标的物无处分权、所转让的权利存在未告知的负担,如标的物上存在抵押权、租赁权等。标的物存在权利瑕疵时,买受人可以请求出卖人除去权利负担,并可以以债务不履行的规定,向出卖人主张违约金、实际履行、解除合同、损害赔偿或其他权利。《合同法》规定:买受人有证据证明第三人可能就标的物主张权利的,可以行使履行抗辩权,中止支付相应的价款,但出卖人提供适当担保的除外。

出卖人权利瑕疵担保责任构成应该符合以下条件:(1) 权利瑕疵在标的物交付时已经存在。交付时无权利瑕疵,自然不会发生权利瑕疵担保责任。(2) 买受人不知道或者不应该知道标的物权利存在瑕疵。《合同法》第 151 条规定,买受人订立合同时知道或应当知道第三人对买卖标的物享有权利的,出卖人不承担瑕疵担保责任。

(2) 物的瑕疵担保义务。物的瑕疵担保义务是指出卖人对其交付的标的物,应担保其符合约定或法定的质量,不存在有损质量的瑕疵;一旦存在瑕疵,即应按照约定或法律规定,履行更换、修理等补正义务。

物的瑕疵,是指标的物存在不符合约定或法定的质量缺陷,分为表面瑕疵和隐蔽瑕疵。表面瑕疵是存在于标的物的表面,从其外观或者按照通常方法能够发现的质量缺陷,也叫外观瑕疵,如汽车喷漆脱落;隐蔽瑕疵,是存在于标的物的内部,经过使用或者专门的技术检测才能发现的质量缺陷,也叫内在瑕疵,如电脑配置不符合约定等。

对标的物瑕疵,买受人有"检验义务"和"通知义务"。所谓检验义务,是指买受人应该在约定的检验期内检验,未约定检验的,买受人也应当及时检验。所谓通知义务,是指标的物有瑕疵的,买受人应该在约定的时期内通知出卖人并主张权利;怠于通知、在合理期间内未通知或者自标的物收到标的物之日起 2 年内未通知的,视为质量符合约定。但是,有质量保证期的,不适用该 2 年的规定,适用质量保证期。出卖人隐瞒瑕疵的,买受人不受上述通知时间的限制。所谓隐瞒瑕疵,是指出卖人知道或者应该知道标的物质量不符合约定而予交付的行为。

出卖人的瑕疵担保责任构成应该符合以下条件:① 物的瑕疵在标的物交付时已经存

在。交付时无标的物瑕疵,自然不存在物的瑕疵担保责任。② 买受人不知道或者不应该知道标的物存在物的瑕疵。③ 买受人适时地履行了瑕疵通知义务。

标的物存在质量瑕疵时,买受人可以请求减少价金或解除合同,也可以请求出卖人更换、修理,费用由出卖人承担。标的物为种类物的,买受人可以请求出卖人另行交付无瑕疵的替代物。因质量瑕疵而致买受人或第三人损害的,出卖人应负损害赔偿责任。

出卖人标的物瑕疵担保义务是法定义务,适用不问过错责任原则,无须当事人在合同中约定。

(二) 买受人的义务

(1) 交付价金。买受人支付价金应该按照合同约定的数额、地点、时间给付。合同对价金没有约定或约定不明确的,当事人可以协议补充;不能达成补充协议的,按照合同的有关条款或者交易习惯确定;仍无法确定的,依据订立合同时履行地的市场价格履行。依法应当执行政府定价或政府指导价的,按照政府定价或政府指导价履行。在合同约定的交付期限内政府价格调整的,依交付时的价格计价。逾期交付标的物的,遇价格上涨时,按原价执行;价格下降时,按新价格执行。逾期提取标的物或者逾期付款的,遇价格上涨时,按新价格执行;价格下降时,按原价执行。

买受人应该按照约定的地点支付价金,没有约定支付地点或约定不明确的,当事人可以协议补充;不能达成补充协议的,按照合同的有关条款或交易习惯确定。如仍不能确定的,买受人应当在出卖人的营业地支付;但约定的价款以交付标的物或者交付标的物的单证为条件的,在交付标的物或者交付标的物单证所在地支付。

买受人应该按照约定的时间支付价款,没有约定支付时间或约定不明确的,当事人可以协议补充;不能达成补充协议的,按照合同的有关条款或交易习惯确定。仍不能确定的,买受人应当在收到标的物或提取标的物单证时同时交付。

(2) 受领标的物。买受人按照合同的约定,应及时受领出卖人交付的标的物及有关权利凭证,买受人未及时受领的,构成迟延受领,将负受领迟延的责任。

(3) 标的物检验、瑕疵通知和保管义务。买受人受领标的物后,应在约定或法定的期限内及时检验标的物。如发现标的物存在应由出卖人负担责任的瑕疵时,应及时通知出卖人并妥善保管标的物。

三、买卖合同标的物所有权转移时间

(一) 一般规则

标的物为不动产的,其所有权自办理完转移登记手续时转移;标的物为动产的,交付时所有权转移。

(二) 特殊规则

(1) 所有权保留买卖关系中的所有权转移规则。《合同法》第134条规定:"当事人可以在买卖合同中约定买受人未履行支付价款或者其他义务的,标的物的所有权属于出卖人。"此为所有权保留买卖的规定。在这种买卖合同中,通常是买受人支付了约定价款时,标的物所有权才转移给买受人。

(2) 按照推定交付时间确定所有权转移时间。① 出卖人送货的,出卖人将标的物运到预定地点,由买受人验收后为交付。② 出卖人代办托运或邮寄的,出卖人办理完托运或邮

寄手续后即为交付。③ 买受人自己提货的,出卖人通知的提货时间为交付时间。④ 买受人在订立买卖合同前已经占有标的物的,买卖合同生效的时间为交付时间。

四、买卖合同标的物风险负担

(一) 一般规则

买卖合同标的物风险负担,是指在买卖合同过程中,标的物因不可归责于当事人的事由毁损、灭失的风险的分配。在合同关系中,标的物可能因当事人主观原因之外的现象而毁损、灭失,如因自然灾害、社会动乱、标的物自身的物理性质、第三人行为等。在发生标的物毁损、灭失的现象之前,毁损、灭失是一种风险,一种损失的可能性。一旦这些现象发生,标的物毁损、灭失的风险就成为现实的损失。标的物风险负担事关由哪一方承担可能的损失直至实际损失的问题,实际是个责任的分配问题。

我国《合同法》第142条规定:"标的物毁损、灭失的风险,在标的物交付之前由出卖人承担,交付之后由买受人承担,但法律另有规定或者当事人另有约定的除外。"同时,该规定的"交付",也适用于不动产的风险移转,最高法院《关于审理商品房买卖合同纠纷案件适用法律若干问题的解释》第11条第1款规定"对房屋的转移占有,视为房屋的交付使用,但当事人另有约定的除外。"我国现行法律关于风险负担的规则采纳的是"交付主义",即将风险转移与所有权转移相区分,以占有转移作为标的物风险转移的标志,这也是现代合同法风险负担制度的发展趋势。

根据上述法律规定,对于标的物毁损、灭失的风险,可由当事人约定,当事人没有特别约定的,贯彻交付主义,但当事人有过错的,采用过错主义。即标的物毁损、灭失的风险以标的物交付而转移,即在交付之前由出卖人承担,交付之后由买受人承担。动产的买卖如此,不动产的买卖亦然,即合同标的物风险负担方面,不动产与动产适用相同的规则。法律之所以这么规定,因为标的物归谁占有,谁有最大的方便去维护财产的安全,防止风险的发生。

(二) 特殊规则

买卖合同标的物风险负担在特定情形下的规则是:

(1) 因买受人的原因致使标的物不能按照约定的期限交付的,买受人自约定交付之日起承担标的物毁损、灭失的风险。

(2) 出卖人出卖交由承运人运输在途的标的物,除当事人另有约定的以外,毁损、灭失的风险自合同成立时起由买受人承担。

(3) 当事人没有约定交付地点或者约定不明确的,标的物需要运输的,出卖人依法将标的物交付给第一承运人后,标的物毁损、灭失的风险由买受人承担。

(4) 出卖人按照约定或者法律的规定将标的物置于交付地点,买受人违反约定没有收取的,标的物毁损、灭失的风险自违反约定之日起由买受人承担。

(5) 出卖人未按照约定交付有关标的物的单证和资料,但已交付标的物或者提取标的物的单证的,仍发生风险负担的转移。即出卖人未履行从合同义务的,不影响风险责任的转移。

(6) 因标的物质量不符合质量要求,致使不能实现合同目的,买受人拒绝接收标的物或者解除合同的,标的物毁损、灭失的风险由出卖人承担。

五、特种买卖合同

（一）特种买卖合同含义和特点

特殊买卖合同，亦称特种买卖，是指具有特殊要件的买卖。特殊买卖合同虽具有一定的特殊性，但与一般买卖没有本质区别，特殊买卖合同，因其有特殊的构成要件，在法律适用上，适用特殊规则。

（二）分期付款买卖合同

分期付款买卖合同，是指当事人双方约定，出卖人先行给付标的物给买受人，买受人分期交付价金的买卖合同，其根本的特点是：买受人按照约定在受领标的物后分期分批向出卖人付清总价款。

分期付款买卖，对出卖人而言，有利于促销；对买受人而言，只给付总价金的一部分，即可以占有和使用标的物。分期付款买卖一般用于房屋及高档耐用消费品的买卖中。

分期付款买卖，对于出卖人而言，有不能获得全部价金的风险。因此，应允许当事人双方对一些问题进行特别的约定，并对特别的约定进行必要的限制，以达到买卖双方的利益平衡。(1) 设立第一顺序抵押权。即分期付款买卖中，双方当事人可以约定就所交付的标的物设定第一顺序抵押权，作为支付价款的担保。(2) 所有权保留。即在分期付款买卖中，当事人可以约定买受人在支付所有价款之前，出卖人得保留标的物所有权。(3) 保留合同解除权。《合同法》第167条规定："分期付款的买受人未支付到期价款的金额达到全部价款的1/5 的，出卖人可以要求买受人支付全部价款或者解除合同。出卖人解除合同的，可以向买受人要求支付该标的物的使用费。"

（三）样品买卖合同

样品买卖合同，又称货样买卖合同，是指当事人双方约定一定的样品，出卖人交付的标的物应与样品具有相同品质的买卖。所谓样品，又称货样，是指当事人选定的用以决定标的物品质的货物。

样品买卖，在买卖关系中附加了出卖人的一项"须按样品的品质交付标的物"的担保，因此，样品买卖除适用一般买卖的规定外，还有其特殊规定：(1) 出卖人应该按样品所确定的品质标准向买受人交付标的物。(2) 如果样品本身存在隐蔽瑕疵，且样品买卖的买受人不知道样品有隐蔽瑕疵的，无论交付的标的物是否与样品相同，出卖人都负有交付标的物具有同种物通常标准的义务。

由于在样品买卖中交付的标的物与样品的品质是否相同决定着买卖双方的权利义务及责任，当事人应当封存样品，并且可以对样品质量予以说明，以便发生纠纷时的举证及纠纷的处理。

（四）试用买卖合同

试用买卖合同，是双方当事人约定，以出卖人将标的物交付于买受人试用，买受人在约定期限内对所试用的标的物的认可作为生效条件的买卖合同。

试用买卖合同作为一种特殊的买卖合同，与一般的买卖合同相比，具有以下特征：(1) 买受人有试用或试验标的物的权利。(2) 以买受人对标的物的认可作为合同的生效要件。试用买卖合同在双方当事人达成合意时成立，但达成合意时，合同并没有生效，试用人在试用后对标的物予以认可，合同才能生效。因而，试用买卖合同是一种附停止条件的买卖合同。

试用买卖合同的效力取决于买受人对标的物的认可。《合同法》第170条规定,试用买卖的当事人可以约定标的物的试用期间。对试用期间没有约定或者约定不明确的,可以协议补充;不能达成补充协议的,按照合同的有关条款或者交易习惯确定;仍不能确定的,由出卖人确定。

《合同法》第171条规定:"试用买卖的买受人在试用期内可以购买标的物,也可以拒绝购买。试用期间届满,买受人对是否购买标的物未作表示的,视为购买。"试用人全部或部分支付价款,也可视为购买;试用人除试验、检验以外的行为,如将该标的物转让或转租的,也可认为是同意购买。

试用买卖合同成立后、生效前,标的物的交付不产生所有权转移的法律效果。在试用期间,试用人不认可标的物的,负担返还原物的义务。试用过程中,因可归责于试用人的原因造成标的物毁损、灭失的,试用人应当承担赔偿责任;由于不可归责于出卖人与试用人的事由而导致标的物毁损、灭失的,当事人如果没有特别的约定,由标的物所有权人负担损失;因标的物的瑕疵造成试用人人身或其他财产损害的,除因可归责于试用人的原因外,出卖人应当承担赔偿责任。

(五) 招标投标买卖合同

招标投标买卖合同,是指通过招标、投标和定标的竞争程序订立的买卖合同。

通过招标、投标和定标订立合同,属于合同订立的特殊形式。《合同法》第172条规定:"招标投标买卖的当事人的权利和义务以及招标投标程序等,依照有关法律、行政法规的规定。"因此,招标投标买卖合同,应当首先适用《招标投标法》和相关行政法规。

(六) 拍卖合同

拍卖合同是指以公开竞价的方式,在众多的竞买人中选定最高报价者并与其订立的合同。拍卖合同的效力主要是委托人与拍卖人之间、拍卖人与竞买人之间、拍卖人与买受人之间的权利义务。按照《合同法》第173条的规定,拍卖的当事人的权利和义务以及拍卖程序等,依照有关法律、行政法规的规定。即拍卖合同,应当首先适用《拍卖法》和相关行政法规。

第二节 赠与合同

一、赠与合同的概念

赠与合同,是指赠与人将自己的财产无偿给予受赠人,受赠人表示接受赠与的合同。此处,所转让的财产,称为赠与物,转让财产的一方称为赠与人,表示接受财产的一方当事人,称为受赠人。

二、赠与合同的特征

赠与合同具有以下法律特征:

(1) 赠与合同是双方法律行为。赠与合同必须在双方当事人意思表示一致时,才能够成立。一方有赠与的意思表示而另外一方无接受赠与的意思表示,或者一方有接受赠与的意思表示而另一方无赠与的意思表示,赠与合同都不能成立。

(2) 赠与合同以转移赠与物的所有权于受赠人为目的。赠与人须将其财产无偿给与受赠人,即赠与是对财产归属的一种处分,其产生的效力是将赠与物的所有权从赠与人处转移至受赠人处。赠与合同的成立,将导致赠与物所有权的转移。

(3) 赠与合同是单务合同。在赠与合同中,仅赠与人负有交付赠与物并转移所有权的义务,受赠人不负对待给付义务,或虽然承担义务,但也与赠与人的给付义务不具有对价关系,故赠与合同是单务合同。

(4) 赠与合同是无偿合同。在赠与合同中,赠与人将赠与物的所有权转移给受赠人,是无偿的,没有对价性给付条件,因而是无偿合同。

(5) 赠与合同是诺成合同。按照《合同法》的规定,赠与合同在双方当事人意思表示一致时成立,不需要将赠与财产实际交付受赠人,故赠与合同是诺成合同。

(6) 赠与合同是不要式合同。赠与合同可以采用口头形式,也可以采用书面形式,表现非要式性,至于赠与物发生权利转移时办理的变更登记手续,是为履行赠与合同的义务,不属于合同形式的范畴。

三、赠与合同与相关行为的区别

(1) 赠与合同与遗赠的区别。赠与合同是双方法律行为,必须在双方当事人意思表示一致时,才能够成立。遗赠是单方法律行为,无须受遗赠人的同意即可成立。

(2) 赠与合同与捐赠的区别。捐赠、又称捐助,是指为了公益事业、公共目的或其他特定的目的而无偿给予他人财产的行为。如向灾民捐赠衣物。捐赠有时存在受赠人不确定性的情形,无法达成双方合意,属于特殊的赠与合同类型,在法律适用上应当适用特殊规定。

(3) 赠与合同与附义务的赠与的区别。附义务的赠与,也称附负担的赠与,是指赠与人在赠与时使受赠人对于赠与人或第三人负担一定义务的赠与。赠与所附义务必须合法,不得违背法律规定或公序良俗。附义务的赠与也属于特殊类型的赠与,与一般赠与合同中受赠人仅享有接受赠与物权利、不负担义务相区别。

(4) 赠与合同与悬赏广告的区别。悬赏广告,是公开以广告方法表示对完成一定行为之人,给予报酬,是一种单方法律行为,而赠与合同是双方法律行为。

四、赠与合同的成立与效力

(一) 成立

赠与合同在双方当事人意思表示一致时成立,不需要将赠与财产实际交付受赠人。

(二) 效力(权利与义务)

赠与合同为单务合同,故赠与合同的效力主要表现为赠与人的义务及其免除。

1. 赠与人的义务

(1) 交付赠与物并转移赠与物财产权利的义务。赠与合同是诺成合同,单务合同,合同生效后,赠与人应按照合同的约定的时间、地点、方式等,将赠与物交付于受赠人,同时,还应该将赠与物的所有权转移给受赠人。

(2) 特殊情形中赠与物的瑕疵担保义务。赠与合同为无偿合同,原则上赠与人不承担赠与物的瑕疵担保义务,但以下两种情形例外:① 附义务赠与中,赠与物有瑕疵的,赠与人在附义务的限度内承担与出卖人相同的责任。② 赠与人故意不告知瑕疵或保证无瑕疵的,造成受赠人损失的,应当承担损害赔偿责任。

(3) 损害赠与物的赔偿义务。《合同法》第 189 条规定,因赠与人故意或重大过失致使赠与的财产毁损、灭失的,赠与人应当承担损害赔偿责任。该规定主要在于要求赠与人对赠与物的善良管理义务。

2. 免除履行赠与义务的情形

赠与合同因是无偿合同,在特殊情形下,如果拘泥于合同效力,难免使当事人利益分配失去公平。因此,《合同法》第 195 条规定,赠与人的经济状况显著恶化,严重影响其生产经营或者家庭生活的,可以不再履行赠与义务。赠与人请求免除赠与义务的,应该负举证义务,证明自己的经济状况显著恶化,导致经济状况恶化的原因并不重要。

五、赠与合同的撤销权

赠与合同的撤销,是指在赠与合同生效后,因发生法定事由,赠与人或其他撤销权人撤销该赠与合同的行为。赠与合同的撤销分为任意撤销与法定撤销。撤销权人撤销赠与的,可以向受赠人要求返还赠与的财产。

(一) 赠与合同的任意撤销

《合同法》第 186 条规定:"赠与人在赠与财产的权利转移之前可以撤销赠与。具有救灾、扶贫等社会公益、道德义务性质的赠与合同或者经过公证的赠与合同,不适用前款规定。"任意撤销合同应具备两个条件:(1) 须在赠与合同生效之后,赠与财产转移之前,撤销的意思表示。(2) 所撤销的赠与合同不在法律禁止撤销之列。

(二) 赠与合同的法定撤销

法定撤销,是当法定事由发生时,赠与人或其他撤销权人行使撤销权撤销赠与合同。

1. 赠与人行使撤销权的法定事由。《合同法》192 条规定受赠人有下列情形之一的,赠与人可以撤销赠与:(1) 严重侵害赠与人或者赠与人的近亲属;(2) 对赠与人有扶养义务而不履行;(3) 不履行赠与合同约定的义务。

2. 其他撤销权人撤销的法定事由。因受赠人的违法行为致使赠与人死亡或者丧失民事行为能力的,赠与人的继承人或者法定代理人可以撤销赠与。赠与人的继承人或者法定代理人的撤销权,自知道或者应当知道撤销原因之日起 6 个月内行使。

赠与人的任意撤销权和法定撤销权的除斥期间为 1 年,自知道或者应当知道撤销原因之日起计算。

(三) 赠与合同任意撤销与法定撤销的区别

(1) 撤销权的行使时间不同:任意撤销权在赠与财产转移之前;法定撤销权在赠与财产权利转移之后。

(2) 撤销权的产生原因不同:任意撤销权是赠与人基于其独立意思撤销;法定撤销权是赠与人基于法律规定撤销赠与。

(3) 撤销权的适用范围不同:任意撤销权不适用公益性质、道德义务的性质和经过公证的赠与合同;法定撤销权适用所有的赠与合同。

(4) 撤销权的行使主体有区别:任意撤销权只能由赠与人依其意思表示行使;法定撤销权可以由赠与人、赠与人的继承人和法定代理人行使。

第三节　消费借贷合同

一、消费借贷合同概念

消费借贷合同是借款人向贷款人借款,到期返还本金并支付利息的合同。提供借款的一方为贷款人,受领借款的一方,为借款人。消费借贷合同的标的仅限于货币。且借款的利息不得违反中国人民银行的利率规定。法人之间的借款,利息约定违反中国人民银行利率规定的无效。自然人之间借款的利息可以略高于法定利率,但不得超过银行同期、同类利率的4倍。

二、消费借贷合同特征

消费借贷合同有如下法律特征：
(1) 是转让货币所有权的合同。消费借贷合同生效后,借款人取得货币的所有权。
(2) 是返还同种类同数量货币的合同。
(3) 除自然人之间的消费借贷合同外,其他合同均是诺成性合同,在双方当事人达成合意时,合同成立。
(4) 一般是有偿合同,只有在没有约定利息或者约定不明确的,视为不支付利息,属于无偿合同。
(5) 属于双务合同。贷款人有按照约定提供借款的义务,借款人有按照约定返还借款、支付利息的义务,故为双务合同。

三、消费借贷合同效力

(一) 贷款人的义务

1. 按照约定提供借款的义务

(1) 须按照约定足额提供借款。贷款人应当按照约定的金额提供借款,不得擅自扣减。借款的利息不得预先在本金中扣除。利息预先在本金中扣除的,应当按照实际借款数额返还借款并计算利息。(2) 须按照约定的日期提供借款。贷款人未按照约定的日期提供借款,造成借款人损失的,应当赔偿损失。

2. 保密义务

贷款人对于其了解的借款人的秘密,有保密义务,不得泄露或进行不正当使用,这是贷款人的附随义务。

(二) 借款人的义务

(1) 按期收取借款的义务。借款人应当按照合同约定的日期、数额收取借款。借款人未按照约定的日期、数额收取借款的,应当按照约定的日期、数额支付利息。

(2) 订立合同时的告知义务。订立借款合同,借款人应当按照贷款人的要求提供与借款有关的业务活动和财务状况的真实情况。

(3) 按照约定的用途使用借款的义务。借款人须按照约定的用途使用借款,接受贷款人对贷款使用情况的检查监督;借款人未按照约定的借款用途使用借款的,贷款人可以停止发放借款、提前收回借款或者解除合同。

(4) 借款按约定返还本金的义务。借款应该按期返还借款。借款人应当按照约定的期限返还借款。对借款期限没有约定或者约定不明确,依照本法第61条的规定仍不能确定的,借款人可以随时返还;贷款人可以催告借款人在合理期限内返还。借款人未按照约定的期限返还借款的,应当按照约定或者国家有关规定支付逾期利息。借款人提前偿还借款的,除当事人另有约定的以外,应当按照实际借款的期间计算利息。

(5) 按照约定支付利息的义务。借款人应当按照约定的期限支付利息。对支付利息的期限没有约定或者约定不明确,依照本法第61条的规定仍不能确定,借款期间不满1年的,应当在返还借款时一并支付;借款期间1年以上的,应当在每届满1年时支付,剩余期间不满1年的,应当在返还借款时一并支付。

第十三章

转移财产使用权的合同

经济社会中,对物有所有权的人,未必有时间、精力、技能实现对物的最高效率的利用。而既有能力又有需求对物进行利用的人,却未必有资力取得物的所有权。因此,为实现物尽其用,实现经济社会中人和物两种生产要素的最佳结合,从罗马法至近现代各国民法,无不将以转移财产使用权为目的的合同加以规定,租赁合同就是其典型。

本章将依次讨论三种转移财产使用权的合同,即:使用借贷合同、租赁合同以及融资租赁合同。

第一节 使用借贷合同

一、使用借贷合同的概念和特征

(一)使用借贷合同的概念

使用借贷合同,是指出借人和借用人约定,由出借人一方将物品无偿交付给借用人使用,借用人使用后将原物返还的合同。

大陆法系民法中一直存在使用借贷与消费借贷的区分。使用借贷是供他人使用且不毁损使用物的借贷,目的是转移物的使用权;消费借贷是因使用而消费标的物的借贷,目的是转移物的处分权。法国民法典将两种借贷统率于"借贷"概念之下,德国民法则将使用借贷与消费借贷分别规定,日本民法也将两者分别作为两种不同的有名合同。我国台湾地区"民法"仍将两种借贷合并于"借贷"概念之下。

我国大陆民法基于使用借贷系转移物的使用权,消费借贷系转移物的处分权这一根本差异,将两者区分为各自独立的两种有名合同。并在习惯上,将使用借贷称为借用,并在《民法通则解释》第126条[①]上肯定了这种合同形式;消费借贷则主要体现为《合同法》第12章借款合同。

(二)使用借贷合同的特征

使用借贷合同具有以下法律特征:

[①] 《民通意见》第126条规定:"借用实物的,出借人要求归还原物或者同等数量、质量的实物,应当予以支持;如果确实无法归还实物的,可以按照或者适当高于归还时市场零售价格折价给付。"

1. 使用借贷合同以转移物的使用权为目的

使用借贷合同系以转移借用物之使用权为目的,而非以转移物之处分权为目的,这是使用借贷合同与消费借贷合同的根本区别,也是使用借贷合同与租赁合同的相似之处。借用人基于使用借贷合同,可以对借用物进行使用,但是否可以对物进行收益？对此问题各立法例规定不一。我国通说认为,使用借贷合同一般仅限于使用,而不包括收益目的,这正是使用借贷合同为无偿合同的原因。但是,由于使用是指依物的性质和通常用途进行利用,如果借用物本身的正常用途就是创造收益,则应允许借用人收益。①

2. 使用借贷合同的标的物一般为非消耗物

由于使用借贷合同的目的在于转移物之使用权,合同期限届满原物仍须返还,因此使用借贷合同的标的物一般应为非消耗物。这也是使用借贷合同与消费借贷的又一个重要区别。但须注意,如果借用人向出借人借得消耗物,而目的却不是为了消费,而是为了使用,则仍应构成借用。例如,甲从乙处借得货币用于消费,当然是消费借贷,但如果借的是旧版货币用于陈列展览,则构成借用。

3. 使用借贷合同为无偿、实践、单务、不要式合同

借用人使用出借人之物,并不必支付任何代价,只需在合同期限届满时返还原物即可。如果借用人使用他人之物须支付对价的,则构成租赁。

双方当事人签订使用借贷合同,除当事人双方达成合意以外,尚须出借人向借用人交付借用物,该借用物的交付为使用借贷合同的成立要件。若双方当事人达成借用的合意,但出借人反悔不交付标的物的,使用借贷合同不成立,并不产生债务违反责任。使用借贷合同的实践性,从根本上说是来源于其无偿性,由于出借人不能基于借用从对方得到任何对价,因此法律特以实践合同的方式,减轻了出借人承担责任的可能性。

由于使用借贷合同为实践合同,因此出借人向借用人交付标的物并非合同的履行,而是使用借贷合同的成立要件。当使用借贷合同基于交付而成立,并产生效力以后,合同中就仅剩余借用人一方的妥善保管和按时归还的单方义务了。当然,从严格意义上说,出借人也并非没有义务,如出借人须容忍借用人的合理使用而不得任意干涉,出借人的瑕疵担保义务等。但是,以上义务并非与借用人的保管与返还义务构成对待给付关系,因此使用借贷合同仍为单务合同。② 总之,使用借贷合同是单务合同,这一点是使用借贷合同的实践性决定的。

使用借贷合同不要求特定形式,当事人以口头或书面签订均无不可,故为不要式合同。

二、使用借贷合同的效力

（一）出借人的权利义务

1. 请求返还借用物的权利

使用借贷合同期限届满,出借人可以向借用人请求返还借用物。如果当事人未约定借用期限的,依《合同法》第62条第4项之规定,出借人可以随时要求返还,但须给借用人合理的准备时间。

---

① 参见王家福主编:《中国民法学·民法债权》,法律出版社1991年版,第652页。
② 有学者用"不完全双务合同"概念来解释合同双方所负义务不构成对待给付的情况,但同时又强调,不完全双务合同并非双务合同,仍应属于单务合同类别。参见崔建远主编:《合同法》,法律出版社2010年版,第29页。

2. 对借用人合理的使用行为的容忍义务

在使用借贷合同存续期间,出借人须容忍借用人对其物的合理使用,此为借用人的基本义务。借用人不得以其所有权人的身份,干涉、妨害借用人之使用,否则应向借用人承担债务违反之责任。

3. 出借人的瑕疵担保义务

由于使用借贷合同为无偿合同,因此若令出借人承担与买卖合同中出卖人相同的瑕疵担保义务,显然对出借人来说过于沉重。正如买卖合同的规则在其他有偿合同未规定之处有准用效力一样,典型的无偿合同——赠与合同的规则,对其他无偿合同也有准用的余地,使用借贷合同也不例外。依《合同法》第191条,赠与的财产有瑕疵的,赠与人不承担责任。但是,赠与人故意不告知瑕疵或者保证无瑕疵,造成受赠人损失的,应当承担损害赔偿责任。由此推论,出借人对借用人的瑕疵担保义务,也应以故意不告知瑕疵或保证无瑕疵为限。

(二) 借用人的权利义务

1. 合理使用借用物的权利

这是借用人的主要权利。使用借贷合同以转移物之使用权为目的,但借用人的使用须以合理为限,即以符合当事人的约定或依借用物的性质和通常用途来使用。如果违反了合理的界限,导致借用物产生不合理的损耗的,须对出借人承担债务违反责任。

2. 不得擅自转借的义务

借用人应当自己使用借用物,非经出借人同意,不得将借用物转借他人。如果借用人擅自将借用物转借的,应当确认此为一种根本违约行为,允许出借人解除合同。

3. 对借用物的妥善保管义务

使用借贷合同存续期间,借用人应当对借用物承担妥善保管的义务,如果借用人因保管不善而导致借用物毁损的,应当对出借人承担损害赔偿责任。在借用人保管期间,必然有一个保管费用的承担问题。必要费用由借用人承担并无问题,但对于有益费用,借用人是否得请求出借人返还?有学者认为,有益费用也应当由借用人承担。因为使用借贷合同为无偿使用他人之物的合同,借用人因使用而却不付代价,自应负担物的保管和维护的义务,在保管和维护中所支出的一切费用也都是由借用人自己自愿支出的,不就向出借人要求依法返还。以上观点,值得赞同。① 出借人将物借给他人使用时,并不预期获得对价,同样也不预期要支出费用,以上预期均应予以维护,否则使用借贷合同便给出借人带来不可预测的风险,最终减弱了主体订立使用借贷合同的意愿,减少了使用借贷合同的被利用率。

4. 返还借用物的义务

借用人须于借用期限届满或合同被解除时,将借用物返还给出借人,这是借用人的基本义务。如果当事人未约定合同期限,则借用人应在出借人请求时予以返还。须注意,使用借贷合同中的期限属于借用人的利益,因此,借用人可以放弃此种利益,也即在合同期限未届满时提前返还借用物,且并不因此承担债务违反责任。借用人返还借用物时,应保持借用物处于正常损耗后的状态,否则应基于保管义务的违反产生损害赔偿责任。如果在借用期内借用物产生孳息,该孳息应由所有权人收取。

---

① 参见郭明瑞、王轶:《合同法新论·分则》,中国政法大学出版社1997年版,第213页。

第二节 租赁合同

一、租赁合同概述

（一）租赁合同的概念和特征

租赁合同是出租人将租赁物交付承租人使用、收益，承租人支付租金的合同。（《合同法》第212条）租赁合同中，提供物之使用权的一方为出租人，使用他人之物的一方为承租人，转移使用权的物称为租赁物，而租金则为承租人使用租赁物的对价。出租人有权对租赁物进行占有、使用、收益，但无处分之权。

租赁合同有以下特征：

1. 租赁合同是以转移使用权为目的的合同

租赁合同以承租人使用、收益租赁物为直接目的，承租人所取得的仅是对租赁物的使用、收益权，而非租赁物的所有权；租赁关系消灭后，承租人仍须将原租赁物归还所有权人。这是买卖合同与租赁合同的根本区别。由于租赁合同转移的仅是租赁物的使用权，而不能对租赁物进行处分，这又是租赁合同与消费借贷合同的根本区别。转移使用权，而不转移所有权或处分权，这是租赁合同的基本特征。因此，债务人不能将租赁物用以清偿自己的债务；如果债务人破产，租赁物也不能纳入破产财产，而只能由出租人行使取回权予以原物取回。

所谓使用，是指依物的性能和用途，在不毁损所有物本体或变更其性质的情形下对物加以利用。如果对物进行了毁损或变更了性质，则属于事实上的处分，已经超出了"使用"一词的内涵。所谓收益，是指收取物产生的新增经济价值。租赁合同转移的是物之使用权，而在许多情况下，承租人使用租赁物的目的，是为了取得新增的经济价值，因此《合同法》第212条在对租赁合同下定义时，将"使用""收益"两项合同目的均涵盖在内。

租赁合同既然以转移使用收益权为其根本特征，意味着承租人必须对物有事实上的使用性支配，才能称得上租赁。如果物始终在出租人手中，承租人并未对物进行独立使用的，即使习惯中冠以"出租"之名，也不是租赁。如乘坐出租车，实际上只不过是一种劳务提供合同。

2. 租赁合同是诺成、双务、有偿合同

租赁合同的出租人与承租人双方意思表示达成一致，合同即成立，无须交付租赁物。因此，租赁合同为诺成合同。

租赁合同中，出租人负担的交付租赁物供承租人使用、收益的义务，承租人所负担的交付租金的义务，双方当事人均具有一定的权利义务，且以上权利义务之间构成对价关系，因此租赁合同为双务、有偿合同。

3. 租赁合同的标的须为有体物、非消耗物、合法的物

（1）租赁合同的标的须为有体物。租赁合同的目的是转移物的使用收益权，权利转移之后，所有权人无法再对物进行同样的使用收益。而无体物中，智力成果可以由多人同时使用收益，如一项专利权，专利权人可以将其交给多个使用人进行非独占性的使用。因此，智

力成果上只能成立专利权许可使用合同、商标权许可使用合同等独立的合同类型,而非租赁合同。这在根本上说,是物与智力成果这两项权利客体的巨大差异造成的。

权利亦为无体物,理论上说也不能成为租赁合同的标的。我国现阶段所谓的"土地使用权"租赁,其实质为土地租赁。

(2) 租赁合同的标的须为非消耗物。租赁合同以转移物之使用权为目的,而非处分权。因此,租赁合同的标的只能为不可代替的非消耗物。若以可消耗物为标的物的,如借米,由于该合同性质是转移处分权,故只能成立消费借贷。如果是借可消耗物用于非消费的特定目的,例如借名贵洋酒用于展览并支付相应对价,则可例外地承认成立租赁合同。

(3) 租赁合同的标的须具备合法性。以法律禁止流通物出租的,租赁合同因欠缺标的合法性这一法律行为生效要件而归于无效。例如,出租淫秽录像带、出租枪支等即为无效租赁合同。以限制流通物作为租赁合同标的物的,应依合同当事人是否能够取得该租赁物经营资格区别对待。如果合同当事人没有取得经营资格可能,租赁合同无效;如果合同当事人能够经审批取得经营资格,该合同应认定为尚未完全生效的合同,在当事人取得经营资格后发生法律效力。

有些情形并不属于标的不合法。例如,以他人之物作为租赁合同标的的,租赁合同并不因之无效,因为租赁合同仅以转移物之使用权为目的,并不以出租人有所有权为前提。若以他人之物出租,出租人仍须负转移物之使用权的义务,若不能履行则须承担债务违反责任。同理,租赁合同的标的也不以现存之物为必要,若以非现存之物出租的,出租人仍负交付租赁物的义务,否则应承担债务违反责任。

(4) 租赁合同是继续性合同。继续性合同,是指"债的内容,非一次给付可完结,而是持续地实现,其基本特色是时间因素,在债的履行上居于重要地位,总给付的内容系于应为给付时间的长度。"①在租赁合同中,出租人的给付即非一次可以完成,而是要持续不断地进行给付,租赁期限在租赁合同中居于重要地位,并决定了总租金的数额。故租赁合同是继续性合同的一个典型。

继续性合同的一般特点,是其持续性决定了当事人之间具有较强的信赖关系。此信赖关系一旦由于某种原因丧失,该合同对当事人便丧失了意义,继续存在对当事人有害无益,因此法律允许当事人行使解除权。租赁合同中,出租人对承租人便有相当的信赖关系,一旦承租人未经出租人同意擅自转租,出租人便可解除合同。

(5) 租赁合同具有非永续性。租赁合同的目的是在一定期限内转移物之使用权,租赁人使用完毕后,仍须将租赁物返还给出租人。因此,永久性转移使用权是与租赁合同的目的相悖的,法律不允许之。当事人若要获得对他人之物的永久使用权,须通过设立用益物权的方式,仅设立租赁合同尚不为足。

各国民法典多对租赁合同的最长期限做了规定。我国《合同法》第214条规定:"租赁期限不得超过20年。超过20年的,超过部分无效。""租赁期间届满,当事人可以续订租赁合同,但约定的租赁期限自续订之日起不得超过20年。"

---

① 王泽鉴:《债法原理(一)》,中国政法大学出版社2001年版,第123页。

(二) 租赁合同的类型

依不同的标准,租赁合同可做如下分类:

1. 动产租赁与不动产租赁

以租赁合同的标的物是动产或不动产为标准,可将租赁合同分为动产租赁合同和不动产租赁合同。

不动产租赁在我国主要指房屋租赁,但租赁的标的不必为物的全部,物的一部分也得成为租赁合同的标的,如将房屋的外墙墙面出租给他人张贴广告。另外,如前所述,土地使用权租赁、承包经营权租赁、宅基地使用权租赁等这些所谓的权利租赁也视为不动产租赁,适用同样的规则。

这种区分的意义在于,基于不动产本身的特殊性,法律常对不动产租赁有特殊的要求,如进行登记等,而对动产租赁一般没有这些要求。我国《城市房地产管理法》第53条规定:"房屋租赁,出租人和承租人应当签订书面租赁合同……并向房产管理部门登记备案。"但应注意的是,登记备案在性质上仅为行政管理手段,既非合同的成立要件,也非合同的生效要件。另外,我国《合同法》第230条规定:"出租人出卖租赁房屋的,应当在出卖之前的合理期限内通知承租人,承租人享有以同等条件优先购买的权利。"此为不动产租赁中承租人的优先购买权,而动产租赁中并无此规则。

2. 定期租赁与不定期租赁

以租赁合同是否有固定期限为标准,可将租赁合同分为定期租赁合同和不定期租赁合同。定期租赁合同指合同约定有明确期限的租赁。不定期租赁合同的产生有三种情形:(1) 当事人在租赁合同中未约定租赁期限的,推定为不定期租赁合同(《合同法》第232条前段);(2) 当事人在租赁合同中将租赁期限约定为6个月以上,但未采取书面形式的,租赁合同视为不定期租赁合同(《合同法》第215条);(3) 租赁期间届满,承租人继续使用租赁物,出租人没有提出异议的,租赁合同继续有效,但租赁期限变为不定期(《合同法》第236条)。

这种区分的意义在于,在不定期租赁中双方当事人均可随时解除合同。《合同法》第232条后段规定,在不定期租赁合同中,"当事人可以随时解除合同,但出租人解除合同应当在合理期限之前通知承租人。"

3. 一般租赁与特殊租赁

根据法律对租赁是否具有特殊的规定,可以将租赁划分为一般租赁和特殊租赁。一般租赁指法律上没有特殊规定,直接适用《合同法》租赁合同一章规定的租赁。而特殊租赁是相对于一般租赁而言的,指法律有特别要求的租赁。例如,房地产管理法律对房地产的租赁、海商法对船舶的租赁、航空法对航空器的租赁等,以上特殊租赁在适用法律上,应当先适用特殊规定,然后适用一般规定。

(三) 租赁权的性质

租赁合同为一种债权债务关系。在早期民法上,承租人只能向出租人本人主张对租赁物的使用、收益,租赁权不能对抗第三人。一旦第三人在租赁期间买受了租赁物,则租赁合同解除,买受人得支配租赁物,而租赁人不受保护。该现象被称为"买卖破租赁",反映了早期民法重视所有权,相对轻视使用、收益权的观念。随着社会经济的发展,民法逐渐地承认在房屋等财产的租赁关系中,租赁物所有权在租赁期间内的转移并不影响承租人的权利,原租赁合同对受让租赁物的第三人(即新所有权人)仍然有效,新所有权人不得解除租赁合同,而是只能等待租赁期限届满后,才能实际支配租赁物。此即"买卖不破租赁"原则。这一原则突破了传统的合同相对性原则,使租赁权具有了对抗第三人的效力。在租赁权能够对抗第三人的情况下,租赁权的性质究竟为何,学者之间素有争论。概括起来有以下三说:

1. 债权说

债权说认为承租人对租赁物的使用权系基于交付而取得,该权利实为从属于租赁权的权能,而与能够直接支配标的物的物权不同,因此租赁权是债权而非物权。此为沿袭罗马法的旧说,与"买卖破租赁"的观念相一致,对保护承租人殊为不利,故为大多数立法所不采。

2. 物权说

物权说认为租赁权也是一种直接支配租赁物的物权,与请求他人为一定行为的债权根本不同。对物的直接支配是租赁权的本身,而对人的请求,如请求出租人交付、维修租赁物等,均为支配权衍生的效果。因此租赁权为物权。

3. 债权物权化说

该说认为租赁权在性质上仍为一种基于租赁合同产生的债权,其根本效力为请求出租人提供物之使用权。但法律为保护承租人计,特别强化了租赁权的效力,使其呈现出物权化的效果。从比较法上看,租赁权物权化主要体现在以下几个方面:

(1) 租赁权的对抗效力。即"买卖不破租赁",租赁期间租赁物所有权发生转移的,租赁合同于新所有权人和承租人之间继续有效。我国《合同法》第229条规定:"租赁物在租赁期间发生所有权变动的,不影响租赁合同的效力。"该条并未区分要进行登记的租赁或不要进行登记的租赁,也未区分动产租赁或不动产租赁,一概赋予了租赁权以对抗第三人的效力。

(2) 对侵害租赁权的第三人的效力。如果第三人侵害租赁权,承租人可以基于占有行使排除妨害的请求权和赔偿损失的请求权,但承租人能否直接基于租赁权来行使这两项权利? 我国现行立法就此未设明文,理论上相当多的学者对此持肯定说,使得租赁权可以对抗合同相对人以外的侵权人,从而具有了物权的特征。

(3) 租赁权的长期性。为流通便利计,债权一般存在时间较短,而物权则存续时间长。租赁权存续时间长,而且允许期限的更新。即使存续期限届满,由于法定或默示的更新的存在,合同也不当然解除。我国《合同法》第214条规定,租赁期限最长为20年,在我国法律体系中已经属于相当长期的权利存续期限规定。《合同法》第236条亦规定:"租赁期间届满,承租人继续使用租赁物,出租人没有提出异议的,原租赁合同继续有效,但租赁期限为不定期。"以上维系租赁权长期性、稳定性的措施,使租赁权具有了物权的特点。

(4) 租赁权处分的可能性。此处对租赁权的处分,是指租赁权的让与和转租。基于租赁合同的持续性,原本一般不允许对租赁权进行处分,以免威胁当事人之间的信赖关系。但近来租赁合同的发展,出租人方面积极的提供物之使用权的义务,渐渐退化为消极的容忍义务,使出租人与承租人间不再有很多积极的联系;承租人方面对物的利用方式也渐渐固态化。于是,究竟是谁在进行这种固态化的利用,对出租人而言已经没有区别,出租人的消极容忍义务也无根本变化。真正对出租人重要的,是租金的收取,而这一点与特定承租人是无必然联系的。因此,学说上也渐渐认可了租赁权处分的可能性。

我国《合同法》就转租设有明文,但要求经出租人同意方可进行,否则出租人得解除合同。(《合同法》第224条第2款)对于租赁权的让与,我国尚未对此问题有明文规定。由此可见,我国在租赁权处分问题上的态度,还比较保守。

我们认为,租赁权债权物权化说较为允当。债权与物权,本为人们为了观察和理解客观世界中的法律现象而创设的认识工具,而非客观世界本身。换言之,客观世界并非依照债权与物权这一对清晰、刚性的概念生成的,恰恰相反,债权和物权是对无限复杂、不可尽知的财产世界的一个粗糙的摹本,只能大体反映财产世界的一般现象。一定会有一些事物落在这对刚性概念的中间灰色地带,随着社会经济的发展,也会有一些新事物在这个中间灰色地带出现或一些旧事物转移至这个地带,租赁权物权化即其中之一。这是无可避免的,这是任何认识工具都必然会有的局限性。

二、租赁合同的效力

租赁合同的效力可分为对内效力和对外效力。对内效力即租赁合同对出租人和承租人的效力,通过双方当事人的合同权利和义务来体现;对外效力,又称特别效力,指租赁合同对第三人的效力,主要包括"买卖不破租赁"和"承租人的优先购买权"两项制度。

（一）租赁合同对出租人的效力

1. 交付租赁物并在租赁期间使租赁物符合约定用途

此为出租人的基本义务,《合同法》第216条进行了明确规定:"出租人应当按照约定将租赁物交付承租人,并在租赁期间保持租赁物符合约定的用途。"该义务又有以下三层含义。

（1）交付租赁物。由于租赁合同为诺成性合同,不以标的物的交付作为合同的成立要件,因此交付租赁物自然成为出租人在租赁合同生效后须履行的一项债务。所谓交付租赁物,是指出租人转移租赁物的占有于承租人。交付一般以现实交付为原则,但也可以以指示交付或简易交付的方式完成,如出租人指示保管人向承租人交付,或租赁合同成立前,租赁物已经由承租人占有,则租赁合同有效成立之时,即视为完成交付。在有的情况下,租赁物无须交付,承租人即可实现对物的使用、收益的,出租人不负交付义务。如房屋所有权人将房屋外墙租给他人张贴广告,此租赁合同中出租人便无交付义务。若租赁物有从物的,即使当事人未予约定,交付主物之时,也应将从物一并交付,除非当事人以特约排除。

（2）租赁物适于使用收益目的。此为对租赁物品质的限制。出租人并非为交付行为即可,其交付的租赁物还必须符合租赁合同的使用收益目的。不同的使用收益目的,决定了租赁物品质的差异。如同为租赁房屋,若为居住目的,则须满足一般生活需求;若为经营目的,则须满足通常经营需求;出租人交付的这两类房屋必然在品质上有差异。当事人虽交付租赁物,但不符合使用收益目的的,不能认为当事人完成了主给付义务的履行。

如果当事人对租赁物的品质有约定的,依其约定;如果当事人对品质没有约定,则租赁物须符合此类租赁合同对租赁物的一般要求。

（3）租赁期间租赁物应保持其适于使用收益的状态。由于租赁合同的目的,是在整体租赁期间保持承租人对租赁物的正常使用收益,因此,租赁物在交付时适于使用收益尚不为足,还须在租赁期间内维持其正常品质。该义务实际上包括以下三层含义:

第一,出租人不得积极地妨碍承租人对租赁物的使用、收益。出租人虽为所有权人,但其所有权中的使用、收益权能已经基于租赁合同让渡于承租人,故在租赁物的使用价值的支配上承租人居于优先地位。因此,出租人不得基于其所有权人的身份,干扰、妨碍承租人的正常使用、收益行为。对于承租人合乎合同目的的使用、收益行为,出租人有容忍义务,如在经营房屋的出租中,对承租人必要的装修行为,出租人应予容忍。

第二,租赁物丧失适于用益的状态的,出租人有恢复义务。租赁期间,因自然折旧、非人为的毁损等原因,租赁物丧失了适于用益的品质的,出租人有恢复租赁物的适租性的义务。详请参见下文关于出租人维修义务的阐述。

第三,第三人对租赁物的用益进行妨碍的,出租人有排除的义务。第三人妨碍承租人对租赁物的利用时,承租人当然可以基于租赁权或占有提出妨害排除。但出租人并不因此免除其为承租人排除来自第三人的妨碍的义务。

2. 维修义务

维修义务实际上是出租人保持租赁物符合约定的用途义务的一部分,但基于其特别的重要性,《合同法》于第 216 条规定了出租人的保持租赁物适租性的义务后,又于第 220 条单独规定了出租人"应当履行租赁物的维修义务"。因此,本书也将维修义务予以单列,加以详述。

对租赁物进行维修,既是出租人的义务,也是出租人的权利。因为出租人是租赁物的所有权人,当然有权对其所有物为保存行为。如果承租人认为租赁物虽出现瑕疵但尚能使用,因而怠于通知承租人进行维修,自己也不维修的,出租人有权自行决定进行维修,以保存自己所有物的价值。此维修行为无须对方同意,而且即使一定程度上影响了承租人事实上对租赁物使用收益,只要尚在合理范围内,也不构成对"不妨碍承租人用益义务"的违反。

出租人维修义务的发生,须满足以下要件。

(1) 有维修的必要。所谓维修的必要,指租赁物的毁损已经影响其正常使用收益,非经修复无法实现合同的约定目的。维修当然以一定程度的毁损为前提,但毁损并不必然导致维修义务的产生,而是必须依是否影响租赁物继续以符合合同约定的目的使用收益这一标准来衡量。毁损是否影响物的用益,须依合同的特别目的及社会一般观念来判断。如租赁汽车有剐蹭伤痕的,并不影响其使用,故出租人并不具有维修义务;但若该汽车是婚庆用的礼车,出租人自然具有维修义务。当然,当事人可以对维修的必要性标准进行特别约定,以满足其特别需求。

(2) 有维修的可能。所谓维修的可能,是指租赁物在事实上能够修复,而且花费成本也在合理范围内。如果毁损的租赁物已经不可能修复,如租赁房屋已经在地震中成为一堆瓦砾,则出租人没有维修义务。如果修复虽然可能,但经济花费过巨,为使资源利用效率最大化并避免社会资源的浪费,也视为修复不能。

如果出现全部修复不能的情况,则合同目的已经无法实现,应当以合同解除制度来处理。

(3) 维修原因并非基于可归责于承租人的事由发生。若由于可归责于承租人的事由,导致租赁物发生可修复的毁损,此时出租人是否负有维修义务?对此问题立法上并未明示,《合同法》第 220 条仅明确了出租人应当履行租赁物的维修义务,并未基于租赁物毁损的原因再作区分。学说上对该问题也颇有争论。① 笔者认为,由于承租人的原因导致租赁物不合约定目的,却要出租人承受不利后果,显然有失公平。试想,若不存在租赁关系,自己的所有物被他人部分毁损后,所有权人有权修复,但这绝非所有权人的义务。如果该物成为租赁合

---

① 认为出租人有维修义务的观点,请参见崔建远:《合同法》,法律出版社 2007 年版,第 427 页。认为出租人没有维修义务的观点,请参见王家福主编:《中国民法学·民法债权》,法律出版社 1991 年版,第 652 页。

同的标的,则租赁物上已经存在承租人的使用利益;此时,承租人因自己的原因致租赁物毁损,自己又对租赁物有利益,自己却不去修复,而将义务加诸于出租人身上;若出租人不修复时,承租人又可以依《合同法》第221条后段的规定,"减少租金或者延长租期"来对抗出租人,进一步获取利益。以上对出租人显然过分不公。

综上,应当在解释上认为,基于可归责于承租人的事由,导致租赁物部分毁损的,承租人有维修义务。若承租人不尽其义务的,出租人可以自行维修,费用由承租人承担。这里,维修是出租人的一项权利,而非义务。义务究竟属谁,在法律效果上是有根本差异的。试想,在承租人导致租赁物部分毁损的情况下,如果双方都不去维修,致使租赁物毁损扩大乃至丧失了使用价值,则因维修义务不履行导致损失扩大的部分由谁承担?显然,这部分损失应归属于未尽维修义务的债务违反者。义务第一次配置的差异,会改变以后法律效果的走向。而由于承租人的单方面原因,立即使出租人发生负担(维修义务),并使出租人以后持续地承担义务不履行或未适当履行带来的损害风险,这对出租人是很不公平的。

(4)承租人对出租人为维修通知。租赁合同有效成立后,出租人须将租赁物交付给承租人支配控制。因此,出租人对于租赁物何时出现应当维修的情事,存在信息获取上的障碍;如果在出租人不知情的情况下,就让其发生维修义务,并且让出租人对未及时维修承担债务违反责任,显然失当。因此,应当赋予承租人向承租人及时为维修通知的义务,并以维修通知到达的时间,作为维修义务的发生时间。若出租人接到通知后未于合理期间内维修,则发生债务的迟延履行责任。如果出租人已经知晓维修情事的,承租人免于通知义务。如果因出租人是否知情发生争议,由承租人对出租人已经知情负举证责任。如果承租人在维修情事发生以后,未及时为维修通知,则应对由此导致的扩大损失向出租人负赔偿责任。

当然,在实践中,如果承租人一律在维修情事发生后,先通知出租人,然后坐等其上门维修,对自己常常是不利的。因为前述权利行使程序颇费时间,会导致承租人使用利益受损。因此,双方也可以在租赁合同中另行约定,一旦发生维修情事,在承租人有能力维修的范围内由承租人直接维修,再向出租人请求费用偿还即可。

一旦以上四个要件构成,即发生出租人的维修义务。但是,如果出租人不尽其维修义务的,承租人为维护自己的使用利益,可以采取以下手段:① 自行维修,维修费用由出租人负担(《合同法》第221条中段)。② 行使同时履行抗辩权,依其不能用益的比例拒付一部分或全部租金。③ 在出租人不履行修复义务,导致租赁合同目的不能实现的情况下,承租人可以解除合同。

如果出租人履行了维修义务,但因维修租赁物影响承租人使用的,应当相应减少租金或者延长租期。(《合同法》第221条后段)

3. 瑕疵担保义务

我国《合同法》并未规定租赁合同的瑕疵担保问题。但依《合同法》第174条,法律对其他有偿合同有规定的,依照其规定;没有规定的,参照买卖合同的有关规定。因此,在租赁合同中,应当参照买卖合同设立瑕疵担保规则,出租人对承租人负有物的瑕疵担保和权利瑕疵担保。以下分述之:

(1)物的瑕疵担保义务。出租人应担保所交付的租赁物能够为承租人依约正常使用、收益。如果租赁物上有瑕疵,影响承租人对物的正常利用,则出租人应承担物的瑕疵担保责任。出租人对物的瑕疵担保义务有以下两层含义:其一,交付时租赁物符合约定用途;其二,在租赁期间内,租赁物符合约定用途。

无论在哪种情况下,出租人对物的瑕疵担保责任都有以下构成要件:

第一,租赁物有瑕疵。该瑕疵有质量瑕疵与数量瑕疵两种情况,前者指租赁物的质量不符合当事人的约定,在当事人没有对质量进行明确约定的情况下,则指租赁物的质量未达到通常标准;后者指租赁物的数量与约定不符。基于租赁合同的持续性,不仅在交付时租赁物有瑕疵出租人须负瑕疵担保责任,在租赁合同存续期间出现瑕疵的,出租人同样须负责。还须注意,租赁合同中出现物的瑕疵时,应准用买卖合同第157、158条,令承租人负通知义务。具体说来,在交付租赁物时,承租人应在约定的检验期限内予以检验,未约定检验期限的,承租人应当及时检验;一旦检验出瑕疵,承租人即负及时通知出租人的义务。若在租赁期间,租赁物出现瑕疵的,承租人一旦发现,也应及时通知出租人。毕竟,租赁物有瑕疵不仅影响承租人的使用利益,也影响出租人的所有利益,只有及时通知了,出租人才有可能及时尽其维修义务,双方的下一步法律关系也才能够继续展开。因此,准用买卖合同规则,使承租人负担及时通知的义务,甚为必要。

第二,承租人在订立合同时并不知道租赁物存在瑕疵,且承租人对此并无重大过失。如果承租人在订立合同时已经知道租赁物有瑕疵,依然签订合同的,视为承租人已经默认该租赁合同就是以该有瑕疵的租赁物为标的,自己的权利也就是对有瑕疵的物的使用收益权,出租人也就不可能为租赁物不存在该已知瑕疵提供担保,也就无担保责任可言。但须注意,《合同法》第233条规定:"租赁物危及承租人的安全或者健康的,即使承租人订立合同时明知该租赁物质量不合格,承租人仍然可以随时解除合同。"这里构成承租人明知瑕疵存在,出租人即不负瑕疵担保义务的例外。原因在于"人身之安全与健康之重要性,在评价上应重于知情而缔约者不利任意反悔或主张权利之契约正义。"[1]

物的瑕疵担保责任的效果,首先是承租人应尽其通知义务,并可同时请求出租人维修。出租人维修之后,承租人仍可就其未弥补的损害要求出租人承担责任,或者可以要求减少租金。在物的瑕疵导致合同目的不能实现的情况下,承租人也可以不请求维修,而是直接通知解除合同。

(2) 权利的瑕疵担保义务。对租赁物的权利的瑕疵担保义务,是指出租人应对承租人担保,不因第三人对租赁物主张权利而影响承租人依照约定对物的使用收益。在租赁合同订立时,租赁物上有可能已经存在第三人的某种权利,第三人若在租赁期间主张此权利,足以导致承租人丧失对物的使用、收益权。比如,租赁他人之物的,租赁物上便存在第三人的所有权,所有权人对租赁人主张所有物返还的,租赁人无法对抗;再如,将已经设置抵押的物出租于他人的,抵押权人实现抵押权时,租赁权人也无法对抗。以上情形,出租人将存在第三人既有权利的物租给他人,导致第三人主张权利时,承租人对物的使用收益权便无法实现,此类瑕疵就是租赁物的权利瑕疵,由此引起承租人的权利瑕疵担保责任。

出租人的权利瑕疵担保责任,其构成要件有:

第一,第三人对租赁物有权利。这里第三人的权利可以是所有权,如将他人之物出租;也可以是用益物权,如将设置了地上权的土地出租;也可以是担保物权,如将已经设立了抵押权的物出租。

---

[1] 黄立:《民法债编各论》(上),中国政法大学出版社2005年版,第227页。

第二，第三人向承租人主张权利，妨害了承租人依约对租赁物使用、收益。如果第三人仅仅是对租赁物有权利，但并未主张的，并不构成权利瑕疵担保义务违反。因为租赁合同的目的，就是使承租人能够依约对租赁物进行使用收益，如果第三人并未主张其对租赁物的权利，就不会妨碍租赁合同目的的实现。质言之，权利瑕疵担保责任的根本检验标准，并非第三人是否对租赁物有权利这一现象，而是这一现象有无影响承租人的使用收益权。

第三人权利主张若要妨害承租人对租赁物使用、收益，有一个重要前提，即第三人的权利应当发生在租赁合同生效之前。如果该项权利发生于租赁合同生效后，则因承租人的租赁权具有对抗第三人的效力，承租人仍得对租赁物为使用、收益，也就不会产生权利的瑕疵担保责任。有两个典型的例子可供说明：第一例，出租人在租赁合同生效之后，又将租赁物转卖给第三人。此时，基于租赁权的物权化，"买卖不破租赁"已经是通行的规则，该买卖不会影响承租人对物的使用、收益，故出租人无权利瑕疵担保责任可言。第二例，出租人在租赁合同生效之后，又将租赁物抵押给第三人，第三人主张实现抵押权。此时，第三人的确也可以对租赁物主张权利，但该成立在租赁合同生效后的抵押权一样受到租赁权的对抗。我国《担保法解释》第 65 条规定："抵押人将已出租的财产抵押的，抵押权实现后，租赁合同在有效期内对抵押物的受让人继续有效。"该条文就是租赁权对抗成立在后的抵押权这一规则的表现。

第三，承租人于合同订立时不知有权利瑕疵，且承租人并无重大过失。如果承租人在合同订立时明知有权利瑕疵，但仍订立合同，说明承租人自愿承担了第三人主张权利的风险，此时出租人无须承担瑕疵担保责任。

第三人对租赁物主张权利，相当于物的瑕疵担保中瑕疵被发现，此时，承租人应当承担同样的及时通知出租人的义务。承租人未及时通知出租人的，无权要求出租人承担由此造成的损失。如果因出租人未及时通知而给出租人造成损失的，还应对出租人承担损害赔偿责任。

对于出租人违反权利瑕疵担保义务的法律效果，《合同法》第 228 条第 1 款规定："因第三人主张权利，致使承租人不能对租赁物使用、收益的，承租人可以要求减少租金或者不支付租金。"其中所谓不支付租金，既包括暂时不支付租金，也包括在合同目的不能实现的情况下解除租赁合同，从而终局地不支付租金。

4. 费用返还义务

承租人在对租赁物进行使用、收益过程中，常常因保管、使用、维护、改善租赁物而支出一定费用。在以上费用中，出租人应对哪些负返还义务？在理论上，出租人应负返还义务的，包括必要费用和有益费用。

所谓必要费用，是指为维持租赁物处于适宜用益的状态所必须支出的费用。维持租赁物处于适宜被使用、收益的状态，是出租人的基本义务，而为履行该义务所花费的费用，当然应当由出租人支付。如果承租人已经为自己及时用益的便利而先行支付了该必要费用，自然可以向出租人请求返还。前述维修费用，就是必要费用的一种典型。

在实践中，还应对必要费用具体辨别。有的费用是维持租赁物适宜用益状态之必须，如租赁房屋的维修费、租赁汽车的保养费、租赁机器更换零件的费用等。以上费用只能由出租人承担，原因一方面在于此为出租人维持租赁物适租状态义务的题中应有之义，另一方面是因为以上费用影响租赁物本身的价值，若令承租人承担，承租人会以能满足自己临时用益为限尽量压低费用支出,如以劣质材料维修房屋、对汽车不予保养、为机器更换廉价零件等。质言之,承租人仅对租赁物有临时利益,出租人却对租赁物有长远利益,必要费用决定租赁物的长远价值,若令承租人承担,必因利益冲突而损害出租人。与前述相反,有的费用看似必要,如租赁房屋的水电费、租赁汽车的加油费、租赁机器的润滑油费用、租赁动物的饲养费等,但却不属于必要费用范围,不能令出租人承担。原因在于以上费用并非服务于维持租赁物的适租状态,而是直接服务于承租人的使用收益目的。若让承租人承担以上费用,承租人为实现自己的用益目的,必能恪尽职守。而若令出租人承担上述费用,一方面会导致承租人基于"自己消费,别人买单"的心理而滥支费用,如租房者滥用水电、租车者不计划路线绕路等;另一方面等于为出租人增加了对租赁物的日常照管义务,如出租人须一天数次跑来为租赁动物喂饲料,该义务对出租人来说过于沉重,且稍有履行迟延,便会在事实上影响承租人的日常使用。质言之,此类直接服务于租赁物用益的费用,仅与(或主要与)承租人对租赁物的临时利益有关,而与出租人对租赁物的长远利益无关(或关系次要),因此由利益最密切者承担费用,才能收到督促义务履行和发挥物的最大使用效率的效果。

5. 债的消灭时接受租赁物和返还押金、担保物的义务

租赁债的消灭后,承租人对租赁物的占有已经丧失法律依据,应当返还给出租人。此时,出租人具有接受返还的租赁物的义务,无故拒绝的,由此产生的损失由出租人负担。当然,请求返还租赁物同时也构成出租人的一项权利,在承租人不予返还时得主动请求。

如果租赁合同中有押金的,债的消灭后,除已用押金充抵租金外,出租人应将押金退给对方。有担保物的,担保物也应一并退还。

(二) 租赁合同对承租人的效力

1. 支付租金的义务

支付租金的义务是承租人的主合同义务。该义务与出租人的交付租赁物并在租赁期间维持其适于用益的状态的义务构成对待给付关系,从而决定了租赁合同双务有偿合同的性质。如果缺少支付租金的义务,则不构成租赁合同,而是使用借贷合同。对于承租人支付租金的义务,尚有以下几点需要说明。

(1) 租金的形态。租金的形态一般是金钱,但在当事人的约定下,也可以以租赁物的孳息或其他物来充抵。但是,租金不能以劳务的形态出现。如,甲将一间空房租给乙,租期三个月,乙不必支付租金,但乙须每天教甲的女儿一个小时英语。该合同当然有效,但不属于租赁合同,而是一种无名合同。

(2) 租金的支付方式。租金可以一次性支付,也可以分期支付,以当事人约定为准。如果为定期支付的,每期租金的消灭时效自该期租金到期之日起计算。

(3) 租金的支付期限。承租人应当按照约定的期限支付租金。对支付期限没有约定或者约定不明确,应当由当事人进行协议补充。当事人不能达成补充协议的,则按照合同有关条款或交易习惯确定。如果依照以上方式仍不能确定租金的支付期限,则"租赁期间不满一年的,应当在租赁期间届满时支付;租赁期间一年以上的,应当在每届满一年时支付,剩余期间不满一年的,应当在租赁期间届满时支付。"(《合同法》第226条)

(4) 租金的数额。租金的数额,由当事人约定。但在租赁合同履行期间,若有特殊情事,可以变更租金数额。我国《合同法》中列举了以下三种情况可以减少租金:

第一,因出租人维修租赁物影响承租人使用的。《合同法》第221条后段规定:"因维修

租赁物影响承租人使用的,应当相应减少租金或者延长租期。"此处所谓"应当"相应减少租金,仍应理解为承租人有请求减少租金的权利,"相应"的程度则须依承租人受影响程度而定。

第二,因第三人主张权利影响承租人使用的。《合同法》第228条第1款规定:"因第三人主张权利,致使承租人不能对租赁物使用、收益的,承租人可以要求减少租金或者不支付租金。"此处"不支付租金",应当理解为在合同目的不能实现的情况下,承租人解除合同的后果。

第三,租赁物毁损的。《合同法》第231条规定:"因不可归责于承租人的事由,致使租赁物部分或者全部毁损、灭失的,承租人可以要求减少租金或者不支付租金……"此处所谓"不可归责于承租人的事由",可以是自然原因、第三人原因或可归责于出租人的事由。在租赁物部分毁损的情况下,承租人可以请求减少相应部分租金;在租赁物全部毁损的情况下,承租人可以解除合同,消灭租金支付义务。

(5) 违反租金支付义务的后果。承租人未能及时、足额支付租金的,应承担债务不履行责任。《合同法》第227条规定:"承租人无正当理由未支付或者迟延支付租金的,出租人可以要求承租人在合理期限内支付。承租人逾期不支付的,出租人可以解除合同。"此处所谓"正当理由",指承租人行使同时履行抗辩权等足以对抗租金支付请求权的合法手段的情况,无资力并非正当理由。出租人向承租人提出的支付"要求",其实质是催告。《合同法》第227条实际上是《合同法》第94条第3项"当事人一方迟延履行主要债务,经催告后在合理期限内仍未履行",则对方可以解除合同的具体化。

由于租赁合同中承租人的租金支付义务常常以分期支付的方式履行,如果仅因承租人一次义务未及时履行,出租人就可以催告解除,似乎与租赁合同这种建立在较强人身信赖基础上的关系的性质有所不符,尤其在期限较长的不动产租赁中更是如此。因此,在一些立法例中,常对不动产租赁的出租人在承租人迟延履行租金支付义务时的解除权加以限制。如我国台湾地区"民法"第440条第2款规定:"租赁物为房屋者,迟付租金之总额,非达二个月之租额,不得依前项之规定,终止契约。其租金约定于每期开始时支付者,并应于迟延给付逾二个月时,始得终止契约。"此类规定有利于兼顾双方利益,有利于维系不动产租赁合同这种期限长、人身信赖强的法律关系的稳定性,值得借鉴。①

2. 依照约定的方法或租赁物的性质使用租赁物的义务

承租人在占有租赁物后,应当依照约定的方法使用租赁物。对使用租赁物的方法没有约定或者约定不明确,应当依《合同法》第61条的规定,双方当事人进行协议补充,不能达成补充协议的,按照合同有关条款或者交易习惯确定。以上方式仍不能确定的,应当按照租赁物的性质使用。承租人按照约定的方法或者租赁物的性质使用租赁物,致使租赁物受到损耗的,不承担损害赔偿责任(《合同法》第218条)。承租人如果未约定的方法或者租赁物的性质使用租赁物,致使租赁的受到损失的,出租人可以解除合同并要求赔偿损失(《合同法》

---

① 实际上,分期支付租金的租赁与分期支付价款的买卖在金钱给付义务上是类似的,而我国《合同法》第167条第1款已经在分期付款买卖中,对买受人迟延付款义务时出卖人的解除权进行了限制,该款规定:"分期付款的买受人未支付到期价款的金额达到全部价款的五分之一的,出卖人可以要求买受人支付全部价款或者解除合同"。该规定可供分期支付租金的不动产租赁合同参照。

第219条)。

值得讨论的是,我国《合同法》仅规定了在承租人不依约定方法或租赁物的性质使用租赁物造成损害时,出租人的救济方式。但对于承租人不适当使用租赁物,虽未造成实际损害,但有造成损害之虞时出租人的救济方法,《合同法》并未明确。若在此时,令出租人只能坐等损害现实地发生,才能寻求救济,显然并不妥当。因此,在解释上应认为出租人得以所有权人的身份行使物上请求权,请求承租人停止其违反义务的行为,以消除危险。

3. 保管义务

承租人的保管义务,是指在承租人占有租赁物期间,应对租赁物尽到善良管理人的义务,免使租赁物受到非正常损害。租赁物的自然损耗与折旧,不属于保管义务违反。

承租人的保管义务与出租人维持租赁物适于用益状态的义务,都有保存租赁物使用价值的目的,应注意两者之间的界限。比如,对租赁房屋进行维修,此为维持租赁物适于用益状态的义务,义务主体是出租人;而在第三人企图破坏租赁房屋时,在力所能及的范围内予以阻止,是使租赁物免受非正常损害的管理义务,义务主体是承租人;如果承租人虽尽力阻止,但第三人仍然对租赁房屋进行了毁损,此时产生维修义务,义务主体仍为出租人。质言之,保管义务是在租赁合同的日常进行中,对租赁物予以合理注意,免受非正常损害的义务,而非在损害发生后,恢复租赁物的适租性的义务。因此,该义务以交给能够对租赁物进行日常控制的承租人为宜。

承租人的保管义务与承租人依租赁物性质进行使用的义务,都含有令承租人维持租赁物,避免租赁物受损的内涵,应注意两者之间的界限。比如,违反操作方法对租赁机器进行过度使用,使其加速老化,此为承租人违反依租赁物性质进行使用的义务;如果承租人在非使用状态下,将机器放置于露天场所,任其日晒雨淋,从而加速老化,则为违反保管义务。可见,依约定或租赁物性质进行使用的义务是在对物使用收益过程中发生的,而保管义务的本质是在非使用状态下免使租赁物受到非正常损害。

我国《合同法》第222条规定:"承租人应当妥善保管租赁物,因保管不善造成租赁物毁损、灭失的,应当承担损害赔偿责任。"

由于保管义务的本意是维持租赁物的既有状态,因此承租人不但不能对租赁物加以毁损,而且也不能对租赁物加以改变或增设,此类行为均须出租人的同意方可实施。此类典型情况,是在租赁房屋上擅自装修,此举便违反了承租人的保管义务。此时,双方若不能事后协商成功,则承租人可以请求恢复原状;如果无法或不宜恢复原状的,可以将增设物折价归出租人。但无论哪种处理方式,均不影响出租人向对方要求承担债之不履行责任;如果承租人行为造成实际损害的,则存在债之不履行与侵权责任的竞合。《合同法》第223条第2款规定:"承租人未经出租人同意,对租赁物进行改善或者增设他物的,出租人可以要求承租人恢复原状或者赔偿损失。"[1]

第三人毁损、窃取租赁物,承租人未尽其善良管理人义务的,构成管理义务违反。此时,承租人基于债务不履行,第三人基于侵权行为,均应对出租人负损害赔偿责任。这两种债务

---

[1] 我国《民通意见》第86条就已对此类情况有规定,而且较为详细,即:"非产权人在使用他人的财产上增添附属物,财产所有人同意增添,并就财产返还时附属物如何处理有约定的,按约定办理;没有约定又协商不成,能够拆除的,可以责令拆除;不能拆除的,也可以折价归财产所有人;造成财产所有人损失的,应当负赔偿责任。"可供参照。

为不真正连带债务。①

4. 协助义务

所谓协助义务,具体指承租人对出租人的通知义务,和出租人对租赁物为保存行为时的容忍义务。

在学说上,有认为通知义务和容忍义务是保管义务的一部分或派生物②,也有认为通知义务和容忍义务是与保管义务相并列的三种不同义务③。笔者认为,通知义务是在租赁物有维修、防止危害的需要或被第三人主张权利时,对出租人的通知义务,其根本目的在于协助出租人,使其有可能或能够及时履行其相应义务或主张权利,而不在于使租赁物免受非正常的损害。比如,在租赁物需要维修时,承租人的通知义务,是协助出租人尽其维持租赁物适于用益状态的义务。正如前文所述,出租人维持租赁物适于用益状态的义务和承租人的保管义务是有、也必须有明确界限的,把协助完成前者的义务纳入完全不同的后者的范围内,显然并不妥当。究其根本,恐怕还是未能把都有维持租赁物使用价值的维持租赁物适于用益状态的义务和保管义务区分清楚,以至于把协助前者实现的内容也纳入了保管义务范围。

同理,容忍义务也是一种对出租人保存行为的协助,其目的同样是为了协助出租人履行其维持租赁物适于用益状态的义务。

综上,笔者认为,通知义务和容忍义务不属于保管义务范畴,其性质都是为对方履行义务提供协助,故将其统一在协助义务之下。

(1) 通知义务。在租赁关系存续期间,出现应当及时通知出租人的情况时,承租人有及时通知的义务。应当及时通知出租人的情况通常包括以下几种情况:① 租赁物有维修的必要。出租人对租赁物负有修缮义务,但租赁物却是在承租人的日常照管之下,为使出租人能够及时了解其义务的发生,法律特科以承租人通知义务,在通知到达之后,出租人的维修义务始发生。② 租赁物有发生危害的可能。租赁物有潜在危险,可能对承租人或第三人造成损害时,承租人应当及时通知出租人,以便于出租人及时采取预防措施。维修的必要指物的瑕疵已经影响使用收益,因此应通知出租人使其尽到维持租赁物适于用益状态的义务;而危害可能的存在或许并不影响承租人的使用收益,只是为了避免出租人进一步承担物的损害赔偿责任,因此这两项通知并不等同。③ 第三人对租赁物主张权利。因出租人负有权利瑕疵担保义务,在第三人主张权利时,承租人应当通知出租人,以使出租人能够及时采取应对措施。④ 其他依诚实信用原则应当通知的事由。例如,租赁物因不可抗力毁损灭失或因第三人的侵害受损等,承租人也应及时通知出租人。

当然,只有在出租人不知以上事项的情形下,承租人才负有通知的义务。若出租人已经知晓,则承租人不必再通知。但为避免承租人懈怠,在因通知义务而发生纠纷时,承租人须对出租人已经知晓负举证责任。

如果承租人怠于通知,则构成义务违反,应对出租人承担赔偿责任,赔偿的范围为出租人因未能及时收到通知,致使其不能及时采取措施而受到的损害。若因出租人不能及时采取维修等措施,致使承租人受损,则承租人丧失基于出租人债务不履行而请求损害赔偿的权

---

① 参见崔建远:《合同法》,法律出版社 2010 年版,第 430 页。
② 同上书,第 430—431 页。
③ 参见李永军、易军:《合同法》,中国法制出版社 2009 年版,第 497—498 页。

利。承租人是否怠于通知,由出租人举证责任。

我国《合同法》仅在第228条确定了第三人对租赁物主张权利时,承租人具有通知义务。在解释上,宜认为通知义务不止于此,而应包括前述较广的范围。

(2) 容忍义务。在租赁期间,对于出租人必要、合理的保存行为,承租人有消极的容忍义务。所谓保存行为,是指为保持租赁物处于适租状态而采取的行为,维修行为即其典型。保存行为可能干扰、影响承租人对租赁物的日常使用,因此有必要以及合理的要求。必要,是指具体保存行为确为保持租赁物适租性所必须;合理,是指实现前述必要行为的手段在合理范围内。例如,修缮房屋破损之处是必要的保存行为,而租赁期间大规模、长时间装修行为即不属之。同时,即使是修缮房屋,若是长时间、高频率地为此行为,造成对承租人家居生活的严重干扰,也不符合合理要求。

承租人容忍义务的对象,未必仅限于保存行为,可以根据合同的实际情况,对该对象范围进行适当扩张。如台风、冰雹、暴雨等灾害天气过后,出租人登门视察租赁房屋的状况,该视察行为可视为保存行为的预备行为,也应为承租人所容忍。但是,凡属容忍义务的对象,都必须通过必要与合理两层标准的检验。

承租人虽对必要、合理的保存行为有容忍义务,但因此而影响对租赁物的使用的,可能要求相应补偿。《合同法》第221条后段规定:"因维修租赁物影响承租人使用的,应当相应减少租金或者延长租期。"

5. 不得擅自转租的义务

所谓转租,是指承租人不退出租赁合同关系,而将租赁物出租给次承租人使用、收益。在转租中,承租人与次承租人之间基于转租合同成立新的租赁关系,而原来的出租人与承租人之间的租赁合同依然存在,形成两个租赁合同同时并存,原租赁合同的承租人与次租赁合同的出租人同为一人的情形。

不同的立法例对转租的规定不一。根据承租人进行转租自主程度的不同,大致可以区分为限制主义和自由主义立法两种模式。限制主义模式规定非经出租人同意,承租人不得转租,德国民法典、日本民法典即采此种模式。自由主义模式则认为承租人有转租的权利,除非租赁合同存在禁止规定,法国民法典采用这种模式。我国《合同法》对转租采限制主义模式,《合同法》第224条第1款第1句规定:"承租人经出租人同意,可以将租赁物转租给第三人。"第2款规定:"承租人未经出租人同意转租的,出租人可以解除合同。"

在限制主义模式下,以是否经过出租人的同意为标准,可以将转租分为合法转租与非法转租两种类型。下文分别就两种情况下的法律关系加以阐述。

(1) 合法转租。合法转租,指承租人取得了出租人同意的转租。出租人的同意有三种表现形式:① 租赁合同中存在许可承租人转租的条款;② 承租人在转租前取得了出租人的同意;③ 出租人在转租后予以追认。出租人一旦表示同意,即不得随意撤销,以保护次承租人的利益。承租人经出租人同意转租的,当事人之间发生如下法律关系:

第一,出租人和承租人之间。两者的租赁关系不因转租而受影响,既然出租人已经同意,就无追究承租人债务违反责任的余地,也无基于转租而产生的解除权。如果由于承租人迟延或拒绝支付租金,出租人仍直接对承租人行使解除权;该解除权无需对次承租人行使,也无需对次承租人进行催告或通知。尤其注意,如果由于可归责于次承租人的原因导致租赁物毁损灭失,基于债的相对性,对出租人承担债务违反责任的仅为承租人;出租人能够对次承租人主张的权利限于侵权范畴,此时存在承租人与次承租人对出租人的不真正连带债。

第二,转租人(承租人)与次承租人之间。双方当事人的关系与普通的租赁并无区别。如果出现了前述基于承租人对出租人的违约行为,导致承租人解除原租赁合同的情形,出租人可以直接向次承租人主张所有物返还请求权,次承租人租赁权无法对抗成立在先的所有权。此时,次租赁合同并非无效,而是出现了可归责于转租人的履行不能,应由转租人向次承租人负担债务违反的责任。

第三,出租人与次承租人之间。双方当事人之间原本并不存在直接的法律关系,只是在一些情况下,彼此的行为对对方有实际影响。如,在出租人基于承租人的违约行为解除合同后,可以直接要求次承租人返还租赁物,从而使次承租人的租赁权无法行使。在两个租赁关系同时终止时,次承租人可以直接将租赁物返还给出租人,免除其对于承租人的返还义务。

(2)非法转租。非法转租,是指承租人未取得出租人同意的转租。基于非法转租,在当事人间产生如下法律关系:

第一,出租人与承租人之间。租赁合同是继续性合同,建立在出租人对承租人一定的人身信赖关系基础上。不同的承租人,对租赁物进行使用收益的方法和程度,以及给出租人带来的可能风险有很大差异,因此,承租人是何人,对出租人往往有重大影响。因此,承租人不经承租人同意而擅自转租,构成严重的违约行为,出租人有权解除合同。我国《合同法》第224条第2款明确规定:"承租人未经出租人同意转租的,出租人可以解除合同。"出于维护交易安全的考虑,该解除权不能不受时间限制,因此在发生时间及存续时间上均应适用一般法定解除权规则处理。也即,出租人知道或应当知道转租发生时,解除权产生;在合理期限内不行使解除权的,权利因除斥期间的经过而消灭。在解除的效果上,出租人解除合同的同时,并可请求承租人承担债务违反责任。当然,如果出租人认为转租并不影响其利益实现,也可以选择不解除合同,继续维持租赁关系,以求继续取得履行利益。

第二,转租人与次承租人之间。双方当事人之间的租赁合同可以生效,转租人亦负有向次承租人交付租赁物,并使其得依约对租赁物进行使用、收益的义务。在出租人不行使解除权的前提下,次租赁合同正常进行。若出租人行使了解除权,租赁合同作为一种债权合同并不以出租人有处分权为生效要件,因此次租赁合同并不因原租赁合同的解除而无效。此时,转租人应向次承租人承担债之不履行责任。

第三,出租人与次承租人之间。原租赁合同被解除后,次承租人的租赁权不得对抗出租人的所有权,出租人自得基于物权请求权直接向次承租人请求返还租赁物。

6. 返还租赁物的义务

租赁合同仅转移租赁物的使用收益权,一旦租赁关系终止,承租人即丧失了继续控制租赁物的原因,租赁物自然应当返还给出租人。除非租赁物在租赁期间发生灭失毁损,导致租赁债的消灭时,才不发生租赁物的返还义务;否则租赁物的返还义务不能免除。如果租赁物还能使用、收益的,承租人还应保持租赁物的适租状态。

对承租人的租赁物返还义务,应注意以下几点:

(1)返还的标的。虽然该返还义务通常被表述为"原物返还",但实际上指的是经正常使用、存在正常损耗的原物,该物已经不可能在形态、价值上与交付时的原物完全一样,而这种不一样也并不构成义务违反。我国《合同法》第235条后段规定:"返还的租赁物应当符合按照约定或者租赁物的性质使用后的状态。"

(2) 返还的期限。定期租赁应当在租赁期限届满时返还租赁物。在不定期租赁中，应一方行使任意解除权，通知对方终止租赁关系时为返还行为。但在房屋租赁中，由于承租人需要一定的整理物品、腾空房屋的时间，故在租赁关系终止后，出租人应依诚实信用原则，留给出租人合理的宽限期。宽限期内并不构成债务违反。

(3) 添附物的归属。承租人在租赁期间对租赁物有添附行为的，首先应依当事人约定处理，若没有事先约定，也可于事后补充协议。未经出租人同意，对租赁物进行改建、改装或者增加附着物的，在返还租赁物时，出租人有权要求予以拆除，恢复租赁物的原状。若添附物本身有独立性，出租人可以自行取回。若添附物无法或不宜拆除，则可折价归出租人。以上造成出租人损失的，出租人可以要求承租人赔偿。

(4) 不返还租赁物的责任。承租人于租赁关系终止后，不履行返还租赁物义务并继续用益的，并非一定产生债务违反责任，而是要视出租人的行为而定。《合同法》第 236 条规定："租赁期间届满，承租人继续使用租赁物，出租人没有提出异议的，原租赁合同继续有效，但租赁期限为不定期。"这里所谓"没有提出异议"，指没有在租赁期间届满后的合理期间内向承租人进行反对的意思表示。若及时为反对的意思表示，则合同仍于原租赁期届满时终止，承租人应立即负返还租赁物的义务，并承担债务的迟延履行责任。而出租人未在合理期限内表示反对的，租赁合同继续有效，并转化为不定期租赁性质。此后，出租人虽可行使任意解除权终止合同，但在原履行期届满之后到合同因解除终止之前，已经不存在承租人的债务违反责任了。

7. 收取租赁物收益的权利

租赁合同的目的，在于使承租人取得对租赁物的使用、收益权。因此，只要不存在当事人的特约，承租人当然具有收取租赁物收益的权利。《合同法》第 225 条规定："在租赁期间因占有、使用租赁物获得的收益，归承租人所有，但当事人另有约定的除外。"

第 225 条所谓"收益"，应当包括孳息，但范围远比孳息为广。如租赁店面取得的经营收入、租赁汽车搞运输取得的运费、租赁机器生产的产品，均为使用租赁物获得的收益，但均非孳息。而租赁果园收获的果实，则为孳息。但是，如果产生孳息并非承租人使用租赁物的目的，则孳息应归属所有权人，而非承租人。如租赁耕牛用于耕作，耕牛产下的小牛属于天然孳息，但由于承租人使用耕牛的目的并非为了产仔，故小牛应归出租人。

(三) 租赁合同的特别效力

前述租赁合同的一般效力是针对出租人、承租人发生的，因此又称为对内效力。除此以外，租赁合同还在特定情况下会对第三人发生效力，影响第三人的利益，称为租赁合同的特别效力或对外效力。租赁合同的特别效力包括"买卖不破租赁"和"承租人的优先购买权"两方面，以下分述之。

1. 买卖不破租赁

租赁合同是一种债权债务关系，在早期民法上，承租人基于租赁合同上的租赁权，只能请求出租人本人为一系列特定行为，而不能对第三人发生任何效力。古罗马法帝政前期，在租赁期间租赁物的所有权发生转让，新所有权人的所有权与租赁权发生冲突时，应基于"物权优于债权""买卖破坏租赁"的原则，由新所有权人运用物权的追及力，驱逐承租人并夺回租赁物。承租人只能向出租人要求损害赔偿。① 这种规则反映了古代民法重所有权归属、轻物之利用的观念。随着社会经济的发展,对物观念逐渐向"重用益、轻所有"变迁,于是法律对租赁合同中物的用益人——承租人的保护逐渐加强,以提高物的使用效率,实现物尽其用的目的。具体在租赁合同中,如果租赁期间发生租赁物的所有权变动,租赁合同将继续在原承租人和新所有权人之间生效,即使新所有人想自己利用所有物,也不得对物行使物权的追及力,而是必须等待租赁期届满才能实现对物的实际支配。于是"买卖破租赁"的规则就被"买卖不破租赁"取代。各立法例对此均有规定②,我国也不例外。《合同法》第229条规定:"租赁物在租赁期间发生所有权变动的,不影响租赁合同的效力。"

(1) 买卖不破租赁的要件。

第一,出租人与承租人之间有合法有效的租赁关系。如果出租人与承租人之间的租赁合同不成立、无效、被撤销、被解除,则承租人无租赁权,也就不会产生租赁权对抗第三人的问题。同时须注意,如果当事人间存在的不是租赁合同,而是其他转移使用权的合同,如使用借贷合同,则无准用"买卖不破租赁"的余地。原因在于借用人系无偿使用人,本来就没有付出对价,因此法律对其保护的必要性减弱,新所有权人的利益反而在利益衡量中居于优先地位。

第二,出租人已经向承租人完成交付。租赁权之所以能够物权化并对抗第三人,除经济上发挥物的利用效率这一必要性外,还必须有法律上的可行性作保障。这一法律上可能性,就是承租人对租赁物的占有。众所周知,任何具有物权效力、能够对抗第三人的权利,若缺乏公示要件,必将对第三人带来极大风险,进而损害交易安全。租赁权物权化在法律上的可行性,就在于租赁权借助占有租赁物,实现了对第三人的公示,从而使第三人在买受租赁物之前,可以事先计算损益得失。从本质上说,租赁权是受占有效力之强化而发生了物权化的结果。

基于以上分析,所谓"租赁权物权化"也不应一概而论,而应依是否已交付租赁物区分两种情况。在租赁合同有效成立至租赁物交付之前,租赁权当然存在,但此时还未受到占有效力的强化,故只表现为一种向出租人请求的纯粹债权,而无任何对第三人的效力。可以想见,如果在此时就令租赁权产生物权化效力,对这种仅为当事人内部关系而无任何表征的租赁合同,第三人根本没有法律上的机会可以察觉,一旦涉足交易,必然受损。这种交易安全感的丧失,最终会导致交易主体因畏惧不可测的风险而放弃交易。因此,在租赁合同生效但尚未交付租赁物的情况下,如果出租人将租赁物转卖给第三人,并对第三人完成交付或登记,则第三人取得所有权,承租人仅能根据有效的租赁合同追究出租人的债之不履行责任。③

租赁物交付之后,承租人即基于占有向社会进行了租赁权的公示,使有交易意向的第三人有了法律上的机会知晓租赁物上的既有负担,并基于此计算可能的风险。此时再令租赁

---

① 参见周枏:《罗马法原论》(下),商务印书馆1994年版,第723页。
② 参见《德国民法典》第571条第1款、《法国民法典》第1743条、《奥地利民法典》第1095条、《瑞士债务法》第260条、《日本民法典》第650条,我国台湾地区"民法"第425条。
③ 此时的法律效果,与"一物二卖"类似,可以类比理解。买卖合同缔结之后,若出卖人在交付之前,将标的物转卖给第三人并交付的,第三人取得所有权。第一买受人无法基于其合同上的债权对已取得物权的第三人提出任何主张,只能基于有效合同向出卖人要求债务违反责任。未交付租赁物之前的租赁权,同样为一种纯粹的、仅有请求效力的债权,无法对抗新的物权人。

权发生对抗第三人的效力,才有了法律上的正当性。我国台湾地区"民法"第 425 条即规定:"出租人于租赁物交付后,承租人占有中,纵将其所有权让与第三人,其租赁契约,对于受让人仍继续存在。"在解释该条时,为确保占有的公示效力,我国台湾地区学者通常认为只有现实占有才能构成第 425 条上的"占有"。换言之,如果出租人系采取指示交付或占有改定方式完成交付的,承租人并未取得对租赁物的现实占有,此时第三人很难从外部察知租赁关系的存在,向第三人公示的目的也就没有达到。此时若令租赁权发生对抗第三人的效力,其实违反了租赁权物权化制度的本旨。故在指示交付与占有改定情况下,应解为不构成租赁物的交付,只有现实交付与简易交付,才足以引起租赁权的对抗效力。①

我国《合同法》第 229 条规定:"租赁物在租赁期间发生所有权变动的,不影响租赁合同的效力。"该条的"租赁期间"并未区分是在租赁物交付前还是交付后,也未明确在交付方式上是否有限制。为求贯彻"租赁权物权化"的法理,平衡出租人、承租人及第三人之间利益并保护交易安全,应当在解释上认为租赁权系于交付后才发生物权化效果,且交付形式限于现实交付和简易交付两种。

第三,租赁期间发生租赁物所有权的转让。此处所谓所有权的转让,不限于买卖合同,赠与、互易这些以转移所有权为目的的合同也在其列。

同时须注意,既然强调"所有权转让",就意味着发生了物权变动。如果出租人在租赁期间与第三人签订了租赁物的买卖合同,但因买卖合同未到履行期限或债权人未主张实现债权,导致公示未完成,则租赁物所有权并未发生转移。此时,出租人与第三人(买受人)之间仍为一种内部的债的关系,本来就不能对已成立的租赁权发生影响,也就不存在租赁权对抗此类第三人的余地。如果出租人向第三人完成了公示——具体说来,租赁物是动产时,出租人以(也只能以)指示交付的方式完成交付;租赁物是不动产时,出租人配合买受人完成了所有权变更登记——于是所有权发生了转移。此时,而对买受人的所有权,租赁权的效力若未得到强化将面临被打破的命运,这才有了"租赁权物权化"的必要。

(2) 租赁期间内租赁物所有权转让的法律效力。

"买卖不破租赁"的法律后果,就是"受让人代替出租人取得在其所有期间因租赁关系所产生的权利和义务"(《德国民法典》第 571 条第 1 款),换言之,即"租赁契约,对于受让人仍继续存在"(我国台湾地区"民法"第 425 条第 1 款)。我国大陆《合同法》第 229 条表述为"不影响租赁合同的效力"。以上可见,租赁期间内租赁物所有权转让的后果,本质上是法定的债的概括承受,即出租人出让租赁物所有权的同时,也让与了其租赁合同上权利义务,使买受人取得了出租人的身份,原租赁合同在买受人与承租人之间继续生效。由于该债的移转的效果是法定的,故不需要当事人的意思表示。

具体来说,租赁期间内租赁物所有权转让的效力可以分为以下三个层次。

第一,受让人(第三人)与承租人之间的法律关系。受让人将取代原出租人的地位,与承租人共同成为继续有效的租赁合同的双方当事人。双方之间的债权债务,仍由原租赁合同的条款决定。

由于这一法定的债的概括承受对承租人利益有影响,因此原出租人在租赁物所有权转

---

① 参见史尚宽:《债法各论》,中国政法大学出版社 2000 年版,第 223—224 页;王泽鉴:《民法学说与判例研究》(六),中国政法大学出版社 1998 年版,第 194 页。

移之时,即发生及时通知承租人的义务。① 如果出租人未尽此义务,为求保护善意的承租人,应适用债权表见让与制度,使承租人对原出租人的义务履行行为(如交付租金)仍然发生效力。受让人(新所有权人)只能向出让人(原所有权人、原出租人)主张不当得利返还。

租赁合同出租人的权利移转,必然引起从权利的移转。因此,租赁关系中附有押金或其他担保的,押金、担保物均一并转交给受让人。受让人在承租人发生债务违反时,可以通过扣除押金或变卖担保物的方式寻求救济。

既然是债的概括承受,受让人除承受租赁合同上的权利以外,当然也须承受租赁合同上的义务。因此,受让人在租赁物所有权转移之后,即对承租人负担维持租赁物在租赁期间的适租性及其他义务。

第二,出租人与受让人之间的法律关系。出租人与受让人之间,存在买卖合同关系,具体权利义务关系,依买卖合同的相关规定决定。但是,由于标的物上存在租赁权,导致受让人在取得所有权后不能实际支配和使用该物,该情形构成一种典型的权利瑕疵,出租人须对受让人承担权利瑕疵担保责任。

当然,如果受让人在买卖合同订立时,明知或应当知道标的物上存在第三人租赁权的,属于自甘风险行为。出租人免于承担瑕疵担保责任。

第三,出租人与承租人之间的法律关系。出租人将租赁物所有权让与第三人后,自己就退出了租赁合同,原则上也就不再与承租人发生关系。但是,由于发生了债的概括移转的效力,而且该效力的发生不必经承租人同意,因此"买卖不破租赁"制度仍然给承租人带来了风险。因为租赁合同是一种有人身信赖性的继续性法律关系,出租人信赖原出租人有履行维持租赁物适租性及其他义务的能力,却未必对新出租人有此信赖。承租人对新出租人的出现无法用自己的意思进行否定,这必然给承租人带来了风险。因此,《德国民法典》第571条第2款规定:"受让人不履行义务的,出租人就受让人应赔偿的损失,应负有与放弃先诉抗辩权的保证人同样的责任。"这种令原出租人在退出租赁合同后,仍对新出租人的租赁合同上的义务履行负保证义务的立法例,兼顾了承租人利益,可供我国参考。

2. 房屋承租人的优先购买权

房屋承租人的优先购买权,是指当出租人出卖房屋时,承租人在同等条件下,依法享有优先于第三人购买房屋的权利。

承租人在租赁关系成立后,基于对租赁房屋的占有、使用,形成了一种对该特定房屋的现实的需要和依赖,在长期租房的情况下尤其如此。如果出租人要出卖租赁房屋,作为买受人的第三人虽然可能也有用房需求,但与承租人相比,该需求尚处于动机状态,尚未与租赁物发生现实的结合进行产生直接生活上的依赖。既然在"同等条件"的保证下,出卖人的利益已经得到维护;那么在承租人与第三人之间衡量,显然以保护承租人现实的需要与依赖更妥当。

我国立法上一直承认房屋承租人的优先购买权。1983年国务院《城市私有房屋管理条例》(该条例已被国务院516号令废止)第11条规定:"房屋所有人出卖出租房屋,须提前3个月通知承租人。在同等条件下,承租人有优先购买权。"该条不仅确立了承租人的优先购

---

① 注意,该义务是在所有权转移之时发生,而非在买卖合同生效时发生。因为仅仅买卖合同生效尚不足以影响承租人的利益,也不引起承租人义务履行对象(如"向谁交付租金")的变化。

买权,而且为出租人确定了通知义务及通知期限。最高人民法院1988年《民法通则解释》第118条规定:"出租人出卖出租房屋,应提前3个月通知承租人,承租人在同等条件下,享有优先购买权;出租人未按此规定出卖房屋的,承租人可以请求人民法院宣告该房屋买卖无效。"该条不仅沿袭了《城市私有房屋管理条例》第11条的制度构成要件,而且明确了侵害优先购买权的法律效果,即承租人可以申请宣告出租人与第三人的买卖合同无效。1999年《合同法》第230条规定:"出租人出卖租赁房屋的,应当在出卖之前的合理期限内通知承租人,承租人享有以同等条件下优先购买的权利。"该条在基本法律层面肯认了出租人的优先购买权制度,但对出租人的通知期限及侵害优先购买权的法律效果未予明确。

由于优先购买权依承租人的单方意思表示即可行使,且其行使效果是在承租人和出租人之间产生买卖合同关系,故优先购买权的性质为形成权。该权利的实质系对出租人选择房屋买卖合同对方当事人的自由的限制,以求在不损害出租人的前提下,实现对租赁房屋有现实依赖的承租人的倾斜性保护。

房屋承租人的优先购买权具有法定性和专属性的特征。所谓法定性,是指该优先购买权是依法律直接规定产生的,即使租赁合同当事人并未于合同中约定,承租人也当然有此权利。所谓专属性,是指该优先购买权只能属于承租人享有,也仅为保护承租人的利益而存在,承租人不能将该权利转让给他人。

房屋承租人的优先购买权具有以下行使要件:

(1)出租人已经基于有效的租赁合同交付房屋。首先,租赁合同应当合法有效,否则根本没有产生承租人,也就谈不上对承租人的优先保护。其次,租赁房屋应当已经交付。优先购买权产生的根本原因,是保护承租人对房屋的现实依赖,若房屋并未交付,则该依赖在事实上并未产生,也就没有对承租人特殊保护的需要。因此,如果出租人与承租人之间仅有有效的租赁关系,但并未交付租赁物的,出租人与第三人签订买卖合同时,承租人并无优先购买权;依前述,此时承租人也不受"买卖不破租赁"制度的保护,只能向出租人主张债务不履行的责任。

(2)出租人在租赁期间出卖租赁房屋。即出租人在房屋的租赁期间,租赁合同尚未到期的情形下,出租人要出卖正在被租赁的房屋。房屋承租人具有优先购买权。

(3)承租人仅在同等条件下得享有优先购买权。究竟何为"同等条件",在理论和实践中有三种不同观点。第一,绝对同等说,即认为承租人认购的条件应与其他买受人绝对相同和完全一致。第二,相对同等说,即认为承租人购买条件与其他买受人条件大致相等,即视为具有同等条件。这两种观点均非完全妥当。第一种观点在适用中过于严格,尤其是当其他买受人所提供的买卖合同条件(如提供某种特殊机会)承租人不能做到时,要求承租人提出的条件必须与其他买受人的条件完全一致,等于剥夺了承租人的优先购买权,也使得优先购买权在事实上易于规避。第二种观点在适用中的伸缩性过大,难以具体操作。第三,价格同一说,即认为同等条件主要是指价格的同一。如果出租人基于某种特殊原因给予了其他买受人一种较优惠的价格,而此种优惠能以金钱计算,则应折合为金钱加入房价中,承租人提供了加成后的房价方为"同等条件"。如果该特殊优惠不能以金钱计算,那么应以市场价格来确定房价。① 同时,价格条件还应将付款期限、付款方式包含在内,以保障出租人在价金

---

① 参见王利明主编:《中国民法案例与学理研究》(物权篇),法律出版社1998年版,第134页。

收取利益上的真正等同。

（4）承租人应在合理期限内使优先购买权。优先购买权既然为形成权,则必然在具有保护形成权人作用的同时,也具有增加交易风险,威胁交易安全的作用。如果允许优先购买权长期存在,则构成对所有权处分的过于严苛的限制,有碍财产流通;且买受人的利益长期处于可被剥夺状态,亦于交易安全严重有损。因此,不能不对优先购买权的行使期限进行合理限制。《合同法》中并未对房屋承租人的优先购买权设立除斥期间,但在司法解释中对此有所规定。① 优先购买权的起算时间,在出租人通知的情况下,应为通知到达的时间;在出租人未通知的情况下,应为承租人知道或应当知道出租人出卖租赁房屋时起算。

具备以上行使条件的,承租人即得行使其优先购买权。同时,为求保障该权利的及时便利行使,又赋予出租人两项义务——通知义务和止卖义务。即出租人在出卖租赁房屋时,应当提前通知承租人,并在合理期限内不得出卖房屋。我国《合同法》以前的立法和司法解释,都将该出卖前的提前通知期限定为 3 个月,《合同法》则未规定明确的期限,仅限定为在出卖之前的合理期限内,等于将该期限长短的判断交给了法官,由法官根据具体案件情况酌定。须注意,以上两项义务虽以保障优先购买权行使为目的,但并非优先购买权的行使要件,即使出租人未履行通知义务且将房屋直接出卖给第三人的,承租人也得行使优先购买权。

房屋出租人侵害承租人优先购买权的法律效果,在《民法通则解释》第 118 条中明确为"无效",《合同法》第 230 条则未明示。将侵害房屋承租人优先购买权的后果界定为无效尚属合理,但宜在解释上进一步明确为相对无效,也即仅有承租人得基于行使优先购买权的目的请求人民法院确认出租人与第三人之间的合同无效。若承租人未主张无效,则买卖合同当事人纵有反悔,也不得主张无效,只能依约履行。一旦承租人基于优先购买权主张了买卖合同无效,承租人得一并主张依照与第三人同样的购买条件,与出租人订立房屋买卖合同,出租人不得拒绝。②

房屋承租人具有优先购买权,那么在租赁债的消灭后,出租人要继续出租的,承租人是否享有同等条件下的优先承租权? 从理论上说,优先购买权与优先承租权的要旨完全相同,都是在不损害出租人利益的前提下,倾斜保护承租人业已形成的对租赁房屋的依赖关系。既然法律已经肯定了优先购买权的存在,那么对于优先承租权这种要旨相同,且负面影响上尚不及优先购买权的制度（因未涉及所有权处分的限制）,也应肯定之,这也是"举重以明轻"的解释规则的运用体现。事实上,优先承租权在我国学者的《合同法建议草案》③中曾获肯定,只是未被立法者采纳。在法解释上,仍宜肯定优先承租权的存在。

---

① 《最高人民法院关于审理城镇房屋租赁合同纠纷案件具体应用法律若干问题的解释》(以下简称《城镇房屋租赁合同解释》)第 24 条规定:"具有下列情形之一,承租人主张优先购买房屋的,人民法院不予支持:……(3) 出租人履行通知义务后,承租人在 15 日内未明确表示购买的";并于第 23 条中规定:"出租人委托拍卖人拍卖租赁房屋,应当在拍卖 5 日前通知承租人。承租人未参加拍卖的,人民法院应当认定承租人放弃优先购买权。"以上"通知后 15 日未明确表示购买"及"拍卖时提前 5 日通知且承租人未参加拍卖"两种情况,即为对优先购买权的期限限制。但须注意,由于该司法解释是关于"城镇房屋租赁"的,因而尚不能算作房屋租赁关系的一般规定。

② 《城镇房屋租赁合同解释》第 21 条明确规定:"出租人出卖租赁房屋未在合理期限内通知承租人或者存在其他侵害承租人优先购买权情形,承租人请求出租人承担赔偿责任的,人民法院应予支持。但请求确认出租人与第三人签订的房屋买卖合同无效的,人民法院不予支持。"由此可见,在"城镇房屋租赁合同"这一限定范围中,承租人的优先购买权被侵犯后,承租人所享有的,仅为损害赔偿请求权;而非请求宣告出租人与第三人签订的合同无效。以上司法解释立场的部分转换,显示了司法者对交易安全的进一步重视。

③ 参见梁慧星主编:《民商法论丛》(第 4 卷),法律出版社 1996 年版,第 483 页。

三、租赁合同中的风险负担

租赁合同履行中,若基于可归责于承租人的事由,导致租赁物毁损、灭失的,由承租人基于债务违反或侵权行为承担损害赔偿责任,这并非租赁合同中的风险问题。若因既不可归责于承租人,又不可归责于出租人的事由,致使租赁物部分或全部毁损、灭失的,才称之为租赁合同中的风险。租赁合同中的风险,包括租赁物的风险和租金的风险两个方面,以下分述之。

(一)租赁物的风险负担

首先须明确,通常所谓的"风险随交付转移"的规则,是买卖合同中的风险负担规则,可以准用于赠与、互易这些是转移所有权为目的的合同中,但对租赁合同这种非以转移所有权为目的的合同,并无准用余地。对于非以转移所有权为目的的合同,如租赁合同、保管合同、仓储合同、质押合同等,在标的物风险负担上则奉行"所有人主义",即风险由所有权人承担。这一原则源于罗马法中所谓"天灾归所有人承担"的法律谚语,也符合"利益之所在,即风险之所在"的风险与利益一致的市场交易准则。① 对于不可归责于双方当事人的租赁物毁损、灭失,由租赁物所有权人承担,除非法律有特别规定或当事人之间有特别约定。

(二)租金的风险负担

因不可归责于双方当事人的事由致使租赁物部分或全部毁损灭失,导致租赁合同部分或全部不能履行时,租金风险应由谁负担?该问题与租赁物的风险负担不同,此处的风险负担主要解决双务合同对待给付义务的履行问题,尤其是承租人支付租金义务的履行问题。分配合同不能履行的风险,与分配租赁物毁损灭失的风险是有所不同的。依据《合同法》第231条规定:"因不可归责于承租人的事由,致使租赁物部分或者全部毁损、灭失的,承租人可以要求减少租金或者不支付租金;因租赁物部分或者全部毁损、灭失,致使不能实现合同目的的,承租人可以解除合同。"可见,因不可归责于双方当事人的事由致使合同部分或全部不能履行时,租金的风险由出租人负担,承租人即可相应地减少履行或不履行其对待给付义务——即请求减少租金或者不支付租金。出租人与前述租赁物所有权人可以一致,也可以不一致。

四、租赁合同的更新和终止

租赁合同在租赁期限届满后,除非遇到更新的情况,否则应当归于终止。

(一)租赁合同的更新

租赁合同的更新,是指在租赁期限届满后,基于法律的规定或当事人的约定,使租赁合同继续存在并发生效力的情形。更新有明示更新和默示更新两种类型。

明示更新的法律依据,是《合同法》第214条第2款:"租赁期间届满,当事人可以续订租赁合同,但约定的租赁期限自续订之日起不得超过20年。"须明确的是,既然为债的更新,意味着债的关系仍保持同一性,因此,除非当事人在更新时另有约定,否则原租赁合同中的双方当事人的权利义务仍保持不变,原有的押金条款或担保条款也继续有效。

默示更新的法律依据,是《合同法》236条:"租赁期间届满,承租人继续使用租赁物,出

---

① 参见余延满:《货物所有权的移转与风险负担的比较法研究》,武汉大学出版社2002年版,第323页。

租人没有提出异议的,原租赁合同继续有效,但租赁期限为不定期。"当事人在租赁期间届满后,即使并未进行明示的更新,也不意味着租赁合同的当然终止。相反,如果承租人继续使用租赁物,则视为承租人有使租赁合同继续生效的默示的意思表示;若出租人也没有提出异议,则视为出租人对承租人的意思表示给予了同意。于是,导致租赁合同默示更新的发生。默示更新制度,在不违反当事人意思的前提下,尽量维持了物的现实使用状态,兼顾了承租人的使用利益和出租人的租金利益。在合同内容上,由于当事人之间不存在就合同条款另作约定的合意,因此合同内容与原租赁合同完全相同。唯一困难之点,是更新之后新的租赁期间如何确定?对此,我国《合同法》第236条视默示更新的租赁合同为不定期租赁。以后,双方当事人均得随时行使不定期租赁中的任意解除权,以满足自己变动的需求,从而保持了该制度的灵活性。

须注意,如果租赁期间届满后,承租人继续使用租赁物,出租人起初并未表示异议,但一段时间以后要求出租人返还租赁物的,这究竟默示更新形成中的提出异议?还是默示更新完成以后不定期租赁中的任意解除权的行使?若为前者,则承租人应承担租赁期间届满到合同解除之间的迟延履行责任;若为后者,则承租人没有债务违反责任。这意味着默示更新制度中应当存在一个出租人提出异议的合理期限,该期限从租赁期间届满时起算。在该期限之内出租人提出返还租赁物的,应为默示更新中的异议,承租人须承担迟延履行责任;在该期限外提出返还租赁物的,则视为默示更新已经完成,出租人的行为系行使不定期租赁中的任意解除权。

(二) 租赁合同的消灭

租赁合同可因以下原因终止。

1. 租赁期间届满

租赁期间届满,如果当事人未进行明示更新或默示更新,则租赁合同消灭。

2. 租赁合同的解除

租赁合同被当事人行使解除权予以解除的,合同当然终止。除《合同法》第94条所列一般法定解除的情形外,租赁合同还得基于以下原因发生特别法定解除权。

(1) 出租人的特别法定解除权。

第一,承租人违反适当使用租赁物的义务时,出租人的解除权。《合同法》第219条规定:"承租人未按照约定的方法或者租赁物的性质使用租赁物,致使租赁物受到损失的,出租人可以解除合同并要求赔偿损失。"

第二,承租人擅自转租时,出租人的解除权。《合同法》第224条第2款规定:"承租人未经出租人同意转租的,出租人可以解除合同。"

第三,承租人违反租金支付义务时,出租人的解除权。《合同法》第227条规定:"承租人无正当理由未支付或者迟延支付租金的,出租人可以要求承租人在合理期限内支付。承租人逾期不支付的,出租人可以解除合同。"

(2) 承租人的特别法定解除权。

第一,租赁物毁损灭失时,承租人的解除权。《合同法》第231条规定:"因不可归责于承租人的事由,致使租赁物部分或者全部毁损、灭失的,承租人可以要求减少租金或者不支付租金;因租赁物部分或者全部毁损、灭失,致使不能实现合同目的的,承租人可以解除合同。"

第二,租赁物危及承租人人身时,承租人的解除权。《合同法》第233条规定:"租赁物危及承租人的安全或者健康的,即使承租人订立合同时明知该租赁物质量不合格,承租人仍然可以随时解除合同。"

(3) 双方当事人的任意解除权。

在不定期租赁的情况下,出租人和承租人均有任意解除权,得依自己的单方意思随时解除合同。依《合同法》第232条,在不定期租赁中,当事人可以随时解除合同,但出租人解除合同应当在合理期限之前通知承租人。我国《合同法》上的不定期租赁有以下三种情况:

第一,6个月以上的租赁合同未采用书面形式。《合同法》第215条规定:"租赁期限6个月以上的,应当采用书面形式。当事人未采用书面形式的,视为不定期租赁。"

第二,当事人对租赁期限没有约定或约定不明。《合同法》第232条前段规定:"当事人对租赁期限没有约定或者约定不明确,依照本法第61条的规定仍不能确定的,视为不定期租赁。"

第三,默示更新形成的不定期租赁。《合同法》236条规定:"租赁期间届满,承租人继续使用租赁物,出租人没有提出异议的,原租赁合同继续有效,但租赁期限为不定期。"

第三节 融资租赁合同

一、融资租赁合同的概念和历史发展

(一) 融资租赁合同的概念

所谓融资租赁合同,是指当事人之间约定,出租人根据承租人对出卖人、租赁物的选择,向出卖人购买租赁物,提供给承租人使用,承租人支付租金的合同(《合同法》第237条)。由该概念可以看出,融资租赁合同有以下三方面的法律关系构成。

1. 出租人根据承租人的要求购买租赁物

这是融资租赁合同与一般租赁合同的重要区别。在一般租赁合同中,出租人的租赁物是其现有财产,出租人的缔约目的是为自己的既有财产寻找一个产生价值的场所。而在融资租赁合同中,合同订立之时,出租人还未拥有租赁物的所有权;他要在缔约之后,根据承租人的要求再行购买租赁物并交付。正是由于承租人通过他人购买、自己承租的方式,解决了自己一次性购买的资金不足,实现了融资目的,因此该类型合同才被冠以"融资"之名。

2. 出租人将租赁物提供给承租人使用

这是融资租赁合同与一般买卖合同的重要区别。在一般的买卖合同中,买受人购买标的物的目的是为了自己的使用收益。而在融资租赁合同中,出租人的购买目的从一开始就被另一个合同确定为出租。

3. 承租人支付租金

承租人须为自己对他人之物的使用、收益行为支付代价,即租金。正是由于该合同具有一方提供物之用益、另一方支付租金这种对待给付形式,才会被冠以"租赁"之名。

(二) 融资租赁合同的历史发展

融资租赁合同是融资租赁交易的产物。融资租赁交易是第二次世界大战后发展起来的集金融、贸易和租赁为一体的新型信贷方式。第二次世界大战之后,由于生产技术的进步,企业规模逐渐扩大,美国政府为了防止经济过热,采取金融紧缩政策,使企业的资金需求无

法充分满足。于是,美国首创以租赁动产为业务的租赁公司,而融资租赁则是这些租赁公司进行动产租赁的主要形式。这种通过租赁进行的融资活动,满足了企业界资金和用益上的需求,颇受当事人各方的青睐:就承租人而言,可以经由融资租赁,用较少的资金解决生产所需,而且租金可以从使用租赁物的收益中支付;就出租人而言,既可获取丰厚的利润,又有较为可靠的债权保障,而且还不必承担一般租赁合同中承租人的维修义务、瑕疵担保义务及租赁物毁损灭失的风险。可见,融资租赁这种交易方式,既灵活又方便,能够适应企业界各种实际需要,且能提供一般中长期贷款方式所不能提供的独特的融资便利。因而,融资租赁交易在世界范围内,尤其是在经济发达国家,获得了飞速的发展。并于20世纪60年代后传入德国和日本,成为风靡世界的融资方式。[1]

另外,融资租赁合同中的承租人分期支付的租金,在税法上被视为企业的支出减抵企业的应纳税收入,从而为企业减少了营业税支出。[2] 这也是融资租赁合同受欢迎的一个原因。

我国融资租赁业起步较晚。1981年成立的中日合资企业——中国东方租赁公司,是我国第一家从事融资租赁的企业。但我国的融资租赁业发展迅速,截止到目前,融资租赁业已成为我国利用和引进外资的一条重要途径。[3]

二、融资租赁合同的法律特征

融资租赁合同既涉及"买",又涉及"租";既涉及"融资",又涉及"融物"。具有相当的特殊性,其特征可以概括为以下几个方面。

(一) 合同功能上的特征——以融资为目的,集融资、融物为一体

在融资租赁合同中,虽然既有"融资"、又有"融物",但却是以"融物"为手段,"融资"为目的。承租人通过出租人购买租赁物,再由自己使用、收益,分期支付的租金可在将来租赁物使用产生的收益中陆续支出,从而解决了自己一次性购买资金不足的难题,因此该制度的本质是融资。但是融资租赁合同又与借款合同不同,因为借款合同转移的是货币的所有权,而融资租赁合同仅转移租赁物的使用权而已。因此这种以融资为本质的制度,又通过融物的外观表现出来。

(二) 合同主体上的特征——出租人为专营融资租赁业务的租赁公司

融资租赁合同中的出租人有特定的主体要求,即只能为专营融资租赁业务的租赁公司。虽然我国《合同法》并未对融资租赁合同的出租人的资质有明确限制,但基于融资租赁合同的融资性质,该类业务应当由金融管理部门批准设立的租赁公司经营。一般自然人、法人、其他组织不得为之。

(三) 合同内容上的特征——两个合同与三方当事人的结合

所谓两个合同,是指买卖合同与租赁合同;所谓三方当事人,是指出卖人、出租人(买受人)和承租人。所谓结合,指融资租赁合同并非一个买卖合同和一个租赁两个合同的简单相加,而是将两个合同和三方当事人有机结合在一起构成的新型独立合同。为了实现当事人在融资租赁这种特定交易形式中的便利,法律特别地将两个合同中的权利义务交错在一起,

---

[1] 参见梁慧星:《民法学说判例与立法研究》,中国政法大学出版社1993年版,第180页。
[2] 参见〔德〕梅迪库斯:《德国债法分论》,杜景林、卢谌译,法律出版社2007年版,第483页。
[3] 参见顾昂然:《中华人民共和国合同法讲话》,法律出版社1999年版,第74页。

这些交错鲜明地表现出融资租赁合同与单纯的买卖或租赁之间的差异。比如，出卖人并非向买受人交付标的物，而是向承租人履行；再如，出租人并不向承租人承担维修义务和瑕疵担保义务等。

最后，在合同性质上，融资租赁合同不以交付标的物为合同的成立要件，故为诺成合同；合同当事人享有权利均须支付对价，故为有偿合同；依《合同法》第238条第2款："融资租赁合同应当采用书面形式"，故为要式合同。

三、融资租赁合同与类似合同的区别

融资租赁合同是一种混合的新型有名合同，它与其合成原料——一般租赁合同、分期付款买卖合同之间，颇有一些相似和难以辨析之处。以下试区分之。

（一）融资租赁合同与一般租赁合同

从外观上看，融资租赁合同中的承租人以支付租金为对价，取得对出租人的租赁物的使用、收益权，与租赁合同很相似，但两者有以下显著区别：

1. 合同目的不同

租赁合同的目的是盘活出租人的资产，使出租人暂时不能利用的所有物产生价值。而融资租赁合同中的标的物原本就不是根据出租人的需求，而是根据承租人的需求购入的，其目的是从承租人处收回购置成本并取得预期利润。质言之，融资租赁合同是以"货物"换取金钱而非以"使用"换取金钱。这一合同目的所导致的结果，就是融资租赁合同承租人有远比租赁合同承租人为绝对的租金支付义务。①

2. 标的物范围不同

一般租赁合同的标的物可以为动产或不动产。而融资租赁合同是从美国的动产租赁（lease）中分离出来，从一开始就是动产租赁的一种。由于融资租赁合同的期限常常就是标的物的耐用期，合同届满后标的物的价值往往已经非常低，因此当事人可以在融资租赁合同中任意约定合同期限届满后租赁物的归属。这些都是典型适用于动产的规则，对于不动产是无法适用的。我国虽然没有在《合同法》中明确限定融资租赁的标的，但解释上应将标的限于动产范围。

3. 合同的继续性不同

一般租赁合同是典型的继续性合同，租赁物的继续使用与租金的继续支付之间具有对价关系，且彼此之间具有担保作用。如果承租人不能继续使用租赁物的，可以拒绝支付租金。（《合同法》第231条前段）而出租人在融资租赁合同中的目的是收回标的成本并取得预期利润，无论承租人是否在事实上能够继续使用租赁物，出租人均有权收取租金。

4. 维修义务及瑕疵担保义务的主体不同

在租赁合同中，出租人负有在租赁期间维持租赁物适于用益状态的义务。因此，如果租赁期间租赁物出现不适宜用益的情况，出租人应当负责维修。出租人不履行维修义务的，承租人可以自行维修，并请求出租人承担维修费用。（《合同法》第220、221条）而在融资租赁合同中，根据《合同法》第247条第2款之规定，承租人应当履行占有租赁物期间的维修义务。

---

① 参见李永军、易军：《合同法》，中国法制出版社2009年版，第523页。

如果融资租赁合同的租赁物造成第三人人身或财产损害的,《合同法》第246条规定："承租人占有租赁物期间,租赁物造成第三人的人身伤害或者财产损害的,出租人不承担责任。"

5. 租金的性质不同

一般租赁合同的租金,是承租人对租赁物进行使用、收益的对价。而融资租赁合同中的租金的本质,是融资资金及利息的返还。正因因此,《合同法》第243条规定："融资租赁合同的租金,除当事人另有约定的以外,应当根据购买租赁物的大部分或者全部成本以及出租人的合理利润确定。"

6. 租赁物是否须在债的消灭后返还不同

在一般租赁合同中,债的消灭后,承租人应对出租人负的租赁物返还义务,并应保持租赁物适当的使用价值。《合同法》第235条规定："租赁期间届满,承租人应当返还租赁物。返还的租赁物应当符合按照约定或者租赁物的性质使用后的状态。"在融资租赁合同中,租赁物的返还并非承租人一项确定的义务。因为租赁期限届满时,租赁物的实际价值往往已经很低,强令当事人返还只是徒增履行费用而已,不如交给当事人自行约定更为适宜。《合同法》第250条规定："出租人和承租人可以约定租赁期间届满租赁物的归属。对租赁物的归属没有约定或者约定不明确,依照本法第61条的规定仍不能确定的,租赁物的所有权归出租人。"

7. 风险负担规则不同

在一般租赁合同中,租赁物风险由所有权人承担,租金风险由出租人承担。(《合同法》第231条)而在融资租赁合同中,租金的性质是对融资本金和利息的偿还,因此,即使租赁期间租赁物因不可归责于承租人的事由毁损灭失,承租人也不能免除。

(二) 融资租赁合同与分期付款买卖合同

由于融资租赁合同中,承租人是分期支付租金,而出租人对租赁物的所有权常常只具有担保的功能,最终租赁物所有权也往往被当事人约定为承租人所有,因而融资租赁合同常与附所有权保留条款的分期付款买卖合同发生混淆。

所有权保留,指双方当事人约定买受人虽先占有、使用标的物,但在双方当事人约定的特定条件(通常表现为价金的全部清偿)成就之前,出卖人仍保留标的物所有权的一种非典型的债权担保方式。分期付款买卖合同常以所有权保留条款相结合,以求担保买卖合同中价金债权的实现。融资租赁合同与附保留所有权的分期付款买卖合同存在根本区别,具体表现在以下几个方面:

1. 当事人的交易意图不同

在附所有权保留条款的分期付款买卖合同中,卖方的交易意图是出让标的物的所有权,获取价金,而买方则恰恰相反。在融资租赁合同中,出租人虽为承租人的使用而购买租赁物,但租赁物的所有权毕竟归出租人所有,出租人仅是将物的使用、收益权让与承租人。仅在当事人双方有特别约定的情况下,承租人方可以在租赁期满时,取得租赁物的所有权。

2. 法律关系不同

附所有权保留条款的分期付款的买卖也是买卖合同的一种,仅有两方当事人,法律关系相对简单。融资租赁合同包括两个相互交错的合同和三方当事人,法律关系相对复杂。

3. 期间届满后标的物所有权归属不同

保留所有权的分期付款买卖,是以支付全部价金为移转标的物所有权的延缓条件。一旦条件成就,即买受人支付全部价金,标的物所有权便当然移转于买受人,无须另订协议。而融资租赁合同中,必须有特别约定,承租人方可于租赁期满时取得租赁物的所有权。

4. 融资租赁合同租金的构成与分期付款买卖合同价金构成不同

《合同法》第 243 条规定:"融资租赁合同的租金,除当事人另有约定的以外,应当根据购买租赁物的大部分或者全部成本以及出租人的合理利润确定。"实践中,融资租赁合同中的租金构成包括标的物的买入成本、利息、保险费、手续费、利润等,一般要高于分期付款买卖的总价金。

四、融资租赁合同的效力

融资租赁合同涉及三方当事人,因此在订立程序与一般合同有所不同。在融资租赁合同的订立中,一般来说,承租人应当首先选择供应商即租赁物的出卖人,与之商定买卖合同的条件;其次应当选定租赁公司即出租人,与出租人签订融资租赁合同。承租人与出租人签订委托协议,委托出租人依照自己确定的出卖人、购买租赁物的条件和具体要求同出卖人订立买卖合同。最后出租人以自己的名义与出卖人订立买卖合同,买卖合同须经承租人签名或盖章确认。因此,融资租赁合同须经三方当事人协商一致同意而成立。[①]

(一) 出卖人的权利和义务

1. 出卖人的权利——向出租人收取价金

此为出卖人的主要权利。但须注意一点与买卖合同不同的地方,即买卖合同中标的物交付与价款支付的顺序是由当事人约定的,当事人若未约定则推定为同时履行。(《合同法》第 66 条前段)融资租赁合同中,应当出卖人先向承租人交付租赁物,然后再由出租人支付货款。如果出租人先支付了货款,租赁物交付后出现不符合承租人要求的情况,则货款风险与违约风险同时集中于出租人身上,利益配置上有失偏颇。因此,融资租赁合同中应当租赁物交付在先,货款支付在后。

2. 出卖人的义务

(1) 向承租人交付租赁物。《合同法》第 239 条规定:"出租人根据承租人对出卖人、租赁物的选择订立的买卖合同,出卖人应当按照约定向承租人交付标的物,承租人享有与受领标的物有关的买受人的权利。"由此可见,出卖人负有按照约定向承租人(而非作为买受人的出租人)直接交付标的物的义务,承租人应对租赁物进行受领和检验,这是融资租赁合同与买卖合同的一个重要区别。实践中,交付一般以承租人向出租人发出租赁物的受领证为准,即当承租人从供应商处取得租赁物并向出租人发出租赁物受领证,视为出租人已经履行其交付义务。[②]

(2) 承担租赁物的债务违反责任和瑕疵担保义务。《合同法》第 244 条规定:"租赁物不符合约定或者不符合使用目的的,出租人不承担责任,但承租人依赖出租人的技能确定租赁物或者出租人干预选择租赁物的除外。"这说明,租赁物与约定不符,或有瑕疵导致其不能正

[①] 参见郭明瑞、王轶:《合同法新论·分则》,中国政法大学出版社 1997 年版,第 140 页。
[②] 参见蔡庆辉:"试论融资租赁合同",载《河北法学》1999 年第 3 期。

常使用、收益的,出租人并无债务违反责任。这与一般租赁合同显然不同。这是因为融资租赁合同中的租赁物及出卖人都是承租人指定的,出租人只是根据承租人的指示进行购买,若租赁物不合乎承租人的需要,显然承租人应当自负其责。当然,如果当事人有约定,由出租人凭其经验、技能为承租人选择租赁物,或者出租人对承租人的选择有实质性干预,甚至擅自变更了承租人的指示,则出租人应当对租赁物不符合合同目的承担责任。

如果租赁物有质量瑕疵或发生其他违约情事,由承租人直接向出卖人寻求救济,而不能请求出租人负责。

(二) 出租人的权利和义务

1. 出租人的权利

(1) 对租赁物的所有权。出租人作为买卖关系中的买受人,在租赁物交付给承租人以后的租赁期间,保有租赁物的所有权。《合同法》第242条规定:"出租人享有租赁物的所有权。承租人破产的,租赁物不属于破产财产。"换言之,融资租赁期间如果承租人破产的,租赁物并非承租人的破产财产,而应由出租人行使取回权。《合同法》第250条规定:"出租人和承租人可以约定租赁期间届满租赁物的归属。对租赁物的归属没有约定或者约定不明确,依照本法第61条的规定仍不能确定的,租赁物的所有权归出租人。"这也说明了出租人保有租赁物的所有权。

(2) 收取租金的权利。出租人具有向承租人收取租金的权利。《合同法》第248条规定:"承租人应当按照约定支付租金。承租人经催告后在合理期限内仍不支付租金的,出租人可以要求支付全部租金;也可以解除合同,收回租赁物。"可见,在承租人未支付租金,且在出租人催告后仍不履行的,出租人有两种选择:① 要求承租人支付全部已到期和未到期的租金,从而使承租人丧失期限利益;② 解除合同,收回租赁物,然后依合同解除制度处理。

另外,出租人还享有以下特殊的法律利益:① 租赁物不符合约定或者不符合使用目的的,出租人不承担债务违反责任,但承租人依赖出租人的技能确定租赁物或者出租人干预选择租赁物的除外。② 在承租人占有租赁物期间,租赁物造成第三人的人身伤害或者财产损害的,作为租赁物所有权人的出租人不承担责任。

2. 出租人的义务

(1) 依约定购买租赁物。出租人应当依照合同中对租赁物的规格、功能、质量、数量及出卖人等方面的约定,购买租赁物,以求能够满足承租人的需求。在履行此义务时,出租人不得擅自变更承租人的指示。

(2) 向出卖人付款的义务。

(3) 交付义务。融资租赁合同中,尽管出租人仍应负担向承租人交付租赁物的义务,但该项义务是由出卖人作为履行交付租赁物义务的履行辅助人来完成的。在出卖人直接向承租人交付标的物时,承租人一方面是在受领租赁物的交付,另一方面也是作为出租人的受领辅助人,辅助完成标的物的所有权人从出卖人向出租人的移转。

(4) 协助索赔义务。当出卖人不履行合同义务时,根据出租人、出卖人、承租人之间的约定,由承租人行使索赔的权利,承租人行使索赔权利的,出租人应当协助。

(三) 承租人的权利和义务

1. 承租人的权利

(1) 受领租赁物的权利。在融资租赁合同中,出租人是形式上的买受人。但实际上,出租人不过是以融物手段向承租人提供融资者,其合同目的是收回融资并取得利润,而非取得租赁物所有权,租赁物所有权仅具有形式意义和担保功能。承租人才是实质意义上的买受人。因此,出卖人应当向承租人履行交付标的义务,而承租人具有受领租赁物的权利。

(2) 占有、使用标的物的权利。融资租赁合同中承租人在租赁期间对标的物的占有、使用、收益之权利。承租人的租赁权不仅可以对抗所有权,也可以对抗第三人的权利。租赁合同中的"买卖不破租赁"的规定,对融资租赁合同一样适用。

(3) 对出卖人的直接索赔权。《合同法》第 240 条规定:"出租人、出卖人、承租人可以约定,出卖人不履行买卖合同义务的,由承租人行使索赔的权利。承租人行使索赔权利的,出租人应当协助。"可见,承租人对出卖人的索赔权属于约定的权利,其产生的基础约定是出租人向承租人的债权让与合意。① 若当事人未就此进行约定,则承租人不享有对出卖人的直接索赔权。

(4) 价值返还请求权。《合同法》第 249 条规定:"当事人约定租赁期间届满租赁物归承租人所有,承租人已经支付大部分租金,但无力支付剩余租金,出租人因此解除合同收回租赁物的,收回的租赁物的价值超过承租人欠付的租金以及其他费用的,承租人可以要求部分返还。"也即,如果双方约定租赁期满租赁物归承租人所有,且承租人已经支付大部分租金,但却仅因部分租金不能支付而被出租人行使解除权的,这时,出租人固然可以收回租赁物,但由于租赁物的价值超出欠付租金,这种结果对承租人有失公平,故法律允许承租人请求返还部分金额。该金额应为租赁物的剩余价值与承租人欠负租金及其他费用的差额。

2. 承租人的义务

(1) 对标的物的检验义务和保管义务。由于根据约定,承租人得享有与受领标的物有关的买受人的权利,因而,本应由作为买卖合同买受人的出租人所负担的及时检验义务,以及对于拒绝受领标的物的妥善保管义务,也转由承租人负担。

(2) 支付租金的义务。融资租赁合同中的承租人所负担的最主要义务是支付租金,在这一点上与租赁合同相同。承租人支付租金的义务,以承租人通知出租人收到标的物的通知为生效条件,而不以承租人实际使用租赁物为条件。融资租赁合同中出租人所收取的租金,既不同于一般租赁合同的租金,又不同于买卖合同中标的物的价金。出租人所收取的租金一方面应收回其为购买租赁物所支出的全部或部分费用,另一方面要获取一定的营业利润。就第一项构成,在实践中,主要根据双方对租赁期间届满时租赁物的归属如何约定来决定。如果双方当事人约定,租赁期间届满时,租赁物的所有权即转归承租人所有,那么出租人所收取的租金应包括购买租赁物的全部费用;如果双方当事人约定,在租赁期间届满时,出租人有权收回租赁物或者承租人在租赁期限届满时再支付一部分价金方可取得租赁物的所有权时,出租人应收取的租金就只应包括购买租赁物的部分价金。当然,该项规定为任意性规范,得由当事人经由特约予以变更。租金的另一项构成——利润,应在一定合理的限度内。如果约定得过高,承租人得主张显失公平,以维护自己的利益。

承租人不按照约定支付租金时,出租人得定合理期限要求承租人支付。经出租人催告,承租人在规定的期限内仍不支付租金的,出租人可采取以下两种救济措施:

第一,请求承租人支付到期和未到期的全部租金。承租人本应依约定按期交付租金,对

---

① 参见王轶编著:《租赁合同·融资租赁合同》,法律出版社 1999 年版,第 149 页。

于未到期的租金,出租人无权请求承租人支付,这是承租人享有的一种期限利益。但是,在承租人不依约定按时交付租金,并且经催告不交付时,承租人的期限利益即丧失。出租人不仅有权请求承租人支付已到期的租金,而且得请求承租人交付未到期的全部租金。

第二,解除合同,收回租赁物。出租人不选择请求承租人支付全部租金的,得解除合同,收回租赁物。因为出租人对于租赁物享有所有权,出租人的所有权具有担保其租金债权实现的功能,所以在因承租人一方违约,出租人解除合同时,出租人得收回租赁物。

(3)在占有租赁物期间承担维修租赁物的义务。与租赁合同不同,融资租赁合同具有较强的融资性,因此在融资租赁合同中,系由承租人,而不是由出租人履行占有租赁物期间的维修义务。

(4)承担租赁物毁损灭失的风险。一般租赁合同中,租赁物毁损灭失的风险由出租人承担,但在融资租赁合同中,风险却由承租人承担。原因如前所述,在于融资租赁合同的本质——融资性。该合同出租人的目的在于以融物为手段向他人融资,以求最终收回本金并取得适当利润。无论承租人是否事实上能够使用租赁物,承租人的租金支付义务都不得免除。因此,租赁物毁损灭失的风险实际上是由承租人承担的。

五、融资租赁债的消灭

1. 合同终止的原因

融资租赁债的消灭原因与租赁合同一样,也包括租赁期限的届满、合同的解除等原因。但在发生租赁物因不可归责于当事人原因而消灭的情况下,两者存在重大区别。在租赁合同中,如没有特殊约定,一旦租赁物因不可归责于双方当事人的事由归于消灭,租赁合同即终止。在融资租赁合同中,当事人没有特别约定时,则由承租人负担租赁物毁损灭失的风险。因而,即使是租赁物因不可归责于双方当事人的事由而归于消灭,承租人仍应负担支付租金的义务,合同并未终止。从根本上说,这是融资租赁合同的融资属性决定的。

2. 因租赁期间届满而终止时租赁物的归属

在融资租赁期间,出租人对租赁物享有所有权,但在租赁期间届满时,出租人和承租人可以约定租赁期间届满租赁物的归属。对租赁物的归属没有约定或者约定不明确,依照《合同法》第61条的规定仍不能确定的,租赁物的所有权归出租人享有。(《合同法》第250条)

第十四章

完成工作成果的合同

以提供劳务为本质的合同,又可大致分为两类。一类是单纯地提供劳务,如委托、行纪、居间、雇佣等;另一类是提供劳务者须将其劳务凝结在一定的物化工作成果中,并将该工作成果交付于委托方,才算完成合同的履行,其典型为承揽合同。既然以完成和交付工作成果为合同履行完毕的标志,则不能不对工作成果有诸多法律上的特殊规定,导致此类合同从提供劳务的合同中分离出来,成为一个独立的合同类别,称为"完成工作成果的合同"。

在我国《合同法》中,以完成特定工作成果为合同标的的有名合同有承揽合同和建设工程合同两种。事实上,广义的承揽合同包括建设工程合同。但建设工程合同中存在很强的国家干预因素,规则上也有相当的特殊性,且在当下的我国,经济高速发展导致建设工程遍及各地,使之成为一种大量存在的经济现象,因此合同法将建设工程合同设计成独立的合同类型,进行单独调整。依据特别法优于普通法的原则,在建设工程合同有特别规定的时候,适用特别规定,没有特别规定的时候,适用承揽合同的一般规定来调整。

第一节 承 揽 合 同

一、承揽合同的概念

承揽合同是承揽人按照定作人的要求完成工作,交付工作成果,定作人给付报酬的合同(《合同法》第251条)。其中,定作人是接受工作成果并向对方给付报酬的一方当事人,承揽人是按照对方的要求完成工作并交付工作成果的一方当事人。

需对这里的"交付"的含义加以说明。在买卖合同中,交付是指标的物的占有的移转。可见,交付是对有体物而言的。而在承揽合同中,固然有些合同给付的标的涉及有体物,工作成果可以"交付";但有些合同,如口译合同、测试合同等,这些合同就不涉及标的物的交付,只涉及工作的完成。可见,《合同法》第251条的表述未尽其义。反观《德国民法典》第631条第1款,"因承揽合同,承揽人负有完成约定的工作的义务,定作人负有支付约定支付的报酬的义务"。可见承揽人履行债务并不以交付工作成果为必要,只需完成合同所约定的工作即可。因而,我们在理解承揽合同这一概念时,应将"交付"一词的含义理解为完成工作,令定作人接收到工作成果的利益,尤其是对于那些工作依其性质无需交付的承揽合同,承揽人对约定工作的完成即视为交付工作成果。①

独立的承揽合同并非自古就有。在罗马法中,承揽被视为劳动力的租赁,因此承揽属于租赁合同的一种。《法国民法典》沿袭了这一观念,将租赁契约分为物的租赁契约和劳动力的雇佣契约,同时规定,为完成一定的工程而支付一定报酬合同,由工程定作人供给材料的,视为租赁。直至《德国民法典》,承揽合同才从租赁合同中独立出来。《德国民法典》第631条规定,因承揽合同,承揽人负有完成约定工作的义务,定作人负有支付约定报酬的义务。承揽合同的标的,既可以是某物的制作或变更,也可以是其他劳动或劳务给付所引起的结果。至此,承揽合同成为独立的有名合同。②

二、承揽合同的特征

承揽合同的特征有以下几个方面:

(一) 承揽合同是以完成一定的工作成果为标的的合同

在承揽合同法律关系中,承揽人凭借自己的能力、技术、设备等条件,按照定作人的要求,为定作人提供劳务,满足定作人的需求,完成约定的劳动成果。所以说,承揽合同是典型的提供劳务的合同。③ 不仅如此,与其他提供劳务的合同不同,定作人订立承揽合同不是为了获得承揽人提供的劳务本身,而是为了获得特定的劳动成果。因此,若承揽人虽然提供了劳务,但未能通过劳动或提供劳务促成特定的成果,或者虽然取得了成果,但在交付之前意外灭失,则承揽人并未履行约定的义务,也无权向定作人请求支付报酬。这一点也是承揽合同区别于其他提供劳务的合同的重要特征。

(二) 承揽合同的订立以当事人之间的信赖关系为基础

承揽合同作为提供劳务的合同,以承揽人通过自己的能力、技术、设备等条件为定作人提供工作成果为内容,这就意味着定作人订立合同是基于对承揽人完成工作的条件的信任,因而这种工作的完成主体具有一定的不可替代性。通常情况下,承揽人不能随意将工作交由他人来完成,因为定作人与第三人之间没有这种信赖基础,若承揽人未经定作人同意,擅自将承揽的主要工作交给第三人完成的,定作人可以解除合同。

(三) 承揽合同是有名合同、诺成合同、双务合同、有偿合同、不要式合同

承揽合同在我国是有名合同,由《合同法》分则专章调整。承揽合同是诺成合同,其成立不以交付标的物为要件,仅需当事人之间达成合意合同即成立,并对当事人产生法律约束力。承揽合同是双务合同,根据承揽合同的内容,承揽人须完成和交付工作成果,定作人须给付报酬,双方当事人所负义务具有对待给付性质,即各方当事人享有的权利与承担的义务相对应,并且一方当事人享有的权利即为另一方当事人承担的义务。承揽合同是有偿合同,在德国民法典中,一方合同当事人为另一方合同当事人提供劳务,而对方无须给付报酬的合同不是承揽合同而是委任合同④;但根据我国合同法对承揽合同的定义,承揽合同也以有偿为要件,当事人在合同中可以约定报酬的数额,没有约定的可以嗣后协商或依据交易习惯来

---

① 参见李永军、易军:《合同法》,中国法制出版社2009年版,第535页。
② 参见崔建远主编:《合同法》,法律出版社2010年版,第443—444页。
③ 同上书,第443页。
④ 参见[德]迪特尔·梅迪库斯:《德国债法分论》,杜景林、卢谌译,法律出版社2007年版,第243页。

确定,或者适用《合同法》第 62 条的补充性规定,以上均不影响合同的有偿性。承揽合同是不要式合同,其订立可以采用口头形式,也可以采用书面形式,不影响合同的效力。

（四）承揽合同具有多样性

承揽合同的样态繁多,有在定作人不动产上进行的施工,有在定作人动产上进行的维修加工,也有不依托载体来体现的劳务,如口译、鉴定等。众多的合同样态中常常存在各种特有问题,这些问题往往不能用承揽合同的一般性规范来调整,而需要法律制定特殊规范。于是,一些承揽合同就独立出来构成独立的有名合同。建设工程合同也以完成一定的工作成果为内容,但由于建设工程经济价值大,国家监管力度较强,合同订立的过程需要招投标等程序,所以我国合同法将其单独调整。运输合同也以完成一定的工作成果为必要,也就是使特定人或物发生约定的位移①,但是由于其归责要件的特殊性,我国合同法也将其单独列出（我国合同法学理上一般将运输合同归为不以完成特定工作成果为要件的劳务供给的合同,盖因其对工作结果的强调性较弱）。另外,《德国民法典》对旅游合同也进行了专门调整。②在合同法对前述合同已经作了专门规定的前提下,在适用法律时就应该遵循特别法优于普通法的原则,而在特别法没有规定时,适用一般法即承揽合同的一般规定。

三、承揽合同与其他合同的区别

（一）承揽合同与买卖合同

承揽合同也可能如买卖合同一样,包含涉及转移所有权的内容。我国合同法规定的定作合同或者说工作物供给合同就是先由承揽人原始取得工作成果的所有权,再由定作人继受取得。但是,承揽合同与买卖合同相比,仍有以下显著区别:

（1）承揽合同中承揽人主要是完成定作人要求的工作成果,当合同涉及权利转移时,承揽人才负担转移工作成果所有权的义务。而买卖合同的主要义务就是转移标的物的权利。

（2）承揽合同中,标的物通常是特定的;买卖合同当中,标的物既可以是特定物,也可以是种类物,只要标的物在交付之前特定化即可。

（3）承揽合同中,定作人可以向承揽人提出工作要求;买卖合同中,买受人只能根据现存的商品来选择是否购买,而不能给出卖人提出商品生产的要求。

（4）承揽合同中,定作人可以检验、监督承揽人的工作,只要不妨碍承揽人工作即可;买卖合同当中,买受人无权干涉所购物品的生产过程和质量标准,当产品出现瑕疵时,只能事后要求出卖人承担责任。

（5）承揽合同是基于信任关系而订立的合同,承揽人不得擅自将主要工作再承揽,否则定作人可以行使任意解除权;买卖合同仅为交易的关系,并不以信任关系为合同基础。

（6）承揽合同当中的风险负担,以物权是否发生变动为标准区分,分别遵循交付主义和所有人主义的风险负担规则;买卖合同除有相反约定外,自标的物交付时风险发生转移。

（二）承揽合同与雇佣合同

承揽合同与雇佣合同均以提供劳务为其本质,但两者有以下区别:

（1）雇佣合同的标的是提供劳务,而承揽合同的标的是提供劳动成果。也就是说,雇佣

---

① 参见〔德〕迪特尔·梅迪库斯:《德国债法分论》,杜景林、卢谌译,法律出版社 2007 年版,第 329 页。
② 同上书,第 301—315 页。

合同注重的是提供劳务的过程,承揽合同注重的是劳务的结果。对于雇佣而言,无论劳动结果是否发生,都不影响受雇人请求支付报酬。而承揽合同,一般而言,特定的工作结果不发生,承揽人不得行使报酬请求权。

(2) 雇佣合同和承揽合同都有人身属性,但雇佣合同的人身属性比承揽合同更强。雇佣合同当中,受雇人必须听从雇佣人的指挥和监督;承揽合同中,承揽人虽然也要听从定作人的工作要求,但是定作人通常提出的工作要求只涉及材料的选择、工作成果的标准等原则性的要求,而不涉及对具体的劳动程序、方法的要求,毕竟承揽人是以自己的能力、技术、设备等条件完成工作的。另外,承揽合同虽然不允许承揽人随意将工作再承揽,但再承揽辅助工作或经定作人同意再承揽主要工作是适法的;而雇佣合同则无例外地要求受雇人亲自完成工作。

(3) 雇佣合同中,受雇人在执行职务的过程中侵害他人的权利,由雇佣人承担责任;承揽合同中,承揽人在完成工作过程中侵害他人权利,承揽人自己承担责任,仅当定作人对定作、指示或者选任有过失时,承担相应的赔偿责任。

四、承揽合同的分类

承揽合同样态繁多,学者对常见的承揽合同作了以下区分:"在定作人的设施上实施的工作(安装、维护、清洁);在定作人交付的物上实施的工作,如清洁或汽车修理;手工业工作,如摄影工作或者开锁工作;脑力劳动,如鉴定、规划、翻译、市场调研、艺术演出及活动,也包括制作个人性的电脑程序;赢利事业加工,如金属加工、模型建造和分析工作;具有潜在身体结果损害的工作物(较好的表达应当是:与定作人的身体有关联的工作)如眼镜师、牙科技师、理发师和按摩师的给付;建筑工作,如建筑师的给付、安装、混凝土浇筑和挖掘工作;其他工作,如运输和伐木。"①如此多的种类需要我们对承揽合同进行合理的分类方能妥善调整。学理上一般对承揽作如下分类:

(一) 一般承揽与特别承揽

一般承揽与特别承揽是《德国民法典》当中对承揽合同的分类。一般承揽是指单纯地由承揽人给付一定的劳务,完成一定的工作成果,定作人给付报酬的合同。特别承揽是在一般承揽的基础上附加一定特殊的情形,包括工作物供给、不规则承揽、次承揽等。②

工作物供给合同,是指承揽人按照定作人的要求加工制作自己提供的材料,将工作成果交付定作人,并向定作人收取报酬的合同。它与一般承揽的区别即在于材料的提供方不同。由于工作物供给合同是由承揽人提供材料,加工后将工作物交付定作人,因而工作物被制作出来后,由承揽人原始取得,然后由承揽人转让给定作人。正因如此,工作物供给合同兼具承揽合同和买卖合同的性质。工作物供给合同究竟应适用何种规则调整,应考察当事人的真实意思,若意思不明,则关于工作物完成的法律关系的调整适用承揽合同的规定,关于工作物所有权转让的法律关系的调整适用买卖合同的规定。但是,若承揽人提供的材料价值很小,如螺丝钉,那么显然,承揽人提供材料不是为了出售该物,而是为了辅助并完成承揽工

---

① 〔德〕迪特尔·梅迪库斯:《德国债法分论》,杜景林、卢谌译,法律出版社2007年版,第283、284页。
② 参见李永军、易军:《合同法》,中国法制出版社2009年版,第537页。

作,此种情况下,该合同应适用承揽合同规则来调整。① 在原《德国民法典》中,工作物供给合同和一般承揽合同的规则相区别,但经过债法现代化,新债法中不再区分承揽合同中是否约定由定作人提供材料,而将承揽合同至于买卖合同的规则之下,究其原因,是为了"阻止下述意图:即使类似于买卖的合同摆脱关于消费品买卖的强行性规定"②,从而使消费者权利得到更加周延的保护。

(二) 直接承揽与次承揽

根据承揽人的选择方式的不同,承揽可以分为直接承揽与次承揽。直接承揽是指定作人直接选任承揽人完成某种工作成果,该承揽人为主承揽人;次承揽是指主承揽人将所承揽的工作的一部或全部交由第三人完成,也称再承揽,该第三人称为再承揽人或次承揽人。③ 前文已述,承揽合同以当事人之间的信赖关系为基础,承揽人凭借自己的技术、能力、设备等条件完成定作人所交托的工作。承揽人不能随意将工作交由他人完成。但有两种情况例外,可以构成适法再承揽:

1. 承揽人可以将辅助工作交由第三人完成

承揽人将其承揽的辅助工作交由第三人完成的,应当就该第三人完成的工作成果向定作人负责。在这里,辅助工作的界定成为重要的问题。一般来说,辅助工作的确定要从质与量两方面来确定。从质的角度看,辅助工作是不影响合同目的实现的工作,其完成的质量对总体工作的质量不起决定性作用,或者其技术要求不高;从量的角度来看,辅助工作占定作人交托的工作的比重不大。这样的工作交由第三人完成,不会影响工作成果的完成,因而其再承揽也无需事先征求定作人的同意,定作人不能因承揽人将辅助工作交由第三人完成而解除与主承揽人之间的合同。尽管如此,在存在适法再承揽的情况下,定作人也仅与主承揽人有合同关系,与再承揽人之间没有合同关系,依据合同相对性原理,主承揽人应对第三人完成的工作成果向定作人负责。

2. 经定作人同意,主承揽人可以将承揽的主要工作交由第三人完成

与辅助工作不同,主要工作的关系到整体工作的质量,其再承揽必须经过定作人的同意。定作人可以根据自己对第三人的信任程度,决定是否同意将工作的主要部分交由第三人完成。合同是当事人意思自治的体现,在定作人同意的情况下,承揽人可以将工作的主要部分交由第三人,并且不发生债务违反责任。依照现有法律规定,主承揽人就第三人的工作成果向定作人负责。(《合同法》第253条第2款)

除以上两种情况之外,承揽人在紧急情况下,能否为了定作人的利益再承揽? 我国《合同法》对此没有明确。若遇紧急情况,承揽人不能及时联系定作人,如果不允许承揽人将工作再承揽,实际上将不利于保护定作人的利益。此时,应参照委托合同中,受托人在紧急情况下为了委托人的利益可以将委托事务转委托的相关规定。

在适法再承揽情况下,定作人不能解除与承揽人之间的合同。由于定作人与再承揽人之间没有合同关系,因此承揽人应就再承揽人的工作成果向定作人负责。主承揽人与再承揽人之间成立新的承揽合同,再承揽人有义务向主承揽人为给付,并有权请求主承揽人支付

---

① 参见李永军、易军:《合同法》,中国法制出版社2009年版,第537、538页。
② 〔德〕迪特尔·梅迪库斯:《德国债法分论》,杜景林、卢谌译,法律出版社2007年版,第299页。
③ 参见李永军、易军:《合同法》,中国法制出版社2009年版,第539页。

报酬。

前述情况以外的承揽人擅自再承揽为不适法再承揽。不适法再承揽的情况下,由于承揽人未履行合同的主要义务,构成根本违约,因此定作人有合同解除权。如果定作人选择解除合同,则其与承揽人之间的承揽合同法律关系消灭,若有损失,定作人还可以要求承揽人赔偿。如果定作人选择不解除合同,合同继续有效,当事人仍是定作人和主承揽人,由主承揽人对第三人的工作成果向定作人负责。

(三) 规则承揽与不规则承揽

在材料由定作人提供的情况下,根据承揽人是否可以替换材料为标准可以将承揽分为规则承揽和不规则承揽。所谓规则承揽,是指承揽人不能将定作人提供的材料替换的承揽;不规则承揽,是指承揽人可以用相同种类、数量、品质的材料替代定作人提供的材料的承揽。我国《合同法》没有对这种合同分类进行规范。学理上一般认为,在规则承揽中,原材料由定作人提供,归定作人所有,承揽人完成的工作物的所有权自始归定作人所有;不规则承揽中,定作人向承揽人交付材料后,材料所有权转移给承揽人,承揽人原始取得工作物,定作人只能既受取得工作物。至于材料的风险,在规则承揽中,由不可归责于双方当事人的事由造成材料损毁灭失的风险始终由定作人承担;在不规则承揽中,一般认为,材料的风险自材料交付承揽人时起转移给承揽人承担。关于不规则承揽的法律性质,一种观点认为,属于纯粹的承揽;另一种观点则认为,属于承揽和互易混合合同,即关于完成工作的部分为承揽,关于材料代替部分则为互易。[①]

(四) 单独承揽与共同承揽

根据承揽合同中承揽人一方的人数多少,可以将承揽分为单独承揽和共同承揽。单独承揽是指在一个承揽合同法律关系中,仅有一个承揽人的承揽。共同承揽是指在一个承揽合同法律关系中,有多个承揽人共同承揽一项工作,除另有约定外,对定作人承担连带责任的承揽。在共同承揽中,数个承揽人共同作为合同一方当事人与定作人签订承揽合同,若定作人与多个承揽人分别签订了承揽合同,则为多个单独承揽,而非共同承揽。共同承揽人可以通过内部协议约定各自的责任范围,但是该内部协议不能对抗定作人。

(五) 我国《合同法》对承揽合同的分类

《合同法》251条列举了六种常见的承揽合同,以下分述之:

(1) 加工合同,是指由定作人提供材料,承揽人凭借自己的能力、技术、设备等条件将材料加工成符合定作人要求的成品交付定作人,并向定作人收取报酬的合同。定作人根据自己的需要选择并提供材料,承揽人不得擅自更换定作人提供的材料。

(2) 定作合同,是指由承揽人自己准备原料,凭借自己的能力、技术、设备等条件将材料加工成符合定作人要求的成品交付定作人,并向定作人收取报酬的合同。定作合同的材料由承揽人提供,正是前文所介绍的工作物供给合同,其与加工合同的区别就在于材料的提供方不同。定作合同可以由承揽人提供几种材料由定作人选择,一旦定作人选定某种材料,承揽人不得擅自更换。

(3) 修理合同,是指定作人将已经损坏的物品交由承揽人修理,并支付报酬的合同。修理合同零件可以由承揽人提供,也可以由定作人提供。如果由承揽人提供,那么定作人给付

---

① 参见李永军、易军:《合同法》,中国法制出版社 2009 年版,第 541 页。

的报酬是否包括零件的成本？这要根据合同的约定或交易习惯来确定，如果没有约定，双方也没有交易惯例，那么应当认为定作人除支付报酬外，不必另外支付零件成本。事实上，报酬一般已经将成本计入了。

（4）复制合同，是指定作人提供样品，承揽人按照定作人的要求，依样制作若干份仿品交付给定作人，并向定作人收取报酬的合同。复制有不同的形式，如模型制作、图画临摹、文本复印等。

（5）测试合同，是指承揽人凭借自己的技术、仪器、设备等，按照定作人的要求，对定作人指示的项目进行测试，并将测试结果交付定作人，向定作人收取报酬的合同。

（6）检验合同，是指承揽人按照定作人提供的标准，对定作人提出的特定事物的性能的进行检验，向定作人交付检验结果，并收取报酬的合同。

显然，以上六项并未穷尽所有的承揽合同的类型，翻译、医疗、建设工程等重要的承揽合同类型《合同法》并未罗列出来。这其中有的合同因其特殊性已被单独列为一章或另有规范调整，有的合同仍须适用承揽合同这一章的规范来调整。

五、承揽合同对承揽人的效力

（一）完成承揽约定工作的义务

1. 按照约定的时间完成工作

承揽人未在约定期限或合理期限内完成工作的，定作人可以要求承揽人按照约定交纳违约金或赔偿损失。定作人可以催告承揽人履行债务，经催告后在合理的期限内承揽人仍未完成工作的，定作人可以解除合同。如果因为定作人的原因导致承揽工作不能按照约定时间完成，承揽人不承担债务违反责任。这主要存在于以下四种情况：

（1）合同约定应当由定作人提供材料，而定作人未按照约定时间提供材料或者提供的材料不符合约定的，必须重新替换而导致承揽人不能如期履约的情况。

（2）定作人提供的图纸、技术等要求不合理，承揽人需要通知定作人，等待定作人进一步指示的情况。

（3）定作人中途变更承揽工作要求的情况。

（4）承揽工作需要定作人协助而定作人没有按照约定履行协助义务时，承揽人无法完成约定工作的情况。

在以上四种情况下，定作人不能以承揽人未按期完成承揽工作而解除合同，但定作人对合同有任意解除权，即便承揽人没有违约，定作人也可以解除合同；只是对该承揽人造成损害的，应当赔偿承揽人的损失。

2. 承揽人应当亲自完成承揽工作

前文已述，承揽合同具有一定的人身信赖性，一般不能将工作交由第三人完成。再承揽分为三种情况，辅助工作的再承揽，经定作人同意的主要工作再承揽和主要工作未经定作人同意的再承揽。其中前两种为适法再承揽，后一种为不适法再承揽。关于再承揽的法律后果，依照我国《合同法》253、254条的规定，皆由主承揽人就再承揽人的工作成果向定作人负责，区别仅在于如果承揽人不适法再承揽，定作人可以解除合同。

这里有疑问的是，对于定作人同意的情况下主要工作的再承揽，《合同法》也要求承揽人就再承揽人的工作成果向定作人负责的规则是否妥当？笔者认为该规定有失公允。定作人同意承揽人将工作再承揽的情况下,承揽人的工作已经由完成工作成果变更为选定合格的再承揽人,只要承揽人在再承揽人选任和对再承揽人的指示上没有过错,承揽人就已经履行了义务。① 在这里,应当类推适用《合同法》第 400 条的规定,即:"受托人应当亲自处理委托事务。经委托人同意,受托人可以转委托。转委托经同意的,委托人可以就委托事务直接指示转委托的第三人,受托人仅就第三人的选任及其对第三人的指示承担责任……"至于定作人和再承揽人之间的关系,由于定作人已经同意承揽人将工作再承揽,再承揽人也同意完成由承揽人交托的定作人的工作,因而承揽人与定作人之间形成了一种类似于间接代理的关系,承揽合同可以约束定作人和再承揽人。在这里可以类推适用《合同法》第 402、403 条第1、2 款的规定。"受托人以自己的名义,在委托人的授权范围内与第三人订立的合同,第三人在订立合同时知道受托人与委托人之间的代理关系的,该合同直接约束委托人和第三人,但有确切证据证明该合同只约束受托人和第三人的除外。""受托人以自己的名义与第三人订立合同时,第三人不知道受托人与委托人之间的代理关系的,受托人因第三人的原因对委托人不履行义务,受托人应当向委托人披露第三人,委托人因此可以行使受托人对第三人的权利,但第三人与受托人订立合同时如果知道该委托人就不会订立合同的除外。受托人因委托人的原因对第三人不履行义务,受托人应当向第三人披露委托人,第三人因此可以选择受托人或者委托人作为相对人主张其权利,但第三人不得变更选定的相对人。"从而使再承揽人在知道定作人的情况下直接向定作人负责,主张权利;在不知道定作人的情况下,经承揽人的披露,可以向定作人主张权利,就其工作对定作人负责。

3. 承揽人应当按照约定的质量完成工作

承揽人完成的工作成果一定要符合定作人的要求。如果承揽人交付的工作成果不符合质量要求的,定作人可以要求承揽人承担修理、重作、减少报酬、赔偿损失等债务违反责任。(《合同法》第 262 条)这里有以下问题需要注意:

(1)承揽人完成工作成果应当符合约定的质量标准,如果当事人没有约定或者约定不明确的,依《合同法》第 61、62 条处理。也就是说从主观角度讲,承揽人完成的工作成果应符合合同约定;从客观角度讲,承揽人完成的工作适合于通常的使用,且具有同种工作通常所具有的、定作人能够按工作的种类而预期的性质,否则无论承揽人是否有过错,其工作成果就是有瑕疵的,承揽人就应当对定作人承担责任。

(2)关于责任承担的顺序以及是否可以解除合同这两方面问题,《合同法》第 262 条没有明确。在德国民法中,承揽人没有按照约定的质量完成工作时,在各种责任形式中,应优先选择瑕疵的除去——即修理或者重作;且有权选择究竟为修理还是重作者,是承揽人而非定作人。在除去瑕疵费用过大的情况下,承揽人得拒绝除去瑕疵。在承揽人拒绝除去瑕疵或除去瑕疵不能的情况下,定作人才可以要求解除合同或减少价款。解除合同和减少价款均为形成权,定作人只需通知承揽人即可发生效力。由于解除合同常会给承揽人造成特别不利的后果,定作人不得因不显著的违反义务行为解除合同。此外,在指定期间内,承揽人没有除去瑕疵时,定作人也可以自行除去瑕疵,费用由承揽人负担。② 这种责任承担顺序的合理性在于,在充分保护定作人利益的情况下,尽量维护合同的效力,尽量避免不经济的责

---

① 参见李永军、易军:《合同法》,中国法制出版社 2009 年版,第 546 页。
② 参见[德]迪特尔·梅迪库斯:《德国债法分论》,杜景林、卢谌译,法律出版社 2007 年版,第 287—288 页。

任形式,堪为我国借鉴。

(二) 依约提供材料或接收定作人提供的材料

根据《合同法》第255、256条的规定,材料可以由承揽人提供,也可以由定作人提供。合同约定由承揽人提供材料的,承揽人应当按照约定选择材料,并接受定作人检验。如果检验不合格,承揽人应当及时更换符合要求的材料。定作人没有及时检验的情况下,应视为材料符合要求,否则将可能妨碍承揽人的工作。合同约定由定作人提供材料的,承揽人应当对材料及时检验,发现不符合约定的,应当及时通知定作人更换、补齐材料或者采取其他补救措施,但是承揽人不得擅自更换定作人提供的材料。当承揽工作需要定作人提供图纸或技术要求时,若定作人提供的图纸或技术要求不合理,承揽人还应及时通知定作人,以免给定作人造成损害或延长工作完成的时间。

(三) 交付工作成果并转移权利

承揽人完成工作以定作人接收工作成果的利益为目的。工作完成后,对于可以转移占有标的物的承揽,承揽人应当向定作人交付工作成果。交付的时间、地点和方式,依合同约定确定;合同没有约定的,按照《合同法》61、62条的规定确定。对于无须转移占有标的物(如房屋的装修)或没有标的物的承揽,承揽人完成工作,定作人接收到工作成果的利益时视为交付。

除交付工作成果外,在存在标的物承揽合同当中,承揽人还可能负有转移工作成果所有权的义务。是否涉及所有权移转要分以下几种情况讨论:

1. 定作人提供材料

当材料为定作人提供时,若工作成果为动产,由于我国没有不规则承揽的规定,因而材料交付承揽人时,所有权不发生转移。承揽人完成工作后,倘若材料的价值大于经加工增值的价值,则该动产所有权自然由定作人原始取得。倘若材料的价值小于经加工增值的价值,是否应依物权的添附取得制度,由承揽人原始取得该动产的所有权?通说认为,"定作人是基于承揽人依承揽合同完成一定工作而原始取得新物所有权的,双方当事人依据承揽合同来确定彼此间的权利义务关系,不适用加工的规定。"①也就是说,根据承揽合同当中明示或隐含的双方当事人的意思,承揽人加工材料的劳动已经从报酬当中得到补偿,其将材料加工成新物并非为了取得所有权而是为了依照定作人的要求完成工作;相反,定作人则有让他人代替自己完成对材料的加工而取得所有权的意思。这种情况与依添附的事实行为取得物权的情况有所区别,因而不适用添附规则,由定作人原始取得所有权。

若工作成果为不动产或者体现在不动产上,(前者如建筑物附属设施的修建,后者如房屋的装修),根据上述原因,亦由定作人原始取得该不动产的所有权。

2. 承揽人提供材料

当工作成果为动产的时候,可以分为两种情况:(1) 承揽人提供的材料作为一部分而存在于定作人所有的动产当中。这种情况下,根据添附规则,自承揽人所提供的材料添附至定作人的原物上时,材料所有权转移给定作人,而该动产的所有权始终归定作人所有;且依合同中所体现的意思,也应由定作人原始取得该动产。(2) 作为工作成果的动产完全由承揽人所提供的材料加工而成,如由承揽人提供材料的服装制作合同。前文在工作物供给合同

---

① 李永军、易军:《合同法》,中国法制出版社2009年版,第548页。

中已述,这种合同兼具承揽合同与买卖合同的性质,涉及所有权转移的法律关系适用买卖合同法来调整,因而新物的所有权由承揽人原始取得,再由定作人依合同继受取得。[①]

当工作成果为不动产时,也可以分为两种情况:(1) 承揽人的工作成果体现在定作人所有或享有用益物权的不动产上。这种情况下,依据添附规则和合同中所体现的意思,工作成果的所有权归定作人。(2) 承揽人的工作成果体现在自己所有或享有用益物权的不动产上。这种情况下,由承揽人原始取得工作成果的所有权,再由承揽人将工作成果连同自己所有或享有用益物权的不动产的权利一并移转给定作人。[②]

3. 定作人与承揽人共同提供材料

材料由定作人和承揽人共同提供的情况下,则根据材料的主要部分提供方来确定适用何种规则。当材料主要由定作人提供时,适用定作人提供材料时工作成果所有权归属规则。当材料主要由承揽人提供时,适用承揽人提供材料时工作成果所有权归属规则。

(四) 提交相关的技术材料和有关质量证明

承揽工作完成后,承揽人除了交付工作成果给定作人这一主给付义务外,还应履行向定作人提交相关技术材料和有关质量证明这一从给付义务,以便工作成果能够按照当事人的合理预期发挥作用。承揽人未交付按照约定应当交付的技术材料和有关质量证明,定作人可以要求承揽人承担债务违反责任。

(五) 接受定作人的检验、监督

《合同法》第 260 条规定:"承揽人在工作期间,应当接受定作人必要的监督检验。定作人不得因监督检验妨碍承揽人的正常工作。"承揽人在选择材料、进行承揽工作以及完成承揽工作后,均有接受定作人检验和监督的义务。如果定作人检验发现工作完成过程中存在不符合约定的情况,承揽人应当及时更正。由于定作人有任意解除合同的权利,行使任意解除权须赔偿承揽人因合同的解除而受到的损失,故定作人有可能利用监督之名,妨碍定作人工作致使其因工作无法完成而与定作人协商解除合同,从而规避赔偿承揽人损失的责任。有鉴于此,法律规定定作人应当及时检验,并且不应以检验或监督之名妨碍定作人工作。

(六) 保密义务和通知义务

在承揽工作完成过程中,承揽人可能知晓定作人的重要信息。这些信息的外泄可能给定作人带来重大损失。为了保护定作人的固有利益,承揽人负有保守秘密的附随义务。未经定作人允许,承揽人不应将秘密外泄,也不应留存技术资料或复制品。

当承揽工作中遇到可能影响工作质量的情况时,承揽人应当及时与定作人联系,以避免给定作人造成损失。承揽人的通知义务主要存在于两个方面:承揽人对定作人提供的材料,应当及时检验,发现不符合约定时,应及时通知定作人更换、补齐或者采取其他补救措施。(《合同法》256 条) 承揽人发现定作人提供的图纸或者技术要求不合理的,应当及时通知定作人。(《合同法》257 条)

(七) 保管义务

对于定作人提供的材料和承揽人完成的工作成果,承揽人有妥善保管的义务。《合同法》第 265 条规定:"承揽人应当妥善保管定作人提供的材料以及完成的工作成果,因保管不

---

① 参见李永军、易军:《合同法》,中国法制出版社 2009 年版,第 548、549 页。
② 同上。

善造成毁损、灭失的,应当承担损害赔偿责任。"承揽人的保管义务也与承揽合同中的风险负担一致。一般来讲,由对物实际占有,管领的人来保管该物较为经济、合理,由其承担风险也较为合理。

六、承揽合同对定作人的效力

(一) 支付报酬的义务

承揽合同是承揽人按照定作人的要求完成工作,交付工作成果,定作人给付报酬的合同。因而定作人最主要的合同义务即支付报酬。

这里需要讨论一下同时履行抗辩权的行使问题。双务合同当中,双方互负对待给付义务,当一方当事人未为给付时,另一方当事人得拒绝给付。在没有相反约定的情况下,定作人可以在承揽人尚未完成或者交付工作成果的时候拒绝支付报酬。但双方当事人可以根据需要,约定定作人先为给付或者分部交付报酬,这种情况下,定作人就不能因承揽人没有完成全部的工作成果而行使同时履行抗辩权,而应按照合同的约定先为给付或分部给付。在定作人已经给付全部或一部报酬后,倘若承揽人不能如约完成工作,如果承揽人的部分给付不影响该部分工作成果的价值,且定作人可以正常使用该部分工作成果的,则定作人应当支付该部分工作成果的报酬,先行给付的报酬大于该部分工作成果价值的部分,承揽人应当退还;如果由于承揽人未全面履行合同导致已完成的工作成果没有意义,定作人可以要求承揽人返回已支付的全部报酬。当然,在合同约定分部交付的情况下,承揽人没有按期交付部分工作成果时,定作人可以对支付相应报酬的请求权行使同时履行抗辩权。

上文讨论的是定作人的同时履行抗辩权的条件。在定作人不履行合同义务时,承揽人是否也可以行使同时履行抗辩权呢?就此要分以下两种情况讨论:在工作成果需要交付的情况下,应当注意区分工作的完成和工作成果的交付。在没有相反约定的情况下,一般而言应当由承揽人先完成工作,就工作的完成而言,承揽人不能行使同时履行抗辩权,否则合同订立的目的就无法实现。就工作成果的交付而言,承揽人可以主张该义务应与定作人的报酬给付义务同时履行,行使同时履行抗辩权。在工作成果不需要交付的情况下,一般认为,"承揽人有先完成工作的义务,承揽人不得以定作人未给付报酬为由而拒绝完成工作,因此承揽人不得行使同时履行抗辩权。"①

除了同时履行抗辩权,在定作人不履行支付报酬的义务时,承揽人还可以根据《合同法》第264条的规定,即"定作人未向承揽人支付报酬或者材料费等价款的,承揽人对完成的工作成果享有留置权,但当事人另有约定的除外"。

关于报酬的数额,一般应以合同的约定来确定。如合同中没有明确约定,可以由当事人协商确定,协商无果的,按照合同的有关条款或交易习惯来确定。如果仍无法确定的,按照《合同法》第62条第2项来确定,"价款或者报酬不明确的,按照订立合同时履行地的市场价格履行;依法应当执行政府定价或者政府指导价的,按照规定履行。"此外,定作人迟延履行支付报酬的义务,应向承揽人支付迟延履行期间的利息;定作人受领工作成果迟延的,承揽人可以向定作人收取保管费用。

---

① 李永军、易军:《合同法》,中国法制出版社2009年版,第553页。

(二) 协助义务

为使承揽工作顺利完成,有些情况下,承揽人需要定作人的配合,此时定作人即负有协助义务。《合同法》第259条规定:"承揽工作需要定作人协助的,定作人有协助的义务。定作人不履行协助义务致使承揽工作不能完成的,承揽人可以催告定作人在合理期限内履行义务,并可以顺延履行期限;定作人逾期不履行的,承揽人可以解除合同。"承揽合同履行过程当中,需要定作人予以协助的情况主要有以下两种:(1) 依合同性质,定作人需要配合承揽人以为其提供适于工作的条件的。与人身有关的承揽合同,定作人应当配合承揽人的工作要求,如由承揽人为定作人量身定做服装,为定作人画像,定作人应当到场。在不动产内的施工,定作人应使不动产可供工作。涉及动产的承揽,定作人应当及时交付相关的动产给承揽人。(2) 合同约定由定作人提供材料、样品、图纸、技术要求的,定作人应当及时提供,承揽人发现定作人所提供的材料、样品、图纸、技术要求有瑕疵或不合约定的,与定作人联系,定作人应当及时予以答复;由于定作人未及时答复而造成的损失应由定作人承担。

定作人没有履行协助义务,承揽人可以解除合同,但必须具备两个条件:一是定作人不履行协助义务致使承揽工作无法完成,二是经承揽人催告定作人仍不履行协助义务。可是,如果一个承揽合同中,部分工作可以由承揽人独立完成,部分工作需要定作人协作完成,倘若定作人不予配合完成后一部分不影响前者的完成,则承揽人仅得解除需要由定作人协作完成的部分。

(三) 受领的义务

承揽合同履行完毕,承揽人有交付工作成果的义务,定作人有受领的权利。但是,受领工作成果并非仅仅是定作人的一项权利,因为这一项权利的行使也关系到承揽人的报酬请求权是否能够实现。因此,通说认为,受领工作成果是定作人的一项义务。《合同法》第261条规定:"承揽人完成工作的,应当向定作人交付工作成果,并提交必要的技术资料和有关质量证明。定作人应当验收该工作成果。"这里验收即为受领之意,意思是检验加接收。《德国民法典》第640条第1款规定:"定作人有义务验收以合于合同的方式完成的工作,但根据工作的性质不能验收的除外。不得因不重要的瑕疵而拒绝验收。"第641条第1款规定:"报酬必须在验收工作时支付之。"可见,根据德国民法典的规定,定作人有验收工作成果的义务,且验收是支付报酬前的程序。定作人为了避免报酬请求权的到期,"可以拒绝验收瑕疵工作物"①。正因如此,在德国法上,为了维护承揽人的报酬请求权,验收被规定为是定作人的义务。我国《合同法》虽未规定报酬应于验收时支付,但根据实际情况来看,通常定作人支付价款会以验收为前提;如果定作人支付报酬不以验收为前提,也对定作人有失公平。因此,验收在我国合同法上也被规定为定作人的一项义务。

工作成果经验收合格后,定作人有支付报酬的义务,且之后不能再以工作成果不合格为由要求承揽人承担责任。但是,工作成果存在短期内不易发现的隐蔽瑕疵的,定作人仍可以在验收后一定期限内要求承揽人承担责任,承揽人不得以工作成果经过验收为由拒绝。

(四) 变更、解除合同的权利及赔偿责任

承揽合同的订立以当事人之间的信赖关系为基础,同时由于定作人是靠承揽人的能力、技术、设备等条件完成工作的,因而定作人可能在合同订立后发现订立之前意想不到的可能

---

① 〔德〕迪特尔·梅迪库斯:《德国债法分论》,杜景林、卢谌译,法律出版社2007年版,第288页。

影响合同履行或信赖关系的因素。鉴于此，法律赋予定作人任意解除权和中途变更权。即便承揽人没有过错，定作人无需提供理由，也可以解除合同或者中途变更承揽工作要求。为了平衡当事人之间的利益，定作人在行使这两项权利的时候，如果给承揽人造成损失，应当承担损害赔偿责任。

七、承揽合同中的风险负担

承揽合同中的风险负担是指在承揽合同履行过程中，工作成果完成或交付定作人之前，因不可归责于双方当事人的事由造成的材料、工作成果的损失由谁来负责，以及发生损失后承揽人是否能够向定作人主张报酬。根据是否发生物权变动，承揽合同中的风险负担的规则可以分为两类。(1) 所有人承担风险，也称所有人主义；在所有权未发生变动的情况下，如定作人或承揽人提供的材料，定作人原始取得的工作成果等，风险由所有人承担。(2) 交付转移风险，也称交付主义；在所有权发生变动的情况下，如由定作人继受取得的工作成果，应参照买卖合同风险负担的规则，自交付时风险转移。当然在这两种情况下，当事人均可另行约定风险转移的时间。

（一）材料的风险负担

无论是定作人提供材料还是承揽人提供材料，尽管由材料制成的工作成果的所有权可能发生变动，材料本身的所有权却并不转移。所以材料的风险承担规则适用所有人主义规则，由材料的提供方承担风险。尽管如此，对于定作人提供的材料，承揽人仍须妥善保管；如果是因为承揽人保管不当造成损失，则承揽人须赔偿定作人损失。此处不能适用风险承担的规则。

（二）报酬的风险负担

关于报酬，"所谓报酬的风险负担，实际上就是传统民法上所谓债务履行不能的风险负担，它主要是指承揽人业已完成的工作成果一旦由于不可归责于双方当事人的事由毁损、灭失、只是承揽人无法交付工作成果或者无法转移工作成果的所有权于定作人，定作人应否向承揽人支付约定的报酬。"①关于这个问题，我们需要分以下两种情况加以讨论：

(1) 当材料由定作人提供时，报酬应是对承揽人物化劳动的补偿。根据所有人主义的风险负担规则，材料的风险由定作人负担，劳务的价值风险由承揽人负担。因而这种情况下，报酬的风险由承揽人负担。但是，如果合同约定由定作人提供材料，但是材料的提供方式是定作人付款，承揽人按照定作人提出的要求选购，那么定作人最终支付给承揽人的价款中包含了材料的价值和承揽人劳务的价值。此时，若工作成果在交付之前意外灭失，定作人仍须支付材料的价款。

(2) 当材料由承揽人提供时，报酬应包括两个部分：承揽人提供材料的价值和承揽人劳务的价值。这种情况下，承揽人自己负担报酬的全部风险，在工作成果交付前意外灭失的情况下，不得向定作人请求给付报酬。

（三）工作成果的风险负担

关于工作成果的风险负担，也需要分两种情况：若工作成果自始归定作人所有，则工作成果的交付不引起所有权的变动，风险负担按照所有人主义来确定，由定作人负担。若工作

---

① 崔建远主编：《合同法》，法律出版社 2010 年版，第 451 页。

成果由承揽人原始取得,而后转移给定作人所有,则存在物权变动问题,工作成果的风险负担按照交付主义来确定。交付之前由承揽人承担,交付之后由定作人承担。

八、承揽合同的消灭

合同可以因当事人的履行、免除、提存、抵销、混同、解除而终止,承揽合同也并非例外。其中前五种债的消灭的原因不再赘述,这里主要说明承揽合同的解除。

（一）承揽合同的协议解除

(1) 合同履行过程中,当事人双方不愿再继续履行合同,可以协议解除合同,协议解除的法律后果也可由双方当事人协商确定。

(2) 合同订立时,双方当事人可以约定一方或双方享有解除权和解除权行使的条件。当条件满足时,享有解除权的当事人即可解除合同。

（二）承揽合同因一方严重违约而解除

当一方当事人严重违约,不履行或不适当履行合同义务时,对方当事人可以解除合同,并要求赔偿损失。(《合同法》第94条)具体到承揽合同当中,因一方当事人严重违约对方当事人可以解除合同的情形主要有以下几种：

(1) 承揽人未按约定按时间完成工作成果,致使合同目的不能实现,定作人可解除合同；

(2) 承揽人擅自将承揽的主要工作交由第三人完成的,定作人可解除合同；

(3) 承揽人工作成果有瑕疵的(一般而言这种瑕疵应当是严重影响工作成果发挥其效用,而且这种瑕疵无法通过修理或重作来除去的),定作人可解除合同；

(4) 定作人不履行协助义务,致使承揽工作无法完成,经承揽人催告仍不履行的,承揽人可以解除合同。

（三）定作人任意解除合同

《合同法》268条规定："定作人可以随时解除承揽合同,造成承揽人损失的,应当赔偿损失。"前文已述,承揽合同履行完毕之前,定作人无须任何理由即可解除合同,不以承揽人有过错为要件,但须赔偿承揽人的损失。任意解除权只有定作人享有,承揽人没有任意解除权。

第二节　建设工程合同

一、建设工程合同概述

（一）建设工程合同的概念

建设工程合同,是指承包人进行工程建设,发包人支付价款的合同(《合同法》第269条第1款)。

一项工程建设通常要经历勘察、设计、施工阶段才能完成,因此建设工程合同也就包括工程勘察、工程设计、工程施工合同。以上合同中,建设单位一方被称为发包人,勘察、设计施工的一方被称为承包人。

在大陆法系民法典中,建设工程合同并非一种独立的有名合同,而是承揽合同的一种具体情形。我国则考虑到建设工程合同与一般承揽相比,具有相当的特殊性,因此借鉴苏联立法例,将建设工程合同从承揽合同中独立出来,赋予其有名合同的地位。在我国当下的经济快速发展时期,建设工程合同在我国社会实践中大量存在,构成经济生活的一个重要方面,相关的房地产业已经成为国民经济的支柱产业。因此,将建设工程合同有名化,便于在基本法律中明确其特殊调整规范,也是对我国实践需求的一个因应。

当然,由于建设工程合同与承揽合同的相似性,凡建设工程合同中未规定的事项,可以准用承揽合同的相关规定。

(二) 建设工程合同的特征

建设工程合同与一般承揽合同有相似之处,如均为诺成合同、双务合同、有偿合同。但建设工程合同仍有其较强的独特性,正是这些独特之处,奠定了建设工程合同独立有名的根基。以下分四点述之:

1. 主体特征——承包人须为具备资质条件的法人

建设工程合同主体多、标的数额大、周期长、技术要求高,工程质量往往与公益相关,因此对承包人的资质不能不有较严格的限制。我国《建筑法》对建设工程合同的承包人资质及分级管理进行了明确规定,经过批准的持有相应资质证书的勘察、设计和施工单位只能在其资质等级许可的范围内承揽工程,并成为建设工程合同的主体。① 最高法院《关于审理建设工程施工合同纠纷案件适用法律问题的解释》(以下简称《建设工程施工合同解释》)第1条中,将违反主体要件的建设工程合同——即不具备资质条件的承包人签订的建设工程合同——归于无效。②

2. 标的物特征——仅限于基本建设工程

建设工程合同的标的物限于作为基本建设工程的各类建筑物、地下设施、附属设施的建筑,以及对与其配套的线路、管道、设备进行的安装建设。这些建设工程具有投资大、周期长、涉及主体众多、技术要求和质量要求高的特点,并且对公众利益有较大影响。以上特点决定了建设工程合同必定要受到较强的国家监管与干预,从而与一般的承揽合同有了根本不同。对于基本建设工程以外的标的物,如村民自建的住宅、企业建造的临时设施等建筑物或构筑物,由于其结构简单、价值较小,故不作为建设工程对待,其法律关系不适用建设工程合同,而是仍然适用承揽合同的规定。

3. 建设工程合同具有较强的国家管理性

建设工程合同的标的物为重要的不动产,合同履行中即涉及众多主体的重大利益,合同履行后,由于建设工程使用者的广泛性与使用的长期性,又涉及公众利益。由于建设工程对国家、社会、公众生活的方方面面有很大影响,因此在建设工程合同的订立和履行上,具有强烈的国家干预色彩。我国有多个规范性文件对建设工程合同进行调整,除作为基本法律的

---

① 我国《建筑法》第12条为承包人规定了资质要件,从事建筑活动的建筑施工企业、勘察单位、设计单位和工程监理单位,应当具备下列条件:(1) 有符合国家规定的注册资本;(2) 有与其从事的建筑活动相适应的具有法定执业资格的专业技术人员;(3) 有从事相关建筑活动所应有的技术装备;(4) 法律、行政法规规定的其他条件。第13条规定了资质的分级,从事建筑活动的建筑施工企业、勘察单位、设计单位和工程监理单位,按照其拥有的注册资本、专业技术人员、技术装备和已完成的建筑工程业绩等资质条件,划分为不同的资质等级,经资质审查合格,取得相应等级的资质证书后,方可在其资质等级许可的范围内从事建筑活动。

② 《建设工程施工合同解释》第1条规定,承包人未取得建筑施工企业资质或者超越资质等级的,或者没有资质的实际施工人借用有资质的建筑施工企业名义的,建设工程施工合同无效。

《合同法》《建筑法》以外,还有《建设工程勘察设计合同条例》《建设工程施工合同解释》等行政法规和司法解释,部门规章、地方性法规及地方规章更是大量存在,对工程建设的环节进行严格管理,以求实现公益的维护。

4. 建设工程合同是要式合同

《合同法》第 270 条规定,建设工程合同应当采用书面形式。由于建设工程合同要受到国家的严格监管,因此必然需要有书面合同以使监管成为可能;同时,由于建设工程合同涉及面广且履行期长,当事人间也需要有书面文件以明确彼此权利义务,以避免履行中产生纠纷。

须注意,如果建设工程合同未采用书面形式,不能认为合同必然不成立或无效,而是有依《合同法》第 36 条补足瑕疵的余地,即建设工程合同未采用书面形式,但一方已经履行主要义务对方也接受的,该合同成立。

二、建设工程合同的订立

(一) 建设工程合同订立的一般程序

1. 建设工程合同应当采用招投标方式订立

由于建设工程涉及国家、社会和公众利益,因此国家对建设工程合同的全过程进行了严格的监管和干预。在订立环节上,为求能够鼓励竞争、促进公平交易、确保工程质量、提高投资效益,法律要求建设工程合同以招标、投标的方式订立,只有对于不适宜招标的才可以直接发包。(《建筑法》第 19 条)

2. 建设工程合同招投标的分类

依招标方式区分,建设工程合同招标可以分为公开招标、邀请招标和议标三种方式。公开招标是指招标人公开刊登招标公告,所有符合条件的企业均可以参与投标。邀请招标,是指招标人向三个或者三个以上的具有承担该建设工程项目能力的潜在投标人发出投标邀请书,邀请其参加投标并按照特定程序选定中标人的招标方式。议标,是指对不宜公开招标或者邀请招标的特殊建设工程项目,报县级以上人民政府建设行政主管部门或者经其授权的招标投标办事机构批准后,由招标单位邀请两个以上的投标人直接协商。[①]

依招标内容区分,建设工程合同招标可以分为全过程招标、勘察设计招标、工程施工招标和安装工程招标。

3. 建设工程合同招投标的原则与程序

(1) 建设工程合同招标的原则。建设工程的招标投标活动,应当依照有关法律的规定公开、公平、公正进行。(《合同法》第 271 条)

所谓公开原则,有两层含义:① 指建设工程合同中招标投标活动所涉及的信息应当公开,使所有符合条件的潜在承包人均有机会参加投标竞争,发包人或者承包人都不得隐瞒真实情况;② 招标投标活动的程序必须公开,以便各方面监督,不允许进行私下操作。所谓公平原则,也有两层含义:① 指招标单位对所有投标人都一视同仁,应为所有投标人创造平等竞争的机会;② 指投标人也应以正当的手段开展投标竞争,不允许任何人在招标投标中享有特权。所谓公正原则,是指招标人在招标活动的全过程中要严格依照公开的招标条件和

---

① 参见陈小君主编:《合同法学》,高等教育出版社 2003 年版,第 357 页。

程序办事,严格按照既定的标准评标和定标,公平地对待每一投标人,以保证定标结果的公正性。①

(2) 建设工程合同招标的程序。依《中华人民共和国招标投标法》(以下简称《招标投标法》)的规定,采用招标投标方式签订建设工程合同的,应当遵循招标公告、投标、决标的程序。首先,招标单位应当公开发布招标公告,招标公告的目的是吸引潜在的投标人参与竞标,故其法律性质为要约邀请。(《合同法》第 15 条第 1 款)招标单位还应当根据招标文件和有关资料编制标底,按国家相关规定报有关部门审定,并密封保存。然后,有资质条件的投标单位向招标单位提交本单位的有关材料,并按照招标文件要求编制投标书,将其密封送到招标单位。投标的法律性质属于要约。最后,招标人在规定的期限内必须在有关部门的参加下当众开标,并组织评标委员会进行横向评比,评出最优者决定其中标。决标的法律性质为承诺。招标人在决定中标人后,应当向中标人发出通知,并在规定的期限内与之签订建设工程合同。

(二) 建设工程合同的订立

根据我国建设工程市场发展的实际情况,法律规定建设工程合同的订立主要采取总承包合同和分项工程承包合同两种形式。(《合同法》第 272 条第 1 款)

总承包合同,是指发包方与承包方就整个建设工程从勘察、设计到施工签订总承包协议,由承包方对整个建设工程负责。这里的承包人一般是一个有资质的法人,但在大型或复杂的工程中,也可以由两个以上的承包人与发包人签订总承包合同。

分项工程承包合同,是指由发包方分别与勘察人、设计人、施工人签订勘察、设计、施工合同,实行平行发包。各承包方分别对建设工程的勘察、设计、建筑、安装阶段的质量、工期、工程造价等与发包方产生合同关系,并仅对自己承包的部分向发包人负责。

原则上,发包人可以自由选择订立建设工程合同的方式。但在我国经济实践中,常常出现发包人将本应由一个承包人负责的工程肢解成数个部分,分别交给数个承包人承包,造成工程施工缺乏统一的技术协调和管理协调,使得工程质量下降。因此,法律提倡在能实行总承包的情况下,对建筑工程实行总承包;而在一个工程不宜再分解时,禁止将建筑工程肢解发包。(《建筑法》第 24 条)

(三) 建设工程分包合同的订立

1. 建设工程的分包与转包

建设工程的分包和转包是两个完全不同的概念。分包是合法行为,由此产生了有效的建设工程分包合同;转包是违法行为,因此导致转包合同的无效。

建设工程分包,是指工程的承包人(含勘查人、设计人、施工人)经发包人同意后,依法将其承包的部分工程交给第三人完成的行为。分包之后,当事人间既存在发包人与承包人之间的合同关系,又存在承包人与分包人之间的合同关系。由于建设工程的复杂性和技术性,承包人常常在局部工作中需要与其他单位合作,以求能够完成或更好地完成合同项下的义务。因此,在发包人的同意下,将部分工程分包是正常的,也是合法有效的。

建设工程转包,是指承包人以营利为目的,将建设工程合同中的全部权利义务转让给其他的施工单位,自己退出合同关系,并不对工程承担任何法律责任的行为。转包的本质是合

---

① 参见陈小君主编:《合同法学》,高等教育出版社 2003 年版,第 357—358 页。

同权利义务的概括移转。有资质、有能力、有技术的承包人,在拿下工程项目后,不经发包人同意,将工程低价转交他人完成以牟取差价,从而造成国家对建设工程合同的监管目的落空,这也是我国实践中造成建设工程质量问题的重要原因之一。因此,我国法律规定承包人不得将其承包的全部建设工程转包给第三人,或者将其承包的全部建设工程肢解以后以分包的名义分别转包给第三人。(《合同法》第 272 条第 2 款后段)我国司法解释进一步明确,承包人非法转包建设工程的行为无效。(《建设工程施工合同解释》第 4 条)并且,在承包人发生转包行为后,发包人对建设工程合同有解除权。(《建设工程施工合同解释》第 8 条)

2. 分包的法律适用

按照《合同法》和《建筑法》的规定,建设工程合同的承包方、勘察人、设计人、施工人与第三人签订分包合同,必须具备以下条件:

(1) 工程分包须经过发包人的同意。如同承揽合同,建设工程合同中的发包人对承包人也是有人身信赖关系的,如果承包人未经发包人同意而将部分工程分包给第三人,当然违反了发包人的信赖,故为法律所不许。工程分包合同必须经发包人同意才能生效,发包人的同意方式有两种:一种是在建设工程合同中,发包人已经对承包人的分包给予了授权,并约定了分包的具体内容;另一种是在建设工程合同中并无发包人的授权,在承包人需要将承包工程的部分分包时,再就具体情况取得发包人的许可。

(2) 建设工程主体结构的施工必须由承包人自行完成。虽然法律允许在经发包人同意的情况下,承包人将部分工程转交分包人,但是承包人仍应当完成建设工程的主体结构的施工。毕竟主体结构的施工质量决定了一个建设工程的总体质量,承包人将主体结构交给第三人完成的,显然违背了发包人的信赖。因此,能够被承包人分包的,仅限于主体结构之外的建设工程其他部分。将承包的全部建筑工程转包给他人,或将承包的全部工程肢解以后以分包的名义分别转包给他人,或将建设工程主体结构的施工交给分包人,以上行为违反了建设工程合同的人身信赖性,均为《合同法》所禁止。(《合同法》第 272 条第 2、3 款)

(3) 分包人须具备相应的建设资质条件。建设工程分包合同也是建设工程合同的一种,也须遵循主体资质上的法律要求。因此,分包人也应当具备相应等级的建设资质条件,否则即使经过发包人同意,分包合同也会因违反法律的强行规定而归于无效。(《合同法》第 272 条第 3 款)

(4) 建设工程合同只能分包一次。为了确保建设工程的质量,经发包人同意的分包人必须自己完成分包合同中的工程任务,而不得将承担的部分工程再次分包给他人,即使该他人有相应的资质条件,且亦经过发包人同意也不例外。(《合同法》第 272 条第 3 款)

3. 分包合同中分包人与承包人对发包人的连带责任

依合同的相对性原理,分包成立之后,存在发包人与承包人之间、承包人与分包人之间的两个合同关系,而发包人与分包人之间并无合同存在,这两者也就无从主张债务违反的责任。因此,如果分包人在义务履行中有瑕疵,他只向承包人承担责任,并不向发包人负责。但是,我国《合同法》为了督促分包人全面适当地履行合同义务,确保建设工程的质量,特地突破合同的相对性,强化了分包人的责任。《合同法》第 272 条第 2 款中段规定,第三人就其完成的工作成果与总承包人或者勘察、设计、施工承包人向发包人承担连带责任。这种连带责任的设计,有利于加强分包人的责任心,并加强对发包人的利益保护。

三、建设工程合同的效力

建设工程合同在传统民法中,属于一种特殊形式的承揽合同。因此,《合同法》关于承揽合同效力所作的一般规定,除非建设工程合同设有特别规定外,对于建设工程合同具有适用效力。我国《合同法》上,建设工程合同效力的特别规定主要体现在以下方面。

(一) 承包人的义务

1. 承包人按时、保质地完成建设工程并交付的义务

承包人应当在合同约定的期限完成工程建设并交付,并且工程质量应当符合当事人的约定,当事人对质量约定有欠缺的,应当符合法律规定。以上是承包人合同上的主义务,与发包人给付工程款的义务构成对待给付关系。

2. 承包人的容忍义务

工程的进度、质量对发包人的利益影响极大,故承包方有义务接受发包人对工程进度和工程质量的必要监督。对发包人的检查,承包人应予以支持和协助。发包人检查的内容主要包括两项:(1) 对工程进度进行检查;(2) 对工程质量的检查。发包人的代表或监理工程师享有随时检查工程施工行为、工程材料与设备质量的权利,一旦发现承包人的履行行为有瑕疵,发包人的代表或监理工程师即有权提出纠正意见,承包人应当依照对方的要求,在合理期限内补正瑕疵。

为了防止发包方滥用检查权,导致影响承包人的正常施工,法律对发包人的权利也予以了一定限制。如果发包人的检查影响到工程的正常作业,则承包方有权在说明理由的基础上予以拒绝。

3. 承包人的通知义务

所谓承包人的通知义务,是指在隐蔽工程隐蔽前对发包人通知检查的义务。在建设工程中,有许多需要及时隐蔽才能继续施工的工程,如自来水、煤气等地下管线的敷设工程等。这些隐蔽工程的质量对总体工程的质量有较大影响,而对隐蔽工程的检查应当先于总体工程,否则会影响总体工程进度。《合同法》在衡平发包人和承包人利益的基础上,确认了承包人的通知义务。即在隐蔽工程隐蔽前,承包方应及时通知发包人进行检查,以确定工程质量是否符合合同约定和法律法规规定的要求。怠于通知或未及时通知造成的损失,由承包人承担。如果承包人已及时尽到通知义务,而发包人却没有及时检查的情况,《合同法》第278条规定,即使发包人没有及时对隐蔽工程进行检查,承包人也不能自行检查后将工程隐蔽。但是,承包人可以顺延工程日期,并享有向发包人请求赔偿停工、窝工损失的权利。以上规定,既可平衡发包人与承包人的利益,又可保障工程质量。

(二) 发包人的义务

1. 支付价款并接收建设工程的义务

此为发包人的主要义务。发包人在对建设工程验收合格后,应按合同的约定,扣除一定的保证金后,将剩余工程的价款按约定方式支付给承包人。同时,发包人应与承包人办理移交手续,正式接收该项建设工程,承包合同的主要条款即告履行完毕。建设工程的风险也自接收之日起,由承包人移转到发包人。发包人未按约定支付价款的,发包人应按银行有关逾期付款办法或"工程价款结算办法"的有关规定,承担逾期付款的债务违反责任。

即使建设工程施工合同无效,但建设工程经竣工验收合格,承包人有权请求发包人参照合同约定支付工程价款。(《建设工程施工合同解释》第2条)如果建设工程施工合同无效,且建设工程经竣工验收不合格的,按照以下情形分别处理:修复后的建设工程经竣工验收合格,发包人请求承包人承担修复费用的,应予支持;修复后的建设工程经竣工验收不合格,承包人请求支付工程价款的,不予支持。(《建设工程施工合同解释》第3条)

2. 发包人的协助义务

发包人的协助义务,是指发包人在建设工程合同履行中,有义务对承包人的给予协助,具体包括发包人应当按照合同的约定提供相关材料、设备、场地、资金、资料等。

在建筑工程合同中,除法律、法规规定必须由发包人供应的以外,双方往往对材料和设备的供应方式有明确约定。如果承包人对建筑工程采取包工不包料或者包工半包料的方式,则发包人应负责材料和设备的全部或者部分供应。若发包人未按约定的时间和要求提供原材料、设备的,即构成违约。如果发包人提供的主要建筑材料、建筑构配件和设备不符合强制性标准或者不履行合同约定的协助义务,致使承包人无法施工,且在催告的合理期限内仍未履行相应义务,承包人有权解除建设工程施工合同。(《建设工程施工合同解释》第9条)

发包人应当负责办理正式工程和临时设施所需土地使用权的征用许可证,以及民房拆迁、施工用地和障碍物拆除等许可证。发包人应按期完成以上许可证申请工作,为承包人提供符合合同要求的施工场地。若发包人未能完成以上场地提供义务的,即构成违约。

发包人需按照合同的约定,在开工前或者施工过程中提供建设资金,如果不按照约定时间和支付方式提供工程价款的,需承担相应的债务违反责任。

技术资料是建设工程顺利进行的技术保障。发包人应当按照合同的要求,及时全面地提供相关的技术资料,不得无故拖延或者隐匿。否则,发包人应承担债务违约责任。

如果发包人有上述违约行为,《合同法》规定发包人承担如下责任:

(1) 承包人有权顺延工程日期,且不承担迟延责任。相反,发包人丧失一定的期限利益。

(2) 承包人有权请求发包人赔偿停工、窝工等损失。发包人未尽前述义务,可能会导致承包人的设备和人员处于闲置状态,从而造成损失。此时,承包人有权要求发包人给予赔偿。

(3) 因发包人的原因致使工程停建、缓建的,发包人有义务采取措施弥补或者减少损失。对于工程停建、缓建后,承包人按合同约定投入的人员、物资等重新调整,造成建设工程的停工、窝工、倒运、机械设备调迁、材料和构件积压等,给承包人带来额外的损失和费用,发包人应按承包人的实际损失予以赔偿。

3. 对工程的验收义务

建设工程完工后,发包人应及时对工程进行验收,发包人验收所应遵循的依据包括:(1)施工图纸及说明书。在一项工程中,一般都需经过勘察、设计、建筑安装诸阶段,建筑安装的施工通常以设计的图纸为依据,但在施工过程中,往往会对设计图纸予以一定的更改,因此,如果设计图纸与施工图纸不一致的,验收时以施工图纸为准。施工图纸及说明书是承包合同的有机组成部分,是对承包人施工条款的具体化,对工程的验收自应将其作为重要依据。(2)国家颁发的施工验收规范。如中国人民银行颁布的《基本建设项目竣工验收暂行规定》等。(3)国家颁发的建设工程质量检验标准。其中,国务院颁布的《建筑安装工程质量评定标准》是发包人对工程质量进行验收的重要依据。

建设工程必须经过验收方可投入使用。工程的验收是发包人对承包人所承建工程的质量符合合同约定和法律规定的标准的确认。建设工程未经验收或者验收不合格的,不得交付使用。

(三) 承包人的法定抵押权

为解决我国建设工程合同纠纷中拖欠工程款这一最大问题,《合同法》特设第286条法定抵押权,以资救济承包人。该条规定,发包人未按照约定支付价款的,承包人可以催告发包人在合理期限内支付价款。发包人逾期不支付的,除按照建设工程的性质不宜折价、拍卖的以外,承包人可以与发包人协议将该工程折价,也可以申请人民法院将该工程依法拍卖。建设工程的价款就该工程折价或者拍卖的价款优先受偿。

1. 权利性质

由于法律并未明示《合同法》第286条中权利的性质,因此就该权利究竟是何种权利的问题,在理论上有颇多争议。有的观点认为是留置权[1],有的观点认为是优先权[2],有的观点认为是法定抵押权[3]。本书认为,留置权的客体限于动产,而《合同法》第286条的权利客体为不动产,因此该权利并非留置权。从权利内容上看,该权利优先受偿的特征更趋近于法定抵押权而非优先权;而且从立法背景和过程上看,该权利也始终是指法定抵押权而非优先权。因此,本书赞同第三说,认为《合同法》第286条的权利性质为法定抵押权。

2. 法定抵押权的行使

结合《合同法》及相关司法解释,行使法定抵押权须注意以下几点:

(1) 法定抵押权的标的。法定抵押权的标的为已竣工的建设工程,包括建设用地使用权及组成或固定在不动产上的动产。当事人对竣工日期有争议的,按照以下情形分别处理:建设工程经竣工验收合格的,以竣工验收合格之日为竣工日期;承包人已经提交竣工验收报告,发包人拖延验收的,以承包人提交验收报告之日为竣工日期;建设工程未经竣工验收,发包人擅自使用的,以移转占有建设工程之日为竣工日期。(《建设工程施工合同解释》第14条)

(2) 法定抵押权的担保债权范围。该债权是指发包人依建设工程施工合同所应支付给施工人的建设工程价款。这里须注意,此处仅指建设工程施工合同产生的债权,排除建设工程勘察、设计合同,因为后两者在勘察、设计义务履行完毕后尚未存在竣工工程。同时,在建设工程价款的范围问题上,该价款包括承包人为建设工程应当支付的工作人员报酬、材料款等实际支出的费用,不包括承包人因发包人违约所造成的损失。[4]

(3) 法定抵押权的实现时间。建设工程竣工交付验收后,发包人未按约支付价款,承包人得对发包人进行催告,并给发包人规定支付价款的合理期限。期限届满后发包人仍不支付的,承包人可以在竣工之日起6个月内行使法定抵押权。(最高院《关于建设工程价款优先受偿权问题的批复》)双方对竣工日期有争议的,参见前述。

---

[1] 参见江平主编:《中华人民共和国合同法精解》,中国政法大学出版社1999年版,第223页。
[2] 参见崔建远主编:《合同法》,法律出版社2010年版,第461页。
[3] 参见梁慧星:《是优先权还是抵押权——合同法第286条的权利性质及其适用》,载《中国律师》2001年第10期。
[4] 参见最高人民法院2002年6月20日《关于建设工程价款优先受偿权问题的批复》。

（4）法定抵押权的实现方式。法律对建设工程合同中承包人优先权的实现规定了两种方式：一是通过发包人与承包人之间的协议，对建设工程进行折价，承包人在支付折价款与工程价款的差额后，取得该项建设工程的所有权，使其工程价款债权得以实现。二是对建设工程进行拍卖。拍卖需在人民法院的主持下进行，承包人有权在拍卖所得价款中优先受偿。

3. 法定抵押权的效力

法定抵押权有可能与约定抵押权（如银行的抵押权）或商品房买受人的权利发生冲突，最高院《关于建设工程价款优先受偿权问题的批复》特设立以下规则，以明确法定抵押权的效力。

（1）法定抵押权与约定抵押权发生冲突的。无论约定抵押权设定在法定抵押权之前或之后，法定抵押权一律优先于约定抵押权行使。

（2）法定抵押权与商品房买受人的权利发生冲突的。消费者交付购买商品房的全部或者大部分款项后，承包人的优先受偿权不得对抗买受人。须注意，这里仅要求买受人支付全部或大部分款项，并不要求买受人已经取得登记。毕竟，商品房对于普通消费者而言属于生存利益，在利益衡量上，应当比承包人的经济利益优先。

四、具体建设工程合同的特殊效力

（一）建设勘察、设计合同

勘察、设计合同是勘察合同和设计合同的统称，系指工程的发包人或承包人与勘察人、设计人之间订立的，由勘察人、设计人完成一定的勘察、设计工作，发包人或承包人支付相应价款的合同。勘察设计合同的主要内容一般有以下几项：（1）提交勘察或者设计基础资料、设计文件（包括概预算）的期限；（2）勘察、设计的质量要求；（3）勘察、设计费用；（4）其他协作条件。

1. 建设勘察、设计合同中发包人的协作义务

发包人将一项工程的勘察、设计委托给勘察人、设计人后，勘察人、设计人即按合同约定开展勘察、设计工作。发包人则应严守合同的规定，不得随意更改勘察、设计内容，并应按合同约定全面、准确、及时提供勘察、设计所需的资料、工作条件等。如果发包人违反合同约定，单方更改合同条款，或不尽协助履行义务，都会导致相同的损害后果，即会使勘察人、设计人支出额外的工作量，从而使得勘察、设计费用不合理增加。由于该部分增加的工作量和相关费用是由发包人的违约行为引起的，故应当由发包人承担。（《合同法》第285条）

2. 勘察人、设计人的责任

勘察人、设计人有下述两种行为，给发包人造成损失的，应对发包人承担债务违约责任：一是勘察、设计的质量不符合要求，包括勘察、设计的质量没有达到合同的要求或者勘察、设计的质量不符合法律、法规的强行性规定所确立的标准；二是勘察人、设计人未按照合同约定的期限提交勘察、设计文件，致使工期拖延的。勘察人、设计人为此应当承担继续履行勘察、设计义务和损害赔偿的债务违约责任。对于损害赔偿责任的承担方法，发包人可以先通过少付或不付承包人应得的勘察、设计费，来填补自己的损失。如果勘察、设计费不足以赔偿的，发包人还可以请求勘察人、设计人继续赔偿，直至其损失得到完全弥补为止。

（二）建设工程施工合同

建设工程施工合同是指发包人（建设单位）和承包人（施工人）约定的，由承包人完成建

设单位交给的建设工程施工任务,发包人提供必要条件并支付价款的合同。

1. 建设工程施工合同的内容

建设工程施工合同的主要内容应包括：

(1) 工程范围。指工程的名称和地点,建筑物的栋数、结构、层数、面积等。

(2) 建设工期。指施工人完成施工工程的期限。

(3) 中间工程的开工和竣工时间。一项建设工程往往由许多的中间工程组成,这些中间工程须于建设工期的中间完成并交工验收,否则后面的工程无法继续。因此,建设工程施工合同应当对中间工程的开工和竣工时间作明确约定。

(4) 工程质量。工程质量由当事人约定或法律规定。由于建设工程质量关系到社会和公众利益,因此国家对该项问题干预甚强,国家设立的最为重要的工程质量标准为《建设工程质量管理条例》。

(5) 工程造价。采用不同的定额计算方法计算工程造价,会产生巨大的价款差额。因此,为避免争议,凡当事人在建设工程合同中准确计算出工程款的,应予以明确约定。如果在合同签订时尚不能准确计算出工程款的,则应在合同中明确约定工程款的计算原则、计算标准及审定方式等。

(6) 技术资料交付时间。发包方应当将工程的有关技术资料全面、及时地交付给施工人,以保证工程的顺利进行。当事人应当就技术资料的交付时间予以明确约定。

(7) 材料和设备的供应责任。

(8) 拨款和结算。建设工程施工合同中,工程款的结算方式和付款方式因采用不同的合同形式而有所不同,当事人应予明确约定。工程款具体包括四项内容,即预付款、工程进度款、竣工结算款、保修金。

(9) 竣工验收。竣工验收须依国家规定的验收方法、程序和标准进行。

(10) 质量保修范围和质量保证期。施工工程在办理移交验收手续后,在法定或约定的期限内,因施工、材料等原因造成的工程质量缺陷,施工单位须负责维修、更换。

(11) 相互协作条款。施工合同也需要当事人协助对方履行义务,这也是诚实信用原则在建设工程合同中的具体体现。

2. 建设工程施工人的责任

因施工人的原因致使建设工程质量不符合法定或约定的,施工人应承担以下责任：

(1) 施工人的债务违反责任。施工人交付工程质量不符合约定或法律规定,当然应当承担债务违反责任。发包人有权要求施工人于合理期限内维修、返工或改建,使建设工程达到合同约定或法律规定的要求,承包人维修、返工、改建建设工程所发生的费用,由施工人自行承担。并且,因以上维修、返工、改建行为导致施工人交付工程逾期的,施工人还应当承担违约责任,赔偿因此给发包人造成的损失。

(2) 施工人的侵权责任。因承包人的原因致使建设工程在合理使用期限内造成人身和财产损害的,承包人应当承担损害赔偿责任。(《合同法》第282条)由于《产品质量法》第2条第3款明确排除了该法对建筑工程的适用,因此建设工程质量瑕疵引起的侵权损害无法适用无过错责任,而只能由过错责任原则调整。故所谓"因承包人的原因"应理解为因承包人的过错,如由于承包人选择的工程材料不合格、施工的质量瑕疵造成人身、财产损害的,施工人应对受害人承担侵权责任。

(三) 建设监理合同

1. 建设监理合同的概念

建设监理合同,是指建设单位与取得了监理资质证书的监理公司、监理事务所等监理单位签订的,委托监理单位依照法律、行政法规及有关的技术标准、设计文件和建设工程承包合同,代表建设单位对承包人进行监督的协议。从本质上说,建设监理合同并非建设工程合同,而是属于委托合同。但由于建设监理合同与建设工程合同之间关系密切,且与建设工程的一系列核心问题——确保工程质量、控制工程投资、保证建设工期等密不可分,因此我国《合同法》也对建设监理合同进行了规定。(《合同法》第 276 条)

建设监理合同为要式合同,《合同法》第 276 条明确规定建设监理合同应当采取书面形式,这是监理合同本身的重要性和合同内容的复杂性所决定的。合同订立之后,实行建设工程监理之前,建设单位应当以自己对建设工程的检查和监督权为根据,将委托的建设工程监理人的情况、监理的内容及监理人的监理权限,以书面形式通知被监理的承包人。

2. 建设监理合同的内容

结合法律规定和我国监理实践,建设监理合同的内容一般包括:

(1) 工程名称。即建设单位委托监理单位实施监理的工程的名称,该名称应以批准的设计文件所确定名称为准,不得擅自变更。

(2) 工程地点。即所监理的工程所处的具体地点。

(3) 监理单位的权限和义务。建筑工程监理应当依照法律、行政法规及有关的技术标准、设计文件和建筑工程承包合同,对承包单位在施工质量、建设工期和建设资金使用等方面,代表建设单位实施监督。工程监理人员认为工程施工不符合工程设计要求、施工技术标准和合同约定的,有权要求建筑施工企业改正。工程监理人员发现工程设计不符合建筑工程质量标准或者合同约定的质量要求的,应当报告建设单位要求设计单位改正。(《建筑法》第 32 条)工程监理单位应当在其资质等级许可的监理范围内,承担工程监理业务。工程监理单位应当根据建设单位的委托,客观、公正地执行监理任务。工程监理单位不得转让工程监理业务。(《建筑法》第 34 条)以上虽然为法律的直接规定,但在实践中允许、同时也需要当事人根据具体情况依约定而细化。

(4) 监理单位的责任。工程监理单位不按照委托监理合同的约定履行监理义务,对应当监督检查的项目不检查或者不按照规定检查,给建设单位造成损失的,应当承担相应的赔偿责任。工程监理单位与承包单位串通,为承包单位谋取非法利益,给建设单位造成损失的,应当与承包单位承担连带赔偿责任。(《建筑法》第 35 条)在具体责任发生的原因及承担责任的方式上,建设单位和监理单位可以在法律的框架内予以约定。

(5) 费用及其支付方式。监理合同双方应明确约定监理单位监理酬金的计取方法,支付监理酬金的时间和数额,支付监理酬金所采用的货币币种、汇率等内容。

建设监理合同的性质为委托合同,因此,凡法律法规对监理合同未予特殊规定的事项,可以准用《合同法》中委托合同的规定。

第十五章

提供劳务的合同

第一节 运输合同

一、运输合同的概念与特征

运输合同,是指承运人与旅客或者托运人约定将旅客及其行李或者货物运送到指定地点,旅客或者托运人向承运人支付票款或运费的合同。根据运输合同,承运人使用运输工具,如汽车、轮船、飞机等,将旅客或者货物从一地运到另一地,实现地理上的位移。如果不是使用运载工具,也不是运送旅客或者货物,而是将其他标的物从一地运到另一地,例如邮件、电子邮件的发送等,则不是合同法上所谓的运输合同。运输合同的主体和一般合同的主体相比,具有复杂性和特殊性。它往往涉及承运人、托运人和收货人。运输合同最基本的分类是客运合同和货运合同。除此之外,按照运输方式(使用的运输工具),运输合同还可以分为铁路运输合同、公路运输合用、水路运输合同、海上运输合同和航空运输合同。

运输合同具有如下特征:

(1) 运输合同为有偿、双务合同。运输合同成立后,当事人双方均负有义务,承运人应当将旅客或者货物运送到目的地,旅客或者托运人须向承运人支付票款或运费。因此,该合同为双务合同。

(2) 运输合同为诺成性合同。原因在于:首先,我国有关运输合同的法律、行政法规一般都规定运输合同经双方当事人协议一致即告成立;其次,从实务上说,运输行业一般都认为运输合同经协商一致即告成立,很少有人认为运输合同以货物交付为成立要件;最后,若认为运输合同为实践性合同,在现代化大生产的条件下不利于保护运输和生产的正常秩序,也不利于保护承、托运双方的利益。

(3) 运输合同的标的是运输行为。运输合同的目的是运送旅客和货物,它的标的是承运人将旅客和货物送到约定地点的运送行为本身,而不是旅客和货物本身。

(4) 运输合同多为格式合同。运输合同为承运人提供为了重复使用而预先拟定的格式条款,在订立合同时旅客或托运人只有同意或不同意的权利。当然,运输合同一般为格式合同,也并不排除有的运输合同不采用格式合同的形式而由当事人协商订立。

(5) 运输合同订立中承运人的强制性承诺义务。由于运输行业是处于垄断经营地位的涉及社会公共利益的领域,为了平衡作为弱者的社会公众和处于垄断经营地位的运输单位之间的利益,合同法对运输领域中当事人的意思自治予以干预,规定从事公共运输的承运人不得拒绝旅客、运输人通常、合理的运输要求。这表明,承运人有强制性承诺的义务。

二、客运合同

客运合同,又称为旅客运输合同,是指承运人与旅客约定,承运人将旅客及其行李按照约定的时间和路线安全运送到目的地,旅客为此向承运人支付票款的合同。旅客运输合同包括铁路、公路、水路和航空旅客运输合同。

(一) 承运人的主要义务

(1) 告知义务。承运人应当向旅客及时告知不能正常运输的重要事由和安全运输应当注意的事项。承运人履行告知义务,应当符合以下要求:① 及时告知。在发生非常情况时,及时告知表现为,承运人应当在第一时间,即尽可能早地将异常情况通告旅客。对于安全注意事项,及时告知主要表现为承运人在旅客乘坐之前或开始运送之前将有关注意事项告知旅客。② 在适当的场所告知。承运人应当在适当的地点和空间范围履行告知义务,要以有关旅客能够及时、全面获知通知内容为原则。③ 适当的告知形式。承运人要以适当的方式通知旅客,包括广播、公告等方式。要使用明确、易懂的方式使旅客了解和掌握有关情况、信息和知识。

(2) 准时运输的义务。承运人应当按照客票载明的时间和班次运输旅客。承运人迟延运输的,应当根据旅客的要求安排改乘其他班次或者退票。承运人应当按照客票载明的时间和班次运输旅客。这就是承运人的按时运输义务。承运人不能按照客票载明的时间和班次提供运输服务的,构成迟延运输。在承运人迟延运输的情况下,根据合同法的规定,旅客可以:① 要求承运人安排其改乘其他班次,即变更客票、变更班次;② 要求退票,即要求解除合同,由承运人向旅客退还票款。

(3) 按约定的运输工具运输的义务。承运人擅自变更运输工具而降低服务标准的,应当根据旅客的要求退票或者减收票款;提高标准的,不应当加收票款。

(4) 尽力救助义务。承运人在运输过程中,应当尽力救助患有急病、分娩、遇险的旅客。在运输过程中,运输工具在承运人的掌握之下,承运人对运输安全和运输工具内的正常秩序负有保证义务。因此,法律规定承运人对运输工具中旅客遭遇的病痛险难负有救助义务。这也是一项基于人道主义和具有公法性质的法律义务。

(5) 安全运送义务。这是承运人的基本义务之一。承运人应当对运输过程中旅客的伤亡承担损害赔偿责任,但伤亡是旅客自身健康原因造成的或者承运人证明伤亡是旅客故意、重大过失造成的除外。前款规定适用于按照规定免票、持优待票或者经承运人许可搭乘的无票旅客。

(6) 物品、行李毁损灭失的过错赔偿责任。在旅客乘坐交通运输工具旅行的过程中,发生物品、行李毁损灭失的情况,承运人是否承担赔偿责任,其归责原则是不同的。在运输过程中旅客自带物品毁损、灭失,承运人有过错的,应当承担损害赔偿责任。旅客托运的行李毁损、灭失的,适用货物运输的有关规定。也就说,对于旅客自带物品的毁损、灭失,承运人是过错责任,有过错要赔偿,无过错不赔偿。之所以如此规定,是因为旅客随身携带的物品,是在旅客的直接控制之下,是由旅客保管的。旅客托运的行李在运输过程中毁损、灭失的,适用货物运输的有关规定,因此,承运人承担的是严格责任。

(二) 旅客的主要权利和义务

(1) 乘行权。按约定产生的乘行权,是旅客最主要的权利,也是旅客实现合同目的的保障。

(2) 持有效客票的义务。旅客应当持有效客票乘运。旅客无票乘运、超程乘运、越级乘运或者持失效客票乘运的,应当补交票款,承运人可以按照规定加收票款。旅客不交付票款的,承运人可以拒绝运输。持有效客票,说明对价有效。旅客因自己的原因不能按照客票记载的时间乘坐的,应当在约定的时间内办理退票或者变更手续。逾期办理的,承运人可以不退票款,并不承担运输义务。

(3) 携带行李权。旅客在运输中应当按照约定的限量携带行李。超过限量携带行李的,应当办理托运手续。

(4) 不得携带违禁品的义务。旅客不得随身携带或者在行李中夹带易燃、易爆、有毒、有腐蚀性、有放射性以及有可能危及运输工具上人身和财产安全的危险物品或者其他违禁物品。

三、货运合同

货运合同,又称为货物运送合同,是指关于承运人按照约定的时间和方式,将货物送达指定地点,由托运人或收货人支付运费的协议。货物运送合同包括国内铁路货物运送、公路货物运送、水路货物运送、航空货物运送等合同。虽然各种货物运送合同均有其独特之处,有关机关亦针对不同种类的货物运送合同规定了与之相适应的运输合同细则。但各类运送合同当事人的主要权利义务仍大致相同。

(一) 承运人的主要义务和权利

(1) 运送义务。承运人应当按时、按地、安全地完成运输任务。

(2) 承运人的通知义务。在货物运输合同中,承运人负有到货通知的义务。货物到达目的地后,承运人应当及时通知已知的收货人提货。货物运输到达后,承运人知道收货人的,应当及时通知收货人,收货人应当及时提货。收货人逾期提货的,应当向承运人支付保管费等费用。及时通知是基于诚实信用原则产生的法定义务。

(3) 货物毁损、灭失的责任。承运人对运输过程中货物的毁损、灭失承担损害赔偿责任,但承运人证明货物的毁损、灭失是因不可抗力、货物本身的自然性质或合理损耗以及托运人、收货人的过错造成的,不承担损害赔偿责任。此为严格责任,免责的事由有三项:① 不可抗力;② 货物本身的自然性质或者合理损耗;③ 托运人、收货人的过错造成的。要求免责的举证责任在承运人。《合同法》第312条规定:"货物的毁损、灭失的赔偿额,当事人有约定的,按照其约定;没有约定或者约定不明确,依照本法第61条的规定仍不能确定的,按照交付或者应当交付时货物到达地的市场价格计算。法律、行政法规对赔偿额的计算为法和赔偿限额另有规定的,依照其规定。"

(4) 不可抗力损失的分担。货物在运输过程中因不可抗力灭失,未收取运费的,承运人不得要求支付运费;已收取运费的,托运人可以要求返还。

(5) 承运人的留置权。托运人或者收货人负有向承运人支付运输费、保管费及其他运输费用的义务,这是货物运输合同中托运人或者收货人的最为基本的义务之一。除非当事人另有约定,托运人或者收货人不支付运费、保管费以及其他运输费用的,承运人对相应的运输货物享有留置权。

（6）承运人的提存权。《合同法》第316条规定："收货人不明或者收货人无正当理由拒绝受领货物的，依照本法第101条的规定，承运人可以提存货物。"货物不适于提存的，可以变卖后提存价款。

（二）托运人的主要义务和权利

（1）如实申报的义务。所谓托运申报，是指托运人办理货物运输时，向承运人表明收货人的名称或者姓名或者凭指示的收货人，货物的名称、性质、重量、数量，收货地点等有关货物运输的必要情况的行为。在实务中，托运人办理货物运输时填写托运单，将所要托运货物的基本情况记载在托运单上的行为，即为托运申报。托运人办理货物运输，应当向承运人准确表明收货人的名称或者姓名或者凭指示的收货人，货物的名称、性质、重量、数量，收货地点等有关货物运输的必要情况。因托运人申报不实或者遗漏重要情况，造成承运人损失的，托运人应当承担赔偿责任。

（2）有关文件的提交义务。货物运输需要办理审批、检验等手续的，托运人应当将办理完有关手续的文件提交承运人。

（3）妥善包装的义务。托运人应当按照约定的方式包装货物。对包装方式没有约定或者约定不明确的，适用合同法第156条的规定。托运人违反有关规定的，承运人可以拒绝运输。包装是安全运输的需要，主要是为了运输货物本身的安全。货物包装是否符合运输的要求，也关系到运输工具的安全和运输工具上其他货物的安全。

（4）托运危险物品时的义务。托运人托运易燃、易爆、有毒、有腐蚀性、有放射性等危险物品的，应当按照国家有关危险物品运输的规定对危险物品妥善包装，危险物标志和标签，并将有关危险物品的名称、性质和防范措施的书面材料提交承运人。托运人违反前款规定的，承运人可以拒绝运输，也可以采取相应措施以避免损失的发生，因此产生的费用由托运人承担。采取何种措施，承运人可以选择。

（5）托运人的法定变更、解除权。在承运人将货物交付收货人之前，托运人可以要求承运人中止运输、返还货物、变更到达地或者将货物交给其他收货人，但应当赔偿承运人因此受到的损失。其中，返还货物是合同的解除，变更到达地或者变更收货人属于合同的变更。有两点要注意：① 法定变更权、解除权的行使，须在货物交付收货人之前。② 法定变更权、解除权的行使，无须提出理由和证明理由。

（三）收货人的主要义务

（1）收货人对货物的检验义务。《合同法》第310条规定："收货人提货时应当按照约定的期限检验货物。对检验货物的期限没有约定或者约定不明确，依照本法第61条的规定仍不能确定的，应当在合理期限内检验货物。收货人在约定的期限或者合理期限内对货物的数量、毁损等未提出异议的，视为承运人已经按照运输单证的记载交付的初步证据。"

（2）受领货物的义务。收货人接到到货通知后，负有及时提货的义务，应当及时提货。收货人及时提货的义务表现为：① 及时提货，即在合同约定的或者法律法规规定的或者合理的期限内提取货物，不得延误。收货人逾期不提货的，承运人有权根据相关法律法规的规定处分货物。② 不得拒绝提货。只要货物运送到目的地，即使存在货物质量或其他纠纷，收货人都不能以此为由拒绝提货。收货人应当首先提货，对于其他纠纷，应当通过其他程序解决。

(3) 支付费用的义务。约定由收货人支付费用的,收货人应当按照约定支付。

四、联运合同

(一) 同式联运合同

同式联运是相对多式联运而言的一种运输方式,又称为同式联合运输、单式联合运输,是指两个以上的承运人以同一种运输方式将托运人的货物送达目的地的运输方式,如铁铁联运、路路联运、海海联运、空空联运等。这种运输方式通常出现在货物需要转运的情况下。实务中,一般是由与托运人签订运输合同的承运人负责安排全程运输,包括区段承运人的确定和合同的签订等事项。该承运人可能为某一区段的承运人,也可能只是缔约承运人,其他区段的承运人为实际承运人。

无论货物是在哪一区段发生毁损、灭失,除非属于免责范围,与托运人签订运输合同的承运人都应当对全程运输承担责任。如果货物的毁损或灭失能确定在某一区段发生,则该运输区段的实际承运人与缔约承运人向托运人或者收货人承担连带责任。如果货物的毁损、灭失无法确定发生在哪一区段,则缔约承运人应当首先向托运人或者收货人承担责任,其与运输区段承运人之间的责任分担另行解决。

(二) 多式联运合同

多式联运,是相对于同式联运或单式联运而言的一种运输方式。多式联运是指以两种以上不同的运输方式将货物运送到目的地的运输方式,如海陆空联运、水铁联运等。多式联运合同是指多式联运经营人与托运人订立的,约定以两种或者两种以上不同的运输方式,采用同一运输凭证将货物运输至约定地点的运输合同。

多式联运合同的一方是托运人,一方是多式联运经营人。多式联运经营人与区段承运人不同,区段承运人与多式联运经营人存在合同关系,区段承运人只对自己负责运送的过程承担责任。

多式联运人负责履行或者组织履行多式联运合同,对全程运输享有承运人的权利,承担承运人的义务。多式联运经营人可以与参加多式联运的各区段承运人就多式联运合同的各区段运输约定相互之间的责任,但该约定不影响多式联运经营人对全程运输承担责任的义务。多式联运经营人与区段承运人的约定,不能对抗承运人。

按照《合同法》和有关法律的规定,联运经营人对运输的全过程承担义务。货物的毁损、灭失无论发生在哪一运输区段,其都要承担赔偿责任。《合同法》第 321 条规定:"货物的毁损、灭失发生于多式联运的某一运输区段的,多式联运经营人的赔偿责任和责任限额,适用调整该区段运输方式的有关法律规定。货物毁损、灭失发生的运输区段不能确定的,依照本章规定承担损害赔偿责任。"

第二节 保管合同

一、保管合同的概念与特征

保管合同又称寄托合同、寄存合同,是指双方当事人约定一方保管另一方交付的物品,并返还该物的合同。保管物品的一方称为保管人,或者称为受寄托人,其所保管的物品称为保管物,或者称为寄托物,交付物品保管的一方称为寄存人,或者称为寄托人。

保管合同具有如下特征:

(1) 保管合同为实践合同。即保管合同的成立,不仅须有当事人双方意思表示的一致,还须有寄托人将保管物交付保管人的行为。从外延上看,保管合同是一种提供劳务的合同;从内涵上看,保管合同是保管他人之物的合同。

(2) 保管合同以物品保管为目的,须有保管物占有的转移,保管物交付给保管人,保管合同才能成立;保管物返还给寄存人,保管合同才算完结。保管物占有的转移并不等于保管物所有权或者使用权的转移,保管人无权使用保管物。当然,保管货币或者其他可替代的,保管人可以按照约定返还相同种类、品质、数量的物品。

(3) 保管合同以物品的保管为目的,合同标的是保管行为,一切物包括种类物和特定物,动产和不动产都可以成为合同标的物。我国《合同法》第365条对保管合同的定义,没有规定保管物以动产为限。

(4) 保管合同原则上为无偿合同、不要式合同。即保管合同是社会成员之间相互提供帮助或者服务的一种形式,原则上是无偿的,当然,当事人之间也可以约定付报酬。保管合同仅以寄存人对保管物的实际交付为成立要件,并不要求当事人必须采取何种特定形式。

二、保管人的主要义务和权利

1. 给付保管凭证的义务

寄存人向保管人交付保管物的,保管人应当给付保管凭证,但另有交易习惯的除外。除非当事人另有约定,在寄存人向保管人交付保管物时,保管人应当给付保管凭证。保管凭证的给付,不是保管合同的成立要件,也不是保管合同的书面形式,仅是证明保管合同关系存在的凭证。保管凭证可以是书面证明,也可以是小件的标志物。从习惯上看,具有互助性质的无偿、小额保管合同,保管人一般不给寄存人开出单据,这也是允许的。

2. 妥善保管的义务

保管人应当妥善保管保管物。当事人可以约定保管场所或者方法。除紧急情况或者为了维护寄存人利益的以外,不得擅自改变保管场所或者方法。保管期间,因保管人保管不善造成保管物毁坏、灭失的,保管人应当承担损害赔偿责任;但保管是无偿的,保管人证明自己没有重大过失的,不承担损害赔偿责任。除了善良管理人的注意义务,还不能擅自变更保管的场所和方法。

3. 亲自保管的义务

保管人不得将保管物转交第三人保管,但当事人另有约定的除外。保管人违反前款规定,将保管物转交第三人保管,对保管物造成损失的,应当承担损害赔偿责任。在保管合同履行过程中,按照诚实信用的原则和《合同法》第84条的规定,保管人在未征得寄存人同意的前提下,不得将保管物转交第三人保管,即应当亲自保管保管物;除当事人另有约定或另有习惯,或者当保管人因特殊事由(如患病)不能亲自履行保管行为外,不得将保管义务转托他人履行。法律要求保管人亲自保管,对社会生活及交易的安全、稳定具有重要意义。在公民之间因为相互协助而订立的保管合同,基本上是基于公民之间相互信任的关系而订立的。

4. 不使用保管物的义务

保管合同,寄存人只转移保管物的占有权给保管人,而不转移使用和收益权,即保管人只有权占有保管物,而不能使用保管物。这是保管合同的一般原则。保管合同的目的是保管人为寄存人保管保管物,一般要求是维持保管物的现状,虽然没有使保管物升值的义务,但却负有尽量避免减损其价值的义务。因此法律规定禁止保管人使用或者许可第三人使用保管物,当事人另有约定的不在此限。

5. 权利危险时的返还和通知义务

第三人对保管物主张权利的,除依法对保管物采取保全或者执行的以外,保管人应当履行向寄存人返还保管物的义务。第三人对保管人提起诉讼或者对保管物申请扣押的,保管人应当及时通知寄存人。

6. 返还保管物及孳息的义务

保管人返还保管物是保管人的一项基本义务。在保管合同期限届满或寄存人提前领取保管物时,保管人应及时返还保管物。由于在保管合同中,寄存人可以随时领取保管物,也因此保管人负有寄存人一旦来领取就应返还保管物的义务。当然,寄存人在保管期限届满前提前领取保管物,给保管人造成损失的,应该予以赔偿。并且,返还的保管物应是原物,原物生有孳息的,还应当返还孳息。

7. 保管人的留置权及排除

寄存人未按照约定支付保管费以及其他费用的,保管人对保管物享有留置权。但当事人另有约定的除外。其他费用,一般是指无偿保管合同中的费用。无偿保管合同也可以成立留置权。

三、寄存人的主要义务和权利

1. 按期支付保管费的义务

《合同法》第 379 条规定:"有偿的保管合同,寄存人应当按照约定的期限向保管人支付保管费。当事人对支付期限没有约定或者约定不明确,依照本法第 61 条的规定仍不能确定的,应当在领取保管物的同时支付。"对于支付保管费的期限,由当事人约定,当事人对支付期限没有约定或者约定不明确的,依法应当同时履行。同时履行可产生《合同法》第 66 条规定的同时履行抗辩权。

2. 告知义务

寄存人交付的保管物有瑕疵或者按照保管物的性质需要采取特殊保管措施的,寄存人应当将有关情况告知保管人。寄存人未告知,致使保管物受损失的,保管人不承担损害赔偿责任;保管人因此受损失的,除保管人知道或者应当知道并且未采取补救措施的以外,寄存人应当承担损害赔偿责任。

3. 寄存贵重物品的声明义务

妥善保管保管物是保管人应尽的义务。但由于货币、有价证券或者金银财宝等贵重物品的保管比一般物品的保管要求更高,需要保管人尽到高度谨慎的注意义务,需要采取特别的保管措施,寄存人在寄存时应当就贵重物品的保管向保管人声明。

4. 保管人的损害赔偿责任和法定的轻过失免责

保管期间,因保管人保管不善造成保管物有毁损、灭失的,保管人应当承担损害赔偿责任,但保管是无偿的,保管人证明自己没有重大过失的,不承担损害赔偿责任。

第三节 仓储合同

一、仓储合同的概念与特征

仓储合同又称仓储保管合同,是指当事人双方约定由保管人(又称仓管人或仓库营业人)为存货人保管储存的货物,存货人支付仓储费的合同。从外延上看,仓储合同是一种提供劳务服务的合同;从内涵上看,仓储合同是储存他人的物并获取报酬的合同。

仓储合同具有以下特征:

(1) 仓库营业人须为有仓储设备并专事仓储保管业务的民事主体。所谓仓储设备是指能够满足储藏和保管物品需要的设施,其并非仅指以房屋、有锁之门等外在表征的设备,例如,可供堆放木材、石料等原材料的地面,同样为仓储设备。所谓专事仓储保管业务,是指经过仓储营业登记专营或兼营仓储保管业务。

(2) 仓储合同的标的是仓储服务行为,仓储合同的标的物是仓储物。仓储物为动产,包括种类物和特定物,不包括不动产。

(3) 仓储合同为诺成合同。仓储合同自成立时起生效,区别于保管合同。仓储合同的内容主要有:仓储物的名称、数量及质量,仓储物入库、出库时间及有关手续,仓储物验收标准及内容,仓储物仓储要求及条件,计费项目、标准及支付方式,责任承担及合同期限等。

(4) 仓储合同为双务、有偿合同,不要式合同。保管人提供储存、保管的义务,存货人承担支付仓储费的义务。对于仓储合同是不是要式合同,存在不同看法:有的认为仓储合同必须采用书面形式,为要式合同;而有的认为仓储合同不要求采用特定的形式,因而为不要式合同。本书认为,仓储合同是不要式合同,原因在于:① 现行法上没有要求仓储合同必须采用特定形式的规定;② 仓储合同的保管人于接收仓储的货物时应当出具的仓单或其他凭证,不是仓储合同本身,它只是合同的凭证而已。

二、仓储合同生效的时间

仓储合同是诺成合同,又称为不要式合同,即双方当事人意思表示一致就可成立、生效的合同。仓储合同为不要式合同,既可以采用书面形式,又可以采用口头形式。无论采用何种形式,只要符合合同法中关于合同成立的要求,合同即告成立,而无须以交付仓储物为合同成立的要件。这就意味着,双方当事人意思表示一致即受合同约束,任何一方不按合同约定履行义务,都要承担违约责任。

值得注意的是,存货人是否交付仓储物不是仓储合同生效的要件。现实中多有以为仓储合同自存货人交付仓储物时起才对当事人产生拘束力的,实际上只要合同已生效,当事人就必须遵守。例如,保管人为存货人对仓储物的交付,就必须受领;存货人即使并未交付仓储物,也不能因此拒绝承受仓储合同的效力,对自己不履行义务而给保管人造成的损失,应当承担赔偿责任。

三、仓储合同的效力

(一) 保管人的主要义务

1. 验收义务

验收是保管人按合同规定履行仓储保管义务,在储存期限届满后将处于完善状态的货物交还存货人的必要前提。对仓储物进行验收也是为了划分对仓储物出现的瑕疵的责任承担。保管人应当按照约定对入库仓储物进行验收。保管人验收时发现入库仓储物与约定不符合的,应当及时通知存货人。保管人验收后,发生仓储物的品种、数量、质量不符合约定的,保管人应当承担损害赔偿责任。验收的意义,在于具体确定当事人的义务和责任。验收,可能是当事人双方当场验收,也可能是存货人在异地发货,保管人在仓库、车站验收。

2. 给付仓单的义务

(1) 仓单的含义。仓单是保管人收到仓储物后给存货人开出的提取仓储物的凭证。存货人交付仓储物的,保管人应当给付仓单。仓单是表示一定数量的货物已经交付的法律文书,属于有价证券的一种。存货人凭存单提取储存的货物,也可以背书的方式并经保管人签字或盖章将仓单上载明的仓储物所有权转移给他人。

(2) 仓单的内容。仓单属要式证券。保管人应在仓单上签字或者盖章。仓单应当包括下列事项:存货人的名称或者姓名和住所;仓储物的品种、质量、包装、件数和标记;仓储物的损耗标准;储存场所;储存期间;仓储费;仓储物已经办理保险的,其保险金额、期间以及保险人的名称;填发人、填发地和填发日期。

(3) 仓单的转让。仓单是提取仓储物的凭证。存货人或者仓单持有人在仓单上背书并经保管人签字或者盖章的,可以转让提取仓储物的权利。仓单既然可以转让,也就可以质押。

(4) 仓单的分割。一般认为,仓单的分割,是指仓单的持有人,请求保管人将保管的货物分为数部分,分别填发该部分的仓单。仓单分割的,仓单持有人应将原仓单交还。实际上,不一定是经持有仓单人要求对仓单进行分割。存货人在交付货物的时候,就可以要求保管人分别填发、交付仓单,以利仓储物的处分(买卖、出质等)。

(5) 仓单的丧失。仓单因毁损、遗失、被盗等原因而灭失。仓单是记名证券(记载了存货人的名称或者住所),灭失后只要有证据仍然能够领取货物。

3. 容忍义务

《合同法》第388条规定:"保管人根据存货人或者仓单持有人的要求,应当同意其检查仓库储物或者提取样品。"因为,仓储合同是满足存货人需要的服务性合同,因此,保管人应当容忍存货人来检查、提取样品所造成的麻烦。承揽合同中,承揽人也有容忍义务。

4. 危险通知义务和紧急处置

(1) 危险通知义务。危险,是指入库仓储物损坏的可能。保管人对入库仓储物发现有变质或者其他损坏的,应当及时通知存货人或者仓单持有人。依据诚实信用原则,尚未变质、损坏,保管人发现的,也有通知义务。

(2) 催告处置与紧急处置。保管人对入库仓储物发现有变质或者其他损坏,危及其他仓储物的安全和正常保管的,应当催告存货人或者仓单持有人作出必要的处置。因情况紧急,保管人可以作出必要的处置,但事后应当将该情况及时通知存货人或者仓单持有人。

5. 妥善保管义务

妥善保管,是保管人的主要义务。存储期间,因保管人保管不善造成仓储物毁损、灭失的,保管人应当承担损害赔偿责任。妥善保管义务,除要求保管人在保管过程中尽谨慎小心的义务以外,还要有相应保管条件。保管不善是过错责任。因为仓储物的性质、包装不符合约定或者超过有效储存期造成仓储制变质、损坏的、保管人不承担损害赔偿责任。

6. 返还保管物的义务

保管人有随时返还的义务,对保管期限的约定,不影响随时返还义务的成立。

(二) 存货人的主要义务

1. 存货人的说明义务

存货人储存易燃、易爆、有毒、有腐蚀性、有放射性等危险物品或者易变质物品,应当向保管人说明该物的性质,以便保管人事先就采取必要的防范措施,避免不应有的损失。不履行说明义务,会对保管人的利益造成侵害(如破坏了保管设备和保管场所),导致存货人的侵权责任。

2. 提取仓储物的义务

储存期间届满,存货人或者仓单持有人应当凭仓单提取仓储物。存货人或者仓单持有人逾期提取的,应当加收仓储费;提前提取的,不减收仓储费。仓库的安排有一定的计划性,提前提取未必能给当事人带来利益;如果逾期提取,则肯定要使仓库保管人的付出增加。如果存货人提前10天提取货物,则不能减少10天的仓储费;如果逾期10天提取,则应加收仓储费。如果当事人特殊约定逾期提货的应当支付违约金,其约定有效。

存货人逾期不提取货物,造成压库,保管人可以提存。《合同法》第393条规定:"储存期间届满,存货人或者仓单持有人不提取仓储物的,保管人可以催告其在合理期限内提取,逾期不提取的,保管人可以提存仓储物。"这里的提存有一个前置程序,就是催告。未经催告不得提存,否则要承担赔偿责任。另外,标的物不适合提存或者提存费用过高的,债务人可以依法拍卖或者变卖标的物,提存所得价款。

四、仓储合同的法律适用

尽管仓储合同与保管合同存在重要区别,例如保管合同是实践合同,而仓储合同为诺成合同;保管合同是否有偿由当事人约定,而仓储合同均为有偿契约,等等。但仓储合同与保管合同的本质是一样的,即都是为他人保管财物。对于仓储合同法律未加规定的事项,可以参照适用保管合同的有关规定。例如,保管人不得将仓储物转交第三人保管、保管人不得使用或者许可第三人使用仓储物,等等。

仓储合同是一种特殊的保管合同。因而在法律对仓储合同有特别的规定时,自然应适用法律的特别规定,在法律对其未设特别规定的,法律关于一般保管合同的规定对其有适用余地。法律关于一般保管合同的规定与法律关于仓储合同的规定,系一般法与特别法的关系。

第四节 委托合同

一、委托合同的概念与特征

委托合同又称委任合同,是指当事人双方约定一方委托他人处理事务,他人同意为其处理事务的协议。在委托合同关系中,委托他人为自己处理事务的人称委托人,接受委托的人称受托人。

委托合同的有以下几点特征:

(1) 委托合同是以为他人处理事务为目的的合同。只要能够产生民事权利义务关系的任何事务,委托人均可请受托人办理,既包括实体法规定的买卖、租赁等事项,也包括程序法规定的办理登记、批准等事项,还包括代理诉讼等活动。但委托人所委托的事务不得违反法律的有关规定,如委托他人代为销售、运输毒品、淫秽物品等。必须由委托人亲自处理的事务,如与人身密切联系的婚姻登记、立遗嘱等,不能成为委托合同的标的。

(2) 委托合同是诺成、不要式、双务合同。委托合同的成立只需双方当事人达成意思一致,无须以履行合同的行为或者物的交付作为委托合同成立的条件。委托合同成立不须履行一定的形式,口头、书面方式都可以。委托合同经要约承诺后合同成立,无论合同是否有偿,委托人与受托人都要承担相应的义务。对委托人来说,委托人有向受托人预付处理委托事务费用的义务,当委托合同为有偿合同时还有支付受托人报酬等义务。对受托人来说,受托人有向委托人报告委托事务、亲自处理委托事务、转交委托事务所取得财产等义务。

(3) 委托合同可以是有偿的,也可以是无偿的。委托合同是建立在双方当事人彼此信任的基础上。委托合同是否有偿,应以当事人双方根据委托事务的性质与难易程度协商决定,法律不作强制规定。

二、委托合同的效力

(一) 受托人的主要义务

1. 按照委托人的指示处理委托事务

受托人应当按照委托人的指示处理委托事务。需要变更委托人指示的,应当经委托人同意;因情况紧急,难以和委托人取得联系的,受托人应当妥善处理委托事务,但事后应当将该情况及时报告委托人。

2. 受托人亲自处理委托事务

由于委托合同当事人之间存在信赖关系,所以原则上受托人应亲自处理受托的事务,这才会满足委托人的信任。学界流传法谚有"委托的权限,不得再委托"。在法律上之所以要求受托人应亲自处理委托事务,主要是为了防止受托人有辜负委托人信任而损害其利益的情形。当然委托人同意转委托的,法律当然也无禁止的必要。此外,若有法律的特别规定或者习惯的特别要求,或者受托人有不得已的事由,也可以转委托。

转委托,又称复委托,是指受托人经委托人同意,将委托人委托部分或全部事务转由第三人处理,在委托人与第三人之间直接发生委托合同关系的行为。其中由受托人负责选定第三人,在转委托关系中,该被委托的第三人叫次受托人。转委托的内容,得依原委托的内容。

3. 报告义务

受托人在办理委托事务的过程中,应当根据委托人的要求,随时或者定期向委托人报告事务处理的进展情况、存在的问题,以使委托人及时了解事务的状况。受托事务终了或者委托合同终止时,受托人应就办理委托事务的始末经过,处理结果向委托人全面报告,如处理委托事务的始末、各种账目、收支计算情况等,并要提交必要的书面材料和证明文件。

4. 财产转交义务

《合同法》第404条规定:"受托人处理委托事务取得的财产,应当转交给委托人。"如受托人替委托人出售货物,所取得的价金应当交给委托人。

5. 谨慎注意义务和赔偿责任

有偿的委托合同,因受托人的过错给委托人造成损失的,委托人可以要求赔偿损失。无偿的委托合同,因受托人的故意或者重大过失造成损失的,委托人可以要求赔偿损失。受托人超越权限给委托人造成损失的,应当赔偿损失。受托人处理委托事务,有谨慎注意义务。这种义务对有偿委托合同和无偿委托合同的要求不同。有偿的委托合同,受托人是过错责任,轻过失不免责。无偿委托合同,受托人是轻过失免责。

(二)委托人的主要义务

1. 支付费用的义务

无论委托合同是否有偿,委托人都有支付费用的义务。

(1)委托人预付费用的义务。委托人应预付多少费用以及预付的时间、地点、方式等,应依照委托事务的性质和处理的具体情况而定。预付费用系为委托人利益使用的,与委托事务的处理并不成立对价关系,因此两者之间不存在适用同时履行抗辩权的问题。非经约定,受托人无垫付费用的义务。但在委托合同为有偿合同的场合,若因委托人拒付费用以致影响受托人基于该合同的收益或者给其造成损失时,受托人有权请求损害赔偿。

(2)委托人偿还受托人支出必要费用的义务。如果受托人垫付了费用,则有请求委托人偿还的权利。委托人偿还的费用一般应限于受托人为处理事务所支出的必要费用及其利息。所谓"必要费用",是指处理受托事务不可缺少的费用,例如交通费、食宿费、手续费等。当事人就必要费用的范围发生争议时,委托人应对其认为不必要的部分举证。在确定必要费用的范围时,应充分考虑委托事务的性质、受托人的注意义务以及支出费用的当时具体情况,实事求是地确定费用。在支付当时为必要,其后即使是无必要的,也为必要费用。相反,在支付当时为不必要,即使其后为必要的也不是必要费用。

另外,委托人偿还费用时应加付利息。利息应从垫付之日起计算。委托合同当事人之间关于利息有约定的,从约定;没有约定的,应以当时的法定存款利率计算。对于受托人在处理受托事务时所支付的有益费用,若双方当事人没有约定或者约定不明确时,应根据情况按照无因管理或者不当得利的规定处理。

2. 支付报酬的义务

如果委托合同是无偿的,自然无所谓支付报酬。有偿的委托合同,在委托事务完成后,委托人应当按照约定向受托人支付报酬。即使是委托合同中并没有约定报酬的,但依据习惯或者依据委托事务的性质应该由委托人给付报酬的,委托人应支付报酬,受托人享有给付报酬请求权。如委托律师进行诉讼或为其他法律服务,委托会计师查账等。

(1) 对于因不可归责于受托人的事由,比如不可抗力、意外事件或第三人的行为等原因,而致委托合同解除或委托事务不能完成的,系属委托合同中的风险负担问题,对于此时的风险,我国合同法规定由委托人负担,即此时委托人应当根据受托人处理委托事务所付出的工作时间的长短或者所提供事务的大小向受托人支付相应的报酬。

(2) 对于因可归责于受托人的事由而致委托合同终止或委托事务不能完成时,受托人无报酬请求权。但若报酬是分期给付的,对于受托人义务不履行前已支付的报酬,受托人无须返还。

三、委托合同终止

(一) 委托人和受托人的合同解除权

委托合同以当事人之间的信任关系为基础的,而信任关系属于主观信念的范畴,具有主观任意性,没有确定的规格和限制。如果当事人在信任问题上产生疑问或者动摇,即使强行维持双方之间的委托关系,也势必会影响委托合同订立目的的实现。因此我国合同法规定,委托人或者受托人可以随时解除委托合同。

在实践中,需要注意的有以下几个问题:

(1) 当事人合同解除权的行使,应以明示的方法通知他方,该通知自到达对方当事人时生效。合同当事人的一方有数人的,该项意思表示应由其全体或向其全体作出。同时,解除合同的通知一旦生效后不可撤销。

(2) 在委托人或受托人一方为数人的情况下,数人中的部分人解除合同,其解除的效力是否及于其他人?这应区分不同情况判断:若委托事务依其性质是不可分割的,那么部分人的解除对其他人也应有效。在委托事务可分割执行的场合,各当事人解除合同的行为独立地发生效力,其他当事人之间的委托关系继续存在,不受影响。

(3) 委托合同的任意解除权是否可由双方当事人通过特别约定加以限制或者排除?虽无明文规定,通常从尊重当事人意思自治的角度出发,对此应做肯定的回答。不过当事人依据《合同法》第95条到第102条的规定解除合同的权利仍然存在。此外,若在委托事务的处理过程中发生当初未曾料到的情事变更,使得对任意解除权的限制或排除条款显失公平的,这样的约定是可撤销的。在委托事务已经处理完毕的情况下,任何一方不得再行使解除权。

(4) 当事人一方在不利于另一方当事人的情形下终止委托合同时,应对因此而给双方当事人造成的损失承担赔偿责任。因解除委托合同给对方造成损失的,除不可归责于该当事人的事由以外,应当赔偿损失。"不可归责于该当事人的事由",是指不可归责于解除合同一方当事人的事由,即只要解除合同一方对合同的解除没有过错,他就不对对方当事人的损失负责,而无论合同的解除是否应归咎于对方当事人或第三人或外在的不可抗力。需要指出的是,即使合同的解除方没有说明任何正当理由而解除合同,只要不存在可归责于该方当事人的事由,他就不对对方的损失负责。因为委托合同的解除权是任意解除权,并不以具备正当理由为行使要件。

(二) 因主体资格的丧失而终止

委托合同的成立,是以双方信任为基础,为人格专属的法律关系,如果当事人一方死亡、丧失民事行为能力或者破产,其继承人、法定代理人与合同的另一方当事人能否取得相互信任还是未知数,为了避免不必要的纠纷出现,法律规定在这些情况下,委托合同可以终止。

(1) 一方或双方当事人死亡,委托合同当然终止。在这里,不论委托人死亡还是受托人死亡,或者两者同时死亡,委托合同都归于消灭。这主要是因为委托合同是以双方当事人之间的相互信任为基础的,不存在当事人死亡之后的继承问题。

(2) 一方或双方丧失民事行为能力的,委托合同当然终止。如果委托人丧失民事行为能力,因事务应归其法定代理人处理或者由其法定代理人另行或者重新委托,原委托关系终止;如果受托人丧失民事行为能力,因其本身的事务尚需由其法定代理人代为处理,也就谈不上再给他人处理事务的能力,委托合同也应终止。

(3) 若当事人是企业的,则该当事人破产,委托合同当然终止。已破产的企业因其信用丧失,无法保证合同的继续履行。

不过,这三种情况非强行性规定。也可以有例外:① 双方当事人另有约定的。当事人可以另行约定即使有死亡、破产及丧失行为能力的情况发生,委托关系仍不消灭,有此约定的,当然依照其约定。② 某些情况下即使当事人一方或双方死亡、破产或丧失行为能力,但依委托事务的性质不宜终止合同的。

另外值得注意的是,因当事人一方死亡、破产或丧失行为能力而使委托合同终止的,其终止的时点应自另一方当事人得知或应当得知对方死亡、破产或丧失行为能力时起算。因为在这一时点之前,当事人不知道也不应当知道对方死亡、破产或丧失行为能力的事实,仍然本着原来的认识继续履行合同义务,因此此时终止合同,必然使他遭受不合理的损失。

第五节 行纪合同

一、行纪合同的概念与特征

行纪合同,是指一方根据他人的委托,以自己的名义为他方从事贸易活动,并收取报酬的合同。其中以自己名义为他方办理业务的,为行纪人;由行纪人为之办理业务,并支付报酬的,为委托人。

行纪合同具有如下法律特征:

(1) 行纪合同主体的限定性。行纪人只能是经批准经营行纪业务的自然人、法人或其他组织。

(2) 行纪人以自己的名义为委托人办理业务。行纪人在为委托人办理业务时,须以自己的名义。行纪人在与第三人实施法律行为时,自己即为权利义务主体,由法律行为所产生的权利义务均由行纪人自己享有或承担。第三人也不须知道委托人为何人,即使委托人有误解、被欺诈、被胁迫等事由,也不能成为其行为得撤销或者无效的原因。

(3) 行纪人为委托人的利益办理业务。行纪合同的行纪人虽与第三人直接发生法律关系,但因该关系所生的权利义务最终应归于委托人承受,因此在行纪人与第三人为法律行为时,应充分考虑到委托人的利益,并将其结果归属于委托人。行纪人为委托人所购、售的物品或委托人交给行纪人的价款或行纪人出卖所得价金,虽在行纪人的支配之下,但其所有权归委托人。这些财产若非因行纪人原因而发生毁损、灭失的,风险也由委托人承担。

(4) 行纪合同的标的是行纪人为委托人进行一定法律行为。行纪合同是由行纪人为委托人服务的,但是行纪人所提供的服务不是一般的劳务,而是须与第三人为法律行为。该法律行为的实施才是委托人与行纪人订立行纪合同的目的所在,该法律行为乃是行纪合同的标的。

(5) 行纪合同是双务合同、有偿合同、诺成合同和不要式合同。

二、行纪人的权利

(一) 行纪人的介入权

行纪人接受委托买卖有市场定价的证券或其他商品时,除委托人有相反的意思表示的以外,行纪人自己可以作为出卖人或买受人,此项权利称为行纪人的介入权,或称行纪人的自约权。

行纪人行使介入权的要件,又称介入要件,包括积极要件和消极要件。积极要件指所受委托的物品须为有市场定价的有价证券或其他商品;消极要件包括:委托人未作出反对行纪人介入的意思表示,行纪人尚未对委托事务作出处理、行纪合同有效存在。

在实践中,需要注意的有以下几个问题:

(1) 物品的市场定价,是指该物在交易所买卖的,以交易所的交易价格为市场定价。无交易所价格的,市场上的市价为市场定价。行纪人介入时物的市场定价以行纪人营业所所在地的交易所价格或市场市价为市场定价。

(2) 如果委托人在行纪合同中与受托人约定行纪人不得介入买卖,或者委托人在行纪人介入买卖之前下达禁止行纪人介入的指示,行纪人不得以自己名义与委托人为买卖行为。否则即为违约。

(3) 如果行纪人已经按委托人的要求,将委托物卖出或买进,行纪人对于第三人所产生的权利义务,自然应归属于委托人。此时,行纪人已无介入的余地。

(4) 如果委托人已将委托事务撤回,而且该撤回通知在行纪人为买卖行为之前已经送达行纪人,则行纪人不得再为介入。行纪合同因其他事由,如委托人破产、丧失行为能力、死亡等而终止的,行纪人亦不能再行使介入权。

另外,行纪人行使介入权之后,仍有报酬请求权。委托人应按合同约定付给行纪人报酬。当然,报酬的给付实践应在买卖实行之后,也即由行纪人所介入的买卖的实行是委托人给付报酬的前提。因委托人方面的原因而使买卖合同不能履行的除外。行纪人介入后,此时其依行纪合同负担的义务并不因此减弱或免除,若未履行这些义务,仍应承担违约责任。

(二) 行纪人的提存权

行纪人对委托物的提存权,包括买入委托物的提存和卖出委托物的提存两种情形。在实践中,需要注意的有以下几个问题:

(1) 委托人无正当理由拒绝受领买入商品时,行纪人有提存权。行纪人按照委托人的指示和要求为其购买的买入物,委托人应当及时受领,并支付报酬,从而终止委托合同。行纪人行使提存权的条件是:① 行纪人应当催告委托人在一定期限内受领;② 委托人无正当理由逾期仍拒绝受领买入物的;③ 行纪人应当按照我国《合同法》第101条关于提存的规定行使提存权。

(2) 委托人不处分、不取回不能出卖的委托物时,行纪人的提存权行使。委托行纪人出卖的委托物,如果不能卖出或者委托人撤回出卖委托物时,行纪人应当通知委托人取回,行纪人虽然可以暂时代为保管,但行纪人没有继续保管委托物的义务。经过行纪人的催告,在合理期限内,委托人逾期仍不取回或者不处分委托物的,行纪人可以行使提存权。

(3) 行纪人享有拍卖权。拍卖权是指委托人无故拒绝受领或者不取回出卖物时,法律赋予行纪人依照法定程序将委托物予以拍卖的权利,并可以优先受偿,即就拍卖后的价款中扣除委托人应付的报酬、偿付的费用以及损害赔偿金等,如果还有剩余,行纪人应当交给有关部门进行提存。

(4) 行纪人提存委托物的效力,适用《民法通则》关于提存的规定,即视为行纪人已履行委托物的交付义务,因提存所支出的费用,应当由委托人承担。提存期间,委托物的孳息归委托人所有,风险责任亦由委托人承担。

(三) 行纪人的报酬请求权和对委托物的留置权

行纪合同是双务有偿合同,因此行纪人对委托人有报酬请求权,即使双方未约定报酬的亦然。如果委托人逾期不支付报酬的,行纪人对委托物享有留置权,但当事人另有约定的除外。

行纪人享有请求报酬的权利。行纪人就自己处理委托事务的不同情况,可以按照合同的约定请求委托人支付报酬。有以下几种情况:(1) 行纪人按照委托人的指示和要求履行了全部合同的义务,有权请求全部报酬;(2) 因委托人的过错使得合同义务部分或者全部不能履行而使委托合同提前终止,行纪人可以请求支付全部报酬;(3) 行纪人部分完成委托事务的,可以就已履行的部分的比例请求给付报酬。报酬数额,一般由合同双方事先约定,如有国家规定,则应当按照国家规定执行。原则上应低于委托事务完成之后支付报酬,但当事人约定预先支付或分期支付的也可以按约定执行,如果寄售物品获得比原约定更高的价金,或者代购物品所付费用比原约定低,可以约定按比例增加报酬。

行纪人享有留置权。委托人向行纪人支付报酬超过了合同约定的履行期限的,应当承担逾期不支付报酬的责任,此时行纪人对占有委托物品享有留置权,并以留置物折价或者从拍卖、变卖留置物的价款中优先受偿。如果留置物经过折价、拍卖、变卖后,其价款超过了委托人应支付的报酬,剩余部分还应当归委托人所有,如果结果不足以支付行纪人的报酬,行纪人还有权利请求委托人继续清偿。如果委托人与行纪人在行纪合同订立时已经约定,不得将委托物进行留置的,行纪人就不得留置委托物,但是委托人需要提供其他物品作为担保。

三、行纪人的义务

(一) 行纪人的费用负担义务

行纪费用,是指行纪人在处理委托事务时所支出的费用。在我国行纪费用以行纪人负担为原则,但当事人另有约定的为例外。我国之所以规定以行纪人负担行纪费用的原则,是因为在实践中,双方多把费用包含于报酬之内,因而不单独计算行纪费用。若需支出费用,由行纪人负担,这可能促使行纪人为自己的经济利益而小心支出,以最少的投入去达到与第三人交易的目的。

行纪人处理委托事务支出的费用,不仅包括行纪人向第三人实际支付或应支付的费用,例如购货款、场地租金等,也包括行纪人利用自有的保管和运输设备对委托物加以保管,运送时所为之物的消耗。不仅包括必要的费用,而且有益的费用亦属之,例如保险费、电话费、自动拍卖费等。不论结果如何,只要支出时对委托事务确实必要或有益即可。但是,须特为委托事务的处理所支出的金钱成为物的消耗方能计入行纪活动的费用中,若在委托事务的处理中,仅为维持行纪人的营业机构的日常运行而支出的费用则不能计入其中,例如雇员的工资开支。

行纪活动的费用由行纪人负担,这仅是一般的情况,并非强行性规定,若双方当事人特别约定,则可减轻或完全转移行纪人对费用的负担义务。例如,双方可约定,费用由委托人负担,或由双方平摊。于此情形,通常会相应的减少行纪人报酬的数额。若费用全部或部分由委托人负担,则行纪人对委托人享有费用预付请求权或在自己垫付费用的情况下享有费用偿还请求权,其权利与委托合同中受托人的费用预付或偿还请求权相同。

(二) 行纪人对委托物的保管义务

行纪人占有委托物的,应当妥善保管委托物。委托物是指行纪人为处理委托事务而收取的动产。金钱和有价证券不包括在内。它既包括行纪人从委托人处收取的用于交易的物,又包括为委托人的利益从第三人处买入的物。

在实践中,需要注意以下几个问题:

(1) 行纪人承担保管义务的前提,是委托物已转移由行纪人占有。若委托人仅有交付的意思,但并未将委托物交由行纪人实际控制,或委托物虽处于行纪人实际管领和控制之下,但并未经过交付,行纪人不承担保管义务。

(2) 行纪人应妥善保管委托物。行纪合同为有偿合同,因而行纪人对委托物的保管应尽善良管理人的注意。总的来说,行纪人的保管义务,在内容上等同于保管合同中保管人的义务,可比照适用有关保管合同的规定。

(3) 行纪人承担保管义务。除非委托人另有指示,行纪人并无为保管的物品办理保险的义务。若委托人并未作投保的指示,但行纪人自动投保的,委托人因此而受益的,则适用关于无因管理的规定,由委托人偿还行纪人投保所支出的费用。若委托人已指示行纪人为保管物品办理保险,行纪人却未予保险时,则属于违反委托人的指示,行纪人应对此种情况下的保管物的毁损、灭失负损害赔偿责任。

另外,因为可归责于行纪人的事由致使所保管的委托物毁损或灭失的,行纪人应负赔偿责任。但行纪人的保管义务并非与委托人的报酬义务构成对价关系,因此除非委托物的毁损灭失导致行纪事务无法完成,否则行纪人不能仅仅因为未履行妥善保管义务而丧失报酬请求权。若委托物因不可归责于当事人的事由而毁损灭失的,此种损失为风险损失,应由委托物的所有权人即委托人承担,而行纪人不负责任。

(三) 行纪人对委托物的处置义务

委托人委托行纪人出卖的物品,交付给行纪人时有瑕疵或者易于腐烂、变质的,行纪人为了委托人的利益,负有处置委托物的义务。依德国商法及瑞士债务法的规定,行纪人此时应对委托物作如下处置:

(1) 保全对于运送人的权利。在委托物运送人对物的瑕疵负有责任时,行纪人应保全对委托物运送人的损害赔偿请求权。

(2) 保全对于瑕疵的证据。

(3) 保管有瑕疵的物品。行纪人仍应尽善良管理人的注意,保管该有瑕疵的委托物品。

(4) 无迟延地通知委托人。行纪人发现委托物有瑕疵时,应毫不迟延地将委托物的瑕疵状况及有关情况报告给委托人,并请委托人及时作出指示。

(5) 将容易腐烂的物品,如水果、食物等,在一定条件下予以拍卖。拍卖时应按照市场价格进行。

(6) 在不能及时将委托物的瑕疵及易腐、变质状况告知委托人,行纪人可以合理处分。所谓行纪人的合理处分,是指行纪人应依诚实信用原则,按照符合交易习惯的方式,将委托物品依其不同性质分别采取各种处分方式,如出卖、保管、拍卖等。

我国《合同法》对处分的方式并未规定具体内容。在实践中可参照上述德国、瑞士等国外的规定,作出解释。行纪人违反对委托物的合理处分义务的,应承担违约责任,并赔偿给委托人造成的损害。

(四) 行纪人遵从委托人指示的义务

行纪人对委托人的买卖价格指示有忠实义务,应遵照委托人的指示进行交易。在实践中,需要注意的有以下几个问题:

(1) 行纪人以低于指示价格卖出或者以高于指示价格买入。行情不利于委托人时,行纪人为了避免损失进一步的扩大,以悖于委托人的指示从事行纪活动的,应当及时取得委托人的同意。若委托人事先同意的,即使其事后翻悔,仍须承受该项交易的效果。若委托人并未事先同意,但事后追认的,其效果等同于事先同意。

(2) 在没有征得委托人同意的情况下,行纪人擅自做主变更指示而作为的,对于违背委托人利益而带来的后果,委托人有权拒绝接受对其不利的行纪行为,并有权要求行纪人赔偿损失。但是行纪人把损失的差额部分补足时,应认为行纪人的行为对于委托人发生法律效力,委托人不得以违反指示为由拒绝接受。行纪人补偿其差额,仅需表示承担补偿的意思即可使该买卖对委托人生效,无须以实际上已作出补偿为必要。但是从学理上推断,行纪人违背指示进行交易的违约责任并未就此免除,在此情况下,行纪人仍应赔偿委托人的损失。

(3) 当行纪人以高于委托人的指示卖出或者以低于指定价格买入,使委托人增加了收入或者节约了开支,其增加的利益(高价卖出多出的价款或低价买入结余的价款),应当归属于委托人,但行纪人可以要求增加报酬。如果行纪合同没有约定报酬的增加额或者约定不清楚的,按照《合同法》第61条的规定首先协议补充;如果还不能达成补充协议的,按照合同有关条款或者商业交易的习惯确定。在这里不能理解为双方当事人可以约定改变该利益的归属。

另外,委托人对价格有特别指示的,行纪人不得违背该指示卖出或者买入。但若确有需变更价格的情形,行纪人可通知委托人,由委托人视情形变更指示即可。

四、委托人的权利与义务

(一) 验收权

对于行纪行为的结果,委托人有权检验。如果行纪人未按指示实施行纪行为,委托人有权拒绝接受行纪结果,并可要求行纪人赔偿损失。

(二) 支付报酬

行纪人完成或者部分完成委托事务的,委托人应当向其支付相应的报酬。

(三) 及时受领或者处理委托物。

行纪人按照约定买入委托物,委托人应当及时受领。经行纪人催告,委托人无正当理由拒绝受领的,行纪人依法提存委托物。在委托物不能卖出或者委托人撤回出卖时,经行纪人催告,委托人应当及时取回或者处分委托物,委托人不取回或者不处分该物的,行纪人可依法提存委托物。

五、行纪合同的法律适用

行纪合同虽然是独立于委托合同的一类有名合同,但行纪合同与委托合同有许多共同点,具有一些共同的法律特征。两者都是提供服务的合同;都是以当事人双方的相互信任为前提;委托人的相对人都须处理一定事务。行纪关系中委托人与行纪人的关系就是委托关系,只不过委托的事项固定。

因此,许多国家的立法上都明确规定,关于行纪合同除另有规定外,适用委托合同的有关规定。我国合同法也规定,"行纪合同"一章没有规定的,可以参照适用委托合同的有关规定。

可以参照适用的事项有:行纪人按照委托人的指示处理委托事务(参照第399条);行纪人转交财产的义务(参照第404条);行纪人的报告义务(参照第401条);行纪合同的解除、终止等(参照第410条至第413条);以及其他可能参照适用的事项。

第六节 居间合同

一、居间合同的概念与特征

居间合同是居间人向委托人报告订立合同的机会或者提供订立合同的媒介服务,委托人支付报酬的合同。报告订约机会之居间,称为报告居间;媒介合同之居间,称媒介居间。在居间合同中,提供、报告订约机会或提供交易媒介的一方为居间人,给付报酬的一方为委托人。

一般认为,居间合同有如下法律特征:

(1) 居间合同是一方当事人为他方报告订约机会或为订约媒介的合同。所谓报告订约机会,是指受委托人的委托,寻觅及提供可与委托人订立合同的相对人,从而为委托人订约提供机会。所谓订约媒介,是指介绍双方当事人订立合同,居间人斡旋于双方当事人之间,促进双方交易达成。

(2) 居间合同为诺成合同,不要式合同,有偿合同。居间合同中的委托人需向居间人给付一定报酬,作为对居间人活动的报偿。

(3) 居间合同的委托人一方的给付义务的履行有不确定性。在居间合同中,居间人的活动达以居间目的时,委托人才负给付报酬的义务。而居间人的活动能否达到目的,委托人与第三人之间能否交易成功,有不确定性,不能完全由居间人的意志所决定。因而,委托人是否付给居间人报酬,也是不确定的。

二、居间人和经纪人

居间人和经纪人均处于民商事法律关系中的中介人地位,其共同点具体表现在:经纪人从事的是代客买卖的行为,居间人为委托人寻觅订约机会或为订约媒介,两者行为都以委托关系的存在为前提。居间人和经纪人均处于中介人地位,不是买卖或交易的主体。居间人和经纪人都有就其行为收取报酬的权利。

居间人和经纪人除有上述共同之处外,还有诸多区别,主要体现在:

(1) 就代理关系而言,经纪人通常都由委托人授予代理权,居间人一般没有代理权;经纪人经营范围较大、较广,可以是代理商、代办商,可以进行直接代理,也可以进行间接代理,特种行业经纪人还可兼自营商与客户对做交易,居间人一般不得自居代理人地位,除非法律规定有特别情况,如隐名居间。

(2) 就业务限制而言,居间人除法律规定不得为私人进行居间者外,可以不受民事商事的限制,如介绍家庭教师或家庭清洁工。经纪人一般受专业范围限制,且应以商事为限。

(3) 就两者身份而言,居间人可以与主合同的双方当事人约定,分别收取报酬,而经纪人主要是代理人身份,不得双方代理,以免从中操纵牟利。

(4) 就履约与否的责任而言。居间人如与委托人约定只报告订约信息,只要订约成功,居间人即可要求委托人支付报酬。订约成功后,主合同能否得到适当正确地履行,只要居间人在报告订约信息时并无故意提供虚假情况,即居间人无恶意时,不负担合同责任。但经纪人是以代理人身份出现的,若所订合同有可归责于代理人的事由,首先应由代理人(经纪人)负责,即使不是由于代理人的过错,经纪人也应就违约的原因与被代理人一起负连带责任。

三、居间合同的效力

(一) 居间人的义务

(1) 居间人的如实报告义务。居间人应当就有关订立合同的情况向委托人如实报告。这是居间人在居间合同中承担的主要义务,居间人应依诚实信用原则履行这项义务。在报告居间中,对于关于订约的有关事项,如相对人的信用状况、相对人将用于交易的标的物的存续状况等,居间人应就其所知如实向委托人报告。这里需要指出的是,居间人对于相对人并不负有报告委托人有关情况的义务。如果居间人故意隐瞒与订立合同有关的重要事实或者提供虚假情况,损害委托人利益的,不得要求支付报酬并应当承担损害赔偿责任。

(2) 居间人的忠实勤勉义务。忠实义务是指居间人就自己所为的居间活动,都有遵守诚实信用原则的义务。居间合同在履行过程中,居间人必须实事求是地就自己所实际掌握的信息,如实地向委托人提供最方便、最有利、最有价值、最及时的订约渠道,并保证提供信息的真实可靠,没有任何隐瞒欺骗或掺杂任何自己主观臆测。居间人还负有勤勉义务,其应尽力促进将来可能订约的当事人双方,列举双方所持的不同意见,并依照约定准备合同,对于相对人与委托人之间所存障碍,加以说合和克服。例如在房屋买卖中,居间人应促使买卖双方就价金达成合意。

(3) 居间人的其他义务。包括隐名、保密义务和介入义务等。同时,基于诚实信用原则,居间人在居间活动中应当遵守法律、法规和国家政策、遵循交易习惯和商业惯例,不得从事违法的居间活动、不得对交易双方订立合同施加不利影响,等等。

(二) 委托人的义务

(1) 支付的报酬义务。委托人支付报酬是以居间人已为委托人提供了订约机会或经介绍完成了居间活动,并促成合同的成立为前提条件。居间人促成合同成立的,委托人应当按照约定支付报酬。对居间人的报酬没有约定或者约定不明确,依照《合同法》第61条的规定仍不能确定的,根据居间人的劳务合理确定。因居间人提供订立合同的媒介服务而促成合同成立的,由该合同的当事人平均负担居间人的报酬。

(2)支付必要居间费用。居间费用是居间人在促使合同成立的活动中支出的必要费用,与报酬不是一个概念。居间人为居间活动支出的必要费用是为了委托人的利益而付出的费用,所以由委托人支付这些必要费用是比较公平合理的。居间费用一般包含于报酬之中。居间人促成合同成立的,居间活动的费用,由居间人负担。居间人未促成合同成立的,不得要求支付报酬,但可以要求委托人支付从事居间活动支出的必要费用。

第十六章

技 术 合 同

第一节 技术合同概述

一、技术合同的概念和特征

科学技术是生产力,是可以消费的商品。"科学的主要职能在于理解和认识自然,科学是关于自然规律性的知识体系。技术是为了特定的所应用的某种手段的总和;是各种工具、设备和经验、公益的体系。"①技术成果的商品化导致了技术合同的产生和立法的必须。《合同法》第 322 条以规范形式确定了技术合同的概念,技术合同是指当事人就技术开发、转让、咨询或者服务(为主)的确立相互之间权利和义务的合同。

技术合同包括多个种类,各具特点,但通常具有如下特征:

1. 合同标的主要以技术成果为主

合同法明确规定技术服务合同和技术咨询合同的工作成果的交付义务,也规定了两类合同履行过程中的技术成果归属。从合同之债说,标的当为给付;从合同订立而言,当事人权利义务指向的是技术成果。但无论如何,技术合同最终都要体现为技术成果。因此,我们认为技术合同的标的主要是技术成果。

2. 除有法律特别规定外,技术合同为非要式合同

合同法关于技术合同的规定中,没有要求特别的订立形式。故可认为技术合同为不要式合同。

3. 技术合同是双务、有偿、诺成性合同

技术合同的成立以当事人意思表示的一致为要件。技术合同成立后,双方互负对应性义务;但任何一方当事人权利义务之取得,都要付出对价。因此技术合同为双务、有偿、诺成性合同。

另技术合同受多种法律调整,对于技术合同的主体也有一定的要求,技术成果的价格计算,并非一般商品交易中由成本加平均利润的确定性办法。没有统一现成标准;技术合同的履行也不能强行适用实际履行原则。

---

① 刘以林、丁晓和编著:《世界科学演义》(上),吉林文史出版社 1997 年版,第 538 页。

二、技术合同的订立原则

技术合同是当事人意思自治,自然遵守合同订立的一般原则。如诚信原则、契约自由原则等。此外,因技术合同的特点决定,技术合同还需遵守《合同法》第323条所规定的特殊原则:

(1) 有利于科学技术进步,有利于加速技术成果的转让、应用和推广的原则。

(2) 不妨碍科技进步的原则。即:技术合同不得妨碍技术进步,侵害他人技术成果,或非法垄断技术。这是技术合同意思自治的限度,或反向原则。

(3) 专有技术保密原则。专有技术为技术秘密,是私密的利益,故当事人应负保密义务。违反该义务,当承担损害赔偿责任。

三、技术合同的种类和内容。

(1)《合同法》第322条的概念规范确定技术合同包括:技术开发合同,技术转让合同,技术咨询合同,技术服务合同四种基本类型。

(2) 技术合同的内容。技术合同的内容亦可为技术合同的条款。《合同法》第324条规定由当事人自行约定,但一般包括如下条款:
① 项目名称。② 标的内容、范围和要求。③ 履行计划、进度、期限、地域、方式。④ 技术情报和资料的保密。⑤ 风险责任的承担。⑥ 技术成果的归属及收益分配的方法。⑦ 验收标准和方法。⑧ 价款、报酬以及使用费和支付方式。⑨ 违约金和损失赔偿的办法。⑩ 解决争议的办法。⑪ 求偿的确切解释。另,技术合同当事人可对有关的背景资料可行性论证、技术评价报告、项目任务及计划书、技术标准、技术规范、原始设计及工艺文件,技术档案进行约定作为技术合同的组成部分。

第二节 技术开发合同

一、技术开发合同的概念和特征

依照《合同法》第330条的规定,技术开发合同是指当事人相互间就新技术、新产品、新工艺和新材料及其系统的研究开发所订立的协议。

在我国,技术开发合同一般理论上认为包括应用性研究而不包括基础研究。种类上,技术开发合同有委托开发合同与合作开发合同。

技术开发合同除具有技术合同的一般特征外。还有如下特征:

(1) 技术开发合同中的技术成果是新技术、新产品、新工艺和新材料及其系统的成果,即成果必须有新颖性、创造性和实用性。

(2) 技术开发合同的当事人必须共担风险。

(3) 技术开发合同的当事人共享技术成果。

(4) 技术开发合同主要为要式合同。

二、技术开发合同的性质和效力

(1) 技术开发合同包括委托开发合同与合作开发合同。开发标的是技术成果及无形商品。技术成果的取得有一定的或然性,风险可以约定承担。由此,技术开发合同当与承揽合同、合伙合同有所区别。

(2) 技术开发合同中,委托人应按照约定支付研究开发经费和报酬、提供技术资料、原始数据、完成协作事项、接受研究开发成果。研究开发人应当按约定制定和实施开发计划,合理使用研究开发经费,按期完成开发工作,交付研究成果,提供相关资料,进行必要的技术指导,并帮助委托人掌握开发成果。除当事人约定或法律规定外,不得向第三人泄漏所研发的技术秘密;不得向第三人提供技术成果。违反约定造成研发工作停滞、延误或失败的(第333条),研发人违反约定造成研发工作停滞、延误或失效的(第334条)均要承担违约责任。合作开发合同的当事人应当按约定进行投资(包括技术投资),分工参与研究开发工作,协作配合研究开发工作(第335条)。合作开发合同的当事人违反约定造成研究开发工作停滞、延误或者失败的,应当承担违约责任(第336条)。

三、技术开发合同的特别规则

针对技术开发合同风险责任、成果归属,合同法作了一些专门的规定,主要包括:

1. 技术开发合同的风险责任

技术开发合同之风险,包括在研发过程中,作为技术合同标的的技术由第三人公开,使继续研发成为无必要,且没有继续履行的必要,但如果合同已开始履行,当事人已经投入资金和人力,就会有损失。另,非因当事人的过错,也会有技术研发失败或部分失败,不能产生预期的技术成果。以上风险皆因技术研发合同为探索性研究,受各种因素影响,总有失败的可能性。该风险损失如何分配,《合同法》第337条、第338条分别作了规定:

(1) 技术合同标的由第三人公开的,可以解除合同,即当事人双方均可解除合同。但合同法没有规定合同解除后损失的分配。按合同解除理论,合同解除后,未履行部分不再履行,已履行部分应当返还;有过错的一方应赔偿另一方损失,双方过错的,按过错大小承担相应的赔偿责任。合同标的由第三人公开,如若双方无过错,属意外风险,所受损失如何分配?可以认为,若当事人有约定按约定办理,没有约定,风险发生后,当协商解决;无约定又不能协商的,应当根据双方损失情形合理分担,而不应由当事人各自承担自己的损失。主要因为,意外风险对技术开发合同的当事人造成损失的差别可能相当大,各自承担,可能造成某方当事人的明显不公。

(2) 非因当事人过错造成研发失败的损害承担,《合同法》第338条作了具体规定,包括三个层面的。风险分担适用条件:① 现有技术下研发确有难度。② 研发人已作了主观努力,且该领域当事人认为属合理失败。③ 责任承担办法由当事人约定,有约定的按约定,无约定,应当协商达成补充协议,协议不成,根据合同有关条款仍不能确定的,当由当事人合理分担。④ 合同法规定了当事人的通知义务,研发出现部分失败或全部失败,因无法克服的技术困难时,有义务通知另一方当事人并采取措施减轻损失。未尽通知义务,未采取措施而致损失扩大的,就扩大的损失承担责任。

2. 技术开发合同的成果归属

主要涉及成果的专利申请权,专利权归属、技术秘密成果的使用权、转让权及利益分配归属等。技术成果的归属应当遵循当事人的意思自治、公平分享的原则。根据合同法规定,技术成果归属当分别以下情形予以确定。委托开发完成的发明创造除另有约定的外,专利申请权属研发人,委托人可以免费使用该专利,研发人转让该专利申请权的,委托人享有同等条件下的优先受让权利。合作开发的发明创造,除另有约定外,归双方共有。一方转让的,其他方享有同等条件下的优先受让权利;一方声明放弃共有之专利申请权的,可由另一方单独申请或由其他各方共同申请;取得专利后放弃申请权的一方可免费使用该专利;不同意申请专利的,其他一方或各方不得申请。技术秘密成果的使用权和转让权的分配方式和方法,由当事人约定。无约定或约定不明,由当事人协商,不能协商达成补充协议的,按合同有关条款确定,不能确定的,各当事人均有使用或转让的权利;但委托开发的研发人不得在向委托人交付研究开发成果之前,将研究开发成果转让给第三人。

第三节 技术转让合同

一、技术转让合同的概念、特征

技术转让合同,指当事人在将有权处分的技术成果转让给他人所有、使用,受让方支付报酬或使用费的合同。技术转让合同有广义、狭义之分。广义的技术转让合同包括专利申请权转让、专利权转让、专利实施许可、技术秘密转让等;狭义的技术转让合同,不包括专利实施许可合同。《合同法》所规定的技术转让合同,为广义的技术转让合同。

二、技术转让合同的类型

根据转让权利的性质不同,技术成果转让可分四个类型。即:专利申请权转让,专利权转让,技术秘密转让,专利实施许可转让。

(1) 专利申请权转让合同。专利申请权转让合同是指当事人双方约定,让与方将自己的技术成果申请专利的权利移交受让方,受让方支付约定价款所订立的合同。该合同所转让的权利为专利申请权。专利申请权指就特定的发明创造依专利法的规定向专利机关申请取得专利的权利。故此,要求转让的技术成果当为可以申请专利的成果,应按专利法规定,可给予专利权的发明创造,且当是已经完成的,尚未申请专利的或尚未取得专利权的技术成果。

(2) 专利权转让合同。专利权转让合同是指专利权人作为让与方将特定的技术成果的专利权让与受让方。受让方支付约定的价款并取得该技术成果专利权所订立的合同。专利权是依据专利法对特定的发明创造授予申请人在一定期限内所享有的独占权。专利权转让合同所转让的是专利权,且必须是依法取得并有效的专利权。超过保护期或被宣告无效的专利,不得订立专利权转让合同。

(3) 专利实施许可合同。专利实施许可合同指专利权人作为许可方,许可受让方在约定的范围内实施专利,受让方支付约定的使用费所订立的合同。此合同为专利使用权的转让,受让方获得许可后;方可在一定范围内使用特定专利技术成果的权利,专利权仍为许可方所有。

(4) 技术秘密转让合同。技术秘密是指，不为公众所知，权利人采取保密措施并能给权利人带来经济利益的技术信息。技术秘密转让合同，也称非专利技术转让合同，是指技术秘密拥有者将技术秘密提供给受让人，受让人支付约定的费用的合同。合同双方所约定的是技术秘密成果的使用权、转让权。

三、技术转让合同的效力

(1) 技术让与人的义务。① 技术让与人应保证转让的技术成果的成果权利无瑕疵。能够达到约定的目标，即所提供的技术完整、无误、有效。② 按照约定转让成果并进行技术指导。未按约定转让技术成果的，应当返还部分或全部费用，并承担违约责任。③ 应交付有关技术实施资料，保证所提供的技术成果的实用性和可靠性。④ 涉及技术秘密的，应当保守技术秘密。

(2) 技术受让人的义务。① 按照约定支付费用，未按约定支付费用的，应当补交费用，并按约定支付违约金。补交费用或支付违约金的，应当停止实施专利、技术使用秘密，交还技术资料，并承担违约责任。② 对技术保密，受让人应按约定的范围和期限对让与人提供的尚未使用的技术秘密，承担保密义务。违反约定的保密义务，应当承担违约责任。③ 按照约定合理使用技术。受让人应当按约定的范围、方式使用技术成果。未经让与人同意，不能允许第三人使用技术成果。实施专利或使用技术秘密超越范围，以及未经让与人同意擅自许可第三人实施专利或使用技术秘密的，应当停止违约行为并承担违约责任。

第四节 技术咨询合同与技术服务合同

一、技术咨询合同

(一) 技术咨询合同的概念和特征

依《合同法》第356条的规定，技术咨询合同是指当事人一方就特定的技术项目提供可行性论证、技术预测、专题技术调查、分析评估报告等技术咨询服务，对方给付报酬所订立的合同。技术咨询合同是独立的技术合同，并非交付成果的技术承揽合同。技术咨询合同与技术服务合同是不同的技术合同。

技术咨询合同有以下的法律特征。

(1) 技术咨询合同的标的是提供技术性劳务成果的行为。在技术咨询合同中当事人并非以研究开发独立技术为目的，也不是为了转让技术成果。只是就特定的技术项目进行分析、论证、评价、预测和调查，为委托方提供技术服务、解答技术问题、提供技术决策参考意见以及供委托人选择使用的咨询报告。(2) 委托人通常为具有专门能力的专门机构和专业资格人才。(3) 技术咨询合同为双务、有偿、诺成、不要式合同。(4) 技术咨询合同有特殊的风险责任承担原则。在技术咨询服务合同履行中，委托人根据受托人提交的咨询报告进行决策，因此造成损失的。除非当事人另有约定，受托人一般不承担责任，此与技术开发合同的风险承担原则不同。

(二) 技术咨询合同的内容

技术咨询合同的内容包括:项目名称,咨询的内容形式要求,履行期限、地点、方式、委托人的协作事项、技术情报和资料的保密、验收、评估方法、报酬及其支付方式、违约金和损失的计算和赔偿事项的解决方法、风险的承担等。

(三) 技术咨询合同的效力

(1) 委托人的义务。① 按约定提供咨询问题和技术背景资料、相关数据,否则,影响不得要求工作进度和工作质量,不得追回支付报酬,未支付报酬的应当支付。② 按约定接受工作咨询报告并支付报酬。

(2) 受托人的义务。① 按约定完成咨询报告或解答委托人提出的技术问题。② 保证咨询报告达到约定的要求,未达到约定要求的,应当承担减收或免收报酬等违约责任。③ 对委托人提供的技术资料和数据在约定范围和期限内,有保密义务。

二、技术服务合同

(一) 技术服务合同的概念和特征

技术服务合同是指当事人一方以技术知识为对方解决特定的技术问题,对方支付报酬所订立的合同。技术服务合同包括为解决特定技术问题,为进行技术中介、为进行技术指导和专业训练等类型的合同。《合同法》第364条规定,法律对技术中介合同、技术培训合同有规定的,依照规定办理。技术服务合同有以下特征:

(1) 技术服务是以解决特定技术为内容的服务合同。比如产品结构、工艺流程的改良改造、产品成本降低、资源能耗节约、安全操作、经济效益、社会效益等问题。

(2) 技术服务合同是双务、有偿、不要式合同。另外,技术服务合同一般不产生新的技术成果,不涉及技术成果的转让,是典型的智力服务合同。

(二) 技术服务合同的效力

(1) 委托人的义务。① 按约定为受托人提供合同条款规定的配合事项。② 按约定接受成果、支付报酬。

(2) 受托人的义务。① 按约定完成服务项目,解决技术问题,保证质量,传授解决问题的方式。② 对委托人提供的技术资料、数据、样品,按约定范围、期限保密。③ 委托人提供的各种资料不符合约定的,应及时通知,在约定期限内补充、修正、更换。④ 妥善保管技术资料、样品。

第三编 | 法定之债（一）：因侵权行为之债

第十七章　侵权行为与侵权责任法的概述

第十八章　侵权责任法的归责原则

第十九章　一般侵权责任的构成要件

第二十章　侵权责任方式

第二十一章　数人侵权

第二十二章　特殊主体的侵权责任

第二十三章　特殊类型的侵权责任

第十七章

侵权行为与侵权责任法的概述

第一节 侵权行为的概念

一、侵权行为的语源

"侵权行为"是一个外来词,在语源上为拉丁文的"delictum"。按照德国学者冯·巴尔教授的说法:作为名词的"delictum"派生于动词"delinqere"(偏离正确的道路),意思是一个违法,一个失误或一个错误。① 被译作中文"侵权行为"一词的英语是"tort",该词来自拉丁文的"tortue",自中世纪起就已经指违反法律了。德文中的"Unerlaubte Handlung",法语中的"délict"都是与"侵权行为"对应的词语。但其实这些词的直接含义并非为"侵害权利的行为",而是包含有过错的"未被允许的行为"或"不法行为"。无论英美法系国家还是大陆法系国家,其侵权行为都与罗马法有密切的传承关系。基于公法和私法的划分,罗马法将对他人利益的不利行为区分为公犯和私犯。当"犯"针对的是国家利益时,就是公犯;针对的是个人利益时,就是私犯。公犯、私犯形成的过程,也是侵权行为法与刑法相分离的过程,其结果最终形成侵权行为和犯罪行为两种违法行为。当然,罗马法中的侵权行为除私犯外,还有"准私犯",指没有列入私犯的违法行为。在盖尤斯和优帝一世的《法学纲要》中,记载了四种准私犯,包括:承审员的渎职行为、倒泼和投掷的责任、堆置或悬挂物体的责任、船东、旅馆业主和马厩商的责任。但后世罗马法的著作也有列入家属、或奴隶或牲畜致他人的损害的。② 从中可以看出,罗马法中的"准私犯"在现代无疑都被视为典型的侵权行为,但罗马人将他们与私犯区别,而与准契约对应。

在我国,"侵权行为"一词"最早于清末编定《大清民律》草案时才开始使用"。③ 国民党政府时期民法规定了"侵权行为",但因其文义未能全面涵盖所指称内容,该表达方式被学者或者进行扩张解释,或者进行重新解释。史尚宽先生就已经特别指出,这不过是用其中主要部分来概括全部而已④;梅仲协先生在谈到侵权行为的意义时认为:《民法》(民国时期的《民法》)第184条至第189条各条文中,均明定"权利"二字,一若侵权行为之客体,必须为权利

---

① [德]冯·巴尔:《欧洲比较侵权行为法》(上卷),张新宝译,法律出版社2004年版,第6页。
② 周枏:《罗马法原论》(下),商务印书馆1994年版,第803—810页。
③ 陈涛、高在敏:"中国古代侵权行为法例论要",载《法学研究》1995年第2期。
④ 史尚宽:《债法总论》,中国政法大学出版社2000年版,第105页。

之受侵害,而权利受侵害时,不问财产权抑人格权,一体得为损害赔偿之请求权也者,衡诸法理,似属不当。他以为各该条内"之权利"三字,应予删去,而第五章之标题"侵权行为"一语,亦宜改为"侵害行为",这样才不违背立法之本旨。① 王泽鉴先生认为:"民法"改称为侵权行为,着眼于权益的保护。②

我国大陆的民法中,《民法通则》并未直接使用"侵权行为"一词,而是使用了"侵权的民事责任"表述,通常应解释为:因侵害权利的行为所导致的民事责任。本质上显然承袭了中国旧民法"侵权行为"表述方式的思路,在理论界更是普遍接受使用"侵权行为"来表述对绝对权及其他合法利益实施的非法侵害行为。

值得注意的是,在制定民法典的过程中,有相当的学者采用了"侵权责任"或"侵权责任法"称谓。而2009年12月26日由第十一届全国人大常委会第十二次会议上通过的法律也称为"侵权责任法"。就我国《侵权责任法》的内容而言,该法律是围绕着"责任"而构建的,所以除第一章"一般规定"和第十二章的"附则"外,各章均以"责任"为核心概念。这种做法是否妥适值得研究。就包含的意义而言,侵权行为与侵权责任并无本质差别,但在逻辑上,"侵权责任"或"侵权责任法"的用法回避了非因"行为"而导致的侵权问题以及"准侵权行为"导致的侵权问题,也就是说,如果使用"侵权责任"概念,理论上区别"侵权行为""准侵权行为""非行为"等的价值就不再重要了;另外,因为传统上侵权行为是债的发生原因之一,如果我们仍然接受这一制度安排,在未来的民法典中使用"侵权责任"就欠妥当。不管怎样,最主要的侵权责任是因侵权行为导致的,所以研究"侵权行为"本身的含义仍然是十分重要的。

二、侵权行为的定义

(一) 侵权行为定义概说

1. 立法上的侵权行为

广义的侵权行为包括加害人自己实施的侵权行为,也包括需由其承担法律后果的他人实施的加害行为和物件致人损害的情形,后者自罗马法以来就被称之为"准侵权行为"。事实上,在大陆法国家,立法上对侵权行为并没有统一的概念,除"不法"内容外,大多数国家仅以"过错"为要素规定侵权行为,这与法律制定较早有关,也与当时过错责任为唯一的归责原则有关。但是,在现代社会,无过错责任的适用范围越来越普遍,适用无过错责任的侵权类型不能仅作为特殊侵权类型或作为例外情形看待,立法应反映时代的发展现状,将无过错责任作为一般概念并在侵权行为概念中反映。在此方面,荷兰民法作出了努力。《荷兰民法典》第162条规定:"对他人实施了可归责的不法行为的人,必须对他人因此遭受的损害进行救济;除有正当合法理由者外,以下行为被认定为不法行为:侵害权利,以作为或不作为方式违反法定义务或违反旨在维护正常社会管理的不成文规则;不法行为可以因行为人的过错而归责于行为人,也可以归责于依据法律规定或社会共同观念应由其承担责任的人。"这种规范的意义主要体现为侵权行为涵摄的范围明确。当然,法典对侵权行为的规定目的本质上并不在于对概念的准确界定,所以尽管研究侵权行为概念应以立法为依据,但从概念法学

---

① 梅仲协:《民法要义》,中国政法大学出版社1998年版,第185—186页。
② 王泽鉴:《侵权行为法》(第一册),中国政法大学出版社2001年版,第59页。

的要求上看,仅以立法上的规定试图说明侵权行为概念是不够的。

2. 法学理论上的侵权行为

对侵权行为定义的准确表述来源于法理学。其中,英美法中的侵权行为来自法学家对法律的总结,而且由于思维角度上的差异,英美法中并没有关于侵权行为的一个标准定义。法学家对侵权行为的定义普遍缺乏兴趣,而且往往不区分侵权行为和侵权责任,在理解侵权行为时最重要的并非给出逻辑严密的定义,而是要能够与犯罪行为、违约责任等相区别。因此,在对侵权行为具体定义时大都针对违约行为来说明。如英国的 Fleming 认为:侵权行为是一种过错,而不是违反合同,对此过错,法院将在一种损害赔偿诉讼形式中提供补救。[①]《牛津法律大辞典》认为:侵权行为表示可以引起民事诉讼的伤害或不法行为,侵权行为规则要求不得加害于他人的义务,以及加害了他人,则应对之进行补救或赔偿的义务,不是由当事人的协议而设定的,而是根据一般法律的实施产生的,与当事人的协议无关。美国的侵权法学家,法律学会会长、《侵权法重述》的主要撰稿人 Prosser 甚至建议用排除法来确定哪些不是侵权行为,如刑法中的犯罪行为,合同中的毁约行为,财产中的产权纠纷等都不是侵权行为,但最终也没有指出侵权行为是什么。有人批评英美学者有关侵权行为的定义时说:"从未有一个概念能如此妨碍对事物的正确理解。使我们陷入这种困境的原因在于,人们对侵权行为下定义时最钟爱的方法是仅仅断言它不是违反合同,就如一个人给化学下定义时,仅仅指出它不是物理学或数学一样。"[②]

3. 我国理论上的侵权行为

我国著名的法学家对侵权行为的定义中,史尚宽先生认为:侵权行为者,因故意或过失不法侵害他人之权利或故意以悖于善良风俗之方法加损害于他人之行为也。简言之,为侵害他人权利或利益之违法行为。[③] 王泽鉴教授认为:侵权行为,指不法侵害他人的权益,依法律规定,应对所生损害负赔偿责任的行为。[④] 王利明教授认为:侵权行为就是指行为人由于过错侵害他人的人身和财产并造成损害,违反法定义务,依法应当承担民事责任的行为。[⑤] 张新宝教授认为:侵权行为是指民事主体非法侵害他人法定的民事权利和利益,依民法规定应当承担民事责任的行为。[⑥] 杨立新教授认为:侵权行为是指行为人由于过错,或在法律特别规定的场合不问过错,违反法律规定的义务,以作为或不作为的方式,侵害他人人身权利和财产权利及利益,依法应当承担损害赔偿等法律后果的行为。[⑦] 张俊浩教授甚至认为:侵权行为属于开放型的概念,难为一般定义。只能从其法律要件上加以把握。[⑧]

上述观点基本可以分为三种:(1) 过错说,认为侵权行为是一种过错;(2) 违反法定义务说,将侵权行为与违约行为相区别,确认侵权行为是违反法律规定的对一般人的义务,而不是约定的、仅针对特定人的义务(英美法学者多采此说,并对英美侵权行为构成理论影响巨大);(3) 过错与责任综合说,认为侵权行为是由于过错造成他人损害而应承担赔偿责任

---

① Fleming, The Law of Torts (ed. 4, Sydney 1971), pl.
② Wigmore, Select Cases on the Law of Torts, xiv, xv.
③ 史尚宽:《债法总论》,台湾荣泰印书馆1978年版,第101页。
④ 王泽鉴:《侵权行为法》(第一册),中国政法大学出版社2001年版,第59页。
⑤ 王利明:"侵权行为概念之研究",载《法学家》2003年第3期。
⑥ 张新宝:《中国侵权行为法》,中国社会科学出版社1995年版,第27页。
⑦ 杨立新:《侵权法论》,人民法院出版社2004年版,第13页。
⑧ 张俊浩:《民法学原理》,中国政法大学出版社2000年版,第902页。

的行为。大陆法国家立法上多采第三种观点,而与之不同的是程啸教授认为:"侵权行为是侵害他人受法律保护的民事权益,依法应承担侵权责任的行为。"①该定义未将侵权行为限定于过错,也把"违法性"问题巧妙回避,在法律效果上更是使用了概括的"承担侵权责任"表述方式,总体值得接受。

(二) 侵权行为定义及解释

定义的目的在于确定概念、解释事物,对某一具体概念的定义应符合逻辑上有关定义的规则。一般认为,最常用的定义方法是被定义的概念最邻近的属加种差方式。即定义某一事物时,应确定与其处于同一层面的其他事物和被定义事物之间的本质差别(不是偶然的、非本质的),加上他们最邻近的属概念;除此之外,定义应只是对事物本质特征的表述,对多余的特征没有必要体现。

基于上述考虑,本书认为侵权行为应定义为:民事主体因违反法律而应承担相应民事法律后果的侵害行为。

定义中"违反法律"要素使其区别于违约行为和正当防卫等行为;而"民事法律后果"要素则区别于犯罪行为以及违法行政法律法规的行为的后果。定义中没有包括过错含义,是因为虽然现代民法对侵权行为采用过错责任原则,但故意或过失并非侵权行为概念所必要,侵权行为的成立不以故意或过失为要件的也属有之,侵权行为的本质要素在于侵害他人权益的不法性,所以德国称之为不许行为,日本称之为不法行为。我国使用"侵权行为"一词,乃着眼于利益的保护;没有标明"法定义务违反",是因为在现代社会中,第三人侵害债权行为的侵害行为也时常发生;没有明确侵害财产权利和人身权利,以及对利益的侵害,是因为侵权行为本质上是从某行为不为法律认可角度出发的,而且,不法行为本身就包含对受法律保护的权利和利益侵害的意思;没有明确行为人应承担"损害赔偿责任",是因为侵权行为的法律后果不只有"赔偿损失",还有恢复名誉,甚至赔礼道歉等非赔偿责任。定义应只针对概念的最本质的特征,而与其他概念非本质的区别,如"作为或不作为"等是多余的特征,在定义中不必显现。定义落脚在"侵害行为"上,是因为犯罪行为、侵权行为、违约行为以及正当防卫行为等本质上都是对他人的侵害行为,即侵害行为是这些概念的上阶位概念。至于物件致人损害或某些事故造成的损害,应当从对物件负有管理义务和对事故的产生有法律义务的角度认定为侵权行为。强调"民事主体",一是为满足语句的主谓宾结构,更重要的是要与国家机关致人损害时的不同情况相协调。

三、侵权行为的特征

从上述侵权行为的定义及解释中可以看出:侵权行为是一种损害他人受法律保护的民事权益的行为;侵权行为的后果是依法承担法定的民事责任。如是,侵权行为与违约行为、犯罪行为是有区别的:

(一) 侵权行为与违约行为

违约行为是合同当事人一方不履行或不完全履行合同义务而应承担约定责任的行为。

---

① 程啸:《侵权责任法》,法律出版社2011年版,第36页。

因违约行为与侵权行为所产生的法律效果都是针对特定人的请求权,大陆法系各国都将二者作为债的发生原因,而且有时侵权行为与违约行为也会产生竞合,但侵权行为与违约行为存在明显的区别,表现在：

(1) 产生的基础不同。违约行为当事人之间须事先存在特定的合同关系,解决纠纷适用合同法;侵权行为当事人之间没有特定的关系,由侵权法规制。

(2) 违反义务的性质不同。违约行为侵害的是债权,是对人权,当事人违反了作为的义务(应为而不为);侵权行为侵害的是物权、人身权或知识产权等绝对权,是对世权,违反的是不作为的义务(不干涉义务)。

(3) 责任性质和特点不同。违约责任允许当事人约定,侵权责任则被法律所禁止约定;违约责任的范围事先可预见,侵权责任的范围是视侵权结果而定的;合同债务可以抵销,侵权之债不得抵销;违约责任可以代位行使,也可以转让,侵权责任应禁止代位或转让;合同中可以设置免责条款,事先免除违约责任,但侵权责任法律禁止事先免除。

(二) 侵权行为与犯罪行为

犯罪行为是违反刑事法律的规定而应承担刑法处罚的行为。一般为严重危害社会公共秩序和公共安全的行为。侵权行为与犯罪行为在社会初期并未区别,到罗马法时期,才有了公犯和私犯的区别。具体区别主要有：

(1) 违法基础不同。犯罪违反的是刑法属于公法,犯罪行为由刑法调整;侵权违反的是民法属于私法,侵权行为由民法调整。引申而言,犯罪侵害的是社会公共利益,而侵权侵害的是私人利益。

(2) 责任构成不同。侵权责任要求有具体的损害事实发生,如物被损坏,人身受到伤害等;而犯罪行为产生的责任则并不以具体的损害后果为前提,刑法中有所谓预备犯、未遂犯等,而且对具体损害也须达到一定程度,如数额达到一定额度,伤害达到一定级别等。在主观要件上,犯罪行为要求以故意为普遍,以过失为例外(法律规定);而侵权行为中的主观要件以过错为原则,一般并不区分故意和过失。

(3) 行为的后果不同。侵权行为的后果以损害赔偿为中心,附带有赔礼道歉、恢复名誉等非财产责任;犯罪行为则为行为自由的拘束,偶有财产没收、罚金等财产刑。

(4) 社会功能不同。侵权行为以补偿受害人的损失为基本功能;犯罪行为以惩罚和预防犯罪为基本功能。

由于刑法和民法的规范目的不同,所以一个行为可能在刑法看来为犯罪,在民法看来属于侵权,这就产生竞合问题。如盗窃他人财物数额较大时等。此时,依据我国《刑法》第36条和《民法通则》第110条的规定,行为人既要承担刑事责任也要承担侵权责任。同时也应注意：有的行为在刑法上构成犯罪,但在民法上并不承担责任,如预备侵权或未遂的侵害行为;另一方面,有些行为构成侵权,并要承担侵权责任,但在刑法上并不构成犯罪,如轻微伤害,盗窃他人财物数额不大等。

值得注意的是,最近我国很多人在讨论侵害他人权益的犯罪嫌疑人如果在经济上给受害人更多的补偿,能否适当减轻对其实施的刑罚的问题。也就是所谓"刑事和解"制度的适用问题。① 本书认为因犯罪行为与侵权行为存在上述不同,两种责任也不应相互影响。

四、侵权行为的类型

(一) 侵权行为类型概述

有关侵权行为的类型问题,我国立法上并未准确规范,从《民法通则》有关民事责任的规定上分析,不仅内容不完整,在体系上也是缺乏逻辑的。《侵权责任法》在结构上更是混乱的,从中无法直观获取侵权行为的类型分析结果。理论上对侵权行为类型的研究是从侵权法的地位研讨过程中被逐渐关注的。传统的分类是基于过错归责与无过错归责将侵权行为分为一般侵权行为与特殊侵权行为,但是因人们多把推定过错责任的侵权行为归入特殊侵权行为,逻辑上的妥适性受到质疑。一般而言特殊侵权行为应为在归责标准、构成要件或免责条件等方面需法律上特别规定侵权行为,除此之外我国《侵权责任法》还专门用一章规定了"关于责任主体的特殊规定",其中有采用无过错责任的(第32、34、35条);有采用过错责任的(第33、36、37、39条);也有采用推定过错责任的(第38条、第40后句);当然还有承担补充责任的(第32、33、34、40条),就此而言,所谓一般侵权与特殊侵权的划分意义实在有限,而且标准也无法统一。至于有学者提到的"有无强制责任保险不同"和"有无最高赔偿限额不同",从我国的现实看,采用强制保险以及有最高赔偿限额的侵权行为并非多数。所以,本人认为这种分类的意义已经不大。

有关侵权行为类型研究最典型的是由杨立新教授主持的以《类型侵权行为法研究》为题目的国家社会科学基金的研究项目,其成果是将我国侵权行为概括为四种基本类型:过错责任的侵权行为、过错推定责任的侵权行为、无过错责任的侵权行为和事故侵权行为。对此四种概括意义的类型进一步分为23种具体类型以及更为繁多的所谓"最初始的侵权类型"。② 这种分类模式是有道理的,侵权行为,因在实际生活中表现方式纷繁多样,试图用一个标准进行完整的分类几乎是不可能的,因此,先用采用一般概念划分,再进行次级概念的划分是侵权行为类型化的可以接受的方法。只是在逻辑上如何平顺"事故侵权行为"与"无过错责任的侵权行为"等实值认真考虑。

侵权行为的类型划分有助于侵权行为法体系的建立。如上所言,类型划分最困难的是划分标准的确定,以不同的标准侵权行为有不同的类型,各国做法也并不统一。德国《民法典》第823和826条的规定,除了是对侵权行为(不法行为)的一般规定外,兼有类型划分的作用,其中,第823条的第1款"因故意或者过失不法侵害他人生命、身体、健康、自由、所有权或者其他权利者,对他人因此而产生的损害负赔偿义务"即是狭义的侵权行为;第2款"违反以保护他人为目的的法律者,负相同的义务"即是违法行为。此处规定的重点在于与保护公共利益为目的的法律相区别,而不在于对保护他人"权利和利益"的说明。对于权利和利

---

① 2006年12月28日,最高人民检察院发布的《关于在检察工作中贯彻宽严相济刑事司法政策的若干意见》中就规定了"对于轻微刑事案件中犯罪嫌疑人认罪悔过、赔礼道歉、积极赔偿损失并得到被害人谅解或者双方达成和解并切实履行,社会危害性不大的,可以依法不予逮捕或者不起诉。确需提起公诉的,可以依法向人民法院提出从宽处理的意见。"2011年1月29日最高检又发布《关于办理当事人达成和解的轻微刑事案件的若干意见》,以意见的形式对轻微刑事案件和解的指导思想和基本原则、适用范围和条件、和解的内容、和解的途径、协议的审查及和解案件的处理等情况作了全面的规定。

② 参见杨立新主编:《类型侵权行为法研究》,人民法院出版社2006年版,第33页。

益在第 1 款中都已经包括,即"所有权和其他权利"以及"生命、身体、健康、自由"利益。第 826 条则是以违背善良风俗方式对他人权益的侵害。即把侵权行为(不法行为)划分为侵权行为(狭义)、违法行为和背俗行为三种侵权类型。而对"特殊侵权行为"则以归责标准和承担责任的人为标准分为:① 推定过错责任,② 公平责任,③ 对第三者的责任,④ 职务责任,⑤ 危险责任。从中看出其各种侵权行为类型之间是有交叉的。《法国民法典》中规定的侵权行为类型则更加简单,其第 1382 和 1383 条是对自己责任中规定的积极侵权和因懈怠而侵权,而其第 1384、1385 和 1386 条则是非自己行为的侵权行为,包括替代责任和物件致人损害的责任。对前者又进一步分为未成年子女侵权行为、受雇佣人侵权行为、在校学生侵权行为;后者则分为动物致人损害和建筑物致人损害的责任。为解决法律规定侵权行为类型简单的问题,法国通过法官造法和颁行单行法的方式创造了丰富的侵权行为类型。如通过重新解释,使第 1384 条第 1 项后段具有独立地位,并用于规定"无生物责任"创设了法国的无过错责任类型。

英美法国家并不像大陆法国家那样重视法律概念,脱胎于"令状"的侵权行为类型繁多,"是一群互不相关的不法侵害行为,各有其名称"。理论界总结英国侵权法的侵权行为包括:非法侵入、恶意告发、欺诈和冒充、其他经济侵权、私人侵扰、公共侵扰以及对名誉和各种人格权的侵害。美国侵权法重述所列举的侵权行为类型,以故意、过失和严格责任为主,还包括诽谤、虚假陈述、侵害隐私权、干扰家庭关系、恶意诉讼、产品责任等十余种。在这些侵权行为种类项下,又有更具体侵权行为类型的划分。从中看出,英美法系的侵权行为类型划分并不十分注重逻辑的严密,各中类型之间多有交叉,以民法典形式出现的我国侵权行为法,不宜借鉴此种做法。但英美法在实践中发展出的新侵权类型应引起我们的关注,如 nervous shock 或 mental harm 类型侵权行为,即受害人目睹因行为人所引起或行为人应承担责任的惨烈事故,导致因惊吓而生精神疾病,在特定条件下,行为人或责任人应承担受害人之精神疾病损害。再如美国法中的"威吓"(assault)侵权类型,对并未直接接触到被害人的侵害行为也使人承担侵权责任等。

(二) 我国侵权行为的类型

我国侵权行为类型体系的建立,应以大陆法传统为基础,借鉴英美法的某些类型成果,以此规则分析我国的侵权行为类型:

(1) 以侵权行为的构成是否以过错为要件可分为过错侵权行为和无过错侵权行为。

(2) 以承担责任的人是否侵害人本人可分为自己责任和替代责任。这里的自己责任包括本人有管理义务或注意义务而未尽的物件、动物等致人损害行为,而替代责任仅指替代他人应承担的责任。

(3) 以损害是否属于人为因素造成可分为侵权行为(狭义)和准侵权行为,将一切直接因物件(包括产品和动物)或事故造成他人损害的"行为"都归为准侵权行为。

(4) 以致害行为的样态不同可将侵权行为分为作为的侵权行为和不作为的侵权行为。不作为的侵权行为,是指违反对他人的法定或约定的作为义务,而致人损害的行为,如《侵权责任法》第 37 条规定的情形等。

(5) 以侵害利益不同分为侵害财产权的行为、侵害人身权的行为和侵害精神利益的行为。在此基本分类基础上,再针对具体特征进行下一层次的分类。当然,未来在民法典中应是基于一个分类标准进行分类。

第二节 侵权责任法

一、侵权责任法的概念

侵权责任法,是指调整有关侵害他人财产权、人身权以及其他利益的行为而产生的法律责任的法律规范的总和。[①] 从这个意义上讲,侵权责任法不仅包括基本法律的相关规定,也包括单行法、司法解释甚至包括善良风俗。鉴于大陆法国家基本法律对侵权法规范的"吝啬",侵权行为法的广义理解是合理的。在我国,除《民法通则》和《侵权责任法》外,其实大量的侵权法规范体现在如《道路交通安全法》《产品质量法》《环境保护法》《电力法》等法律中,最高人民法院以专门的司法解释和个案的批复意见等形式对于侵权责任的构成以及损害赔偿责任的承担等作了丰富的规定。这些特别法以及司法解释等也都可以被理解为侵权责任法。也正因如此,《侵权责任法》第 5 条规定:"其他法律对侵权责任另有特别规定的,依照其规定。"

在理解侵权责任法中的侵权行为时,要注意与刑法、行政法中的侵害行为的区别。因对合法利益保护的角度不同,虽然某一行为可能同时触犯多个部门法,虽然实践中各种责任也可能会有些相互影响[②],但与承担刑事责任、行政责任所适用的规范不同,侵权责任适用于以承担损害赔偿责任为核心的民事法律规范。因此,如《国家赔偿法》《行政诉讼法》等虽然对广义的侵权行为也有适用,但这些规范并非侵权责任法。而刑法中规定的财产刑如没收财产、罚金等也非民事责任,自然更不适用侵权责任法规范。

二、侵权责任法的地位

有关侵权责任法的地位是法典化后的产物。大陆法系国家传统的侵权行为法继受罗马法债的概念和体系,一直以来与不当得利、无因管理和合同一并作为债的发生原因而被列为债的组成部分,其理由是此四者在形式上产生相同的法律效果,即一方当事人可以向另一方当事人为特定的行为,此种特定人之间可以请求特定行为的法律关系,就是债的关系。比较债的主要发生原因,合同与侵权行为最重要,而侵权行为也常被视为契约之外责任的代表,并与契约责任相对应。当然,此观念与英美法将侵权行为法作为与财产法、合同法相并列的独立法律部门是不同的。

(一) 侵权责任法在罗马法中的地位

早期的罗马法如《十二表法》共 110 条,其中仅第 8 表"私犯"就有 29 条,其对侵权行为采取的是个别列举的方式。而公元前 286 年制定的《阿奎利亚法》共三章内容,但其第一章和第三章则均为侵权行为法内容,而且创设了"不法"概念。可以说早期的罗马法是非常重视侵权法的,虽然有学者认为后世对罗马法的研究中忽视了对其侵权法内容的研究,但罗马法中,因公犯和私犯的交叉,对其侵权(私犯)的研究可能更多的交给了刑法。公元 523 年的

[①] 正如侵权行为概念的变化一样,因为我国立法上采用了"侵权责任法"概念,但传统上人们接受的概念则是"侵权行为法",所以有些人采取了模糊处理的办法;称"侵权法"。

[②] 如刑事诉讼的刑事和解制度中,对受害人的赔偿及受害人的谅解,会减轻对加害人的刑事处罚。

优士丁尼法典虽以法典命名,但却不是现代法典意义,而是诸法合一的综合性法律。虽无严格的法律概念,只是对具体事务的处理方法,但其中的侵权法律内容却是丰富的。

(二) 法国法中侵权法的地位

1804 年的《法国民法典》是近代欧洲法典化运动的第一个成果。其侵权法的结构模式也具有独创性。法国民法典实行的是三编制:人、财产及对于所有权的各种限制和取得财产的各种方法。侵权法位于第三编的第四章"非因合意发生的债"中的第二节,节名"侵权行为与准侵权行为"与第一节"准契约"并列。从中可以看出,法国法中的侵权行为法属于债法的组成部分,而且在结构上也不是与契约并列,而是与准契约并列的。准契约包括无因管理和不当得利等。从条文上看,有关侵权法的规定采取概括、抽象的一般原则方式,主要规定了过失责任,使用条文只有 5 条,而有关契约的条文是 1011 条,可以说与合同法相比较,法国民法典并不重视侵权行为法,但随着时间的推移,实际生活并不会因法律的不重视而减少侵权行为,为解决这一问题,大量的包含新理念的判例出现,以至于有人说 200 多年来,法国侵权法已演变为判例法了。

(三) 德国法中侵权法的地位

德国民法典采取《学说汇纂》即潘得克顿模式,以高度抽象化概念将各种规定制度化,债法制度独立成编,基于法律效果上都产生一方得请求另一方为特定行为的考虑,把侵权行为作为债的发生原因而与合同、不当得利、无因管理并列。其五编制中,第二编为债的关系法,其中,第七章"各种债的关系"中以"侵权行为"作为 25 节,并与具体合同、无因管理和不当得利等并列。从条文数上看共 31 条,比法国侵权法明显增加。从内容上看,德国法中有概括性规定的 823 和 826 条,也有具体规定的动物饲养人责任,建筑物占有人责任等,创立了过失侵权、违反以保护他人为目的的法律侵权和故意以违背善良风俗方法侵权三种侵权类型。后又通过法典的修订,利用基本法的精神,将对一般人格权的侵害规定成具体条文。但基于对法官过多创造法律的警惕,德国侵权法采取的是封闭式规范。

(四) 英美法中侵权法的地位

英国侵权法起源于 12 世纪的令状(writs)。令状是由国王发出的一种诉讼形式,只有符合令状形式,权利才能得到救济。因令状的具体性,一个救济需要一个令状,导致最终形成的侵权类型都是具体的,而没有抽象的侵权行为。英国最早关于侵权行为的救济方法是 Writ of Trespass。Trespass 的主要特点是其侵害行为必须是直接的、暴力方式,后期对非直接和非暴力性侵害通过 Trespass on the case 类型实施救济。从 19 世纪中期,令状制度被废除。美国侵权法继受于英国,从 1848 年开始逐渐废除了令状制度,使侵权法独立发展。侵权行为法在英美法中是与财产法合同法并列的,这与其判例法模式有关,也与其注意解决实际纠纷,而忽视概念的准确性有关。英美法中侵权行为法是一个独立的法律部门,与合同法和财产法共同组成其私法,其侵权行为法中并无可以普遍适用的一般条款,只有数百年司法实践发展出来的数目庞大的具体侵权行为类型,即只有 torts,没有 tort。但是,在美国,其法律协会,在 20 世纪开始编制《侵权行为重述》,由法学家对侵权制度规则进行论述,以一定规则汇编并在实践中指导法官,这有点法典味道了。另需注意的是,美国侵权法采取法律积极主义,法院承担使侵权行为法现代化的任务,除规范当事人之间公平正义外,还有分配社会财富的使命,尤其在产品责任、医疗事故责任等方面,侵权行为法表现出"成为一种隐藏的公法"的特征。

三、侵权责任法的模式

现代各国侵权责任法的模式大致分为三种:英美法的具体列举式、法国法的抽象概括式和德国法的折中式。

英美法中的侵权法基于判例法特点类型庞杂,但总体可以分为故意侵权、过失侵权和适用严格责任的侵权。就立法而言,英美法中的侵权行为法模式不具有多少参考价值。大陆法系国家侵权责任法所采取的一般条款加个别条款模式的做法其优缺点都非常明显。从上述主要代表国家的法典看,侵权法内容与民法典的其他内容(物权、合同、亲属、继承)明显不同,其具体规范即便有所规定,也是非常简单的。司法实践中被我们实际运用的构成要件等通常都没有在法律条文中明确规定。此种做法的优点是法官能够依据其生活实践和法律素养,针对实际生活中各种不同的情况自由裁量,而无须拘泥于具体法律规范的呆板;其缺点是尽管一般条款的规定已经非常抽象,但仍然不能穷尽一切生活现象。同时,由于法律规定的原则性和高度抽象性,使得法官必须具有很高的素质。在实践中,侵权法研究方面也要有成熟的理论。

实际上,法国、德国以及荷兰等民法典在规定一般条款的同时,也都用具体条款形式,对主要的侵权行为进行了规定。除此之外,19世纪后期以来,无过失责任日渐发达,对现代社会不断涌现的特殊侵权行为,各国或在民法典中增订类型,或冲破民法典而纷纷以特别法方式予以规定,也使得侵权行为法的实际构成面貌与民法典的相关规定差距极大。将来我国侵权行为法也应采取此种方式,只不过为法律适用考虑,在民法典中具体规定的数量上尽可能要多而已。

侵权责任法的主要任务在于如何构建法益保护与行为自由之间的矛盾关系。近代民法将保护行为自由视为当务之急,在立法时对行为人的自由给予了更多的关注,其主要表现即是过错责任的独占地位。现代民法,由于人们对安全的要求愈发强烈,人们期待侵权责任法和损害赔偿法能有助于保障个人的基本生存,并建立相应的社会化国家。法律所强调的重点已从承担过错责任转移到了损失的补偿。高科技的发展促使高度危险作业范围越来越广,其具体表现在责任范围的扩展。对物体本身的价值过渡到关注其所能发挥的功效,对人格权的保护范围也扩展至心理健康。在德国通过实际案例还将侵权行为扩展到"营业权"和"一般人格权",这种发展也促使各国侵权法在原有的模式下,通过灵活多样的方式适应社会的需要。如在民法典之外,通过单行法的方式或者通过法院判决的方式反映社会观念的变化等。

四、我国侵权责任法的模式及地位

我国《侵权责任法》的模式基本上也是"一般加具体"的做法,其中第2条和第6条构成一般条款。这种模式具有良好的适应性,同时,对基本问题又提供了明确的解决办法。

而就我国侵权责任法在将来民法典中的地位问题,我国的传统民法理论一直视侵权行为为债的发生根据,侵权法为债法的组成部分,只是在最近的民法典制定过程中以王利明、杨立新等教授为代表的一批学者认为侵权责任法在未来的民法典中应当独立成编。① 2002年12月22日第九届全国人大常委会第32次会议审议的《中华人民共和国民法典》(草案)中,"侵权责任法"即以第八编位置作为独立的一编出现,就此侵权责任法独立成编的呼声渐成主流。

本书认为"侵权法"的地位首先应限定于民法典中讨论,而非在债法中单独进行;其次,侵权法独立成编的前提是与债法之间的关系协调;最后,要检视传统大陆法国家对侵权法地位的设置是否存在问题,如果存在问题尤其要注意该问题是否为没有独立成一编所致。法典化是法律技术的产物,法典模式的立法要求法典文本内部协调统一,逻辑顺畅、严密,侵权行为的后果与合同、无因管理、不当得利具有同质性。自《法国民法典》始,现代各大陆法系国家均予接受,两百多年以来各国坚持将合同行为(社会鼓励行为)与侵权行为(社会否定行为)同置债法中,并非无视它们的区别,而是在法律规范层面认可了它们的共同点。传统大陆法各国侵权法存在的问题是法律条文规定的过于简单,而非没有独立成编所致。另外,仅仅是形式上独立成编,还是在实质内容上独立也是要慎重思考的问题。英美侵权法能独立的原因之一是没有"债法",我们在不能放弃债法概念时,侵权法独立主要问题就是与债法的协调问题。

五、侵权责任法的客体

侵权责任法的客体,是指何种权利或利益受到侵害后适用侵权法救济,也即侵权行为涵摄的范围。从一般意义上讲,侵权责任法仅仅对受到侵害的民事权益提供救济,但仅民事权利类型就已是多样,有广、狭义之分,也有自然权利和实证权利、绝对权和相对权、财产权和人身权等分类;而且,并非所有的民事权利都由侵权法救济这一观点恐怕也是能被接受的。这就使得对侵权责任法客体的讨论成为必要。我国《侵权责任法》第2条明确规定:"侵害民事权益,应当依照本法承担侵权责任。

本法所称民事权益,包括生命权、健康权、姓名权、名誉权、荣誉权、肖像权、隐私权、婚姻自主权、监护权、所有权、用益物权、担保物权、著作权、专利权、商标专用权、发现权、股权、继承权等人身、财产权益。"

该规定的特点是明确列举了各种具体权利类型,当然,值得肯定的是第一次以立法形式规定了"隐私权",虽然没有规定一般人格权,但通过"等人身、财产权益"模式保证了今后发展的需要;遗憾的是该条规定删除了"身体权";另值得进一步讨论的是明确了"监护"的权利属性。

---

① 参见王利明:"合久必分:侵权行为法与债法的关系",载《法学前沿》(第1辑),法律出版社1997年版;王利时:"论侵权行为法的独立成编",载《侵权法评论》第1期,人民法院出版社2003年版。总结王利明教授的主要观点,独立成编的理由包括:(1)传统债法体系具有内在缺陷。如各种债的发生原因的个性大于共性、传统债法体系是围绕合同法建立的,而侵权法与合同法有很大区别,都置于债法体系下,就忽视了侵权法的特点;(2)侵权责任的多样性使得债权法对侵权责任个性调整具有局限性;(3)侵权损害赔偿的特殊性,为侵权法的相对独立提供了根据;(4)侵权法的不断发展和完善,需要突破传统债法的体系。王教授认为英美侵权行为法的独立模式比大陆法国家将侵权法置于债法体系中的做法更具有合理性。

就此而言,侵权责任法的客体应包括以下几项:

1. 绝对权利

从文义解释角度分析,侵权行为应指侵害权利的行为,所以民事权利是侵权行为的当然客体,但是这里侵害的"权利",并非为权利的全部。侵权行为的后果是侵权责任,而承担责任的前提是义务的存在及义务的违反。传统理论认为,民事权利以效力范围不同分为绝对权和相对权,绝对权指权利的效力范围及于权利人之外所有人的权利,所以绝对权也称对世权。对此权利,任何人都有注意防止侵害的义务,对该义务的违反即构成对权利的侵害。所以,物权、人身权、知识产权等都属于侵权行为的客体。《侵权责任法》第2条第2款所列举各项权利均属绝对权;而相对权的效力范围仅及于特定的人,其义务主体具有特定性。义务主体之外的人通常并不知悉权利的存在,自然也就不能要求其注意防止侵害,最典型的相对权是债权,其义务主体只能是债务人本人,该义务违反通常适用违约责任规制,所以债权通常不是侵权行为客体。

2. 受法律保护的利益

因权利类型化的局限性所决定,法律不可能将所有的利益以权利形式列举规定,但是这并非说明只有权利才属于侵权行为客体。侵权行为法所要保护的利益除法律规定的权利外,还包括没有上升为权利而应当受到法律保护的某种利益,即被我国学者将德文中的"Rechtsgut"翻译为"法益"的东西。① 德国法学家拉伦茨认为在解释"法益(Rechtsgütern)"时认为:在"《德国民法典》第823条第1款中保护的利益和权利及其保护范围",涉及"利益"一词,而该题目下有4个问题:侵害生命、身体和健康;侵害自由;侵害所有权;侵害其他权利。就此总结,其所谓"法益"应是指"权利之外的受法律保护的利益",例如前述生命、身体、健康和自由。可以推定"法益"是相对于权利而言的概念。关于生命、身体、健康和自由等与主体人格密切结合的利益,在民法典中未见有称为"生命权、身体权、健康权、自由权"者。但是,我国很多人却说《德国民法典》明文规定了生命权、身体权、健康权、自由权。德国民法典是否规定了各种人格"权利",虽然不好绝对断言,但以第823条规定来认定德国民法明确规定了人格权是不充分的,因为该规定中并无各种具体人格"权利"的名称,而且该规定只是一个保护性规范,而不是确权性规范。就此而言,正确的理解应是生命、身体、健康和自由是权利之外应受德国侵权法保护的利益。应该注意到在我们的法律研究中经常使用的"生命权""健康权"等概念,在大陆法系国家的侵权法中一般都只称"生命""健康"等。不仅德国这样规定,《日本民法典》第710条在列举规定与主体人格有密切联系的利益时,也没有使用"什么什么权",该条规定:"无论侵害他人的身体、自由或者名誉的场合,还是侵害他人的财产权,依照前条负损害赔偿之责者,对于财产以外的损害也要予以赔偿。"第711条也只是规定侵害他人"生命"者要承担责任,而没有称之为"生命权"。其实,在我们的《民法通则》第106条第2款的规定中被侵害对象是"财产""人身",也没有规定为"财产权""人身权",更

---

① 著名民法学家梁慧星教授在讲到权利的意义时认为,法律上的力与特定的利益要素相结合,才构成权利。此利益指生活利益,包括财产利益和非财产利益两种。并说:"生活利益本来很广泛,其中受法律保护者,称为法律利益,简称法益。"虽然梁教授没有明确说什么是法益,但从其解释上看,我觉得有两点是值得思考的:(1) 是否只有法律规定的权利才是权利? 也就是权利是否法定问题;(2) 法益是否是指法律规定的权利中的利益?"法益"来源于以德国,因此德国专家的分析更具有可信性,从拉伦茨等对法益的解释上分析,梁老师的观点恐怕有误。参见梁慧星:《民法总论》,法律出版社1996年版,第63页。

非物权、人身权和知识产权。生命与生命权以及人身与人身权显然不同,因为财产是财产权的标的而不是财产权本身,人身是人身权的标的而不是人身权本身。依拉伦茨的解释这些与人格密切联系的利益即是权利之外受法律保护的利益。侵权行为不仅包括侵害"所有权或者其他权利",也包括侵害受法律保护的利益。

当然,现代社会人格权概念逐渐盛行,很多国家将重要的人格利益上升为权利,如隐私权、名誉权等,德国还通过其基本法的适用创设了一般人格权,这些修订在私法上反映了人们对人格权的重视。其实,在我国《民法通则》中有关人格权的规定还是相对丰富的,因为我们将主要的人格利益都已视为权利,所以,我国对人格利益的救济是直接的,无须再审查该利益是否应受到法律救济。但是,对于还没有权利化的利益,则需要根据现实人们的一般观念来决定是否属于侵权行为所涵摄的范围,否则,就会使侵权行为法变成一个巨大无比的"箩筐"。试看下列两实例,思考侵权行为的客体范围。案例一:四川某市陶女士在一起交通事故中嘴唇裂伤。经交管部门认定,肇事司机吴某负全部责任。陶某认为自己因嘴唇裂伤而无法感受丈夫的亲吻;也无法满足女儿向自己"索吻"。于是向法院提出除了身体权、健康权、财产权外,自己的"亲吻权"也受到了侵害,请求法院一并判决吴某赔偿损失。案例二:北京某地的史某与哥哥多年无来往,其父亲去世时,哥哥自己处理了后事,并在火化后,没有保留骨灰。若干年后,史某得知情况,非常难过并气愤,以自己对父亲的"悼念权"受到侵害为由将哥哥诉至法院,要求其讲清楚父亲死亡的情况,并检讨自己的不妥之处,以及赔偿精神损失若干。日常生活中因骨灰盒丢失而引起的纠纷中,也常见原告认为保管人侵害了其悼念权,并据此提出精神损害赔偿请求的案件。一般以为至少现在"亲吻""悼念"还不是法律权利中的内容,是否为侵权法要保护的利益,应由法官视情况决定,并非当然保护。更何况在实务中,利益的保护还需有对应的法律规定,即所谓请求权基础。否则,就有可能出现"吃饭权""穿鞋权""走路权"等泛滥权利。我国《侵权责任法》第2条中使用"等其他人身、财产权益"其作用巨大,其使得对诸如"占有利益""贞操权益"以及所谓"纯粹经济利益损失"等在司法实践中的被救济变得有法可依。

3. 特定情况下的债权

债权是否得为侵权行为法客体是一个有争论的问题。依据传统民法理论,债权为存在于特定当事人之间的权利,性质上属于相对权,在权利保护上也具有相对性。当事人以外的人不具有侵害债权的能力。侵权行为与违约行为的区分,使得侵权行为所涵摄的范围被限定在绝对权领域,而对于属于相对权的合同权利的侵害,则坚守债的相对性规则,债权人只能请求特定的债务人承担债务,即债权只对债务人有拘束力,排斥第三人对合同的责任。因此,各国在立法上对第三人侵害债权的行为并不视为侵权行为。但是,现代社会,基于任何权利都具有不可侵犯的特性,以及在哲学上从个人本位向社会本位的转变,在法律观念上,义务的负担不仅仅出于义务人意思,法律的任务也不仅在于保护个人权利。在具体法律制度上,债权的相对性无非说明债务人负有保证债权实现的积极义务,而并不能推导出其他人可以对债权实施侵害,就不可侵犯性而言,绝对权与相对权并无区别。反映在司法实践中,英美法通过国家干预合同关系的确立,改变了债权不能成为侵权行为客体的观念。大陆法国家则是通过对法律规定的扩张解释,在司法实践中确立了第三人侵害债权制度的。①

我国对债权的不可侵犯性研究并不深入,立法上也未承认债权可为侵权行为客体。如依照《合同法》第121条的规定:当事人一方因第三人的原因造成违约的,应当向对方承担违约责任。第三人侵害债权,是指债的关系以外的人故意或与债务人恶意串通实施的旨在侵害债权人债权,并造成债权人损害的行为。在第三人明知他人债权存在的情况下,对其造成的债权人损害承担侵权责任的合理性也是注意义务的违反。如前所述,物权、人身权和知识产权都属于绝对权,是对世权,任何人都具有不得侵害的义务,而一旦未尽该义务,即构成侵权。债权作为相对权,通常只有与之有权利义务关系的人才知悉其存在,自然也只有这样的人负有义务。但是,此效力仅是对债的内部效力的表述,债权的存在并非必然排除第三人的知悉。理论上,知悉债权存在的人,都具有防止侵害的义务,债的关系之外的人为自己的目的,恶意阻止债权实现时当然也构成对他人利益的侵害,自然也属于义务违反,对债权人的损害也应有法律予以救济。囿于违约责任需有合同基础的限制,对第三人侵害债权的规制列入侵权行为范畴是顺理成章的。

六、侵权责任法的功能

对于法律之功能,法学基础理论已经有详尽的阐释。但是对于侵权责任法的功能却鲜有研究。其中之原委除了法律功能研究的弱势、侵权责任法的立法局限性以及对侵权法的功能研究重视不够之外,还在于"功能"这一表述方式的自身抽象性使得"侵权责任功能"不可避免的给予人抽象、枯燥、空洞的印象。侵权责任法的社会功能是指侵权法律规范所要达到的社会目标,是在侵权法的立法、司法中始终贯彻的指导思想。侵权行为法以矫正的正义观为其法哲学基础,通过其特有的功能对受到侵害的权利和利益加以保护,这种矫正的过程也是一种利益平衡的过程,这种平衡在不同的社会时期表现并不完全一致。从初民社会到现在,不同社会的正义观念是不同的,侵权行为法的社会功能也呈现一个渐次演变的过程。对此演变的过程依通行观点的简单描述即是:复仇、赎罪、惩罚、填补损害和预防损害。对这种描述,当然不能理解为在某一时期侵权法只体现一种功能。

正所谓"当侵权责任的归责原则尚未清楚的情况之下,对于侵权责任有哪些归责原则的争论肯定不会有一致的结论"一样,在关于侵权责任的功能问题上,学者之间尚无统一的学说。我国学者中,代表性的观点主要有:张新宝教授的"四功能说",认为侵权责任法的功能包括:对受害人权益的补偿、对社会利益的平衡、对侵权行为人的警戒以及对公众的警戒、对社会道德的维护②;李永军教授认为,侵权行为法的功能有三种:惩罚、遏制和预防、补偿③。

---

① 事实上,对传统民法从权利的效力所及范围的角度将权利二分为绝对权与相对权的做法,并非没有质疑声音。史尚宽认为,两者并不能概括一切权利,如撤销权两者都不属;物权在限制物权场合,具有相对权的色彩;亲属权有认为是绝对权,有认为兼具两者,如夫妇关系。债权通说认为是相对权,但在雇佣契约场合,若第三者使债务人负同样之债务,或在交付特定物时被第三者毁灭,构成给付不能,应当构成侵权行为,所以债权也有绝对权的效力。见史尚宽:《民法总论》,台湾正大印书馆1981年版,第16—17页。在法国、德国、日本,物权和债权的截然区分遭到了很多学者的质疑与批判。在司法实践中,法国利用民法典规定的概括性将第三人侵害债权的行为直接作为第1382条的规范内容;而在德国和瑞士因原本民法典并不以权利为侵权行为要件,所以对侵害债权的行为就适用侵权行为中的"违反法律保护规定或以违背善良风俗"类型解决。英美法承认债权也得为侵权行为客体也经历了较长过程,在多个案例的判决下影响下,英美法确立了在第三人引诱或故意情况下对债权的侵害得构成侵权行为的规则。
② 张新宝:《中国侵权行为法》,中国社会科学出版社1995年版,第14—17页。
③ 江平:《民法学》,中国政法大学出版社2000年版,第741页。

王卫国教授和王泽鉴教授认为侵权行为法的功能一般有两方面:填补损害(补偿)和预防损害(遏制)。在有非财产损害的金钱赔偿时,侵权行为法还有对被害人抚慰的功能①。

我国《侵权责任法》第 1 条规定:"为保护民事主体的合法权益,明确侵权责任,预防并制裁侵权行为,促进社会和谐稳定,制定本法。"说明我国立法上赞同三功能说。

要正确认识侵权行为法的功能,必须明确以下几方面的问题:(1)法律规范与道德、宗教等其他社会规范的功能不同;(2)刑法、行政法等公法的社会功能与作为私法的民法的社会功能不同;(3)任何法律规范其功能不仅都有局限性,同时也都在变化之中。

(一)"填补损害"是侵权行为法的基本功能

1. 现代侵权法着眼于救济受害人

从侵权行为法的历史演进过程分析,古代侵权行为法的功能并非填补受害人的损害,而是通过复仇的方式来消除仇恨。复仇是对侵害行为的制裁,其基本的功能是通过对加害人的惩罚,以达到稳定社会秩序的目的并附带使受害人获得某种短暂的心理上的快感。

而在现代侵权法中,使加害人就其侵权行为所生损害负赔偿责任的本旨非在惩罚,因为损害赔偿基本上并不审酌加害人的动机、目的等。侵权法是从受害人应当得到救济角度出发,使侵权人承担赔偿责任的。归责原则的直接目的在于确定责任人,一旦责任人确定,其赔偿数额原则上不因加害人故意或过失的轻重而有所不同。也就是说,侵权法的归责原则制度并非为惩罚加害人,其目的在于使被害人的损害能获得实质、完整、迅速的填补。侵权救济也是以恢复被侵害的权利或利益到如同没有被侵害时的状态为目标的。现代侵权行为法上,过错责任的客观化、举证责任的倒置、无过失责任的建立及损害赔偿数额的合理化,乃至责任保险和社会保障制度的扩张等等,无一不是基于充分填补受害人损害而设立的规则,无一不是从有利于受害人角度出发发明的制度。

填补损害或损害赔偿,首先是指损害转移(loss shifting),即将被害人所受到的损害转由加害人承担,由加害人负赔偿责任。此为传统侵权行为法所强调的功能,着眼于加害人和被害人之间的关系,以加害人行为的可非难性(故意或过失)为归责原则,标榜个人责任,但其承担责任的目的在于使受到侵害的权利或利益得以恢复。(与古代侵权法不同,现代侵权法强调自己责任,而不主张株连。)依王泽鉴先生的观点:损害分散(loss spreading)的思想已逐渐成为侵权行为法的思考方式。此种分散损害的方式具有两个优点:一是使被害人的救济获得较佳的保障,二是加害人不致因大量损害赔偿而陷于困难或破产。此所涉及的,除加害人和被害人外,尚有社会大众,不特别着眼于加害人的过失,而是在寻找一个"深口袋"(deeper pocket),有能力分散损害之人,并体认到这是一个福祸与共的社会,凸显损害赔偿集体化的发展趋势②。在损害赔偿问题上,不管是"损害转移"还是"损害分散",侵权法的着眼点都在于对被害人进行救济,具体表现为对受害人的损失进行补偿。

2. 责任保险对侵权法填补损害功能的影响

传统的侵权理论认为,保险和侵权责任是毫不相干的。保险和侵权责任产生联系源于侵权责任体现的正义观发生的变化,出现了从矫正的正义向分配的正义转化的趋势。现代

---

① 王泽鉴:《侵权行为法》(第一册),中国政法大学出版社 2001 年版,第 7—10 页;王卫国:《过错责任原则:第三次勃兴》,中国法制出版社 2000 年版,第 233 页。

② 参见前引王泽鉴书第 8 页。

社会事故问题非常严重,损失转移的方式既不能保证受害人获得赔偿,又可能从经济上毁掉责任人,而且有些事故是工业文明的副产品,与其让从事此类活动的个人遭受沉重的责任负担,不如让整个社会共同承担文明与进步的代价。责任保险制度应运而生。从这个意义上说,侵权法中的危险责任是责任保险发展的原因。有人认为正是责任保险等使得侵权行为法走向"没落",实际上,责任保险的出现和被广泛适用使得损害赔偿变得更加容易,受害人的利益得到充分保障,进而使侵权行为法的社会功能更好发挥。从制度角度看,责任保险的保险人只有在被保险人侵权责任成立时才向受害人支付赔偿,在一定意义上也说明责任保险本质上是寄生于侵权法的。

责任保险对侵权法的影响,王泽鉴和刘士国先生都认为有三点:(1) 促进了无过失责任的建立和发展;(2) 侵权责任社会化而个人责任没落;(3) "更进一步否定了传统侵权法所隐含之吓阻或预防损害发生之功能;更积极地强调侵权法的填补损害的功能。"[①]

归责原则的客观化导致了传统过失概念本质的变化。尤其是无过失责任的出现,使以企业为中心的侵权集团为确保自己的自由活动领域而积极地加入责任保险。因为责任保险在其自身的发展中导入了受害人的直接请求权,便使本来从逻辑上毫无关系的侵权责任的成立要件在事实上发生了变化。这种变化使人感到,古典的自由主义思想正在被社会的法治国家思想所代替,即从个人转向社会。责任保险一方面对传统的侵权行为法起到了补充的作用,另一方面它又是导致侵权行为法再也不能继续保持自我完善的最初契机。这种现状自然导致了侵权行为法预防功能和惩罚功能的逐步后退,相反,对受害人损失填补的功能却得到了加强。

有人使用"恢复原状"来表述侵权行为法的填补损害功能,其实,权利或利益被侵害后是无法"恢复原状"的,尤其是对人身权的侵害。

(二) 侵权责任法的"预防"功能

法律规范是行为规范。在一般意义上讲,法律规范是事先制定的行为规矩,只有在此规矩中,人们的行为才会有效,别人才能尊重。一旦在规矩中的行为受到限制或依据规矩而产生的行为后果受到损害,为保障规矩权威的强制性内容就将发挥作用。所以,法律规范具有行为模式的作用,教导人们依法律规范确定的方式进行活动,不得在规范外进行活动,在此意义上,任何法律规范都有预防功能。

具体到侵权法的规范上,其预防功能也仅在于:法律规定何种不法侵害他人权益的行为,应予负责,藉由确定行为人应遵行的规范,以及损害赔偿的制裁而吓阻侵害行为,而具有一定程度的预防功能。

制定规则以使侵权行为不发生,也即预防损害的发生当然是立法的最高境界,但是社会危险多存在于社会必需的活动中,各类事故损害事实防不胜防,侵权行为法所面对的常态当是损害的发生。在现代社会中,侵权法预防的功能不是专门规定预防制度就能实现,而是通过其他制度(如赔偿制度)来实现的。就侵权法而论,其基本的目的是使当事人所受损害得到赔偿,通过损害赔偿诉讼的处理来遏制不法的或反社会的行为,实际上说明"遏制"(预防)只是损害赔偿功能反射出的功能,而不是侵权法的基本功能。

[①] 王泽鉴:《民法学说与判例研究》(第二册),第164—165页;刘士国:《现代侵权损害赔偿研究》,法律出版社1998年版,第27—28页。

责任保险的出现及发展与侵权责任法的发展,有相互推动的作用。侵权责任的加重,促进了责任保险的发展,而责任保险制度的建立,也使侵权法采取较严格的责任原则。责任保险使得侵权法中,填补受害人损害的功能得以保障。但是,责任保险制度的发展会使侵权法中所谓"预防"损害的功能得以发挥这是值得怀疑的。由于有了责任保险,产品的生产者、汽车的驾驶者甚至医生在其相应的活动中,就可能产生自己不必为加害行为承担责任的思想,在某种程度上可以说不但没有"预防"损害,反而对损害行为是一种"纵容"。由此也可以说明,侵权法的功能本不在于预防损害,而仅在于补偿损害。如果说传统侵权法中的"有过失有责任"规则对加害人有一定阻遏或预防作用,那也是侵权法基本功能——补偿损害附带出的功能。因为,法律规定"有过失有责任"的本质目的不是让侵权人承担责任,在承担责任的背后是使受害人的损害得到补偿。补偿损害是基本目的,由于要实现这一目的而制定相应的、便易司法操作的裁判规则——侵权人承担赔偿责任,在客观上对侵权行为起到了遏止作用,从而具有预防损害的效果,这纯粹是赔偿损害所产生的"副产品",而不是侵权法的基本功能。

(三) 关于侵权责任法的惩罚功能

正如前文中所述及,对于侵权责任法中是否具有惩罚性这一功能,在当下学界仍然形成两种截然不同的态度。江平教授主编的《民法学》认为:"惩罚即是侵权行为法的功能,从中可以看到古代侵权行为法在现代侵权行为法中的痕迹。"我国台湾地区学者曾世雄先生也曾有言:"民事责任所具有之功能,除此之外,尚有预防功能和惩罚功能,唯后两者功能不彰显,因之殊少受到重视。"王利明教授也认为:"侵权责任和其他法律责任一样都具有制裁、教育违法行为人的职能。没有制裁性的法律责任在性质上已经丧失了法律责任的固有性质。"但是反对者也曾认为,侵权法是作为私法而存在,在侵权损害赔偿中任何私人都不能对另外一个与之处于平等地位的司法予以制裁或者惩罚,因此当一个社会成员的合法权益受到另外一个社会成员的侵害之时,他所能要求的,就是使他所受到的补偿获得填平。

对于此观点,我们认为侵权责任法的基本功能中,是包括惩罚性的。而这种惩罚性,是因为法律自身所具有的功能特性所决定的。侵权责任法所具有的惩罚性功能,是以侵权责任法为基础体系,在填补损害等基本目的之外,所衍生而出的遏制侵权行为的潜在发生可能性以及保护被侵权人的权利功能。惩罚功能是基于侵权责任法体系下所要求的基本原则、规则等要素之间相互的作用,通过与被调整的主体(侵权人)联系并且通过要求其承担不利后果而表现出来的社会性作用。换而言之,惩罚是体现了侵权责任法对于某种行为的社会态度。同时侵权责任法的惩罚这一特征也彰显了侵权责任法所具有的内在的确定性以及客观性等规律,体现了侵权责任法所应当承担社会价值和内涵。

当然,除了侵权责任法自身所具有的惩罚性这一特征之外,我国《侵权责任法》第47条也同时规定了惩罚性赔偿的内容。

1. 惩罚性赔偿中的"惩罚"的含义

在损害赔偿法中,"惩罚"是指对超过实际损失部分进行的赔偿,即有额外的支付时才具有惩罚的性质,而且惩罚也只有在地位不平等的主体之间才能实现。因此,如果行为人只对其造成的他人损害承担赔偿的责任,此时法律规范的功能仅具有"补偿"性,而不具有惩罚性。惩罚应当是在不同地位的主体之间发生的一方对另一方的制裁。惩罚性损害赔偿与补偿性损害赔偿主要有以下区别:

(1) 补偿性损害赔偿是指加害人支付一定的金额给受害人以填补受害人因加害行为而遭受的损失。这种补偿不能小于损失的数额,否则,损害就没有得到完全救济;这种补偿也不能大于损失的数额,否则,就会使受害人不当得利。惩罚性损害赔偿是独立于补偿性赔偿而另外支付的一笔赔偿金,它不以受害人所遭受的损失为限,甚至有时根本不考虑受害人所受损失的大小,只要加害人的行为达到法律上可指责的程度,就可以处以惩罚性赔偿。

(2) 补偿性损害赔偿的目的是补偿受害人所受到的损失,体现民法所调整的法律关系的平等、有偿特点;而惩罚性损害赔偿侧重于表现法律的威慑功效。

(3) 补偿性损害赔偿在侵权行为法中以实际损失为限;惩罚性损害赔偿则是以法官和陪审团根据被告的财产状况、主观动机、过错程度、认错态度等来进行的"自由裁量",其数额可以有很大差别。在美国,有的高达几十亿美元,有的也就几百美元。

2. 惩罚性赔偿的适用

惩罚性赔偿主要在美国法中采用,为美国所固有。美国学者一般认为惩罚性赔偿具有补偿、惩罚和遏制等多重功能。由此可知,美国侵权法中的惩罚性赔偿金中包含两部分,一是对受害人实际损失部分的补偿金额;另一部分是超过实际损失的部分金额。以实际判例的情况理解,后一部分才是惩罚性赔偿金,只不过法庭在判决时是一并给予的。

近年来,惩罚性赔偿突破法系的束缚,对大陆法国家产生了一定的影响,在适用范围上,也突破了侵权法的约束,被应用于契约法、反垄断法、环境法等法律部门。从历史上看,学者们认为,英美法中的惩罚性赔偿最初的主要功能是惩罚被告,并对原告进行补偿。

3. 我国学者对惩罚性赔偿的争论观点

我国主流的观点认为:惩罚仍是现代侵权法的功能之一。但在对此功能进行论述时,基本都从古代或近代法中展开。对现代侵权法中是否还具有惩罚功能大都没有从正面论述,从以"惩罚性赔偿"为名称出现的论文中看,作者对侵权法具有惩罚功能都持肯定观点[①]。江平教授主编的《民法学》中也认为,侵权法具有惩罚功能,但只是说"惩罚是侵权行为法的功能,从中可以看到古代侵权行为法在现代侵权行为法中的痕迹",而没有进一步的论述。王利明教授认为:补偿受害人的损失并不是侵权责任的唯一目的,"侵权责任和其他法律责任一样都具有制裁、教育违法行为人的职能。没有制裁性的法律责任在性质上已经丧失了法律责任的固有性质"[②]。也有学者以美国学者迈克尔的有关惩罚观念来支持这一观点,认为:人们必须为其不法行为付出代价。在不同的法律部门中,这种惩罚的方式是不同的。例如,在刑法中,这些代价是指刑罚,而在民法或者私法中,这种代价主要是指对受害者支付金钱赔偿。[③] 其实,对迈克尔的这段话可以这样理解:一方面惩罚性赔偿在世界范围内主要在美国法中采用(但是,即便是在美国对此也有很大争论。);另一方面,使"不法行为"付出"对受害者支付金钱的赔偿"的代价,这里究竟是一种"惩罚"还是一种"补偿"不无疑问。因为作者在谈到侵权法的补偿目的时又说:"若被告遭受惩罚但原告并未获得任何赔偿金,那原

---

① 参见王利明:"美国惩罚性赔偿制度研究",载《侵权法评论》2003第2辑,人民法院出版社2003年版。朱凯:"侵权行为法上的惩罚性赔偿",载王利明主编:《民法典·侵权责任法研究》,人民法院出版社2003年版;王雪琴:"惩罚性赔偿制度研究",载梁慧星主编《民商法论丛》(第20卷),香港金桥文化出版有限公司2001年版;王立峰:"论惩罚性赔偿",载梁慧星主编:《民商法论丛》(第15卷),香港金桥文化出版有限公司2001年版。

② 王利明:《侵权行为法归责原则研究》,中国政法大学出版社1992年版,第54页。

③ 江平:《民法学》,中国政法大学出版社2000年版,第741页。

告的报复目的是否能够满足？人们没有理由支持这种类型的侵权法体系。满足坐看被告受到惩罚而不能对损害进行任何可能的补偿，获得这样一睹为快的机会与提起诉讼所耗费的时间及金钱相比，实在太不相称了。"①

传统民法认为，损害赔偿的功能在于填补受害人的损害，"损害—补救"过程是一个受损害权利的恢复过程，"损害赔偿之最高指导原则在于赔偿被害人所受之损害，俾于赔偿之结果，有如损害事故未曾发生者然。"②既然损害赔偿的宗旨限定在补偿方面，那么惩罚性赔偿就被排除于适用范围之外。传统民法中损害赔偿的宗旨是否已经过时，是否有必要采用惩罚性机制于侵权法，以增加其功能或者保障其功能的发挥？这即便是在适用惩罚性赔偿较广泛的美国也是有争论的。赞成惩罚性赔偿的人一般认为，惩罚性赔偿具有三方面的功能：补偿功能、制裁功能和遏制功能③。

我国还有学者认为：因为我国侵权法非常不完善，对受害人保护不足，迫切需要一个制度来为受害人提供足够的补偿，来提醒潜在的侵权人注重他人的权利……也就是说，惩罚性赔偿制度原则上可以适用于一切侵权行为④。

4. 对惩罚性赔偿的实质探究

正如前文所述及，传统的损害赔偿责任制度，其意旨在于补偿受害人所受到的损失，而惩罚性赔偿正是与此相反，而是为了惩罚不法侵权人并且威慑其他潜在的可能侵权之人。从惩罚性赔偿的本质上而言，其赋予了应当处于平等地位的当事人一方向另外一方施加一种惩罚的权利，即受到侵害的当事人可以要求侵权人除了承担依照补偿性损害赔偿应当承担责任之外，仍然可以要求侵权人再一次向自己支付一笔数额巨大的赔偿金。这是惩罚性赔偿制度的实质所在。而这种所在，几乎完全颠覆了传统民法体系下损害赔偿制度与不当得利制度的基本原则。根据众所周知的原因，所谓私法之关系，乃是平等两方或者多方主体之间的具体权利义务关系群；当一方所遭遇损害之时，另一方也应当予以赔偿，但是该赔偿之范围，应当以对方损害为界限，而惩罚性赔偿无疑突出了此种界限，超越了我们私法意义上的完全赔偿责任原则。

惩罚性赔偿的权利，就其实质，是将应当由国家公权力所独占享有的惩罚权，赋予了被侵权一方。自从刑法自成体系以来，基于保证社会公平的角度，所有享有惩罚性质的权利，基本上完全被国家行政机关所垄断，而一般社会民众只能通过诉讼的方式来得以实现。所以允许惩罚性赔偿的制度是破除了惩罚应当由公法规制的常规惯例。

---

① [美]迈克尔·D.贝勒斯：《法律的原则》，张文显等译，中国大百科全书出版社1996年版，第256页。虽然作者在书中认为惩罚是侵权法的作用，但仔细分析就会发现，作者所讲的惩罚是指补偿中体现的惩罚，而且惩罚是"道义上应受的惩罚"。这与我们所理解的法律上的惩罚还是有很大区别的。
② 曾世雄：《损害赔偿法原理》，台湾1996年自版，第17页。
③ 王利明：《侵权行为法归责原则研究》，中国政法大学出版社1992年版，第132—134页。
④ 王雪琴："惩罚性赔偿制度研究"，载梁慧星主编：《民商法论丛》第20卷，香港金桥文化出版有限公司2001年版，第140页。

第十八章

侵权责任法的归责原则

第一节 侵权责任法归责原则概述

一、归责原则的概念

民事法律关系的成立,主要来自于两种途径:一是主体主动通过法律行为而成立,如合同关系;二是权益受到侵害而被动加入。后一方式是在否定将损失仅视为个人命运的观念下,以具有法律约束力的方式由他人对损失进行补偿而成立的法律关系。实际生活中,任何人遭受损害首先应该归属受害人自己,并将其理解为个人的命运。这即是罗马法的"所有权人自吞果"(casus sentit dominus)原则。其基本思想是反对由法律来阻碍偶然事件的发生,并反对由法律补偿由命运所造成的不平等。从经济学角度分析"良好的政策应该让损失停留于其所发生之处,除非有特别干预的理由。"(Sound policy lets losses lie where they fall except where a special reason can be shown for interference.)[①]即使他人承担法律责任须具备特别理由,这就需要法律回答,在何种条件下应当由他人承担责任,即将损失归责于他人的原因和标准是什么?这即是归责原则问题,归责是侵权行为法的中心问题。

1. 归责的含义

归责是指行为人因其行为或物件致他人损害的事实发生后,使其负责的准则。也就是依据某种事实状态确定责任的归属。德国法学家拉伦茨认为归责是指:负担行为之结果,对受害人言,即填补其所受之损害。我国台湾地区的学者邱聪智认为归责意义的核心是:在法律规范原理上,使遭受损害之权益,与促使损害发生之原因者结合,将损害因而转嫁由原因者承担之法律价值判断因素。归责是一个复杂的责任判断过程,其含义与责任不同。侵权责任指行为人侵害他人权益或违反民事义务而依法应承担的法律后果,该法律后果在大陆法系称之为一种"债"。责任是归责的结果,但是归责并不必然导致责任的产生。归责只是为责任是否成立寻求依据,并不以责任的成立为最终目的。由于行为人的责任与受害人权利或利益的具有密切联系,所以归责原则的确立对侵权法的社会功能影响巨大。

2. 归责原则的含义

归责原则指归究法律责任的根本标准。具体而言,归责,指归究法律责任的根源,即决

---

① O. W. Holmes:The Common Law. Little Brown and Company,1881,p.50.

定某人对某种法律现象在法律价值判断上是否应承担法律责任。归责原则在损害赔偿理论上具有重要意义。归责事由是法律责任构成要件中最重要的要件。法律的主要作用在于明示设定人类社会秩序的标准,在损害赔偿的构成要件中,损害事实的发生是一个事实现象,系侵权行为成立的前提,损害事实的发生并不必然引发侵权责任,在法律价值判断上,损害事实不具有重大意义;因果关系要件虽然很重要,但其本身并不能说明行为是否正当。如正当防卫行为也可以成为造成他人损害的原因,但正当防卫属于合法行为;违法性要件,在法律价值判断上固然占有重要地位,但其价值判断的出发点在于维持整个法律秩序,对于具体案例中特定人之间的差异,几乎不管,也正因如此,违法性要件忽略了特定人与法律秩序之间的关系,如无行为能力人对其实施的侵害行为并不承担责任。所以,违法性要件始终不能成为决定责任主体的责任是否存在的最终依据。而归责事由,则基于具体个人与法律秩序之间的关系,将违法、违法的效果及违法事由的行为,与发动该事由的具体人加以结合,作为价值判断的出发点。如此,从损害到行为人的过程就十分清楚,责任人才能确定。正因如此,学者称归责事由是损害赔偿法的根本要素,是侵权责任判断的"最后界点"。

归责原则是一种确定责任归属的标准,即侵权行为造成损害事实后,法律规定采用什么标准将责任归于侵权行为人。本书虽然也称其为"归责原则",但并不认为,归责原则如同民法基本原则那样是贯彻于整个侵权行为法之中,并对各个具体规范起着统帅作用的根本性规则,而仅以为它是确定行为人的侵权民事责任的根据和标准。侵权法中的归责原则受民法基本原则的精神指导,二者是一般与特殊的关系。

侵权责任法的归责原则与损害赔偿原则也不同,赔偿原则是指在确定责任后,在确定赔偿数额和方式时应遵循的规则。两种原则的作用不同,归责原则的作用是为了确定侵权行为人应否负赔偿责任的原则,解决侵权责任由谁承担的问题,如依据过错责任原则,有过错的侵权行为人承担损害赔偿责任,如果行为人没有过错,对造成的损失就不承担赔偿责任。赔偿原则解决的是"怎么赔"以及"赔多少"的问题,如全部赔偿、限定赔偿、惩罚性赔偿、过失相抵,以及考虑当地生活水平和当事人经济状况进行赔偿等等。归责原则在侵权行为法中居于核心地位,赔偿原则是侵权法归责原则的具体落实。

以法典化为特点的大陆法系国家对归责原则有深入的探讨,而英美法国家一般并不认为有普遍适用的"归责原则",英美侵权法以"criterion of liability"即责任的标准来表达归责原则,在具体表述中,并不使用过错责任原则(principle of fault liability)或无过错责任原则(principle of no—fault liability),而使用过错责任(fault liability)或无过错责任(no—fault liability)。

3. 归责原则的体系

由于侵权行为的类型不同,也由于不同时期社会观念的不同,确定行为人承担侵权责任的标准也有所区别。英美法国家一般分为:故意侵权责任、过失侵权责任和严格侵权责任;而在大陆法国家,传统侵权法的归责原则乃过错责任原则一统天下,在现代侵权法中,无论在英美法国家还是在大陆法国家都已由单一归责原则向多元归责标准发展。世界各国都承认过错归责原则是侵权法的基本归责标准,绝大多数国家也都承认无过错归责原则,只不过在名称上有所区别,德国法称之为危险责任(Gefahrdungshaftung)在英美法上多称为严格责任(Strict liability)。(美国侵权法重述第二版规定的严格责任包括三种:一是动物占有人及提供动物栖息处所之人的责任;二是非正常危险活动;三是产品责任)除此之外,有国家也承认公平责任原则或衡平责任原则。

在我国理论界,有关侵权的归责原则主要形成三种观点:

(1) 一元制归责原则。认为侵权责任的归属应坚持以过错为标准,否认在过错责任之外还有其他归责原则存在,主张通过扩大过错责任的适用范围来适应侵权法领域出现的新问题。王卫国教授是其代表,他认为:为发挥民事责任的教育和预防作用,将行为的道德评价与法律评价密切结合,应当以单一的过错归责原则构建我国侵权法归责原则体系。这种观点在前苏联的民法学者有主张者,而且英国的侵权法学家温菲尔德主张:违反合理人的注意义务并造成损害是确定各种责任包括严格责任的基础,从而塑造一元归责体系即过失责任体系。

(2) 二元制归责原则。认为侵权责任应以过错责任和无过错责任为原则,或者以过错责任和危险责任为原则,并认为对一般侵权行为应适用过错责任原则,在法律有规定时对特殊侵权行为适用无过错责任原则。张新宝、米健教授持此观点。

(3) 三元制归责原则。这一体系产生较晚,观点也不统一,主要有:故意责任、过失责任和危险责任。我国学者中主张三元制归责的学者主要有:王泽鉴的过失责任、危险责任(无过失责任)及衡平责任,孔祥俊等的过错责任原则、无过错责任原则和公平责任原则。

在我国除上述各观点外,杨立新、王利明教授认为过错责任原则与无过错责任原则是矛盾的,过错责任的存在本身就排斥了无过错责任,因此,认为归责原则由过错责任原则、过错推定原则和公平原则组成。过错责任原则适用于一般侵权行为,过错推定适用于特殊侵权行为,公平责任原则弥补过错责任原则的不足。

有关归责原则的争论并没有停止,但多数学者认为我国侵权法的归责原则包括过错责任原则、无过错责任原则和公平责任原则,这也是《民法通则》所采用的观点。

就逻辑体系而言二元体制是完整的、周延的。从《民法通则》的规定上看,其所列举的侵权行为类型,要么属于过错责任,要么属于无过错责任。以公平这一任何法律规范应有之精神作为侵权责任的具体归责标准是牵强的,公平以民法基本原则方式发挥其作用,而不宜理解为责任归属的标准;推定过错的本旨仍以行为人有过错为主要要素,推定只是认定过错的程序不同而已,并不能成为影响归责性质的因素,不能与过错责任"平起平坐",性质上仍属于过错责任。

二、归责原则的演进

(一) 近代及以前侵权行为法的归责原则

在人类社会的早期,对侵权行为及其造成的损害没有专门的法律予以调整,对侵权行为则是采取自力救济方式,即自由报复的方式。最早的自由报复方式是没有限制的,后来逐渐采用同类型主义,即以"血族复仇"或"同态复仇"的形式表现出来的,所谓"以牙还牙,以眼还眼"。在当时的社会中,血族复仇具有积极的意义。它不仅维系整个氏族内部的团结,在没有一个能够凌驾于社会各团体之上以控制暴力侵犯的权威的时候,复仇具有一定的遏制侵害行为、维持整个社会稳定的作用。但是,另一方面,由于没有特别的规则约束,复仇往往演变成一种野蛮的报复,也往往造成更大的损害。初民社会的这种血亲复仇形式,很难用现代侵权法的归责原则来命名。

国家出现后,逐渐出现成文法,对侵权行为的自力救济方式,也逐渐演化为由法律规定的公力救济。通过法律责任方式对侵权行为进行制裁是社会进步的表现。当然,在早期国家的法律体系中,对侵害行为仍然残留有氏族社会的报复主义的思想。由于法律上诸法合一,刑事处罚与民事赔偿没有区分,早期古代侵权法实行的是"有加害就有责任"的客观归责原则。加害责任也称"结果责任""原因主义",其基本含义是只要行为人实施了加害行为,而且该行为构成造成损害的原因,"加害事实本身即足以构成使行为人承担责任的充分理由",而不考虑行为人主观上是否有过错。由此,在原始复仇本能的支配下,必然的是以损害结果的大小和形态来决定责任的大小和承担方式,区分加害人是否有过错以及过错程度如何等并无意义。当时的侵权法归责原则,也可以称为"无过失责任",只不过与现代侵权法上的无过失责任有明显的区别,不能混淆。从功能角度上讲,当时的法律责任带有浓厚的原始色彩,主要表现为对行为人主观状态的不加区分和制裁手段的野蛮。责任的产生很简单,仅有因果关系,不问主观过失。

在古代法中,罗马法却是一个例外。罗马法时期,其简单商品经济活跃,以私法为核心的罗马侵权法也有不同于其他国家的规定。罗马法中有私犯和公犯之分,私犯主要指侵害人的人身和财产,其与近现代民法上的侵权行为虽然在范围上有所不同,但在性质上并无区别,所不同的是罗马法规定须有过错时才承担责任。《十二铜表法》第一次以成文法典的形式规定了过错责任[1],公元前287年的《阿奎利亚法》进一步对侵权行为人的过错责任作了明确规定,使得过错责任成为了在罗马社会普遍适用的唯一归责原则。

公元4世纪后期,随着罗马帝国的土崩瓦解,罗马文明也陷入低潮。在法律实践中习惯性质的地方法以及当时著名的《撒利法典》(以酷刑闻名)取代了设置精细的罗马法。此时的侵权法归责原则又回退为加害责任原则。

12、13世纪,资本主义经济在欧洲萌芽并获得了广泛发展,人们反对封建束缚,寻求个体自由发展,强调个人权利的精神得到了空前的弘扬。这一时期,法学领域也开了一场罗马法的复兴运动。在侵权法领域,法学家们基于平等、自由的观念对严苛的结果责任制度进行了批判,力主确立罗马法的过错责任为侵权责任的归责原则。罗马法的过失责任原则对法国法产生了重大影响。17世纪,法国的法学家让·多马(Jean Domat)法官根据罗马法的精神,在《民法的自然秩序》(Les lois civiles daus leur ordre natural)一书中提出了应把过失作为赔偿责任的标准:"如果某些损害由一种正当行为的不可预见的结果所致,而不应归咎于行为人,则行为人不应对此种损害负责"。这样的观点对1804年的《法国民法典》的第1382、1383条的规定的过错责任原则起到了重大作用。

18、19世纪,随着资产阶级夺取政权,过错责任相继被法国、德国等国家民法典广泛采用,并以其强烈的时代精神被尊为资本主义私法三大理论基石之一,形成了具有普遍意义的抽象的过错责任归责原则。首先,过错归责体现了一种个人责任(自己责任)。其次,过错责任是一种主观责任,它警示人们在进行某一行为时,必须考虑行为的危险性,通过提高注意程度来避免过错行为可能导致的责任,从而起到了减少损害发生的作用。再次,过错责任强调和尊重个人意志和行为自由。客观上保护了自由竞争,促进了经济的发展。

与大陆法的发展相一致,英美法系侵权行为法的归责原则的发展,也是一个渐次演变的

---

[1] 《十二铜表法》主要规定的是侵权行为法的内容,其中从归责原则角度分析,基本是加害责任原则,但其中在第八表的第10条和第24条两个地方出现了"过失"概念。

过程。在英国中世纪早期,刑事犯罪与侵权行为混为一体,刑事责任与侵权责任也不加区分,都是以报复和威慑作为理论基础,遵循绝对责任原则(absolute liability),也就是所谓"结果责任原则"。从12世纪开始,犯罪与侵权行为逐渐区分开来。在刑法方面以行为人的主观犯意作为刑事责任的基础;在侵权行为法方面,则仍然遵循绝对责任原则。从15世纪开始,对旅店主、马车运输者、各种工匠以及医生等造成他人损害时,允许被告通过证明损害不是自己故意或过失造成的而免除赔偿责任。英国的过失责任形成于16世纪资本主义原始积累时期,盛行于19世纪的资本主义上升时期。当然,也要注意到,英美法学家对归责原则的类型并不热衷。英国的很多学者认为根本不存在所谓具有广泛适用性的归责原则,侵权法是由各种各样,差异极大的侵权行为规范所组成的集合体,规定一个或几个归责原则的做法,是荒唐的,它与具体的侵权行为无法吻合。

(二)现代侵权法中归责原则的多元化

自过错责任原则在侵权责任法中确立后,即取得了在归责体系中独统天下的地位,但是,这种地位在19世纪后期发生了变化。工业革命的发展把人们带进了一个全新的时代,然而人们在享受工业发展成果的同时,却又不得不承受发展带来的负面效应,不得不面对频繁严重的事故及其导致的危险和灾难。新环境对人们的人身、财产权利造成了重大的威胁,侵权行为法也面临着全新的挑战。此时,社会一般观念也对损害的补救提出了强烈的要求。在法学领域,抽象意义上的平等观念已不符合社会发展的现实,在经济领域处于支配地位的集团实质上处于强者地位,如果让处于弱者地位的广大受害者独自承担现代文明产生的危险和灾难是不公平的。因此,加强对受害人的保护,充分解决事故损害,以实现实质上的平等,成为法律追求的目标。有学者曾指出,现代社会事故灾害所具有的特征:(1)造成事故的活动皆为合法而必要;(2)事故发生频繁连续不断;(3)损害巨大,受害者众多;(4)事故的发生多为高度工业技术缺陷之结果,难以防范。对这种损害,加害人即便尽了谨慎的注意也不能避免损害的发生,有时加害人自己都不知道自己是否有过错,更不要说要求被害人去举证加害人有过错。面对这些变化,仅以过错责任原则为唯一责任承担标准的侵权行为法陷入了困境,同时对受害人的补偿也变得更加困难。

时代的发展使得侵权法所规范的对象呈现多层次性,这就要求侵权法归责原则必须相应调整。首先,过错归责理论的内容发生变异,客观过错理论逐渐取代了主观过错理论;其次,采取过错推定方式减轻受害人的举证责任,在损害发生以后,简便迅速地向受害人提供补救;最后,无过错责任登上了历史的舞台。无过错责任并非仅指侵权人真的没有过错的情况,其涵盖面更加广泛。在适用无过错责任的领域里,对侵权人主观状态的认定呈现出一定程度的模糊性,即法律在对特定领域内侵权行为责任的认定标准上采取了更加严格的态度,从立法的思维方式来看,无过错责任在这一点上与英美法中的严格责任以及德国等的危险责任是基本相同的。

我国《侵权责任法》通过第6、7条规定了过错责任、过错推定责任和无过错责任,与之对应的归责原则就是过错责任原则、推定过错责任原则和无过错责任原则。

第二节 过错责任原则

一、过错责任原则的概念

过错责任是指因故意或过失不法侵害他人权益时,应就所生损害,所负的以赔偿为核心的民事责任。有人称之为"过失责任",虽称"过失"其实是包括"故意"和与故意相对应的"过失"在内。因为,既然过失都要承担责任,比之更恶劣的心理状态下的故意行为更应承担责任,所谓"举轻以明重"。过错责任原则在性质上属于主观归责原则,过错是不法行为人对其行为造成他人损害的一种心理状态,包括明知其行为会造成他人损害而追求或放任该结果发生的故意状态,也包括应当预见而因疏忽大意没有预见,或者虽已预见但轻信能够避免结果而造成他人损害的过失状态。以行为人是否有过错作为是否承担民事责任依据的规则称为过错责任原则。过错责任作为一项最重要的归责原则,自19世纪以来,由于过错责任主义的发展,行为人所负民事责任,仅以有过错者为限,此被认为是民法上的真理,侵权行为更不例外。世界各国无论是大陆法系国家还是英美法系国家,都将过错责任作为侵权行为法的归责原则。1804年的《法国民法典》(第1382条),1900年的《德国民法典》(第823条),1886年的《日本民法典》(第709条)都明确规定采取过错责任原则;英美法则是由法官通过判例创设过错责任(fault liability)的。我国《民法通则》第106条第2款规定:公民、法人由于过错侵害国家的、集体的财产,侵害他人财产、人身的应当承担民事责任。《侵权责任法》第6条第1款规定:行为人因过错侵害他人民事权益,应当承担侵权责任。说明我国也确认这一归责原则。在此原则模式下,行为人纵然侵害他人,如其并无过错,在法律上也不负赔偿责任。

二、过错责任原则的内容

过错责任原则的基本含义是法律将不法行为造成的损害后果归咎于有过错的行为人,使其承担相应的民事责任,即"有过错,有责任"。

在归责原则问题上,法律只涉及不法行为人是否承担责任,并不考虑受害人的过错问题。过错责任作为一种归责原则,是针对行为人的主观心理状态而言的,过错违反的是对他人的注意义务,法律并未要求当事人对自己尽何种注意义务,因此,受害人的过错不是归责原则上的内容,当然,受害人的过错对侵权人责任的承担有法律意义,此法律意义是在赔偿时体现的。通常情况下,受害人的过错是加害人不承担责任或者减免责任的正当理由,即所谓"过失相抵"原则。同样,过错责任也不包括第三人的过错,第三人的过错是行为人免责的条件,而不是过错责任应有的含义。当然,如果从另一角度看,第三人对自己的过错行为承担责任也是过错责任。

过错责任是在法律没有特别规定时适用的一种归责标准,所以对基于过错而侵害他人权利并承担责任的行为传统侵权法称之为"一般侵权行为"。对一般侵权行为,法律为什么要采取过失责任主义?从侵权责任法的发展历史上我们已知道,过失责任是在人类摒弃了"结果责任"的基础上形成的,从大的方面说是人类文明进步的标志,从具体方面说是意思自治原则贯彻的结果。所以,依当时法学家的观点,"使人负损害赔偿的,不是因为有损害,而是因为有过失,其道理就如同化学上的原则,使蜡烛燃烧的,不是光,而是氧气一般的浅显明白"。耶林的名言反映当时对个人自由的重视。(但是,这句话不能孤立地看,因为只有氧气并不能使蜡烛燃烧;没有损害赔偿就没有必要)王泽鉴教授认为:侵权行为法采过失责任主义的主要理由是:(1) 道德观念:即个人就自己过失行为所肇致的损害,应负赔偿责任,乃正义的要求;反之,若行为非出于过失,行为人已尽注意之能事时,在道德上无可非难,应不负侵权责任。(2) 社会价值:任何法律必须调和"个人自由"与"社会安全"两个基本价值。过失责任被认为最能达成此项任务,因为个人若已尽其注意,即得免负侵权责任,则自由不受束缚,聪明才智可得发挥。人人尽其注意,一般损害亦可避免,社会安全亦足维护。(3) 人的尊严:过失责任肯定人的自由,承认个人选择、区别是非的能力。个人基于其自由意思决定,从事某种行为,造成损害,因其具有过失,法律予以制裁,使负赔偿责任,最足表现对个人尊严的尊重。① 即所谓的"自己选择,自己责任",如果自己"选择"错误,那就要遵守"有过错,有责任"规则。

过错归责原则的另一方面含义是,如果行为人对损害后果没有主观过错,则不能将损害的后果归咎于行为人,也就是"无过错即无责任"(no liability without fault)。正如王卫国教授在分析过错责任的发展历史时所说:"资本主义商品生产的社会性,是通过竞争的压力,通过各种偏离的相互抵销来维系的,这就要求法律承认致人损害在一定范围内的合理性和可容性,因此,至少在资本主义发展时期,过错责任原则的精神不是'有过错即有责任',而是'无过错即无责任'。"现代侵权法理论认为,即便是在过失责任条件下,并非行为人在积极行为过程中所实施的一切不谨慎(有过失)行为都要承担责任,也就是说即便是这种不谨慎的行为造成了受害人的损害,受害人也不一定获得救济。除非行为人在行为时对受害人承担某种法律上的注意义务,否则,行为人不对受害人承担损害赔偿责任。现代社会本就是一个危机四伏的社会,任何人都有防免损害发生的义务,但是法律并没有使行为人承担普遍的不作为义务,而只是承担某些特定的、具体的义务,因此行为人所实施的行为导致受害人损害的发生并非是行为人承担损害赔偿责任的根据,而是某种特定的义务违反。有学者认为"有损害有赔偿",只要行为人的行为导致损害的发生,就会产生赔偿,认为"损害"是一般侵权行为民事责任的核心要件,这是值得商榷的。一方面,即便行为人造成了受害人的损害,如果行为人被认为不对受害人承担民事注意义务,则受害人的损失应当由受害人自己承担;另一方面,即便行为人在导致受害人的损害时被认为对受害人承担某种民事注意义务,行为人也不一定对受害人所有的损失承担赔偿责任。所以,在过失责任中,行为人对某种民事义务的违反行为是该种侵权行为承担责任的最重要的构成要件。

三、过错责任原则的功能

在侵权法中,过错责任原则具有下列功能:

1. 确定侵权责任的承担者

过错归责原则首先体现了一种个人责任,即所谓自己责任,摒弃了家族责任、株连等,其基本功能在于将侵权责任归属于有过错的主体,在侵权行为造成损害结果时,谁有过错,谁就承担赔偿责任,对损害没有过错的人没有承担责任的义务,这也最符合民法的正义观念。

---

① 王泽鉴:《侵权行为法》(第一册),中国政法大学出版社2001年版,第13页。

2. 确定人们的行为标准

作为一种主观责任,过错责任原则具有引导人们进行正常行为的作用。过错地造成他人损害将承担相应的民事责任,使得该原则具有某种警示作用。人们在进行某一行为时,必须考虑行为的危险性,通过提高注意程度来避免过错行为可能导致的责任,从而起到了减少损害发生的预防作用。

3. 鼓励创新,促进经济发展

过错责任强调和尊重个人意志和行为自由,只要在法律规定范围进行的活动,主观上没有过错,就不必为自己的行为后果承担责任。无过错无责任的观念在客观上保护了自由竞争,保护了人们的创造精神,客观上促进了经济的发展。

在讨论过错责任原则的功能问题上,一直以来,人们大都认为道德过错是侵权法过错认定的基础,这种观点是值得怀疑的。过错责任是指:因故意或过失不法侵害他人权利时,应就所生损害承担的赔偿责任。基于主观性过错的理念,现代侵权法学家都将过错责任与道德责任因素结合在一起,认为被告行为是否是过错行为的重要方面是其道德性。过错是不法加害行为的主观要素,它在本质上是指社会对个人行为的非道德性、反社会性的价值评断。过错标志着行为人在实施行为时对社会利益和他人利益的轻慢,以及对义务和公共行为准则的漠视。由于这种轻慢和漠视,他应当受到谴责和惩罚。如果被告行为的动机以及心理状态在道德上是有罪过的,是应受责难的,则被告的行为即为过错侵权行为,被告即应对自己的行为承担侵权损害赔偿责任;如果被告在行为时的动机以及其心理状态在道德上是无罪过的,是不应受谴责的,则被告的行为即非为过错侵权行为,被告也不应对自己的行为承担损害赔偿责任。在这里,道德过错与法律过错被视为一体,并被作为过错侵权责任的基础,同时因为道德上的可责难性,对该行为必须进行惩罚。即对致害人的过错行为实施强制责任,实际上是对行为人道德过错进行的惩罚。

在过错责任与道德的关系上,历史上,侵权责任的确与道德有过紧密的联系,但在一定的时期,法律也并不关注被告的道德责任。法律和道德虽同为社会规范,但毕竟是不同的规范。一定社会的道德标准和法律标准应当具有一致性,但凡被法律认为应当承担责任的过错行为,都是社会道德所谴责的行为;社会道德的观念也会对法官产生一定的影响,所以过错侵权行为法会以一种模糊的方式反映社会道德观念。但是,把道德标准作为法律标准,把道德上的非难性作为法律上的非难性基础,恐怕是忽视了两种规范的区别,同时也限制了过错责任的适用范围。法律规范是为维护社会秩序而对人们行为的最低要求,而道德规范则是对人们行为的较高要求。在一定的历史时期,法律所关心的是通过提供私人报复手段的替代方法以保证个人之间的和平。因此,受到伤害的人可以要求无辜的致害人承担责任;那些因纯粹的事故或自我防卫而伤害他人的人,被要求对他人的损害承担赔偿责任。判例认为:在所有的民事行为中,法律并不关心行为人的意图,而关心遭受损害的一方当事人的损失和损害。即此时法律所关心的是受害人损害的赔偿而不是对侵害人的惩罚。当然,在潜意识中,尽管人们普遍不考虑被告的道德上的可非难性,但是它与法律责任仍然具有一致性。

到 20 世纪,社会过错观念出现后,个人道德上的责难性和其行为的惩罚性逐渐被损害赔偿性所代替。损失的分散当然不是对某个人的惩罚,其目的在于对受害人进行补偿。这种理念的变化是建立在区别个人道德和社会道德的基础上的。法律认为,一个人是否承担过错侵权责任,不应建立在个人是否具有道德缺点基础上,而是要看行为人是否达到社会所认可的某种理想行为标准,此标准可能会超过行为人所具有的个人能力和经验,这就是理性人的标准。行为人如果没有达到此种标准,即便其意图是好的,其错误是无辜的,他也要承担过错侵权责任。在法律的意义上,过错意味着偏离了社会为保护他人利益而要求的行为标准,此标准应由公共利益和社会利益来决定,而不以个人的道德因素来决定。

在现代,法律在许多领域中,被告被责令对其善意的完全符合道德和情理的行为承担侵权责任。个人也许根本不存在道德上的责难性,但因为他与社会所要求的行为规则不符,没有达到社会所要求的行为标准,法律仍然要求他对其行为承担法律责任。实际生活中,这方面的案例非常丰富。如基于义愤而对小偷的重大伤害、基于某种符合道德要求的目的而侵害他人隐私的行为等。在这些实例中,行为人在道德规范上并不具有可责难性,但依法律规范则要承担侵权责任。另一方面,有许多行为虽然是不道德的,但法律并不认为此种不道德行为构成侵权行为。人们不可能就他人的一切不友好行为或不忠实的行为(betrayal)提起过错侵权诉讼。在世界上存在着许多邪恶的东西,这些东西必须留给其他社会控制手段去调整。最卑鄙的忘恩负义的行为并非是一种侵权行为,同样,残忍地拒绝他人的好意或拒绝他人的援助也不是侵权行为。富人无须救济其饥饿的邻居,船主看到有人在其眼前淹死,可能会视而不见。轻微的侮辱、不严重的威胁和细小的感情伤害,均是社会应当加以容忍的行为,法律不能加以救济。在将来法律是否会在一定程度上对这些不道德的行为予以干预并认为它们构成侵权,人们不得而知,但是在今天,人们可以说对这些行为提起侵权诉讼是不可取的。

如前所述,在早期社会中,侵权行为法的功能主要是惩罚侵害人。过失责任原则的确立主要原因是复仇形式的野蛮,以及造成的损害的扩大,影响了社会秩序的稳定。当时的过错责任主要功能是对侵害人的惩罚。近现代侵权法,不管是大陆法系,还是英美法系,都以过错责任为其基本原则。从历史上看,过错责任是有兴衰起伏的,但过错责任原则的每一次"勃兴",都有理性主义昌明的背景。在今天,"过错作为责任标准仍然常常被说成是正义历经数世纪进步而获得胜利的化身,在这种说法中包含着大量的真理"。① 随着社会的进步,人类文明的发展,作为调整私人之间权利和义务关系的民事法律,由于当事人地位平等,任何一方都不具有惩罚另一方的权利。作为民法的组成部分,侵权法中的过错责任所包含的惩罚性内容自然也逐渐消失,而过错责任所具有的补偿受害人损失的功能依然存在。侵权法的功能与具体作为归责原则的过错责任的功能当然是有区别的。作为一项最重要的归责原则,过错责任的直接目的当然是确定责任人,但是,它不是为了确定责任人而确定责任人,其目的是要使责任人承担赔偿责任,以便最终填补受害人的损失。至于与无过错责任以及社会保障法的区别问题,我们必须要明确,无过错责任是在特定情况(科技的高速发展)下,单纯依据过错责任不足以保障受害人权利时出现的归责原则,它与过错责任的功能一样是为了使受害人的损害得到补偿,二者的区别,以及与社会保障法的区别,不在于功能上救济受害人,而在于承担责任的人的责任构成不同或法律性质上的区别。换句话说,无过错责任和社会保障法以救济受害人为目的,并不妨碍过错责任具有对受害人的救济功能。

---

① 王卫国:《过错责任原则:第三次勃兴》,中国法制出版社,2000年版,第248页。

【思考问题】

过错责任的未来

（一）过错责任会第三次勃兴吗？

王卫国教授在其《过错责任原则：第三次勃兴》一书中认为：由于罗马经济和文化的发展，古典文明时期过错责任原则出现了"第一次勃兴"；由于近代资本主义的发展，促进了近代的文明，罗马法又一次复兴，过错责任原则出现了"第二次勃兴"；而由于改革开放，使中国能将人类的文明成果与中华民族的优秀文化密切结合，未来中国将出现第三次文明高峰，过错责任原则也将随之出现"第三次勃兴"。在法国也有学者认为过错侵权责任在现代社会会"勃兴"，但其所谓勃兴是指：过错责任不仅在传统民法领域得以适用，而且还在新的领域加以适用，并认为"过错责任的衰败是相对的"。

过错责任原则在罗马法中的确立，是针对古代法中野蛮、粗陋的结果责任原则而言的，过错责任原则的适用当然是社会进步的体现；而其"第二次勃兴"则是罗马法复兴的结果，其内容已有所变化，即更重视的不是"有过错即有责任"而是"无过错即无责任"，由家族责任转而强调个人责任。而随着人类文明的发展，社会连带主义观念的盛行，无过错责任原则适用范围逐渐扩大，在很多领域，责任的承担并不注重行为人的主观状态，法律所关注的是受害人能否获得救济。更何况随着责任保险以及社会保障制度的发展，过错责任原则受到了前所未有的冲击。在现代社会，侵权行为法虽不会消失，但其最重要的归责原则——过错责任原则恐难再次"勃兴"。

（二）过错责任会消失吗？

过错责任是侵权责任法的基本责任原则。过错责任应以何种标准而认定，对过错责任的规范功能有很大影响。现代各国和地区侵权法大都采客观化标准，德国学者强调此为类型化的过错标准；英美法系以拟制的合理人（Reasonable man）作为判断模式。我国台湾地区在实务上也认为，因过失不法侵害他人之权利者，固应负损害赔偿责任。但过失之有无，应以是否怠于善良管理人之注意为断者，苟非怠于此种注意，即不得谓之有过失。法律的标准是一般适用的标准，构成某特定行为内在性质的情绪、智能、教育等情状，因人而异，法律不可能顾及到每一个人。个人生活于社会，须为一定平均的行为，而在某种程度牺牲自己的特色，此对公益而言，诚属必要。现代社会除以上过错责任客观化的发展趋势外，由于无过失责任和责任保险，以及社会保障制度的发展，有人认为过错责任将逐渐退出侵权法，认为过错责任的衰落是因为危险责任理论的影响和个人责任的衰落。责任保险制度实际是以危险的共同分担制度来取代个人责任的一种制度，危险共同分担制度使建立在个人责任基础上的过错责任地位日渐下降。也有人认为在损害赔偿法制的发展上，由于各归责原则的发展有先后，所以提出"从过失责任到危险责任（无过失责任）"的观点。

这种观点是不能得到赞同的。无过错责任虽然是针对过错责任的不足而产生的，但并不排除原来过错责任的适用。过错责任作为一般侵权行为的归责原则，具有不同于仅适用特殊侵权行为的无过错责任。从社会功能角度看，即便是在适用无过错责任时，过错责任所具有的一定程度的预防作用仍然存在。这对于非财产上的损害赔偿以及财产上损害的数额限制具有特别意义。因为,在无过错责任不但原则上不赔偿非财产上损失,而且财产上的损害也可能受一定限制;此外,在有责任保险时,即便利用保险分散损害的情形,为防止道德危险并正确分散损害到其应归属者,保险人在对受害人理赔后,原则上不但对故意或重大过失的加害人有代位求偿权,而且对有轻过失者可以根据出险情形提高保险费用。也就是说过错责任所具有的一定意义上的预防功能不会因无过错责任而完全丧失。无视无过错责任的保险机能,突出其不以过失为要件,将之与过错责任对比后,即笼统认为过失责任已为、或应为无过错责任主义所取代,是仅见其要件形式,而未见其制度之演变实质的看法。在客观上,无过错责任(危险责任)适用范围的扩大趋势,并未使各国法律改变过错责任在侵权责任法中的首要地位。

四、过错推定制度

(一) 过错推定的含义

推定,是根据已知的事实,对未知的事实所进行的推断和确定。在法律上,过错推定是指若原告能证明其所受的损害是由被告所致,而被告不能证明自己没有过错,法律上就推定被告有过错并应负民事责任。过错推定均通过举证责任倒置的方式实现,这是过错推定责任的重要特征。

即为"推定",则此推定的事实应具有表见性、权宜性、假设性。表见性之事实,与真正之事实未必相符;权宜性之认定,与终局之认定未必相符;假设性之认定,假设倘如不实认定随之更改。准此,推定的事实可以反证推翻。过错推定,是在法律有特别规定的情况下,推定加害人有过错,受害人只需证明损害事实与加害人行为之间有因果关系即证明其已尽举证义务,加害人欲免除责任,则须对自己没有过错举证的一种举证责任倒置制度。

过错推定理论和立法的出现,是为对因工业事故而遭受损害的受害人实施救济的一种制度,是为解决当事人在诉讼中公平地位而采取的举证责任分配制度,对处于相对弱势地位的受害人有减轻其举证责任之功能。在某种程度上,过错推定修正了过错责任,我国台湾地区在修订"民法"时,将其视为过错责任与无过错责任之间的"中间责任"。在欧洲侵权法草案中,"证明过错的责任可以在考虑到活动所呈现的危险的严重程度的情况下倒置"。

我国有相当学者认为过错推定系侵权行为法的归责原则之一[1];也有人认为过错推定仅仅是一种证据规则,属于程序性规则[2]。本书认为:过错推定是过错责任原则的一种特殊适用形式,它仍然以行为人有过错为承担责任的基础,是在确认行为人对造成的损害有过错时才适用的一种归责方式,其与通常所言过错责任原则并无本质区别,过错推定并不能成为与过错归责原则相并列的独立归责原则,其特殊性仅在于受害人不必举证证明加害人有过错,也不是如同无过错责任原则那样不考虑加害人是否有过错,而是在能够推定其有过错时使其承担责任;过错推定既是"推定过错",一旦有证据证明行为人没有过错,就不得使其承担责任,所以过错推定制度允许行为人举证抗辩。由此可知,过错推定制度完全符合"有过错有责任,无过错即无责任"的过错责任原则。据学者考察,在法国过错推定也称"包含过

---

[1] 王利明:《侵权行为法归责原则研究》,中国政法大学出版社1992年版,第66页。
[2] 张民安:《过错侵权责任制度研究》,中国政法大学出版社2002年版,第7页。

错",指当行为人的行为造成受害人损害时,法律即认为行为人的过错包含在所造成的损害中,行为人即应当在表面上对受害人的损失承担赔偿责任,行为人仅能靠证明自己没有过错而免除自己的赔偿责任。过错推定作为过错责任原则的特殊类型,其实就表明了它的地位。

过错推定也并非只是属于程序性规则,只是举证责任由加害人承担,从而免除受害人举证责任的一种方式。在私法上,举证责任倒置旨在给被告以强加的责任,通过限定被告举证证明其没有过错的抗辩事由,增加了被告免责的困难,实际上过错推定责任是一种责任形式。

（二）过错推定的适用范围

过错推定规则是在法律有特别规定情况下适用的规则。从我国法律规定看,过错推定的适用范围较窄,在《民法通则》中只有第 126 条有规定适用过错推定,而在《最高人民法院关于民事诉讼证据的若干规定》第 4 条所列的八项中,也只有因医疗行为引起的侵权诉讼,由医疗机构就医疗行为与损害结果之间不存在因果关系及不存在医疗过错承担举证责任的规定。其他七项中除第四项重复了《民法通则》的规定外,都不是加害人过错的推定。《侵权责任法》第 6 条第 2 款规定:根据法律规定推定行为人有过错,行为人不能证明自己没有过错的,应当承担侵权责任。除此原则性规定外,第 38、58、81、85、88、90、91 条等也都是采用过错推定标准确定行为人是否具有过错。而就其他证据举证的责任倒置问题,我国也有学者认为国家机关工作人员的侵权责任、用人者的责任、法定代理人的责任、专家责任以及违反安全义务的责任等都适用推定过错制度。① 这是没有根据的。

在英美法,其过失侵权行为的认定归责中有"事实本身证明"或"让事实说话"(the thing speaks for itself)原则。顾名思义,这是一个注重事实本身的原则,与大陆法国家的过错推定一样,该原则也是为解决原告举证困难而设计的,其内容与过错推定相当。根据该规则,在某些情况下,该制度在原告仅仅提供间接证据证明被告过失的情形下,便推断被告对原告承担损害赔偿责任,把原告有关过错的举证责任转移到被告。因此,若非被告之过失,原告的伤害不会产生,以及被告对于伤害原告的状况和工具有控制权的情况,法官可以指示陪审团只要原告没有过失,则陪审团可以推断被告有过失并使其承担责任。"事实自证"适用的前提是:（1）该事件是在没有过失的情况下通常不会发生的一种事件;（2）其他可能的原因,包括原告与第三人的行为,已被证据充分排除;（3）事件所表明的过失是处在被告对原告所负义务的范围之内。②

"事实本身证明"原则是在英国的一个古老的案例中由 Pollock 法官在 1863 年第一次提出来的。案例的概况是:原告 Byrne 在街上行走,经过被告 Boadle 的窗下时,突然被一袋从窗户里飞出的面袋砸伤。原告提起诉讼将商店列为被告。在法庭上,原告只能说他被面袋砸伤了脑袋,却说不出是什么人、怎样将面袋仍出来的。法院判决,原告的证据已经足够。法官的判决意见说:一袋面粉从商店的窗户里飞出,里面的人不可能没有过失。如果非要让一个莫名其妙被砸伤的人找到仓库中的证人来证明此点的话,那就太荒谬了……很显然,面袋是在被告的控制之中……面袋飞出窗外,即是过失的表面证据,受伤的原告不用证明没有过失面袋不可能飞出来;如果有什么与过失不符的证据,那是应该由被告来证明的。该归

---

① 杨立新:《侵权法论》,人民法院出版社 2004 年版,第　页。
② 李俊主编:《美国产品责任法案例选评》,对外经济贸易大学出版社 2007 年版,第 45 页。

责原则后在很多案例中被引用发展。

"事实本身证明"原则并非在任何形式下适用,适用时原告仍需要证明三点:(1) 没有过失,这种事故一般不可能发生;(2) 过失很可能是被告的;(3) 原告本身没有过错。

第三节 无过错责任原则

一、无过错责任原则的概念

无过错责任原则是指依照法律规定,不论(问)行为人有无过错,对其行为造成的损害都应承担民事责任的归责原则。在适用无过错责任原则的情形下,由于不考虑加害人的过错问题,所以无过错责任也称"不问过失责任";因以客观的加害事实为充分条件,故而也有人称之为"客观责任";就其主张有损害结果则必有责任而言,也有人称之为"结果责任";就其以企业风险为责任根据而言,又有人称之为"风险责任";就以特定危险的实现为归责理由而言,德国人称之为"危险责任"。有学者认为"近世因火车、电车、汽车、飞机以及其他大企业之发达,危险大为增加,古代无过失责任渐有复活之趋势"。其实,古代社会的结果责任与现代无过错责任区别是明确的。结果责任是在法律不发达时,就损害承担的复仇式的责任。该责任不管行为人有无过错,而且适用于所有的损害案件;而无过失责任系为弥补过失责任的弊端所创设的制度。

无过错责任原则是随着社会化大生产的迅速发展,尤其是大型危险性工业活动的发展而产生的。在资本主义初期,侵权法领域,实行唯一的过错责任原则,没有过错的行为人即便造成他人损害也不承担侵权责任;但在自由资本主义时期,工业企业大规模兴建,危险活动越来越多,造成的损害也越来越严重。另一方面,由于工业技术的不断发展,在造成的损害面前,事故的制造者会以种种理由证明自己的清白,而受害人要证明生产者或经营者主观上有过错是极其困难的,面对大量的、无辜人的损害,传统侵权法中的过错责任原则无能为力。

无过错责任是为弥补过错责任的不足而设立的制度,其基本思想在于对不幸损害的合理分配。无过错责任不具有法律责任的本来含义(制裁和教育),而只具有"恢复权利的性质",其基本功能在于转移、分散危险造成的损失。现代社会中"分配正义",不仅是指公平的利益分配制度,也包括公平的损失分配制度。另外无过错责任原则也具有程序法上的意义:(1) 减轻受害人的负担,受害人无须对加害人的过错进行举证;(2) 简化了诉讼程序,法院不必对加害人的过错问题进行审理。

在我国,对无过错责任原则的概念,有不同理解:(1) 无过错责任即不以加害人的过错为条件的民事责任。按照无过错责任原则,不但受害人无须证明被告人的过错,而且加害人即使能够证明自己主观上没有过错也不得免除责任;(2) 无过失(过错)责任是指当损害发生后,既不考虑加害人的过失,也不考虑受害人的过失的一种法定责任形式;(3) 认为无过错责任即是严格责任、危险责任;另外有人还认为无过错责任不是侵权法所调整的范围,而是社会保障法的范围。本书认为无过错责任是侵权行为法归责原则,即是归责原则,虽然在广义上讲应包括受害人自己作为责任人的情况,但在本质上归责原则是解决行为人是否承担责任问题,所以侵权法的归责原则应以行为人为出发点,因此无过错责任原则,其基本含义应仅是不问行为人的过错,并不包含不考虑受害人过错的内容。只不过需要明确的是,考虑受害人的过错不是无过错责任的当然内容,而是损害赔偿原则要考虑的问题。如在适用无过错责任原则的情况下,法律一般都有由于受害人的故意甚至重大过失造成的损害,行为人不承担责任的规定;有时对受害人的一般过失可以作为减轻行为人责任的理由等。如果既不考虑加害人的过错,也不考虑受害人的过错,只要有损害就有赔偿,则无过错责任即不具有侵权行为法特性,而属于社会保障制度的内容了。严格责任,是英美法国家普遍使用的概念,在大陆法国家有使用危险责任者,其含义与严格责任相当。但是,严格责任与无过错责任还是有区别的:以过错为标准将侵权责任分为过错责任和无过错责任,无过错责任包括了过错责任之外的一切责任形式;而严格责任虽然也是针对过错责任而言的,但并非过错责任之外的归责形式都是严格责任,比如绝对责任就不是严格责任。我国学者在无过错责任与严格责任、危险责任概念上没有统一观点,有人还经常交替使用这几个概念。实际上,在立法和法学研究上应当规范无过错责任的含义,统一确定其内涵和外延。

二、无过错责任的归责理由

无过错责任的基本思想不在于对反社会性行为进行制裁,总结适用无过错责任的领域就会发现,高速运输工具的使用、商品的产销、原子能设备的持有等都是现代社会必要的经济活动,并无非法可言。学者认为使无过错者承担赔偿责任的理由主要是:(1) 他们是这些危险源的制造者,在某种程度上,也只有他们能够防止或控制这些危险;(2) 获得利益并承担风险,此为公平正义的要求;(3) 制造危险的人(企业)具有分散负担的能力,通常多对无过错责任有最高限额规定,而且企业可以通过价格调节风险。

无过错责任既然是为弥补过错责任的不足而采用的一种制度,分析无过错责任归责的理由,自然也应以过错责任为基础。如前所述,过错责任是在注重个人主义、尊崇意思自治原则基础上产生的归责原则,体现了个人本位思想,责任的性质是主观责任、自己责任。在资本主义发展阶段,过错责任原则更加强调"无过错即无责任"。过错归责原则为资本主义的发展做出了巨大贡献。无过错责任是社会本位的产物,是客观责任、团体责任或对物的控制责任。与过错责任不同,无过错责任,都导源于权利人权利的行使行为,而在社会本位的法制条件下,要求人们行使权利必须符合社会利益,不损害他人利益。这种保证不致他人损害的义务无须法律明文规定。

无过错责任并非仅指侵权人真的没有过错的情况,其涵盖面更加广泛。在适用无过错责任的领域里,对侵权人主观状态的认定呈现出一定程度的模糊性,即法律在对特定领域内侵权行为责任的认定标准上采取了更加严格的态度。从立法的思维方式来看,无过错责任在这一点上与严格责任以及危险责任是基本相同的。正如有学者指出的,无过错责任并非有人误解的那样是没有过错而承担责任,而是不以过错为承担责任的要件,它最大限度地容纳了行为人有过错的情况,当然也包括了无过错的情况。它的本意绝非排除过错责任,而是包括了受害人难以证明的加害人的过错和加害人基于其生产的危险并受益的事实所应承担的责任。无过错责任非但不是对过错的放纵,反而是对过错最大限度的制裁,并没有混淆人们的是非观念,也不是与过错责任原则相对立的,它没有排斥过错原则。

三、无过错责任原则的适用范围

无过错责任原则对于保护受害人的权益无疑是非常有利的,但是该原则并非适用于一切侵害行为。我国《民法通则》第 106 条第 3 款规定:"没有过错,但法律规定应当承担民事责任的,应当承担民事责任。"此规定被学者普遍认为是法律确认无过错责任原则的依据。但是,就无过错责任的本质含义而言,并非在确定行为人"没有过错"后仍然使其承担责任,而是不问过错,所以从绝对意义上讲,虽然认定第 106 条第 3 款是对无过错责任原则的规定,但该规定是有瑕疵的。《侵权责任法》在第 7 条准确规定:"行为人损害他人民事权益,不论行为人有无过错,法律规定应当承担侵权责任的,依照其规定。"根据此规定,无过错责任只有在法律有规定的情况下才能适用。其理由是:此种责任与过错责任不同,在没有法律规定的情况下,使没有过错的人承担不利的法律后果是不公平的。

概括而言,无过错责任原则一般适用于两类侵权行为:(1) 企业责任,如原子能损害责任、商品责任、高度危险作业责任、航空器致人损害责任、环境污染致人损害责任等;(2) 非企业责任,如雇主对雇员的责任、父母对子女的责任、动物致人的损害等。我国适用无过错责任原则确定行为人责任的法律规范主要体现在《民法通则》和某些单行法规中。其中,《民法通则》规定了 8 种特殊侵权行为责任,除第 126 条关于建筑物及其附属物倒塌、坠落造成他人损害适用过错推定责任外,通行的观点认为都适用无过错责任归责原则。具体包括:企业法人对其法定代表人或其工作人员在经营活动中致人损害承担的责任(第 43 条);国家机关及其工作人员在执行职务中致人损害承担的责任(第 121 条);产品责任(第 122 条);高度危险作业致人损害的责任(第 123 条);动物致人损害的责任(第 127 条);监护人责任(第 133 条);环境污染致人损害的责任(第 124 条)。

《侵权责任法》除第 7 条的原则新该规定外,在具体适用范围中以第五、六、八、九、十章中明确规定适用无过错责任原则。除此之外,在《消费者权益保护法》《反不正当竞争法》《道路交通安全法》以及《产品质量法》中,无过错归责原则也被广泛采用。

无过错责任原则的广泛适用,使侵权行为法的归责原则更加丰富,也使其地位更加稳定,但是我国学者对无过错责任原则与过错责任原则所处位置一直有不同意见:一种意见认为,应坚持以过错责任为主,无过错责任为补充的原则;另一种意见认为,两种归责原则都是侵权法的重要归责原则;还有人认为,从侵权法的发展趋势看,无过错责任原则将取代过错责任原则的主导地位。本书认为:在现代社会,人类从事的危险活动已非特殊情况,无过错责任原则也绝非仅处补充地位;过错责任原则是侵权责任的基本形态,如果将来无过错责任原则占据主导地位,侵权法可能会被社会保障法代替。因此,在可以预计的未来,过错责任作为侵权责任的基本责任形态的地位不会改变,无过错责任原则不会占据主导地位,更不会全面替代过错责任原则。

第四节 公平责任问题

一、公平责任的概念

公平责任是指在当事人双方对造成损害均无过错的情况下,由法院根据公平观念,考虑当事人财产状况以及其他情况的基础上,使加害人对受害人予以适当补偿的责任。有人称之为衡平责任。公平责任与民法基本原则中的公平原则含义不同,民法基本原则中的公平原则强调民事活动应公平合理,而侵权法中的公平责任原则是指在当事人均无过错情况下,依社会公平观念分担责任。公平责任原则是作为民法基本原则之一的公平原则在侵权法上的具体体现。

我国理论界对公平责任的理解有不同的观点:一种观点认为,公平责任是无过失责任的一种类型;第二种观点认为,公平责任是在行为人无过错情况下的责任,认为其基本内容是侵权行为人致人以损害,主观上纵无过错,法院亦可根据加害人和受害人双方财产状况以及其他具体情况,责令加害人赔偿受害人的全部或部分损失,以维护社会正义和公平。第三种观点与《民法通则》第 132 条以及《侵权责任法》第 24 条的规定一致,认为公平责任是指,当事人双方对损害的发生均无过错,可根据实际情况,合理地让双方分担民事责任。还有学者认为根本不存在所谓公平责任原则。从《民法通则》和《侵权责任法》对公平责任规定的位置分析,立法上应该没有把该制度与过错责任、无过错责任同等看待,从《侵权责任法》的用语分析,其使用"分担损失"而非"民事责任"说明此时行为人承担的并非典型意义上的侵权责任,而更接近社会责任,只不过该自然人也具有强制性。

二、公平责任的适用范围

据学者考证,公平责任最初产生于关于未成年人和精神病人的赔偿案件。对此类人造成他人损害时,古代有些法律要求行为人本人承担责任,后随着过错责任原则的确立,因未成年人等不具备意思能力,不能被确定为有过错,对他们造成的损害不承担责任。为此法律常常陷入完全免责和完全赔偿的两种极端之中,这两种做法显然都有缺陷,因此产生了公平责任。现在,各国和地区对公平责任原则的适用范围并不一致,《德国民法典》第 829 规定了未成年人致人损害时,"受害人如不能由有监督义务的第三人取得其损害赔偿,根据情况特别是依据当事人间的关系,依公平原则要求作出某种赔偿时,在赔偿不妨害加害人保持与自己地位相当的生计并履行法律上抚养义务所需资金限度内,加害人仍应负损害赔偿的义务。"一般认为此为德国民法确认公平责任的依据。但此是否即为一项独立的归责原则,仍有争议。拉伦茨即主张不具备行为能力的人对他人构成特殊危险,因而应将其纳入到危险责任理论,主张第 829 条应为危险责任的规定。

我国台湾地区"民法"也承认公平责任原则,其法律上规定的适用范围是:第 187 条规定的无行为能力人或限制行为能力人不法侵害他人权利的情况,第 188 条规定的雇佣人对受雇人因执行职务,不法侵害他人权利的情况。但正如王泽鉴教授所说:"衡平责任",一方面为坚守过失责任原则,一方面又为保护被害人而设的妥协性规定,乃由雇佣人过失责任过渡到无过失责任的产物。①

我国有关公平责任的规定主要体现在《民法通则》第 132 条和《侵权责任法》第 24 条。一般认为,在行为人的行为造成他人损害后,不能适用过错责任归责,也不能适用无过错责任归责,而在对受害人的损害不予以救济是不公平的时候,由法官根据公平责任原则,运用自由裁量的权利予以救济。公平责任只在当事人均无过错的情况下适用,如果能够确定一方有过错,或依法律规定可以推定行为人有过错,则不能适用公平责任归责。同样,在法律

---

① 王泽鉴:《侵权行为法》(第一册),中国政法大学出版社 2001 年版,第 21 页。

没有明确规定的条件下,对行为人也不能适用无过错责任归责,也可以说,公平责任是为弥补过错责任原则和无过错责任原则的不足而适用的一种归责原则。理解公平责任时,还要注意,从在归责原则体系中的地位角度看,公平责任不能与过错责任原则和无过错责任原则等同。

三、公平责任是法律责任

公平责任是侵权法上的一项独立责任,虽然在适用时称为"分担损失",但因该损失的分担也具有法律的强制性,而并非是道德规范上的责任。公平责任是在确定加害人法律责任时适用的归责标准,因此是法律责任。

【相关问题】

严格责任、危险责任

在世界范围内,对侵权行为法的归责原则常用的还有严格责任、危险责任等概念。这些概念在其所属法律体系中都具有特定含义,我国学者对此也有些论述,应把这些概念与我们熟悉的过错责任、无过错责任等概念的联系及区别厘清。

一、严格责任

严格责任是在英美法国家侵权行为法上产生、发展并使用的概念,在大陆法国家以及我国侵权法中并不直接使用"严格责任"这一表述方法。但是,即便在英美法系国家,对严格责任,不管在判例上,还是在学说中都没有像大陆法国家那样的逻辑严密的准确概念。而且,实质上,作为一个法律上的重要概念,严格责任在英美法上是被广泛使用的,如在合同法、侵权法、刑法以及行政法等,而并非是侵权法独有的概念。

在《美国侵权法重述》上,严格责任是作为与故意侵权责任、过失侵权责任相对应的一种侵权责任类型,并列规定于前三编的。从重述的结构来看,严格责任的意义在于概括故意与过失之外的一种责任类型。该责任以严格而著称,是在责任确定条件上,相对于故意侵权和过失侵权的责任而言的。依据《牛津法律大词典》的解释,严格责任是指一种比没有尽到合理的注意而应承担的一般责任标准更加严格的一种责任标准。在严格责任原则下,即使行为人尽了任何其他人可能尽到的一切努力避免事故的发生,他也应对其行为所引起的事故损失承担责任。行为人只能通过证明存在受害人的过错、第三人的行为以及不可抗力等法律规定的条件主张免责,这种特点与无过错责任有相同之处,但是在大陆法国家一般使用无过错责任,而在英美法国家通常使用严格责任概念(有时也用无过错责任)。另外,无过错责任是在以过错为标准下与过错责任相对应的一种责任类型,而严格责任则是比过错责任更严格的一种责任。

严格责任与绝对责任不同。绝对责任是指由法律特别规定的,无需考虑行为人注意程度或已采取预防措施,也不需要提供有关过错的证据,只要是行为人的行为造成他人损失都须承担民事责任的责任形式。绝对责任与严格责任相比,行为人无任何抗辩理由,它比严格责任更严格。

对严格责任,由于英美法的判例法特点,在美国并没有像大陆法国家那样有一个具有明确内涵和外延的概念,它只是相对于过错责任而言的,其基本内容是加大了被告提出抗辩以免于承担责任的难度。其严格性来自多方面,例如:原告不必证明被告具有过错(故意、过失、恶意);也不必要证明构成特定的侵权形式;被告能够证明自己没有过错也不能免除责任等。在适用范围上,根据《美国侵权法重述(第二次)》的规定,严格责任主要适用于以下方面,一是动物占有人及提供动物栖息处所之人的责任,非正常危险活动责任;二是产品责任;三是支撑物之撤离对土地及土地之上人为建筑物损害的责任。

我国学者对严格责任有多种认识,主要包括严格责任即是无过错责任;严格责任相当于是过错推定责任,以及认为严格责任包括无过错责任也有部分过错责任等。本书认为严格责任是英美法国家的侵权法概念,在大陆法系国家并没有准确的可以与之相对应的概念,理解严格责任或研究严格责任须将其放在英美法体系内,在我国普遍接受的归责体系中是否有必要采用此概念是值得怀疑的。

二、危险责任

危险责任,是指"危险活动事故发生之民事上损害赔偿责任",是危险事故所引起的法律责任。依据采用此概念的德国法上规定,危险责任作为归责原则应是指"持有或经营某特定具有危险的物品、设施或活动之人,于该物品、设施或活动所具危险的实现,致损害他人利益时,应就所生损害负赔偿责任,赔偿义务人对该事故的发生是否具有故意或过失,在所不问。"法国法也采用危险责任概念,其侵权责任分为过错责任和危险责任。二者构成条件和性质不同。危险责任以损害和致害行为之间的因果关系为责任基础,不以过错的存在为必要条件。危险责任是客观上存在因果关系的责任;过错责任则以侵害人主观过错为必要,是一种主观责任,责任的基础在于主体个人的内心状态。

危险责任的理论根据在于两个方面:一方面,危险的发生系行为人的危险行为所引起,由其承担责任符合公平的要求;另一方面,引发危险发生的活动是行为人获得收益和实现利润的渊源,由行为人对其行为引起的损害承担赔偿责任,实际上是对他所获利益和实现利润的一种抵偿。法国的危险责任主要是由特别法规定的,不是传统民法的调整范围。如《1955年航空法》工伤事故方面的雇主对雇员因工伤事故造成的损害承担赔偿责任,无须雇员证明雇主有过错,以及1985年指定的交通事故方面的法律责任等。

危险责任是大陆法系部分国家采用的概念,其意义类似于英美法中的严格责任。我国台湾地区学者认为无过错责任与危险责任和严格责任"基本上均指同一事物而言"。并认为使用"危险责任"能积极地凸显无过失责任的归责原因。

本书认为危险责任概念并非必须采用概念,虽然危险责任能"凸显"无过失责任的归责原因,但从逻辑上讲,无过失责任并非仅就危险事物或危险活动造成他人损害时所承担的责任,在企业对法定代表人以及法人的工作人员的责任、监护人的责任等中,并不属于危险责任,其包括的范围是过错责任之外应承担的损害赔偿责任,危险责任并不能表明非危险性活动也得适用该责任的特征。而严格责任与危险责任也并不完全一致。

第十九章

一般侵权责任的构成要件

第一节 侵权责任构成要件概述

一、关于构成要件的争论

侵权责任的构成要件指承担侵权责任的各种作为必要条件的因素。在债法体系下，侵权行为的构成要件是决定行为人是否承担责任的要素，行为人的某一行为只有具备了法律规定的要件时，才可能承担相应的责任，缺少任何一个要件，将不承担责任。至于称侵权行为构成要件还是侵权责任构成问题，只是在不同角度理解上的区别而已，在债法体系下，侵权行为系债的发生原因，所以称侵权行为的构成要件；而在损害赔偿法中，主要从责任承担角度分析问题，自然使用侵权责任构成。我国将侵权法既然命名为'侵权责任法'，这里也就称之为"侵权责任的构成要件"。在英美法中，侵权法为独立法律部门，习惯称侵权责任构成要件。英美法国家关于一般侵权责任的构成要件包括：被告对原告负有注意义务；被告所为有悖于该义务；被告的所为因果性地影响了原告；作为以上三种情形的结果，使原告遭受了损害。

因侵权类型的不同，法律对责任的构成要求也有区别，在特殊侵权行为中，其责任构成本身具有特殊性，如在高度危险责任中，加害人是否有过错并不是责任的构成要素，在涉及《侵权责任法》第15条中的"停止侵害、排除妨碍、消除危险"责任方式的适用时，也无须有具体造成损失的要求等。对这类侵权责任构成只能就个案展开论述，这里的侵权责任构成要件，仅对于传统过错责任的一般侵权行为而言，其构成要件在理论界有不同观点。有人从主客观角度分析认为，侵权民事责任的构成要件包括主观要件和客观要件。主观要件包括"行为人须有行为能力"和"主观上有过错"，客观要件包括侵权损害事实、加害行为的违法性和行为与损害之间有因果关系。[①] 但是，在我国有关侵权责任构成问题的争论主要是所谓"三要件"和"四要件"之争。"三要件"说以法国法中确认的损害事实、因果关系和过错为责任构成要件；"四要件"说则以德国法为代表，主张责任的构成应以行为的违法性、损害事实、因果关系和过错为要件。

从以上争论观点可以看出，二者的区别在于行为的违法性之有无。我们认为，过错本身

---

① 彭万林主编：《民法学》，中国政法大学出版社1999年版，第624页。

即是违法,认为过错是违反法定义务、对受害人权利的侵害或未达到合理注意的行为。从中可以看出,法国法是将行为人的主观心理状态与客观行为结合予以考察的,强调从客观方面判断行为的可归责性,认为过错并不在于加害人的主观心理状态具有非难性,而在于其行为应当具有非难性,弱化行为人的心理状态的要求。而德国法对过错与行为进行了区分,认为过错归根属于主观心理问题,而行为虽是主观心理的外在表现,但毕竟不是主观心理,人的意志决定行为,二者不能互相替代。从实践上看,两种制度的结果则是非常相似的。

违法性要件并非伴随侵权法的产生而产生,在罗马法上,由于没有一般过错概念,也就不存在违法性与过错的区别问题。而到法国法制定时,经过中世纪基督教神学"罪过"观念和西方理性主义中意思自由理论的熏陶和洗礼,过错的理论已经相对成熟,虽然只是强调行为人主观上的可责难性,但在法律表现上则继承了罗马法"善良家父"的行为标准,使得法国侵权法的过错理论具有浓厚的客观归责倾向。这种客观化倾向阻碍了违法性要件这一客观标准从过错中分离成独立的要件的进程。从立法的实践上看,其《法国民法典》第1382条采取了概括性的一般条款方式,宣示了过错责任原则,而没有给违法性留下独立的地位。过错是法律对行为人行为的否定性评价,而人的行为是在主观意志的指导下进行的,过错无非是行为人主观意志支配下的行为过错。考察人的主观意志时,必须借助外部的参照才得实现;另,仅有主观的过错想法,不通过外部行为表现出来,就不能产生损害后果,也就谈不上侵权法的过错问题。

德国侵权法则将行为人主观上的故意和过失作为法律上可责难的态度,而对其行为从外部违反法律规范和无法定事由方面进行否定评价。违法性与过错的区分最早可以追溯到耶林1867年的《罗马私法中的责任要素》,其中使用了"客观的违法性与主观的违法性"概念。主观不法与客观不法是两个不同的概念,在侵权责任构成要件上是两个不同的要件。主观过错说认为过错是一种心理状态,与行为无关。

二、我国应采取的要件体系

从我国民法理论的历史看,受德国法影响最深。在理论上,毕竟人的内心所想内容与客观表现的行为是不同的,如果承认过错属于心理因素,就必然接受四要件说。从立法和司法实践看,也应认定我国采取的是四要件说。《民法通则》第106条第2款规定:"公民、法人由于过错侵害国家的、集体的财产,侵害他人财产、人身的,应当承担民事责任。"其中"过错"和"侵害"(行为)同时出现,应是将过错与行为相区别的表现。有学者认为对此应理解为过错与损害(结果)之间的因果关系规定,进而认为我国法律对侵权责任构成规定中并无违法性要求,而是采用了"三要件说"。应当看到:在含义上,"侵害"与"损害"是有差异的,损害结果是"行为"或者可以所系过错行为所导致,而不能认为是"过错"本身所导致。

1993年,最高人民法院在《关于审理名誉权案件若干问题的解答》第7项中认为:是否构成侵害名誉权的责任,应当根据受害人确有名誉被损害的事实、行为人行为违法、违法行为与损害后果之间有因果关系、行为人主观上有过错来认定。说明我国的最高审判机关持四要件说。

综上所述,主观心理与客观行为毕竟是两个层面上的概念,过错不能完全吸收违法性,不能以过错代替行为的违法性。比较而言,4要件说更有合理性。我国在侵权责任的构成要件上应采取损害事实、行为违法、因果关系和主观过错四要件观点。

第二节 损害事实

一、损害的概念

损害是指受害人因他人的加害行为或物件的内在危险的实现而遭受的人身或财产方面的不利后果。在损害赔偿语境中,损害是所有侵权责任的构成要件,没有损害就没有赔偿,也就没有侵权责任问题。损害包括"所受损害以及所失利益"。如财产的减少、利益的丧失以及名誉的毁损、精神上的痛苦、生命的丧失、身体健康自由的损害等。侵权民事责任的成立须以损害事实的存在为必要①,所谓"无损害即无责任"是自罗马法以来被人们普遍接受的格言。

在日常生活和法学研究中,除"损害"外,也常见使用"损失"一词的。从各国立法上看使用情况也不一致,我国《民法通则》并未区别损害与损失,但在理论上对二者之间的关系有很多争论。《牛津法律大辞典》对"损害"和"损失"的定义为:"损害,为在法律上被认为是可控诉的情况下,一个人所遭受的损失和伤害。损失,为经济上的损害"。应当认为损害的内涵和外延要比损失大,因此,在一般意义上使用"损害"一词,针对财产造成的损害可以称之为"损失",而对非财产的侵害后果多用"损害"。

损害是侵权法的基本概念,不同国家对损害的界定是有差异的。美国区分损害与伤害,并有"有形伤害"概念。"损害"指对他人受法律保护的利益的侵害;"伤害"指致人实际受到的损失或不利的存在事实;"有形伤害"指对人体、土地以及动产的实体上的伤害。在立法上,《奥地利民法典》第 1293 条规定:损害是指财产、权利以及人格所施加的不利益。因事物的通常过程也能期待产生的利益之丧失,也属于损害。正在起草中的欧洲民法典中侵权责任法草案将损害限定为"具有法律上的相关性";德国、法国民法典上无损害定义。我国法律上也没有对损害的具体含义规定。

理论上认为损害应具备以下特征:(1)侵害的须是合法权益。非法利益不受保护,当然,非法利益并非可以任意侵害。抢赌资、偷小偷盗窃的财产等也属于非法。(2)损害是可能和有必要救济的;如对财物的毁损,可以有价值尺度衡量,对人身损害可以法定标准认定。(3)损害需是客观和确定的。这里要求损害一定是已发生的,而非可能发生的,也非主观认为要发生的。对有发生损害危险的行为,当事人当然有要求消除危险的权利,但不产生损害赔偿责任。另外,对损害的认定要客观的分析,对某些利益而言,可以以社会一般观念认定损害的存在与否,如对名誉权的侵害,精神损害等。

二、损害的类型

依据不同的划分标准,损害类型在理论上主要包括以下几种:

---

① 在英国法上,某些侵权行为的成立,不必证明具体损害,也得诉请赔偿。典型的是 Trespass 类型的侵权行为,如非法入侵他人土地(Trespass to land)。于此种情况,法院会通过少量赔偿的判决,宣告原告的权利,并警告他人不得侵犯。在我国台湾地区,若无损害,某种行为虽不成立侵权行为,但不妨碍他人主张不作为的请求权。

1. 财产损害和非财产损害

这是以侵害的客体不同对损害的分类,其中非财产损害又分为人身损害和精神损害。

财产损害指因侵权使受害人在经济上所产生的不利益。客观上,财产损害是可以用金钱计算的一种损失,包括财产的不当减少和应增加而未增加。

非财产损害指因侵权而造成他人的人身损害和精神损害。人身损害是指侵权行为造成的人格利益和身份利益的损害,包括生命的丧失、身体的完整性损害以及身体各器官功能的丧失或降低等物质性人格利益的损害,以及社会评价的降低、隐私被披露、姓名、肖像被不当使用等精神性人格利益的损害;还包括亲权的丧失、配偶权、亲属权的被损害等身份权利的损害。

精神损害是指自然人生理或心理上所遭受的痛苦。有学者认为:精神损害是指对民事主体精神活动的损害,精神损害的最终表现形式为:精神痛苦和精神利益的丧失或减损,进而认为精神痛苦主要指公民因人格权受到侵害而遭受的生理、心理的痛苦……精神利益的丧失或减损,是指公民、法人维护其人格利益、身份利益的活动受到破坏,因而导致其人格利益、身份利益造成损害。① 其结论是精神利益与精神痛苦是两个概念,进而认为法人虽无精神痛苦,但有精神利益,即也有精神损害。事实上,精神损害是精神利益遭受侵害的后果,二者是密切联系的。精神损害也不可能包含精神痛苦和精神利益两部分,否则,对自然人而言,就有两个损害赔偿侵权了。法人的人格利益,如名誉、荣誉、名称等当然也受法律保护,只是不能采用精神损害赔偿请求罢了。法人不具有精神损害赔偿请求权的观点已被我国司法实践所接受。

2. 直接损害和间接损害

这是以损害的发生是否有其他因素介入而对损害进行的分类。

因侵害行为的直接作用所造成的损害为直接损害;由于其他因素的介入而发生的损害为间接损害。如孳息的丧失、工资的丧失等,间接损害在受到侵害时尚不存在,但如不受到侵害,该权益必然能够获得。对直接损害自然为侵权责任构成要件,而对间接损害则应视具体情况而定,一般需要与因果关系要件结合判断。

直接损害和间接损害的分类价值更多体现于理论上,在实践中此种分类的意义是针对间接损害的,而间接损害是否得为赔偿与因果关系要素密切联系。

理论上对损害的分类还有积极损害与消极损害、微额损害与象征性损害等,我国的理论和实践中对此也仅有有限的讨论。

有关损害问题,在理论上尚有被称为"纯粹经济上的损失"的概念,该"损失"是否为侵权法上的损害,是否由加害人承担等被学者称为侵权法上最困难的课题。"纯粹经济上的损失"是指因侵权后果的发生,导致受害人人身或有形财产之外的经济利益上的损害。如因交通事故导致交通中断,使他人延误飞机、迟延交货等所造成的损害。此"损失"涉及三方面问题:(1) 在利益上该损失不能与人身利益或所有权等量对待;(2) 损失范围不确定;(3) 该损失与契约法上的关系如何处理②。目前,各国做法不一致,但有一点是不争的:如果系故意侵害,则应确定为侵权法上的损害并予以赔偿,因为此时,行为人是明知而为,责任范围也易

---

① 杨立新:《侵权法论》,人民法院出版社2004年版,第686页。
② 王泽鉴:《侵权行为法》(第一册),中国政法大学出版社2001年版,第98页。

确定。而过失则比较复杂,应视具体案情予以确定。如:(1) 甲银行提供有关乙的不实信用资料,致使丙对乙贷款,导致不能清偿;(2) 甲律师受乙委托订立遗嘱,遗赠某物给丙,甲因疏忽,使订立遗嘱不符合法律规定而无效,致丙未能取得遗产。(3) 甲挖地下道,致电缆毁损,使乙工厂停电不能营业所受损失。对于(1)(2)案英国认为属于损害,因"银行"和"律师"具有注意义务,所以构成过失侵权行为,其理由在前者为双方有信赖关系,而后者的损害可以预见,但是,英国法院不承认(3)中工厂不能营业的损失为甲挖地下通道所导致。因为,它不符合约因理论,另外,英国也不承认被害人得就其纯粹经济上损失的损害赔偿请求权。

在德国对(1) 认为双方系契约关系,发生不完全给付的债务不履行责任对(2) 则适用第三人利益契约保护,对(3) 则是直接创设一种新权利类型即"营业权"给予救济。我国没有"纯粹经济上损失"的规定,而且其概念并不准确。实际生活中,各案差别巨大,综合具体案情认定比较可信。其中,应采取的原则是看行为人是否明知。因为不知则无法使其负防免义务,从因果关系角度,因其行为与损害结果之间距离较远,也不应被认为是原因。

第三节 违 法 性

一、违法的概念

1. 违法的定义

违法性是"侵权行为"的原有之意,因此,行为的违法性是一般侵权责任的当然构成要件。因法国法系主张过错要件吸收违法性,责任构成在于过错而不在于违法,所以法国侵权责任并不刻意强调违法性。所谓违法,是指违反法律规定、不履行法定义务。这里的法律应指广义的法律,在形式上应包括法律、法规、司法解释和公序良俗。在德国还专门有"违反以保护他人为目的的法律",其所谓的"法律"应指狭义的侵权行为类型,是保护私人利益的法律,否则不视为侵权行为。如有人违法横穿马路的行为,虽然违法,但并不属于侵权行为。加害行为的违法性是指民事主体非法侵害他人权益,依法应当承担民事责任的行为。在此意义上,违法包含:形式上"非法"、实质上"侵害他人权利或利益"、结果上"应承担民事责任"三项要素。在没有特殊的违法阻却理由时,对权利或法益的侵害总是违法的。

2. 结果违法与行为违法

对侵害行为违法性的认识有多种观点。就争论激烈并在法律实务中被具体适用的则是结果违法与行为违法两种观点。结果违法说认为:凡致他人权利和利益损害的行为即为违法行为。依此观点,加害行为之所以受法律非难而具有违法性,是因为其"行为"招致了权利或利益损害的"结果"发生。只在例外的情况下,因有违法阻却事由时其侵害行为始不具有违法性。

行为违法说则认为:以社会一般注意义务违反作为确定违法的标准。注意义务违反是违法性的特征,即如行为人已尽必要注意,纵其侵害了他人权益,也不具有违法性。行为违法说认为:不能仅从行为招致的结果来判断是否违法,而应从行为本身来探讨行为有无违反社会一般注意义务;故意侵害他人权益自然构成违法,在过失情况下,则应以行为人未尽避免他人权益受损注意义务为必要,而不应只以结果作为判断标准。

结果违法与行为违法的争论在德国非常热烈,其经常引用的案例为:甲制造产品流入市场,乙购买并使用造成自己或他人损害,如何认定甲之行为的违法性。如果甲之产品不具有缺陷,不管怎样都应认定甲之行为不具有违法性,但结果违法说在理由说明上确实存在困难。而行为违法说就很简单:甲的行为之所以不具有违法性,是因为其并未违反社会生活上防范危险的注意义务。而如果甲所制造的产品有缺陷造成他人损害的,则其违反了注意义务,行为自然违法。所以,在理论上,行为违法说更具有说服力,但在实务上,究竟是侵害行为不具有违法性,还是因无过失而不成立侵权行为,其结果并无不同。德国学者多数主张行为违法说,但联邦法院仍采取结果违法说。

违法性问题本质上应是指行为的违法,而非结果的违法,即违法针对的是行为。但是,在具体认定"违法性"时,日本的我妻荣教授的观点值得考虑:违法性判断,一方面要避免概念僵化,另一方面要避免泛滥。其标准需自受害利益种类,以及侵害行为之样态二者的关系予以考察。若被侵害之利益系物权等支配性财产权,或人格权等人格利益,或债权等,纵使加害行为之违法性甚低,仍应认为加害行为具有违法性,反之,若其他类型利益受到侵害,若非违法性重大,则应认为不具有违法性。违法性是否重大,应综合侵害行为样态,从违法(刑法、禁止性规定、公序良俗或权利滥用等)性方面具体判断。

二、违法的类型

违法自然是违反法律,但是从侵权和保护受害人角度分析,仅以法律违反进行规制失之过窄。从大陆法各国或地区民法看,一般违法指三种情况:

(1) 违反法定义务,即侵害他人绝对权的行为。因绝对权的公开性和绝对性,任何人均具有防止侵害的法定义务,此义务违反即构成违法。

(2) 违反以保护他人为目的的法律。法律直接规定对某种权利或利益的保护,违反此规定也具有违法性。如《消费者权益保护法》第18条规定:经营者应当保证其提供的商品或服务符合保障人身、财产安全的要求。由此,经营者对消费者的人身、财产有安全保障义务,如疏于保护即构成违法。

(3) 故意以违背善良风俗方式致人损害。风俗习惯本不属于法律,因此,通常行为不合习惯不为违法,但是,基于法律本身的局限性以及法律与道德的关联性考虑,故意违反善良风俗方式侵害他人权益也是违反法律基本精神和原则的,具有违法性。

另须明确的是:行为的违法性要件中的"行为"对自然人来说,自然是没有问题的,而对法人甚至物件而言并非恰当。所以,对行为应做广义理解:法人受团体意志支配的活动也可称行为,物件的致人损害之所以使所有人或管理人承担责任,是因为其对该物件具有管理控制义务,没有履行该义务系消极行为(不作为)。

第四节 因 果 关 系

一、因果关系的概述

侵权法中的因果关系,是指行为人的行为与受害人的损害事实之间引起与被引起的关系。作为侵权责任的构成要件,因果关系是侵权责任成立的基础,也是判断责任大小的重要标准。"因果关系不仅归属于侵权行为法基本规定内容,且构成了其他几乎所有赔偿责任的构成要素的基础。"①正确认定因果关系的重要性不言而喻。但是,因果关系无论在哲学上,还是在法学上都是非常复杂并一直困扰人们的问题。关于侵权责任的构成要件虽有很多争论,但因果关系是构成之一则是不争的。而且,不管刑法领域还是民法领域对因果关系都有深入的研究,只是始终没有形成被广泛认可的理论,正如美国学者波斯纳所说:(关于因果关系)值得说的已说过多次,而不值得说的更说的不少。但因果关系始终还是个问题。王泽鉴先生在其《侵权行为法》中也自嘲关于因果关系部分的论述多在重复他人已说过的见解,并说了许多不值得说的话。② 困扰人们的原因是因果关系本身是客观现象,但对其判断又是主观认识的一个过程,加上事物的普遍联系性因素,就会出现见仁见智的分歧,因果关系作为侵权行为的必要构成要件,理论和实践上存在争论就在所难免。

从哲学角度看,社会现象之间具有普遍联系性,一个现象会引起另一现象的发生,此时,前一现象称为原因,后一现象被称为结果,他们之间的关系被称为因果关系。但是,法律研究并不像哲学那么广泛,在法律上有意义的因果关系被限定在两个比较近的现象之间。在理论上包括:加害行为与损害结果之间的因果关系和加害行为与损害赔偿范围之间的因果关系。前者被称为责任成立的因果关系,后者被称为责任范围的因果关系,只是因为损害赔偿皆以有损害为前提,所以,在实务中,二者具有统一性。

另外值得注意的是,虽然理论上对因果关系研究很多,司法实践中也被经常使用,但世界各国的成文法典中却都未见有因果关系的具体规范者。

二、因果关系的理论学说

有关因果关系的理论有多种学说:

1. 条件说

由德国人代弗·布里于19世纪70年首创,认为凡是引起损害结果发生起重要作用的条件,都是法律上的原因。所谓"没有前者,即没有后者"。条件说是大陆法国家中最古老的因果关系学说。其规则简单,适用方便。但其缺陷也是明显的:扩大了原因范围,导致责任分担问题上的不公平。如:甲致乙伤住院,期间,因家中无人而被盗贼光顾。依条件说,乙被盗之损失与甲之伤害行为之间有因果关系。后期,为防止原因扩大,条件说又提出"因果关系中断"说,主张条件与结果之间如果有自然力、被害人行为或特殊体质、第三人的过失等因素介入,因果关系不中断,但是,如果介入的因素系第三人故意行为,则发生因果关系中断。目前多数国家不再采用条件说理论。

2. 原因说

德国宾丁·库雷尔所创,主张区别原因和条件,仅认原因为与结果之间有因果关系。原因是对结果发生有重要贡献的条件,其他条件只有背景作用,不具有使结果发生的原因力。该说是针对条件说而提出的,主张将行为与结果之间的因果关系定型化,以限定追究行为责任的范围。由原因说形成了多种观点,其中最著名的是曾在我国有巨大影响的"必然因果说",认为行为与损害结果之间只有存在内在的、本质的、必然的联系时,因果关系始能成立。

---

① 〔德〕克里斯蒂安·冯·巴尔:《欧洲比较侵权行为法》(下),张新宝、焦美华译,法律出版社2005年版,第498页。

② 王泽鉴:《侵权行为法》(第一册),中国政法大学出版社2001年版,第187页。

依该观点,许多情况下,受害人因无法举证因果关系而不能获得救济。

3. 疫学因果关系说

针对公害引起的损害案件,日本学者提出了用医学上流行病学的原理来认定因果关系,也有人称之"盖然因果关系说"。依该学说,在判定公害案件中,某种因素与某种疾病的因果关系,须证明:在该因素导致该疾病发生与生物学上的说明不矛盾的情况下,该因素在发病前发生作用;该因素作用提高(数量增多、浓度加大等),患病者增多或病情加重,反之,则减少或减轻,则说明该因素为损害的原因。疫学因果关系说对处理公害案件有重要的意义。

4. 英美法中的事实上的因果关系和法律上的因果关系

事实上的因果关系有两种方式:一是"若非公式"(But-for)。凡构成损害发生的必然要件的现象,均为事实上的原因。即:若非 A 的出现,就不会有 B 情况发生,则 A 为 B 的必要条件。或者说,假如没有被告的行为,这种损害结果本来不会发生,那么就认定存在因果关系。例如,1969 年英国王座法庭判决的巴耐特案(Barnett v. Cheisea and Kensington Hospital Management Committee [1969] 1 Q. B. 428.)中,原告的丈夫到被告医院就诊时告诉医生,他在不断地呕吐。该医院急诊室的医生没有收治这个病人,理由是这是一家小医院,无能力处理原告丈夫的病情,即请病人马上到大医院去治疗,结果在 5 个小时之后,该病人死亡了,死者家属起诉该医院。法院审理认定,病人死亡的原因是砷中毒,依当时的情况即使该医生对他作了检查,他也会在得到确诊和有效治疗之前死亡,因此医院拒绝收治的行为与病人的死亡之间没有因果关系。二是实质要素公式。即在引起损害结果是多个条件的合力时,则由法官考察被告的行为是否为损害发生的实质性要素,是,则证明有因果关系,否,则不认为有因果关系。

法律上的因果关系是在事实上的因果关系具备时,如果被告的侵害行为未因法律政策或其他因素介入而被免除赔偿责任时,其行为构成法律上的原因。只有在被认为有法律上的因果关系时,原告才能获得赔偿。

5. 相当因果关系说

(1) 相当因果关系概述。相当因果关系说始于 1888 年,创始人是德国弗莱堡大学的生理学家 Von Kries 教授,他在法律上应用数学上的可能性理论与社会学的统计分析方法,认为客观上事件发生的可能性,可作为说明因果关系的一项因素。"某项事件与损害之间具有相当因果关系,必须符合两项要件:1) 该事件为损害发生之不可欠缺的条件;2) 该事件实质上增加了损害发生的客观可能性。""相当因果关系"理论最先是德国为限制刑法上加重结果犯罪的构成要件而创设的理论,后被民法所用,并被瑞士、荷兰、日本以及我国台湾地区所采用。

该说以"条件关系"和"相当性"两要素构成。依王泽鉴教授所言,条件关系的认定采"若无,则不"的方式,所谓"无此行为,必不生此种损害",所以它是一种反证规则,旨在认定"若 A 不存在,B 仍会发生,则 A 非 B 的条件"。

认定条件后,并不能认定有因果关系,还需以"相当性"来合理限制侵权责任的范围。"相当性"是以通常足以产生此种损害"为判断标准的,认定的公式为"无此行为,虽不必生此损害,有此行为,通常即足生此种损害者,是为有因果关系。无此行为,必不生此种损害,有此行为通常亦不生此种损害者,即无因果关系。"在具体案件的认定上,相当因果关系说注重行为人之不法行为介入社会之既存状态,并对现存之危险程度有所增加或改变。也就是说,如果行为人的行为使受害人的危险增加或使其处于另一种危险状态时,行为人的行为即构成损害结果发生之相当性原因。如甲送货至 A 地,有一平坦大道,但甲为赶时间走自己从未走过的山路,结果遇山体滑坡致货物毁损。甲之擅改送货路线行为增加了货物损害的危险,是与货物毁损之间有相当因果关系。但此种认定有时也会遇到困难,常被引用的案例为:甲致乙伤,在医院治疗期间,因医疗事故致乙死亡。若依相当因果关系说,甲增加了乙受害之危险,对乙之损害应负责任,但此与一般观念不符,这涉及"因果关系中断问题"。即在行为人行为与损害结果之间,有独立原因介入引起损害结果发生,行为人之行为即不为原因。但此独立原因判断有很大灵活性,如甲致乙轻微伤害和致乙重伤,在医疗过失介入上性质不同。可是,判断何种程度为轻,何者为重有时并非易事。德国法院的审判实践对相当因果关系的使用"相当弹性化"。如在"蛋壳头盖骨案"中。英国法官 Mackinnon 认为:因过失行为加害于他人者,应忍受被害人具有增加损害发生可能性及扩大损害范围之特异体质,加害人不得以被害人之头盖骨异常脆弱作为抗辩。对有特殊体质的人的损害,纵为特别异常,法院一般认为系属加害人可以预见或在加害人行为创造之危险范围内。特殊体质,仅为加害人侵害行为因果过程中的环境条件,尚不足以中断因果链条。确定其中有因果关系,还有法律政策上的考虑,在损害发生时,应使加害人承担赔偿责任,而不是使受害人对其特质采取额外的注意。

由此可以看出,被很多国家和学者接受的相当因果关系,实际上具有很大的随意性,它是依社会一般人的智识和经验判断,通常均有发生损害可能时,即认为有因果关系。在具体案件中,很可能存在判断结果与事实不符的问题,当然在解释上,还可以用事实上的因果关系和法律上的因果关系进行说明。

(2) 相当因果关系的缺陷。相当因果关系说以科学上的可能性观念为基础推论因果关系的有无,把法律问题看成科学上的概率问题,而概率的基数并不明确。其以超过通常概率的 50% 为认定因果关系的标准,在实践上极易造成绝对化;其"全有或全无"原则也不合理,依据相当因果关系说,一旦认定有因果关系,行为人即承担全部责任,而一旦不能认定相当因果关系,则可不承担任何责任,而在遇到 51% 和 49% 两种可能性时,其不公平性就表露无遗。

三、因果关系类型中的多因一果

因果关系的类型以原因和结果的数量不同可以分成一因一果、一因多果、多因一果和多因多果等几种。前两种并不具有特殊性,依一般因果关系认定即可,在多因多果的情况下,问题的难题是判断哪种结果是由何种原因引起,而此时特殊的情况也在于多因一果的判断上。所以,在因果关系类型问题上,最重要的是多因一果。

一个损害结果是由多个原因造成的情形称为多因一果现象。包括三种具体情况:

1. 聚合因果关系

损害结果是由多个原因造成,而且,每一单个原因都足以导致该损害结果发生的情形被称为聚合因果关系。如:甲乙同时分别对丙下毒,每个人所下分量都足以致丙死亡。此时,虽然每一单独条件均非结果发生不可缺少的条件,但若甲乙都不负责,不符合公平正义,对丙的死亡甲乙的行为都为原因,而不能适用"若无,则不"判断标准。

2. 共同因果关系

造成损害发生的多个原因中,每一单个的原因都不足以造成损害发生,但多个原因的结合即足导致损害发生的情形被称为共同因果关系。如甲乙对丙下毒,单个的量都不足致丙死亡,但其共同作用导致丙中毒死亡。此时,甲乙的行为都为丙死亡的原因,否则,丙的死亡将无人承担责任,有违公平。此在侵权法中被称为共同侵权行为。共同侵权行为有共同故意,也有无意思联络的共同侵权。但这种规则不适用下列情况:甲致乙伤,送医院救治,医生疏忽致乙死。

3. 择一的因果关系

即共同危险行为中的因果关系。共同危险行为指二人或二人以上共同实施侵害他人民事权益的危险行为,对造成的损害后果不能确定谁是加害人的情况。在此行为中,虽只一人或部分人造成他人损害,但每一人的行为都可能造成损害,在无法确定究竟谁人致损时,视所有行为人的行为为损害的原因,即采用推定方式选择一种因果关系适用。择一的因果关系,当然也有减轻受害人举证责任的功效。

4. 假设因果关系

有时会有这样的案件出现,行为人的行为引起了受害人的损失,但事实上如果没有行为人的加害行为,受害人的损失仍然会发生。如将喝了超量剧毒农药已经抽搐倒在马路上的人撞死;将他人的房屋捣毁,而随后当地发生强烈地震,所有房屋均倒塌。此时,对地震与房屋倒塌和农药与当事人死亡之间被认为是假设因果关系,而对行为是否认为有因果关系,是否一概都由行为人承担责任?在早期,都以因果关系论,对假设因果关系的存在,不影响行为人的赔偿责任;后期认为假设因果关系并非因果关系问题,而系损害估算问题。事实上从一般的公平角度分析,在假设的因果关系中,对于赔偿的问题,并不能以单一标准确定,而应具体问题考察。如:甲将已患绝症医生证明不久人世的乙撞死。有关丧葬费的请求可以得到支持,而有关近亲属精神损害以及依靠死者抚养的人的损失则不一定。此与捣毁他人房屋案不同,毁损房屋的行为已经结束,侵权行为的构成以及侵权责任负担都不受其后地震的发生。

四、对因果关系的认识

因果关系问题反映一个现象与另一现象的联系问题,对其进行判断的目的是解决受害人救济与社会公平之间矛盾问题。因为,社会现象产生的途径、后果具有复杂多样性,因此他们之间的关系类型也具有多样性,这就决定了在法律上判断某一行为与特定的损害之间是否有因果关系的标准也就不可能是单一的。所以,对因果关系的适用并不能局限于某一种规则。通常情况下采取相当因果关系,特定情况下,应适用不同的因果关系(比如在公害案件,被害人具有特殊体质案件等)。又因为,因果关系是对以前发生的事情的复原,所以因果关系判断的标准多为可能性(相当说、流行病说、条件说等都只是"可能性判断"),只不过可能性大即认为有因果关系,反之,则被认为没有因果关系而已。在司法实践中,因果关系不仅是一个客观因素,行为人主观过错程度对因果关系的认定也同样具有重要影响。

世界各国的实践都有一种倾向性,在认定因果关系的时候,假如有故意或者重大过失,法官就应该更倾向于认定因果关系的成立。如:美国《第三次侵权法重述》第33条第1款规定:故意给他人人身造成损害的,侵权人须对损害负责,即使损害是不易发生的。在德国,联邦最高法院在1981年1月27日判决的案件中发表了这样的意见:"故意行为产生的后果总是有相当性的";"加害原告的故意排斥了远因问题。"在证明因果关系困难情况下,行为人的故意被认为使引起损害发生的条件具有了相当性,因果关系也就会被认定。

【案例思考】

欧洲侵权和保险法研究中心(European Centre of Tort and Insurance Law)组织编写的《侵权法的统一:因果关系》(Unification of Tort Law: Causation)一书中,有这样一个案例:被告是一辆汽车的车主,他在离开自己的汽车时忘记了取下车钥匙。结果,一个小偷盗走了该汽车,并造成了事故,使原告受到了伤害。在该案中,忘记拔汽车钥匙的车主是否要对事故的受害人承担责任?也就是说小偷的行为是否导致因果关系的中断?参编该书的几个国家的学者的意见如下:

(1)比利时学者科西和万德斯皮肯认为:在比利时,在大多数的"汽车钥匙案"(carkey-cases)中,直接引起事故的是偷车贼的行为;这种行为使车主的过失与损害结果之间的因果关系受到了干扰。法院多判决车主不应承担责任。其理由是,该损害并不是车主过失的必然结果。另一种理由是,小偷的过错是独立于车主的过错的。(2)奥地利学者科兹奥尔认为:在本案中,被告忘记取下车钥匙,成为小偷偷走汽车和造成事故的必要条件。假如车主没有忘记拔下汽车钥匙,这个损害结果就不会发生,符合"若非,则不"(but-for)。这意味着存在事实上的因果关系。在法律上的因果关系认定时,相关法律上的原则是,如果一种行为构成了对他人的引诱并会由此招致某种特殊的危险,那么任何人均负有注意义务,不去从事这样的行为。因汽车是一个给周围的人带有危险性的机器,车主忘记拔下汽车钥匙的行为构成很严重的过错,并且还起到了诱惑的作用。因此,被告违反义务是毫无疑问的。(3)英国学者罗杰斯认为,在英国1993年的托普案中,英国法院否定了车主的责任。其所依据的理论是,当第三人的行为是有意地实施的时候,让车主负责是牵强的。第三人的故意侵权或犯罪行为导致因果关系的中断。(4)德国学者马格纳斯认为:依德国的《道路交通条例》第14条第2款,汽车的驾驶者和所有者在离开车时有义务将车锁上。《德国民法典》第823条第2款规定:"违背以保护他人为目的的法律的人,负有相同的义务。"将这两个法律接合起来适用,构成了原告胜诉的基础。(5)美国学者施瓦茨认为:关于"汽车钥匙案"这样的案例,美国的许多司法辖区都有法院裁判,而关于什么样的结果是适当的,在这些裁判之间存在着极大的分歧。①

我国《侵权责任法》第52条规定:"盗窃、抢劫或者抢夺的机动车发生交通事故造成损害的,由盗窃人、抢劫人或者抢夺人承担赔偿责任。保险公司在机动车强制保险责任限额范围内垫付抢救费用的,有权向交通事故责任人追偿。"该规定说明在我国,法律上并没有责成车主离开汽车时,必须拔走车钥匙的义务,机动车被非法开走后造成的事故损失,由盗窃人、抢劫人或抢夺人承担侵权责任。

---

① 本案例及观点选自2007年5月24日王军教授在中国人民大学"民商法前沿"系列讲座第196期所作的"侵权法上的因果关系"中所举案例。

第五节 行为人过错

一、过错概述

过错是指行为人在实施侵权行为时的某种应受非难的心理状态。侵权行为是被法律否定的行为，否定的理由不仅因其造成他人权益损害，更因其主观心理状态的应受非难性。如前所引述的耶林所言："使人负损害赔偿的，不是因为有损害，而是因为有过失，其道理就如同化学上的原则，使蜡烛燃烧的，不是光，而是氧气一般的浅显明白"。作为侵权责任的构成要件，过错是侵权行为法的核心概念，但对其理解一直存有争议，甚至有人还发出了"过错的死亡"的声音。

争议的焦点是过错的认定标准，有两种基本观点：主观过错和客观过错。主观过错说以《德国民法典》为代表，认为过错是人的主观上的故意或过失的心理状态，认定过错的标准也应通过判断行为人主观状态确定。按照耶林的观点，应当区分客观的不法和主观的不法，所谓"过错与人有关，不法则是对行为的描述"。日本、苏联坚持此观点。客观过错说认为过错与不法是不可分离的，过错是客观的，它主要不是加害人的主观心理状态，而是加害人的行为的违法性质。因此，应将二者结合为一个责任要件。其立法上以《法国民法典》为代表。客观过错说实际上是以行为人注意义务的违反为标准来确定是否有过错的，而注意义务的违反是以一个谨慎的人应有的注意程度为标准的。该说来源于罗马法上的"善良家父"之注意义务。社会一般人在遇到同样的情况时所应当具有的注意义务是判断当事人是否有过错的标准，英美法国家则以"合理人"（reasonable man）作为判断模式。客观过错标准是法律上的标准，而对具体当事人则并不考虑其差异。如对天生就爱动手动脚的人所造成的他人损害，不能因其天性而否定其具有过错；对刚取得驾驶执照的人，也不能以其缺乏经验而减轻对他人造成损害的责任。

应当认为，主观标准和客观标准各有优点和不足，从逻辑角度分析，在理论研究中应采取主观过错说。因为，在本质上过错为心理状态，这肯定为主观因素；采取客观过错在实践上极易造成认定标准的混乱，将千差万别的具体案件当事人的过错简单地归为几类的做法，是否科学是值得怀疑的。以客观行为来说明行为人的主观心理状态，无法判断故意和过失。难以反映行为人主观心态及行为的可责难性。尽管一般情况下区分故意和过失对责任承担影响不大，但毕竟在非财产责任方式中是有意义的，在精神损害责任的适用上也应有所区别。

二、过错的类型

过错，自罗马法以来就分为故意和过失两个基本类型。

故意是指明知自己的行为会造成他人权益损害的结果并希望或放任该结果发生的心理状态。包括直接故意和间接故意。

过失是指行为人对自己的行为后果应当预见，因疏忽而未预见或虽已预见但轻信能够避免，从而使损害结果发生的心理状态。包括疏忽大意的过失和过于自信的过失。

我国《刑法》第14、15条明确规定了故意和过失概念和类型，这种区别有重要法律意义。

故意犯罪,应当负刑事责任,而过失犯罪,则只在法律有规定时才承担刑事责任。而在私法中,对过错程度尤其是对直接故意和间接故意、疏忽大意的过失和过于自信的过失并不严格区分。过错程度对侵权责任的影响,只在最高人民法院的司法解释中有概括性规定,如《民通意见》第150条规定:"公民的姓名权、肖像权、名誉权、荣誉权和法人的名称权、名誉权、荣誉权受到侵害,公民或者法人要求赔偿损失的,人民法院可以根据侵权人的过错程度、侵权行为的具体情节、后果和影响确定其赔偿责任。"在《关于审理名誉权案件若干问题的解答》和《关于确定民事侵权损害赔偿责任若干问题的解释》中也重复了"过错程度"的提法。

除此之外,理论上对过失尚有重大过失、一般过失、轻微过失等分类。有人以注意程度的违反为标准,认为行为人没有尽到起码的注意义务,使损害发生的,即为有重大过失;一般过失指未尽一般人在通常情况下所应尽注意义务;轻微过失指尽了善良管理人的注意义务,仍不能避免损害发生的情况。仔细分析可知,这种分类在实践具有很大的随意性,区别的意义也不明显,另外重要的是在我国也没有法律明确规定。司法解释中所谓"过错程度"应是指故意和过失的不同。

三、过失的经济分析

有关过失标准的认定问题,在美国法中,最著名的属法律经济分析法学提出的"汉德公式",它是由法官汉德(Learned Hand)在 United States v. Carroll Towing Co. 一案中使用数学公式方式对过失的认定。依据该公式:如果被告预防损失的成本要低于给他人造成的损失成本,此时被告就有义务采取预防措施;如果没有采取预防措施导致了损失的发生,被告就被认为是有过失的。其用 P 表示发生损害的概率,用 L 表示损害,用 B 表示预防成本。过失的有无就取决于 B 是否小于 P 与 L 的乘积。汉德公式的出现对过失标准的认定产生了重大影响,并对大陆法国家认定过失问题有一定的启发,但是正如王泽鉴所说,侵权法上的过失不能与纯粹经济上的公式等同。侵权法是私法,注重个人间的公平,而非从社会整体角度考量问题。有时以汉德公式判断为无过失,但对受害人而言则可能得不到救济。另外,过失的认定还包括生命、身体、健康、自由、名誉等非经济的价值,这些无法用金钱衡量的利益损失案件也无法适用汉德公式。所以,经济分析方法虽有价值,但实践中应慎重适用。

第六节 侵权责任构成的抗辩事由

抗辩事由指被告对原告的诉讼请求所提出的诉求不成立或不完全成立的事实。因其本质上是要免除或部分免除责任而提出的抗辩,所以也称免责事由。有人使用"违法阻却"表述,其实二者并非完全等同。如前所述,民事责任由损害事实、行为违法、因果关系和主观过错四个要件构成,任何一个要件的缺乏,都将导致责任的不成立,也即可以成为行为人承担民事责任的抗辩事由,除了违法阻却外,过错的缺失、因果关系的否定、损害的不存在都是有意义的。只不过在讨论抗辩问题时是在有损害事实和主观上有过错的前提下展开的而已。而因果关系的否定仍是重要的抗辩理由。

另需明确的是侵权责任的抗辩问题也是在行为人具备责任能力的前提下展开的。

我国《侵权责任法》以第三章共6个条文构建了我国侵权责任的抗辩制度,根据这些规定,受害人过错、第三人原因、不可抗力、正当防卫和紧急避险是我国侵权责任抗辩事由的种类。当然,我们主张并且在司法实践中也常被使用的受害人同意、自甘冒险以及自助行为等也应成为立法上规定的责任抗辩事由。就上述种类而言,抗辩事由可以分为正当理由和外来原因:正当理由,即侵害行为本身具有合法性,而免除责任的理由,属于违法阻却;外来原因则是因为不具有因果关系而为抗辩,属于因果关系的抗辩。

一、正当理由——违法性抗辩

(一) 依法执行职务的行为

指依照法律规定或法律授权,在必要时损害他人人身或财产的行为。如公安人员击毙逃犯,为防止禽流感蔓延,卫生执法人员将一定范围内的鸡、鸭作掩埋处理等。因依法执行职务的行为具有维护公共利益的价值,在必要范围内造成公民个人的损害,因行为具有合法性而不承担责任。

作为责任的免除的执行职务行为必须具备以下条件:

1. 须有合法授权

作为违法阻却的基本内容,执行职务行为必须具有合法性,此合法性表现或为法律规定,或经权力部门授予。合法性不仅指"有权",还包括程序合法。在实际生活中,受害人有权要求执行职务行为的人就其合法授权举证。

2. 须在法律规定或授权范围内实施行为

公权力的实施都是有限度的,禁止以公共利益为名,超范围损害公民个人利益,否则,应否定其行为的合法性。

3. 执行职务造成他人损害的行为须为必要

公民个人利益与公共利益在总体上具有一致性。因此,以公共利益保护为目的的职务行为固然应使利益受损的个人应当忍受,但此绝不是无限制的,从职务行为角度看,其造成他人损害应为必要,执法过度造成他人损害,即为职权滥用,就不具备合法性。实际生活中,有利用执行职务外衣,恶意侵害他人利益者,应属于典型的侵权行为,应当由相关机关承担侵权责任。

(二) 正当的行使私权

与执行职务行为相对应,行使私权行为,虽可能造成他人一定损害,但在法律允许范围内也可以成为责任抗辩事由。如亲权行使行为、地上权人使用他人土地的行为、所有权人毁损自己的财产等。须注意的是,私权行使应具有正当性,除有法律依据、符合公序良俗外,私权行使不得超过必要的限制,否则,不得主张对他人损害的免责。如:对犯错误子女惩罚致残等。

(三) 自力救济行为

1. 正当防卫

正当防卫是指:对于现实的不法侵害加以反击,以保护自己或他人权利的行为。正当防卫作为侵权抗辩的正当理由,被各国所接受。我国《民法通则》第128条、《侵权责任法》第30条对此作了规定:因正当防卫造成损害的,不承担民事责任。正当防卫超过必要的限度,造成不应有的损害的,应当承担适当的民事责任。

基于法律的统一性,刑法与民法中的正当防卫含义相同。我国《刑法》第20条第1、2款规定:"为了使国家、公共利益、本人或者他人的人身、财产和其他权利免受正在进行的不法侵害,而采取的制止不法侵害行为,对不法侵害人造成损害的,属于正当防卫,不负刑事责任。正当防卫明显超过必要限度造成重大损害的,应当负刑事责任,但是应当减轻或者免除处罚。"

正当防卫是为保护合法利益而对非法行为人实施的侵害,其基本思想是"合法不让非法","正当"体现于"合法"之中,所以,正当防卫阻却了行为的违法性。

但正当防卫毕竟会对他人造成损害,所以法律对其构成有必要限制,这些限制即正当防卫的构成要件,主要包括:

(1) 对象条件。正当防卫须针对不法侵害行为,而且一般是针对不法侵害行为的实施者。对合法行为不得实施所谓的防卫,实施防卫行为也必须针对侵权行为人本人,而不得对其他人(如其亲属)实施。对单纯的动物的侵害实施防卫行为属于紧急避险,但对因他人唆使的动物侵害实施的防卫究竟属于正当防卫还是属于紧急避险目前尚有争论。

(2) 目的条件。正当防卫必须是为保护自己或他人的合法利益免遭侵害。否则就不具有正当性。如互殴行为、侵权引诱、或以防卫为借口而实施的报复行为等,行为人的目的为侵害他人,自然也无从体现其正当性。

(3) 时间条件。防卫行为须针对正在进行的不法侵害行为,事先或事后防卫都不具有正当性。

(4) 该防卫行为不得超过必要的限度。防卫的方式与强度要适当,不得超过必要限制,如何认定是否超过必要限度? 这要综合具体案件的情况认定。我国《刑法》第 20 条的规定可以借鉴:防卫行为只有明显超过必要限度造成重大损害的,才属于防卫过当。而且"对正在进行行凶、杀人、抢劫、强奸、绑架以及其他严重危及人身安全的暴力犯罪,采取防卫行为,造成不法侵害人伤亡的,不属于防卫过当,不负刑事责任",即都应当属于正当防卫。正当防卫的限度理论上以足以有效制止侵害行为为标准,但实际生活中,防卫行为往往都是在危急情况下实施的,所以并不要求防卫行为与侵权行为绝对相当,以一般情形判断防卫适当即可。

因正当防卫造成侵权人损害的,防卫人不承担法律责任,而如果防卫过当造成他人损害也得以防卫行为抗辩而或减轻责任。

另需注意的是,虽然法律规定为保护自己或他人的合法权利,当事人得采用正当防卫方式,但在实际生活中,并非所有的民事权利受到侵害时都可以或者都能够进行正当防卫。如配偶之间存在的贞操义务请求权、探望权等,以侮辱方式对于名誉权的侵害多数情况下也不具备适用正当防卫的条件。除此之外,还有一个值得思考的问题:对于因紧急避险对自己权利的侵害行为能否进行正当防卫?

2. 紧急避险

紧急避险是指为了避免自己或他人的生命、身体、自由以及财产上的急迫危险,不得已而实施的加害他人的行为。紧急避险作为侵权责任的抗辩事由也是被各国法律所确认的,其法理基础通说认为也为行为的合法性质。但从古代哲学开始就一直存在着有关为自己利益而损害他人利益的正义性讨论。紧急避险制度是利益平衡的结果,依该制度,为保护较大利益,得对较小的利益施加损害,但是"较小的利益"也是他人的合法利益,本为受法律保护而不得侵害的。在一些特别的案例中,行为人以牺牲他人之同等价值的法益为代价,把自己或其亲友从某种生命危险、人身危险或失去人身自由的危险中拯救出来,此种行为应当是不被法律所允许的,更何况非财产利益尚无法判断利益大小。因此,在有些国家并非所有的紧急避险都为合法行为,而是视其为一种可以宽宥的"放任行为"。①

紧急避险可分为防御型避险和攻击型避险。防御型避险指对直接产生危险的物或特定情况下的人所实施的防御行为,此种避险行为是典型的合法行为;攻击型避险则是为消除某种危险,而侵害与此危险产生没有关系的财产。如为避免火灾蔓延而毁损与火灾邻近的房屋的避险行为,这种侵害涉及的是与造成危险的物无关的物。性质认定应更加严格,对他人财产的损害也应赔偿。

紧急避险的构成要件包括:(1)须有急迫危险,包括行为和事件;(2)须是正在发生的危险,尚未发生的、或已经消除的危险不得实施所谓的"避险"行为;(3)须避险行为属于必要,即须是在不得已的情况下进行。"必要"说明避险是在无法选择其他救济手段时采取的措施。如本可以通过逃跑的方式避免损害发生的,使用"避险"手段就是不必要的,本可以通过公力救济的,使用"避险"方式就是不必要的;(4)避险行为不能超过必要的限度。限度的标准是避险行为所要造成的损害必须小于要保护的利益。从利益类型上看,生命利益最高,身体、自由次之,财产利益更次之。因此,不能为财产利益而损害他人生命或身体利益,任何人不能以牺牲其他人的生命为代价来保护另一部分人的生命财产或其他利益。

对因紧急避险造成的损害赔偿问题。一般情况下,因紧急避险属于合法行为,所以,对造成的损害不应承担责任,但引起险情的原因具有复杂性,避险人并非绝对得为抗辩。我国《民法通则》第129条规定:"因紧急避险造成损害的,由引起险情发生的人承担民事责任。如果危险是由自然原因引起的,紧急避险人不承担民事责任或者承担适当的民事责任。因紧急避险采取措施不当或者超过必要的限度,造成不应有的损害的,紧急避险人应当承担适当的民事责任。"《侵权责任法》第31条作了同样的规定。最高人民法院的《民通意见》第156条还规定了在避险人采取措施无不当,而受害人要求时,可以责令受益人适当补偿。受益人补偿他人损失的合理性在于"公平"理念以及不当得利理论,同时也表明了以紧急避险作为承担民事责任抗辩事由的有限性,因为避险人也可能就是受益人。

紧急避险与正当防卫的区别。紧急避险与正当防卫虽有目的、限度、正当性等相同之处,但其区别也是明显的。主要包括:

(1)正当防卫是针对非法侵害行为实施的行为,其所贯彻的思想是"合法不让非法";而紧急避险则是对他人合法利益的侵害,其制度的本旨在于两害相权取其轻,是两个利益衡量的结果。(2)正当防卫主要针对来自人的侵害行为,紧急避险还包括来自自然的原因引起的侵害;(3)加害的对象不同,前者针对侵害人本身,后者则是对第三人实施的加害,而且通常不得针对人身权益。(4)在必要的限度内的防卫造成的损害防卫人不承担责任,而紧急避险中,对第三人的损害要适当补偿。

【思考问题】 对于紧急避险行为是否可以予以防卫?

3. 自助行为

自助行为是指在不能请求公力救济的情况下,为保护自己的权利,对他人的自由加以拘束,或对其财产施以扣押或毁损的行为。自助行为也是法律所容许的权利保全措施,对此行

---

① 在涉及生命利益时,各国做法并不相同。如对被恐怖分子劫持的飞机,在美国是允许使用武器将其在空中摧毁的,但是在德国同样的行为将被认定违反联邦宪法。其理由即是飞机上的乘客生命利益同样应当受到保护。

为造成的损害也不承担民事责任。当然,自助也有条件限制:须为情况紧急不能请求公力救济,或要通过公力救济其救济会非常困难时,自助行为始为合法;另外,自助行为也要有限度。如扣留财物足于保证权利实现时,不得做更多扣留;拘束侵权人自由后,应及时请求公力救济等。

实施自助行为当然也会造成当事人权益损害,在一定条件下,就该损害提出的赔偿责任,自助人得以合法予以抗辩。实际生活中,有时认定是否为自助行为并非易事。如《北京青年报》曾报道并引起热烈讨论的案例:2007年国庆期间,北京十几位游客到河北丰宁游玩。点燃鞭炮后将一农民房屋引燃。经协商确定损失5万多元,但当时北京游客没带那么多钱,也不同意扣留汽车。但是,他们中一人自愿留下作为"保证",而其他人回京凑钱。然而,几天过去了,先回北京的人杳无音信。留做"人质"者不愿做了,想走,农民不允。后经记者通过全国假日办,找到河北旅游局、当地公安派出所等协商解决,上述二单位对还钱一事不能保证,受害农民即坚持不放人。农民扣留游客行为如何认定?

(四) 自甘冒险

自甘冒险是指明知有危险存在,而甘愿冒险实施的行为。在自甘冒险的情况下所为行为造成其损害,应由其本人承担,从而使其他人免于承担责任的抗辩事由。最典型者为体育比赛(包括参加比赛人之间的伤害,也包括观众的伤害如棒球比赛等),因为在很多体育活动中,伤害事件是不可避免的,如拳击、足球、棒球、冰球等,凡参加该项运动的人对其可能带来的危险是有所预料的,受到该类伤害也是其应承受的。但是,体育运动中对其他运动员的伤害,行为人要承担责任的前提条件须特别甄别。该抗辩事由的成立,以行为人遵守竞赛规则为前提。他人承受风险的范围也应限定在竞赛规则允许的范围内,超出该范围难以用违法阻却抗辩。实践中纠纷较多的是业余时间,临时组织的比赛中致人伤亡的事件,以及在上体育课时造成的损害,学校是否承担责任问题。对此应具体分析,如前所述,体育活动,尤其是身体对抗性的运动项目,都具有危险性,每个参与者都是危险的制造者,也都应是危险的潜在承担者,出现正当危险是被允许的,正当危险的制造者,不应为此付出代价。当然,如足球运动员齐达内与马特拉齐那样的运动规则不允许的伤害行为应被排除在抗辩之外。对学生上体育课时造成的伤害,学校存在管理问题时,应承担侵权责任,否则学校得为抗辩(当然,对学生也应区别对待,学校对小学生所负管理责任明显与对大学生的管理责任有所不同);明知他人醉酒,仍然乘坐其车,对因交通事故造成的损害,醉酒驾驶人是否得以受害人甘冒风险而主张免责,则是需要结合《道路交通安全法》的规定来认定的。醉酒驾驶属于严重违法行为,对发生交通事故导致乘车人的损害应承担责任,而无抗辩事由可言,除非能证明是受害人强迫状态下进行的驾驶。

(五) 受害人同意

受害人同意指受害人自愿承担某种对其权益损害后果的明确意思表示。对同意范围内的损害,行为人不承担责任。将受害人同意作为免责事由是对个人意志的尊重,每个人都有自由处分其身体或财产的权利,因为通过损害赔偿诉讼的途径维护自己的利益是一项权利,而非义务,所以放弃权利并不构成责任。但是,在法律看来,侵权行为法不仅是保护私权利的武器,同时也具有维护公共秩序的作用(在法国侵权法即属于公共秩序的内容)。因此,对于侵权行为发生后放弃赔偿请求权,以及事后协议确定赔偿数额的多少等是典型的权利行使,法律上应当没有任何障碍,但是,对侵权行为发生前的免责承诺应是违反强行法精神的,在以故意侵权免责的条件下,更应视其为违反善良风俗,因为此时的受害人往往处于完全无助的境地。所以,在以受害人允诺进行抗辩时,必须严格掌握,在诸如捐献血液救人、同意在切除肿瘤后,进行放射性治疗等人身损害风险,以及指示为自己保管财产的人销毁财产等可以适用。在我国,需注意的是:(1) 此允诺不得违反强行法规定,也不得违背善良风俗,如以身体伤害为打赌标的等是被禁止的。(2) 受害人允诺与合同法中规定的免责条款之间的关系。根据《合同法》第53条规定"合同中的下列免责条款无效:(1) 造成对方人身伤害的;(2) 因故意或者重大过失造成对方财产损失的。"说明在合同领域,不得以造成他人人身伤害和故意或重大过失情况下致人财产损失为免责条款,在合同之外,则要视受害人是否承诺以及是否违反法律和善良风俗而定。

另需要注意的是:体育活动的伤害免责一般理由为受害人自甘风险,但有学者所主张为"受害人同意"。二者有某些相似之处,只是甘冒风险中的损害仅为可能发生,而受害人允诺的情况都是对一定会造成的损害承诺。在德国司法实践中,联邦最高普通法院不赞同将体育活动中受到的伤害视为受害人同意的观点,而是将在遵守竞赛规则情况下造成伤害的免责问题交由诚实信用原则解决。禁止当事人相互矛盾的意思表示的行为。[①] 事实上,被很多学者采用的"受害人同意"表述与法律规定的精神不相符合,因为没有人真正"同意"遭到侵害。

二、外来原因——因果关系抗辩

指对造成的损害后果并非源自或完全源自"侵害"行为,而是完全由于"侵害"行为之外,或侵害行为与外来因素共同所导致的情形。根据侵权民事责任的构成理论,没有因果关系要件,行为人自可以对责任承担予以抗辩;对并非完全因侵害行为人所导致的责任,行为人自也可以通过因果关系要件抗辩减轻己方责任。作为侵权责任抗辩的外来原因主要包括:不可抗力、受害人过错和第三人过错。

(一) 不可抗力

就文义解释而言,不可抗力应指人力所不能抗拒的力量。我国《民法通则》第153条将不可抗力定义为:不能预见、不能避免并不能克服的客观情况。《合同法》第117条重复了该定义。法律规定说明不可抗力具有客观因素,所谓"不能避免"的"客观情况",又兼顾了行为人的主观能力,所谓"不能预见"和"不能克服",是主客观统一的一个概念。

损害如系因不可抗力所致,就排除了行为人的行为作为原因的要素,当然使它成为责任抗辩的事由之一。在法律中,不可抗力是减轻或免除责任的普遍理由。我国《民法通则》第107条规定:"因不可抗力不能履行合同或者造成他人损害的,不承担民事责任,法律另有规定的除外。"即是对其适用的普遍性规定。需要注意的是:不能预见是以社会一般人的预见能力为判断标准的,对具有特殊专业知识和职责的人,应适用更高的要求。同时,随着科技的不断进步,人们对自然灾害的预见能力已大大提高,如果有关部门已发出警报,即便是社会一般人也不能说自己不能预见。不可避免和不可克服指损害发生的必然性,即便是行为人尽了最大注意,也不能免于损害。有鉴于此,在实际生活中认定某一现象是否为不可抗力,并非绝对要求"三不"同时具备,认定的重点应在于损害结果的不可克服性上。

---

① 〔德〕马克西米利安·福克斯:《侵权行为法》,齐晓琨译,法律出版社2006年版,第86页。

关于不可抗力的类型，法律没有统一规定，一般可以分为自然原因和社会原因两类。自然原因指达到一定强度的自然现象如一般所说地震、台风、海啸等为不可抗力。社会原因的不可抗力范围没有统一观点，一般如战争、罢工等是。

关于意外事件是否为侵权责任抗辩事由，有不同的观点。意外事件指非因当事人的原因而偶然发生的事故。在立法上，《法国民法典》第1148条规定：如债务人系由于不可抗力或事变而不履行其给付或作为的债务，或违反约定从事禁止的行为时，不发生损害赔偿责任。该规定被认为是承认意外事件为责任抗辩事由的。我国立法上没有明确，司法实践中常被用做免除责任或减轻责任的理由。意外事件作为责任抗辩的事由，通常理由是该事件非是当事人的故意或过失所导致，是外在于当事人意志和行为的事件。但是，意外事件作为责任抗辩事由并未规定于我国法律中，其法律适用缺乏基础；另外，意外事件与不可抗力之间没有明显的界限，有学者提到的二者的区别，如后者比前者"具有更难以预见性"，以及意外事件的损害后果具有能够避免和克服特点等都是值得商榷的。"更难预见性"的模糊性不必多言，对"避免和克服"的理解，不能抛开意外事件本身看待，在当时情况下，因不能预见，而无法避免和克服损害发生即足以认定为不可抗力，当时情况下，如能够避免和克服，而没有避免损害发生，行为人自应承担责任，而没有抗辩理由。所以，以意外事件作为责任抗辩事由值得商榷。

（二）受害人过错

受害人过错，指损害的发生或扩大非由加害人过错，而是由于受害人的过错而发生的情形。损害的形成是由于受害人的过错造成时，行为人的行为与损害后果之间的因果关系链条中断，因受害人过错这一因素的介入，使得行为人可以免除责任。我国《侵权责任法》第26条规定：被侵权人对损害的发生也有过错的，可以减轻侵权人的责任；第27条规定，损害是因受害人故意的，行为人不承担责任。所以，在司法实践中，如果受害人为故意者，行为人得就全部损害责任为抗辩。受害人过失情况下，应视具体案件情况而定，受害人的过失只是损害发生的部分原因时，行为人只能以此为减轻责任之抗辩。在责任构成上，如果行为人没有过错自然不承担责任，但是实际生活中大量的纠纷存在着混合过错情况，而此时，其实非责任构成问题，而是损害赔偿问题，应适用损害赔偿法中的过失相抵原则。

（三）第三人过错

第三人过错是指加害人与受害人之外的人对损害的发生具有过错的情形。第三人过错，也属于因果关系链条中断情况，如果第三人过错是损害发生的唯一原因，自当排除行为人责任，如果第三人过错与行为人、甚至受害人过错交织在一起，则应在分析各自原因力的基础上免除行为人的责任。《侵权责任法》第28条明确规定：损害是因第三人造成的，第三人应当承担侵权责任。第三人过错时行为人得为责任抗辩的情形，不仅适用于一般侵权行为责任，也体现于特殊侵权责任中，如我国《民法通则》第127条、《侵权责任法》第83条规定因第三人的过错致使动物造成他人损害的，被侵权人可以向第三人请求赔偿。

第二十章

侵权责任方式

第一节 侵权责任方式概述

一、侵权责任方式的概念与特征

（一）侵权责任方式的概念

侵权责任方式也称侵权责任形式，是指行为人因实施了对他人民事权益的侵害行为而依法应承担民事责任的具体形式。确定责任方式是落实责任的必要前提。我国《侵权责任法》第15条规定了侵权责任方式。从该条规定的类型看，我国侵权责任方式具有多样性和开放性的特点。传统侵权法的责任形式是损害赔偿，自我国《民法通则》规定了多种民事责任形式后，《侵权责任法》延续了《民法通则》的做法，采用了8种侵权责任方式。

（二）侵权责任方式的特征

1. 它是由法律直接规定的具体责任形式。在我国，侵权责任方式并不允许当事人自由创设，不同的法定责任方式适用于不同类型的侵权行为。

2. 它是侵权人应当承担不利后果的责任形式。在认识法律责任性质问题上存在三种学说：（1）"义务说"，该学说认为"因某种行为而产生的受处罚的义务及对引起的损害予以赔偿或用别的方法予以补偿的义务"。（2）"制裁说"，该学说认为"一个人在法律上要对一定行为负责，或者他为此承担法律责任，意思是当他为相反行为时，应受到制裁。"（3）"后果说"，该学说认为法律责任是指"未履行合同义务或法定义务，或仅因法律规定，而应承受的某种不利的法律后果。"[①]民事义务是民事责任产生的前提，民事责任是民事主体不履行民事义务的后果。人们可以将责任看作是一种特殊的义务，但是责任在性质、功能和拘束力上与义务不完全相同。在有些情况下，违反了民事义务并不一定承担民事责任。民事责任虽有强制力，但它与民事制裁也不完全相同。在社会中，一些法律责任的责任人也可能自动的承担某些法律责任。我们将法律责任视为一种法律后果，其不仅要说明承担责任所要求的前提条件或承担责任的原因，同时也要说明责任与义务和法律责任与法律制裁的区别。

3. 各责任方式都具有可强制执行性。当事人可以通过诉请求法院确定当事人的承担责任方式，一旦责任人不履行责任，权利人可以申请法院强制执行。

---

① 魏振瀛：《民事责任与债分离研究》，北京大学出版社2013年版，第95—96页。

二、侵权责任方式的类型及适用

(一) 侵权责任方式的类型

《侵权责任法》规定的 8 种侵权责任方式中,以请求权作为划分标准可分为三类:(1) 停止侵害、排除妨碍、消除危险、返还财产。这些责任方式主要是针对侵害绝对权而设定的责任方式。(2) 赔偿损失、恢复原状。这些责任方式一般是针对侵害相对权设定的责任方式。(3) 赔礼道歉、消除影响、恢复名誉。这些责任方式主要是针对侵害人身权而设立的责任方式。

(二) 我国侵权责任法上 8 种责任方式的具体内容

停止侵害,是指侵权人正处在实施侵害他人合法权益行为状态时,受害人可要求适用的责任方式。停止侵害的目的在于制止侵权人的侵权行为,防止损害的继续发生或扩大。这种责任方式可以用于各类侵权行为。

排除妨碍,是指出现侵权人的行为妨碍了他人民事权利和民事权益行使的状态,受妨碍人可要求适用的责任方式。排除妨碍的目的是为了防止损害的发生或恢复原来的权利状态。此种责任方式主要用于物权,特别是相邻权受到侵害的情况。

消除危险,是指侵权人的行为已经造成危及他人人身或财产的危险时,受到威胁的权利人可要求适用的责任方式。消除危险的目的在于防止侵害后果的发生。此种责任方式通常发生在建筑物将要倒塌、产品的生产者或销售者出售假冒伪劣商品和有毒食品及消费者在购买商品或接受服务时,生命和财产安全受到威胁的情况。

返还财产,是指当事人一方将其占有的财产返还给另一方当事人。权利人合法所有或管理的财产被他人非法占有时,如果原物还在,权利人可要求适用的责任方式。返还财产的目的是使该财产归属回到原来的法律状况。这里的财产包括动产和不动产;既包括原物,也包括原物产生的孳息。

恢复原状,是指当受害人的财产受到他人侵害遭受损坏时,其可要求侵害人将财产恢复到原来的状态。恢复原状与回复原状同义。恢复原状的目的是用减少侵权人财产的方法使损坏的物恢复到原来状态。恢复原状包括动产修理、不动产修缮等。

赔偿损失,是指侵权人因其行为致他人财产或人身受到损害时,受害人要求责任人补偿受害损失。赔偿损失的目的是用侵权责任人的财产补偿受害人所受到的损失。财产损害、人身损害或精神损害,都可适用此种责任方式。

赔礼道歉,是指侵权人向被侵权人承认侵权,并表示歉意。它是一种非财产性的民事责任方式。赔礼道歉的目的是为了抚慰被侵权人的精神伤害,增强侵权人的道德意识。此责任方式主要适用于具有过错侵害他人财产、人身的侵权案件。

消除影响和恢复名誉,是指要求侵权人去除因其侵害他人人格权在一定范围内的不良后果。消除影响和恢复名誉的目的在于消除或减弱社会中对受害人带来的不良影响。此责任方式属于非财产性的民事责任方式,主要适用于侵犯名誉权、肖像权、姓名权、荣誉权等侵害人身权的案件,也适用于侵犯知识产权的案件。但一般不适用于一些特殊的人格权(如隐私权,隐私为外人所知,无法用消除影响来恢复到原有隐私状态)。

(三) 侵权责任方式的适用

民事责任方式的适用应当遵循救济损害需要。各种责任方式的适用应当针对不同的侵权案件,如返还财产的责任方式应针对以丧失对财产的占有为前提的案件。承担侵权责任的方式,可以单独适用,也可以合并适用。如果一种责任方式不足以达到救济受害人的目的,可以采取合并适用责任方式。在司法实践中,常见的合并适用情形有:(1)预防性的责任形式的合并适用,如:停止侵害和排除妨碍的合并使用。(2)救济性的责任形式的合并适用,如:赔偿损失与恢复原状的合并适用;赔偿损失与恢复名誉、消除影响的合并适用。(3)预防性和救济性的责任形式的结合适用,如:赔偿损失与停止侵害、赔偿损失与排除妨碍、赔偿损失与消除危险、赔偿损失与返还原物的合并适用。

第二节 侵权损害赔偿

一、侵权损害赔偿的概述

(一) 侵权损害赔偿的概念

侵权损害赔偿,是指行为人因侵权而造成他人财产、人身或精神的损害,依法行为人承担以给付金钱或实物为内容的民事责任方式。侵权损害赔偿在侵权责任方式中具有核心地位。侵权责任法最主要的功能在于救济,救济所体现的是对损害发生后对损害的填补,因此,损害赔偿对受害人是最直接和最有效的救济方式。

(二) 侵权损害赔偿的特征

1. 损害赔偿须以发生财产或人身损害为前提

在各种侵权责任方式中,承担停止侵害、排除妨碍、消除影响的责任,都不能以实际造成他人的财产或人身损害为前提,只要受害人的财产、人身或其他权利遭到侵害、面临危险或受到妨碍,即可要求行为人承担此几项责任;承担返还财产、恢复原状的责任只以财产受到侵害为前提;承担消除影响、恢复名誉和赔礼道歉的责任通常仅以人身权或知识产权受到侵害为前提。而承担损害赔偿的责任不仅可以以他人财产受到损害为前提,也可以以他人的人身受到损害为前提。

2. 损害赔偿的内容表现为给付金钱或实物财产

侵权损害赔偿可以是金钱赔偿,也可以是实物赔偿,但由于金钱是一般等价物,因此,金钱赔偿比实物赔偿具有更宽泛的适用性。除赔偿损失之外的其他责任形式,一般不存在侵权人向受害人给付金钱的问题;在返还财产的责任形式中,侵权人向受害人返还的财产本来就属于受害人所有或管理。

3. 承担损害赔偿责任受各种因素的制约

其他责任形式在承担时较为简单,易于操作。而侵权损害赔偿责任在实际承担时却较为复杂,通常会受到各种因素的影响。不仅需要考虑侵权纠纷案件当事人过错及损失的构成;还需要考虑赔偿的范围、赔偿数额的计算、侵权人和受害人的经济状况等;对一些特殊侵权,还要考虑到惩罚性赔偿。

(三) 侵权损害赔偿法律关系的主体

侵权损害赔偿法律关系的权利主体是被侵权人(受害人)或死者的近亲属。我国《侵权责任法》第18条规定:"被侵权人死亡的,其近亲属有权请求侵权人承担侵权责任……被侵权人死亡的,支付被侵权人医疗费、丧葬费等合理费用的人有权请求侵权人赔偿费用,但侵权人已支付该费用的除外。"近亲属之所以成为被侵权人死亡损害赔偿的请求权主体,是因为近亲属与死者之间往往存在经济上的联系和情感上的依赖,亲人的死亡给他们带来了一系列损害。

侵权损害赔偿法律关系的义务主体是侵权行为人或法律规定的责任人。

二、侵权损害赔偿的规则

(一) 损害完全赔偿规则

完全赔偿,是指只要与侵权行为有因果联系的损害都应得到赔偿。填补损害和转嫁损失是侵权法的功能之一,侵权行为造成他人损害,损害赔偿作为救济目标就是要使受害人被侵害的权益恢复到侵权行为之前的状态。为达到这一目标,损害赔偿应尽力做到损害多少赔偿多少,侵权人应为填平受害人损失承担责任。在确定损失的范围时,不仅包括直接损失,也包括间接损失。在司法实践中,损害完全赔偿规则主要适用于财产损害赔偿,对于非财产性的损害,采取的是适当赔偿的规则。

(二) 过失相抵规则

过失相抵规则,是指受害人对于损害的发生或者扩大也存在过失的,法院可依其职权,按一定的标准减轻或免除加害人赔偿责任,从而公平合理地分配损害的一项规则。过失相抵规则适用于以过错责任为归责原则的一般侵权行为领域。《侵权责任法》第 26 条规定:"被侵权人对损害的发生也有过错的,可以减轻侵权人的责任。"第 27 条规定:"损害是因受害人故意造成的,行为人不承担责任。"

过失相抵规则的特征:(1) 受害人因加害人的侵权行为而遭受损害。(2) 受害人对于损害的发生或者扩大也存在过失。(3) 实施过失相抵规则的法律后果是减轻或者免除加害人的赔偿责任。(4) 法院可依职权适用该项规则。

过失相抵的构成要件:(1) 受害人必须具有过失行为。(2) 受害人的过失行为与同一损害的发生或损害结果的扩大之间存在因果关系。(3) 损害结果必须同一。"同一"是指损害后果是侵权人过错行为与受害人过错行为共同作用的结果。(4) 受害人的行为须是促成损害的发生或扩大。

最高人民法院《关于审理人身损害赔偿案件适用法律若干问题的解释》第 2 条规定了过失相抵规则在侵权案件中的限制:(1) 在加害人因故意或者重大过失致人损害,而受害人仅有一般过失的情形,不适用过失相抵。(2) 在适用无过失责任的特殊侵权案件中,加害人主张减轻其赔偿责任所应指的受害人的过失,应是重大过失。这是因为无过失责任旨在保护被害人,加害人即使没有过失也应承担赔偿损失责任。在受害人有过失时,对其过失的考量应当比加害人负责任的情形为轻。

(三) 损益相抵规则

损益相抵又称损益同销,是指侵权行为受害人基于发生损害的同一原因而获得利益时,应在应赔偿损害额度内扣除其已获利益的规则。损益相抵规则符合侵权责任法的补偿功能目的,不以因侵权责任的承担而使受害人得到超过实际损失数额的利益。损失相抵规则虽然在我国《民法通则》和《侵权责任法》中没有明确的规定,但这项规则是符合民法的诚实信用原则和公平原则,所以在司法实践中被适用。

损益相抵规则的特征:(1) 其以侵权之债的成立为前提。(2) 侵权受害人所受损害和所收利益,需出于同一原因。即受害人在遭受损失的同时受有财产上的利益。(3)侵权受害人出于同一原因所受的损害须大于其所受利益。

(四)最高限额赔偿规则和惩罚性赔偿规则

1. 最高限额赔偿规则

最高限额赔偿,是指法律对于某些特殊侵权类型的责任赔偿设定最高限额。我国《侵权责任法》第77条规定:"承担高度危险责任,法律规定赔偿限额的,依照其规定。"最高限额赔偿规则是完全赔偿规则的例外。最高限额赔偿的目的是为了适当缓和责任的严苛性,引导行为人决定是否实施高度危险活动,有利于保护特定的行业和产业。① 我们可以看到,只有危险责任采取了最高限额,才使得一些危险责任具有可保险性,也因为最高限额,对责任人而言才具有经济的可承受性。

最高限额赔偿的特征:(1)在我国《侵权责任法》中,它仅适用于高度危险责任的损害赔偿;(2)最高限额赔偿裁判应当依照特别法的明确规则;(3)此类案件的行为人实施侵权行为时不存在故意或重大过失。最高人民法院《关于审理铁路运输损害赔偿案件若干问题的解释》中规定,如果损失是因铁路运输企业的故意或者重大过失造成的,不受保价额的限制,按照实际损失赔偿。

2. 惩罚性赔偿

惩罚性赔偿又称报复性赔偿,是指由司法裁判的赔偿数额高于实际损失数额的赔偿。惩罚性赔偿是加重赔偿的一种形式,它将补偿、惩罚、遏制等侵权法的功能集于一起的制度。惩罚性赔偿的目的是在对侵权人故意侵权造成的损失进行弥补的基础上,对侵权人进行处罚以防止其重犯,达到惩戒的目的。

惩罚性赔偿的特征:(1)体现侵权法的多种功能。(2)适用上的严格性。设定惩罚性赔偿,以法律的明确规定为前提。(3)惩罚性赔偿对侵权人主观心理状态有特殊要求,即主观恶性程度的要求。(4)它突破了完全赔偿的限制。

三、财产损害赔偿

(一)财产损害赔偿的概念

财产损害,是指侵权行为侵害他人财产权益,造成权利人拥有的财产价值的减少或可得财产利益的丧失。它是侵权行为侵害财产权益所造成的客观后果。侵害财产权益可以表现为:侵占财产、损坏财产和损害其他财产利益。

财产损害赔偿,是指侵权人侵害他人财产权及其他财产利益,依法所应承担的财产性的赔偿。我国《侵权责任法》第19条规定:"侵害他人财产的,财产损失按照损失发生时的市场价格或者其他方式计算。"

(二)财产损害的赔偿范围

财产损害的赔偿的范围包括受害人的直接损失和间接损失。直接损失也称实际损失,是指受害人现有财产的减少。间接损失也称可得利益损失,是指受害人原本可以得到,但因为遭受侵权行为而未能得到的利益。

---

① 参见王利明:《侵权责任法研究》(下卷),中国人民大学出版社2011年版,第611页。

(三) 财产损失赔偿的计算方式

根据《侵权责任法》第 19 条的规定，财产损害赔偿的损失计算可以采取两种方式：(1) 按照损失发生时的市场价格计算；(2) 其他方式计算。由于市场价格是动态有变化的，因此在不同时间点的财产价值会存在不同。比如：侵权损害发生、诉讼开始、诉讼终结处于不同的时间点，对不同时间点的财产损失价值计算，计算出的价值结果会有所不同。根据《侵权责任法》规定，将时间点确定在"损失发生时"这一基点。在司法实践中，对于被损害的财产完全毁损或灭失的，按照该财产当时的市场对应价格标准，按全价计算。如果该财产已经使用一段时间，则按照法律对类似财产的折旧率计算折旧额。如果该财产使用不到一年，按实际使用月数与全年之比计算；不满一月的，以一月来计算。对于某些不能以市场价格计算损失的情形，《侵权责任法》规定可以用"其他方式计算"。比如：根据我国《专利法》第 65 条的规定，实际损失难以确定的，可以按照侵权人因侵权所获得利益确定损失。所获得利益难以确定的，可以参照该项专利使用费的倍数合理确定。

(四) 赔偿费用的支付方式

损害发生后，当事人可以协商赔偿费用的支付方式。当事人协商达不成一致意见的，赔偿费用应当一次性支付；一次性支付确有困难的，可以分期支付，但应当提供相应的担保。法律规定当事人协商支付赔偿费用的做法，体现的是当事人意思自治优先的精神。法律尊重当事人自愿协商的结果。对于不能形成一致意见的，法律要求一次性支付的目的是有利于全面、及时弥补受害人的损失。考虑到在司法实践中存在责任人一次性支付存在困难的情况，法律要求分期支付必须符合两个条件：一是支付确有困难；二是赔偿义务人应当提供担保。

四、人身损害赔偿

(一) 人身损害赔偿的概念

人身损害也称人身伤亡，是指侵权人侵害生命权、健康权、身体权等造成的后果。人身损害包括对人身的重伤害、轻伤害、轻微伤害，也包括致人死亡。人身损害不仅会引起精神损害，也会引起财产损害。

人身损害赔偿，是指受害人在遭受人身损害后，要求侵权人以财产赔偿等方法进行救济和保护。

(二) 人身损害的财产损失赔偿

根据《侵权责任法》第 16 条的规定，一般人身损害赔偿的范围包括医疗费、护理费、交通费等为治疗和康复支出的合理费用，以及因误工减少的收入；致人残疾的赔偿范围除一般赔偿外，还应当赔偿残疾生活辅助器具费和残疾赔偿金。致人死亡的赔偿范围除一般赔偿外，还应当赔偿丧葬费和死亡赔偿金。《侵权责任法》颁布之前，最高人民法院于 2003 年公布了《关于审理人身损害赔偿案件适用法律若干问题的解释》，该解释关于人身损害赔偿计算的规定，除了死亡赔偿金一项外，其他规定与《侵权责任法》规则并不冲突，因此在司法实践中该司法解释的有关条款仍适用于实践中人身损害赔偿的计算依据。

1. 一般人身损害的财产损失赔偿

(1) 医疗费。医疗费，是指受害人在遭受人身伤害之后接受医学上的检查、治疗和康复训练所必须支出的费用。医疗费包括就医挂号费、检查费、药费、治疗费（含住院费）、康复治疗费等费用。《关于审理人身损害赔偿案件适用法律若干问题的解释》第19条第1款规定:"医疗费根据医疗机构出具的医药费、住院费等收款凭证,结合病历和诊断证明等相关证据确定。赔偿义务人对治疗的必要性和合理性有异议的,应当承担相应的举证责任。"

(2) 护理费。护理费,是指受害人因遭受人身损害,生活无法自理需要专人护理而支出的费用。护理费根据护理人员的收入状况和护理人数、护理期限确定。

护理人员有收入的,参照误工费的规定计算;护理人员没有收入或者雇佣护工的,参照当地护工从事同等级别护理的劳务报酬标准计算。护理人员原则上为一人,但医疗机构或者鉴定机构有明确意见的,可以参照确定护理人员人数。

护理期限应计算至受害人恢复生活自理能力时止。受害人因残疾不能恢复生活自理能力的,可以根据其年龄、健康状况等因素确定合理的护理期限,但最长不超过20年。

受害人定残后的护理,应当根据其护理依赖程度并结合配制残疾辅助器具的情况确定护理级别。

(3) 交通费。交通费,是指受害人及其必要的陪护人员因就医或者转院治疗所实际发生的用于交通的费用。交通费根据受害人及其必要的陪护人员因就医或者转院治疗实际发生的费用计算。交通费应当以正式票据为凭;有关凭据应当与就医地点、时间、人数、次数相符合。

(4) 误工费。误工费,是指由赔偿义务人应当向赔偿权利人支付的因受害人从遭受伤害到完全治愈这一期间(误工时间)内,无法从事正常工作而实际减少的收入。误工费根据受害人的误工时间和收入状况确定。误工时间根据受害人接受治疗的医疗机构出具的证明确定。受害人因伤致残持续误工的,误工时间可以计算至受害人定残日的前一日。受害人有固定收入的,误工费按其实际减少的收入计算。受害人无固定收入的,按照其最近3年的平均收入计算;受害人不能举证证明其最近3年的平均收入状况的,可以参照受诉法院所在地相同或者相近行业上一年度职工的平均工资计算。

(5) 其他。《关于审理人身损害赔偿案件适用法律若干问题的解释》第17条还规定住宿费、住院伙食补助费、必要的营养费,它们都属于一般人身损害财产赔偿项目。

住宿费,是指必须到外地医院治疗的受害人,因医院无床位或其他原因的限制确需候诊且伤情不允许往返家中,或者往返家中的交通费高于住宿费的,其本人和必要的护理人员的住宿费用。

住院伙食补助费,是指受害人遭受人身损害后,因其在医院治疗期间支出的伙食费用超过平时在家的伙食费用,而由加害人就其合理的超出部分予以赔偿的费用。

营养费,是指受害人通过平常饮食的摄入尚不能满足受损害身体的需求,而需要以平常饮食以外的营养品作为对身体补充而支出的费用。

2. 致人残疾的财产损失赔偿

(1) 残疾生活辅助用具费。残疾生活辅助用具费,是指因伤致残的受害人为补偿其遭受创伤的肢体器官功能、辅助其实现生活自理或者从事生产劳动而购买、配制的生活自助器具所需费用。假肢、助听器、矫形器等都属于残疾生活辅助用具范围。根据最高人民法院《关于审理人身损害赔偿案件适用法律若干问题的解释》规定,残疾辅助器具的费用按照普通适用器具的合理费用标准计算。辅助器具的更换周期和赔偿期限参照配制机构的意见确定。

(2) 残疾赔偿金。残疾赔偿金,是指对受害人因人身遭受损害致残而丧失全部或者部分劳动能力的财产赔偿。残疾赔偿金根据受害人丧失劳动能力程度或者伤残等级,按照受诉法院所在地上一年度城镇居民人均可支配收入或者农村居民人均纯收入标准,自定残之日起按20年计算。但60周岁以上的,年龄每增加1岁减少1年;75周岁以上的,按5年计算。

受害人因伤致残但是实际收入没有减少或者伤残等级较轻但造成职业妨害严重影响其劳动就业的,人民法院可以对残疾赔偿金作相应调整。

3. 致人死亡的财产损失赔偿

(1) 丧葬费。丧葬费,是指侵害自然人的生命权致使受害人死亡的,受害人的亲属对死亡的受害人进行安葬所产生的丧葬费用的支出。一般用于逝者服装、整容、遗体存放、运送、告别仪式、火化、骨灰盒、骨灰存放等。丧葬费按照受诉法院所在地上一年度职工月平均工资标准,以6个月总额计算。

(2) 死亡赔偿金。死亡赔偿金又称死亡补偿费,是指死者因他人致害死亡后由加害人给其近亲属所造成的物质性收入损失的一种补偿费用。死亡赔偿金并非对人的生命价值赔偿,而是对死亡事故发生造成其他受损利益的救济。死亡赔偿金也并非精神抚慰金。死亡赔偿金具有补偿性质,而不是惩罚性赔偿。《关于审理人身损害赔偿案件适用法律若干问题的解释》第29条规定:"死亡赔偿金按照受诉法院所在地上一年度城镇居民人均可支配收入或者农村居民人均纯收入标准,按20年计算。但60周岁以上的,年龄每增加1岁减少1年;75周岁以上的,按5年计算。"

4. 同一侵权行为造成死亡的赔偿

我国《侵权责任法》第17条规定:"因同一侵权行为造成多人死亡的,可以以相同数额确定死亡赔偿金。"这是对死亡赔偿金的一项特殊规定。体现对同一案件适用同样赔偿标准的原则。执行此项规则应当注意以下几个方面:(1) 存在同一侵权行为造成多人死亡的客观事实。此规定中的"同一侵权行为"的表述确定了损害归属于"同一案件"。对于案件的性质是否局限于过错还是没有过错的侵权,法律并未有限定。从司法实践基本情况看,这类案件多见于产品责任、事故责任中。在理论上,关于如何认定同一侵权行为也产生一些质疑,比如,醉驾机动车者在一条公路上可能不同时间和地点制造数起交通事故,并造成多人死亡,是否属于同一侵权行为之多人死亡? 这有待司法解释予以解决。(2) 相同赔偿不是一种强制性规范。《侵权责任法》第17条规定在措辞上使用"可以"一词而非"应当",说明针对该法律条文的执行,法官拥有一定的自由裁量权。法律使用"可以"一词,表明法律对处理此类案件的价值取向在于:在这些事故案件中尽可能采取统一的赔偿标准,以减少争议和纷争。但由于受害人之间可能存在年龄、经济状况等差异过大的情形,所以法律允许法官依据客观情况采取特别处理。一般认为,采取同一标准应当是"就高不就低",同时为避免因此可能导致责任人承担过重的责任,所以采取"可以"一词,以利于法官根据实际情况作适当的调整。

5. 人身赔偿导致死亡的赔偿请求权主体

人身赔偿导致死亡的赔偿请求权主体,是指在发生被侵权人死亡后果后,有赔偿请求权的民事主体。我国《侵权责任法》第18条第1款第1句规定:"被侵权人死亡的,其近亲属有权请求侵权人承担侵权责任。"《关于审理人身损害赔偿案件适用法律若干问题的解释》第

1条第2款规定,死亡赔偿金请求权主体是依法由受害人承担扶养义务的被扶养人以及死亡受害人的近亲属。死者近亲属既是死亡赔偿请求权的实体权利享有者,也是诉讼权利的享有者。关于"近亲属"的范围,包括配偶、父母、子女、兄弟姐妹、祖父母、外祖父母、孙子女、外孙子女。

五、精神损害赔偿

(一) 精神损害赔偿概述

1. 精神损害赔偿的概念

精神损害,是指因民事主体人身权利受到不法侵害,使其人格利益和身份利益受到损害或遭到精神痛苦的客观事实状态。理论上关于精神损害的含义,存在广义和狭义两种学说。广义学说认为,精神损害包括精神痛苦与精神利益的损失。精神痛苦,是指自然人因人格权受到侵害而遭受的生活、心理上的痛苦,导致自然人的精神活动出现障碍,或使人产生愤怒、绝望、恐惧、焦虑、不安等不良情绪。精神利益的损失,是指自然人和法人的人身权益(包括人格利益和身份利益)遭受侵害。狭义学说认为,精神损害,是指自然人因其人身权受到侵害而遭受生理、心理上的损害。表现为愤怒、绝望、恐惧、焦虑、不安等不良情绪。这些不良情绪在学术上统称为精神痛苦。根据狭义学说的观点,法人是没有精神痛苦的,因而不存在精神损害赔偿问题。而广义学说认为法人虽无精神痛苦,但也有精神损害。本书采取狭义说的观点,这是因为:(1) 精神损害是受害人自身感觉和外在情绪的表现,它体现的是受害人反常的精神状况;(2) 精神现象是自然人所特有的;(3) 在司法实践中,法人或其他组织不享有精神损害赔偿请求权。[①]

精神损害赔偿,是指受害人因其人身权利或身份利益受到侵害而产生的精神痛苦,侵权人以财产赔偿的方式进行救济。

2. 精神损害赔偿的特征

(1) 它是对自然人因人身权益受损遭受的精神痛苦、肉体痛苦等进行补救的方式。这种救济主要是针对自然人因人身权益受损而引起的救济,对于财产权的损害救济不能通过精神损害赔偿来实现。在现实生活中,一些财产权益受损也可能引发当事人的精神上的损害,但是这类情形得不到法律上的精神损害赔偿。另外,人格利益受损并不必然产生精神痛苦或肉体痛苦。只有产生精神或肉体痛苦的才能得到精神损害赔偿的救济。

(2) 请求精神损害赔偿须以存在侵权行为作为基础。在我国,精神损害赔偿仅发生于侵权案件中,合同责任不适用精神损害赔偿。

(3) 精神损害赔偿具有多重性功能。它表现的功能有:首先,赔偿损害、慰藉受害人精神的功能。它使受害人在获得一定的财产损害赔偿的同时,得到精神上的安抚和慰藉,使物质的补偿变成精神的补偿。通过精神损害赔偿的方式,可以使受害人得到物质利益和报复情感的双重满足,从而使其得到一定程度的精神慰藉。其次,惩罚与引导功能。责令侵害人给受害人以适当的财产补偿,这就意味着加害人丧失对一定财产或金钱的所有权,反映出法律对侵权人加害行为的一种惩罚。这种惩罚的实施可以促使侵害人尊重他人人格,教育其

---

① 最高人民法院《关于精神损害赔偿标准的若干问题的司法解释》第5条规定:"法人或者其他组织以人格权利遭受侵害为由,向人民法院起诉请求赔偿精神损害的,人民法院不予受理。"

更好的遵守法纪,引导人们趋利避害,使社会生活步入正轨。最后,社会平衡功能。通过对受害人的精神损害以一定的赔偿,有利于解除或缓和其精神上的痛苦和怨恨,防止矛盾的进一步激化,促使社会安定。对侵害人给予一定的经济制裁,可以督促他们吸取教训,提高自己的法律意识和道德水平,从而起到促进社会主义精神文明建设的作用。

3. 精神损害赔偿与财产损害赔偿的区别

精神损害赔偿与财产损害赔偿关系密切。在许多侵害人身权的案件中,受害人可能同时遭受了精神和财产损害。这两种损害赔偿的区别:(1) 赔偿的形成前提不同。财产损害赔偿的前提是受害人的财产遭受损失或因人身权益被侵害导致财产损失;精神损害赔偿的前提是受害人人身权益受侵犯导致严重的精神损害。(2) 赔偿权利人的范围不同。财产赔偿的权利人可以是自然人,也可以是法人或其他组织。精神损害赔偿的权利人只能是自然人。(3) 损失赔偿计算方法不同。财产损失赔偿依法以市场价格或者其他方式计算。精神损是赔偿无法用市场价格方法计算,通常采用主观的方法计算。

(二) 精神损害赔偿的适用

1. 精神损害赔偿的适用条件

我国《侵权责任法》第 22 条规定:"侵害他人人身权益,造成他人严重精神损害的,被侵权人可以请求精神损害赔偿。"该条款为精神损害赔偿适用确定了以下适用条件:(1) 侵害他人人身权益。包括侵害他人生命权、健康权、身体权、姓名权、肖像权、名誉权、人格尊严权、人身自由权等人身权益。"他人"不限于被侵权人,有时也包括被侵权人的近亲属。(2) 须有严重精神损害后果。是否严重应当以一般社会观念作为认定标准。严重程度可以考察侵权造成的实际后果,比如,是否给受害人带来病理性的精神损害。(3) 侵害行为与损害后果之间存在因果关系。

2. 精神损害赔偿的适用范围

最高人民法院《关于确定民事侵权精神损害赔偿责任若干问题的解释》规定了精神损害赔偿的范围包括:(1) 对他人人格权的侵害。如生命权、健康权、身体权、姓名权、肖像权、名誉权、荣誉权、人格尊严权、人身自由权;违反社会公共利益、社会公德侵害他人隐私或者其他人格利益。(2) 非法使被监护人脱离监护,导致亲子关系或者近亲属间的亲属关系遭受严重损害。(3) 自然人死亡后,侵害人以侮辱、诽谤、贬损、丑化或者违反社会公共利益、社会公德的其他方式,侵害死者姓名、肖像、名誉、荣誉;非法披露、利用死者隐私,或者以违反社会公共利益、社会公德的其他方式侵害死者隐私;非法利用、损害遗体、遗骨,或者以违反社会公共利益、社会公德的其他方式侵害遗体、遗骨而使其近亲属遭受精神痛苦。(4) 具有人格象征意义的特定纪念物品,因侵权行为而永久性灭失或者毁损。

3. 精神损害赔偿额的确定

确定精神损害赔偿额时,应当遵循法官自由裁量原则。对精神性的不同利益因素的损害予以区别对待,根据其不同特点,依据其不同的计算规则,各个计算出应赔偿的数额,最后酌定总的赔偿数额。根据《关于确定民事侵权精神损害赔偿责任若干问题的解释》的规定,确定赔偿额时应当考虑的因素:(1) 侵权人的过错程度;(2) 侵害的手段、场合、行为方式等具体情节;(3) 侵权行为所造成的后果;(4) 侵权人的获利情况;(5) 侵权人承担责任的经济能力;(6) 受诉法院所在地平均生活水平。

第二十一章

数 人 侵 权

第一节 数人侵权的概述

一、数人侵权的概念

数人侵权,是指二人以上实施侵害他人民事权益的行为。与数人侵权相对应的是单独侵权。根据承担责任的方式不同,可以将数人侵权分为承担连带责任的数人侵权和承担按份责任的数人侵权。根据侵权人之间是否存在意思联络,又可将数人侵权分为有意思联络的数人侵权和无意思联络的数人侵权。根据我国《侵权责任法》的规定,数人侵权行为的具体类型有:共同侵权行为、教唆帮助行为、共同危险行为、无意思联络数人侵权行为。

二、数人侵权的特征

(1) 二人以上实施侵权行为。数人侵权至少有两个以上的民事主体实施了侵害他人民事权益的行为。此类侵权主体多数性是特指加害主体的复数性,而不是指侵权责任人的复数性或加害人与责任人相加的复数性。在一些其他侵权案件中可能存在责任主体的复数性。

(2) 侵权行为造成同一损害。数人侵权的形成是因为数个侵权行为造成同一损害。其中有的情形表现为因数人的共同行为造成同一损害;也有的情形是因为数个侵权人分别实施侵权行为造成同一损害。

(3) 数个侵权行为与损害后果之间存在因果联系。数人侵权中的数个侵权行为与损害后果之间存在因果关系,这不仅是数人侵权责任构成要件之一,也是数人侵权的特征之一。

第二节 有意思联络的共同侵权

一、有意思联络的共同侵权行为的概述

(一) 有意思联络的共同侵权的概念及特征

有意思联络的共同侵权行为,是指数个加害人因共同过错造成他人损害,数个行为人之间为此承担连带责任的行为。

有意思联络的共同侵权行为的特征:(1)侵权行为的主体须为多人。(2)共同侵权行为人之间存在共同过错。(3)共同侵权行为造成的损害结果是同一的。(4)共同侵权的行为是造成损害结果的共同原因。

(二)围绕共同侵权的理论争议

针对共同侵权的认识,存在一些分歧。主要存在几种学说,基本可分为"主观说""客观说"和"兼指说"。"主观说"认为,共同侵权应当坚持主观上的共同过错。而共同过错的本质特征在于数个行为人主观上具有共同的过错。而共同过错的表现在于数个侵权行为人之间存在的意思联络,无意思联络的数人侵权并不是共同侵权。但《侵权责任法》颁布后,这一学说中也分立两种观点:一是"共同故意说",另一是"共同过错说"。主张"共同故意说"的学者认为,有意思联络的共同侵权主张的"意思联络"实际就是指数个侵权行为之间存在侵权的共同故意;而主张"共同过错说"的学者认为,"有意思联络"的范围不应当仅限于故意侵权,数个过失侵权也可以构成主观上的关联共同而达到有意思联络的"标准"。"客观说"认为,判断过错应当采取客观化的标准才能辨清过错,所以应当以客观的联系作为判断共同侵权的标准。如果加害人的违法行为产生同一损害,各行为人之间虽无通谋和共同认识,仍应构成共同侵权行为。"兼指说"认为,"主观说"和"客观说"都有一定的局限,因此在判断共同侵权时的标准时,既要考虑主观因素,也要考虑客观标准,认为认识共同侵权不仅应当考虑行为人的主观共同问题,也应当考虑行为的关联共同。《侵权责任法》颁布之前的最高人民法院《关于审理人身损害赔偿案件适用法律若干问题的解释》第3条的规定采取的就是"兼指说"。[①]

关于共同侵权行为的本质特征究竟是什么,大陆法系的世界各国理论上也历来存有不同主张:(1)"意思联络说"。认为共同加害人之间必须有意思联络始能构成。理由是:如无主体间的意思联络,则各人的行为就无法在实质上统一起来,因而也不构成共同侵权行为。(2)"共同过错说"。认为共同侵权行为的本质特征在于数个行为人对损害结果具有共同过错,既包括共同故意,也包括共同过失。(3)"共同行为说"。认为共同行为是共同加害人承担连带责任的基础是共同行为,共同加害结果的发生总是同共同加害行为紧密联系,不可分割。(4)"关联共同说"。认为共同侵权行为以各个侵权行为所引起的结果,有客观的关联共同为已足,各行为人间不必有意思的联络。数人为侵权行为的时间或地点,虽无须为统一,但损害则必须不可分离,始成立关联共同。(5)"共同结果说"。认为共同造成损害的概念要求损害是数人行为的共同结果,不一定要求几个参加人有共同的目的和统一的行为。上述各种主张,可分为两种基本观点。前两种认为共同侵权行为的本质在于主观方面,后两种认为共同侵权行为的本质为客观方面。

我国《侵权责任法》第8条的规定采取的是"主观说"的立场,但是未明确是否以"意思联络"为必要要件。本书的观点是共同侵权成立应以"有意思联络"为必要要件。

[①] 最高人民法院《关于审理人身损害赔偿案件适用法律若干问题的解释》(简称《人身损害赔偿解释》)第3条规定:"二人以上共同故意或者共同过失致人损害,或者虽无共同故意、共同过失,但其侵害行为直接结合发生同一损害后果的,构成共同侵权,应当依照民法通则第130条规定承担连带责任。二人以上没有共同故意或者共同过失,但其分别实施的数个行为间接结合发生同一损害后果的,应当根据过失大小或者原因力比例各自承担相应的赔偿责任。"理论上普遍认为,随着《侵权责任法》的颁布及施行,该《解释》的此项规则已经失效。

二、有意思联络共同侵权行为的构成要件

共同侵权行为除须具备一般侵权行为的构成要件之外,还须具备下列特别要件:

(1) 加害主体的复数性。主体的复数性是指加害人一方为二人或者二人以上。数个侵权人均为独立承担民事责任的主体,具有民事责任能力。

(2) 主观过错的共同性。"共同"是指意思关联共同,也就是指数行为人具有意思联络者,就行为分担所生不同的损害,构成共同侵权行为。

(3) 损害结果的同一性。共同侵权要求共同的侵害行为造成了同一个不可分割的结果,即物质或非物质损失。

(4) 责任的连带性。连带性不仅体现为数个行为人对受害人要共同承担责任,而且每一个行为人都有义务对受害人承担全部的责任。共同侵权行为产生的连带责任是法定责任,不因加害人内部的约定而改变。

第三节　教唆和帮助行为

一、教唆、帮助行为的性质

在共同侵权行为中,有一类侵权人不直接实施加害行为,而是教唆他人实施加害行为或帮助他人实施加害行为,自己不直接实施加害行为。我国《侵权责任法》第9条第1款规定:"教唆、帮助他人实施侵权行为的,应当与行为人承担连带责任。"在司法实践中,将教唆、帮助行为作为共同侵权行为对待。这是因为有意思联络的共同侵权行为以共同过错作为本质特征。但是,教唆、帮助行为的侵权在侵权过程中的地位、造成的法律后果与有意思联络共同侵权比较仍存在差异。所以,法律仍将其作为共同侵权的独立类型作规定。

二、教唆人的侵权责任

教唆,是指利用语言对他人开导、说服,或通过刺激、利诱、怂恿被唆使人实施加害他人民事权益的行为。教唆行为使得没有加害意图的人产生加害意图并实施了加害行为。教唆可以分为口头教唆、文字教唆、动作教唆等。

1. 教唆行为的构成要件

(1) 教唆成立的客观方面要件是被教唆人实施了侵害行为。这种行为是以积极作为表现,消极的不作为不能构成教唆。(2) 教唆成立的主观方面要件须是故意。可以是直接故意,也可以是间接故意。关于故意的内容在于实施加害行为,而不要求对损害后果的发生具有故意。(3) 教唆人与被教唆人之间的行为存在因果关系。

2. 教唆人的责任承担

根据《侵权责任法》第9条的规定,教唆他人实施侵权行为的,应当与行为人承担连带责任。教唆无民事行为能力人、限制民事行为能力人实施侵权行为的,应当承担侵权责任;该无民事行为能力人、限制民事行为能力人的监护人未尽到监护责任的,应当承担相应的责任。监护责任的大小取决于监护责任的范围。监护人未能适当履行监护职责中的义务,致使被监护人侵权,除监护人具有正当的抗辩事由外,应视为监护人"未尽到监护职责"。所

谓"相应的责任",应是指监护人在监护职责的范围内承担责任;监护人承担的责任与其过错程度相一致。

(二) 帮助人的侵权责任

1. 帮助人的含义。帮助人是指通过提供工具、指示目标或以言语激励等方式,从物质和精神上帮助实施加害行为的人。

2. 帮助行为的构成要件:(1) 一般出于故意,与实行人之间具有共同致害的意思联络。特殊情况下即使没有联络但帮助人意识到帮助客观上起到加害的辅助作用。(2) 实施了帮助行为可以是物质或精神的。(3) 帮助行为与受害人遭受损害之间存在因果联系。

3. 帮助人的责任承担问题。帮助人的责任承担与教唆人责任相同。《侵权责任法》第9条规定:教唆、帮助他人实施侵权行为的,应当与行为人承担连带责任。教唆、帮助无民事行为能力人、限制民事行为能力人实施侵权行为的,应当承担侵权责任;该无民事行为能力人、限制民事行为能力人的监护人未尽到监护责任的,应当承担相应的责任。

第四节 共同危险行为

一、共同危险行为的概念和特征

(一) 共同危险行为的概念

共同危险行为又称准共同侵权行为,是指数人实施了均有可能造成他人损害的危险行为,其中一人或数人的行为已经造成实际损害后果,但由于存在无法确定数人中系何人所为,法律推定由全体实施危险行为人承担连带责任的行为。我国《侵权责任法》第10条规定:"二人以上实施危及他人人身、财产安全的行为,其中一人或者数人的行为造成他人损害,能够确定具体侵权人的,由侵权人承担责任;不能确定具体侵权人的,行为人承担连带责任。"

(二) 共同危险行为的特征

(1) 数人实施"危险行为"。共同危险行为中的"危险"与高度危险活动中的"危险"含义不同,共同危险中的危险是指导致损害的可能性,而高度危险活动中的危险是指某种活动具有特别的危险。

(2) 数个行为人在实施危及他人的行为方面具有共同过错。这种共同过错主要表现为共同过失。

(3) 各个共同危险行为大多都具有时间上和空间上的同一性。

(4) 共同危险行为人中的部分人实际造成了损害结果。

(5) 共同危险责任的确定基于法律的推定。

(三) 共同危险行为与有意思联络共同侵权的区别

共同危险行为与有意思联络共同侵权行为都属于数人侵权行为,但是它们在行为人的意思联络上各不相同。共同危险行为在主观上不存在意思联络,但是有意思联络的共同侵权在主观上存在意思联络。有意思联络的共同侵权其行为人都是实际的侵权人,而共同危险行为的行为人,其中部分人可能是侵权人,另一部分人可能不是实际的侵权人,只是因为他们共同实施了危险行为而承担连带责任。共同危险行为在时空上具有同一性,但是有意思联络的共同侵权行为在时空上可能不存在同一性。

二、共同危险行为的构成要件

（1）数人实施了危及他人的行为。共同危险行为的实施者为多数人。共同危险行为人既可以是自然人，也可以是法人。在共同危险侵权案件中，实施危险行为人是确定的，但对于造成最终损害结果的行为人则不能确定。

（2）数人行为在客观上具有共同危险性。在共同危险行为中，数人的行为具有共同危险性。所谓危险性，是指行为都在客观上有危及他人财产和侵害他人人身的可能。所谓共同性是指在各种危险行为之间存在"时空上的关联性"。

（3）不能确定实际加害人。共同危险造成的损害后果并非由全体行为人所致，只能是全体行为人中部分行为人所致，但在客观上又无法判明其中谁为真正加害人。

三、共同危险行为的免责事由

由于共同危险行为是因为在不能确定实际加害人情况下，法律推定由全体实施危险行为人承担连带责任，因此如果能够证明自己的行为与损害后果之间不存在因果关系即能免责。关于共同危险行为的免责事由，在理论上存在两种理论主张：一种主张认为，共同危险行为只要数人中有人能够证明自己根本没有加害他人的可能，也就证明了自己没有实施危险行为，此时即便不能确知其他人中谁为加害人，也应当将该人排除在共同危险人之外，使其免除责任。这种主张被称为"因果关系排除说"。另一种主张认为，即使数人中的部分人能够证明自己没有加害行为，也不能当然地让其他人负赔偿责任，倘若其他人也如法炮制地证明自己没有加害行为，则可能发生全体危险行为人逃脱责任的现象，受害人所受损害根本无法获得补救。因此，受害人能够证明自己并非加害人并不能免责。这种主张被称为"因果关系证明说"。我国在《侵权责任法》颁布之前的相关司法解释中采取的是"因果关系排除说"。①

我国《侵权责任法》第 10 条规定："二人以上实施危及他人人身、财产安全的行为，其中一人或者数人的行为造成他人损害，能够确定具体侵权人的，由侵权人承担责任；不能确定具体侵权人的，行为人承担连带责任。"这一规定改变过去司法解释针对共同危险行为采取的"因果关系排除说"的立场，采纳了"因果关系证明说"，行为人作为免责的抗辩事由只有证明谁是真正的行为人方可免责。

四、共同危险行为的责任承担

对于共同危险行为，世界各国一般都采取对危险行为人采取连带责任的追责规则。

（一）共同危险行为人承担连带责任的法理依据

共同危险行为以过错责任作为归责依据。在共同危险行为中，各种危险性行为都对损

---

① 最高人民法院《关于民事诉讼证据的若干规定》第 4 条第 1 款第 7 项规定："因共同危险行为致人损害的侵权诉讼，由实施危险行为的人就其行为与损害结果之间不存在因果关系承担举证责任"。《人身损害赔偿解释》第 4 条规定："二人以上共同实施危及他人人身安全的行为并造成损害后果，不能确定实际侵权行为人的，应当依照民法通则第 130 条规定承担连带责任。共同危险行为人能够证明损害后果不是由其行为造成的，不承担赔偿责任。"

害结果的发生存在可能性。这种可能性反映了实施危险性的过错性体现的正是过错责任原则。

根据形成危险就应当承担责任的规则,共同危险人应当对其危险行为承担责任。虽然这些危险行为人中有些人并非真正的加害人,但为了强化对受害人的保护,由实施危险行为的人承担连带责任具有法律上的正当性,符合侵权法的价值观。

(二) 法律对共同危险行为人承担对外、对内责任的具体规则

(1) 对外责任。对于外部责任关系,各国侵权法一般采取连带责任方式要求共同危险行为人承担民事责任。这是为了优先保护受害人,以达到提高受害人的获赔几率。我国《侵权责任法》也采取了连带责任的责任方式。

(2) 对内责任。共同危险行为人对外承担连带责任后,在共同危险行为人之间存在责任分担问题。理论上主要存在两种不同观点:一种观点认为,共同危险人之间应当根据过错大小来分担各自的责任。另一种观点认为,在决定共同危险行为人对全部侵权责任的份额时,不应考虑过错程度。行为人应等额分担责任。我国《侵权责任法》未明文规定共同危险人之间如何分担责任。在司法实践中,法官可根据具体案件的情况适当的裁判。

第五节　无意思联络的数人侵权

一、无意思联络的数人侵权的概念和特征

(一) 无意思联络的数人侵权的概念

无意思联络的数人侵权,是指数个行为人并无共同的过错而因为行为偶然结合致受害人遭受同一损害。在无意思联络数人侵权中存在着多个侵权行为人,各侵权行为人都实施了侵权行为,而且因数人的侵权行为结合导致受害人遭受同一损害。

(二) 无意思联络的数人侵权的特征

(1) 数个行为人的行为相互结合导致同一受害人遭受不可分割的同一损害。

(2) 数个行为人之间无意思联络。在无意思联络的数人侵权中,行为人不仅没有共同故意,也没有共同过失,因为行为人的行为偶然结合而造成对受害人的同一损害。

(3) 在责任后果上采用连带责任或按份责任。根据我国《侵权责任法》第11条和第12条的规定,无意思联络的数人侵权的责任后果根据因果关系情形不同,可以承担连带责任或按份责任。

二、无意思联络的数人侵权的类型

(一) 聚合因果关系的数人侵权

1. 聚合因果关系的数人侵权的概念

聚合因果关系的数人侵权又称累积因果关系的数人侵权,是指数行为人分别实施侵害行为,各个行为均是以导致损害结果发生的侵权。

2. 聚合因果关系的数人侵权的特征

(1) 数个行为人之间无意思联络。(2) 数个行为人各自分别实施了侵权行为。(3) 损害后果具有同一性。(4) 每个人的侵权行为均足以造成全部损害。

3. 聚合因果关系的数人侵权的责任承担

世界各国关于聚合因果关系侵权责任如何承担责任,存在两种观点:(1)连带责任说;(2)按份责任说。承担连带责任是主流观点。根据《侵权责任法》第11条的规定,我国在法律上采取的是连带责任。

(二)无意思联络的分别侵权

无意思联络的分别侵权,是指数人分别实施侵害他人的行为,主观上并无意思联络,由加害人分别承担损害赔偿责任。

无意思联络的分别侵权的特征:(1)数人分别实施侵权行为。(2)数人之间无意思联络。(3)造成同一损害。(4)各个行为均不足以单独导致损害结果的发生。

无意思联络的分别侵权责任承担。根据《侵权责任法》第12条的规定,二人以上分别实施侵权行为造成同一损害,能够确定责任大小的,各自承担相应的责任;难以确定责任大小的,平均承担赔偿责任。

第六节 数人侵权的责任

一、数人侵权的连带责任

(一)连带责任的概念与特征

连带责任,是指依照法律规定或者当事人约定,两个或者两个以上当事人对其共同债务全部承担或部分承担,并能因此引起其内部债务关系的一种民事责任。当责任人为多人时,每个人都负有清偿全部债务的责任,各责任人之间有连带关系。

连带责任的特征:(1)责任主体多元性。责任主体为二人或二人以上。(2)牵连性。受害人要求侵权人承担责任时具有选择权,可向其中之一人、数人或全部责任人请求承担部分或全部赔偿责任。(3)共同目的性。设立连带责任的目的在于补偿救济,加重民事法律关系当事人的法律责任,有效地保障债权人的合法权益。(4)内部责任可分性。在连带责任人内部承担按份责任,即连带债务的债务人各自应承担的债务份额。(5)法定性。承担连带责任须有法律明文规定或者当事人事先的明确约定。在司法实践中,不能在无法律规定或当事人事先约定情况下,随意裁判确定当事人的连带责任。

(二)数人侵权中连带责任的适用范围

我国《侵权责任法》中涉及连带责任的规定有:第8条规定的共同侵权;第9条规定的教唆帮助侵权;第10条规定的共同危险;第11条规定的聚合因果关系的侵权;第36条规定的网络侵权;第51条规定的买卖拼装车侵权;第74条规定的遗弃、抛弃高度危险物侵权;第75条规定的非法占有高度危险物侵权;第86条规定的工作物倒塌侵权。

(三)侵权法上的连带责任与不真正连带责任的区别

所谓不真正连带责任,是指多数债务人就基于不同发生原因而偶然产生的同一内容的给付,各负全部履行之义务,并因债务人之一的履行而使全体债务人的债务均归于消灭的债务。

不真正连带责任的特征:(1)数个债务人基于不同的原因而对债权人负有债务。(2)数个债务在各个加害人无共谋情况下偶然联系。(3)数个债务人的给付内容基本上是相同的,且债务的清偿不分比例、数额,每个债务人均负有全部清偿的义务并因加害人之一的全部赔偿而使各加害人对受害人各负的债务归于消灭。(4) 不真正连带债务有终局责任人。

连带责任与不真正连带责任的区别在于:(1) 法律规定不同。除有约定外,连带责任都是由法律规定的,而不真正连带责任是理论用语,该词语不会在法律中出现。(2) 产生的原因不同。不真正连带责任产生的原因各不相同,它们之间没有共同的原因基础。(3) 是否可以全部赔偿不同,内部求偿关系也不同。(4) 是否存在终局责任人也不同。连带责任中的各责任人都是终局责任人,但不真正连带责任不是。

(四) 连带责任人的对外责任

连带责任是就外部关系而言的。连带债务人在外部关系上即各债务人与债权人之间的关系中依连带责任处理。

(五) 连带责任的内部分担及追偿

连带责任对每个连带债务人来说,意味着责任的加重,它使债务人间形成互相监督、互相制约的力量,并促使债务人共同防止和消除违法行为,保证债权人的债权得以顺利实现。《侵权责任法》第14条规定:"连带责任人根据各自责任大小确定相应的赔偿数额;难以确定责任大小的,平均承担赔偿责任。支付超出自己赔偿数额的连带责任人,有权向其他连带责任人追偿。"

二、数人侵权的按份责任

(一) 按份责任的概念与特征

按份责任又称分割责任,是指责任人为多人时,各责任人按照一定的份额向债权人承担民事责任,各债务人之间无连带关系。按份责任是连带责任的对称。

按份责任的特征:(1) 是赔偿义务人对外各自所负的责任。按份责任的各责任人都是承担自己应承担的责任,各责任人之间不存在共同目的。(2) 是各个行为人按照份额承担部分的责任。在按份责任中只存在权利人与各责任人之间的效力,而且各责任人均只对自己应承担的责任份额。(3) 是一般的责任形态。按份责任对产生的原因没有特殊的要求,其与一般民事责任产生的原因并无不同,都是责任人违反法定义务或约定义务而产生。

(二) 按份责任的适用

根据《侵权责任法》第12条的规定,按份责任有两种适用情形:(1) 能够确定责任大小的;(2) 难以确定责任大小的。对于能够确认责任大小的,各自承担相应责任;不能确认责任大小的,平均承担赔偿责任。

第二十二章

特殊主体的侵权责任

第一节 概 述

一、我国《侵权责任法》对责任主体的特殊规定

根据《侵权责任法》第四章规定的内容,在一定条件下,民事主体应对自己没有不当行为情况下产生的侵权后果承担责任。法律设置这一内容不仅考虑了责任主体与行为主体分离的情况,而且也反映法律对一些特殊侵权追究责任时使用了替代责任。《侵权责任法》第四章规定的是关于承担责任主体的规定,而不是关于行为主体的规定。在这些规定中,责任形成的基础主要是根据替代责任和不作为责任确立的。

二、替代责任

替代责任,是指民事主体对与其有特定关系的当事人的侵权行为依法应承担的民事责任。

替代责任有以下特征:(1) 责任人与行为人分离。责任人为行为人所造成的损害对受害人所承担的民事责任,不同于一般侵权责任等其他非替代责任。在一般侵权责任中,责任人与行为人是同一人,单一的行为人自己承担责任,共同的行为由参加行为的人共同承担责任,也就是说责任人只对自己的行为承担责任。在替代责任中,责任人与行为人相分离,而非同一人。(2) 责任人与行为人之间存在基础民事关系。这类关系如隶属、委任、选任、代理和监护等身份关系,其本身不会表现为与致害事实的直接联系,而是一种特定关系,但正是基于这种特定关系,责任人才对行为人的致害行为承担民事责任。只要侵权行为是在基础关系中的利益人或使用人的指示下发生,就足以证明利益人或使用人有控制侵权行为人的可能。(3) 行为人实施了与基础关系相关的侵权行为。替代责任一般是建立在第三人实施的过错行为的基础上。

我国《民法通则》和最高人民法院相关司法解释规定的替代责任类型主要包括国家机关责任、法人责任、雇主责任和被帮工人责任、监护人责任等。《侵权责任法》则规定了用人单位责任、个人用工责任、监护人责任和学校、幼儿园等教育机构责任。

三、不作为侵权责任

1. 不作为侵权责任的概念

不作为侵权责任,是指民事主体没有实施或者没有正确实施法律规定的作为义务要求,而致他人损害所应承担的责任。不作为侵权责任相对于作为侵权责任而言的,因而对其责任判断的主要依据是行为人是否合格地履行了作为义务。不作为侵权责任确立的法理价值基础在于"公平、公正"。不履行自己应当履行而且能够履行的义务的不作为与作为一样,也被视为是侵害他人权利的行为。我国《侵权责任法》规定的不作为侵权类型主要有:网络侵权责任、违反安全保障义务侵权责任、教育机构侵权责任。

2. 不作为侵权责任承担的法律构成要件

(1) 有损害后果的存在。(2) 不作为的行为人有过错。在不作为侵权中,过错的标准与作为侵权过错的标准不同,没有尽到作为义务通常也就可能意味着有过错。(3) 不作为行为与损害后果之间存在因果关系。

3. 形成不作为侵权责任的依据

(1) 根据法律的规定。违反法律规定的不作为,是指行为人依据法律规定负有作为的义务,但其违反该义务的不作为。法律规定可以分为两类:一是私法上的规定,例如:道路施工人设置安全设施的义务、监护人对于被监护人的照顾义务等。二是公法上的规定,例如,消防人员的救助义务、医院的救死扶伤义务等。(2) 因合同约定而负有作为义务的不作为侵权责任。违反合同约定的不作为,是指行为人依合同约定负有作为义务,而违反该义务的不作为。该责任的适用是从《侵权责任法》第6条第1款作引申解释而得出的。根据合同约定产生的给付义务有主给付义务、从给付义务和附随义务。在理论上,对于合同当事人违反主给付义务和从给付义务而不作为构成侵权并没有争议,但对于违反附随义务而不作为,是否构成侵权行为存在一些争议。(3) 因先前行为而负有作为义务的不作为侵权责任。行为人因特定危险的先前行为,对一般人负有以特定行为防止危险发生的义务,行为人应作为而不作为引致损害结果的,应承担不作为侵权赔偿责任。

第二节 监护人责任

一、监护人责任概述

监护人责任,是指无民事行为能力人或限制民事行为能力人致人损害,依法由其监护人承担相应法律后果的责任。《侵权责任法》第32条规定:"无民事行为能力人、限制民事行为能力人造成他人损害的,由监护人承担侵权责任。监护人尽到监护责任的,可以减轻其侵权责任。有财产的无民事行为能力人、限制民事行为能力人造成他人损害的,从本人财产中支付赔偿费用。不足部分,由监护人赔偿。"

监护人责任的特征:(1) 监护人责任是一种替代责任。(2) 监护人责任适用无过错责任原则。(3) 它以被监护人实施侵权行为为前提。无论被监护人是否具有责任能力,只要其造成损害,都要由监护人承担责任。(4) 监护人责任的确定受行为人财产状况的约束。法律规定,在被监护人有财产时,监护人的赔偿责任仅限于"不足部分"。这体现监护人所承担责任具有次位性。

二、监护人责任的归责原则

关于监护人责任的归责原则在理论上过去存在一些认识差异，有过错责任、过错推定责任和无过错责任三种不同的认识。现在，由于我国《侵权责任法》规定"无民事行为能力人、限制民事行为能力人造成他人损害的，由监护人承担侵权责任"，即使监护人"尽了监护责任"也只是减轻责任而不能免除责任，所以一般认为我国监护人责任适用的是无过错责任的归责原则。

三、监护人责任的构成要件

监护人责任作为一种特殊侵权，其一般构成要件的有：(1) 须有被监护人造成他人损害发生的事实。(2) 责任人与侵权人存在监护关系。责任人须为无行为能力人或限制行为能力人的监护人。监护人就被监护人的侵权行为承担责任的理由，在于监护人与被监护人之间存在以教育、监督和保护为主要内容的监护关系，这与现代社会强化被侵权人利益保护的趋势相一致。(3) 被监护人没有独立的财产或独立财产不足以承担赔偿责任。如果被监护人有独立的财产足以承担侵权赔偿责任，则根据《侵权责任法》的规定，以被监护人的财产支付赔偿，而不需要用监护人的财产承担责任。

四、监护人责任的限制

对监护人责任的限制主要有：(1) 对于被监护人自己有独立财产的，首先以其财产予以赔偿。(2) 监护人无过错的可以减轻责任。监护人无过错是指监护人已经尽到监护职责。法律规定的减轻责任而不是免除责任考虑的是保护受害人的利益。(3) 第三人有过错的，监护人承担相应的责任。

五、委托监护下的责任

监护人可以将监护职责全部或部分委托与他人。虽然我国《侵权责任法》未对委托监护责任有具体规定，但最高人民法院《关于贯彻执行〈中华人民共和国民法通则〉若干问题的意见(试行)》第22条规定："监护人可以将监护职责部分或者全部委托给他人。因被监护人的侵权行为需要承担民事责任的，应当由监护人承担，但另有约定的除外；被委托人确有过错的，负连带责任。"

第三节　暂时丧失心智损害责任

一、暂时丧失意思能力人的责任概述

(一) 暂时丧失意思能力人的责任概念

暂时丧失意思能力人的侵权行为，是指完全民事行为能力人由于疾病、外界刺激等原因而暂时地丧失正常的意思能力而致人损害。我国《侵权责任法》第33条规定了这类侵权的责任规则。

(二) 暂时丧失意思能力人的责任的特征

(1) 侵权人是完全民事行为能力人。在《侵权责任法》第四章中,此类侵权的主体具有特殊性,其责任承担并不是替代责任,而是自己责任。

(2) 被侵权人须受到实际损害。损害既可以是人身损害,也可以是财产损害。

(3) 侵权人实施致人损害行为时属于暂时没有意识或失去控制。暂时没有意识,是指行为人在行为时处于无意识的状态。失去控制,是指行为时无法控制自己的行为。

(4) 侵权人暂时丧失意思能力是因行为人自己的过错所致。构成此类侵权责任须是被侵权人存在过错,即侵权人心智暂时丧失是基于自己的过失而发生。暂时丧失意思能力的过错,除了法律规定的醉酒、滥用麻醉药品或者精神药品之外,还包括其他故意或者过失行为。对适用此类侵权行为的过错认定,应采取过错推定原则。

二、暂时丧失意思能力人的责任的法律适用

完全民事行为能力人由于自己的过错,导致暂时丧失意思能力,而造成他人损害的,应当承担侵权责任。

因醉酒、滥用麻醉药品或者精神药品对自己的行为暂时没有意识或者失去控制造成他人损害的,由侵权人承担赔偿责任。

完全民事行为能力人对自己暂时丧失意思能力没有过错的,适用公平责任承担责任。我国《侵权责任法》第33条第1款规定,完全民事行为能力人对自己的行为暂时没有意识或者失去控制造成他人损害"没有过错的,根据行为人的经济状况对受害人适当补偿。"

第四节　用　工　责　任

一、用工责任的概述

用工责任是我国《侵权责任法》使用的概念,其内容与传统民法中的雇主责任概念基本一致。《侵权责任法》第34条规定:"用人单位的工作人员因执行工作任务造成他人损害的,由用人单位承担侵权责任。劳务派遣期间,被派遣的工作人员因执行工作任务造成他人损害的,由接受劳务派遣的用工单位承担侵权责任;劳务派遣单位有过错的,承担相应的补充责任。"

(一) 用工责任的概念

用工者也称雇主,是指任用被使用者(也称雇员),并能够通过其指示权有计划地控制该被使用者的人。

用工责任也称雇主责任,是指被用工者因工作造成他人损害的,由用工者对受害人承担的侵权责任。用工者包括企业、事业单位,也包括国家机关、社会团体以及个体经济组织。对于个人之间的劳务关系,适用《侵权责任法》第35条的规定。

(二) 用工责任的特征

(1) 它是因民事主体之间的特殊关系而产生的责任。被用工者(雇员)须是在从事用工者指示的任务或者履行自己职务过程中造成他人损害。

(2) 它是替代责任。用工责任是对他人行为的责任。用工责任与法人责任不同。法人

责任是法人对自己行为的责任;用工责任是用工者对被用工者的侵权行为承担责任。

(3) 用工责任的成立以被用工者的行为构成侵权为基础。没有被用工者对他人的侵权,用工者无需承担用工责任。

(4) 它是用工者对受害第三人的责任。用工责任是用工者对被用工者造成他人损害的赔偿责任。

二、用工责任的归责原则

（一）确立用工责任的理论基础

关于用工责任的确立存在多种理论观点,有"危险说""利益说""关系说"等。"危险说"认为,用工者应当随时注意被用工者谨慎执行职务,以避免危险的发生,之所以产生责任是因为用工者未尽到避免危险发生的注意义务。"利益说"认为,用工者利用被用工者扩大其经济活动,其中必然存在利益,因此用工者应当承担相应的风险责任,它是根据公共政策的规则对风险有意识的分配要求。"关系说"认为,用工者与被用工者之间存在控制和监督的特定关系,用工者自应替代承担被用工者的侵权责任。

（二）我国用工责任的归责原则

我国《侵权责任法》对用工责任采取无过错责任的归责原则。采取这一原则的意义在于:可以强化对受害人的救济,体现侵权法预防损害发生的功能,实施该原则符合损益同归的报偿理论,有利于与责任保险的衔接。

三、用工责任的构成要件

用工责任的构成要件不仅适用于单位用工,也适用于个人用工。《侵权责任法》第34条规定了单位用工的责任,第35条规定了个人用工的责任。用工责任的构成要件有:

（一）当事人之间存在用工关系

存在用工关系是用工责任成立的前提。所谓用工关系,是指用工者与被用工者之间因用工而形成的法律关系。用工关系包括长期用工关系,也包括临时用工关系。在司法实践中,是否存在用工关系直接影响对被用工者身份的确定。确定用工关系并不简单以是否签订《劳动合同》为前提,只要当事人之间形成了事实上的提供劳务的关系,其又不属于承揽性质,被用工者不是独立地以自己的名义对外行为,都可以视为用工关系。

（二）须执行工作任务或提供劳务造成他人损害

《侵权责任法》规定了两种情况:

(1) 单位用工采取"执行工作任务"作为确定用工范围的依据。所谓执行工作任务,是指被用工者按照用工者的要求从事一定的工作。用工责任必须是用工者的行为与职务有关。如何认定执行职务？在理论上有"用工者意志说""被用工者意志说"和"行为的外观说"等观点,一般采取"行为的外观说",即:如外观上为执行职务的范围,其范围又是用工者可监督的范围,就可不问用工者或被用工者的意志如何,均可视为执行工作任务。

(2) 个人劳务关系采取"提供劳务"作为确定用工范围的依据。由于提供劳务者并不具有一定职务,也没有相应的岗位职责,所以只要提供劳务者实施的行为与其"劳务"有关联性,就可以认定为"提供劳务"。

（三）被用工者的行为构成侵权

被用工者侵权是形成用工者责任的前提，只有被用工者的行为构成侵权，用工者才承担用工责任。

四、单位用工责任

（一）单位用工责任的概念和特征

单位用工责任，是指用人单位的工作人员因执行工作任务致他人损害，依法由用人单位承担侵权责任。我国《侵权责任法》第34条规定了单位用工责任的一般规则，并规定了劳务派遣情况下的用工责任。

单位用人责任与个人用人责任比较，具有以下特点：(1) 责任主体是单位。(2) 用人单位与其工作人员一般存在劳动关系。(3) 责任的形成是因工作人员执行工作任务造成他人的损害。

（二）劳务派遣情况下的用工责任

劳务派遣，是指由派遣机构与派遣人签订劳动合同，由被派遣人向接受派遣的实际用工单位提供劳务的用工关系。由于在劳务派遣关系中，实际用工单位与劳务派遣机构分离，使得派遣员工并不直接接受派遣单位指示和具体的管理，而是由实际用工单位进行管理并提供相应劳动条件和保护的管理。因此，被派遣人致人损害的侵权行为发生由用工单位承担用工责任较为合理。但是，如果派遣机构有过错的，基于派遣机构是劳务派遣利益的相关者，其也应当承担相应的补充责任。

派遣单位的补充责任是顺位的，在实际用工单位无力赔偿情况下才承担责任，而且该责任是与其存在的"过错"相适应。用工单位承担全部责任后，能否向派遣单位追偿，在理论上存在不同的观点，但是，一般认为法律设定补充责任的目的是为了对受害人的救济，不应该因此再使他人承担责任，所以用工单位一般在承担全部赔偿责任后不能再向派遣单位追偿。

五、个人用工责任

（一）个人用工责任概念和特征

个人用工责任，是指在个人之间提供劳务关系的情况下，提供劳务一方因劳务造成损害时，接受劳务一方对他人承担的侵权责任。《侵权责任法》第35条规定了个人用工责任。

个人用工责任的特征：(1) 接受劳务一方与提供劳务一方之间具有个人劳务关系。(2) 提供劳务一方因劳务造成他人损害。(3) 责任主体是自然人。

（二）个人用工责任的承担

个人用工造成损害情形可以分为提供劳务一方致人损害和劳务一方自己损害。提供劳务一方致人损害的，根据无过错责任的归责原则由接受劳务一方独立承担责任。对于提供劳务一方因劳务自己受到损害的，根据双方各自的过错承担相应的责任。

六、用工责任中的特殊问题

（一）临时借用被用工者的责任

临时借用被用工者，是指被用工者虽长期为特定的用工者工作，但因特殊原因为其他用工者工作。根据《侵权责任法》第34条的精神及相关侵权法理论，实际的单位用工者对临时借用被用工者执行工作任务中的侵权,应当承担用工责任。

(二) 义务帮工责任

1. 义务帮工责任的概念和特征

义务帮工责任,是指帮工人在从事无偿帮工活动中致人损害而引起的民事责任。

义务帮工责任的特征:(1) 帮工人与被帮工人之间不存在雇佣关系。义务帮工关系大多发生在熟人之间,且具有暂时性。(2) 帮工人的行为是无偿的,这是与雇佣关系的主要区别。(3) 提供劳务一方执行劳务活动所造成的损害等同于是接受劳务一方的行为造成的损害。

2. 义务帮工责任的构成要件

(1) 接受劳务一方与提供劳务一方之间存在义务帮工关系。帮工系帮工人主动实施,被帮工人仅为接受。对于被帮工人明确拒绝帮工,则不能构成义务帮工责任。(2) 致害行为发生在帮工期间,是由于实施帮工行为所造成的损害。(3) 帮工人的行为构成侵权并应承担责任。

关于义务帮工致人损害的责任承担,最高人民法院《关于审理人身损害赔偿案件适用法律若干问题的解释》第13条规定:"为他人无偿提供劳务的帮工人,在从事帮工活动中致人损害的,被帮工人应当承担赔偿责任。被帮工人明确拒绝帮工的,不承担赔偿责任。帮工人存在故意或者重大过失,赔偿权利人请求帮工人和被帮工人承担连带责任的,人民法院应予支持。"该解释第14条规定:"帮工人因帮工活动遭受人身损害的,被帮工人应当承担赔偿责任。被帮工人明确拒绝帮工的,不承担赔偿责任;但可以在受益范围内予以适当补偿。帮工人因第三人侵权遭受人身损害的,由第三人承担赔偿责任。第三人不能确定或者没有赔偿能力的,可以由被帮工人予以适当补偿。"

第五节 网络侵权责任

一、网络侵权责任的概述

(一) 网络侵权的概念和特征

网络侵权,是指在互联网上发生的各种侵害他人民事权益的行为。虽然网络侵权是一种新型的侵权形态。

网络侵权责任的特征:(1) 侵权环境特殊。网络侵权主要发生在互联网空间,这是与其他一般侵权的重要区别。网络环境具有虚拟性的特点,各主体在互联网环境下的活动中,具有时空的不明确,它不受物理界限、地域空间的限制。互联网的开放性和交互性,互联网范围空间的范围决定着侵权的范围。(2) 侵权主体特殊。网络环境下的侵权主体是广泛和多元的,互联网上侵权主体主要是网络用户和网络服务提供者。一般网络用户在实施侵权时会隐匿其真实姓名,网名和真实姓名不一致。各类民事主体都可以利用网络从事活动,并可以在虚拟的网络世界扮演不同的网络角色。(3) 网络侵权的侵害对象具有特殊性。网络侵权主要侵害的是非物质形态的民事权益。主要侵害的权益包括:人格权、财产权、其他非物质形态的财产权(虚拟财产、信息财产)、知识产权等。在侵害他人人身权方面,网络侵权主要表现为对他人精神性人格权的侵害。比如:侵权行为人可能盗用或者假冒他人姓名,侵害他人姓名权;或未经他人同意使用他人肖像,侵害他人肖像权;或发表攻击、诽谤他人的言论,侵害他人名誉权;或非法侵入他人电脑、破坏他人技术保护措施、非法截取他人传输的信息、擅自披露他人个人信息、大量发送垃圾邮件,侵害他人隐私权。在侵害他人财产权方面,网络侵权最常见的表现是:窃取他人网络银行账户中的资金。在侵害其他非物质形态的财产权方面较为典型且经常发生的案件是侵害网络虚拟财产(盗取他人网络虚拟货币、网络游戏装备等)。在侵害知识产权方面,网络侵权主要表现为对他人著作权和商标权的侵害。前者如擅自将他人作品进行数字化传播、规避技术措施、侵犯数据库等。后者则常表现为在网上冒用他人注册商标建立网站误导消费者,或恶意抢注与他人注册商标相同或相类似的域名等。(4)网络侵权的损害后果具有广泛性和不确定性。

(二)网络侵权责任的概念和特征

网络侵权责任,是指网络用户、网络服务提供者利用网络侵害他人民事权益而应承担的侵权责任。

网络侵权责任的特征:(1)责任主体的多元性。由于网络侵权可能涉及多个主体①,因此在承担责任时,也就会可能呈现责任主体的多元性。(2)它是对自己行为的责任。在网络环境下发生的侵权行为,自己责任原则仍然适用,即直接实施侵权行为的网络用户和网络服务提供者要对自己的侵权行为造成的损害承担责任。(3)它是过错责任。网络侵权的归责原则是过错责任。网络侵权责任是因责任的主观过错而须承担的责任。网络侵权多为故意构成。虽然司法实践中可以找到一些因过失而导致网络侵权的个案,但绝大多数的网络侵权是由行为人故意实施的。如制作计算机病毒、盗取他人电脑中的信息、剽窃软件、盗码并机、发布虚假信息、发送垃圾邮件等常见的网络侵权行为都具有故意的特点。

二、网络侵权责任的类型

(一)网络用户的侵权责任和网络服务提供者的侵权责任

这是根据主体的不同确立的侵权类型,也是网络用户和网络服务提供者各自单独的侵权责任。

1. 网络用户的单独侵权责任。网络用户是指使用他人提供的网络服务的人。其可以是自然人,也可以是法人。

2. 网络服务提供者的单独侵权责任。网络服务提供者包括网路中介服务者和内容服务提供者。

3. 单独侵权责任的构成要件:(1)利用网络实施了侵权行为。网络是指互联网以及其他公共信息网络。所谓利用网络,是指以网络作为媒介或工具。(2)行为人存在过错。(3)发生了损害。损害包括财产损害和非财产损害。(4)网络用户或网络服务提供者的侵权行为与损害之间存在因果关系。

(二)作为的网络侵权责任和不作为的网络侵权责任

作为的网络侵权责任,是指网络用户利用互联网或者网络服务提供者直接利用互联网

---

① 网络环境下的侵权行为设计的主体可能有:网络经营服务商(ISP)、网络内容服务商(ICP)、电子认证机构(CA)、网络电子市场营运商(包括EDI网络连接中介商、网上电子商场营运商、网上大批发商、网上专卖专营店营运商、网上外包资源营运商、网上拍卖行等),以及其他参与网络活动的各种主体。

侵害他人民事权益而应承担的民事责任。不作为的网络侵权责任,是指网络服务提供者在被侵权人要求删除、屏蔽或者断开链接相关侵权内容信息时,或者知道他人利用互联网侵权时,应采取必要措施避免损害扩大或发生,但其不作为,依法应承担的侵权责任。①

三、网络侵权责任的承担

我国《侵权责任法》第36条第2款和第3款设定了网络用户和网络服务提供者发生网络侵权后的责任规则,其包括"通知规则"和"知道规则"。

（一）通知规则

通知规则也称提示规则,是指被侵权人在获知网络用户实施侵权行为后,向网络服务提供者发出要求采取必要措施防止损害扩大的通知。《侵权责任法》第36条第2款规定:"网络用户利用网络服务实施侵权行为的,被侵权人有权通知网络服务提供者采取删除、屏蔽、断开链接等必要措施。网络服务提供者接到通知后未及时采取必要措施的,对损害的扩大部分与该网络用户承担连带责任。"②

1. 通知的内容

关于通知的内容,《侵权责任法》并未明确的规定。参照国务院《信息网络传播权保护条例》第14条规定和最高人民法院《关于审理利用信息网络侵害人身权益民事纠纷案件适用法律若干问题的规定》第5条的规定,通知书应当包含以下内容:(1)权利人的姓名(名称)、联系方式和地址;(2)要求采取必要措施的网络地址或者足以准确定为侵权内容的相关信息;(3)通知人要求删除相关信息的理由。被侵权人发送的通知未满足这些条件的,网络服务提供者有权主张免除责任。

2. 通知的形式

关于通知的形式,《侵权责任法》第36条未予规定,根据最高人民法院《关于审理利用信息网络侵害人身权益民事纠纷案件适用法律若干问题的规定》第5条规定,通知可以是书面形式,也可以是网络服务提供者公示的方式。

3. 通知的后果

（1）侵权行为的认定。《侵权责任法》第36条的通知条款赋予了被侵权人对于侵权行为通知的权利,并不意味着被侵权人可以不经法院的审理,自行判断侵权行为的成立。通知中所述行为是否构成侵权以及网络服务提供者是否需要承担连带的侵权责任,仍然需要经过法院审判最终的判决。也就是说,认定是否构成侵权的权利在于法院。如果经过法院审理认为通知中所述行为不构成侵权,没有侵犯通知发出人的合法权益,而因为删除、屏蔽、断开链接等措施给相关的网络用户造成了损失而需要承担违约责任的,通知发出人应当对由此造成的损失承担责任。法院对于网络用户是否构成侵权,应当依据案件的具体情况以及

---

① 删除是指直接将存在侵权行为的网页内容去除,使侵权信息的文字、图片、音频、视频等内容不再在网页上出现。屏蔽是指遮挡、遮蔽,在网络技术上是指有针对性地阻止某些网站、网页或信息出现在特定网站上。断开链接是指在难以直接删除侵权信息的情况下,通过将搜索网站与该网页内容之间的链接切断的形式,阻止该网页具有的侵权信息进一步散布。

② 在《侵权责任法》之前,我国已经在互联网侵权领域尤其是网络著作权保护方面尝试使用了"通知与取下"程序。《信息网络传播权保护条例》、最高人民法院《关于审理涉及计算机网络著作权纠纷案件适用法律若干问题的解释》等均有类似"通知与取下"程序的规定。尤其是《信息网络传播权保护条例》第14条对于通知的形式和内容均作出了详细的规定。

相关的法律规定判断。符合这些侵权构成要件的,网络用户就应当对通知前已经造成的损害承担单独的侵权责任。

(2) 错误通知的后果。由于网络服务提供者与涉嫌侵权的网络用户之间可能存在一定的合同关系,如果仅凭借所谓被侵权人的一纸通知就对相关的信息服务采取了删除、屏蔽、断开链接等措施,有可能被该网络用户主张违约。对经过法院审理不构成侵权,没有侵犯通知发出人的合法权益,而因为删除、屏蔽、断开链接等措施给相关的网络用户造成了损失而需要承担违约责任的,通知发出人应当对由此造成的损失承担责任。根据最高人民法院《关于审理利用信息网络侵害人身权益民事纠纷案件适用法律若干问题的规定》,因错误通知产生的后果可以有:① 因通知人的通知导致网络服务提供者错误采取删除、屏蔽、断开链接等措施,被采取措施的网络用户有权请求通知人承担侵权责任。② 被错误采取措施的网络用户在技术条件允许的情况下,有权请求网络服务提供者采取相应恢复措施。

(3) 网络服务提供者的抗辩权

网络用户发布的信息被采取删除、屏蔽、断开链接等措施的,其主张网络服务提供者承担违约责任或者侵权责任,网络服务提供者可以因收到通知为由进行抗辩。但被采取删除、屏蔽、断开链接等措施的网络用户,有权请求网络服务提供者提供通知内容。

(二) 知道规则

知道规则,是指网络服务提供者知道网络用户利用互联网侵害他人民事权益时,未采取必要的措施避免损害的发生或扩大,对该损害与网络用户承担连带责任。《侵权责任法》第36条第3款规定:"网络服务提供者知道网络用户利用其网络服务侵害他人民事权益,未采取必要措施的,与该网络用户承担连带责任。"在司法实践中,判断"知道"的标准应当综合考虑下列因素:(1) 网络服务提供者是否以人工或者自动方式对侵权网络信息以推荐、排名、选择、编辑、整理、修改等方式处理;(2) 网络服务提供者应当具备的管理信息的能力,以及所提供服务的性质、方式及其引发侵权的可能性大小;(3) 该网络信息侵害人身权益的类型及明显程度;(4) 该网络信息的社会影响程度或者一定时间内的浏览量;(5) 网络服务提供者采取预防侵权措施的技术可能性及其是否采取了相应的合理措施;(6) 网络服务提供者是否针对同一网络用户的重复侵权行为或者同一侵权信息采取了相应的合理措施;(7) 与本案相关的其他因素。

网络服务提供者在知道网络用户侵权情况下不采取措施造成损害的发生或扩大,视为网络服务提供者具有过错。认定网络用户或者网络服务提供者转载网络信息行为的过错及其程度,应当综合考虑的因素有:(1) 转载主体所承担的与其性质、影响范围相适应的注意义务;(2) 所转载信息侵害他人人身权益的明显程度;(3) 对所转载信息是否实质性修改,是否添加或者修改文章标题,导致其与内容严重不符以及误导公众的可能性。

(三) 网络用户与网络服务提供者的连带责任

法律追究网络服务提供者与网络用户的连带责任不仅可以督促网络服务提供者采取措施避免损害的发生或扩大;也可以实现受害人救济与发展网络事业的利益平衡。确立网络用户与网络服务提供者的连带责任,是因为二者的共同过错具备了共同侵权的构成要件。

第六节　违反安全保障义务的责任

一、违反安全保障义务侵权责任的概念

（一）安全保障义务

安全保障义务，是指特定场所的管理人或活动的组织者对于进入该公共场所或参与该活动的人所承担的保障其人身和财产安全的义务。一般认为，安全保障义务属于法定义务，它是法律要求特定当事人的义务。对于安全保障义务是否包括约定义务或附随义务，在理论上存在不同看法。

世界许多国家的侵权法都设立有关安全保障义务的规则。虽然各国对其名称存在差异，但内容基本一致。在德国侵权法上，由"交通安全注意义务"发展至"交易安全义务"，形成一种性质特殊的义务，用以判断加害人是否成立侵权行为的损害赔偿责任。法国侵权行为法上由"保安义务"发展至安全保障义务。日本法上称之"安全顾虑义务"。在关于安全保障义务的性质认识上，有些国家将安全保障义务视为是契约法上的一项义务，将其视为约定义务或附随义务。在英美法系国家，存在一种类似安全保障义务的"注意义务"，它是指行为人采取合理的注意而避免给他人的人身或财产造成损害的义务。它既可以被视为是法定义务，也可被视为合同义务。

安全保障义务的特征：(1) 安全保障义务属于作为义务。安全保障义务要求义务主体以积极的作为来保护相对人的安全，义务主体应当凭借自己基本的判断能力和预见能力，通过自己的能力或者借助一些手段有效地防止危险的发生，或者缩小危险的范围。(2) 安全保障义务的限定性。经营者或者其他社会活动的组织者所负有的义务在时间、空间和对象上都存在一定的限制。

（二）违反安全保障义务的侵权责任

违反安全保障义务的侵权责任，是指公共场所的经营者或群众活动的组织者违反对进入场所的人或活动的参与者的人身或财产应尽的安全保障义务，依法应承担的民事责任。

违反安全保障义务的侵权责任的特点：(1) 它是因违反作为义务致人损害而应承担的责任。安全保障义务是一种作为义务，负有安全保障义务的人没有履行其安全保障义务，即构成不作为侵权。不作为侵权的成立须以行为人负有法律上的作为义务为前提。在法律规定有作为义务的情形下因不作为而致受害人人身或财产损害的，即构成不作为侵权。(2) 它是特殊的过错责任。安全保障义务源于法律上的安全注意义务，违反安全保障义务即构成违法，法律也由此推定行为人的过错成立。安全保障义务是一种法定义务，即由法律直接予以规定。这里所说的法律是指广义的法律，不仅包括全国人民代表大会及其常委会颁布的法律，也包括行政法规、规章、地方法规和规章以及行业规范所要求的安全保障方面的要求。(3) 责任主体具有特殊性。违反安全保障义务的侵权案件，可能有直接侵权人，也可能没有直接的侵权人，因此在一些案件中可能存在责任主体与行为主体分离的情况。

（三）违反安全保障义务的类型

(1) 场所的装备设施未尽安全保障义务。经营场所或者社会活动场所设施设备应当符合国家的强制标准要求，没有国家强制标准的，应当符合行业标准或者达到进行此等经营活

动所需要达到的安全标准。没有达到标准的装备设施从事经营或活动,属于违反安全保障义务的行为。

(2) 服务管理违反安全保障义务。服务管理者在经营或组织场所或活动中违反法律或有关规则未尽到对参与者的人身或财产安全保障存在瑕疵或者缺陷,造成他人损害的,构成违反安全保障义务的侵权责任。

二、我国侵权法对违反安全保障义务的责任构成及承担

(一) 适用过错责任的归责原则追究责任

依照《侵权责任法》第6条的规定,对于违反安全保障义务的侵权行为应当适用过错责任的归责原则。采取过错责任的理由:(1) 对安全保障义务人的责任提供合理限制;(2) 防止作为义务的过分扩张;(3) 平衡安全保障义务人的行为自由和受害人的权益保护;(4) 公平合理地确定责任范围。

(二) 违反安全保障义务责任的构成要件

1. 一般构成要件

《侵权责任法》第37条第1款规定:"宾馆、商场、银行、车站、娱乐场所等公共场所的管理人或者群众性活动的组织者,未尽到安全保障义务,造成他人损害的,应当承担侵权责任。"根据这一规定,违反安全保障义务一般构成要件有:

(1) 存在违反安全保障义务的行为。安全保障义务的产生原因是因责任人经营场所或因组织群众性活动而负有义务。

(2) 发生了损害。关于损害结果的认定基于客观事实。只要是受害人产生了《侵权责任法》所规定的民事权益的损害,都意味着损害结果的发生。

(3) 违反安全保障义务与损害结果之间存在因果关系。由于违反安全保障义务的行为主要表现是不作为,基于不作为行为的特殊性,安全保障义务人的不作为可能不是损害结果发生的直接原因,损害结果的发生也可能是由于其他原因,比如受害人自己的过错、第三人的过错等造成的。安全保障义务人违背安全保障义务的不作为行为也许只是加大了这种损害结果发生的可能性。因此,在认定违反安全保障义务的行为与损害结果之间的因果关系时,在于认定这种因果关系的"相当性"为重点。

(4) 违反安全保障义务行为具有违法性。安全保障义务违法性体现在对有关规则的违反。有关规则包括:① 法律的直接规定;② 合同的明确约定。如果当事人在合同中规定,一方当事人对另一方当事人负有安全保障义务的,也可以作为安全保障义务规则的来源。③ 合同的附随义务。

(5) 违反安全保障义务人有过错。关于违反安全保障义务的过错判断标准,法律并没有明确规定,一般我们可以从安全保障义务人的行为是否符合法律规定、是否符合相关行业的操作规程、是否达到社会上具备一般认知能力可以达到的程度等方面考虑。

2. 特殊构成要件

所谓特殊构成要件,是指对于发生特殊的违反安全保障义务情形的案件,法律规定的特殊构成要件。《侵权责任法》第37条第2款规定:"因第三人的行为造成他人损害的,由第三

人承担侵权责任;管理人或者组织者未尽到安全保障义务的,承担相应的补充责任。"该款具有两层含义:(1) 第三人对于自己的侵权行为应当承担侵权责任;(2) 负有安全保障义务的管理人或组组织者对于第三人侵权的补充责任。在现实生活中,不能确定第三人或第三人赔偿能力不足的情况时有发生,考虑到安全保障义务人违背安全保障义务的行为与损害结果之间存在"盖然性"的因果关系,让其承担一定的责任,即可以更好地维护赔偿权利人的利益,也可以对安全保障义务人起到一定的警示作用。

（三）责任主体与赔偿权利主体的确定

1. 责任主体

根据《侵权责任法》的规定,负有安全保障义务的责任主体应当是经营者或者其他社会活动的组织者,其民事主体可以是自然人、法人和其他组织。

（1）场所经营管理者的责任。所谓公共场所,是指向社会公众开放,允许不特定人进入的场所。场所是能被经营管理人所控制的特定区域。公共场所主要是经营性的,管理人是指所有人、使用人或占有人。

（2）群众性活动组织者的责任。群众性活动一般都有组织者。对于组织者的行为是否以营利为目的,法律并不要求,在责任承担上也不作为考虑因素。

2. 赔偿权利主体

受到安全保障义务保护的人,就是安全保障义务的赔偿权利主体。

（四）第三人致人损害情况下的责任承担

根据《侵权责任法》第37条的规定,违反安全保障义务侵权责任的两种责任情形:

1. 自己责任。自己责任是指违反安全保障义务的管理人或者组织者对于自己没有尽到安全保障义务而使他人遭受损害的结果承担全部损害赔偿责任。如果管理人或者组织者是自然人个人的话,那么显然属于自己对自己的行为承担责任。如果管理人或者组织者是法人,那么实际违反安全保障义务的行为是由法人的工作人员实施的,而从外部效力来看,法人的工作人员是归属于法人内部的,法人作为一个整体对外承担责任,因此也可以看做是自己责任。

2. 补充责任。补充责任就是在第三人侵权的情况下,安全保障义务人由于过错没有尽到安全保障义务,使损害结果发生的可能性提高,安全保障义务人在能够防止或者制止损害的范围内承担责任。

经营者或者组织者、管理者未尽安全保障义务,由于第三人侵权造成他人损害的,经营者或者组织者、管理者应当承担补充赔偿责任。补充赔偿责任包括两个方面的含义：(1) 应当首先由直接实施作为的侵权行为的第三人承担赔偿责任,当第三人没有赔偿能力或者不能确定谁是直接侵权的第三人时,由违反安全保障义务的经营者或者组织者、管理者承担赔偿责任。(2) 补充差额。经营者或组织者、管理者只有在其能够防止或者制止损害的范围内承担补充赔偿责任。补充赔偿责任的总额,不是以直接侵权人应当承担的赔偿责任总额为限,而是根据经营者或组织者、管理者不作为的违法行为应当承担的赔偿责任总额为限。

第七节　教育机构的责任

一、教育机构责任概述

教育机构责任,是指教育机构未尽教育、管理职责,导致无民事行为能力人或者限制民事行为能力人受到损害,其应当承担的侵权责任。所谓教育机构,是指传授文化知识和技能的法人或者其他组织,包括幼儿园、学校以及其他教育机构。

教育机构责任的特征:(1)它是教育机构不作为的责任。教育机构责任在传统理论上存在监护人责任、委托监护和不作为三种模式。我国侵权法采取的是不作为模式。(2)教育机构对学生受到损害的责任。损害必须发生在教育机构学习和生活期间。职责上必须是在教育机构的监督管理范围内。(3)它是过错责任。教育机构承担责任的根本原因是未尽到"教育、管理职责",这种不作为的行为在法律上属于有过错的行为。

二、教育机构责任的构成要件

(1)学生在教育机构学习生活期间受到人身损害。承担教育机构责任中的学生必须是未成年人,并且是在教育机构内学习或生活的。学生在校园外参加教育机构组织的外出春游、参观活动等时发生的伤害事故也属于这一情形。这种损害一般不包括财产损害。

(2)教育机构没有尽到其教育、管理职责。这是一个主观标准也是一个客观标准。教育机构没有尽到教育管理职责既说明了教育机构的行为具有违法性,也说明教育机构存在过错。我国《学生伤害事故处理办法》对此确定了一些具体的情形。①

(3)受害人的损害与教育机构的过错之间具有因果关系。

三、教育机构对学生人身损害的侵权责任的类型及其归责原则

(一)无行为能力学生受到损害的侵权责任

对无行为能力学生受到损害的侵权采取过错推定责任的归责原则。《侵权责任法》第38条规定:"无民事行为能力人在幼儿园、学校或者其他教育机构学习、生活期间受到人身损害的,幼儿园、学校或者其他教育机构应当承担责任,但能够证明尽到教育、管理职责的,

---

① 《学生伤害事故处理办法》第9条规定:"因下列情形之一造成的学生伤害事故,学校应当依法承担相应的责任:(1)学校的校舍、场地、其他公共设施,以及学校提供给学生使用的学具、教育教学和生活设施、设备不符合国家规定的标准,或者有明显不安全因素的;(2)学校的安全保卫、消防、设施设备管理等安全管理制度有明显疏漏,或者管理混乱,存在重大安全隐患,而未及时采取措施的;(3)学校向学生提供的药品、食品、饮用水等不符合国家或者行业的有关标准、要求的;(4)学校组织学生参加教育教学活动或者校外活动,未对学生进行相应的安全教育,并未在可预见的范围内采取必要的安全措施的;(5)学校知道教师或者其他工作人员患有不适宜担任教育教学工作的疾病,但未采取必要措施的;(6)学校违反有关规定,组织或者安排未成年学生从事不宜未成年人参加的劳动、体育运动或者其他活动的;(7)学生有特异体质或者特定疾病,不宜参加某种教育教学活动,学校知道或者应当知道,但未予以必要的注意的;(8)学生在校期间突发疾病或者受到伤害,学校发现,但未根据实际情况及时采取相应措施,导致不良后果加重的;(9)学校教师或者其他工作人员体罚或者变相体罚学生,或者在履行职责过程中违反工作要求、操作规程、职业道德或者其他有关规定的;(10)学校教师或者其他工作人员在负有组织、管理未成年学生的职责期间,发现学生行为具有危险性,但未进行必要的管理、告诫或者制止的;(11)对未成年学生擅自离校等与学生人身安全直接相关的信息,学校发现或者知道,但未及时告知未成年学生的监护人,导致未成年学生因脱离监护人的保护而发生伤害的;(12)学校有未依法履行职责的其他情形的。"

不承担责任。"根据这项规定,对于无行为能力学生受到损害,教育机构承担责任是依据过错推定责任的归责原则。无民事行为能力人对事物的认知和判断上存在不足,教育机构有保护无民事行为能力人身心健康的义务。无民事行为能力人在教育机构学习、生活期间,超出监护人的控制范围,如果受到人身损害,可能无法对事故发生的情形准确地描述。在这种情况下,教育机构如要不承担责任,就需要为自己对损害发生没有过错承担举证责任才可以免责。

(二)限制行为能力学生受到损害的侵权责任

对限制行为能力学生受到损害的侵权采取过错责任的归责原则。《侵权责任法》第39条规定:"限制民事行为能力人在学校或者其他教育机构学习、生活期间受到人身损害,学校或者其他教育机构未尽到教育、管理职责的,应当承担责任。"限制行为能力学生与无民事行为能力学生受到伤害的归责原则不同的原因在于:限制行为能力人已经具备一定的识别能力、举证能力,可以为教育机构的过错举证。

(三)校外人员对学生的人身伤害的侵权责任

对校外人员致学生受到损害的侵权,教育机构承担相应的补充责任。对教育机构采取过错责任的归责原则。此侵权责任类似违反安全保障义务的侵权责任。《侵权责任法》第40条规定:"无民事行为能力人或者限制民事行为能力人在幼儿园、学校或者其他教育机构学习、生活期间,受到幼儿园、学校或者其他教育机构以外的人员人身损害的,由侵权人承担侵权责任;幼儿园、学校或者其他教育机构未尽到管理职责的,承担相应的补充责任。"

第二十三章

特殊类型的侵权责任

第一节 产品责任

一、产品责任概述

产品责任是工业化给法律科学带来的新命题。伴随着工业化,自给自足已经远离我们的社会现实,几乎人人都通过交换使用着他人生产的产品:大到汽车,小到手机、电脑与化妆品。因产品质量问题而造成的财产损害与人身损害的赔偿问题,也逐渐成为了法律所关注的内容。

产品责任,从广义上讲,可以分为三大类。第一类是指产品危害(product hazard),是指由产品的缺陷引起的对产品以外的财产或者人身造成的损害,例如热水器爆炸造成洗浴者人身损害;第二类是指产品因未达到消费者所期待的功效而引起的损害,此等损失往往是纯粹经济损失,但是也不排除造成积极损害的情形;第三类是指产品缺陷造成产品本身的损害,而没有造成其他的人身或者财产损害,例如汽车自燃。[①]《侵权责任法》意义上的产品责任,仅指上述第一类。但是随着社会的发展,产品责任也已经扩展到第二类,特别是在涉及医疗产品领域。

《侵权责任法》意义上的产品责任,首先是一种侵权责任,即无论受害人与产品的生产者或销售者之间是否存在直接的买卖合同关系,都可以向之主张产品责任;其次是一种特殊的侵权责任,即适用无过错责任的归责原则。

二、我国立法发展情况

我国对产品责任的立法,起步较晚。在改革开放前长期实行权力高度集中的计划经济体制,商品的生产和交换受到限制,商品这一概念也没有为大众所接受,消费品长期短缺,因此消费者保护不可能受到重视。1979年至1982年的《民法》草案一至四稿,均未对产品责任作专门的规定。1985年前的民法著作,也鲜有涉及产品缺陷致人损害的侵权责任问题。

关于产品责任,最早见于1986年发布的《工业产品质量责任条例》。该条例的第2条规定:"产品质量是指国家的有关法规、质量标准以及合同规定的对产品适用、安全和其他特性

[①] P G Monateri, la responsabilità civile, UTET, p.699.

的要求。产品质量责任是指因产品质量不符合上述要求,给用户造成损失后应承担的责任。"在这个行政规章中,第一次使用了"产品质量责任"这一表述。

随后,1987年生效的《民法通则》的第122条的规定:"因产品质量不合格造成他人财产、人身损害的,产品制造者、销售者应当依法承担民事责任。运输者、仓储者对此负有责任的,产品制造者、销售者有权要求赔偿损失。"无论是形式上的表述,还是实质层面对责任的构成要件的规定方面,《民法通则》此条的规定还有待于提高。

随着1993年出台了《产品质量法》,次年即1994年则颁布了《消费者权益保护法》,2000年《产品质量法》做了修订。这些立法与修订,都大大完善了我国产品责任方面的规定。但整体而言,还称不上完善,比如各法律之间,无论是责任构成要件,还是术语表述方面,都存在不协调之处。

三、产品责任的性质:无过错责任

我国关于产品责任的性质的讨论,开始于《民法通则》制定后对第122条的分析与理解。

此条之立法本意,在于使产品制造者承担无过错责任。但因条文中未使用产品责任法上通用的"缺陷"概念,而使用"产品质量不合格"一语,容易与合同法上的"瑕疵"概念相混淆,进而导致当时的权威学者间对此项责任的性质无法达成一致意见,发生解释上的对立意见。比如佟柔教授持过失责任说[1];江平教授认为属于"视为有过错的侵权责任说"[2];王利明教授主张严格责任说[3]。

比较《侵权责任法》第41条关于生产者责任的规定与第42条关于销售者责任的规定,一个明显的措词变化是:在销售者责任中明确了"过错使产品存在缺陷"这一表述。通过对比,我们推断出生产者承担侵权责任是不需要"过错致使产品存在缺陷"这一要件的。更明确地说,即为通说之中的无过错责任。将产品责任认定为无过错责任,已经是学界的通说了。[4]

需要特别说明的是,无过错归责原则是针对受害人即请求权人而言的,即他无须证明被请求人存在过错。在生产者承担责任之后向销售者、运输者、仓储者等第三人追偿之时,必须举证该第三人是造成产品瑕疵的过错方,后者承担的是过错责任(参见《侵权责任法》第43条第3款与第44条)。

四、产品的范畴及排除

既然为"产品责任"而不是"物件责任",那么就意味着"产品"是一种区别于普通的物。《产品质量法》第2条第2款规定:"本法所称产品是指经过加工、制作,用于销售的产品"。紧接着第3款又进一步规定"建设工程不适用本法规定;但是,建设工程使用的建筑材料、建筑构配件和设备,属于前款规定的产品范围的,适用本法规定"。

《产品质量法》对产品规范了一个相对狭隘的范畴,这一范畴,原则上也限定了《侵权责

---

[1] 佟柔主编:《中华人民共和国民法通则简论》,中国政法大学出版社1987年版,第264页。
[2] 江平:"民法中的行为、推定与举证责任",载《政法论坛》1987年第4期。
[3] 王利明著:《民法新论》(上册),中国政法大学出版社1987年版,第527页。
[4] 程啸:《侵权责任法》,法律出版社2011年版,第372页。

任法》中产品责任的适用范围。

（1）上述定义排除了天然物品。具体而言,排除了未经加工的农产品与猎获品。排除天然产品的理由确实是存在的,即类似于这些天然产品的质量是不以人的意志和要求所决定的。也就是说,天然产品不能按照标准的质量要求生长。当然,从比较法的角度看,这种观点似乎已经站不住脚了。[①]

（2）产品是否只限于动产,还是也包括不动产？《产品质量法》明确规定排除适用于不动产。大部分国家或地区关于产品责任的规定,都排除了不动产的适用。较为例外的是《海牙条约》与我国台湾地区的规定,将产品的范围扩大至动产与不动产。将不动产排除在外的原因很简单,即不动产买受人完全可以通过违约责任来主张其损害赔偿请求权。

（3）既然是产品,应当视为能够进入市场流通的、能单独使用的物品,未能进入流通领域的半成品不视为产品。

（4）严格意义上的产品,也排除了服务的适用性。但这并不是说有"缺陷"的服务造成的损害得不到救济,而是因为服务本身决定了服务提供者与服务接收者拥有直接的合同法上的联系,可以通过合同法所提供的救济手段进行救济,无须由产品责任制度来解决。

（5）关于软件(software)是否适用产品责任的问题,也值得探讨。软件作为"无形产品",是产品责任的新问题。意大利法学界认为,应当将软件区分为两大类：一类是个性化的软件(individual-software),即按照购买者的要求特意定制的软件。定制软件往往属于传统民法中"承揽合同"的范畴,因此因该定制的软件所造成的损害赔偿,应当主张违约责任而不是产品责任。另一类软件则是标准化软件(standard program),这类软件往往通过某些载体进入市场向不特定人销售。意大利学者认为这应当属于产品的范畴。[②] 我国曾有法院的判决将软件认定为产品,适用产品责任。[③]

（6）军工产品、核产品造成的损害,也不适用产品责任。这是立法专门确定排除的。

五、关于产品"缺陷"的认定

将产品责任中的产品限于"有缺陷"的产品,也是为了将产品责任这一"无过错"责任作一限定,以免给生产者造成过度的负担。我国台湾地区学者王泽鉴认为"制造人产制商品,将其流入市场成为交易消费客体时,负有交易安全注意义务,应使产品具有消费者可期待之安全性,产品不具有消费者可期待值,即具有缺陷(或瑕疵)"[④]并且,以"缺陷"为要件,通过缺陷来源于生产者还是销售者,可以确定真正的责任主体。

广义的产品缺陷,不仅包括产品本身的缺陷,而且也包括产品说明书、使用说明等所存

[①] 从国际上看,很多国际公约都不排除天然物品。比如欧洲理事会各成员国于1977年1月27日在斯特拉斯堡正式签订的《关于人身伤亡的产品责任公约》即《斯特拉斯堡公约》中对产品做了一个新的定义："产品"一词是指所有动产,包括天然动产或工业动产,无论是未加工的还是加工过的,即使是组装在另外的动产内或组装在不动产内"(the term "product" indicates all movables, natural or industrial, whether raw or manufactured, even though incorporated into another movable or into an immovable;)。另外,《产品责任法律冲突规则公约》(Convention of the Law Applicable to Product Liability)即《海牙公约》中,对产品的定义更为宽泛"包括一切可供使用或消费的天然产品和工业产品,而不论是加工的还是未加工的,也无论是动产还是不动产"。

[②] P G Monateri, la responsabilità civile, UTET, p.709.

[③] 程啸:《侵权责任法》,法律出版社2011年版,第381页。根据程啸教授的论述,在德国通说认为,存储在数据载体如磁盘、光盘中的软件属于产品,适用产品责任。

[④] 王泽鉴:《民法学说与判例研究》(第三册),中国政法大学出版社2005年版,第173页。

在的错误、描述不明等缺陷。

但并不是所有的产品缺陷都是产品质量法所称的缺陷。如果缺陷与损害的形成没有因果关系，则不属于产品质量法所称的缺陷。消费者可以请求对方承担物件的瑕疵担保责任，即主张违约责任，而不是侵权责任。

我国《产品质量法》第46条规定："本法所称缺陷，是指产品存在危及人身、他人财产安全的不合理的危险；产品有保障人体健康和人身、财产安全的国家标准、行业标准的，是指不符合该标准"。

《产品质量法》一方面引入了"不合理的危险"这一较为抽象的缺陷界定标准，另一方面又创设了"不符合强制性标准"这一具体的缺陷界定标准。这种双重标准的做法，从比较法的视野来看，较为罕见，甚至是独一无二的；从具体效果来看，这种双重标准并不能给受害人带来更多的救济机会，相反恰恰给了生产者一种额外的抗辩：即只要符合强制性标准，那么造成损害也能免责，即使这种强制性标准本身缺乏合理性。

如上所述，第一种标准即"不合理的危险"是一项弹性较大的标准，留给法官来判断"不合理"的自由裁量权很大；而第二种标准较为客观，判断起来较为容易。但是，立法者在确定了双重标准之后，并没有明确规定两者的适用顺序与关系。比如，符合国家或者行业的标准，但是具有"不合理的危险"之时，是否判断其具有缺陷呢？从最大的善意角度出发，应当做如下解释：以前一个标准为准。这也是产品责任倾向性地保护受害人这一基本价值判断所决定的。

在学理上，产品缺陷依其特征分为三类：制造缺陷、设计缺陷、经营缺陷。

（1）制造缺陷，是指产品在制造过程中，因原材料、配件、工艺程序等方面存在错误，导致最终的产品具有不合理的危险性。如小孩玩具本身应当不存在危及人身安全的危险，但因制造不当，生产出有锐角的金属玩具，可能导致小孩受伤害，该玩具即属于存在不合理危险的缺陷产品。

（2）设计缺陷，是指产品在设计时在产品结构、配方等方面存在不合理的危险。

（3）经营缺陷，是指产品在经营过程中所产生的不合理危险。例如，销售产品没有适当的警告与说明，销售过程中对产品的处置不当而使产品产生不合理危险。运输者、仓储者对产品缺陷有责任者，也属于产品经营缺陷。

正确区分这几种情形，对于确定赔偿义务主体，具有重要意义。

六、承担责任的主体

产品责任的特殊之处，还在于其关于责任主体的特别规定。

确切地说，损害是由产品缺陷造成的，追随此项因果关系链，在确定损害赔偿的主体之时，也遵循着"谁致使产品产生缺陷，谁最终承担责任"这样的规则。《侵权责任法》列举了生产者、销售者、运输者、仓储者这四类主体，规定最终的责任承担者。

但是，对于消费者或者其他受害人而言，要确定"谁是缺陷的制造者"存在着困难，特别要确定谁是运输者与仓储者对于终端消费者而言是存在困难的。立法者也充分考虑到了这一点，因此将此四类主体分为两大类：即作为直接责任主体的生产者与销售者；作为间接责任主体的运输者与仓储者。所谓直接，是指受害人能够直接对其提起损害赔偿请求。所谓间接，是指内部的求偿权可以向他们提出。

质言之，受害人在只要证明了损害是由产品缺陷造成的，就可以根据自己的便利性选择生产者或者销售者承担损害赔偿责任。受害人无需证明在上述四类主体中具体是由谁致使产品存在缺陷，即能向生产者或者销售者主张损害赔偿请求，生产者与销售者也不能以"瑕疵由运输者或者仓储者造成"作为抗辩理由对抗受害人的请求权。对于受害人而言，生产者与销售者承担连带责任，即可以向任何一方起诉要求承担损害赔偿责任。

哪些主体可以被认为生产者呢？宽泛而言，成品的生产者、零部件生产者、原料生产者都可以认定为生产者。从保护受害人的角度看，应当允许其起诉上述生产者的任一或者同时起诉多个，只要他能证明被告是生产者。

最高人民法院的一项批复认为：任何将自己的姓名、名称、商标或者可资识别的其他标识体现在产品上，表示其为产品制造者的企业或个人，均属于《民法通则》第 122 条规定的"产品制造者"和《产品质量法》规定的"生产者"。①

对于成品中的零件，如果被告能证明由于该零件的缺陷的原因而引发了损害的发生，如果该零件的生产商不同于成品的生产者，应当允许受害人选择其零件的生产者作为追责对象。

对于运输者与仓储者，他们承担的是过错责任。生产者或销售者可以在对外向受害人承担损害赔偿责任之后，向其追偿。生产者或者销售者也可以依据合同关系要求其承担合同责任。这两种请求权应当是竞合关系，当事人只能择一适用。

如果无法确定产品"缺陷"可归咎于何人，法律拟制是由生产者的原因导致"缺陷"的发生。

七、免责事由

《产品责任法》明确规定了生产者的免责事由，而《侵权责任法》对此没有额外的规定。

《产品质量法》第 41 条第 2 款规定了"产品投入流通时，引起损害的缺陷不存在"的抗辩事由，《欧共体产品责任指令》、欧州理事会《涉及人身伤害与亡的产品责任公约》《斯特拉斯堡公约》中都有类似规定。但是此项规定不得被认为是针对于受害人请求的抗辩事由，只能是生产者在向受害人承担外部责任后，可向产品缺陷的"制造者"追偿。因此，此项规定并不能构成严格意思上的免责事由。

《产品质量法》第 41 条第 2 款还规定了"将产品投入流通时的科学技术水平尚不能发现缺陷的存在"的免责事由。此项抗辩的基本含义是，如果产品被投入流通时的科学技术知识使生产者无法发现产品的缺陷，那么即使以后由于科技的进步而证明了产品存在缺陷，生产者损害也不负责任。

这是一项政策的选择问题。如果选择赋予生产者此项抗辩权，有利于鼓励企业开发新产品，有利于社会的进步。此项抗辩权的不利之处在于：潜在缺陷所致损害的风险完全由受害人承担，将缺陷产品投放市场并获取利益的生产者却可以逃避责任。于是，这产生了一个度的把握问题。以"当时的科技水平能发现"为标准，不失为一个好的标准。一方面，要求企业穷尽当时所能采取的措施来发现潜在的缺陷，另一方面，鼓励企业在穷极上述注意义务之

---

① 最高人民法院《关于产品侵权案件的受害人能否以产品的商标所有人为被告提起民事诉讼的批复》，2002 年 7 月 4 日最高人民法院审判委员会第 1229 次会议通过法释〔2002〕22 号。

后积极将新的产品投入市场,最终有利于社会的发展。

《侵权责任法》并没有明确此项规定,但是可以适用《产品质量法》的相关规定。同时,法律应当课以"召回"义务。事实上在汽车等领域已经适用了的一项制度,即生产者在发现产品缺陷之后,为了保护消费者的利益,应当主动修正缺陷。

过失相抵原则的适用。如果损害是多重原因造成的,除了产品本身的缺陷之外,尚有使用者不正确使用的原因。关于此项,应当适用《侵权责任法》第26条与第27条关于过失相抵的规定。

第二节 机动车交通事故责任

一、机动车交通事故责任概述

从历史发展看,道路交通事故赔偿责任制度大体上经历了三个阶段。

第一个阶段,适用过错责任原则,也就是按照一般过错责任原则来处理交通事故赔偿问题。这是因为在机动车初步进入社会之时,无论是当时的机动车性能还是路况,都不可能允许机动车高速行驶。因此从汽车诞生到二十世纪三四十年代以前,基本是按照过错归责原则来认定机动车交通事故责任。并且,从数量上看,当时也只是少数有钱人拥有的物品,交通事故并没有引起法学家的特别关注。

第二个阶段,按照无过失责任原则或者按照过错推定责任原则来处理交通事故赔偿问题。从一般过错责任原则发展无过失责任原则和过错推定责任原则,学理上有多种解释,为什么会出现这么变化,较为主流的理论就是危险源说,即认为高速行驶的汽车相对于行人而言,它具有高度危险性。例如我国《民法通则》关于高度危险责任的规定,最初是包括道路交通事故责任的。另外,根据控制说的观点,汽车的保有人是能够避免事故发生的。另外控制说的含义还认为,因为赔偿制度的变化,汽车的驾驶人是能够选择继续使用汽车还是不用这个汽车,本书理解的控制说有两种含义。汽车既然是一个危险源,这个危险工具汽车的驾驶人是使用还是不使用,这点是汽车的保有人所能够掌握的。如果车主选择使用的话,他是疏忽大意、马马虎虎地使用呢?还是小心谨慎地驾驶?这也是控制说的一个理由。也有学者把这个利益说归结为风险说,因为你享有利益了,因此所带来的风险要由你来承担。

第三个阶段,通过民事损害赔偿责任与第三者责任强制保险制度解决道路交通事故赔偿问题。这是由机动车道路交通事故的特征决定的。机动车道路交通事故的一个特点是:往往会发生人身损害,且都较为严重。这就决定了受害人应当得到及时的救治。但事实上,责任的认定并不能都在短时间内完成,并且也经常发生肇事司机在事故中死亡或者逃逸的情形,因此完全依靠传统的侵权民事责任制度,就会产生一个赔偿救治不及时的问题。为了解决这个难题,现在大部分国家都通过强制保险制度来解决道路交通事故赔偿问题。比如英国是1930年建立的强制保险制度,德国是1939年建立的强制保险制度,日本是1955年建立的强制保险制度,法国是1958年建立的强制保险制度。

二、机动车交通事故的范畴

机动车交通事故,由"机动车"与"交通事故"这两个限定性表述构成。

首先需要确定的是什么是机动车。根据《道路交通安全法》第 119 条第 3 项的规定,"机动车"是指以动力装置驱动或者牵引,上道路行驶的供人员乘用或者用于运送物品以及进行工程专项作业的轮式车辆。根据第 4 项的规定:"非机动车"是指以人力或者畜力驱动,上道路行驶的交通工具,以及虽有动力装置驱动但设计最高时速、空车质量、外形尺寸符合有关国家标准的残疾人机动轮椅车、电动自行车等交通工具。上述定义中的描述已经相当明确。但是在司法实践中,略有争议的是关于电动自行车和燃油助力车的性质。①在司法审判中,法院也通过解释认定电瓶三轮车属于机动车②。

在明确了机动车的范畴之后,还需要进一步明确什么是交通事故。

根据《道路交通安全法》第 119 条的规定,所谓交通事故是指车辆在道路上因过错或者意外造成的人身伤亡或者财产损失的事件。其中道路是指公路、城市道路和虽在单位管辖范围但允许社会机动车通行的地方,包括广场、公共停车场等用于公众通行的场所。此项定义也排除了铁路交通事故、水上交通事故、海上交通事故和航空交通事故的适用。道路交通事故可分为机动车交通事故和非机动车交通事故。本章讨论的,是机动车交通事故。

"道路"的范畴也是特定的。根据《道路交通安全法》的规定,"道路",是指公路、城市道路和虽在单位管辖范围但允许社会机动车通行的地方,包括广场、公共停车场等用于公众通行的场所。判断道路的一个根本性标准是"允许社会机动车通行的地方",因此道路上进行施工的工地,不属于"道路"。司法审判实践中明确了这一点③。

三、《道路交通安全法》第 76 条的理解与适用

《道路交通安全法》第 76 条规定:机动车发生交通事故造成人身伤亡、财产损失的,由保险公司在机动车第三者责任强制保险责任限额范围内予以赔偿。超过责任限额的部分,按照下列方式承担赔偿责任:

机动车之间发生交通事故的,由有过错的一方承担责任;双方都有过错的,按照各自过错的比例分担责任。第 76 条第 1 款确立了机动车之间发生交通事故之时适用过错责任的

---

① 按照《道路交通安全法》的规定,电动车属于非机动车。但是,需要明确的是,《道路交通安全法》中所指的电动车,是指符合《电动自行车通用技术标准》标准的电动自行车。该《技术标准》规定:电动自行车最高车速应不大于 20 公里/小时;电动自行车的整车质量(重量)应不大于 40 公斤;电动自行车必须具有良好的脚踏骑行功能,30 分钟的脚踏行驶距离应不小于 7 公里等多项指标,只有符合《电动自行车通用技术标准》的电动自行车才属于非机动车范畴,才能按非机动车进行管理。但是在现实生活中,超标的电动自行车比比皆是。对于设计时速超过 20 公里/小时的电动自行车,应当根据《机动车运行安全技术条件》对"摩托车""轻便摩托车"的定义,定性为"轻便摩托车"为宜,即属于机动车。

② 在"何贵显与王仁军道路交通事故人身损害赔偿纠纷上诉案"([2008]成民终字第 2353 号)一案中,法院认为,一、关于本案的主要争议焦点,即何贵显驾驶的电瓶三轮车是否属于机动车的问题。根据《道路交通安全法》第 199 条的规定,机动车与非机动车的主要区别在于动力装置的不同。机动车是以动力装置驱动的,非机动车是以人力或者畜力驱动的。在动力驱动的车辆中,上述条文将残疾人机动轮椅车、电动自行车确定为非机动车。电瓶三轮车是以电力进行驱动的,并且与电动自行车、残疾人机动轮椅车不同,因此应当属于机动车。上诉人认为何贵显驾驶的电瓶三轮车不属机动车的上诉观点不能成立。

③ 在"辛英全与陈开诗等人身损害赔偿纠纷上诉案"([2008]成民终字第 322 号)一案中,交警部门于 2005 年 9 月 18 日作出《交通事故处理(不立案)通知书》,认为此次事故发生地道路系施工工地内,不属于《道路交通安全法》第 119 条第(1)项所称"道路"范畴,故此事故非交通事故。交警部门的定性得到了法院的认可。

原则。在实践中,除非私了和解,其他情况下都是由交通警察根据《道路交通事故处理程序规定》的规定出具交通事故责任认定书,在认定书中会注明双方的过错情况。

依据第 76 条第 1 款第 2 项和第 2 款之规定:机动车与非机动车驾驶人、行人之间发生交通事故的,由机动车一方承担责任;但是,有证据证明非机动车驾驶人、行人违反道路交通安全法律、法规,机动车驾驶人已经采取必要处置措施的,减轻机动车一方的责任。

对于此项规定的理解,需要主要以下几点:

(1) 属于无过错责任,即受害人无须证明机动车一方有过错。事实上,根据《道路交通安全法》,即使在意外的情况下发生道路交通事故,机动车还是需要承担赔偿责任。

(2) 在特定情况下可以减轻机动车的责任。机动车一方不仅要证明自己没有过错,而且还要证明受害人有过错(非机动车驾驶人、行人违反道路交通安全法律、法规)方能减轻责任。特别需要指出的是,如果严格按照字面解释理解,此项规定并不属于过错相抵。在过错相抵的情况下,只要受害人对损害的发生也有过错,加害人即能得到责任的减轻,而不问加害人是否有过错。但是按照此项规定,只要机动车驾驶人一方没有采取必要处置措施的,即使非机动车驾驶人、行人违反道路交通安全法律、法规,也不能减轻机动车一方的责任。但在审判实践中,法院还是适用过错相抵制度的。而且,从公平的角度看,也应当适用过错相抵制度①。

(3) 机动车的无过错责任,还体现在 10% 的最低责任方面。即使机动车一方在驾驶之时操作正当,处置措施合理,事故的发生完全由非机动车或者行为的过错行为造成的,那么机动车最低承担 10% 的责任。唯一的免责事由仅为受害人故意。如果交通事故的损失是由非机动车驾驶人、行人故意(如自杀、碰瓷)造成的,机动车一方不承担责任。保险公司在先行赔付后,也有权向受害人一方追偿。

《道路交通安全法》确立的道路交通事故责任的归责原则,既不能简单地理解为一概适用过错责任原则,也不能简单地理解为一概适用无过错责任原则。它确立一个归责原则综合体:根据事故主体性质的不同适用不同的归责原则。这样的规定避免了单一归责原则所带来的僵化。

《道路交通安全法》也规定了保险公司的限额赔偿义务。根据该法第 76 条第 1 款的规定:机动车发生交通事故造成人身伤亡、财产损失的,由保险公司在机动车第三者责任强制保险责任限额范围内予以赔偿。对于本条款的理解,应当注意以下几点:

(1) 只要肇事车辆购买了机动车第三者责任强制保险,那么一旦发生交通事故造成人身伤害或者财产损失,保险公司就应当首先予以赔偿,而不论被保险车辆的驾驶者是否有过错以及对方当事人即事故受害人的过错程度如何。

(2) 保险公司在机动车第三者责任强制保险责任限额范围内承担责任,即一种限额责任,不适用完全赔偿原则。这是由保险公司的赔偿义务来源于保险合同而不是侵权损害赔

---

① 比如在《陕西省交通事故责任规定》中,即确立一个机动车与非机动车或行人之间责任分配的固定方案;机动车与非机动车、行人发生交通事故,依据《道路交通安全法》第 76 条的规定,需要减轻机动车方赔偿责任的,可以按下列规定由机动车方承担赔偿责任;(1) 主要责任承担 90%;(2) 同等责任承担 60%;(3) 次要责任承担 40%;(4) 在高速公路、全封闭汽车专用公路等封闭道路上发生交通事故的,无责任承担 5%,但赔偿金额最高不超过 50,000 元;在其他道路上发生交通事故的,无责任承担 10%,赔偿金额最高不超过 1 万元。《浙江省实施〈中华人民共和国道路交通安全法〉办法》第 58 条中也有类似的规定。

偿责任决定的。如果交通事故所导致的各种损害（包括人身伤亡和财产损失）超出了责任保险的责任限额，对于超出部分保险公司不予赔偿；如果损害低于最高限额，那么进行足额的完全赔偿。

(3) 保险公司的赔偿，是一种先行垫付性质的。其制度价值，在于帮助受害人迅速得到救助，避免在责任终局确定之前受害人由于经济上的原因而无法得到治疗的情况的出现。因此，这种先行垫付赔偿行为，并不影响对事故责任的认定。既然是先行垫付，就有一个追偿权的可能。2012年12月21日起施行的《最高人民法院关于审理道路交通事故损害赔偿案件适用法律若干问题的解释》第18条规定："有下列情形之一导致第三人人身损害，当事人请求保险公司在交强险责任限额范围内予以赔偿，人民法院应予支持：(1) 驾驶人未取得驾驶资格或者未取得相应驾驶资格的；(2) 醉酒、服用国家管制的精神药品或者麻醉药品后驾驶机动车发生交通事故的；(3) 驾驶人故意制造交通事故的。保险公司在赔偿范围内向侵权人主张追偿权的，人民法院应予支持。"

在诉讼法意义上，《道路交通安全法》第76条赋予了受害人直接请求权，即受害人可以直接以保险公司为被告提起诉讼，主张损害赔偿。此项请求权在肇事人弃车逃逸或者肇事人死亡之时显得尤其具有意义。

四、机动车所有人的责任

在此前的《道路交通事故处理办法》第31条曾经规定"承担赔偿责任的机动车驾驶员暂时无力赔偿的，由驾驶员所在单位或者机动车的所有人负责垫付"。而随后的《道路交通安全法》用了"机动车一方"这一宽泛的表述，只是规定了机动车一方对外的责任情况，而对于属于"机动车一方"的若干主体的内部关系，并没有直接规定，甚至可以说是回避了这个问题。但机动车所有人与驾驶人之分离，是现实生活中并非罕见。因此，当驾驶人不是所有人之时，如何规范并理清两者之间在责任承担方面的关系，确有必要。事实上，大部分关于道路交通事故责任的地方性法规在这方面并没有回避，只是在具体规定方面有较大的出入。正是在这个意思上看，《侵权责任法》第49—52条的规定，填补了《道路交通安全法》留下的法律空白，同时又统一了各地不同的地方性规定，具有积极意义。

在所有人与使用人之间存在用人单位与工作人员之关系之时，可以适用《侵权责任法》第34条与第35条的规定的雇主责任制度解决。

此处值得探讨的是实务中经常发生争议的三个问题：(1) 未过户的机动车肇事的问题；(2) 借用、租用他人机动车发生交通事故的问题；(3) 被抢劫、盗窃的机动车发生交通事故的问题。

对于未过户的机动车肇事的问题，虽然最高人民法院在《关于连环购车未办理过户手续，原车主是否对机动车发生交通事故致人损害承担责任的请示的复函》中已经明确：连环购车未办理过户手续，因车辆已交付，原车主既不能支配该车的运营，也不能从该车的运营中获得利益，故原车主不应对机动车发生交通事故致人损害承担责任。但是，连环购车未办理过户手续的行为，违反有关行政管理法规的，应受其规定的调整。但地方法院仍有持不同态度认为登记簿上的所有权人需承担责任的①。随着《物权法》将机动车登记定性为具有对抗效力的"任意登记",《侵权责任法》第50条明确规定只要机动车实际交付了,由受让人承担"所有权人"应当承担的责任。

对于借用或者出租的机动车肇事的情形,《侵权责任法》颁布之前,在立法没有直接明确规定的情况下,各地的做法都有所区别。有的地方不分情形地规定车主与使用人承担连带责任,如安徽省高级法院《审理人身损害赔偿案件若干问题的指导意见》第12条规定:"借用、租用他人机动车发生交通事故造成第三人伤害的,车辆所有人与使用人承担连带责任。"浙江省、陕西省和广东省也有类似的规定。有的地方则区分了情形,即出借人没有过错的,由借用人承担赔偿责任;出借人有过错的,则承担连带责任。如山东省高级法院《关于审理道路交通事故损害赔偿案件若干意见》第8条规定:出借机动车发生交通事故的由借用人承担赔偿责任,但出借人在机动车辆管理或者对借用人的选任、监督上存在过错的,依其过错承担赔偿责任。重庆市高级法院《关于审理道路交通事故损害赔偿案件适用法律若干问题的指导意见》规定,出借的机动车有缺陷或将车借给无驾驶资质的人,车主承担连带责任,其他情况均由借用人承担赔偿责任。

《侵权责任法》第49条第一次正式对这个问题进行了规定。2012年的《最高人民法院关于审理道路交通事故损害赔偿案件适用法律若干问题的解释》则进一步明确了该条的适用:

机动车发生交通事故造成损害,机动车所有人或者管理人有下列情形之一,人民法院应当认定其对损害的发生有过错,并适用《侵权责任法》第49条的规定确定其相应的赔偿责任:

(1) 知道或者应当知道机动车存在缺陷,且该缺陷是交通事故发生原因之一的;
(2) 知道或者应当知道驾驶人无驾驶资格或者未取得相应驾驶资格的;

---

① 参见《广东省高级人民法院关于转让车辆未办理过户手续的登记车主对机动车发生交通事故致人损害应否承担民事责任问题的批复》(2007年10月9日粤高法民一复字[2007]12号),全文如下:
梅州市中级人民法院:
你院报来的《关于上诉人刘开柏、候文忠与被上诉人陈辉、黄建平、陈纪锋、叶新雄、原审被告中华联合财产保险公司梅州中心支公司道路交通事故人身损害赔偿纠纷一案的请示》([2007]梅中法民一请字第1号)收悉。经研究,答复如下:
根据《道路交通安全法》第76条、《民法通则》第123条的规定,机动车运输属于高度危险作业,因高度危险作业致人损害的,危险设施的所有权人即机动车所有人应当负赔偿责任。根据《道路交通安全法》第9条的规定,申请机动车登记的,应当提交机动车所有人的身份证明。根据该法第12条的规定,机动车所有权发生转移的,应当办理相应的登记。可见,公安机关对机动车辆的登记属于所有权登记,在当事人签订车辆买卖合同并实际交付车辆后,如未办理机动车所有权登记手续,虽不影响买卖合同的效力,也不影响车辆的交付使用,但由于登记的所有权具有公示作用,因而对于第三人而言,登记车主就是机动车所有权人,故其仍须对机动车所造成的损害承担赔偿责任。但如果符合最高人民法院《关于被盗机动车辆肇事后由谁承担损害赔偿责任问题的批复》(法释[1999]13号)和《关于购买人使用分期付款购买的车辆从事运输因交通事故造成他人财产损失保留车辆所有权的出卖方不应承担民事责任的批复》(法释[2000]38号)规定的车辆被盗抢和分期付款保留车辆所有权情形的除外。对于最高人民法院民一庭于2001年12月31日作出的[2001]民一他字第32号批复,应注意其在《道路交通安全法》施行后据以批复的法律基础已发生了变化,且该批复与司法解释也有所不同。是否参照,应依现行法律和社会生活的实际情况而定。
我院与广东省公安厅联合制定的《关于〈道路交通安全法〉施行后处理道路交通事故案件若干问题的意见》第37条规定:"根据《道路交通安全法》第9条、第12条的规定,机动车所有人是指机动车在车辆管理机关登记的单位和个人。"该条的目的是指引全省各级法院正确适用《道路交通安全法》第9条、第12条的规定认定机动车所有人。对请示问题,你院可根据《道路交通安全法》第9条、第12条、第76条和《民法通则》第123条的规定处理。需要指出的是,我院制定下发指导性意见是为了指导全省法院正确适用相关法律规定,其本身并无任何法律效力。不存在适用的问题。

(3) 知道或者应当知道驾驶人因饮酒、服用国家管制的精神药品或者麻醉药品,或者患有妨碍安全驾驶机动车的疾病等依法不能驾驶机动车的;

关于机动车所有人与驾驶人承担何种责任? 从理论上看,有三种可能:按份责任,即按照对事故发生过错大小的认定承担按份责任;补充责任,即只有在实际驾驶人逃逸或者无力承担责任之时,所有人才承担补充责任;连带责任,即受害人可以直接起诉所有人。

无论是已经为《道路交通安全法》所替代的《道路交通事故处理办法》,还是在各地方性法规来看,机动车之所有人都被认为需要承担连带责任。

对于第三种情况,即机动车被抢劫或者盗窃发生交通事故造成他人损害的问题。关于这个问题,最高人民法院早在1999年6月18日公布的《关于被盗机动车辆肇事后由谁承担损害赔偿责任问题的批复》的司法解释中就了规定"使用盗窃的机动车辆肇事,造成被害人物质损失的,肇事人应当依法承担损害赔偿责任,被盗机动车辆的所有人不承担损害赔偿责任。"《侵权责任法》也再次肯定了这一观点。在此种情况下,保险公司还是有义务进行赔付交强险,但是可以向直接责任人进行追偿。

五、交强险与道路交通事故社会救助基金

交强险是"机动车交通事故责任强制保险"的简称,是一份机动车辆必须购买的强制保险,由保险公司对被保险机动车发生道路交通事故造成受害人(不包括本车人员和被保险人)的人身伤亡、财产损失,在责任限额内予以赔偿。

交强险的实施,一方面增加了机动车主的短期负担,另一方面确实能够发挥交强险的社会保障功能,能保护交通事故受害人能够及时得到赔偿。

道路交通事故社会救助基金也是一个新事物,此项基金设立的目标,与交强险有些类似:即以尽快使得受害人得到救助,特别有助于避免因医疗费问题得不到抢救或者抢救之后实质上由医院承担而无法向责任人追偿的尴尬局面。根据《道路交通事故社会救助基金管理试行办法》的规定,有下列情形之一时,救助基金垫付道路交通事故中受害人人身伤亡的丧葬费用、部分或者全部抢救费用:(1) 抢救费用超过交强险责任限额的;(2) 肇事机动车未参加交强险的;(3) 机动车肇事后逃逸的。并且,救助基金一般垫付受害人自接受抢救之时起72小时内的抢救费用,特殊情况下超过72小时的抢救费用由医疗机构书面说明理由。具体应当按照机动车道路交通事故发生地物价部门核定的收费标准核算。

无论是交强险的出台,还是道路交通事故社会救助基金的设立,都是对民事损害赔偿在实践中存在的困难及不足进行弥补的措施。由于道路交通事故往往会造成严重的损害,特别是人身损害,为了确保受害人能够得到救济,为了避免受害人因为经济原因而得不到抢救,为了避免由医院因为救死扶伤反而陷入经济上的极大不利益,通过这两种制度来弥补。这只是说明道路交通事故的特殊性,并不能因此否定民事损害赔偿制度本身。

第三节 医疗损害责任

一、医疗关系与医疗损害责任

医疗损害往往是发生在医疗关系期间，但是法学界对于"医疗关系"的定性，并没有形成统一的意见。杨立新教授在《论医疗事故的民事赔偿责任》[①]一文中，总结归纳了国内学术界的以下三种学术观点：

第一种观点认为病员与医疗单位之间可以认定为存在一种事实上的合同关系。

第二种观点认为，从请求权竞合的角度看，医患之间的医疗关系具有双重属性，既表现为一般的权利义务关系，又表现为特定的权利义务关系。

第三种观点认为，医疗事故责任是一种综合性的责任，包括了基于合同的民事责任与合同以外的责任，后者更是包括了无因管理所产生的债务责任和侵权行为所致的债务责任。

而杨立新教授本人认为"医疗关系的本来性质，是一种非典型的契约关系，是指医院与患者之间就患者疾患的诊察、治疗、护理等医疗活动形成的意思表示一致的民事法律关系，[②]一般称之为医疗服务合同。事实上，因患者就诊而形成的医疗关系，在很多国家都被视为是一种合同关系。医务人员因此合同而承担以给付过程为标的的合同之债，只有在极少数情况下这种医疗服务合同才被视为一种给付结果之债。

最高人民法院倾向于将医疗活动定性为合同关系。在最高人民法院颁布的《民事案件案由规定》[③]中，第108项第3款即为"医疗服务合同纠纷"。司法实践中，法院也倾向于认定为一种合同关系。例如在"定南县红十字会医院与谢香兰医疗事故损害赔偿纠纷上诉案"（[2008]赣中民三终字第417号）中，法官认为"原告谢香兰至被告定南县红十字会医院就医，双方形成了医患合同关系。"[④]1995年通过的《浙江省实施〈中华人民共和国消费者权益保护法〉办法》（以下简称《实施办法》）明确规定医患关系属于《消法》调整的范围，其第14条规定："经营者从事医疗……服务的，必须保障消费者的人身健康和安全"。

在1999年的《中华人民共和国合同法》中，医疗服务合同并没有被认定为一种典型的有名合同，而在《侵权责任法》中恰恰将医疗事故侵权作为特殊侵权之一。虽然这并没有明确排除医疗关系可以被认定为一种医疗服务合同，但显然是一种立法上的态度选择。从保护医疗事故受害人的角度看，我国的立法模式确实具有合理的倾向性：医院的义务都是法定化的，而不是通过与信息不对称的患者通过所谓的约定来形成；患者可以在侵权责任的框架下请求精神损害赔偿，而在违约之债中一般只赔偿可预见的损害，而精神损害赔偿往往被排除之外。

相对于其他侵权责任，医疗事故责任是一种特殊的责任，其特殊之处在于：

1. 医疗损害责任事实上是一种专家责任。专家责任也称为职业责任，具有两大特征：

[①] 杨立新："论医疗事故的民事损害赔偿责任"，载于《河南省政法管理干部学院学报》2002年第4期。
[②] 杨立新：《疑难民事纠纷司法对策》（第2集），吉林人民出版社1994年版，第138页。
[③] 2007年10月29日由最高人民法院审判委员会第1438次会议讨论通过，自2008年4月1日起施行。
[④] 其他的尚有：乔守鹏等诉烟台市莱阳中心医院医疗损害赔偿纠纷案[（2001）莱阳民初字第103号]；付贵增与沈阳市松辽激光医院医疗事故损害赔偿纠纷上诉案[（2005）沈民(1)权终字第1254号]等。

(1) 主体是获得了强制性职业准入许可的具有一定的职业技能的人;(2) 是在职业活动中所造成的侵权损害。医疗事故即为一种典型的职业责任:无论医生、护士,都是需要获得职业资格才能进行执业活动。将医疗事故责任定性为一种职业责任,意味着一方面要求医务人员必须具有高于普通人的较高的注意义务;另一方面,医疗活动的特殊性要求赋予具有职业资格的医务人员在诊疗活动中应当具有相当的自由裁量权。

2. 医疗损害责任本质上是一种替代责任,即责任主体为医疗机构,而直接造成损害的人往往是医护人员。医疗机构在向患者或者患者家属承担损害赔偿责任之后,是否向有过失的医护人员请求追偿则是医院内部的问题。

二、从医疗事故到医疗损害

在《侵权责任法》颁布之前,学界更多的表述是"医疗事故"而不是"医疗损害",这并不仅仅是一个形式上的表述的改变,更体现了一种观念上的发展与改进。

最早对"医疗事故"进行界定的是国务院于 1987 年 6 月 29 日发布的《医疗事故处理办法》。根据该办法,医疗事故是指在诊疗护理过程中,因医务人员诊疗护理过失,直接造成病员死亡、残废、组织器官损伤导致功能障碍的事故。该办法的制定,带有强烈的行业保护特征,具体体现在将"医疗事故"的范围限定地非常小,特别是设定了"导致功能性障碍"这样的构成要件,将很多造成人身损害但未导致功能性障碍的事故排除在外了。因此,当时的学界就有扩大解释医疗事故的呼声,例如王利明教授就主张解释为"医疗单位在从事诊断、治疗、护理等活动过程中,因诊疗护理过失,造成病员的死亡、残废、组织器官导致的功能障碍或其他不良后果"。①

2002 年,国务院颁布了《医疗事故处理条例》以替代《医疗事故处理办法》。《医疗事故处理条例》第 2 条规定:"本条例所称医疗事故,是指医疗机构及其医务人员在医疗活动中,违反医疗卫生管理法律、行政法规、部门规章和诊疗护理规范、常规,过失造成患者人身损害的事故。"与《医疗事故处理办法》对医疗事故概念的界定相对照比较,最明显的差别是,前者规定构成医疗事故必须是"导致功能障碍",后者规定是"过失造成患者人身损害",新规定的医疗事故概念明显比原来宽。按照新的界定,凡是违法或者违章医疗行为过失造成患者人身损害的事故,都属于医疗事故。对于过去不能认定为医疗事故的造成人身损害但是没有造成功能障碍的医疗损害,依据条例都可以定为医疗事故,并且可以进一步主张民事损害赔偿。但是,如《医疗事故处理条例》第 49 条第 2 款所规定的那样:不属于医疗事故的,医疗机构不承担赔偿责任。以构成医疗事故才承担责任来限制民事领域的损害赔偿,事实上完全没有法理基础。

《侵权责任法》第 7 章摒弃了"医疗事故"这一的表述,采用了"医疗损害"这一外延远远大于医疗事故的概念,同时也避免了"医疗损害"的民事赔偿必须以"医疗事故"鉴定与确定为前提的尴尬局面。换句话说,因医疗损害而发生的损害赔偿请求权不再受"医疗事故"的限制了。《侵权责任法》第 54 条规定,只要客观上造成患者的损害,主观上存在过错,就应当承担民事赔偿责任。"构成医疗事故",是医疗行政主管机关或者医院追究医生责任的要件,不应当是民事赔偿责任的构成要件。确切地说,"医疗事故"鉴定作为民事损害赔偿的前置

---

① 王利明主编:《民法·侵权行为法》,中国人民大学出版社 1993 年版,第 522 页。

程序,是一种"行政化"思想的体现。因此,从医疗事故到医疗损害,不是简单的一个表述的转变,更是一种损害赔偿去行政化因素的表现。

虽然医疗损害的概念,已经大大超越了传统的"医疗事故责任"的范畴,但这并不意味着所有发生在医院中的所有侵权行为都应纳入医疗损害责任的范畴来解决,并不排除可以或者应当适用其他的法律、法规或者侵权法的其他部分的规定来解决的情形。比如抱错孩子或者孩子被盗的问题,应当依照侵害亲权的普通侵权责任来处理。对于卖假药、过期药品的问题,应当依照合同关系处理,追究医疗机构的违约责任。这些都是有相应的解决办法,不必一定要按照医疗事故请求赔偿。

值得注意的是,《侵权责任法》没有规范到交叉感染所造成的损害。所谓交叉感染,是指在医院内或他人处(其他病人、带菌者、工作人员、探视者、陪护者)获得病原体而引起的直接感染。此类损害,也应当排除适用《侵权责任法》第七章的规定。因为本章所指的医疗损害,仅仅是发生在医疗活动中,并不是任何时间上发生在治疗期间空间上发生在医疗机构的损害都适用。而交叉感染,显然不属于狭义医疗活动这一范畴。对于从医院保管或者持有的病原体、细菌等物品而发生感染的,应当适用高度危险责任的规定。

三、医务人员的注意义务与过错的认定

1. 在理解义务人员的注意义务之时,应当考虑以下几个因素:

(1) 注意义务的判断,不应当只考虑医疗活动的结果。如上所述,医疗活动是医务人员所承担的给付义务,是一种给付过程,而不是给付结果。再高明的专家,也不能完全预知治疗的结果;再简单的疾病,也有因人体个性差异而复杂化难以治疗的可能性。因此,在判断医务人员的注意义务的履行之时,不能只考虑结果是否符合患者或其家属的期望,而更应该看给付过程中是否存在着过错。

(2) 注意义务的判断,不能过于严厉。考虑到医疗活动的特殊性,即医务人员往往需要在紧急的情况下(例如手术进行中)进行迅速的判断,因此不能课以过严、过高的标准;否则,只能逼迫医生采用最保守的治疗方案,最终损害的是患者群体并妨碍医疗技术的前进发展。

(3)《侵权责任法》第 57 条规定"医务人员在诊疗活动中未尽到与当时的医疗水平相应的诊疗义务,造成患者损害的,医疗机构应当承担赔偿责任。"这句话的另外一个含义则是:医务人员的注意义务,应当以当时的医疗水平为准。

2. 对于医疗机构的具体过错,可以通过以下标准来判断

(1) 对法定义务的违反,即违反医疗卫生管理法律、行政法规、部门规章的规定,将视为有过错。具体而言,这些法定义务包括:

第一,取得相关资质的义务。此项义务即针对医疗机构,也针对具体的医务人员。具体而言是指医疗机构进行执业登记,获得《医疗机构执业许可证》,按照核准登记的诊疗科目开展诊疗活动;聘用具有资质的医务人员进行治疗活动;医务人员应当取得医师执业证书或者护士资格,按照注册的执业类别、执业范围执业。

第二,转诊义务。即对限于设备或者技术条件不能诊治的病人,应当及时转诊。

第三,遵守诊疗规范、护理常规的义务。虽然医务人员在治疗过程中应当有一定的自由裁量权,但是这只是针对紧急或者在常规治疗无效的情况下。对于绝大部分情况,应当遵守诊疗规范和护理常规。

(2) 对意定义务的违法,亦可视为有过错。这是知情同意制度所决定的。患者通过知情同意,授权医务人员对其身体做治疗与干预;如果治疗与干预明显超越知情同意的范围且无正当理由,那么应当认定为对意定违反而具有过错。

《侵权责任法》第 58 条明确列举了应当推定为过错的三种情况。对于第一种情况,其实已经包含在上述法定义务的违反之内了。值得探讨的是后两种情形,即:"隐匿或者拒绝提供与纠纷有关的病历资料"与"伪造、篡改或者销毁病历资料"。这两种情形,从实体上看,与医疗损害的发生没有任何法律关系;但是从程序上看,医疗机构利用对信息资源掌握的支配性地位,严重妨碍甚至剥夺了患者"证明对方有过错"的可能性,因此应当从程序上不利于医疗机构的推定。

《侵权责任法》在此处表述应当有所改进,即更准确地说是"直接认定"或"拟制",而不是"推定"。因为根据证据规则,推定的事实是可以推翻的,而在"直接认定"或"拟制",则更有利于患者一方。

立法者做此项规定,除了在个案中包含患者的合法权益之外,尚有督促医疗机构保存病例资料、配合病人的目的。

四、免责事由

《侵权责任法》在第 60 条直接规定了三项免责事由,即:(1) 患者或者其近亲属不配合医疗机构进行必要的诊疗的;(2) 医务人员在抢救危急患者等紧急情况下已经尽到合理注意义务的;(3) 限于当时的医疗水平难以诊疗的。

这三项免责事由的价值判断,是非常显然的。

根据《北京市高级人民法院关于审理医疗损害赔偿纠纷案件若干问题的指导意见(试行)》第 11 条的规定,医疗损害赔偿纠纷案件,医疗机构对《侵权责任法》第 60 条规定的免责事由承担举证责任。

如前文所述,医疗行为具有特定性,即医护人员在紧张的过程中进行的,并且往往只有很短时间对患者进行判断。因此,除了上述法定的免责事由,从学理上看对下列情况也应当视为不承担责任或者减轻责任的事由:(1) 紧急情况下为抢救垂危患者生命而采取紧急医学措施造成不良后果的;(2) 在医疗活动中由于患者病情异常或者患者体质特殊而发生医疗意外的;(3) 在现有医学科学技术条件下,发生无法预料或者不能防范的不良后果的;(4) 无过错输血感染造成不良后果的;(5) 因患方原因延误诊疗导致不良后果的;(6) 因不可抗力造成不良后果的。

关于免责,"梁某某与蓝山县中心医院等医疗损害赔偿责任纠纷上诉案[①]"即是一个典型的案例。在本案中依据湘雅司法鉴定中心的鉴定结论,克罗恩病早期常无症状或症状轻微,容易被忽略,病程常为慢性,临床表现多样,缺乏特异性,早期诊断率较低,最终诊断离不开病理,且确诊所需时间较长。上诉人在蓝山医院只住院 10 天,在上诉人住院期间,被上诉人蓝山医院一直在为上诉人治疗,还进行过病理切片,但依据当时的病理切片不能诊断出克罗恩病,同时上诉人出院是应其自己要求回家休养。故上诉人提出被上诉人蓝山医院未

---

① 案例来源于北大法宝,链接:http://www.pkulaw.cn/fulltext_form.aspx? Db = pfnl&Gid = 119561412&keyword = &EncodingName = &Search_Mode = 最后浏览时间:2014 年 11 月 9 日。

及时诊断出上诉人的病情,也未及时告知上诉人转院,蓝山医院存在诊断错误的上诉理由不能成立。该鉴定还认定,蓝山医院在术后短期使用激素符合治疗原则,后期在未明确病因的情况下使用地塞米松不符合规范,但结合上诉人的疾病为克罗恩病,需要激素药物治疗,故蓝山医院较长时间使用激素与上诉人克罗恩病后续的并发症无因果关系。据此可以得知,上诉人患×××症与医院的治疗行为没有因果关系。本案中,法院充分考虑了就诊的时间因素、病例罕见因素、当事人的配合等因素,认定医院不承担责任。

五、知情同意

《侵权责任法》第 55 条规定了知情同意制度。

在《侵权责任法》之前,患者的知情同意权隐隐约约地在两个法律文件中出现过,它们分别是《医疗机构管理条例》与《执业医师法》。[①]

《医疗机构管理条例》第 33 条规定:"医疗机构施行手术、特殊检查或者特殊治疗时,必须征得患者同意,并应当取得其家属或者关系人同意并签字;无法取得患者意见时,应当取得家属或者关系人同意并签字;无法取得患者意见又无家属或者关系人在场,或者遇到其他特殊情况时,经治医师应当提出医疗处置方案,在取得医疗机构负责人或者被授权负责人员的批准后实施。"

《执业医师法》第 26 条规定:"医师应当如实向患者或者其家属介绍病情,但应注意避免对患者产生不利后果。医师进行实验性临床医疗,应当经医院批准并征得患者本人或者其家属同意。"

但是,无论是管理医疗机构为立法本意的《医疗机构管理条例》,还是规范医师执业活动为目标的《执业医师法》,对于知情同意权都是语焉不详,缺乏操作性,特别是对于"未获得患者的知情同意"的法律后果,完全没有规定。因此,从这个意义上讲,知情同意权并没有真正意思上得到法律的保护。上述规定,更多的是宣告性的,而不是真正对知情同意权的规范。

相对于此前关于知情同意的规定,《侵权责任法》第 55 条的规定已经有所进步,但是其规定仍然显得过于简单,留下了很多漏洞。

第 55 条规定如下:医务人员在诊疗活动中应当向患者说明病情和医疗措施。需要实施手术、特殊检查、特殊治疗的,医务人员应当及时向患者说明医疗风险、替代医疗方案等情况,并取得其书面同意;不宜向患者说明的,应当向患者的近亲属说明,并取得其书面同意。具体分析而言:

(1)从定性的角度看,仅强调医务人员的告知义务,而恰恰忽略了患者的知情同意。因为知情同意权,是有知情和同意两个方面构成的。相对于患者的知情权,就是医务人员的告知义务。而《侵权责任法》更多的是从告知义务的角度去规范,而不是从知情权的角度去

[①] 除此之外,还有一些地方性的法规对此也做了相应的规定。比如《北京市实施〈医疗机构管理条例〉办法》规定:"第 56 条医疗机构应当尊重患者对自己的病情、诊断、治疗的知情权利。在实施手术、特殊检查、特殊治疗时,应当向患者作必要的解释。因实施保护性医疗措施不宜向患者说明情况的,应当将有关情况通知患者家属或有关人员。"《上海市医疗机构管理条例》:"第 41 条(保护性医疗措施)医疗机构应当尊重病人对自己所患疾病的知情权利,因实施保护性医疗措施不宜直接告知病人的,应当将有关情况告知病人家属,无病人家属或者无法通知病人家属的,应当告知病人所属单位。"

规范。

(2) 没有明确在何种情况下应当进行获取知情同意。根据在《侵权责任法》第55条的规定,在诊疗活动中,医务人员有告知的义务,但是恰恰忽略了告知本身是手段,目的是获得患者的同意。立法者只是明确规定了"手术、特殊检查、特殊治疗"这三种具体情形是需要取得患者的书面同意的。但知情同意绝不只是在上述三种情况下才存在,应当认定贯穿于整个治疗过程。在实践中,中止治疗、更改治疗方案、转院、单方要求出院等一般都要求患者书面确认①。因此,本法的规定远远落后于司法与医院的现行惯例。

(3) 没有明确知情同意应当采取何种方式。从《侵权责任法》的字面表述来看,只有法定的三种情形下需要书面同意书,其他情况下,没有明确规定。从契约自由的角度看,确实不必对知情同意的形式是否必须是书面。但是从医疗活动的严肃性以及保持证据的角度看,在可能的情况下应当以书面为基本要求。

(4) 对于请求同意的内容规定过少。立法者用了"医疗风险、替代医疗方案等情况"这样的表述。对于知情同意中医务人员的告知义务,应当以"有助于患者决定"来衡量。医疗风险与替代医疗方案确实是诊疗活动的重要内容,但是同样重要的还有很多,例如:治疗的费用、治疗的预期效果、转院接受更好治疗的可能性等。②

(5) 没有规定哪些情况下无须知情同意。这是关于医疗损害责任方面的一个立法硬伤。从比较法的角度看,在下面这些情况下医院的治疗无须得到患者的知情同意。第一种情况是紧急情况,即如果不立即进行医疗干预,将给患者带来生命或者不可逆的健康危险。但是一旦紧急情况过去,应当立即要求患者或者其法定代理人行使知情同意权。第二种情况是强制医疗。这主要是指患者患有传染性疾病。传染性疾病的治疗,并不仅仅涉及患者本人的利益,而且还关于社会大众。因此,为了保护社会大众,法律直接规定患者必须接受传染病的治疗。

(6) 对于知情同意权的具体行使,缺乏具有可操作性的规则。从民法的角度看,知情同意属于意思表示,因此可以适用民法关于行为能力、意思表示真实等的相关规定。但是知情同意也具有其特殊性,比如:知情同意应当具有人身性,只能个人行使,除非由法律直接规定(如法定代理人)与明确授权;知情同意的意思表示可以随时撤销,也可以随时更改;只能在具体医疗干预知情之前知情同意的表示,不能事后追认;知情同意只能针对某一具体医疗行为,而不能够概括性以一个知情同意涵盖整个医疗过程。缺乏以上这些规则,知情同意权将得不到真正的贯彻与执行,也很难得得司法的救济。

(7) 对于知情同意权的救济非常薄弱。根据《侵权责任法》第55条第2款的规定,医务人员未进行告知的,只有在造成医疗损害之时,才承担损害赔偿责任。也就是说,仅仅是未告知,未获得患者的知情同意,医生擅自手术了,只要未造成医疗损害,将不承担任何民事责

---

① 意大利民法中,法律明确要求书面知情同意书的情形有以下几种:(1) 输血;(2) HIV病毒检测;(3) 在生者之间进行的人体组织或者器官移植;(4) 人工植入或者提取眼角膜;(5) 自愿中止妊娠;(6) 人体临床试验;(7) 电痉挛疗法;(8) 骨髓捐献或移植;(9) 献血。对于其他诊断与治疗活动,可以用通过口头表述同意,但在实践中,书面的知情同意几乎是100%地得到执行。

② 在意大利,标准的知情同意书应当包括以下这些内容:(1) 病人的健康状况;(2) 拟进行的手术或者治疗基本描述,包括预期好处与风险,以及所采用的技术与方法;(3) 其他备用方案;(4) 未采纳拟进行的手术或者治疗可能产生的结果;(5) 拟进行的手术或者治疗将涉及的非常规医疗器械与设备。

任,即使这种治疗是违背其本人意愿的。

综上所述,《侵权责任法》第55条对于知情同意制度的规定虽有进步,但还只是一个雏形,远未成熟。

六、准产品责任

《侵权责任法》第59条规定,因药品、消毒药剂、医疗器械的缺陷,或者输入不合格的血液造成患者损害的,患者可以向生产者或者血液提供机构请求赔偿,也可以向医疗机构请求赔偿。患者向医疗机构请求赔偿的,医疗机构赔偿后,有权向负有责任的生产者或者血液提供机构追偿。

上述规定属于医疗机构对第三方所承担的产品责任的一种不真正连带责任。对于此项规定的理解,立法者回避了一个富有争议的问题:即医疗机构是否属于销售者?如果医疗机构属于销售者,那么就直接可以适用"产品责任",而没有必要在《侵权责任法》第7章作专门的规定。但是不争的事实是:医院所承担的此项不真正连带责任,与销售者的地位没有本质性区别。

规定医疗机构对第三方的产品责任的不真正连带责任,确实有着优先保护患者的功能。但同时,此项规定在中国的现实医疗体制下,确实容易造成显然不公平的结果。著名的齐二药案件[①]即为典型案例。

在齐二药案件中,广州中院判决认为医院属于销售者,主要理由是在目前我国"以药补医""以药养医"的机制下,医院通过药品加价的方式获取大量的收益,其行为与药品经营企业通过卖药获得收入的销售行为虽然表现形式不同,但并无本质区别。而中山三院则认为,药价加成是政府对非营利性医院的一种政策补贴,不能据此将治病救人的医院和卖药牟利的药商混为一谈。医院只是药品的使用者,而非销售者。而实际上,假药是国家药监局批准生产的,并经过广东省医药招标中心集中采购"独家中标",强制要求医院使用的。现在把责任推给医院,而不追究药监部门、招标中心的责任,显失公平。

对于此项规定的理解,还需注意一点。如果药品或者医疗设施是患者或者患者家属指定的,或者直接购买的,医院只是使用者之时,不应当要求其承担不真正连带责任。

第四节 环境污染责任

一、环境污染责任概论

在《侵权责任法》颁布之前,"环境污染"作为一般术语已经常见于各种立法,例如1982年《海洋环境保护法》第41条使用了"环境污染损害"这一表述;1989年《环境保护法》第24

[①] 关于"齐二药"案件情况大致如下:齐二药厂用"二甘醇"替代"丙二醇"来生产药品假"亮菌甲素",造成了中山大学附属第三医院11人死亡的严重后果。死者家属提出了民事损害赔偿的诉讼,最后法院判决齐齐哈尔第二制药有限公司("齐二药")赔偿11名原告经济损失共计3128247元,精神损失38000元;由中山大学附属第三医院、广州金衡源医药贸易有限公司、广东医药保健品有限公司承担连带赔偿责任。11名原告总计获赔经济损失及精神抚慰金共计3508247.46元。具体可参见:http://news.xinhuanet.com/politics/2006-05/25/content_4597178.htm,最后浏览时间:2014年11月13日。

条使用了"环境污染和其他公害"这一表述;1997年《电磁辐射环境保护管理办法》第30条第2款使用了"环境污染危害"这一语词。但是在学术界,特别是环境法学界,更为常见的一个表述是"环境侵权"。比如吕忠梅教授认为"环境侵权行为是一种特殊的侵权行为","是一种间接的侵权行为","以空气、水、土壤、生物等环境要素为介质而导致的人身和财产损害"。[①] 而在民法学界则更多的是从责任的角度来称呼之,例如张新宝教授就称之为"环境污染致人损害责任"[②]。

所谓环境污染责任,是指主体因自己的作为或者不作为导致周围的环境形成污染,并进一步造成了受害人的人身或者财产损害,因而所承担责任为环境污染责任。

二、环境污染责任与环境污染损害

环境污染责任的构成要件之一是造成环境污染损害。那么有必要对什么是环境污染损害进行界定。

(1) 环境污染损害是通过对环境污染的方式造成他人人身与财产的损害。因此,在环境污染损害中,环境是一种损害的介质。

(2) 环境污染损害是一个概括性表述。由于"环境"本身是一个非常宽泛的表述,因此环境污染损害也是一个非常宽泛的、开放的体系。从早期的水污染、大气污染,到今天常见的电磁辐射污染、光(污染)、噪音(污染)、土壤(污染)等,都包括在环境污染损害的范畴之内。

(3) 环境污染损害具有后发性的特征,即损害的潜伏性。即侵权行为的开始,到损害的发现与最终确认,往往需要一定的时间。部分环境污染的损害,其损害后果是非常直接的,例如排污至牲畜饮用水源,造成牲畜死亡。但也有些环境污染的消极后果,需要很长时间甚至若干年后才体现出来,如化工业的空气污染对人体造成的损害,往往需要经过缓慢的几年才能确诊出来。

(4) 环境污染损害的受害人往往是多数,例如一个社区或者村庄,而不是单个的人。环境污染损害需要环境这一介质,并且通过这一介质将具体的损害带至不特定的多数人。

以上这些特征,决定了需要将环境污染责任定性为一种特殊的侵权责任来进行规定。

如上所述,环境污染涉及的范围很广,包括水污染、大气污染、土壤污染、光污染、电磁污染、噪音污染等。因此,《侵权责任法》不可能具体地规范每一种环境污染的损害赔偿问题,只能将所有环境污染责任构成的共性进行归纳,同时保留其他各个特别法与之不冲突的规定。

三、《侵权责任法》第65条的理解

《侵权责任法》第65条规定了环境污染责任的构成要件。对于此项规定的理解,从新中国的立法与理论发展史来看,关键在于"归责原则"与"违法性要件"之上。这是由环境污染

[①] 吕忠梅:《环境法》,法律出版社1997年版,第186页。其他支持使用"环境侵权"这一术语的作者还有曹明德(曹明德:《环境侵权法》,法律出版社2000年版);王明远(王明远:《环境侵权救济法律制度》,中国法制出版社2001年版)等。

[②] 张新宝:《侵权责任法原理》,中国人民大学出版社2005年版,第371页。

损害的特征所决定的。

在《民法通则》制定之前,1982年的《海洋环境保护法》对环境污染责任作了最早的规定;随后1984年的《水污染防治法》(已修订)也作了类似的规定。上述规定都是针对特定领域的,不是关于环境污染损害民事赔偿责任的一般性规定。1987年生效的《民法通则》第124条做了较为一般性的规定的,即"违反国家保护环境防止污染的规定,污染环境造成他人损害的,应当依法承担民事责任。"这是在《侵权责任法》制定之前我国环境污染责任的基本民法依据。

然而,学术界对于《民法通则》第124条的理解并未达成共识,存在着较大的争议,争议的焦点是:究竟是无过错责任,还是过错责任?特别是是在《环境保护法》颁布之后,此条与《环境保护法》第41条第1款①的规定"造成环境污染危害的,有责任排除危害,并对直接受到损害的单位或者个人赔偿损失"之间联系与协调的问题,引起了学者们的争论。

上述两个条文的根本性差异在于:后者是明确无疑的无过错责任,前者则有"违反国家保护环境防止污染的规定"这一构成要件的规定。学者汪劲认为这一规定属于违法性要件,而不是过错要件②。因此,环境污染损害责任本质上还属于无过错责任,但是在构成要件中需要有"违法性要件",即污染行为要违反环境法的相关规定。

就违法性要件而言,实务中常见的一个争议是:如果企业排污在国家环境行政管理部门的核定的标准之下,是否需要因此"合法"排污行为造成的环境污染损害承担责任?就这一疑问,国家环保总局在《关于确定环境污染损害赔偿责任问题的复函》中已经作了较为明确的答复。该复函认为:"国家或者地方规定的污染物排放标准,只是环保部门决定排污单位是否需要缴纳超标排污费和进行环境管理的依据,而不是确定排污单位是否承担赔偿责任的界限。"按照这一复函的界定,国家或者地方规定的污染物排放标准,仅仅是环保部门收费的标准,而不是确定排污单位是否承担赔偿责任的界限。照此推论,有关标准只是确保环保部门进行收费,并不能确保排污单位遵守有关标准排污就不会污染环境,因此在限度内排污依然可能会给他人及社会带来损害后果并承担损害赔偿责任。

此外,行政法所认定的合法行为,并不意味着在民法的框架下也必然属于合法,是否超过排污标准,与民事责任之构成或者免责无关。污染环境的行为,只要通过环境这一介质给他人造成人身与财产损害,从侵权责任法的角度来考察,它就是一种民法上的违法行为。

《侵权责任法》摒弃了《民法通则》第124条的表述,改进了《环境保护法》第41条第1款的表述,从民事责任构成的角度确认了环境污染责任属于无过错责任,并且无须"违法性要件"。从这个意义上看,具有积极意义。根据"新法优于旧法"的适用规则,我们也可以推定其他特别法中关于"违法性要件"也应当被视为废止了。

四、举证责任

环境污染责任中,受害人与污染者之间的地位往往是不公平的,且不论污染者往往为企业,在经济实力上远远高于普通民众个人,在对污染的信息掌握方面,也存在着严重的信息

---

① 当然,对于《环境保护法》第41条第1款的规定,也并不是没有质疑之处:此项规定用了"危害"这一表述,而没有使用民法中既有的专业术语"损害"。

② 汪劲:《环境法学》,北京大学出版社2006年版,第569页。

不对称的情形。因此，法律为了达到实质性的平衡，在构成要件与举证责任方面，作了衡平的处理。

对于受害人而言，其举证责任范围如下：

（1）对环境加害人有污染环境的行为承担举证责任，也即确定谁是环境污染的主体。例如在某一工业区存在众多的工厂，受害人不能将污染发生地的所有工厂企业都作为被告，确定谁是加害人的举证责任应当由原告承担。

（2）对环境污染的后果进行举证，也即对构成要件中的"损害"要件进行举证。

对于污染者而言，他的举证责任范围如下：

（1）对法律规定的不承担责任或者减轻责任的情形进行举证，否则将承担全部损害赔偿责任。

（2）对其行为与损害之间不存在因果关系承担举证责任。一般而言，在民事诉讼中奉行"谁主张、谁举证"的规则，就行为与损害之间的因果关系，由受害人承担。但是，《侵权责任法》第68条规定了例外，即适用举证责任倒置规则。

此项关于举证责任倒置的规定，最早见于《民事诉讼证据的若干规定》（法释[2001]33号）第4条第3项的规定，即："因环境污染引起的损害赔偿诉讼，由加害人就法律规定的免责事由及其行为与损害结果之间不存在因果关系承担举证责任"。自2005年4月1日起修订施行的《固体废物污染环境防治法》第86条也作了类似的规定。广东泺雅灯饰制造有限公司与谢赞添环境污染损害赔偿纠纷上诉案（[2005]穗中法民二终字第1770号）一案的法官曾经在判决中充分阐述了这个问题："而所谓环境侵权民事责任，其构成要件包括：实施了污染环境的行为、构成环境损害的事实以及损害与污染环境行为之间存在因果关系。根据民事诉讼证据规则，因环境污染引起的损害赔偿诉讼实行的是'举证责任倒置'，也就是说，在环境侵权案件中，只要受害人提供初步证据盖然性地证明因加害人实施了污染环境的行为而使自己受到损害的事实，举证责任就转移到加害人一方，由加害人就法律规定的免责事由及其行为与损害结果之间不存在因果关系承担举证责任；如果加害人不能证明损害后果不是其造成的，那么就可推定加害人的行为与损害事实之间具有因果关系，加害人就应当承担民事责任。上述规定的依据正是基于环境污染往往涉及高深的科技活动，污染造成的损害具有积累性、潜伏性、广泛性的特点，如果在环境侵权中仅以环境科学证明直接因果关系，很可能陷入科学争论而无法使受害人的请求得到救济。"

上述法官的阐释，充分说明了对于环境污染责任适用举证责任倒置的合理性。

五、不承担责任与减轻责任的情形

相对于其他侵权责任而言，不承担责任与减轻责任的情形对于环境污染责任显得尤为重要。因为在环境侵权中无过错责任原则的适用和因果关系推定理论的提出和发展都为受害者寻求救济提供了便利，加剧了污染主体的不利地位。但是，作为平衡行为自由和权益保护的法律，《侵权责任法》既要为保护受害者权益提供有利条件，又要从加害人利益出发，为其提供抗辩机会。环境侵权责任免责事由体现了自由与秩序的法律价值，是平衡加害人和受害人之间利益的重要制度工具。

在《侵权责任法》所规定的关于免责事由中，紧急避险与正当防卫在环境污染责任中适用的可能性极小，在此不作专门讨论。值得探讨的不承担与减轻责任的情形主要为以下几种：

1. 不可抗力

部分学者认为不可抗拒的自然灾害"不受人的意志所支配,要人们承担与其行为无关而无法控制的事故的后果,不仅对责任的承担者不公平,而且也不能发挥法律责任的作用"。[1]

也有学者认为不可抗拒的自然灾害不宜作为环境侵权责任的免责事由,因为主张其免责主要是认为行为人无过失以及损害结果与其行为间没有因果关系。但环境侵权本就适用无过错责任原则,对因果关系的判断也异于传统方法。此外,要弱势无辜的民众承担损害后果,与现代侵权法注重保护受害人利益的发展趋势和注重追求实质公平的精神相悖。况且,高度危险作业侵权的免责事由仅限于受害人同意,故给社会造成更大损害、对人类生存和发展构成更大威胁的环境侵权没有理由享有更加宽松的免责环境。[2]

事实上,不可抗力作为免责事由,并不是在任何情况下都成立的。《民法通则》第107条规定:"因不可抗力不能履行合同或者造成他人损害的,不承担民事责任,法律另有规定的除外。"《侵权责任法》第29条规定,"因不可抗力造成他人损害的,不承担责任。法律另有规定的,依照其规定。"此处"法律另有规定的除外",应当理解为适用无过失责任和公平责任的情况[3]。

不过从各单行法的具体规定来看,似乎采纳了不可抗力可以作为免责事由的观点。例如：

《水污染防治法》第85条第2款明确规定:"由于不可抗力造成水污染损害的,排污方不承担赔偿责任;法律另有规定的除外。"

《环境保护法》第41条第3款规定:"完全由于不可抗拒的自然灾害,并经及时采取合理措施,仍然不能避免造成环境污染损害的,免予承担责任。"

《海洋环境保护法》第92条规定:"完全属于下列情形之一,经过及时采取合理措施,仍然不能避免对海洋环境造成污染损害的,造成污染损害的有关责任者免予承担责任:(一)战争;(二)不可抗拒的自然灾害;(三)负责灯塔或者其他助航设备的主管部门,在执行职责时的疏忽,或者其他过失行为。"

综上所述,我国现行立法是认可不可抗力为环境污染责任的免责事由的。

2. 受害人过错

《侵权责任法》第26、27条分别规定了过错相抵与受害人故意作为免责事由。对于受害人故意作为免责事由,应当不存在任何的争议。值得探讨的是:在适用无过错责任的环境污染责任中,是否可以适用《侵权责任法》第26条关于责任减轻的规定。

在《侵权责任法》颁布之前,《水污染防治法》第85条第3款对此作了明确的规定:"水污染损害是由受害人故意造成的,排污方不承担赔偿责任。水污染损害是由受害人重大过失造成的,可以减轻排污方的赔偿责任"。

《水污染防治法》的此项规定态度非常明确:对于一般过错,并不适用过错相抵制度,只有在故意与重大过失的情况下,才可以作为免责或者责任减轻的事由。

---

[1] 吕忠梅、高利红、余耀军:《环境资源法学》,中国法制出版社2001年版,第249页。
[2] 张梓太:《环境法律责任研究》,商务印书馆2004年版,第108页及后。
[3] 王利明:《侵权行为法研究》(上卷),中国人民大学出版社2004年版,第575页。

从司法实践来看,在环境污染损害责任方面,也确有部分法院根据《民法通则》第 131 条的规定适用过错相抵规则来减轻污染者的民事赔偿责任。例如在"三航务工程局第三公司等与潘传河环境污染损害赔偿纠纷再审案"([1999]宁民再终字第 9 号)中,法院认为受害人"潘传河对混凝土废渣倒在鱼塘边的危害性应当知晓,但仍用废渣填垫塘埂,潘传河自身亦有一定过错,应承担相应的民事责任"。此案是受害人在损害发生方面存在过错,最终减轻了侵权方的责任。

又例如在"张朋国等与胜利油田工益新技术石油开发有限责任公司环境污染损害赔偿纠纷上诉案"([2004]东民四终字第 27 号)一案中,法院认为"作为受害人的上诉人对于该 75600 元损失的发生存在重大过错。(1)根据河口区新户乡油区工作办公室出具的证明,在发生污染事故后,上诉人没有按照政府部门的要求及时组织人员清理污染物,导致了损失的扩大;(2)上诉人在被上诉人的油井附近从事养殖生产,没有按照河口区人民政府的有关文件要求,采取筑坝等防护措施",因此适用《民法通则》第 131 条的规定而判处受害人自身承担损害的 30%。此案是关于受害人对于损害的扩大有过错,因此适用过错相抵。

综上所述,在环境污染损害中,原则上可以适用《侵权责任法》第 26、27 条的规定。对受害人的过错,应当对第 26 条做扩张理解,理解为既包括受害人对损害的发生的过错,也包括对损害的扩大的过错。只有在适用《水污染防治法》之时,对于一般过错不适用过错相抵规则减轻污染者的民事责任,只有在重大过错之时可以适用。

3. 第三人原因

对于环境污染损害由第三人的故意或者过失引起的情形应当如何处理,《侵权责任法》第一次作了明确规定,即不作为免责或者责任减轻的法定事由,而是承担不真正连带责任。

在《侵权责任法》颁布之前,环境法领域的单独立法并没有一个统一的规定,而是各有差异。例如 1984 年的《水污染防治法》第 55 条规定"水污染损失由第三者故意或者过失所引起的,第三者应当承担责任。"此项规定在 2008 年立法修订之时作了重大改变,具体如下:"水污染损害是由第三人造成的,排污方承担赔偿责任后,有权向第三人追偿"。而《中华人民共和国海洋环境保护法》则仍然保留了第三人原因作为免责事由的规定。而在《环境保护法》《大气污染防治法》等法律中,对此问题则没有明确规定。

根据《侵权责任法》第 68 条"因第三人的过错污染环境造成损害的,被侵权人可以向污染者请求赔偿,也可以向第三人请求赔偿。污染者赔偿后,有权向第三人追偿"的规定,修正了第 28 条"损害是因第三人造成的,第三人应当承担侵权责任"的规定。同时,这一表述也比上述《水污染防治法》与《海洋环境保护法》中的规定更为明确。

不真正连带责任减轻受害人确定责任人的举证责任负担,因此在一定程度上加重了污染者的责任。

六、共同侵权

环境污染责任追究的复杂之处,往往在于多个污染主体同时造成污染。这是具有现实原因的。容易造成污染的企业往往同处于一个工业园区,或者都将污染物通过排污管排入了同一河流水域。因此,在多个污染者同时污染同一环境之时,需要一定的规则以确定各污染者的责任分配机制。《侵权责任法》对此也作了明确规定,即污染者承担责任的大小,根据污染物的种类、排放量等因素确定。

在上下游企业都同时向同一河流排污,造成下游的渔业养殖户财产损害的情形中,如果上游企业的排污口上出的水已经被污染并足以导致养殖户的损害之时,下游企业是否要承担环境污染责任呢？在司法实践中,下游企业也往往以此理由进行抗辩,以"即使下游企业不排污,养殖户还是会因为上游企业的水污染而遭受同样的损害"为由,否认因果关系之存在。这种抗辩在司法实践中很难得到支持,法院往往会根据各污染者所排放的污染因素的比例原则来分配责任。

多个污染者造成环境污染,具体可以分成以下情况：

（1）每个污染者的污染都足以造成损害的发生。这种情况应当直接适用《侵权责任法》第11条的规定,即二人以上分别实施侵权行为造成同一损害,每个人的侵权行为都足以造成全部损害的,行为人承担连带责任。

（2）每个污染者的污染都不足以造成损害的发生,但是无意思联络的个体行为"共同"造成了污染损害的发生。这种情况应当适用《侵权责任法》第12条的规定,即"二人以上分别实施侵权行为造成同一损害,能够确定责任大小的,各自承担相应的责任；难以确定责任大小的,平均承担赔偿责任"。此处没有法律的直接规定,应当不适用连带责任。

（3）部分污染者的污染足以造成损害的发生,部分污染者的污染本身单独无法造成全部损害的发生。对于这种情况还是应当适用《侵权责任法》第12条的规定,即所有的污染者承担按份责任。

在环境污染共同侵权的情况下,任何污染方不得以其他污染者的污染足以造成损害为由否认自己的排污行为与损害结果无因果关系；任何污染方也不得以排污量在许可范围内而否认排污行为的民事违法性。

第五节 高度危险责任

一、高度危险责任概说

伴随着科技的迅速发展和现代化生产方式与生产工具的显著改进,人类所从事的活动,大到诸如核电站、高速运输工具,小到建设用的工程机械,对周围环境具有高度危险性的活动日益增加。一方面,由于这些新型设备、新型生产活动的进行,给人类社会带来了巨大经济效益和社会价值,改善了人类的生活水平；另一方面,它们造成的事故也日见增多,给人们的人身与财产安全带来隐患。而高度危险责任,正是在这样的背景下产生并发展起来的。

在《侵权责任法》制定之前,1987年的《民法通则》就对高度危险责任作了概括性的规定。《民法通则》第123条规定"从事高空、高压、易燃、易爆、剧毒、放射性、高速运输工具等对周围环境有高度危险的作业造成他人损害的,应当承担民事责任；如果能够证明损害是由受害人故意造成的,不承担民事责任"。根据此条的规定,高度危险责任涵盖的范围很广,包括后来独立出来的道路交通事故责任,以及由特别立法规定的一些侵权类型,例如电力致人损害,铁路交通事故等。

在《民法通则》制定之后,我国又陆续颁布了如《电力法》《铁路法》《国内航空运输旅客身体损害赔偿暂行规定》《道路交通事故处理办法》等一系列法律及行政规章调整特别领域发生的民事损害赔偿。因此,现实中《民法通则》的适用空间也有所缩小。

《侵权责任法》第九章的规定,虽然有所创新,但是整体上并没有对《民法通则》的规定作根本性突破,只是规定得更为详细。

二、高度危险的概念及外延

从《民法通则》直到今天的《侵权责任法》,对于高度危险都没有进行定义。从《侵权责任法》的立法来看,细分了"民用核设施致损""民用航空器致损""高度危险品致损""高度危险作业致损"四大类。事实上,如下文将要专门论述的那样,民用核实施设施与民用航空器致人损害的赔偿责任,在比较法上多是单独立法规范,不通过普通民事法律来调整。因此,典型的高度危险,事实上主要包括高度危险物品与高度危险作业两大类。

对于什么是高度危险品,《侵权责任法》第 73 条列举了"易燃、易爆、剧毒、放射性"四种类型的高度危险品;同时,立法者也非常谨慎了加了一个"等"字,以示这一列举远远没有穷尽,只是最为典型的几种高度危险品而已。例如由交通部和铁道部联合制定的《危险货物分类与品名编号》就更为详细地列举了几种高度危险品:爆炸品、压缩气体和液化气体、易燃液体、易燃固体、自燃物品和遇湿易燃物品、氧化剂和有机过氧化物、毒害品和感染性物品、放射性物品、腐蚀品。事实上,交通部的列举虽然详细一些,但也并没有穷尽所有的危险品,比如还有病原体、烟火物质、自燃物质等。甚至可以说,立法者肯定是无法通过列举的方式来穷尽所有的高度危险品的,只能在审判实践中根据个案的情况进行鉴定是否属于高度危险品。

同样,对于什么是高度危险作业,立法者也采用了列举的方式:"高空、高压、地下挖掘活动或者使用高速轨道运输工具"。我们可以将高度危险作业归纳为两大类:

(1) 作业本身的性质决定了其高度危险性。例如高空作业①、高压作业②和地下挖掘活动。这些作业的高度危险性质,是由作业本身所决定的,与作业之时采用什么样的工具或者材料没有根本性的联系。

(2) 作业所采用的工具或者涉及的物品决定了作业的高度危险性。例如所列举的使用高速轨道运输工具。意大利民法学家归纳出的"作业所采用的工具带来的危险"中的工具,要广泛得多:例如起重机、吊机等重型机械;或者作业采用爆炸物等高度危险品。

除了对危险进行定义之外,尚留下一个问题:什么是高度危险?众所周知,任何活动,多少都带有一定的危险,行人走路都有踢伤他人的危险,但是不会有人将行走视为"高度危险作业"。

意大利最高法院 1990 年的第 7571 号判决中对"危险作业"的定义,值得我们借鉴:"……对于《意大利民法典》第 2050 条所规定的危险活动,不仅仅是指那些根据《公共安全

---

① 现行立法对高空作业并没有直接的定义。可做参考的是国家标准 GB3608—93《高处作业分级》规定:"凡在坠落高度基准面 2 米以上(含 2 米)有可能坠落的高处进行作业,都称为高处作业。"根据这一规定,在建筑业中涉及高处作业的范围是相当广泛的。在建筑物内作业时,若在 2 米以上的架子上进行操作,即为高处作业。从立法的本意来看,高空作业并不限于建筑行业。参照这个标准,在港口利用起重机或者吊车装卸的作业,也可以被归为高空作业。但是,必须指出的一点是:并不是所有的高空作业都具有高度危险性,例如外墙刷洗作业。也就是说,高空作业并不能直接定性为高度危险作业,需要考虑其他因素。

② 高压电及与高压电相关的设备本身就是高度危险品;另外采用高压的作业也属于高度危险作业。最高人民法院于 2000 年 11 月 13 日通过的《关于审理触电人身损害赔偿案件若干问题的解释》中,在确定了什么是"高压电"的同时,也明确规定高压电致人损害适用《民法通则》第 123 条而不是《电力法》第 60 条。

法》和其他特别法所规定的活动,而且也包括所有那些依照其性质或者所采用手段的特征而带来高概率性潜在的危险性的活动"[1]。这是高度危险中"高度"的第一层含义,即高概率性。

高度危险中"高度"的第二层含义,则是指一旦发生危险,损害范围、损害波及的程度远远超过普通作业。例如,高速运行的轨道交通工具,起重机等重型机械,虽然发生事故的概率不高,但是一旦发生,后果都较为严重,因此也属于"高度危险"的范畴。

意大利最高法院曾经在一个判决[2]中说明,如果危险来源于行为人的错误操作或者其他过失及不谨慎,而不是所从事的活动(或作业)本身具备的性质特征,那么就不能将所从事的活动认定为"危险作业"。例如,警察带着上膛的枪去迪厅跳舞,这种行为虽然具有相当的危险性,但是不属于危险作业。

另外一些活动,则是因为所采用的方式而被列入危险性活动:例如医生诊断治疗活动本身不属于危险性活动,但是如果采用放射性物质辅助诊断治疗则一般被认为高度危险作业。同时,虽然采用重型机械的活动往往会被认定为高度危险作业,但是在农地上用重型农业机械工作,一般并不被认为是高度危险作业,因为作业的环境相对孤立,不容易给外界造成重大损害。

在司法审判实践中,打靶行为(在江苏省无锡市郊区人民法院所判决的"王贞宸诉中国人民武装警察8721部队等在打靶训练中造成其受枪伤赔偿案")、低压输电设备的管理(新疆生产建设兵团农三师中级人民法院判决的"刘晓容与新疆生产建设兵团农三师小海子水库管理处人身损害赔偿纠纷上诉案"[3])也被认为是高度危险作业。

因此,对于何为高度危险作业的范畴,还是需要立法者进行明确,至少需要明确判断的标准。

三、一般性条款的理解

《侵权责任法》第69条规定:"从事高度危险作业造成他人损害的,应当承担侵权责任。"学者普遍认为,该条属于高度危险责任的一般条款,该一般条款的设立是侵权责任法的重要创新,是立法者面对现代风险社会可能出现的各种新的、不可预测同时会造成极大损害的风险而采取的重要举措。在比较法上,尚无危险责任一般条款法定化的先例可循。尤其是,该条款的高度抽象性、概括性和开放性增加了其准确适用的难度。如果对该一般条款的适用范围不界定,可能会使法官在适用该条款时自由裁量权过大,从而导致危险责任的过于泛滥,极大地限制人们的创新和探索活动。[4]

---

[1] 参见意大利最高法院判决原文:in tema di responsabiltià per fatto illecito, costituiscono attività pericolose ai sensi del art. 2050 c. c. , non solo quelle che tali sono qualificate dalla legge di pubblica sicurezza o da altre leggi speciali, con quelle attività che per la loro stessa natura o per le caratteristiche dei mezzi adoperati comportino la rilevante possibilità del verificarsi di un danno per la loro spiccata potenzialità offensiva.

[2] 参见意大利最高法院1972年7月27日第7571号判决。

[3] 新疆生产建设兵团农三师中级人民法院民事判决书(2001)农三民终字第36号。http://www.pkulaw.cn/fulltext_form.aspx? Db = pfnl&Gid = 117451989&keyword = %E5%88%98%E6%99%93%E5%AE%B9%E4%B8%8E%E6%96%B0%E7%96%86%E7%94%9F%E4%BA%A7%E5%BB%BA%E8%AE%BE%E5%85%B5%E5%9B%A2%E5%86%9C%E4%B8%89%E5%B8%88%E5%B0%8F%E6%B5%B7%E5%AD%90%E6%B0%B4%E5%BA%93&EncodingName = &Search_Mode = accurate。最后浏览时间:2014年11月5日。

[4] 王利明:"论高度危险责任一般条款的适用",载《中国法学》2010年第06期。

这是一条兜底性条款,对适用于本节所明确列举的事项之外的高度危险责任,提供了法律依据;也体现了立法的开放性。但是,限制法官滥用自由裁量权的根本之处在于:(1)确定适用的范围是高度危险作业(ultra-hazardous activities),不应从宽解释适用至高度危险物的致人损害的责任承担;(2)在进行认定高度危险作业时,应当综合当时、当地的具体情况加以判断,也应当考虑科技的水平、该项作业的社会经济意义。

四、若干特别规定

1. 关于民用核设施的特别规定

将民用核设施侵权责任规定于《侵权责任法》中,在比较法视野中是相当罕见的。国外更为常见的做法是:或者直接适用国际公约;或者进行专门立法。

关于核事故的责任,国际上有三个著名的公约即《关于核损害民事责任维也纳公约》《核能领域中第三方责任巴黎公约》与《海上核材料运输民事责任公约》可以作为参考。考虑到核事故损害的严重性,大部分国家都建立了由国家或者特别基金参与的一种损害赔偿救济机制,而不是完全将之适用民法中的损害赔偿制度。在2007年国务院对国家原子能机构的批复即《国务院关于核事故损害赔偿责任问题的批复》中,已经对核材料、核设施致害的损害赔偿问题作了最基本的规定,比如在第2条将此项责任定性为无过错责任①,第7条规定最高赔偿限额以及国家的介入②,第8条第2款规定强制保险③。撇开此项批复的法律效力不说,单从内容来看,虽然简单,但是已经基本涵盖了核材料、核设施致害损害赔偿责任的各主要方面。

《侵权责任法》再次肯定了民用核设施发生核事故致人损害之时,适用无过错责任。同时也规定了法定的免责事由,即"战争因素"与"受害人故意"。

存在疑问的是:《侵权责任法》第29条所规定的不可抗力,是否可以作为免责事由进行援引?"受害人故意"与"不可抗力",都规定在了《侵权责任法》第3章,但是第70条仅列举了"受害人故意"作为免责事由而没有提及"不可抗力",从"列举其一而排除其他"的立法技术来看,应当是不能援引不可抗力作为免责事由的。从法理上看,也不宜将之作为免责事由:考虑到核事故的巨大破坏力,特别是对人体的危害性,应当作最严格的规定,以督促核设施的设计、建设与管理都能达到当时人力与科学所能达到的最高水平,能抵御普通级别的地震、海啸等带来的事故风险。

《侵权责任法》确定了民用核设施致人损害之时适用无过错责任性质,并且明确列举了免责事由,但是对于赔偿的具体技术性规范,并没有涉及。《侵权责任法》颁布之后,并没有明确废除《国务院关于核事故损害赔偿责任问题的批复》。从实体法的角度来看,两个法律性文件之间并不存在着内容冲突。甚至可以说,《国务院关于核事故损害赔偿责任问题的批复》规定地更为详细,与国际公约也更为接近。因此,对于两种没有明确冲突的地方,还是可

---

① 营运者应当对核事故造成的人身伤亡、财产损失或者环境受到的损害承担赔偿责任。
② 核电站的营运者和乏燃料贮存、运输、后处理的营运者,对一次核事故所造成的核事故损害的最高赔偿额为3亿元人民币;其他营运者对一次核事故所造成的核事故损害的最高赔偿额为1亿元人民币。核事故损害的应赔总额超过规定的最高赔偿额的,国家提供最高限额为8亿元人民币的财政补偿。对非常核事故造成的核事故损害赔偿,需要国家增加财政补偿金额的由国务院评估后决定。
③ 在核电站运行之前或者乏燃料贮存、运输、后处理之前,营运者必须购买足以履行其责任限额的保险。

以继续适用《国务院关于核事故损害赔偿责任问题的批复》。

2. 关于民用航空器致人损害的特别规定

从实践中看,民用航空器致人损害,可以分为三大类:(1) 民用航空器在非飞行状态中即滑行中与其他航空器或者车辆发生的碰撞、刮擦事故;(2) 民用航空器发生事故之时对旅客造成的损害;(3) 民用航空器在发生事故之时对地面的人身或者财产造成损害。

对于第一类的事故,从立法的本意来看,因为非飞行状态不属于"高度危险",因此不应当适用《侵权责任法》第 71 条的规定。第 71 条的适用,仅限于后两类情形。

关于第二类事故造成的损害,即民用航空器对旅客的损害赔偿问题,与核事故的损害赔偿类似:国际上也有对空难受害人损害赔偿进行最高额限制的惯例[①]。2006 年 2 月 28 日,中国民航总局公布了《国内航空运输承运人赔偿责任限额规定》,将航空运输承运人对每名旅客的赔偿责任限额规定为 40 万元人民币,自 2006 年 3 月 28 日起施行。进行最高额限制的理由,通说认为是为了在适用无过错责任且不适用大部分的免责事由和保护受害人利益之间达成一个平衡点,最终保护民用航空业这一有利于社会经济发展的行业的发展,鼓励私人投资。

对于第三类事故,即民用航空器对地面或者水面上的第三人造成的人身、财产方面的损害赔偿责任,一般认为这不适用上述最高额赔偿的限制。

我国《民用航空法》第 157 条规定"因飞行中的民用航空器或者从飞行中的民用航空器上落下的人或者物,造成地面(包括水面)上的人身伤亡或者财产损害的,受害人有权获得赔偿;但是,所受损害并非造成损害的事故的直接后果,或者所受损害仅是民用航空器依照国家有关的空中交通规则在空中通过造成的,受害人无权要求赔偿";第 158 条规定上述赔偿责任由民用航空器的经营人承担。这些规定,与国际条约中的规定大体是一致的[②]。

《侵权责任法》与《民用航空法》的规定之区别,主要在于免责事由方面。《侵权责任法》规定的唯一的免责事由是"受害人故意",并且从字面上理解,也不包括"过错相抵"减轻责任的情形。而根据《民用航空法》"受损害仅是民用航空器依照国家有关的空中交通规则在空中通过造成的,受害人无权要求赔偿"这一"依规定正常飞行"免责事由。

在《侵权责任法》与《民用航空法》发生冲突的情况下,按照新法优于旧法的规则,应当适用《侵权责任法》的规定。

3. 高度危险品的特别规定

高度危险品,由于其潜在的对外界的高度危险性,因此其所有人或者管理人不但自己使用管理危险品之时应当尽专家的、职业的高度注意义务,并且有防止他人——特别是没有处

---

① 例如,1929 年的《华沙公约》,对航空运输损害赔偿的责任限额规定为 125,000 金法朗/旅客,约合 8300 美元。美国于 1934 年加入该公约。1955 年对 1929 年《华沙公约》进行修订后的《海牙议定书》中,对旅客在航空运输中的损害赔偿的责任限额提高了一倍,为 250,000 金朗/旅客,约合 16,600 美元。1966 年的《蒙特利尔协议》,对前往、经停美国的旅客在航空运输中的损害赔偿责任限额提高到 75,000 美元,并实行客观责任制。1971 年的《危地马拉议定书》,对航空运输中旅客损害赔偿的责任限额提高到 150 万金法郎,约合 10 万美元。并且同时设计了补充制度,即如果某些国家可自行决定建立补充补偿制度,另行给付更多的赔偿金。

② 1952 年 10 月 7 日在罗马签订的《关于外国航空器对地(水)面上第三人造成损害的公约》(本公约于 1958 年 2 月 4 日生效,我国尚未加入)第 1 条规定:"经证明,因飞行中的航空器或者从飞行中的航空器上落下的人或者物,造成地面(包括水面)上的损害,受害人有权获得本公约规定的赔偿;但是,所受损害并非造成损害的事故的直接后果,或者所受损害仅是航空器依照现行的空中交通规则在空中通过造成的,受害人无权要求赔偿。"第 2 条规定:"本公约规定的赔偿责任,由航空器的经营人承担。"

理高度危险品或者从事危险作业的人——接触、使用危险品的义务。换句话说,有义务看管好高度危险品。

按照《物权法》的规定,处分权是所有权的权能之一,所有权人原则上可以随时进行抛弃。但是,对于高度危险品,所有权人并不能如同处理普通物品那样处理之。更具体地说,不能任意抛弃所有权。如果发生遗失、抛弃高度危险物给他人造成人身或财产损害的,将因此而承担民事赔偿责任,即使此时他已经不再是所有权人或者管理人了。

高度危险品也不能交给没有资质的其他人保管或者使用。《侵权责任法》第74条规定的"所有人有过错的,与管理人承担连带责任"中,所谓的"所有人有过错",其中的过错具体是指:所有人将高度危险品交给了没有能力或者资质的人管理;或者在交予其管理之时没有准确、详细告知其注意事项;或者交予的危险品没有附带完整合格的安全设备等。因此,在以上情况中,高度危险品致害,不仅仅是实际管理人应当承担责任,所有权人也应当承担连带责任,其连带责任的性质为过错责任。

由于高度危险品致害责任的第一责任人,通常为高度危险品的管理人。此处所谓"管理",是指实际性的占有、管领与支配,至于其来源是否合法,《侵权责任法》并不关注。

第六节 动物侵权责任

一、动物致人损害概论

动物致人损害,是一个古老的话题。罗马法经典作品《学说汇纂》之第九卷的第一章即专门论述了动物致人损害的民事赔偿责任问题。在近现代的各国民事立法中,对动物致人损害也都有直接的规定。例如《法国民法典》第1385条、《德国民法典》第833条、《意大利民法典》第2052条及《日本民法典》第718条的规定。上述立法,都直接明确地规定了饲养动物致人损害的责任承担。

在《侵权责任法》颁布之前,关于动物致人损害责任的规定主要是《民法通则》第127条的规定,即"饲养的动物造成他人损害的,动物饲养人或者管理人应当承担民事责任;由于受害人的过错造成损害的,动物饲养人或者管理人不承担民事责任;由于第三人的过错造成损害的,第三人应当承担民事责任。"这一条在一定程度上被现在的《侵权责任法》所吸收。

除了《民法通则》之外,尚有一些更为具体的地方性法规。比如2003年颁布的《北京市养犬管理规定》,1993年的《上海市犬类管理办法》,2009年的《广州市养犬管理条例》。确切地说,这些地方性规定,都是对养犬行为的管理与规范,虽然也有涉及民事损害赔偿,本质上都属于行政法规。此类地方性法规的积极意义在于:较为详细地规定了饲养、管理犬类(亦可推广至类似的动物)的义务,特别有助于判断是否属于《侵权责任法》第79条中"违反管理规定,未对动物采取安全措施"的情形。

动物属于权利客体,属于民法上的"物"。但是,动物与一般的物件损害责任中的"物件"不同之处在于:管理动物比看管其他物件需要更高的注意义务,毕竟动物具有更大的危险性且具有主动攻击性。

二、动物致人损害责任的性质及构成要件

《侵权责任法》第十章"饲养动物损害责任"的规定非常独特,即设置了 78、79、80 三个并行的条款来规定略有区别的无过错责任条款。

第 78 条显然源于《民法通则》第 127 条,对饲养动物致害的无过错责任及受害人过错的适用规则进行了一般性的规定:"饲养的动物造成他人损害的,动物饲养人或者管理人应当承担侵权责任,但能够证明损害是因被侵权人故意或者重大过失造成的,可以不承担或者减轻责任。"

无论是立法继承上看,还是从表述上看,本条规定属于关于动物致人损害的一般性规定。本条规定的核心在于:首先确立了适用无过错责任,其次规定了可以不承担责任或者减轻责任的情形。

随后《侵权责任法》又用两个条文分别规定了两种无过错责任。一个条文是第 79 条,是对违反管理规定饲养动物致害的无过错责任的规定,即:"违反管理规定,未对动物采取安全措施造成他人损害的,动物饲养人或者管理人应当承担侵权责任。"

违反管理规定的饲养动物致害责任是特殊类型的饲养动物致害责任,而且是无过错责任。其责任的承担也要满足前述饲养动物致害责任的一般构成要件。除此之外,它还要求特殊的构成要件,即违反管理规定未对动物采取安全措施。这里所说的"管理规定",应当限于规范性法律文件的规定,包括法律、行政法规、规章、条例、办法等。此外,其与第 78 条的另外一个区别是,该条未明确指出是否可以适用不承担责任或者减轻责任。从立法技术上看,第 79 条并未明确列举,并且对比第 78 条,似乎立法者的本意是不适用不承担责任或者减轻责任的情形,否则的话与第 78 条并无本质性的区别。但是从法理上看,从伦理上看,适用不承担责任或者减轻责任更恰当。关于这一点,需要今后立法者的权威解释。

另一个条文是第 80 条,是对"禁止饲养的危险动物致害的无过错责任"的规定,即:"禁止饲养的烈性犬等危险动物造成他人损害的,动物饲养人或者管理人应当承担侵权责任。"本项规定适用的对象较为狭窄,仅适用于特定的危险动物。类似于第 79 条,未明确指出是否可以适用不承担责任或者减轻责任。学者杨立新教授认为《侵权责任法》第 80 条规定的是最为严格的无过错责任,即使受害人具有故意或者重大过失,也不得减轻责任,更不得免除责任[1]。其主要理由在于禁止饲养的危险动物具有高度的危险性,要求其饲养人或管理人在平时承担更高的注意义务,在出现致人损害之时承担更重的责任,并不苛刻。

三、责任主体:饲养人或管理人的认定

大陆法系各国对动物致人损害的责任主体的认定,并没有完全一致的规定。例如,法国法用了"所有人"或"使用人",而《德国民法典》与《日本民法典》则用了"占有人"这一概念;《意大利民法典》用了"所有人"与"管理人"的概念。而我国《侵权责任法》则使用了"饲养人"与"管理人"。

虽然这些国家的具体规定中有所区别,但本质上还是一致的,即认定所有人与实际控制人的责任。对于实际控制人,只是各国立法中表述略有不同。我国立法所适用的两个表述,

---

[1] 杨立新:《〈中华人民共和国侵权责任法〉条文释解与司法适用》,人民法院出版社 2010 年版,第 506 页。

从举证责任角度来看是有利于受害人一方的,因为要证明饲养人或者管理人,比证明所有权人要简单得多,特别是在中国这个尚未对饲养动物进行登记的国家。

现实中,有些司法判决对饲养人与管理人的范畴做了一些扩展,更确切地说,是对动物致人损害之时的责任人做了扩展解释。下面两个案例都值得我们关注。

在"赵荣诉重庆长江三峡旅游开发有限公司万州分公司等其他人身损害赔偿纠纷案"(重庆市万州区人民法院民事判决书[2007]万民初字第 3368 号)一案中,法官认为,根据《民法通则》第 127 条的规定,饲养的动物造成他人损害的,动物饲养人或者管理人应当承担民事责任。他人饲养的狗进入游客聚集离景区大门约 20 米处,是被告三峡旅游开发公司万州分公司的管理场所,被告三峡旅游开发公司万州分公司应成为了该狗的"实际管理人"。此案中因为进入管理场所而被法院认定为"实际管理人",这种扩张性的解释是值得商榷的。

更有争议的是北京的"流浪猫"案件。2012 年 8 月 20 日,北京市丰台区人民法院审结一起流浪猫伤人案件,判决经常喂养流浪猫的乔某承担 7 成责任,赔偿受伤的肖某医疗费共计 1200 余元。2012 年 6 月 4 日上午,家住丰台区育仁里二号院的乔某在家修剪花草时,看到肖某带着自家的狗对着自己偶尔喂养的流浪猫踢来踢去,结果肖某被猫抓伤,看到如此情形,她示意肖女士赶快带着狗走。之后,肖某诉至法院,认为猫是乔某喂养,要求乔某承担责任。法院经过审理后认为,乔某经常饲养流浪猫,导致流浪猫容易聚集而且增加了流浪猫在肖某所居住的地方出现的频率,因此乔某作为流浪猫的饲养人,应当对流浪猫进行管理,并承担流浪猫伤人的侵权责任。但肖某本身有一定责任,因此判定肖某承担 30% 的责任,乔某承担 70% 的责任。乔某不服一审判决,向北京市第二中级人民法院上诉。2013 年 3 月,北京市第二中级人民法院了二审判决,认为乔某喂养流浪猫的行为系义务救助行为,不是流浪猫的饲养者或管理者。但是由于乔某的这一义务救助行为导致流浪猫聚集,给附近居民带来风险,由此该义务救助行为与流浪猫伤人行为存在一定因果关系,因此乔某应承担 50% 的责任。①

以上两个案件,都不是严格意义上的饲养人与管理人,但是法院作了延展性的解释,赋予了当事人一定的救济。

第七节 物件损害责任

一、物件损害责任概论

所谓物件损害责任,亦称物件致害责任,是指管领物件的人未尽适当注意义务,致使物件造成他人损害,应当承担责任的情形。

由于本节的规定相当繁杂,类似于一个集合,上述定义并不一定完全能够适用于本节的每一种具体的类型。

物件损害责任,从比较法的角度看没有完全对应的概念,较为接近的则是"建筑物及工作物致人损害责任"。从法制史的角度来看,这并不是一个新生事物,早在罗马法时代,就有类似的准私犯类型规范此类损害赔偿责任了。在近现代法制史上,几乎各个成文法国家对

---

① 羊女:《流浪猫伤人,责任在谁?》,载《大科技·百科新说》2013 年第 6 期,第 42 页。

此都作了相应的规定。例如《德国民法典》第 836 条的"建筑物倒塌时的责任"、《意大利民法典》第 2051 条规定的"物的看管责任"、《法国民法典》第 1386 条规定的"建筑物的所有人的责任"及《日本民法典》第 717 条的相关规定。

以上这些立法例与我国《侵权责任法》第 8 节的规定相比,都显得单薄:我们立法中几个专门条款对物件损失的各种情形作了相对于其他国家和地区更为具体、详细的规定。

事实上,《侵权责任法》在此节中的规定,是总结了此前的立法经验之后进行的一项创新。在《侵权责任法》之前,《民法通则》第 125 条规定了地面施工致人损害的情形,第 126 条规定了建筑物等致人损害的赔偿责任;《民法通则实施意见》第 155 条规定了堆放物品倒塌致人损害的责任;最高人民法院《关于审理人身损害赔偿案件适用法律若干问题的解释》的第 16 条中,则由规定了道路、桥梁等构筑物、堆放物、树木等致人损害之时的赔偿责任的问题。因此,我们说《侵权责任法》此节的规定,是对此前已经分布在不同法律文件中众多规定放在了一起进行了统一规定。

当然,《侵权责任法》除了整理与总结之外,尚有创新。首先,用了"物件"这一抽象名词,突破了传统的以具体种类物命名的限制,为将来容纳新的物件损害赔偿类型奠定了基础;其次,积极吸收了司法实践中创设的规则,例如第 87 条规定的补偿责任。

二、物件的范畴

虽然本节的标题上"物件损害责任",但并不是所有的物都能成为"物件损害责任"中的"物件"。

从比较法的视野来看,各国和地区对直接致人损害的物之规定并不完全相同。罗马法时代仅限于建筑物,此项传统为法国法所传承;德国法则在此基础上作了扩展:规定为建筑物或与土地相连的工作物;而日本法则用了"土地工作物"这样较为宽泛的表述;而《意大利民法典》在列举了"建筑物"之外也使用了最为宽泛的物的概念,但是无论是意大利学术界还是司法界,从来没有将此类侵权责任适用于广义上的所有物。倒是意大利法学界对第 2051 条的适用作了学理上的列举:树木、物品的坍塌、各种井、水渠、水管、供热管道、道路、建筑物、电动升降门、电梯等。

我国台湾地区民法学者史尚宽先生曾对土地工作物(bauwerk)进行列举,包括:一般建筑物、桥梁、埠头、运河、堤坝、铁路、埋管工事、运动圆木、水门、屏障、拥壁、沟渠、电柱、电线、广告塔、揭示场、街灯、纪念碑墓石、隧道、栏杆、阶台、屋檐、天井、梁桁、门窗、烟囱、电梯、照牌、壁镜等。

《侵权责任法》列举的有:建筑物、构筑物、堆放物、施工形成的物、树木、窨井和其他设施。由于尚有"其他设施"这样的兜底表述之存在,我们应当肯定地说,这些列举没有穷尽:司法审判实践中早有扩展至一些未列举的类型,例如桥梁等。

可以明确排除的是"危险物""动物"和"产品"。从《侵权责任法》的立法体系来看,这三类已经有了专门的规定,自然不需要来适用本节的规定。

三、物件损害的界定

对于物件损害责任,除了对物件的界定之外,另外还需要对什么是物件损害进行考察。
(1) 物件致人损害,是指损害来自于物而不是人的直接行为。即使不是天然具有放射性等自然危险属性的物,也能对其他人的人身与财产造成损害。例如欠修理的房屋的倒塌,又比如设计瑕疵导致的桥梁的断裂等。因此,普通物也能造成损害。

(2) 物件致人损害,是指损害来源于物本身,因此也排除了物作为侵权行为的工具的情形。例如故意推倒他人的墙以砸坏墙边上停泊的车辆的行为,不被认为应该适用物件致人损害,而是适用普通的侵权责任构成要件。

(3) 物件致人损害的适用,并不排除损害事件的发生,具有人为或者自然因素的介入。例如原本应当修理更换零配件的电梯,由于超载而导致老化的零部件无法工作而发生的损害事件,既有客观电梯的零部件老化的因素,也有人为超载的因素;这就是典型的人为因素与物件因素共同造成损害的例子;也有纯自然的因素导致的损害:典型的如大风刮断了树枝,树枝断裂砸伤了行人或者车。

(4) 亦有部分情况,物件本身并不具有任何危害性,只是管理人的行为的不当性,导致了损害的发生。典型的如"赵展鹏等诉淮阴县公路管理站等公路桥梁未设限载标志超限车通行时桥断致车毁人亡赔偿案"①中,桥梁本身处于正常的可通行状况,但是由于公路管理站未设置明显的限载标志、标线的职责,使得桥梁无法承受过往车辆最终导致车毁人亡的事故的发生。

以上四个特征,有助于我们判断哪些案件应当适用物件损害责任,同时也有助于我们排除对某些案件的适用。

较为特殊的是关于《侵权责任法》第87条的规定。严格来说,高空抛掷物并不属于物件致人损害责任的范畴。因为如果能够明确抛掷的行为主体,被抛掷之物不过是侵权行为发生的工具而已。但是,在抛掷行为人无法确定之时,根据第87条的规定,由可能加害的建筑物使用人给予补偿。可见,在确定侵权行为的嫌疑人之时,采用的标准不是别的,而是建筑物这一物件。从这个意思上看,这些嫌疑人承担责任的基础,并不在于其行为,而在于他们是建筑物(具体而言是建筑物的某一物业单元)的使用人这一身份,因此将之归为"物件损害责任"也有其逻辑基础。

四、物件损害责任的性质

如前文所述,我国《侵权责任法》中关于物件损害责任的规定,属于一个大杂项,将几种其具体的物件致人损害责任放在了一起。因此,从立法条文来看,并没有一个统一的责任性质的规定。具体而言,既有适用过错推定责任的,这与比较法上的大部分立法例是一致的,当然也有部分条文规定了无过错责任。在此我们需要逐一来分析一下。

第86条规定了建设单位与施工单位对建筑物倒塌致人损害的责任。虽然立法者没有明确规定此类责任的属性,但是从逻辑分析来看,应当属于无过错责任,即受害人在诉讼中无须证明建设单位与施工单位对此损害的发生有任何过错。此项责任比产品责任更为严厉:产品责任属于"瑕疵"责任,即受害人在诉讼中虽无须证明产品生产者有过错,但是需证

---

① 案例来自北大法宝,链接:http://www.pkulaw.cn/fulltext_form.aspx? Db = pfnl&Gid = 117461953&keyword = %E8%B5%B5%E5%B1%95%E9%B9%8F%E7%AD%89%E8%AF%89%E6%B7%AE%E9%98%B4%E5%8E%BF%E5%85%AC%E8%B7%AF%E7%AE%A1%E7%90%86%E7%AB%99%E7%AD%89%E5%85%AC%E8%B7%AF%E6%A1%A5%E6%A2%81%E6%9C%AA%E8%AE%BE&EncodingName = &Search_Mode = accurate 最后浏览时间:2014年11月9日。

明产品具有瑕疵且由瑕疵导致了损害的发生;但是在建筑物倒塌致人损害责任中,受害人无须证明倒塌的"建筑物"存在着瑕疵。第87条所规定的是一种补偿责任,因此不属于"过错推定"还是"无过错"讨论的范畴。第88条的规定非常明确,是一种过错推定责任。第89条的规定,即因施工妨碍通行产生的责任。此项规定应当属于无过错责任,即只要能证明客观上施工行为妨碍了通行这一事实状况,并且妨碍通行与损害的发生具有因果关系,受害人无需证明施工人是否有过错,施工人应当承担损害赔偿责任。第90条所规定的林木的所有权人或者管理人的责任,明确为一种过错推定责任,本质上还是一种过错责任。最后是关于第91条第1款的规定。虽然立法中没有直接明确使用"过错"这样的表述,但事实上这是一种具体过错责任。即立法者认定"没有设置明显标志和采取安全措施造成他人损害的"即具有过错。而第91条的第2款所规定的,也是一种过错推定责任。这些责任性质,本质上也是一种过错责任。

总之,对于物件损害责任,并不能笼统地说属于过错责任、无过错责任还是过错推定责任。

从比较法的角度来看,正如意大利学者 Monateri 所言,事实上这是一种准无过错责任。物件损害责任发生之后,所有权人或者管理人需要证明自己无过错是非常困难的,除了可以援引例如地震等不可抗力之外,只有"意外事件"(caso fortuito)才能免责。

事实上,就既往的审判实践来看,关于物件损害责任,远远不止所列举的典型情形,至少还包括:桥梁的管理人没有明示限重标准而导致损害赔偿(赵展鹏等诉淮阴县公路管理站等公路桥梁未设限载标志超限车通行时桥断致车毁人亡赔偿案);有路边的广告牌倒塌致人损害的(劳锡权与罗接枝人身损害赔偿纠纷上诉案[2006]佛中法民一终字第706号);有电梯事故造成的损害赔偿的(王建明诉中国工商银行新疆维吾尔自治区分行等人身损害赔偿纠纷案[2000]天民初字第1294号)。这些判决虽然发生在《侵权责任法》颁布之前,但是其类型本质上还属于物件致人损害责任,但是无法直接适用《侵权责任法》的具体条款。这也意味着需要对物件致人损害责任进行一般性的规定,而不能完全列举后逐一规定。因此,我们可以看到现行的《侵权责任法》之不足之处。

五、关于责任主体的特殊规定

在责任主体方面,由于本节容纳了多种不同物件责任的亚类型,因此关于责任主体,《侵权责任法》并没有一个一般性的规定,而是针对不同的具体类型,规定了具体的责任主体。

对于建筑物、构筑物或者其他设施及其搁置物、悬挂物致人损害责任,《侵权责任法》规定了"所有人、管理人、使用人"三个不同的主体。相对于《民法通则》及最高人民法院司法解释中的规定,都只是提及了"所有人或者管理人"这两个主体,"使用人"是《侵权责任法》的创新。

规定了所有人与管理人,是考虑到很多物件的所有人并不一定是现实的占有与管领人,因此在所有人之外规定了"管理人",以将责任课给对物进行实际管理之人,符合"管理疏忽造成物件致人损害"这样的责任承担逻辑。例如在建筑物区分所有的情况下,业主对公共部分是共有的关系,但往往任何单一的业主都不是真正的管理人,管理之职责委托给了所聘用的物业公司。在这种情况下发生了位于公共区域的物件致人损害事件,物业应当先于所有权人即业主来承担损害赔偿责任。

但是,在管理人之外,又增加了"使用人",似有画蛇添足之嫌。因为管理人本身就是一个非常宽泛的称谓。并且既有管理人又有使用人的情况下,具体谁承担责任,也需要法律的释明。

建筑物、构筑物或者其他设施倒塌损害责任,《侵权责任法》规定了由建设单位与施工单位承担连带责任。如果倒塌的原因并不在于物件本身的建设或者设计架构,而是来自外在因素,例如机械撞击而导致建筑物墙体的倒塌,则由具体的行为人承担损害赔偿责任,不再属于物件损害责任的范畴。

对于堆放物及其他作业物致人损害的情形,则由具体的作业人承担损害赔偿责任。

对于林木折断致人损害的情形,法律规定了由所有权人或者管理人承担损害赔偿责任。如果既有所有人又有管理人的情况下,原则上应当由管理人承担责任,理由是管理人更能控制与防范损害的发生。

窨井致人损害,则由管理人承担损害赔偿责任。

如果我们总结一下物件致人损害的责任主体,表面上看《侵权责任法》作了非常具体的规定;但事实上,在这些具体规范背后,有一条基本的规则可以遵循:即谁的疏忽管理行为导致了损害的发生,那么谁将承担责任。这也是物件致人损害责任人承担责任的伦理性规范。

但是在实践中,容易发生争议的是所有权人与管理人同时存在的情况下,具体由谁来承担责任,两者是否承担连带责任。例如在房屋租赁关系中,因所租赁的物业发生的物件损害责任,并不能笼统地说由所有权人承担责任还是由承租人作为管理人或者使用人承担责任,而应当具体问题具体分析。比如因放在阳台上的花瓶被大风吹落砸坏了楼下的车辆,应当由承租人承担责任;因为承租人原本可以通过自己的"管理"采取措施避免这样的损害的发生。但是如果是因为阳台外墙瓷砖脱离所造成的损害,与承租人是否管理得当完全无关,应当由房屋的所有权人承担损害赔偿责任。

六、高空坠物的补偿责任

《侵权责任法》出台前,由于高空抛物责任缺乏明确规定,法官时常面临无法可依的状况,以致各地法院裁判结果不一,甚至大相径庭。有的以致害人不明为由驳回起诉,如济南"菜墩伤人案";有的基于过错推定原则,由可能致害人均分责任,如重庆"烟灰缸伤人案";有的判决建筑物物业服务公司承担赔偿责任,如深圳"好莱居高空抛物案"。《侵权责任法》第87条的规定,结束了这种法律适用缺失的局面,本条规定结束了长期以来该类案件"同案不同判"的尴尬境况,保障了法律适用的同一性。

第87条规定具体如下:从建筑物中抛掷物品或者从建筑物上坠落的物品造成他人损害,难以确定具体侵权人的,除能够证明自己不是侵权人的外,由可能加害的建筑物使用人给予补偿。这就是充满争议的高空坠物的补偿责任条款。

确切地说,抛掷物品与从建筑物上坠落的物品致人损害是两种不同的亚类型:抛掷物是由人的行为直接导致的,甚至可以说是主动行为导致的;坠落之物则不是人的行为主动导致的,往往只是出于疏忽未尽看管责任而导致物品坠落。前者属于人的行为责任,后者则属于物件责任。

无论是抛掷物还是坠落物致人损害,都存在着一个现实的问题:难以确定具体的侵权人。在罗马法时代,高层建筑较少,并且高层建筑的所有权人、管理人或者实际居住人相对单一,往往是同一主体。因此,即使无法确定具体侵权人,但是由于建筑物所涉及的利益主体相对单一,要求其承担责任并不会造成特别不公平情形的出现。但是到了现代社会,高层建筑物往往由若干个单位组成,每个单元的所有权人或者管理人都是独立的利益主体,并且相互之间并不必然拥有法律上的关系或者生活上的联系。在无法确定具体侵权人之时如何处理,确实存在着重大的政策性选择问题。立法者面对这样的情况,无外乎两个选择:或者无法找到侵权人,因此无法让受害人取得任何损害赔偿;或者规定由所有可能的建筑物使用人承担共同的责任。

高空抛掷物引起法学界的热烈讨论,可能源于著名的"重庆烟灰缸案件"①。此案一经判决,引起了学者们的广泛争议,反对者众多。在《侵权责任法征求意见稿》第 86 条中还是规定了现行第 87 条的内容。反对者如四川大学法学院的王竹教授认为:"该法条创造了比较法上独一无二、难以理解的建筑物抛掷物或者坠落物致害'无过错无行为补偿责任',笔者将其称为'莫须有'补偿责任以明事理"②。而支持者的主要理由如下:

(1) 损失分担。从风险的负担和分散的角度而言,应当由业主负责。

(2) 损害预防。从预防事故发生的角度而言,由可能致害的业主承担责任是最有效率的。

(3) 公共安全。从维护公共安全的角度考虑,公共安全就是公众的安全,现代社会中任何人都应当享有基本的安全,当小区成千上万的业主居住在一起的时候,只有保证居户有基本的安全,才能和谐地生活与交往。

(4) 真实发现。从发现损害发生的真实原因的角度上看,令业主承担责任也可以促使业主提供证据来发现真实情况。③

《侵权责任法》第 87 条规定的另外一个特殊之处,在于确定了此类责任不是"损害赔偿责任",而只是一种补偿责任。

补偿责任,意味着并不适用损害赔偿中的"完全赔偿原则"。如果按照完全赔偿原则,应当以实际损害为依据,赔偿损害之全部。但是如果定性为补偿原则,法官可以根据实际情况酌情行使自由裁量权。

由于嫌疑侵权行为人是多个人,因此,这些嫌疑侵权行为人之间的责任状况,也是一个值得探讨的法律问题。

由于抛掷物致人损害责任,不属于共同危险行为。对高空抛物行为在没有证据证明该楼全体居民具有"共同实施危险行为的意思联络"并实际实施了"共同危险行为"的情况下,

---

① 此案案情大致如下:2000 年 5 月 10 日深夜,重庆市渝中区某公司的董事长郝跃加完夜班回家,在路过学田湾正街 65 和 67 号楼时,一只从天而降的烟灰缸砸在了他的头上,他当场昏迷倒地,随即被人送往附近的急救中心抢救。经过 39 个小时的手术急救,以及昏睡了 70 多天、花费 14 万余元的医药费后,郝跃脱离了生命危险,但留下了严重的后遗症,被鉴定为 3 级智能障碍伤残、命名性失语伤残、颅骨缺损伤残等,伴随经常发作的外伤性癫痫,郝跃基本丧失了生活自理和工作能力。这一事件经当地公安机关介入侦查后未能查明系何人所为,郝跃遂将位于出事地点的 65、67 号两幢居民楼的开发商及两幢楼一定楼层以上的 24 户居民先后告上了法庭,要求他们共同赔偿自己的医药费、精神损失费等各种费用共计 17 万余元。渝中区人民法院驳回了郝跃对于开发商的诉讼请求,但根据过错推定原则,判决 24 户居民被告中的 22 户共同分担 17 万余元的赔偿责任,每户赔偿 8101.5 元。

② 参见王竹:"建筑物抛掷物或坠落物致害'莫须有'补偿责任之否定——对《侵权责任法》(公开征求意见稿)第 86 条的归谬",载中国民商法律网,http://www.civillaw.com.cn/article/default.asp? id=46912,最后浏览时间:2014 年 11 月 3 日。

③ 参见王利明:"抛掷物致人损害的责任",载于《政法论坛》2006 年第 24 卷第 6 期。

此类纠纷显不属于共同危险行为制度所解决的范畴。因此,这些嫌疑侵权行为人之间不能适用"共同危险行为人"的连带责任。

抛掷物致人损害责任也不同于共有建筑物致人损害的共有人之间的责任。如果准用建筑物侵权责任的条款,那么作为建筑物区分所有的全体业主都要承担连带责任,即便是没有造成抛掷物危险可能性的业主也不能例外,并且根据民法通则建筑物侵权的规定,所有业主根据严格的过错推定归责,承担全部的赔偿责任,这对于建筑物业主的责任未免过于沉重,且有失公平①。

因此,这些嫌疑侵权行为人之间,既没有共同侵权的意思联络,也不属于共有人因共有物致人损害而承担责任,应当解释为对受害人承担按份责任。事实上,重庆烟灰缸案件中,法院也判决各嫌疑侵权行为人承担了按份责任。

根据《侵权责任法》第87条的规定,嫌疑侵权行为人排除自己责任的唯一理由是"证明自己不是侵权人"。事实上,要证明自己不是侵权人并不是一件容易的事。归纳来说,可以从时间与空间两个方面来排除自己为嫌疑侵权行为人的可能性:

(1) 从时间上看,如果能证明损害事故发生之时,物业单元中没有任何人,也排除有其他人进入的可能性,比如物业因被法院查封。或者有其他的证据证明当时没有"作案"时间。

(2) 从空间位置上看,不具有发生损害的可能性。比如证明从该物业单位的位置投掷下去的物片,不可能达到损害事件发生之处。或者从物理上证明从该物业单位投掷下去的物品无法造成此种损害。

---

① 参见王利明:"抛掷物致人损害的责任",载《政法论坛》2006年第24卷第6期。

第四编 法定之债（二）：无因管理与不当得利之债

第二十四章　无因管理之债

第二十五章　不当得利之债

第二十四章

无因管理之债

第一节 无因管理概说

一、无因管理的意义

（一）无因管理的概念

无因管理是指没有法定或约定义务的人，为了他人利益免受损失而自愿为他人管理合法、必要、适当事务的行为。其中，无法律义务管理他人事务的人称为管理人，接受管理事务的他人，称为被管理人或受益人，也称本人。

从无因管理的定义可知：(1) 无因管理的发生无法律上的缘由，既无法定义务，也无当事人约定的义务。(2) 无因管理是为了他人利益考虑，为避免他人利益受损失，自愿为他人管理事务或者提供服务的行为。(3) 无因管理所管理的事务应该是合于法律精神的，是正义的、合理的、适法的，并且是必要的事务。

无因管理是日常生活中经常发生的现象。比如，甲的小孩不慎摔伤，其父母外出不在家，邻居乙代为送医院救治，支付医药费。甲出远门，其房屋漏雨，如不及时修理，会造成屋内财产损失，邻居乙雇请工人帮助修理，支付施工费用。无因管理发生后，管理人是否有权向被管理人索要管理中支出的费用？被管理人如果声称，自己的事务自己处理，他人对其事务的管理构成侵权行为，该理由是否成立？

（二）无因管理的法律依据

我国《民法通则》第93条规定："没有法定的或者约定的义务，为避免他人利益受损失进行管理或者服务的，有权要求受益人偿付由此而支付的必要费用。"据此，无因管理人在管理活动中支出的必要费用，有权请求被管理人补偿，被管理人作为受益人有给付必要管理费的义务，管理人和被管理人之间这种权利义务关系称为因无因管理所生之债。由于该债因法律的直接规定产生，因此称为法定之债。

无因管理在罗马法被认为是准合同。所谓准合同，就是在当事人之间虽然没有订立合同，但衡量公平原则以及社会的公共秩序和善良风俗，这个行为所发生的法律效果与订立合同相同，是因管理人（债权人）自愿的行为所发生的债务，称为"非合意而发生的债"，归为准合同。以后随着债法发展，各国民法排除准契约的概念，均将无因管理作为法定之债发生原因之一，我国民法也如此。

二、无因管理的性质

(一) 无因管理是事实行为

无因管理是引起债发生的根据之一,无因管理发生后,当事人可以基于无因管理这一法律事实行使无因管理请求权。但是,无因管理这种法律事实,其性质是什么?属于法律事实中行为的范畴,还是事件的范畴?事件与人的意思无关。显然,无因管理以管理人有管理的意思为成立要件,是人的有意思的行为,应该属于行为的范畴,不是事件。然而,无因管理作为一种行为,是否为法律行为呢?民法关于法律行为的规定,能否适用无因管理?对此,学者意见不一。有人认为是事实行为,有人认为是法律行为,或认为是混合的事实行为。

通说认为,无因管理的性质是事实行为。事实行为的效力与行为之目的是独立的,无论管理人有无发生民事法律后果的意思表示,只要存在此类管理行为的事实,就产生法律规定的效力。比如,管理人帮助他人的意思是避免他人利益受损,而法律规定因无因管理产生费用偿还请求权的法律效力,这一效力与管理人的意思无关。无因管理的法律效力与法律行为的效力不同,法律行为的效力是行为人通过意思表示预期要达到的效果,该效力是行为人意思表示的内容。而无因管理,不以管理人有无意思表示为要件,管理的意思也不需要表示,只要有管理行为的事实,就产生法律规定的权利义务效果。

(二) 确定无因管理性质的意义

强调无因管理的性质,在处理案件时很重要。如果认为无因管理是法律行为,则限制行为能力人所为的无因管理行为无效,无因管理不成立,自然也不发生无因管理费用偿还请求的效力;如果无因管理是事实行为,则不要求管理人的行为能力,无行为能力人与限制行为能力人均可为无因管理。

三、无因管理之债的制度价值

民法上规定无因管理制度的社会功能,简而言之,这个制度的价值在于平衡个人利益与社会利益的冲突,在个人利益和社会利益之间建立一个结合点,从而弘扬社会道德。这个制度既要求保障助他人的权利和利益,又要求维护每个人自身的事务免受无端干涉。无因管理是基于个人利益与社会利益两种不同的理念而结合形成的行为规范。

管理他人事物,通常基于一定的法律关系,例如,基于委托合同、用工关系、监护关系等。但在日常生活中,未受委任并无法定义务而管理他人事务的时而发生,如收留走失的小孩,为出差远行的邻居代交房租,救助车祸受伤的人员等。在管理他人事务时,要涉及两方面利益:

(1) 受管理者的个人利益。对个人利益、私人事务,法律的基本原则是,个人的事务,个人自行处理,他人不得任意干预。违反此原则,任意干预他人事务时,通常可构成侵权行为。所以在尊重个人自由意志的前提下,法律确立了个人事务应由自己决定,他人不得干涉的原则。

(2) 管理人行为涉及的公共利益。尽管管理人的行为是个人行为,被管理的事务是个人事务,但又涉及社会利益。比如,路见他人有难,人人均袖手旁观,置之不理,其影响所及,不仅仅需要他人协助者之利益受损,而且整个社会道德风尚和利益也受损害,与民法的精神理念相悖。因此,法律为使人类相互帮助价值易于实现,规定无因管理制度,对这种虽然干预了他人事务,但目的却是帮助他人,为他人利益服务的行为予以承认,以弘扬人类危难相助、见义勇为的道德风尚。

然而,无论从立法上,还是在实践中,如何实现这两种不同利益理念的均衡,是件不易之事。如果规范不准确,则很容易造成不当干涉他人事务和利益,侵犯他人权利的情况发生。为防止对他人事务滥加干涉,保护本人和助人者的双重利益,法律对无因管理规定了严格的构成要件,以区别其中哪些是私人的事务,不能干涉;哪些是社会利益,应被鼓励和维护,并为其实施创设一定的条件。对于符合无因管理要件的行为,阻却违法,管理人不负损害赔偿责任,同时在当事人之间产生债权债务关系,管理人享有对支出费用的偿还请求权。对于不合无因管理要件、甚至侵害他人权利的行为,产生损害赔偿之债。因此,法律规定无因管理制度的目的在于权衡个人利益与社会利益,以期达到两者最大限度的契合。

第二节 无因管理的法律要件

一、无因管理必须是管理他人事务

此要件包括两点:一是"管理事务",二是"他人事务"。

(一) 管理事务的意义

首先,对事务的管理必须是一个积极的行为,即以管理人的智慧和劳务处理应处理的事项,比如,保管、利用、改良、修理、处分行为等均属管理,单纯的不作为称不上管理事务。

其次,就管理的"事务"本身而言,范围广泛,并非一切事务均为无因管理中的事务。无因管理中所管理的事务须是一切能满足人们生活利益各方面需要而又适宜作为债的客体的事项。既然事务是一切可以满足人们生活利益各方面需要的事项,此事项可以是法律行为,如代为购买书籍,处分保管物,出售货物;可以是事实行为,如代为收取果实,帮忙搬家具;可以是有关财产的行为,如维修他人房屋;也可以是有关身体健康的行为,如将急救病人送往医院;可为继续的行为,如看护邻居之病人;或一时的行为,如入水抢救落水者;可以是单一事务,如将遗失物送还失主;可以是复合事务,如代他人收取果实并为之出卖后,将价款存入银行等,均属事务的范畴。

管理的事务如此广泛,如何理解一切可以满足人们生活利益各方面需要的事项呢?比如,作为介绍人,把两个人撮合在一起成婚;帮助小偷把盗窃的东西藏起来,是否为无因管理?显然不是。管理的"事务"虽然广泛,但须注意对所管理的"事务"的要求:

(1) 所管理的"事务"应该是能够产生债权债务关系的事务。关于宗教、道德、友谊、习俗的事务,不是无因管理中的事务,如为生病的朋友祈祷。

(2) 所管理的"事务"需为合法事务。非法事务的管理,不得作为无因管理之债中所要求的事务。例如,为窃贼隐藏赃物;甲把乙的房屋点燃,然后为其领取火灾险。

(3) 需是不属被管理人个人的专属事务。专属事务必须由被管理人亲为处理,他人不得代办,因而不能作为无因管理上的事务,如结婚、离婚、收养等。

(4) 事务不是被管理人授权的事务。经被管理人授权的事务,便产生了约定的义务,管理人的行为即不再属于无因管理。

(5) 须是必要的事务。所谓必要指的是,如果不及时处理,通常会导致他人不可避免的损失。

因此,无因管理对所管理的事务是有一定的限制的。

(二) 他人的事务

无因管理中所管理的事务除了具备上述"事务"的要求外,还要求管理的事务须是"他人的事务"。事务可以分为:纯粹的自己的事务、客观的他人事务和中性的事务。

(1) 纯粹的自己的事务。收取自己出租房的租金、修缮自己的房屋、为自己购买日用品等,均为纯粹为自己事务的管理。纯为自己的事务不能成为无因管理上的事务。

(2) 客观的他人事务。指事务在性质上与他人具有当然的结合关系,事务的内容属于他人利益的范畴。例如,修缮他人漏雨的房屋,为突发急病之友处分摊位剩余货物,保管他人丢失之物,从客观上一看便知这是他人的事务。无因管理是对他人必要事务为管理的行为。

(3) 中性事务。指该事务在外表上属于中性,须依管理人的主观意思判断是否是为他人管理事务。如,购买某本书籍、购买邮票、交医疗费等,这些行为很难判断是属于何人的事务,因此从外表上看这些行为是中性的。中性事务是否为无因管理中所管理的事务?理论一般认为,以行为人的主观意思判断:如果管理人的意思是为自己为之,则为自己的事务;如若为他人为之,则为他人事务。所以判断是否是无因管理,只要判断管理人主观上是否将该事务作为他人的事务管理即可。此种他人事务,也称为主观的他人事务。

对于主观上的他人事务是否成立,需要探讨。这种判断首先对于行为人以外的人而言,不容易判断。因为管理人的意思存在于其行为内部,除非他明确表示,否则他人无法判断。管理人自己举证也不容易,这种举证还是通过客观行为来证明。比如用自己的钱,买建筑材料,给他人修理房屋。主观的意思只能通过客观的事实来判断。而且管理人的意思也可能发生变化,故较难判断管理人的意思究竟系为自己抑或为他人。因此,一般认为,对于主观的他人事务,应由管理人举证,如果不能证明自己是管理他人事务,即应推定其系纯为管理自己的事务。

修缮邻居漏雨的房屋,是无因管理。如果管理的事务系为管理人自己和他人的共同事务,可以就属于他人的事务部分成立无因管理,如修缮自己与他人共用的院墙。

二、无因管理人须有为他人管理的意思

为他人管理的意思,是无因管理成立的主观要件。为他人管理的意思,又称管理意思,指管理人于管理事务时所具有的为他人谋利益的意思。这也是区别无因管理与无权代理、无权处分、侵权行为的标准之一。

应注意的是,无因管理是事实行为,而非法律行为,所以这里的管理意思为事实上的意思,而非法律行为的效果意思,故不要求像法律行为那样,把产生某种权利义务后果的目的表示出来,管理人的行为一旦,意思已经体现在事实中。例如,替他人修理房屋、送邻居生病的孩子上医院等,这些行为都体现了管理人的"为他人"意思。只要有为他人谋利益而管理事务的事实,法律就使这一事实产生权利义务效果。至于法定之债这一效力是否是管理人想要达到的效果,或者管理人的管理目的和效果是否达成,均不予考虑。

由于无因管理的效力源于法律的直接规定,而非基于管理人的欲求,因此管理人只要具有一般的"防止他人利益受损的意思能力"即可,不要求法律行为的意思表示能力,所以无因管理不要求主体的行为能力合格。如前所述,客观的他人事务,从外表上一看便知;主观上的他人事务则需从行为人的主观意思中判断。而这种意思判断,实质上仍是从其行为中判断。

具有"为他人管理的意思"这一要件在实践中应注意以下几点:

(1) 管理人为他人管理的意思和管理行为是事实上的意思和事实行为,因此与代理人的代理意思及代理法律行为的效果区分开来。

(2) 明知是他人事务,而当作自己的事务而管理的,欠缺为他人管理的意思要件,不仅不成立无因管理,甚或构成侵权行为。但在特定情况下,管理人主观上系为自己谋利,但客观上于他人也有利益时,是否成立无因管理尚有争议。有观点认为,无因管理制度系以社会连带共同依存之思想为出发点,因而管理行为客观上已予他人以利益,或者免除了对他人的损害,即使管理人无管理的意思,也应认为成立无因管理。但也有对此持异议观点,认为无因管理的目的在于奖励人类之义举,如果人在主观上根本无此义举之意思,法律何必自作多情,而一定要赋予其管理人的地位而保护之?①

(3) 为他人管理的意思,不以管理人须认识被管理人为必要。管理人只要具有为他人管理的意思即可成立无因管理,而不要求他在管理时知道该事务具体属于何人的事务。例如,管理人误将甲的事务认作乙的事务而为管理,仍可对甲成立无因管理。

(4) 为他人管理的同时,兼为自己获利,是否成立无因管理? 通说采肯定见解,认为为他人的意思与为自己的意思可以并存,为他人管理事务兼具为自己利益,无碍于无因管理的成立。②

三、无因管理行为须无法律上的义务

民法上"有因"与"无因"的"因",不是指原因,而是指"法律根据"或"法律原由"。从法律角度评析无因管理,可知该管理是非基于法律义务的管理。如果是基于法律上义务的管理,则是"有因"管理。例如基于扶养、监护、遗嘱执行、破产管理等,或者履行合同上约定的义务都不能成立无因管理。

这里应注意"义务"两字,负有义务、履行义务,当然不是无因管理,因为有法律缘由。如果负有义务,超过义务范围处理事务,超过的部分属于无义务,就是没有法律缘由,则成立无因管理。例如,受雇人依约为雇佣人修筑堤坝,这是雇佣合同的义务。但是完工后因突降暴雨,受雇人为使堤坝免遭洪水冲毁,为之加固,就其加固行为,合同没有约定,可成立无因管理。这是合同义务人的管理行为超出合同中约定的义务。按份共有人就超过自己应负担的费用为其他按份共有人的支付,如有为他人管理事务的意思,也可成立无因管理。在连带之债,一债务人清偿债务超过自己应清偿的数额时,是否可认为是无因管理呢? 在对外关系上,任一债务人都负有全部清偿的义务,如果他清偿了,是连带之债的义务,这是由法律规定的义务。在内部关系上,他仅就自己应负担的那部分负有义务,超过的部分没有义务,从无因管理的要件看,也可成立无因管理。

负有公法上义务的人管理他人事务,例如,消防队员救火、警察救助,系为履行其公法上

---

① 郑玉波:《民法债编总论》,中国政法大学出版社 2004 年版,第 76 页。
② 转引自王泽鉴:《债法原理》(第一册),中国政法大学出版社 2001 年版,第 339 页。

的义务,而非履行对于私人的义务,其对个人利益的保护为公法上义务的内容,故不能成立无因管理,其管理事务后不得向受益人请求费用偿还。

管理人有无义务,以管理事务开始时为准。管理事务开始时无义务,而后发生义务的,在义务发生前为无因管理;管理事务开始时有义务,而后义务消灭的,自义务消灭之时起,其后的管理成为无因管理。管理人是否有管理事务的义务,应依客观上是否负有管理义务为判定标准,而不以管理人主观上的认识为准。管理人本无管理的义务而误以为有义务而为管理,仍可成立无因管理;管理人有管理的义务而误以为没有管理义务而为管理,则不能成立无因管理。

以上为无因管理成立的三个要件,三个要件缺一不可。

有观点认为,无因管理的构成要件还应有"不违反被管理人的意思",认为管理事务须有利于本人且不违反本人明示或可推知的意思表示。对此,各国法律规定并不明确,学者意见也不一致。但多数学者认为,无因管理之债的发生并不以管理事务的效果符合被管理人的意思为要件,即使管理的效果违背被管理人的意思,只要管理人具有为他人管理的意思,并符合立法的目的和精神,仍可成立无因管理。比如,甲自杀,乙将其救起,违背甲的意志,但是尽人类互助义务;甲盖房,挖地基时没有设置必要的警告或安全设施,乙代替他设置,尽公益义务(交通安全义务)等。这些虽然都违反了被管理人的意思,但是为被管理人尽社会公益义务,各国普遍认为上述行为成立无因管理,是合于法律精神的无因管理。因此,是否违反被管理人的意思不应作为无因管理的构成要件之一。

第三节 无因管理的类型及其法律效力

根据无因管理是否违反本人意思或管理效果是否对本人有利为划分标准,可以将无因管理分为适法的无因管理与不适法的无因管理。前已述及,管理效果以及管理是否违反被管理人的意思不影响无因管理的成立,仅是有适法与不适法之分,两类无因管理在法律效力上有所不同。

一、适法的无因管理

(一) 适法的无因管理意义

适法的无因管理,也称正当的无因管理,是与法律规定无因管理制度的立法宗旨相符合的无因管理。为什么用适法,不用合法？我们认为,合法的范围比较窄,而且合法对于实施行为的人要求都比较高,而作为事实行为的无因管理,由于不强调行为人一定要有行为能力,法律行为以外的合于法律精神的行为均可实施。因此,用适法比较能体现该制度的价值理念。适法的无因管理又可分为两类：

(1) 主观适法的无因管理。管理的事务不违反本人明示或可推知的意思,并且管理事务的效果也利于本人,可称为主观适法的无因管理。如邻家失火,予以救之;收留迷路老人;送突发急病者去医院等。

(2) 客观适法的无因管理。管理的事务违反本人明示或可推知的意思,但管理的事务是本人应尽的法定义务或具有公益性义务的事务,因此管理事务的客观效果符合无因管理的立法精神。如收留本人应尽法定赡养义务而不尽赡养义务的老人;代本人设置其施工应设置安全警示而不设置的安全标志;代缴本人拖欠的税款,救助自杀者等等。

(二) 适法的无因管理的要件

适法的无因管理的要件,即前述"第二节"所述的内容。此处不再赘述。

(三) 适法的无因管理的效力

适法的无因管理产生法定之债的效力。这一法律效力表现为:

1. 阻却违法。适法的无因管理行为成立后,首先具有阻却违法的效力。无因管理虽然干预了他人事务,从某方面说,也侵害被管理人某方面的权益。但无因管理人是以为他人谋利为目的,管理并不违反本人的意思,或虽违反本人意思,但是为维护社会公益,故法律使无因管理成为阻却违法性的理由。

尽管可将无因管理作为违法阻却的事由。但管理人在管理他人事务时,可能存在方法有过失而致被管理人受到损害,此时应负赔偿责任。不过,这种情况下管理人承担责任的根据为义务不履行,而非管理行为具有侵权性质。当然,在管理过程中,管理人出于故意或过失不法侵害被管理人的合法权益,而且此种侵害与所管理的事务无关或者仅与事务管理具有间接关系时,仍可成立侵权行为,这时会发生无因管理的债务不履行与侵权行为竞合的情况,管理人未尽管理人的注意义务,构成无因管理债务不履行的责任。

在确定管理人的侵权责任时,不但要看其行为是否符合侵权行为的一般构成要件,而且要看其致害行为与事务管理行为的关系。

2. 在管理人与被管理人之间发生债权债务关系。管理人自管理开始,即应负担一定的义务,管理人的义务主要有:

(1) 通知义务。管理人在管理开始时,以能通知者为限,应立即通知被管理人。如无急迫的情形,应停止管理,等待被管理人的指示。但如其无法通知,例如不知被管理人为何人、不知被管理人的行踪,或者被管理人已知其开始管理的,不在此限。管理开始的通知为判断管理人是否具有为他人管理的意思的重要标准。

(2) 适当管理的义务,尽善良管理人的注意义务。管理人在管理事务时,其采用的管理方法也应有利于被管理人,管理方法是否有利于被管理人,应根据具体情况客观判断。抽象而言,管理人于管理时,应尽善良管理人的注意。被管理人是否认为有利,并非决定标准。

在继续管理事务时,管理人一般不负继续管理的义务,但管理人于管理开始后,如其中途停止管理行为较之不开始管理对被管理人更为不利时,管理人有继续管理的义务。例如,为他人修缮房屋,在揭去瓦顶后不继续修缮的,显然比起不开始修缮对被管理人更为不利,此时管理人即应继续修缮行为。但被管理人或者其继承人、代理人可以进行管理或者继续管理对被管理人不利时,管理人即可停止或应当停止管理。

(3) 报告及计算义务。管理人于管理时,应向被管理人报告事务管理的进行情况及其管理结果。因管理所收取的物品、金钱及利息,应交付被管理人。因管理所取得的权利,应当移转于被管理人。管理中使用被管理人金钱的,应支付利息。

在德国民法上,为了保护无行为能力人或限制行为能力的管理人,特别规定管理人为无行为能力或限制行为能力人时,不负无因管理规定的义务,例如管理开始之通知、管理情况之报告等义务。如果在管理中,发生了损害事实或不当得利,仅依侵权行为或不当得利的规定负其责任。此种规定,可资借鉴。

被管理人应负担的义务,也是管理人的权利。被管理人对管理人所负的义务,为无因管理的特有义务,它具有自己的特点和内容。自管理人方面而言,被管理人的义务即表现为管理人的请求权。

被管理人对管理人所负的义务主要有:

(1) 偿还必要费用(管理人具有费用偿还请求权)。管理人为管理被管理人事务而支出的必要费用,被管理人应当予以偿还,并应同时偿还自支出时起的利息。被管理人向管理人偿还的范围不以其所受利益为限,纵然事务管理的结果对被管理人无利益,被管理人也应偿还管理人支出的必要费用。该费用是否必要,依支出时的客观情况判定,而不以管理人的主观认识为准。支出时为必要,纵因其后情况发生变化,费用的支出变得不必要,被管理人偿还的范围也不缩小。支出时其费用即为不必要时,被管理人自然不必负责。

(2) 清偿必要债务(管理人具有清偿负担的债务请求权)。注意应是必要的债务。管理人为管理事务而以自己的名义向第三人负担的必要债务,被管理人应当予以清偿。比如,为了救助邻居的孩子,向第三人借钱让孩子住院。但在此种场合,被管理人并不直接向第三人负担债务,债务人仍是管理人。被管理人向第三人清偿时,适用债务承担或代为清偿的规定。如果管理人以被管理人的名义向第三人负债,则应适用民法关于无权代理的规定,即被管理人不为追认时,管理人应向第三人负责,但同时管理人可依无因管理的效力,向被管理人请求清偿。

(3) 赔偿损害的义务。管理人为管理事务而受到损害时,被管理人应当予以赔偿。被管理人对于损害的发生有无过失在所不问,但其损害的发生应与管理事务具有相当因果关系。如管理人对于发生损害具有过失,应当适当减轻被管理人的赔偿责任。

管理人除可请求被管理人履行以上三项义务外,是否可向其请求报酬?虽有争论,但多数人的意见对此持否定态度。但德国有学者认为,如管理人在其职业范围内管理他人事务,例如,医生救助负伤者,出租车司机将病人送往医院,可认为有间接财产支出,应可请求通常报酬。此观点可资赞同。当然实践中,也有无因管理发生后,管理人不主张权利而放弃的,例如,某人拾得密码箱,内有巨额钱财,他将该密码箱送还失主,并且不要任何报酬。

(四) 管理事务的承认

管理人对于事务的管理,被管理人可予以承认。无因管理经被管理人承认后,适用民法关于委托合同的规定,但其效力并非是使无因管理变为委托合同,而是在无因管理的性质许可的范围内,将委托的规定比照适用于无因管理。因无因管理系为法律所称许和鼓励的合法行为,故被管理人对事务管理承认后,民法上关于无因管理和委托合同中有利于管理人的规定,均可予以适用。

被管理人对事务管理行为承认后,管理人在事务管理行为中具有的瑕疵即被视为不存在,即被管理人的承认如无特别保留,视为对管理行为及其结果均予以承认;对因管理人欠缺注意而造成的损害,也视为被管理人抛弃赔偿请求权。

二、不适法的无因管理

(一) 不适法的无因管理的意义

不适法的无因管理是一种违反了被管理人的明示或可推知的意思,而且所管理的事务又不是被管理人应尽的法定和公益义务的管理行为。因此这种管理也被称为不当的无因管理。

一般而言，被管理人对于自己的事务都会对自己有利的处理。而在特殊情况下，被管理人暂时不处理自己的事务，甚至抛弃某项利益，总有一定原因。对民事主体实现或者处分自己利益的行为，法律不允许任何他人予以干涉，否则即以侵权行为决定其效果。因此，管理人在管理他人的事务时，原则上应与被管理人的意思相吻合。否则，其管理行为不仅于被管理人没有利益，而且在性质上属于对被管理人自由意思的强制。对于不适法的无因管理，如使其管理行为发生无因管理的效果，允许管理人依无因管理向被管理人请求费用偿还或损害赔偿，显然与情理和法律设立无因管理制度的旨意不合。

当然代被管理人履行法定义务的行为不属于对其自由意思的强制，因为这种行为与社会公共利益不符，不被法律允许。

(二) 不适法的无因管理的构成要件

不适法无因管理的特点是：

(1) 成立无因管理。这种管理也符合无因管理的构成条件，即未受委托，也无法律义务，为他人管理事务，并有为他人管理事务的意思，因此也构成无因管理。

(2) 管理人管理事务的行为违反了本人明示或可推知的意思，而且又不属于为本人尽公益上和法定义务的行为。所以这种管理属于对他人事务过分干预，有一点好管闲事之嫌，俗称"好心办坏事"，即一方当事人主观上有帮助他人的意思，但客观上造成了对他方的损害。如修缮本人计划拆除的房屋，雇人摘取本人用于观赏的果蔬等。对于不当管理行为，法律效力若何，须视具体情况而定。

(三) 不适法无因管理的法律效力

(1) 不阻却违法。不当无因管理的行为违反了被管理人明示或可得推知的意思，管理效果不利本人。虽然管理人主观上希望帮助被管理人，但客观上造成对他人的损害，已经构成对他人事务的干涉，为了保护本人的利益，应认为行为不具有违法阻却性，如果构成侵权行为的要件，应适用侵权行为的规定。

(2) 对于无因管理所生的损害，管理人承担赔偿责任，即使无过失，也须赔偿。但是如果管理人为了避免被管理人的生命、身体或财产上的急迫危险，而管理其事务时，对于其管理所生的损害，适用过错责任较为妥当，换言之，除非管理人故意或重大过失管理他人事务造成他人损失外，一般情形下，不负赔偿责任，这样符合侵权行为法的内容体系。

(3) 被管理人可以享有因管理产生的利益。无论所管理的事务对于被管理人有利或无利，被管理人有选择权，均可主张无因管理所得的利益。

(4) 被管理人不主张管理利益时，产生不当得利之债。比如，甲之房屋，雇乙看管，乙担心房屋闲置浪费资源，违背甲之意思，出租房屋于丙。如果事后甲主张因乙管理事务所得利益时，则甲得向乙主张租金的利益，并在所得利益范围内，支付乙出租房屋所支出的必要费用。如果甲不主张无因管理所得利益时，甲乙之间的法律关系依不当得利之债处理，即甲可依不当得利请求乙返还其所受的租金利益。

(5) 管理人与被管理人之间是否成立不当得利之债，应符合不当得利的要件，否则不存在不当得利的返还。例如，甲修缮乙计划拆除的房屋，如果乙不主张无因管理所得利益时，甲乙之间不成立不当得利，因为此种情形，乙并未受有利益。如果甲修缮乙计划出售的房屋，乙于此种情形，受有利益，甲乙之间成立不当得利。

第四节　不真正的无因管理

（一）不真正的无因管理的概念

在学说上，误以他人事务为自己的事务而为管理和明知系他人事务而作为自己的事务管理，称为不真正无因管理。不真正的无因管理与前述两类无因管理不同，前述两类行为因符合无因管理的要件，构成无因管理，所以也是真正的无因管理，只是有正当和不正当及其法律效力不同之分。而不真正的无因管理，具备无因管理的客观要件，不具备无因管理的主观要件，这种管理，从客观上观之，也有无法律上的缘由，为他人管理事务的现象。然而，不具备为他人管理事务的主观意思，因此不符合无因管理的构成要件，不成立无因管理。为了与真正的无因管理相区别，对不真正的无因管理的类型分述如下。

（二）不真正的无因管理的类型

（1）不法管理。不法管理是指管理人明知是他人的事务，却故意将其作为自己的事务而加以管理。这种不法的无因管理，目的系纯为自己的利益，明知而有意干预他人事务，实质上是侵权行为。例如，将他人之物，作为自己之物，高价出售而取得价款；将他人房屋，占为己用，出租他人，收取租金等。

对于不法管理的效力，《德国民法典》第687条第2款规定，某人虽知道自己无权将他人的事务当作自己的来对待而却这样做的，本人可以主张基于无因管理的规定主张无因管理请求权。我国台湾地区"民法"也规定，于管理人明知为他人之事务，而为自己的利益之者，准用无因管理的规定。

不法管理准用无因管理的规定，可使不法管理人承担无因管理人的同一义务，最终本人可通过主张无因管理之债的请求权，获得因不法管理产生的一切利益，同时也可减少不法管理的发生。反之，如果依照侵权行为主张损害赔偿，本人尚需举证，且举证困难。如果主张不当得利，请求返还的范围也只能以所受损害为最高限度，超过此限的所得利益，不得请求返还。因此，不法管理准用无因管理之债的规定，对本人保护更有利。

（2）误信管理。误信管理是误把他人的事务作为自己的事务，而为管理。例如，误把他人之物作为自己的物出卖；误把他人的手表作为自己的手表修理；误把他人遗忘之物作为自己之物而为保管等。误信管理尽管有时从客观效果上使他人受益，但不成立无因管理。因为误将他人的事务作为自己的事务管理，说明管理人在主观上没有为他人谋利益的意思，主观上实质是为自己谋利益。

对于误信管理按照不当得利处理。误信管理人在被管理人主张返还请求权时，原则上在现存利益范围内，负返还不当得利的义务。如果产生损害，应负损害赔偿责任。

（3）幻想管理。幻想管理是把自己的事务误认为是他人的事务，而为管理。例如，甲将自己的牛，误为乙之牛，而喂养；甲将自己的果树，误认为是乙的果树，雇人收取果实。幻想管理与误信管理类似的是，均是管理人主观上发生错误。不同的是，幻想管理的结果多数情况下是管理人自己获利，并未使他人受益。这种情况，自然不成立无因管理。

幻想管理的效力依具体情形确定，可以根据不当得利，或者侵权行为处理，或者依据错误的规范处理。

第五节 无因管理与类似行为的区别

在实践中,无因管理易与无权代理,无权处分,不当得利等效力混淆。例如,某16岁的未成年人,出售哥哥用过的考研用书,并称哥哥用这些书考上了北大。就16岁的限制行为能力人出售书的行为而言,是无因管理?是无权代理?还是无权处分?再比如,甲出国长期居住,将其住房钥匙交给邻居保管,房屋空置一年后,邻居感觉房屋空置一年经济利益损失很大,遂将该房屋出租,月租金3000元。邻居的行为是无因管理?还是无权处分,无权代理呢?

(一) 无因管理与无权代理

无权代理与无因管理表面上看,有相同之处,无权代理人是"无法律根据"(没有代理权资格)以本人名义进行民事活动。无因管理人也是无法律原因的管理他人(本人)事务。当无权代理人或无因管理人与第三人为法律行为时,都涉及与本人的效力问题,然两者有如下区别。

(1) 两行为性质不同。无因管理为事实行为,故管理人无行为能力的要求;无权代理为法律行为,要求行为人须有相应的行为能力。

(2) 行为人是否以本人名义进行活动不同。无因管理中的管理人并不以本人名义实施管理行为;而无权代理的行为人以本人名义进行民事活动。

(3) 是否发生本人的追认不同。无因管理不发生本人的追认,本人是否接受无因管理的后果不影响无因管理的效力。无权代理分为真正的无权代理和表见代理。对于真正的无权代理,是效力未定的行为,经本人追认后的无权代理为有权代理,不追认,无权代理人负责。如果第三人非善意,与无权代理人负连带责任。对于表见代理,为保护善意第三人,本人承担无权代理的后果。

(4) 是否与第三人发生法律关系不同。无因管理关系中,管理人不一定与第三人产生法律关系,如果管理人与第三人为法律行为时,该法律行为的效力也仅在管理人与第三人之间产生,与本人无关。而无权代理中,无权代理人必定与第三人产生法律关系,该法律关系的效力与本人密切相关。

(二) 无因管理与无权处分

无权处分与无因管理也有相似之处,均是无法律义务的行为,也都产生行为人与本人权利人之间的效力问题。但两者区别是:

(1) 性质不同。无因管理是事实行为;无权处分可以是事实行为,更主要的是法律行为。

(2) 法律效力不同。无权处分中的双方行为是无处分权人以自己的名义与他人为法律行为,法律效力待定,需本人追认或拒绝。无因管理未必与第三人为法律行为,即使管理人与第三人为法律行为,其行为的效果仅在管理人与第三人之间发生,与被管理人无关。因此无因管理不存在本人的追认和拒绝的问题。

(三) 无因管理与见义勇为

在民法理论上,见义勇为常被归为无因管理的范畴,实践中两者也容易混淆,因为见义勇为与无因管理有相似之处:两者都具有行为人无法定或约定的义务,为避免他人利益受损害而管理他人事务的意思,行为人都因此而使自己的利益受到损失,两者均体现了危难相助、为他人服务的道德品质,而且行为人均有权要求相关人对自己的损失承担责任。

然而,民法对无因管理和见义勇为的规定有所不同,《民法通则》93条规定,没有法定的或者约定的义务,为避免他们利益受损失进行管理或者服务的,有权要求受益人偿付由此而支付的必要费用。《侵权责任法》第23条规定,因防止、制止他人民事权益被侵害而使自己受到损害的,由侵权人承担责任。侵权人逃逸或者无力承担责任,被侵权人请求补偿的,受益人应当给予适当补偿。《民法通则》第109条规定,因防止、制止国家的、集体的财产或者他人财产、人身遭受侵害而使自己受到损害的,由侵害人承担赔偿责任,受益人也可以给予适当的补偿。

从立法规定可知,无因管理与见义勇为在构成要件、行为方式以及法律效力上均有区别:

(1)两者发生的前提条件不同。见义勇为发生的前提条件是:他人民事权益受到正在发生的"侵害",行为人为防止和制止他人免受侵害见义"勇为",而使自己的人身或财产遭受损害。无因管理产生的条件仅是为避免他人利益免受"损害"而非"侵害",管理人的管理行为并非要求"勇为",在管理中所收的损失仅为财产损失,而非人身受到损害。

(2)两行为管理的手段性质不同。见义勇为的所管理的他人事务纯粹是事实行为,是针对他人正在发生的危险事件而勇于相助,因此不存在以法律行为作为管理手段。而无因管理可以事实行为或法律行为进行管理。

(3)两行为的法律效力不同。见义勇为关系中,多数情形下有侵害人,见义勇为行为人和受益人三个主体,因此,行为人在见义勇为中受到的损害赔偿,由侵害人直接承担,只有在侵权人逃逸或者无力承担责任,而且行为人请求补偿的,受益人才负适当补偿义务。同时,见义勇为人可以获得见义勇为基金补偿或奖励。而在无因管理中,只有管理人和受益人(本人)两个主体,没有侵害人。受益人与管理人因无因管理产生法定之债,受益人必须承担管理人为管理所支出的全部必要费用。

第二十五章

不当得利之债

第一节 不当得利概说

一、不当得利的意义

(一) 不当得利的概念

不当得利是一方无法律上的原因而受有利益,致他方受损害的事实。不当得利事实发生后,依据法律规定,致他人损失的一方,应将取得的不当利益返还受损失的人,取得不当利益的人,对受损人的这一返还义务,即法律规定的因不当得利所生之债。在不当得利之债法律关系中,受损人为债权人,受益人为债务人。不当得利之债的发生与无因管理之债的产生相同,均为法定之债,非因当事人之间的约定产生的债。

不当得利是日常生活中经常发生的事,可以涉及债权法、物权法、人格权法、亲属权法等多个领域。例如,甲无权处分乙之物,丙善意取得该物,甲因此获利,致乙损失。又如,甲未经乙同意,甲擅自用乙之相片做杂志封面,获丰厚收益。

(二) 不当得利之债的法律依据

我国《民法通则》第 92 条规定:"没有合法根据,取得不当利益,造成他人损失的,应当将取得的不当利益返还受损失的人。"根据法律规定,不当得利,实质上是财产的损益发生变动,一方当事人受损,另一方得利。而且,这种损益变动没有合法根据,立法为了纠正这种没有合法依据的财产损益变动,规定受损害的人有权请求返还不当得利,受益人有义务返还不当得利,由此在受损人和受益人之间产生法定债权债务关系。

(三) 不当得利之债的法律渊源

不当得利返还请求权制度,发源于罗马法诉权。由于罗马法时代尚无关于不当得利的一般规则,只就不当得利发生的各种原因,承认个别的诉权。例如,因非债清偿的诉权:清偿债务后,发现债务自始不存在或已经消灭,可依非债清偿不当得利的诉权,请求返还之。因目的不达到之诉权:当事人一方为特定目的给付,其后目的不能实现,给付一方可依目的不达到之诉权,请求受领给付一方返还所受利益。因给付原因不法之诉权:给付的原因与法律目的不符。在罗马法,物权的变动与其原因债权独立发生效力。给付原因有缺陷不存在,如果给付行为合法,物权发生移转,从而给付者不能基于所有权请求返还。然而受领给付者因缺乏受领给付的原因,如果继续保持受领利益有悖公平原则,给付者可依无给付原因之诉权,请求受领给付一方返还所受领之利益。可见,在物权变动中,只有在一方失去物的所有权时,才能行使不当得利返还请求权,如果物的所有权尚存,返还不当得利请求权无适用余地。

18世纪,自然法学者将罗马法诉权的制度,扩充到无原因给付以外的事由,以谋求确立基于自然公平的关于不当得利的一般原则。即不得以他人的损失谋自己的利益。然而此观念失之过广,因为交易上的利得,往往多少基于他人的损失,不能都称其有不当得利返还请求权。故学者及现代立法均加以限制,以"不当"或"无法律上的原因"作为不当得利的要件。①

二、不当得利的法律性质

不当得利的事实是引起债的原因之一。那么,不当得利这一法律事实的性质是属于行为还是事件呢?对此,学说上观点不一。有学者认为,不当得利主要是由人的行为引起的,是由与人的主观意志有关的不公正行为引起的,因此不当得利的性质属于行为。也有学者认为,引起不当得利的原因很多,不以人的行为为限,也有因事件引起的,故不当得利应属事件的一种。我们认为,因为不当得利的请求权是基于"无法律上的原因而受利益,致他人受损害的事实"产生的,这一事实本身,应属事件的范畴。至于造成这一事件的原因是法律行为或是事实行为,或是行为以外的事件,在所不问。不当得利发生的原因不能决定不当得利的法律性质。

三、不当得利之债的制度价值

法律规定不当得利之债的目的,简而言之,公平正义,不得损人利己。具体而言,不当得利之债具有以下基本价值功能:

(1) 纠正欠缺法律原因的财产移转。正常情况下,财物的取得,都是有法律原因的,比如,基于赠与合同、买卖合同取得物,这是基于当事人间真实意思发生的财产转移,但是如果赠与人发生错误,或者买卖合同无效、被撤销,此时从对方那里获得的财物则欠缺法律上的原因,构成无法律上原因的给付。对此,需要纠正因原因不成立、无效、被撤销引起的财产移转,使一方有权请求他方返还无法律原因获得的利益。可以看出,不当得利制度与合同制度有密切关系,合同产生给付义务,没有法律原因的给付,则构成不当得利,因此不当得利制度也是纠正不当给付的制度。

(2) 保护原权利人对财产的归属权。一方无原因的获得利益,必然使相对方受到损失。比如,擅自出售他人之物;擅自出租他人所有的房屋;擅自使用他人肖像作广告等,都会使他方受损。法律规定受损方有不当得利请求权,可见,受损方可以通过行使不当得利请求权以保护自己的权利。因此,不当得利制度具有保护权利不受侵害的作用。

需要指出的是,不当得利制度对受损人权利的保护与侵权行为法对受害人权利的保护机能有区别。侵权行为法中对受害人权利保护的目的,是填补损害,只要有损害,就赔偿损害,赔偿的是受害人的实际损失。同时侵权行为法中的赔偿损害的成立,还要求加害人须有

---

① 史尚宽:《债法总论》,中国政法大学出版社2000年版,第71—72页。王泽鉴:《债法原理(不当得利)》(第二册),中国政法大学出版社2002年版,第7—8页。

过错。不当得利制度是要把不当的利益返还给受损害的人,尽管也需要有受损人受到损害这一事实,但是受损人受损事实的成立必须以受益人获得不当利益为前提。如果一方受损,另一方未获利,或者一方获得一定利益而另一方没有受损失,均不构成不当得利。

不当得利制度的立法目的在于去除"受益人"无法律上原因而受的利益,而非赔偿"受损人"所受的损害。①

第二节 不当得利之债的法律要件

由于不当得利产生的原因复杂,有由于行为产生的,有由于行为外的原因产生的。而且进一步探究不当得利中的无法律上的原因,则更是各有其特点,有的是违反了债权,有的是违反了公平和正义,有的涉及物权、人身权、知识产权等。因此,对于不当得利是否应有一般的构成要件,学说上有统一说与非统一说两种观点。统一说认为,不管不当得利产生的原因有多复杂,对它也应有统一的构成要件;非统一说认为,各种不当得利各有其基础,不能要求统一,因此对于不当得利的构成要件也难作统一的说明,只能就各种不当得利分别进行判断。

通说认为,不当得利应有一般的构成要件(判断标准)。至于各种有特殊特点的不当得利,在对不当得利的分类中再具体说明,我们采取这一做法。不当得利的一般构成要件为:

一、一方受有财产上的利益

不当得利既称"得利",必有受利益的情形。如果无人受有利益,也就不存在"得利"的问题,更不存在"当"与"不当"的问题,因此是否受有财产上的利益,是不当得利成立的前提。

需注意的是,受利益并不以行为为要件,因自然事件也可获得利益,更不必有受利益的意思,仅须存在受利益的事实即可。纵使因行为获得利益,也不以当事人是否具有行为能力为必要,例如未成年人或精神病人均可成为受领给付的"得利"者。

受益人受有财产上的利益,即"得利",表现为两方面:积极的得利和消极的得利。积极的得利:受益人现在的财产或利益都在积极的增加;消极得利:财产或利益本应减少而未减少。既有得利又有损失,但其损益抵销后剩余有利益的,仍为受有利益。

任何具有财产价值的权利均可成为不当得利的客体。比如,所有权、他物权、知识产权的取得,当然为受有利益。债权的取得,性质上也为受有利益。但如果受益人取得的债权是须为对待给付的债权(双务合同),因取得人须以减少自己的财产作为对价,不构成受有利益。

本应设定的权利负担未设定。依我国《担保法》的规定,在财产上设定抵押,除应当办理登记者外,其他财产的抵押是否办理登记,采自愿原则。如当事人约定办理登记而未办理,财产的所有人即为受有利益。通常,劳务的提供或者为履行债务,或者为无因管理,或者为纯粹的助人行为。如果劳务提供的基础法律关系不存在(如误耕他人之田)、无效或被撤销,劳务的提供人不得请求报酬。劳务的消费人因他人劳务的提供节省了自己的支出,因而构

---

① 王泽鉴:《债法原理(不当得利)》(第二册),中国政法大学出版社2002年版,第4页。

成受有利益。无合法权源或者合法权源消灭后而使用他人之物的,因其使用具有财产上的价值,且可以减少自己的费用,故可以构成受有利益。例如,租赁关系消灭后,承租人仍使用他人房屋。

二、致他人受有损失(损害)

受益人受有利益,是相对于他人利益的变动而言的。如果"利己不损人",虽受有利益,但未致他人受有损失的,不构成不当得利。如果受益是以他方受损为前提,则为不当得利。受损人的损失与受益人的受益,内容可不必相同。例如,甲无权处分乙的汽车,善意第三人丙买了该汽车。对于甲而言,所受的利益是价金;对于乙而言,损失的是汽车的所有权。虽然损益内容不同,但也成立不当得利。受益大于损失,或者损失大于受益,都成立不当得利。不过一般情况下,受损人仅就其所受损失的范围有不当得利请求权。

这里应注意的是,使他人受损,与侵权行为法中的"损害赔偿"中的损害是不同的。不当得利中的"致他人受损害"的成立必须与"得利方受有利益"为要件,例如,因大风引起甲之鱼塘中的鱼进入乙之鱼塘,乙之鱼塘多出的鱼(获利)是与甲之鱼塘减少的鱼(损失)相对应,是同一事实的两个方面。而侵权行为法中受害人损害事实的成立,不以加害人是否获利为要件。

三、受损人的损失与受益人的受益具有因果关系

不当得利,必有相关人受损害,而且受损害与得利者的得利有因果关系。否则,不构成不当得利。例如,拾得他人抛弃物,拾得人虽得利,但无人受损害,故而不属不当得利。

这里的因果关系是指受损人的损失是受益人受益导致的结果,或者说受益人的受益系建立在受损人损益的基础之上。一方受益并不致他方受损,自无因果关系而言。对受益与损失之间的因果关系,一般有直接因果关系说与非直接因果关系说两种学说。

直接因果关系说认为,受益与损失须基于同一事实而发生。如果损失和受益系基于两个不同的原因事实,即使这两个事实之间有牵连关系,也不应视为具有因果关系。例如,甲买乙公司的水泥修理丙的房屋,后来甲乙的买卖合同被撤销。按直接因果关系说,乙公司不能向受益人丙主张不当得利请求权。因为丙的受益来自于甲,不是直接来自乙水泥公司。二者非基于同一事实,不构成因果关系,乙不得向丙请求不当得利的返还。

非直接因果关系说并不固守直接因果关系说的理论,认为:如果受益与受损之间具有牵连关系,依社会观念也应成立不当得利。比如,甲误取乙的肥料施于丙的土地。按直接因果关系说,乙受损,丙受益,是因为甲的行为,不是基于同一事实,二者之间不具有直接因果关系。但是依非直接因果关系说,则成立不当得利,乙有权请求丙返还不当得利。直接因果关系说与非直接因果关系说的争论,焦点在于当受益人与受损人之间有第三人介入时,在受损人与受益人之间是否成立不当得利。

当受益和受损之间有第三人的行为介入,即二者之间如果不具有直接因果关系,而具有牵连因果关系时,不当得利是否成立呢?从不当得利立法宗旨观之,是对无法律原因获得利益的纠正,并未拘泥于直接因果关系,只要一方受损与他方受益因不当原因引起,均应以公平的理念,纠正利益不当的移动,因此,受益与受损之间,虽由第三人行为介入,只要利益的移动,依社会观念认为不当时,应适用不当得利的规定。

四、无法律上的原因

无法律上的原因,即无合法根据。一方获得利益,一方受到损害,而且获利与受损又有因果关系,并不当然成立不当得利,还必须具备"无法律上的原因"这一要件才行。

无法律根据是我国《民法通则》的用语。罗马法上称为无原因,德国民法和日本民法及民国民法典称为无法律上的原因;瑞士债务法称为无适法原因。罗马法上的不当得利制度以基于给付行为的不当得利为其主要内容,其所谓无原因,即指欠缺给付原因。至18世纪,不当得利的适用才扩张到给付行为以外的事由,利用他人之物或权利而受益,依受益人或第三人的行为或者自然事件而受益等均被包括在内。故"无法律上的原因""无适法原因"或"无合法根据"的含义较之罗马法上的"无原因"为广。不当得利的"不当"的限定语,是界定受利益一方的得利有无合法根据的意思。

无法律上的根据是不当得利的一项重要的构成要件,受益人之所以不能永久保持其所取得的利益,就在于其利益的取得没有合法根据。没有合法的根据是一个概括的概念,因为各种得利的情况不同,引起的原因不同,既然是不当得利,因此这些原因都可认为是没有合法根据的原因。

无因管理与不当得利的成立要件均有"无法律上原因",然而两者含义不同。无因管理中的"无法律根据"是指管理人管理他人事务并无法定的或约定的义务,没有委托,也没有法定义务,至于本人因其事务被管理人管理而受益则是无因管理之债的效果,是基于无因管理之债受益,此受益是有合法根据受益。因此,被管理人受有利益,具有法律上的原因,不成立不当得利。管理人也不存在不当得利请求权,仅对被管理人有必要费用和有益费用的偿还请求权、债务清偿请求权,及损害赔偿请求权。不当得利的受害人对受领人有不当得利返还请求权。

不当得利中的"无法律上原因"是对受益人的受益而言,指受益人获得利益不是基于法律规定,也不是基于与他人的合法约定受益,而且该受益致他人损害,受益与损害有因果关系。

第三节 不当得利的基本类型

依据不当得利发生的原因,不当得利可分为两个基本类型:基于给付而获得的不当利益和基于给付以外的事实而获得的不当利益。

一、因给付产生的不当得利

"给付"一词的含义很广,不但指有为清偿的目的而为给付,也有为其他目的而为的给付,比如,给付为法律行为的:给付保管物,给付物之所有权(交付),设定与移转他物权,债权让与,债务免除等。给付依事实行为所为的:例如,提供劳务,管理他人财产,为他人清偿债务,对他人之物进行加工等。通常,给付他人财产,源于给付人的各种目的原因,无论当事人目的如何,但给付原因应合于法律目的和精神,此谓有法律原因的给付。欠缺给付原因时,他方当事人受领给付即为无法律上的原因,应构成不当得利。

基于给付而获得的不当利益这一类型,主要在于调整欠缺给付目的的财产变动,其基本思想为,凡依当事人意思而增进他人财产者,均有一定的目的。如其给付目的自始不存在,或者给付目的没有达到或给付目的消灭时,财产变动即失去法律上的原因,受领人应负返还义务。不当得利返还请求权的成立应由主张成立不当得利的给付人举证证明。

(一) 欠缺给付原因(目的)的形态

(1) 给付目的自始不存在。给付目的自始不存在即自始欠缺给付目的,指当事人给付之时即不具有给付的原因。自始欠缺给付目的的不当得利主要有两种:一是非债清偿,例如,对原本不存在的债务实行清偿;不知债务已经清偿仍为履行;误偿他人的债务等。此为给付不当得利的典型形态。二是作为给付的原因行为未成立、无效或被撤销,例如,因买卖合同交付物品,而合同不成立等。

应当指出,在我国民法上,合同不成立、无效或者被撤销时,只有在下列情形下才构成不当得利:① 交付的财产已被受领人有偿转让于第三人,且该第三人已取得财产的所有权;② 交付的财产已被受领人消费;③ 交付的财产为受领人使用或由受领人有偿交由他人使用;④ 交付的财产已经灭失;⑤ 给付人的给付为劳务等事实形态,依其性质不能原状返还;⑥ 其他受领人就交付的财产取得利益的情形。

(2) 给付目的嗣后不存在。给付目的嗣后不存在,指给付时虽有法律上的原因,但其后该原因已不存在时,因一方当事人的给付而发生的不当得利。此种不当得利的主要情形有:① 附解除条件或终期的法律行为,其条件成就或期限届至;② 依双务合同交付财产后,因不可归责于对方的事由而致不能履行对待给付;③ 婚生子女的否认,例如,父母子女之间有抚养与被抚养的法定义务,但是后来经鉴定,孩子不是父亲所生,判决生效后,父亲对孩子给付抚养费的义务不再存在。

(3) 给付目的不达。给付目的不达,指为实现将来某种目的而为给付,但因种种障碍,日后不能达到目的时,因一方当事人的给付而发生的不当得利。此种不当得利的主要情形有:① 附停止条件的法律行为,其条件未能成就;② 以清偿为目的而交付收据,而债务并未清偿等。

(二) 给付原因的欠缺与不当得利请求权的适用

在当事人之间基于债权合同而给付"物"时,该债权合同则是给付的原因,如果给付行为欠缺原因时,受领给付者则不能再保有其给付,否则有违公平理念,故受领给付者须返还不当利益。因此,给付不当得利请求权的成立要件是:当事人之间具有给付关系,一方基于给付受有利益;受益人的受益致他人受损害,给付欠缺法律上的原因。

物权变动采物权行为的独立性和无因性立法模式的国家或地区,物权变动分债权行为(负担行为)与物权行为(处分行为),债权行为是物权行为的给付原因,给付原因欠缺时,物权的移转不因债权行为的不成立、无效、被撤销而受影响,他方当事人仍能依有效成立的物权行为取得物权,但因债权行为不成立、无效或被撤销,给付欠缺目的,受领给付者的受领利益成为无法律原因的给付,符合了不当得利的要件,给付受领人应返还该不当利益。可见,物权变动采物权行为无因性时,"扩大了给付不当得利请求权的适用范围及重要性。""给付不当得利请求权具有调节因物权行为无因性理论而生财产权变动的特殊规范功能"。①

如果物权变动采要因行为,通说认为,如果欠缺给付原因时,则物权行为全部无效,物权

---

① 王泽鉴:《债法原理(不当得利)》(第二册),中国政法大学出版社2002年版,第33—35页。

不发生移转,物权自然复归于原主,而无须借不当得利返还请求权进行调剂。因此,欠缺给付原因时,给付"物"之不当得利请求权的适用,须以受领者已取得标的物之所有权为前提。

我国《物权法》第 15 条规定,"当事人之间订立有关设立、变更、转让和消灭不动产物权的合同,除法律另有规定或者合同另有约定外,自合同成立时生效;未办理物权登记的,不影响合同效力"。通说认为,我国《物权法》没有采用物权行为理论,但强调在基于法律行为引起的物权变动中,应区分给付原因与物权变动之间的关系。在不采用物权行为理论的立法中,不动产登记和交付,被视为履行债权合同的事实行为。如果债权合同不成立、无效或被撤销,给付原因欠缺,依该给付原因已经完成的不动产物权登记和动产交付自始不生效力,给付方并未丧失所有权,给付方有权依物权请求权请求相对方返还所有物。

尽管我国立法未承认物权行为理论,但不当得利制度并不因此受到重大影响,仍有适用余地。比如,交付的财产由受领人有偿转让(无权处分人)善意第三人,该第三人依法已取得物权时,或者交付的财产已由受领人消费或财产灭失等,受领物之人均须返还不当得利。即使交付之物并未灭失,当受领人占有物之原因不存在时,受领人对物的占有也构成不当得利,给付一方仍有不当得利返还请求权。由此可知,不当得利制度具有自己特定的独立功能。"民法上很少有一种制度,像不当得利那样,源远流长,历经两千余年的演变,仍然对现行法律的解释适用具有重大的影响"。①

(三) 给付不当得利请求权的排除

通常情况下,因给付而受利益,当欠缺给付目的时,应成立不当得利,发生不当得利返还请求权。但在具有特别事由的情形下,给付人(所谓的受损人)不得向受益人请求不当得利之返还,这种情况称为给付不当得利请求权的排除,换言之,以下情形不当得利不成立。

构成给付不当得利请求权排除的事由主要有:

(1) 给付系基于履行道德上的义务。给付基于道德上的义务时,虽然受领人无合法原因而受领,给付人也不得请求返还。

(2) 清偿期前的给付。在期限专为债务人的利益而设时,清偿期到来之前,债务人并无为清偿的义务,其非基于提前清偿为目的的清偿,即为欠缺给付目的。但债权人的受领并非无合法原因,而且此时的清偿也发生债务消灭的效果,故债务人于清偿后,不得依不当得利请求返还。

(3) 明知无债务而为清偿。非债清偿,本来构成不当得利,给付人得请求返还,但给付人明知无债务而为清偿,阻却不当得利请求权的行使。对此,有人认为系其有意抛弃给付返还请求权;有人认为是赠与;有人认为是咎由自取;也有人认为是基于禁止出尔反尔的原则。总之,均认为其没有保护的必要。在举证责任上,就给付原因不存在的事实,应由请求返还的原告举证;就明知债务不存在而仍为给付的事实,应由受领给付的被告举证。

(4) 履行已过诉讼时效的债务。诉讼时效期间届满的债务为自然债务,债务人履行已过诉讼时效的债务,债权人有权受领,不视为不当得利,而视为债务人放弃时效利益。

(5) 基于不法原因之给付。对因不法原因而为给付,应依《民法通则》第 134 条的规定"收缴进行非法活动的财物和非法所得",以求社会的公平正义,维护公序良俗。

---

① 王泽鉴:《债法原理(不当得利)》(第二册),中国政法大学出版社 2002 年版,第 7 页。

二、因给付外的事实产生的不当得利

因给付外的原因产生的不当得利,是指不当得利的产生不是因给付产生,或基于事实行为,或基于特定事件,或基于法律规定等多种情形,其受利益有无法律上的原因,应依其事由,分别判断,从而确定受益人是否得保有其所受利益。此种类型为开放性的,可以依据新的法律规定,随时加以调整,以容纳新的不当得利类型。

基于给付以外的事由而发生的不当得利,主要包括:人的行为、自然事实以及法律规定,以下分别述之。

(一) 因行为产生的不当得利

在人的行为中,又可分为基于受益人的行为、受损人的行为和第三人的行为发生的不当得利。

1. 基于受益人行为发生的不当得利。基于受益人行为而发生的不当得利,其实质即为侵害他人权益而发生的不当得利。基于受益人的行为而发生的不当得利主要有:

(1) 无权处分他人之物。就无权处分人而言,可有两种情况:① 为有偿处分;② 为无偿处分。而就受让人于受让时是否知道处分人为无权处分而言,也可有两种情况:① 善意;② 恶意。因而无权处分他人之物可能发生四种结果:

第一,无权处分人为有偿处分,受让人于受让时为善意。此时受让人依善意取得制度取得物之所有权。因无权处分人受有利益,构成不当得利,所有人得就其所得利益请求不当得利返还,也可依侵权行为法的规定向其请求损害赔偿。

第二,无权处分人为有偿处分,受让人于受让时为恶意。此时受让人不能取得物之所有权,所有人得对其主张所有物返还请求权。因无权处分人受有利益,构成不当得利,所有人不得行使所有物返还请求权,而只能向其请求不当得利的返还。无权处分人构成侵权行为的,发生不当得利请求权和侵权行为损害赔偿请求权的竞合。当然所有人还可对无权处分予以承认,从而取得物之价金。

第三,无权处分人为无偿处分,受让人于受让时为善意。因无权处分人未获利益,不成立不当得利,如其构成侵权行为,所有人得向其请求侵权的损害赔偿。依《德国民法典》第816条的规定,受益人在此情形应负利益返还的义务,此属善意取得制度的例外。其他国家和地区的民法无此规定,受让人当可依善意取得制度取得所有权。但学说上有赞同德国民法规定的。

第四,无权处分人为无偿处分,受让人于受让时为恶意。此时受让人不能取得所有权,所有人得向其主张所有物返还请求权。无权处分人因未获得利益,不成立不当得利,其构成侵权行为的,所有人也不得行使所有物返还请求权,而应向无权处分人主张侵权的损害赔偿请求权。

(2) 无权使用或消费他人之物。无权使用或消费他人之物,使用人或消费人因使用或消费他人之物所得利益,多为节省自己应支出的费用。而受损人的损失则系因自己之物为他人使用或消费而丧失可能取得的利益。至于受损人是否有利用自己之物为使用收益的计划,在所不问。无权使用或消费他人之物,通常还构成侵权行为。在此情形,发生不当得利请求权与侵权损害赔偿请求权的竞合。

(3) 擅自出租他人之物。无偿使用他人之物,而于使用中将该物有偿出租于他人,或者于租赁期满后未向出租人返还,而将租赁物出租于他人而收取租金的,因其受有利益并造成物之所有人的损失,应将所收取的租金依不当得利返还于所有人。如其交由他人使用为无偿时,所有人得向物之使用人请求返还所受利益。原使用人可能构成侵权行为。

(4) 侵害他人知识产权。因无权使用他人的知识产权受有利益时,构成不当得利。其依不当得利所返还的数额,为通常使用他人知识产权所应支付的对价。

(5) 侵害他人人格权而获得不当经济利益。通常情况下,侵害他人人格权不构成不当得利。但如擅自使用他人的肖像、姓名或名称,而获取不当的经济利益,无权使用人可构成不当得利。

侵害他人权益的行为,通常还会构成侵权行为。但侵权行为赔偿目的是填补受害人的损失。而不当得利制度的目的在于使受益人返还其不当利益,因而不以受益人有故意、过失和行为具有不法性为要件。侵害他人权益的行为有时仅构成不当得利而不构成侵权行为,有时仅构成侵权行为而不构成不当得利,有时会同时构成不当得利和侵权行为。对于不同的情况,应分别作不同的处理。在行为同时构成不当得利和侵权行为时,发生两种请求权的竞合。

2. 基于受损人行为发生的不当得利。基于受损人的行为发生不当得利,以受损人为他人之物支出费用最为常见。例如,误将他人的家畜饲养,误以他人事务为自己的事务而为管理等。但要发生不当得利,受损人的行为须不构成无因管理。

3. 基于第三人行为发生的不当得利。不当得利因第三人行为发生的情形有:(1) 债务人对债权的准占有人(债权凭证的持有人)清偿,使债权人的债权消灭;(2) 债权的让与人于让与通知前,债务人对让与人清偿,致债权的受让人受到损害;(3) 第三人以甲的饲料喂养乙的家畜等。

因第三人的行为发生不当得利,使受益人负返还义务应有严格的条件限制:(1) 受益与受损这两个原因事实之间应具有牵连关系,即如无受益则无损失。(2) 须第三人不能弥补受损人的损失,即第三人不构成不当得利或侵权行为。(3) 须受益人为无偿受益。对此,《德国民法典》规定,在无权处分中,无偿之受让人有向权利人返还因处分而取得的利益的义务。但其返还的性质并不明确。其他国家和地区的民法对此则缺少规定,受让人当可依善意取得制度取得物上的权利。我国台湾地区多数学者认为,于此情形,所有权人得向无偿之受让人请求返还,但对请求权的基础是否为不当得利,意见并不一致,主流意见持否定态度。

当然,如果受益人明知第三人无权处分他人权益仍为接受,则可能构成恶意串通(通谋),其所受利益已无加以保护的必要,应依不当得利返还于受损人。

(二) 因自然事件产生的不当得利

甲喂养的鱼因天降暴雨而被冲入乙的鱼塘;因自然原因发生动产与动产的附合而取得所有权;家畜吃掉他人的饲料等,均可发生不当得利。

(三) 因法律的规定产生的不当得利

对此可能会产生疑问,不当得利都是无法律原因而产生的,如果得利是由于法律规定,如何解释为有法律原因的不当得利呢?这需要从具体的某一法律规范的立法目的来看。有的时候,法律规定某一规范的目的是为了保护某种财产状态,维护财产状态的新秩序,或者是为了法律上便于操作考虑,但是这种规定会产生不当得利的情况。比如,《民通意见》第86条规定,当非产权人在使用他人的财产而添附附属物时,"不能拆除的,也可以折价归财产所有人"。这一规定,是对因添附丧失所有权的人可对受益人享有不当得利请求权的法律规定。因为当两物合为一物时,共有的情况不多,当一人得新物的所有权时,应给对方补偿;不补偿,即为不当得利。

第四节　不当得利的效力

《民法通则》第92条的规定,"无法律根据而获得利益的人应将不当得利返还受损人,受损人有权请求获利人返还不当得利。"最高法院《民通意见》第131条规定,"返还的不当利益,应当包括原物和原物所生的孳息。利用不当得利所取得的其他利益,扣除劳务管理费用后,应当予以收缴。"

依据立法规定,具备不当得利要件后,在受益人和受损人之间产生法定债权债务关系,债权人为受损人,其权利为不当得利返还请求权,债务人为受益人,其义务为不当得利的返还。不当得利的客体,为所受的不当利益,包括原物和原物所生的孳息。

一、返还原物

受领人因给付或非给付所受的利益,包括权利,如物权、债权、知识产权等,包括物的占有使用,债务免除,非债清偿的利益等。返还时,如果原物在,不当得利的受益人应返还原物或原权利。

二、偿还价格

价格偿还时应注意如下几点:

(1) 返还价格须是返还原物不可能,或者依其性质或其他情形不能返还原物时,应偿还价格。如,所受领的标的物遗失、灭失或被盗,或者受领人将原物出售、赠与,他人依法取得原物所有权,原物不存在时。如果受领人受领的利益表现为提供的劳务,服务,物的使用或消费,债务的免除等,依所受利益的性质不可能返还原物时,依其价额偿还原物的价值和孳息。因此,不当得利的返还优先适用返还原物,返还原物不能时,才适用偿还价格。

(2) 返还价格的计算,应以偿还义务成立时的市场价格为准。偿还的利益为出卖物的价金时,该价金应以出卖物的市场价为准。利益为劳务时,应偿还的价格,应以该项劳务应取得的报酬为准。消费他人之物时,应偿还该物的市价。

三、返还的范围

受益人除了返还原物或者偿还价格外,在占有期间原物或权利所产生的孳息及使用利益也应一并返还,例如占有房屋的使用利益或出租的租金,债权所受的清偿,占有彩券的中奖利益等。

四、返还不当得利时,应区分受益人是善意或恶意

我国《物权法》243条规定:"不动产或者动产被占有人占有的,权利人可以请求返还原物及其孳息,但应当支付善意占有人因维护该不动产或者动产支出的必要费用。"依据法律可知,对于无法律原因的物之占有,无论善意占有人或恶意占有人皆有向物的权利人返还占

有物及其孳息的义务。但物的真正权利人在请求善意占有人返还占有物时,还应向善意占有人给付因维护该不动产或者动产支出的必要费用,否则,善意占有人有同时履行抗辩权。而立法未规定恶意占有人对必要费用的请求权,此时善意占有人对物的占有准用无因管理的规定,恶意占有人则不适用无因管理的规定。

如果占有物毁损、灭失,权利人请求赔偿的,《物权法》第 244 条规定,"占有人应当将因毁损、灭失取得的保险金、赔偿金或者补偿金等返还给权利人;权利人的损害未得到足够弥补的,恶意占有人还应当赔偿损失。"立法再次强调,物毁损灭失,返还原物不能时,善意占有人依照不当得利的返还原则,向权利人返还占有物毁损灭失后的替代物(保险金、赔偿金或者补偿金),而非赔偿损失。但是恶意占有人对于占有物的毁损灭失,不仅要赔偿占有物本身的价值,在损害未得到足够弥补的情况下,还应当赔偿因此受到的利益损害。因此,恶意占有人对物的占有为侵犯权利人合法利益的侵权行为,适用侵权行为的规范。

立法规定说明,受益人为善意时,仅负返还现有利益的义务,而不负赔偿义务。立法目的在于善意受领人对物的占有、使用、收益被推定为合法,其财产状态不会因具备不当得利的要件而受不利影响,不当得利之债的特殊功能就在于去除受益人取得的不当利益。对于恶意受益人,法律没有保护的必要,使其承担侵权责任合于立法宗旨。《民通意见》第 39 条规定:"利害关系人隐瞒真实情况使他人被宣告死亡而取得其财产的,除应返还原物及孳息外,还应对造成的损失予以赔偿。"恶意使他人被宣告死亡,占有他人财产,属于侵权行为,应按侵权行为法承担法律责任,不仅应该返还原物和孳息,还要赔偿由此造成的损失。

返还不当得利时,除了区分受益人是善意或恶意外,还会涉及影响到第三人的返还义务。如《民通意见》第 40 条规定:"被撤销死亡宣告的人请求返还财产,其原物已被第三人合法取得的,第三人可不予返还。但依继承法取得原物的公民或者组织,应当返还原物或者给予适当补偿。"由此可知,被宣告死亡的人重新出现的事实使取得被宣告死亡人财产的人失去了取得财产的原因。因此,这部分取得的财产构成"无法律原因"的不当得利。

在权利人请求返还时,如果原物被善意第三人有偿取得,受善意取得制度的保护,第三人可不予返还,由出让人给予适当补偿。依继承法取得原物的公民或者组织,因是无偿取得财产,应负返还原物的义务,原物不在,给予适当补偿。